国际经济法

INTERNATIONAL ECONOMIC LAW

何志鹏◎主编

法律出版社
LAW PRESS·CHINA
北京

图书在版编目（CIP）数据

国际经济法 / 何志鹏主编. -- 北京：法律出版社，2024. -- ISBN 978-7-5197-9427-9

I. D996

中国国家版本馆 CIP 数据核字第 2024B0K828 号

国际经济法 GUOJI JINGJIFA	何志鹏 主编	责任编辑 徐 蕊 李 雪 装帧设计 鲍龙卉

出版发行 法律出版社	开本 710毫米×1000毫米 1/16
编辑统筹 总编室	印张 33.75　字数 647千
责任校对 张翼羽	版本 2024年12月第1版
责任印制 吕亚莉	印次 2024年12月第1次印刷
经　　销 新华书店	印刷 北京建宏印刷有限公司

地址:北京市丰台区莲花池西里7号(100073)
网址：www.lawpress.com.cn　　　　　　销售电话:010-83938349
投稿邮箱：info@lawpress.com.cn　　　　客服电话:010-83938350
举报盗版邮箱：jbwq@lawpress.com.cn　　咨询电话:010-63939796
版权所有·侵权必究

书号:ISBN 978-7-5197-9427-9　　　　　　定价:86.00元

凡购买本社图书，如有印装错误，我社负责退换。电话:010-83938349

作者简介

何志鹏　法学博士，吉林大学理论法学研究中心、法学院教授，中国法学会学术委员会委员，中国国际法学会常务理事，中国国际经济法学会副会长。从事国际法、人权法的教学工作，主要研究领域为国际法基本理论、人权法理论、法学教育。

车丕照　法学硕士，清华大学法学院教授，博士生导师，中国国际经济法学会副会长、中国法学会国际经济法研究会副会长。主要研究领域为国际法理论、国际经济法理论与实务。

王彦志　经济学博士，吉林大学法学院教授，主要研究旨趣为国际经济法基础理论、国际投资法理论与实践、国际法跨学科研究等。

姚　莹　法学博士，吉林大学法学院、吉林大学国家发展与安全研究院教授，博士生导师，研究方向为国际公法、国际商法等。主持包括国家社科基金重大研究专项在内的研究项目20余项，发表学术论文30余篇。

孙　璐　法学硕士，吉林省社会科学院研究员。主要研究方向为国际法理论、人权理论、地方法治理论与实务。主持、参与国家社科基金和省部级研究项目，发表学术论文40余篇。

赵海乐　法学博士，吉林大学法学院教授、博士生导师，研究方向为国际经济法、数字法学，曾主持国家社科基金、教育部社科基金等研究项目。

都　亳　经济学博士，中国法学会国际经济法学研究会理事，吉林大学法学院副教授，硕士生导师，研究方向为国际经济法。主持包括教育部社科基金项目等科研项目，发表学术论文数十篇。

张艳梅　法学博士，吉林大学法学院副教授、硕士生导师，主持、参加教育部等省部级科研项目，于《社会科学战线》、《当代法学》等期刊发表论文数篇。

魏晓旭　法学博士，吉林大学法学院、人权研究院讲师，主要研究方向为国际法学、人权法学，在《人权》《中国国际法年刊》《人权研究》等刊物发表论文10余篇。

范冰仪　法学博士，吉林大学法学院讲师，主要研究领域为国际经济法、国际私法，主持教育部人文社会科学基金青年项目，在学术期刊发表论文数篇。

出 版 说 明

法律出版社作为中国历史最悠久、品牌积淀最深厚的法律专业出版社,素来重视法学教育图书之出版。

原"21世纪法学规划教材"系列作为本社法学教育出版的重心,延续至今已有十余年。该系列一直以打造新世纪新经典教材为己任,遍揽名家新秀,因其卓越品质而颇受瞩目并广受肯定。当前,根据法学教育发展变化的客观需要,本社将原有教材系列调整重组,形成新编"21世纪法学系列教材",以便更好地为法学师生服务。

中国的法学教育正面临深刻变革,未来的法学教育势必以培养高素质法律人才为目标,以知识教育与应用教育相结合、职业教育与素质教育相结合、精英教育与大众教育相结合为导向,法学教育图书的编写与出版也将由此进入变革与创新的时代。

为顺应未来法学教育的改革方向和发展趋势,本社将应时而动,为不同学科、不同层次、不同阶段、不同需求的法学师生量身打造法学教材及教学辅助用书。在教材方面,将推出课堂教学系列、实训课程系列、通识课程系列、简明本系列、双语教学系列等;在教学辅助用书方面,将推出案例教程系列、法规教程系列、练习与测验系列、法学讲座系列、专业培训系列等。或革新,或全新,以厚基础、宽口径、多元化、开放性为基调,力求从品种、内容和形式上呈现崭新风采,为法学师生提供更好教本与读本,同享规划教材之盛。

"好书,同好老师和好学生分享"。本社在法学教育图书出版上必将继往开来,以精益求精的专业态度,打造全新"21世纪法学系列教材",传播法学知识,传承法学理念,辅拂法律教育事业,积累法律教育财富,服务于万千法学师生和明日法治英才。

法律出版社

前　言

　　21世纪的中国正在日益走向国际事务的中心地带和全球治理的前沿。中国所提出的"一带一路"国际合作倡议以及发起设立的金砖国家新开发银行(简称新开发银行,New Development Bank)、亚洲基础设施投资银行(简称亚投行)等国际经济组织机构,为国际经济法律制度的版图带来了很多新的内容,更重要的是带来了很多新的观念和思想。在这样的语境下,有必要重新认识国际经济法的格局和内容。出于这样的考虑,我们撰写了一本新的国际经济法通论性教材。

　　与此同时,撰写这样一部国际经济法教材还有明显的学术传承与发展的意愿蕴含其中。早在20世纪80年代的时候,中国国际法学界对于国际经济法是否是一个独立的学科、国际经济法是否具有独立的法律部门的特征进行了第一轮讨论。经过一系列的讨论,学术界初步达成共识,即国际经济法是一个独立的法学学科,而且具有非常大的前景和潜力;中国作为改革开放的发展中大国,没有理由不积极进取并在国际经济法方面获得充分的知识和能力。从此,国际经济法的教学进入中国主要法学教育机构的日程表。那时,吉林大学国际法专业的第一代探路者高树异教授带领他的同事孟宪伟和两位高足——刘世元、车丕照等一起编写了《国际经济法总论》(吉林大学出版社1989年版)。这部著作是吉林大学国际经济法领域的第一个里程碑,对于吉林大学的国际经济法教育和教学具有奠基性的作用,对于全国国际经济法领域的学术讨论和教学深化也具有不可低估的意义。几乎与此同时,高树异教授的另一位高足吕岩峰参与了丁启明教授主编的《国际经济法学》(吉林人民出版社1989年版)。

　　此后,经过十年的淘洗锤炼,国内学者对于国际经济法的概念和体系,有了更为深刻的认识,也有了更为全面的知识储备。此时,吉林大学的韦经建教授、刘世元教授和车丕照教授联合组织一批中青年教师,一起编写了《国际经济法概论》(吉林大学出版社2000年版)。这部在21世纪的钟声敲响之前出版的国际经济法概论性的著作,对于国际经济法的规则和理论进行了又一番的总结和审视,成了吉林大学的国际经济法教学推进与发展的新基础,是吉林大学国际经济法课程与研究的第二座里程碑。

　　时光荏苒,潮起潮落。作为吉林大学国际法学科奠基人的高树异教授已经离我们而去,但他为我们留下了丰厚的谆谆教导和高远的学术风范。而作为吉林大学国际法学科第二代传人的刘世元教授、韦经建教授、车丕照教授,也已经天各一方。幸而,他们不仅经常彼此联络,而且都积极地思考着国际法、国际经济法的理论和实践问题,我们作为晚辈,还经常有机会向他们讨教,在他们身上学到国际法、国际经济法的知识、观点和方法。

　　2000年年初出版的《国际经济法概论》距今已经过了24个年头。很多知识显然需要升级,一些论断显然需要刷新,一些预测现在已经被实践所验证。因而,我们认为特别有必要对国际经济法进行重新观察、思考和梳理,对国际经济法的新问题进行研讨,得出新的判断,能够带领又一代学人扬帆远航,乘风破浪。

特别值得欣喜的是,当我们准备新一版的国际经济法概论的时候,我们敬爱的老师车丕照教授慨然应允承担其中关于国际商事仲裁的一章,使得这本书不仅在知识上保证了稳重厚实的特色,而且在学术脉络上具有了更为鲜明的延续和传承。

远在广东的刘世元教授,虽然没有亲自参加本书的编写工作,但是一直关注着我们这个学科团队的发展和成长,我们铭感于心。

韦经建教授虽然也没有拨冗直接参与本书的撰写,但是对于本书的结构和内容提出了很多有意义、有创见的思想,指导着我们把这本书做得更好一些。

刘亚军教授由于课务繁忙,以及个人科学研究的时间冲突,未能参与本书的撰写。但是,针对本书的指导思想,她提出了具有深刻见地的建议,本书予以认真吸纳。

我们这个团队国际经济法的教学工作,始终在吉林大学法学院、吉林大学教务处、吉林大学研究生院等各个部门的关怀和指导之下不断前进,同样也在吉林省教育厅的关怀和支持之下获得了不断前进的动力。国内的国际经济法学者,无论是前辈学人还是同辈师友,和我们共同探索、共同努力、相互诘问、彼此砥砺,这种良好的学术氛围和积极向上的学术风气,对于我们来说,是非常重要的鼓励。

本书的撰稿分工如下:第一章由何志鹏、孙璐完成(在完成过程中,魏晓旭博士和甘肃政法大学的年轻教师王菲博士做了大量的文字整理工作);第二章由赵海乐完成;第三章、第七章、第九章由张艳梅、范冰仪完成;第四章由姚莹完成;第五章由张艳梅、何志鹏完成,其中,张艳梅负责第二节、第三节,何志鹏、魏晓旭负责第一节、第四节;第六章由王彦志完成;第八章由都毫完成第一稿,赵海乐、何志鹏进行了一些文字内容方面的更新和修订;第十章由车丕照完成。

在各位作者交稿之后,我进行了全书的统稿工作,在文稿校对过程中,鲍墨尔根、都青、侯婉秋、申天娇、王菲、王惠茹、王艺婴、魏晓旭、杨秋奕、赵健舟等博士生、硕士生做了很多努力。在此期间按照自己的意志和愿望增删更改为数不少,所以,如果其中有何不足和错误,读者可以直接与我联系(hezp@jlu.edu.cn),提出指正。

理本精深,知海无涯。各位作者都愿以此书为基础,在国际经济法的教学和研究之路上与各位读者继续探索,不断提升。

何志鹏
2024 年 10 月 10 日
于吉林大学

国际经济法学习的四项原则

国际经济法是中国大学法学专业的一个重要课程(核心课之一),也是中国法学教学、研究等各个领域公知的"三国法"之一,并且是"三国法"中内容最为繁重、体系最为复杂的一个学科。那么,在学习这样一个学科之时,能不能够把握学习和研究的一些基本原则呢?我们几位作者在长期的教学和研究实践中,初步形成了认知和把握国际经济法的四点基本认识,贡献给各位同学和研究者,供各位在进行国际经济法学习和研究的过程中体会和参照。

第一原则,在教条和实践之间,实践永远更值得关注。也就是说,不能拘泥于任何教条和原则,而必须关注实践。当教条和实践出现矛盾的时候,需要改变的永远是教条,而不是实践。在国际经济交往领域,国家采取措施的法律基础、国家采取措施的权力限度等问题经常出现,如果拘泥于传统的、僵化的主权理解,则这些境况和安排是很难理解的。但这些却是不容否认的事实。类似的问题还有国际法与国内法的关系、国际法遵守的原因、人权与主权的关系等,如果从教条主义的角度去认知,当然会显得文献丰富、长篇累牍,但是很多教条从根本上就是错误的、具有误导性的,所以在认知国际经济交往中的法律问题之时,应当尽量少地求助于先验和超验的原则,而更多从人类交往、试错的过程去理解和分析。

第二原则,分清"应然"与"实然"。在进行国际经济法学习的时候,需要向所有的法律学习法律思考乃至于法律实践一样,明确区分哪些是现有的规则,哪些是应有的规则;哪些是实际发生的情况,哪些仅仅是我们的理想或推断。同时,尚需了解,法律规则其实就在塑造一种社会秩序的"应然",而并不是社会关系中的"实然"。只有区分了"是"和"应该",保持思想的清醒性而避免将理想和现实混淆,避免在讨论中将"我的理想"和"你的现实"进行比较,或者将"实有的规则"与"应有的规则"混为一谈,人们才能清晰地对于事实的合法性进行分析,才能有效地进行比较和研讨,也才能够得出令人信服的结论。在观察和思考中美之间2018年出现的贸易对垒和WTO改革方向之时,区分"应然"与"实然"尤为重要。

第三原则,国际经济法分为两大板块:一块是国际商事交往法,也就是处理商事主体之间跨越国境的交易行为方面的规范(国际商法);另一块是国际经济规制法(严格意义上的国际经济法),也就是国家对于经济商事交往行为进行的政府控制规范,以及在政府控制领域呈现的国际协调或管束规范。这两种机制既相互联系,又存在本质上的不同。前者更注重当事人意思自治,更注重市场的力量;后者更注重政府的垂直管理,更注重国家的力量。而国家与市场之间如何进行博弈就是国际经济法的总体主题。从原则上说,市场的规则是可以根据市场交易者自身的意图予以改变的,市场交易的参与方可以根据自己的意愿、利益取向和交易的具体形式,来确立与通行规则存在显著差异的交往模式。而政府管理的规则,与此相对,则是不具有参与者彼此商定和改变的弹性的。国家确立了相应的管理规则,就形成了相应的权利义务设定模式,当事人只能按照相关的规则去改变自己的行为方式,而不是去改变规则本身。除非在适当的时机需要进行立法,商事交易是不需要通过立法的形式直接就可以确立新的依据规则的。当然,我们在这里谈到"从原则上说",就意味着原则有很多的模糊和例外。而且,作为法律工作者,我们在很多时候就是要把握这些模糊和例外,通过充分有效地适用和解释这些模糊和例外情形,为我们所要服务的国际经济活动参与者找到处理事务的突破口,从而完成法律职业上的目标。

第四原则,国际经济法的所有问题,归根结底是利益问题。无论是国际货物买卖合同的签订方式、跟单信用证的管理模式、提单的签发,还是任何其他一个私人的商事关系,无论是国家对于贸易的管理、国际组织对于国家贸易管理行为的规制,还是国家对于投资问题的管束约束,归根结底都是为了利益。为了哪个国家的利益,为了哪个群体的利益,为了何种利益,哪种利益可以更优先地予以考虑,在不同主体的利益之间、在同一主体的不同利益之间如何进行配置协调是国际经济法的核心问题。

期待着我们所总结的这些基本原则和方式,以及对于它们的初步阐释,能够伴随各位研习国际经济法的进程,为各位学习认知国际经济法提供一把有效的钥匙,使这一课程的学习、这一学科的研究工作变得轻松简单和更容易把握,能够更容易开启门户、窥见路径,更期待通过研习您能够登堂入室、满载而归。

目录

第一章　国际经济法的内涵与方法 ……………………………………（ 1 ）
 第一节　国际经济法的内涵 ……………………………………（ 1 ）
 第二节　国际经济法的渊源 ……………………………………（ 17 ）
 第三节　国际经济法的主体 ……………………………………（ 28 ）
 第四节　国际经济法的基础与目的 ……………………………（ 37 ）
 第五节　国际经济法的价值 ……………………………………（ 48 ）
 第六节　国际经济法的方法 ……………………………………（ 60 ）

第二章　国际货物买卖法 ………………………………………………（ 69 ）
 第一节　概述 ……………………………………………………（ 69 ）
 第二节　《联合国国际货物买卖合同公约》的适用范围 ………（ 71 ）
 第三节　合同的订立 ……………………………………………（ 78 ）
 第四节　合同的解释与合同空白的填补 ………………………（ 86 ）
 第五节　买卖双方的权利与义务 ………………………………（ 90 ）
 第六节　违约救济 ………………………………………………（ 98 ）
 第七节　保全货物 ………………………………………………（107）
 第八节　风险转移 ………………………………………………（109）
 第九节　《国际贸易术语解释通则》：对风险划分与买卖双方义务的
    集中规定 ………………………………………………（112）
 第十节　损害赔偿 ………………………………………………（115）
 第十一节　免责 …………………………………………………（117）

第三章　国际贸易支付 …………………………………………………（122）
 第一节　国际贸易的支付工具 …………………………………（122）
 第二节　国际贸易的支付方式 …………………………………（126）

第四章　国际运输与保险法 ……………………………………………（150）
 第一节　国际海上货物运输法 …………………………………（150）
 第二节　国际航空货物运输法 …………………………………（175）

第三节　国际铁路货物运输法 …………………………………… (179)
第四节　国际货物多式联运法律制度 …………………………… (181)
第五节　国际货物运输保险法 …………………………………… (183)

第五章　国际货币金融法 …………………………………… (193)
第一节　国际货币法 ……………………………………………… (193)
第二节　国际借贷法 ……………………………………………… (209)
第三节　国际融资租赁法 ………………………………………… (222)
第四节　国际证券法 ……………………………………………… (227)

第六章　国际投资法 ………………………………………… (235)
第一节　国际投资法概述 ………………………………………… (235)
第二节　国际投资准入管制 ……………………………………… (237)
第三节　国际投资运营管制 ……………………………………… (252)
第四节　国际投资保护 …………………………………………… (262)

第七章　国际知识产权法 …………………………………… (312)
第一节　概述 ……………………………………………………… (312)
第二节　知识产权国际保护的主要公约 ………………………… (317)
第三节　知识产权国际贸易制度 ………………………………… (333)
第四节　知识产权国际争端解决机制 …………………………… (342)

第八章　世界贸易组织法 …………………………………… (351)
第一节　从关税及贸易总协定到世界贸易组织 ………………… (351)
第二节　WTO 的法律制度框架 ………………………………… (357)
第三节　GATT 1994 的主要内容 ………………………………… (369)
第四节　WTO 贸易救济制度——反倾销法律制度 …………… (378)
第五节　WTO 贸易救济制度——反补贴法律制度 …………… (392)
第六节　WTO 贸易救济制度——保障措施法律制度 ………… (397)
第七节　《服务贸易总协定》 …………………………………… (402)
第八节　WTO 争端解决机制 …………………………………… (412)
第九节　中国入世的特殊问题与涉案情况分析 ………………… (436)

第九章　国际税法 …………………………………………… (453)
第一节　国际税法概述 …………………………………………… (453)

第二节　税收管辖权 …………………………………………（455）
　第三节　避免国际双重征税的方法 …………………………（464）
　第四节　国际避税的法律规制 ………………………………（475）
　第五节　国际税收协定 ………………………………………（480）

第十章　国际商事仲裁 ………………………………………（485）
　第一节　国际商事仲裁的概念及特征 ………………………（485）
　第二节　国际商事仲裁协议 …………………………………（488）
　第三节　国际商事仲裁的程序 ………………………………（496）
　第四节　国际商事仲裁实体问题的准据法 …………………（511）
　第五节　国际商事仲裁裁决 …………………………………（513）
　第六节　外国仲裁裁决的承认与执行 ………………………（518）

参考文献 ………………………………………………………（528）

第一章 国际经济法的内涵与方法

第一节 国际经济法的内涵

一、国际经济法的概念及历史发展

(一)国际经济法的概念

国际经济法是处理和协调国际经济关系的各种制度的总和,是跨国法律系统和过程的重要组成部分。

前述的"制度"一词,至少包括三个方面的含义:第一,规则,即确立权利义务和行为方式与程序的条文;第二,组织,即承担着将规则中的设计模型转化为现实生活中的权利义务与行为方式的机构;第三,程序,即将规则中的模型在社会中运行并在一定程度上达到规则目的的行动。

与任何其他的法律一样,国际经济法不是一个静态的"规则手册",而是一个始终处于变化中的动态进程;与国际法的各个部门一样,国际经济法包含内容广泛,是一个在某种程度上不成体系的杂合系统。

本书所讨论的国际经济法包括国际商法和"严格意义上的国际经济法"两个部分。国际商法是跨国商事行为所遵循的规范;"严格意义上的国际经济法"即政府对于跨国商事行为进行管理和调控的规范,以及国家之间在这一领域的协调。对于本书所指国际经济法的内涵及意义,本节将进行详细阐释。

(二)国际经济交往及相关法律的发展

国际经济法作为一个明确的概念是在20世纪才兴起的,但是不同国家和地区间的经济交往却历史久远。中国著名的"丝绸之路"是中华民族古代对外经济交往的重要通道;阿拉伯人在古代也积累了大量远洋贸易的经验。与之相应,一些对外贸易政策、惯例、条约等也随之产生并发展。欧洲古代的罗得法、罗马法中的万民法,以及中世纪具有跨国商事规范性质的法典是国际经济法早期的形式。

近现代以来,各国对本国对外贸易以及其他涉外经济领域的法律调整日益增加。从重商主义时代的严格限制贸易、提高关税、建立贸易壁垒,到工业革命后自由市场和自由贸易的兴起,再到19世纪末开始各国有意识地转向国内保护主义,实施高关税、货币贬值等法律和政策措施——此时反垄断、反补贴、保障措施、反货币贬值、知识产权保护、国家安全例外、数量限制、进口许可等各种立法和政策纷纷兴起;"二战"以后,在市场自由占据主导地位的基础上,各国涉外经济干预方面的立法、执法和司法更加趋向细化和一致。

各国之间签订经济协定的做法同样久已产生。在古代就有不同国家之间签订商业条约的例子。近代以来,欧洲各国纷纷缔结通商航海条约,形成了一个规模庞大的双边商业条约网络。由此逐渐形成和发展起了古典国际经济法的条约实践和待遇标准。[1] 从19世纪末开始,国际贸易形势渐趋复杂、商业条约的不足渐趋明显,私人国际卡特尔协议在许多工业领域纷纷兴起,力图控制价格、市场、供应和技术变化等。随着金本位制的解体和外汇管制的兴起,各国间纷纷缔结双边清算协定和支付协定。此外各国还缔结了一些重要的技术行政性质的多边专题条约,如万国邮政联盟、万国电信联盟、万国度量衡联盟等,以及《巴黎公约》《伯尔尼公约》等多边知识产权保护协定。另外,自20世纪30年代起,一些国际商品的主要生产国与主要进口国之间缔结了不少多边专项商品协定。而"二战"之前一些市场经济发达的国家还对外签订了一些促进自由贸易的双边协定,如美国以1934年《互惠关税协定法》为基础对外缔结了30多个削减进口商品关税的双边贸易协定,英国也与一些欧洲国家和拉美国家缔结了相互降低关税和保证购买对方货物的双边协定。

第二次世界大战以后,关税与贸易总协定(GATT)、国际复兴开发银行协定(IBRD)和国际货币基金协定(IMF)等多边条约的出现成为现代国际经济法的标志。而围绕着这些多边条约,西方国家相互间及对外仍大量签订双边商业条约,[2] 如从1959年德国与巴基斯坦缔结了世界上第一个专门的双边投资保护协定以后,欧洲各国和美国开始大量缔结双边投资保护协定。世界银行框架促成了国际投资争端解决和投资政治风险担保的多边公约,设立了相应的多边机构;与此相应,贸易、投资、税收、知识产权、技术合作等方面专门性的双边商业条约日益复杂细化。而自由贸易区、关税联盟、共同市场、货币联盟等区域经济一体化的协定

---

[1] See Georg Schwarzenberger, "The Principles and Standards of International Economic Law", *Recueil Des Cours*, 117(1966), p. 18 – 22; John S Mo, *International Commercial Law*, Sydney, Butterworths, 1997, p. 10 – 12; Michael J. Trebilcock and Shiva K. Giri, "The National Treatment in International Trade Law", in E. Kwan Choi and James C. Hartigan, eds, *Handbook of International Trade: Economic and Legal Analyses of Trade Policy and Institutions*, Blackwell Publishing, 2003, p. 186; Markus Lampe, "Explaining Nineteenth – Century Bilateralism: Economic and Political Determinants of the Cobden – Chevalier Network", *Economic History Review* 64, 2010, p. 644 – 668.

[2] Herman Walker, Jr., "The Post – war Commercial Treaty Program of the United States", *Political Science Quarterly* 73, 1958, p. 57 – 81; Eric V. Youngquist, "United States Commercial Treaties: Their Role in Foreign Economic Policy", *Studies in Law and Economic Development* 2, 1967, p. 72 – 90; Edward M. Melillo, "Post – War Friendship, Commerce and Navigation Treaties – Interpreting the Right of Foreign Employers in the United States to Engage in Selective Employment Discrimination of Their Choice: Is It Justified", *DePaul Business Law Journal* 6, 1994, p. 101 – 158.

组织也陆续出现。此外,20世纪50年代至80年代初,在联合国和联合国贸发会框架下,发展中国家开展了争取建立新国际经济秩序(New International Economic Order, NIEO)的运动。此时西方国家主导下的多边贸易、发展和货币协定体系则在不断发展演进。

20世纪80年代末,随着"冷战"结束,自由主义观念逐渐成为国际经济的主导旋律,推崇市场、倡导私有化、主张去除管制等成为"全球化"的主流声音。这一段时期内自由市场取得了长足进步,1995年WTO的诞生和发展即是其标志。但自由市场固有的问题仍难以彻底解决,20世纪末的亚洲金融危机、21世纪初的美国次贷危机、欧洲债务危机就凸显了全球市场自由化理论存在的漏洞以及现有国际经济法体系显露的缺陷。

总体来看,国际经济法不仅已经成为各国对外事务和国际关系的日益重要的组成部分,也越来越深刻地影响着各国的经济、社会、文化、自然环境和人民日常生活的方方面面。

二、国际经济法概念与体系上的学术争论

长期以来,学术界一直在国际私法、国际公法、国际商法、国内经济法、国内商法等一系列概念的含义和范围问题上争论不休;与此同时,法律教学和操作实践也因为对上述各学科理解不一致而多显混乱。[3] 其中最主要的问题是对国际经济法的理解不一,从而形成了一个久未摆脱的困境。

目前国际经济法仍然是一个相对年轻的学科,随着人们认识的逐步加深,对它的概念、范围和体系会不断进行新的思考;基于思考而进行的进一步研究可能会得出与当初公认的观点有所不同的结论。这种进一步发掘和探究,有助于国际经济法基本理论体系的建构和完善,也有助于国际经济法教学、研究工作和具体实践的合理进行。

从第二次世界大战结束至今,国际经济法虽仅有短短半个多世纪的学术历史,

---

[3] Andreas F. Lowenfeld, *International Economic Law*, 2nd ed., Oxford University Press, 2008; Matthias Herdegen, *Principles of International Economic Law*, 2nd ed., Oxford University Press, 2016; Asif H. Qureshi and Andreas R. Ziegler, *International Economic Law*, 2nd ed., Sweet & Maxwell, 2007; Dominique Carreau et Patrick Juillard, *Droit international economique*, 6e édition, Dalloz, 2017; Mathias Audit, Sylvain Bollee et Pierre Calle, *Droit du commerce international et des investissements étrangers*, 2e édition, LGDJ, 2016; John H. Jackson, William J. Davey, Alan O. Sykes, Jr, *Legal Problems of International Economic Relations: Cases, Materials, and Text*, 6th ed., West Group, 2013; *Matthias Herdegen*, Internationales Wirtschaftsrecht, 11. Auflage, Verlag C. H Beck, Munchen, 2017, 先前版本有中译本:[德]马迪亚斯·赫德根:《国际经济法》(第6版),江清云等译,上海人民出版社2007年版,新版章节题目和内容均有更新,整体内容有所增加。中川淳司、平觉、清水章雄、間宮勇:『国際経済法』(第2版)、有斐閣2012年版。

但已积累了大量的学术资源,令人欣慰。从国际层面来看,国际经济法经历了从国际法分支到独立学科的发展阶段,对于所涵盖各领域的问题开展了不少深入细致的研究,取得了丰富详实的成果。就中国而言,通过对西方观点适当借鉴和吸收、分析和扬弃,已经逐渐建立起本土的国际经济法理论。关于国际经济法的概念和体系,中外学者提出了许多不同观点,并纷纷列举各种理由加以论证。其中阐述得较为详尽和完备的学说有以下四种。

(一)"国际法说"

这种观点把国际经济法看成是"关于经济的国际法"。其基本看法是:国际经济法只是国际公法的一个特殊部门。该学说认为国际经济法是调整经济关系的国际法规范,本身属于国际法的一个分支,以国家之间的公约、条约、协定作为渊源,以国家和国际组织为基本主体。

该学说的立论基础是传统的法学分科论和纯粹理论及概念。根据"国际法说",国际经济法的范围包括:自然人和法人的法律地位、私人国外投资的法律制度、国际机构投资的法律制度、规制国际经济关系的法律制度、国际经济组织和机构法、区域性经济一体化的法律制度、国际税法。目前很多国外学者都持这一观点。我国的王铁崖、史久镛教授等国际法学者也基本上将国际经济法视为国际法的一个部分。[4]一些新的国际法教材和论著也将国际经济关系作为国际法处理事项的一个方面进行讨论。[5]

---

[4] 史久镛:《论国际经济法的概念和范围》,载《中国国际法年刊》(1983年卷),第359页以后,尤其是第362页;汪瑄:《略论国际经济法》,载《中国国际法年刊》(1983年卷),第393页以后,尤其是第395页。值得注意的是,王铁崖教授两次主编的《国际法》教科书对于国际经济法的理解是不同的。第一本(法律出版社1981年版,第411~450页,该部分由黄秉坤、胡文治、汪瑄执笔)是以传统的国际法框架为基础的,因而理论上十分严整(梁西教授主编、武汉大学出版社出版的《国际法》也存在这样的优点);第二本(法律出版社1995年版,第486~520页,该部分由王贵国教授执笔)实际上是以既存的综合国际经济法学说为基础的,所以放在国际法的框架下稍许显得不适合,特别是与该书前面阐述的国际法的基本理论(包括国际法的概念、主体、基本原则等)相矛盾。

[5] 值得注意的是,谨慎的国际法学者一般不将国际经济法放在国际法的体系内进行讨论,而是用传统的国际法体系(如条约法、国际组织法)来包含这方面的内容,比如 Malcolm N. Shaw, *International Law*, 7th ed., Cambridge University Press, 2014, p. 47, 897, 940ff, 1022, 1213。还有的学者不是采用"国际经济法"这一术语,而是采用"国际法与国际经济"或者"关于经济的国际法"这样的措辞。例如 Mark Weston Janis, *International Law*, 7th ed., Aspen Publishers, 2015, p. 287 - 316; Tim Hiller, *Principles of Public International Law*, Cavendish Publishing Limited, 1999, p. 305 - 317;[德]沃尔夫冈·格拉夫·魏智通主编:《国际法》,吴越、毛晓飞译,法律出版社2002年版,第609~676页;[日]松井芳郎等:《国际法》(第4版),辛崇阳译,中国政法大学出版社2002年版,第166~189页。而且,仍有很多国际法著作根本不讨论国际经济法的问题,比如伊恩·布朗利的《国际公法原理》(2007年第7版)、《奥本海国际法》第1卷的第9版(1992年)、安东尼奥·卡西斯的《国际法》(2005年第2版)都未专门涉及经济问题。

(二)"单边控制论"

这种观点把国际经济法看成是"各国涉外经济法的总和"。该学说由车丕照教授提出,在以国家对经济活动的管理控制规范为内容的国内经济法说的基础上,认为国际经济法实际上应是国家对于国际经济活动进行管理和控制的法律规范。[6] 根据这一学说,国际经济法实际上是各国经济法中涉外部分的总体;其调整对象是政府与私人之间的经济管理关系,该法律部门的基本特征在于法律关系主体地位的差异,其表现形式统一为国内立法。这种划分意义在于其有利于深入理解单边政府控制的依据、表现及演变过程。[7]

(三)"国际调节理论"

我国的一些经济法学者以对经济法的研究为基础,提出了国际经济法应当属于"调整在两个以上国家共同协调国际经济运行过程中发生的经济关系的法律规范的总称"。[8] 简言之,它是"调整国际经济调节关系的法律规范的总称。或者更简单地说,它是规范国际经济调节之法"。[9] 这种观点仍然坚持国际经济法是国际法的一部分,但是认为不限于传统的国际法主体,而将国家之间对私人之间的商事行为的协调也置于其中;明确国际法与国内法的界限,将国家对跨国经济行为的国内管制排除在外。

(四)"综合说"

该学说将国际经济法视为"国际经济的法"。其基本观点认为,国际经济法是调整国际经济交往关系的法律规范的总称,其调整对象是国际范围内一切跨越国境而发生的经济关系。[10] 它的主体,与一般所称的国际法的主体不同,除国家和国际经济组织以外,还包括个人、自然人和法人。它不仅包括国际法规范,而且包括国内法中涉外经济法规范。这一学说又被称为广义的国际经济法说,因为从其涵盖的范围来看是最为广泛的。其目的在于舍弃传统法学分科论的严格界限,克服传统法学研究的片面性,力争打破国际公法、国际私法、比较法学之间相互隔绝

---

[6] 这一学说也被作者称为"狭义国际经济法学说",因为传统上也将"国际法说"叫作"狭义说",所以,文中按照该学说的视角特点名之为"单边控制论"。参见车丕照:《国际经济交往的政府控制》,长春出版社1996年版,第1~2页。

[7] 类似的观点,参见倪雄飞:《国际经济法调整对象新论》,载《中山大学学报论丛》2002年第6期,该文认为"国际经济法的调整对象应是不同国家内的经济管理关系的相互作用而形成的国际经济管理关系"。

[8] 参见杨紫烜:《论国际经济法基础理论的若干问题》,载《法商研究》2000年第3期;杨紫烜主编:《国际经济法新论——国际协调论》,北京大学出版社2000年版,第96页。

[9] 漆多俊、漆彤:《国际调节与国际经济法学科理论新视角》,载《当代法学》2004年第2期。

[10] Daniel C. K. Chow and Thomas J. Schoenbaum, *International Business Transactions: Problems, Cases, and Materials*, Aspen Publishing, 2015, p. 34 – 49.

的界限,坚持综合的研究方法,侧重探究国际法与国内法之间相互渗透的作用,综合地把个人、法人、国家及国际组织间一切国际经济交易与关系的法律问题作为研究对象。根据综合说,国际经济法的范围包含:外国人经济地位的国内立法和国际法,关于国际贸易的国内法规,关于外国人投资的国内立法和国际法,关于国际贸易制度、国际货币和金融制度和国际机构投资制度的国际法和国际经济机构法,等等。

综合性国际经济法说现在已经被多数人所接受,特别是在我国国际经济法学界处于主流地位。[11] 对于这一学说,阐述得最为全面和丰富的当推陈安教授,在很多著述中都详尽列举了综合说的理由,并且对其观点拟制事例、示意说明。[12]

三、对国际经济法范围诸学说之评价

一个法律部门之所以能够形成,通常是因为具有特定的或单独的调整对象、调整方法。国际经济法由于形成历史较短,尚未形成取得公认的关于概念和体系的学说,而是存在诸多争议,有待于在未来发展过程中逐渐加以统一和完善。

上面述及的关于国际经济法概念的各种学说,是基于不同的划分标准,这些标准从不同角度为我们思考国际经济法的体系问题提供了思路和借鉴。上述所有学说都各有其合理性,从某一个角度、某一个侧面看可以说是正确的;但它们也都存在一定的缺陷,在理论和实践上造成一些困惑和混乱。现将各个学说的优缺点分别加以分析。

(一)"国际法说"的优点和不足

"国际法说"是以传统的国际法理论为基础,因此体系较为完善。它从传统的国际法理论出发,遵循的是国际法的基本原则,所以基础深厚;所调整的对象是以国家为主的国际法主体相互之间的经济关系,所以外延分明。这些都是它易于理解的优点。但是它也有如下几个方面的问题:

1. 国际经济交往的实践是多角度、多层面、多方式的,它并不会局限于在国家之间发生,而对它起到调整作用的规范也不会局限于传统国际法规范。因此首先从调整对象上来看,除了不可忽略国家之间的经济交往关系,还应涵盖国家与私人、私人与私人之间具有跨国因素的经济关系。事实上就此而言,传统国际法在发

---

[11] 现在国内通行的国际经济法教材都采取此说,如余劲松、吴志攀主编:《国际经济法》(第4版),高等教育出版社、北京大学出版社2014年版,第3~10页;韦经建、刘世元、车丕照主编:《国际经济法概论》,吉林大学出版社2000年版,第1~7页。

[12] 如陈安:《论国际经济法学科的边缘性、综合性和独立性》,载《国际经济法论丛》(第1卷);陈安主编:《国际经济法总论》,法律出版社1991年版,第91~101页;陈安主编:《国际经济法学》,法律出版社1994年版,第33~43页;陈安主编:《国际经济法》,法律出版社1999年版,第27~37页;陈安:《评对中国国际经济法学科发展现状的几种误解》,载《东南学术》1999年第3期;张乃根主编:《新编国际经济法导论》,复旦大学出版社2001年版,第22~24页。

展的过程中也出现了在主体限定上与现实脱节的问题,虽然"国际法"一词的原意是"国家之间的法",但是在国际领域私人的地位已经越来越不容忽视。[13]

2. 从调整方式上来看,国际经济法不仅应当包括国家与国家之间涉及相互间经济交往的条约、惯例等,还应包括各国据以落实国际经济方面相关国际义务的国内法规范、调整本国与外国私人之间经济关系的涉外经济法规范以及私人(跨国企业、行业联合)之间长期形成的具有较普遍意义的协定、做法、惯例等。

(二)"单边控制论"的特色和缺失

以单边控制的组合来定义国际经济法,这在理论上有一定意义,它实际上是以国内经济法的管理调控说为依据,从纵向的角度,提取出涉及国际经济关系的管理型的公法关系,因其调整对象和调整方法都已得到严格限定,所以其概念和理论是严密的。但是该学说的疏漏之处也是显而易见的,在自成体系之外,它对于国与国之间就相互经济交往所进行的协调、私人与私人之间在跨国经济关系中形成的惯例等现实方面都未作探究。

(三)"国际调节理论"的理论建树和实践困惑

把对于经济事务的国际协调作为确立国际经济法的依据,这也不失为一种具有启发性的思考国际经济法问题的视角。国际调节理论在自身体系上也是严密的,因为它具有统一的调整方法,也就是国家之间的共同协调。[14] 但细究之下,它也存在一些现实问题,例如,同样作为国际协调,国家之间签订的税收协定与海运提单的统一规则,其客观实质、适用原则、调整方法能否一致? 再如,对于同一跨国经济关系,显然是既可以单边调整也可以国际协调,而此时只把其国际协调单独划出作为一个法律部门,是不是存在明显的遗漏?

(四)"综合说"的突破与阻碍

综合说的优点在于放弃了传统的学科束缚,能够试图从实际出发,以最广泛的视角看问题,把所有跨国的经济问题都涵盖在这一法律学科的范围之内,将所有与跨国经济关系、跨国经济行为有关的规范整合到一起,建立一套国际经济法的体

---

[13] 值得注意的是,虽然国内有学者主张国际经济法是国际法的一部分,但是这里的国际法概念已经超出了我们一般所理解的国际法(也就是国际公法),而是"相对于国内法而言的一个法律体系的概念,……作为一个法律体系应该是调整含有国际因素的社会关系的各种法律规范的总和,其内容包括国际公法、国际私法、国际经济法、国际民事诉讼法、国际商事仲裁法等法律部门"。参见谢石松:《论国际私法与国际经济法的关系》,载《政法论坛》2001 年第 2 期。

[14] 值得注意的一点是,杨紫烜教授在阐述其论点的时候侧重于讨论调整对象的一致性,这一点笔者不敢苟同。很明显的一个现象是,同样的跨国经济关系,既可以由国家通过国内法律进行单边管理,也可以由国家之间进行协调管理。根据杨教授的说法,前者属于国内经济法律关系,后者属于国际经济法律关系。实际上,二者并无实质差异。所以,从调整方法上更能找到国际协调论的合理性。

系。这一做法迎合了20世纪开始的边缘性、综合性研究的大趋势。而且实际上这种学说已经成为我国国际经济法的通说。但是这不等于说它至善至美,相反,正是由于它的过分大而全,造成了如下几个方面的问题:

1. 综合说最为核心的论据是认为国际经济法应当综合地反映客观实践,但是事实上,如果试图以实践为立足点,将所有的与跨国经济交往有关的问题都纳入国际经济法的关照范围之内,国际经济法的范围将扩大至缺乏明晰的边界。综合国际经济法学说已经涉及了国际公法、国际私法、国内经济法、民商法诸领域,如果按照综合说的观点,似乎任何一个法部门的内容都会与跨国经济交往有关,这样国际经济法就成了"包罗万法"的巨大口袋,不存在明确的外部界限。[15] 这只会造成多数法律工作者和商务活动参加者在实践中感到无所适从的局面。因此它是不切实际的。[16]

2. 因为综合说强调实践性、综合性和边缘性,所以在理论上失去了特殊性、创造性和开拓性,无法归纳出统一适用的基本原则、基础理论,从而也就无法建构一个完整一体的国际经济法体系,只能是各个孤立的学科的简单相加,难于建立一个相对独立的法律部门。

3. 由于综合说的"大网"容下了绝大多数涉外的法律关系和法律规范,因此与其他学科的界限不甚清晰。例如,国际经济法、国际私法、国际商法都试图对私人之间的跨国交易行为进行调整,出现了大量的交叉、重复。实践中,一些法律关系究竟应该由哪个法律部门来调整、各个法律体系的根本区别在哪里,是迫切需要厘清的问题。

四、国际经济法体系建构的立足点

正是由于上述种种问题的存在,本书作者提出了重新思考和建构国际经济法的概念与体系的必要性。为了形成坚实的立论基础,本书作者试图确定以下的宏观指导性原则以及可供参照的知识构架体系,以便于尽量清晰明白地解决国际经济法的本体论问题。

---

[15] 如果可以在国内法的领域去类比,这种观点的不合理性就很明显了。在国内法领域,一个个人要去从事经济活动,也必定会涉及多方面的法律,从私法角度会包含民商法中的当事人权利能力、行为能力,合同的订立、效力、履行、违约责任,侵权责任等问题;经济法角度可能会涉及反垄断、产品质量、消费者权益保护、财政、税收、劳动、环境等问题,为了使权利得以实现,还可能会涉及民事诉讼、仲裁等规范。假设也完全依照当事人的客观需求来划分法部门,那就可以划出一个几乎包罗万象的"国内经济法"。事实上,这种观点已经被认为是不现实的。陈安教授本人也已经认识到了国内经济法与民商法的分野基本已经达成共识,参见陈安主编:《国际经济法》,法律出版社1999年版,第2页注释。

[16] "(综合说将不同的部分)糅合在一起,构成一个水果拼盘,貌似完整,却忽视了每一部分各自的特点,无法形成一个真正的、严整的独立法学学科进行研究和学习。"参见邱一川:《试论国际经济法的学科界定及其基本原则》,载《法学》2002年第12期。

(一) 寻求国际经济法内涵的指导原则

从概念确定的总体趋势上看,下列三个原则应该成为确立国际经济法内涵的基本标尺。

1. 便利实践原则。也就是寻求客观上的立足点和实践上的支撑点,即所划分出来的学科因为具有共同的调整对象或者共同的调整方法,是符合实际需要,也能够为实践服务的。国际经济法的规划本身虽然不过是一个法律学科体系的整合问题,但必须注意到符合社会实践发展的内在规律性,只有符合这种规律,才能说是一种成熟的、可取的理论。

2. 理论严整原则。学科的划分应当保证逻辑的整体性、严谨性和归类的合理性、科学性,即内在上存在有机联系性,使得共同的研究方法、原则和特点成为可能;外在上与其他学科之间存在较为明晰的界限。对于国际经济法而言,作为一个学科体系,内部的各个部分之间应当紧密联系,有一个统一的精神实质;外部应当与其他学科区分清楚,有一个明确的划界规则。

3. 国际一致原则。或者叫国际接轨原则,也就是寻求全球范围上的归结点。这一原则要求我们所认定的国际经济法的内涵应当是能够为国际社会所认同和接受的,是能够与既有理论相联系、与其他类似或者相邻学科基础相统一的。

(二) 建构国际经济法框架的参照体系

在进入国际经济法的概念和体系建构之前,笔者认为下列一些知识结构体系是值得参照的。

1. 经济学。在考虑国际经济法问题时可以考虑借鉴经济学中宏观和微观的划分方式。在整个国际经济学的框架之中,也能够清晰地看到一部分是具体的微观的市场操作,另一部分则是国家单边的或者多边联合、制衡的宏观调控。[17] 虽然经济学上的这一区分方法不应该完全等同和代替我们对于法律问题的思考,但可以为我们提供一种思路和借鉴。

2. 经济法。目前我国比较公认的通说是国家对于经济关系进行宏观调控和对于市场行为进行管理的规范属于经济法。而对于平等的民商事主体交易中存在的权利义务进行调整的规范,则属于民法、商法。[18] 这也可以给确立国际经济法的内涵和外延问题提供一定借鉴。

3. 公法与私法。公法和私法的划分从古罗马时代开始,经过了数千年的历史,

---

[17] Paul R. Krugman & Maurice Obstfeld, *International Economics: Theory and Policy*, 5th ed., Addison-Wesley, 2000, p. 3.

[18] 参见苏惠祥、邱本主编:《经济法原理》,吉林大学出版社 1999 年版,第 62 页;石少侠主编:《经济法新论》,吉林大学出版社 1996 年版,第 12 页;张瑞萍:《涉外经济法学》,吉林大学出版社 1998 年版,第 15 页。

仍然得到广泛的认同。在私法方面有着一套专门的规律和原则,如等价有偿、平等自愿、诚实信用等;在公法方面也有着一套鲜明的原则和规范,如国家主权、社会公益等。在跨国经济关系中,平等主体之间的交往关系即是私法关系的跨国化,而国与国之间的协调关系和国家与私人之间的调控关系则是公法关系的体现。这种区分对于国际经济法也具有一定启发意义。

五、跨国经济关系的划分

为了能既详尽而又简明地解释"国际经济关系"的问题,我们首先制作一个模型。假设世界上只有三个国家 A、B 和 C。A、B、C 三国内各有从事跨国经济交往的私人 X、Y、Z。A、B 两国共同组成国际组织 O。[19] 在这些主体之间可能产生的涉及经济的关系(在这里,为了叙述方便,仅考虑直接涉及经济的关系,而不关涉其他政治的、法律的关系[20])如图 1-1 所示:

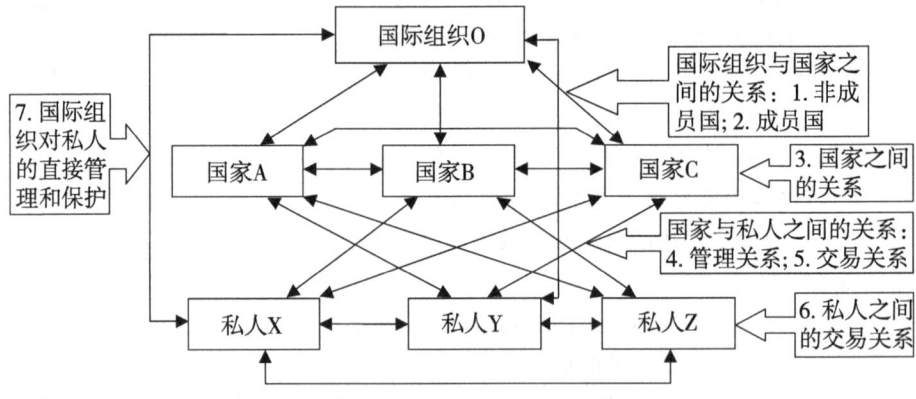

图 1-1 跨国经济关系简示

根据此图,具体的跨国经济关系可以分为以下 7 个层面:

1. 国际组织与成员国的关系(O 与 A、O 与 B 之间的关系)。这种关系可以具

---

[19] 文中所指国际组织均为政府间国际组织。非政府组织(NGOs)在现代国际经济法中起到越来越重要的作用,无论是在立法环节,还是在法律的执行、实施环节;但是由于其组成方式基本上等同于法人,所以不再单独列出。有关非政府组织对于国际经济法的发展的论述,参见王彦志:《非政府组织与国际经济法论纲》,载《国际经济法论丛》(第 7 卷),法律出版社 2003 年版;王彦志:《非政府组织与世界贸易组织争端解决机制》,载《法制与社会发展》2003 年第 6 期;王彦志:《非政府组织的兴起与国际经济法的合法性危机》,载《法制与社会发展》2002 年第 2 期。

[20] 当然,经济关系在经法律调整以后即形成法律关系,经济关系在通过政治方式处理之后即成为政治关系;政治和法律是关系处理的方式,而经济、环境、公共健康、军备控制等则是关系的具体内容,二者有着不同的视角。

体分为两个方面：一是作为独立的国际法主体之间的关系，可以比照国家间的关系；二是国际组织在其职权范围内制约、管理、监督成员国的行为，二者之间有一种类似于隶属的关系，正是在这个意义上，此种国际组织具有了一定的超国家性质，而并不纯粹是国家间的组织。

2. 国际组织与非成员国的关系（O 与 C 之间的关系），类似于国家之间的关系（A 与 B 之间的关系）。仅当国家在意图加入该国际组织时才可能会受该组织的某些规范的制约。

3. 国家之间的关系，主要是基于国际法的规则所形成的条约关系，以及其他外交关系。

4. 国家对本国私人或者外国私人的涉外经济交易行为依据国内法和/或国际法的规定从事管理；私人在接受经济行政管理的同时可能对国家的行为的合法性进行追问，对国家不当行为而给其造成的损失要求赔偿或补偿（如通过行政诉讼或者寻求外交保护）。

5. 国家可以和私人进行诸如物资采购（尤其是政府采购）、资源开发或者签署工程建设经营协定、借贷款等经济交易。

6. 私人之间在国家的管制之下进行跨国交易行为，或者进行与经济规范的订立与运行有关的非经济行为（比如经济法律规范的发布传播，对于此种规范进行学术性的研讨和批判）。

7. 在某些国际组织的框架之内（如欧洲联盟），私人可以直接和国际组织发生请求保护、管理与被管理的关系。以非政府组织形态出现的私人会促进或者阻碍国际经济立法或者执法。

在归结出上述关系之后，我们要考虑的是：对于国际经济交往过程中所遇到的这些问题、发生的这些关系进行调整的规范都属于国际经济法吗？回答是肯定的。固然 1、2、3、4、7 几种关系直接涉及国家的主权、利益和管理行为，具有质的同一性和紧密的相互关联，而 5 和 6 两种交易关系则不直接关系到国家的主权和利益，其产生的法律基础是当事人地位平等，所遵循的规则是国内民商法规范或者与其并无实质差别的跨国交易规范（国际商事惯例、国际商事统一实体法）；但是为了调整的便利和一致，还是应该以前一类为主要和基础，以后一类为辅助和补充，把它们都纳入国际经济法的框架之内。

六、体系重构：严格意义上的国际经济法

（一）严格意义上的国际经济法：内涵

根据前面的理论分析，可以对国际经济法作出如下概念表述：国际经济法是对所有国际法主体（包括国际组织；从经济角度看类似国家的主体，如单独关税区；私人如跨国公司等）之间协调国际经济关系、配置国际经济利益以及从事国际经济交往等行为起到调整作用的国内法和国际法规范的总体。

在这里,配置国家和其他国际法主体之间的经济利益,主要是通过国际社会的立法政策和立法行为来实现,包括多边或双边立法,也包括一些单边管理措施(如国际组织对于国家的经济行为的监督和约束、国家对私人经济行为的宏观调控和市场管理、国家为了配合其他国家的相关法律政策而制定的规范等);而协调国家和其他国际法主体之间的关系,主要是通过法律的执行来实现,包括落实国际和国内法律规范、通过多边会谈和双边磋商解决突发性问题(如中国与欧盟之间针对纺织品问题的谈判)以及国家针对其他国家的某些规范和行为采取的反应措施等;而各个国际法主体从事国际经济交往,则主要是通过对相关国际法和国内法规范的遵守来进行。其中前一种主要是纵向性的规范;而后两种则主要是横向性的规范。

(二)严格意义上的国际经济法:范围

国际经济法的范围可以从不同的角度来看。从主体上看,它包括国际组织、国家和私人。这些主体围绕着相关国际条约、惯例以及国家宏观经济调控政策等创立法律规则,参与法律关系,从事法律行为。从涉及的领域来看,它包括国际贸易(货物贸易、技术贸易、服务贸易)、国际投资、国际金融等,其方式包括平等协商、准入措施、税收征管、数量限制等。从经历的环节来看,它包括国家之间成立国际组织的规则,国际组织的运作规则,国家的管理调控规则和国家、国际组织及私人之间的交易、管制、争端解决规则等。就法律的来源而言,它包括国内的涉外经济调控立法,涉及经济交往或管理的国际条约、公约、政府间国际组织(包括全球性的、区域性的,经济性的、非经济性的)的有关法律规则,私人(民间)的惯例或通常做法等。从法律规范的性质来看,它既包括实体规范,也包括程序规范,前者如国家给予外国商品、投资的待遇、关税税率,后者如反倾销、反补贴的调查程序、ICSID的投资争端解决程序和WTO的争端解决程序等。

这种国际经济法的概念是以国家的价值观为基础的,体现的是国家的单独意志或国家意志的有机结合。国际经济法一般是以属地原则为核心适用于位于本国的外国人,而以属人原则为核心适用于位于外国的本国人。

(三)严格意义上的国际经济法:法律部门和法学学科

应该指出的是,此时我们所讨论的国际经济法其实包含了两种含义:一种是从法律部门的意义上谈的,虽然组成国际经济法的每一个分子基本上都可纳入其他法部门(如涉外经济法、国际法),但是国际经济法仍然可以以一个边缘、综合的法部门的身份存在。[21] 另一种是把国际经济法作为一个法律研究的学

---

[21] 类似的观点,参见左海聪主编:《国际商法》(第3版),法律出版社2023年版,前言第1~2页。

科。[22] 国际经济法学是以前述的国际经济法规范为基础的学习与研究体系，这种学习和研究基于法律规范的存在和运作，同时也会影响和指导相关规范的出现与变革。因为二者存在非常密切的关联，所以习惯上统称为"国际经济法"。虽然有一些学者指出这样的用法不精确，[23]但是语言使用的一条重要的规则就是尊重约定俗成的用法，例如用民法、行政法、刑法等词汇指代相关学科就已经为学者和公众所接受。所以用"国际经济法"一词来指代严格来说的"国际经济法学"，并不会引起误解。[24]

七、国际经济法学体系重构的意义

（一）严格意义上的国际经济法：特点

从上述国际经济法的概念，我们可以归结出：国际经济法归根结底是以国家的价值观、伦理观为基础的规范，它基本上体现并服务于国家利益；它主要是通过国内立法和国际立法使原来施展于国内的"看得见的手"在具有跨国因素的经济交往中也能发挥其作用；国家通过属人原则和属地原则对位于本国的外国人和位于外国的本国人的经济活动进行管辖，以体现国家意志。由此出发，我们就能够以国家主权为中心建构国际经济法的体系。[25] 这种国际经济法的定义的特点表现为以下两个方面：

1. 主动性。从法的产生来看，这些国际经济法规范中大部分都是国家主动出击性的规范，也就是体现着政府对经济活动的干预。其中各国的国内涉外经济立法和国际经济立法，都是通过国家的主动行为，通常是法律制定程序出台的。这样，国际经济法就较多地体现了国家意志。

2. 主权性。从法的实质来看，这些国际经济法规范的精神内核实际上是国家主权的体现。国际经济立法是国家作为主权者，一方面追求自身的主权需要、维护本国的切身利益，另一方面也考虑其他国家的主权权益、顾及国际反响和自身形象，经反复斟酌的结果。其中，无论是单边的涉外经济立法，还是双边的国际经贸

---

[22] 很多学者都主张国际经济法不能以法部门的形式存在，而只是一个学科。如徐崇利：《国际经济法与国际经济法学——"国际经济法"概念新探》，载《厦门大学学报》1996年第2期。但也有相当多的学者认为国际经济法就是一个法部门，如朱崇实：《国际经济与国际经济法》，载《厦门大学学报》1997年第2期。

[23] 参见杨紫烜主编：《国际经济法新论——国际协调论》，北京大学出版社2000年版，第84~87、362页。

[24] 参见张乃根主编：《新编国际经济法导论》，复旦大学出版社2001年版，第47页；王贵国：《国际经济法》，（香港）广角镜出版社1992年版，第7页。

[25] 持这一观点的学者在国内论著中也有见及，如车丕照：《国际经济法原理》，吉林大学出版社1999年版，第9页。

条约、多边的国际经济公约都体现了主权的张力与平衡。[26]

(二) 严格意义上的国际经济法：优长

1. 这种国际经济法的概念在实践上较为便利。从国家的角度讲，区别其直接管理和间接裁断的事项，可以使国家更加明确其自身的职权，既避免其抓不住重点，也避免其对关系国计民生的事项自由放任。从私人的角度讲，区分何为必须遵照、不得改易的强行法，何为自由选择、能够增减的任意法，就可以把握自身和其他当事方的行为，增强市场预测能力。

2. 这种国际经济法的概念在理论上较为严整。国家主权和国家利益成了国际经济法的灵魂，国际经济法的所有规范都与国家有着紧密的联系。因而，国际经济法就会有统一的基本原则、价值导向，所有的规范也就可以结合起来。

3. 这种国际经济法的概念遵循了相关学科领域的国际通用规则。"国际经济法学"这一概念上，虽然欧陆国家的学者和美国、日本的学者在理解上大相径庭，谈不到什么国际标准，但本书探讨国际经济法的概念时参照了其他领域（经济学、法理学、经济法学）已经比较成型的原则和规范，因而可以说是有所依据的。

(三) 严格意义上的国际经济法：与其他国际经济法学说的区别

1. 与综合说的区别。本概念把单纯涉及市场中交易者之间的行为与关系规范仅作为辅助部分，因为这些规范直接服务的是交易者个人的利益和意志，只是间接地涉及国家利益；国家权力在这里并不主动干预，而只是起到居中裁判的作用。

2. 与国际法说的区别。本概念将目光主要投向于以国家为主体的国际社会，此外也将国内关乎国家利益的法律规范容纳到国际经济法中。因为，影响国际经济发展和各国经济权益的决不仅仅是国家之间的关系，那些会影响到私人交易选择的规范，也会关系到有关国家的利益，所以应该把它们一并涵盖在内，进行对照的、因果的研究。

3. 与狭义国际经济法学说的区别：狭义国际经济法学说将各国的涉外经济立法放到前所未有的高度，使人们认识到政府管制行为对国际经济关系的重要影响，具有其重大的理论意义。在这里，我们更重视在国际经济管制和调控方面国际法规范和国内法规范的内在一致性，即质的同一性。而且国际条约、政府间国际组织的法律文件与国内经济立法的联系本来就是十分密切的。

---

[26] 在国际经济法语境内对于主权的讨论，参见 John H. Jackson, "The Changing Fundamentals of International Law and Ten Years of the WTO", 8 *Journal of International Economic Law* (2005) 3, p.9–13; John H. Jackson, "Sovereignty – Modern: A New Approach to an Outdated Concept", *American Journal of International Law* 97, 2003, p.782–802; Kyle Bagwell and Robert W. Staiger, "Domestic Policies, National Sovereignty, and International Economic Institutions", *The Quarterly Journal of Economics*, May 2001, p.519–562。

八、严格意义上的国际经济法与相关法律的关系

按照前述的严格意义上的国际经济法概念,可以较为清楚地划定界限,妥善地安排学科建设、配置教学资源。

(一)严格意义上的国际经济法与国际公法的关系

在传统上,人们把国际法认定为"国家之间的法"(law among nations),国际经济法和国际法是一种交叉关系:针对国家(包括国际组织)之间含有经济内容的关系所创设的规则及确立的秩序,既是国际经济法的一部分,也是国际法的一部分。而调整国家之间不含经济为内容的关系的规范体制,则属于国际法而不属于国际经济法。[27] 而国家(包括在经济意义上被视为类国家主体的单独关税区)对于经济行为的单边控制,也就是各国的涉外经济法,以及调整国家与私人之间具有跨国经济内容的法律规范,则是国际经济法的一部分,而不属于国际法的一部分。

(二)严格意义上的国际经济法与国际私法的关系

国际私法(private international law)有着不同的定义。按照广义的国际私法概念,国际私法是调整跨国民商事法律关系的规范的总体,具体包括当事人地位规范、冲突规范、统一实体规范、跨国民商事争议解决规范等内容。狭义的国际私法仅仅包括冲突规范和法律选择问题。

严格意义上的国际经济法和狭义的国际私法之间没有直接的联系,只有理论或观念上的联系:国际经济法与国际私法同样有着对个人的关怀[28]和政府利益的驱动。[29] 二者的主要区分就在于:在错综复杂的国际经济问题上,国际经济法

---

[27] 当然,对这一问题必须保证界限,必须强调关系所涉及的内容的经济属性,否则,正如某些学者指出的:几乎所有的国际法都是国际经济法,因为深入地发掘,国际关系大多对经济利益起着重要的促动作用。

[28] 例如,国家之间通过税收协定的方式解决双重征税的问题,其直接目的就是保护私人的利益。现在有学者提出,应当在人权的基础上反思和审视现存的国际经济法体系。比如:Ernst‐Ulrich Petersmann, "Human Rights and International Economic Law in the 21st Century: The Need to Clarify their Interrelationships", *Journal of International Economic Law* 4, 2001, p. 3‐4; Petersmann, "The WTO Constitution and Human Rights", *European Journal of International Law (EJIL)* 3, 2000, p. 19; Petersmann, "Human Rights and International Economic Law in the 21st Century", *EJIL* 4, 2001, p. 3; Carlos Manuel Vázquez, "Trade Sanctions and Human Rights‐Past, Present, and Future", *Journal of International Economic Law* 6, 2003, p. 797‐839; Christopher McCrudden, *International Economic Law and the Pursuit of Human Rights: A Framework for Discussion of the Legality of "Selective Purchasing" Laws under the WTO Government Procurement Agreement*, Oxford University Press, 1999, p. 5‐7。

[29] 在国际私法的很多问题中,都会涉及国家的主权和利益问题。比如,管辖权的确定、准据法的选择、对外国仲裁裁决及法院判决的承认和执行等各个环节都会涉及有关案件事实所指向的国家的利益。特别是,国际私法的一些制度,如法律规避、反致、公共秩序保留等,更是直接体现了国家(主要是法院地国)的利益。因此,在国际私法的诸多学说中有政府利益说。

主要关系到国家意志和利益,而国际私法主要关心那些主要涉及当事人自身意志和利益的法律关系。[30]

广义的国际经济法与广义的国际私法,在处理商事交往的规则上是彼此重合的。

(三) 严格意义上的国际经济法与国际商法的关系

国际商法(international business law/international commercial law)按照比较公认的概念,是调整国际商事关系的私法,也就是调整跨国商事交易和从事跨国活动的商事组织的各种关系的法律规范的总体。[31] 它直接服务于个人的意志和利益,间接服务于国家利益,是国内商法的拓展和延伸。其具有惯例性、自主性、自治性等特点。

从性质来看,国际经济法具有主动性、主权性,而国际商法则平面地调整商事主体、商事行为、商事关系,因此,国际经济法与国际商法的差别还是很明显的。国际经济法主要调整公法性的法律关系,也就是涉及整个国家、社会利益和安全的法律关系;而国际商法则主要调整私人在进行市场交易行为的过程中涉及本人和其他当事方权益的法律关系。这是二者之间差别的根源。[32]

具体来说,在国际经济法与国际商法之间,正是因为法律关系不同,存在以下五点差异。首先是在主体上有着显著的不同:国际经济法的主体是以国家为主;而国际商法的主体则是以私人为主。其次是在调整方法上不同:由于国际经济法的法律关系多为垂直的、纵向的关系,所以国家的介入多为直接的,体现为国家直接采取有关行为;而由于国际商法的法律关系多为平行的、横向的关系,所以国家的

---

[30] 叶兴平、杨静宜:《论国际私法与国际经济法的关系》,载《当代法学》2002 年第 6 期;不同的观点,参见高尔森、程宝库:《论国际经济法与国际公法、国际私法的关系》,载《国际经贸研究》1997 年第 1 期,该文认为,国际私法应当缩小范围,国际经济法应当保持在"综合说"的框架之下,使二者不再矛盾。

[31] 参见左海聪主编:《国际商法》(第 2 版),法律出版社 2013 年版,第 1 页;冯大同主编:《国际商法》,中国人民大学出版社 1994 年版,第 1 页。这一概念在我国由经济贸易领域的广泛使用推广到了法学界。需要说明的是,美国很多学者所称的"国际商法"(International Business Law)并不纯然是一个私法概念,它同样包含着政府管治的内容。See, e. g., Ray August, *International Business Law: Text, Cases, and Readings*, 3rd ed., Prentice Hall, 2000; Folsom, Ralph Haughwout, Michael Wallace Gordon and John A. Spanogle, *International Business Transactions in a Nutshell*, 7th ed. Thomson West, 2004.

[32] Cf:"A related purported distinction between international business law and international economic law is the distinction between transactions and trade. Transactions, in this sense, are between private persons (or public persons treated more or less as private persons), while trade is a matter of public policy and mercantilism or protectionism." Joel P. Trachtman, "The International Economic Law Revolution", 17 *University of Pennsylvania Jeurral of Interrafiond Ecoronvic Law* (1996)33.

介入多为间接的,在出现纠纷当事人不能解决时,国家才以中立的第三方、裁判者的身份出现。[33] 再次是在法律渊源上不同:国际经济法的渊源为国际法和具有行政性质的国内法;而国际商法则多体现为国际商事惯例、国内民商实体法和民事诉讼、仲裁程序等法规。又次是在法律的强制力上不同:就实体法规范而言,国际经济法是强行性规范;国际商法中大量存在任意性规范。最后是学科的基本原则不同:国际经济法着眼于宏观大局,所以更注重国家主权和利益、国际经济秩序、国际和谐与稳定发展等价值目标;[34] 国际商法则以民商法的基石原则——当事人意思自治为起点。[35]

按照广义的国际经济法界定,国际商法是国际经济法的一个部分。

第二节 国际经济法的渊源

国际经济法的渊源(sources of international economic law)就是国际经济法的表现形式,或者说是国际经济法规则的产生方式,也就是说,当我们需要了解国际经济法、运用国际经济法的时候,哪些可以作为最基本的依据和材料。探讨国际经济法的渊源问题,就是要认清国际经济法有哪些渊源,各自有什么作用,其位阶和效力如何,等等。

国际经济法的渊源问题本来并不复杂。究其根本,就是哪些可以作为国际经济法的规范,它们是什么样的;哪些规范不属于国际经济法,为什么。当前在理论界存在的争论,如联大决议、国际商事惯例等是否可以作为法的渊源,其争论焦点其实在于:什么是法的渊源、什么是国际经济法。在国际法领域,对法的渊源的界定与国内法稍有不同,这是因为国际法的强制力远远不能与国内法相比,所有的规范都不如国内法那样属于"硬性规则"。在现代国际社会,我们仍然随处可见强权政治的影子。可以这样说,如果把现代的世界称为"社会",并以国内社会的标准进行衡量的话,那它还远远算不上是一个"法治社会"。在这种情况下,国际法规范的形式就可能不像国内法那样可以清晰明确、可预期,由一个权威的机关制定或认可,并由公认的权威机关来执行和监督。

---

[33] 参见王军、高建学:《关于国际经济法与国际商法的学科设置的思考》,载《山西大学学报(哲学社会科学版)》2004年第4期。

[34] 参见何志鹏:《国际经济法与国际经济新秩序》,载《法制与社会发展》1999年第1期;韦经建、何志鹏:《论国际经济法的公平原则》,载《吉林大学社会科学学报》2002年第3期;何志鹏:《国际经济法与可持续发展》,载《法商研究》2004年第4期。

[35] 参见吕岩峰:《当事人意思自治原则论纲》,载《中国国际私法与比较法年刊》(第2卷),法律出版社1999年版;吕岩峰:《私法自治与国际私法》,载《法制与社会发展》2000年第1期。

一、对国际经济法渊源的不同认识

对国际经济法本身的不同理解会导致对国际经济法渊源范围的不同界定。

(一) 国际法说的渊源认识

对于将国际经济法定义为属于国际法的一部分的"国际法说"而言,国际经济法的渊源很显然就是国际法的渊源在经济领域的体现,具体的渊源应当包括经济方面的国际条约、与经济有关的国际习惯、具有经济意义的国际组织的法律文件,当然辅助的渊源还包括权威公法学家学说、公认的法理、公允善良原则等。[36]

(二) 单边控制说的渊源认识

对于将国际经济法定义为各个国家对于国际经济活动进行管理和控制的法律规范的总体的"单边控制说"而言,国际经济法的渊源主要是国内立法,但也包括在对国际经济交往进行政府控制方面进行统一的国际公约。[37]

(三) 综合说的渊源认识

对于将国际经济法定义为覆盖所有调整跨越国境的经济关系的法律规范的"综合说"而言,国际经济法的渊源的外延要大得多。这些渊源十分广泛,既跨越了国际法和国内法,也跨越公法和私法,渊源之间或有重合,或有交叉,错综复杂。从"综合说"看来,根据目前的国际实践,国际经济法的渊源,即调整国际经济关系的法律规则可表现为(或源于)国际经济条约、国际经济贸易惯例和国内立法等。

二、国际经济法的主要渊源

按照第一节阐述的严格意义上的国际经济法概念,国际经济法的渊源应当包括以下几个方面:第一,各国国内涉及对外经济交往的宏观调控性质的立法,简称涉外经济法,这是国际经济法中数量众多、内容繁杂的部分;第二,国际上形成的与经济交往相关的习惯;第三,国家之间所达成的与经济有关的国家据以直接享有权利、承担义务的国际条约;[38] 第四,国际组织(包括经济组织和非经济组织)通过的具有法律约束力的与经济有关的法律文件;第五,相关的司法裁判和重要的学说,其中有些方面属于国际法渊源,另一些方面属于国内法渊源。以下则按照通行观点列举国际经济法的主要渊源。

(一) 国际法渊源

既然国际经济法是调整主要涉及国家主权和利益的国际经济关系的法,它当

---

[36] 参见《中国大百科全书·法学》,中国大百科全书出版社 1984 年版,"国际经济法"条对"国际法说"的介绍,史久镛撰;陈安主编:《国际经济法总论》,法律出版社 1991 年版,第 76~82 页。

[37] 车丕照:《国际经济交往的政府控制》,长春出版社 1996 年版,第 2 页。

[38] 在这里,我们排除了《联合国国际货物销售合同公约》这样一类条约,它们属于国家之间签订的、权利义务直接归属于私人的国际立法。这种条约一般被称为"私法性条约",依其性质应当归属于国际私法中的"国际统一民商实体法",是民商立法的国际化,为国际私法、国际商法的渊源,而由于不直接涉及国家的主权、管理,不属于此处所说的国际经济法的渊源。

然有一部分规则是来源于国际法的。这一部分规则应当根据国际法渊源的认定方式来寻求。学者们一般认为,国际法的渊源较全面地在《国际法院规约》(The Statute of the ICJ)第 38 条中得以列举。第 38 条分为 2 款,规定如下:

> 法院对于陈述各项争端,应以国际法裁判之,裁判时应适用:
> 1. 不论普通或特别国际协约,确立当事国明白承认之规条者。
> 2. 国际习惯,作为通例之证明而经接受为法律者。
> 3. 一般法律原则为文明各国所承认者。
> 4. 在第 59 条规定下,司法判例及各国权威最高之公法学家学说,作为确定法律原则之补助资料者。
> 前款规定不妨碍法院经当事国同意本"公允及善良"原则裁判案件之权。

根据上述规定,结合国际经济法的发展状况,我们认为国际经济法的国际法渊源应当包含下列五个方面。

1. 国际条约。《维也纳条约法公约》第 2 条第 1 款(a)项规定:"称条约者,为国家间所缔结而以国际法为准之国际书面协定,不论其载于一项单独文书或两项以上单独文书内,亦不论其特定名称为何。"

在国际经济法的框架下,相关条约多为国家或政府间国际组织与国家或政府之间订立的以国际法为准则的、规定相互之间具有经济内容或影响的权利义务关系的书面协议。这些条约具有下述特点:

(1)条约主体,即缔结者仅限于国家和政府间国际组织,这是所有条约的共同点,也是条约区别于特许协议的关键。

(2)条约内容,涉及缔约国间具有经济意义的权利义务关系。

(3)条约缔结,不得与国际强行法(jus cogens)相抵触。虽然国际条约本身也是国际法规范,但在这种规范之上,还存在更高效力层次的法律规范,即国际强行法。[39]

(4)条约形式,为所载权利义务更为确定和严肃,必须采用书面形式。当然,随着时代的发展,"书面形式"的含义是多样的。

作为国际经济法的渊源的国际条约可以根据不同的分类标准进行划分。依国际条约所设定的权利义务的内容和性质是否具有普适性可以分为造法性条约与契约性条约。

所谓契约性条约,是指以设定参加国特定事实或非经常性往来权利义务为内

---

[39] 参见何志鹏:《漂浮的国际强行法》,载《当代法学》2018 年第 6 期。

容的双边或多边协议,比如几个国家签署的借贷协议、物资援助协议、工程建设协定等。一般而言,契约性条约就一时一事约束当事国,主体虽为国家,其实质与民事合同无异。尽管一项契约性条约并不存在对类似事件和关系的普遍约束力,在相关的国际裁判中仍然必须把它作为国际法律的渊源。

与此相对,所谓造法性条约,是指以设定参加国非特定事实或经常性往来权利义务为内容的双边或多边协议,比如两国关于贸易往来的换文、关于保护相互间投资的协定,等等。造法性条约具有更为长期的、普遍的约束力,有些可能被直接视为缔约国的法律而予以实施,因而拥有法律的效力,有些则通过缔约国的某种程序[40]成为国内法的一个部分,故而是更具有普适性的国际经济法渊源。

依据国际经济条约调整对象的不同可分为公法性条约与私法性条约。

其中公法性条约是指那些直接涉及国家的主权及利益的条约。依公法性条约与经济内容的关联程度,还可以具体分为两种:(1)专门以国家间的经济关系作为其调整对象的国际条约。此类国际条约专门以国家间的经济关系为其调整对象,它们在本质上与可以作为国际公法渊源的其他国际条约并无不同,因而其既可以作为国际经济法的渊源,也可以作为国际公法的渊源。(2)部分以国家间经济关系为其调整对象的国际条约。这一类国际条约是在其调整的各类关系中包含有国家间的经济关系,如《联合国海洋法公约》(UNCLOS)既调整国家在海洋区域的划界关系,也调整国际海底开发关系,因而在法律渊源方面同前一类的国际条约具有同一属性,它们既可以作为国际经济法的渊源,也可以作为国际公法的渊源。

私法性条约则是指直接涉及从事交易的商事主体利益、而不直接关系到国家的主权和利益的条约,也就是以不同国家的私人间经济关系作为其调整对象的国际条约。这一类国际条约与前一类的国际条约有所区别,比如关于国际货物买卖或运输有关当事人权利义务分配的条约,[41]尽管也是由国家所缔结,但却以不同国家的私人间经济关系作为调整对象。由于国际经济交往主要是私人之间的交往,许多以国际经济交往为规制对象的国际条约,如《联合国国际货物销售合同公约》(The United Nations Convention on Contracts for the International Sale of Goods, CISG)等,其目的就是为私人设立行为规则,只是这种国际条约采取通过约束缔约国进而约束私人的方式。我们认为私法性条约应当属于辅助性的国际经济法

---

[40] 比如,缔约国可以在国内立法中概括地表明,本国参加和缔结的条约具有和国内立法同等的效力,或优于国内法的效力;也可以对于某一项国际条约单独通过议会表决等方式使其并入国内法。

[41] 其实这样的国际条约并不多,但由于联合国国际贸易法委员会的努力,这种条约会逐渐地增加。现在具有较广泛影响的《1980年国际货物销售合同公约》、《关于统一提单若干法律问题的国际公约》(《海牙规则》)、《联合国海上货物运输合同公约》(《汉堡规则》)等涉及具体贸易过程的国际条约均属此类。

渊源。

当然,从主体数目上,国际条约还可以分为双边条约(由两个国家签订的条约)与多边条约(由三个或三个以上国家签订的条约),但由于主体数目与条约的性质和归属没有直接的关系,所以在这里不予讨论。

从条约的具体内容上看,还可以分为概括约束国家行为的条约和具体约束国家行为的条约。前者抽象地为国家行为提供指引,为国家关系的发展提供宏观的方向,但不涉国家具体如何行动,采取何种措施;后者则具体规定了国家及其政府机关应为、不应为的行为,以及如何操作等。现代国际公约趋向于规则具体化、明晰化,故以后一种居多。

从国际经济条约所涉及的领域看,包括概括性构设国家间经济关系的国际经济条约、国际贸易领域的条约、国际投资领域的条约、国际金融领域的条约、国际税务领域的条约、国际经济争端解决方面的条约等。

信守条约是整个国际法和国际关系的基石。一般来说,条约只能为当事国确立权利义务,对第三方没有影响。

2. 国际组织有效力的法律文件。这里所说的国际组织法律文件是指政府间国际组织及其特定机构在运作过程中所产生的意图影响国际经济关系的规范性文件。《国际法院规约》中虽然没有规定国际组织决议和其他法律文件可以作为国际法的渊源,但这主要是由于时代所限,而不是因为国际组织决议和其他法律文件无法成为国际法渊源。"二战"结束之后,政府间国际组织广泛出现并且对国际事务产生着日益重要的影响。国际组织影响国际事务的一个重要途径就是通过制定和实施一些规范性文件。有些国际组织的法律文件属于条约,例如作为其成立基础的多边条约,以及在组织运作过程中出现的多边、双边条约等,这些渊源遵循条约的一般原理,并不需要在条约之外单独讨论。但在条约之外,国际组织还出现了很多调整组织内部事务的法律规则,对所有或部分成员国有拘束力的法律文件,以及表明该组织内部各成员国的共同认识和主张的宣言、决议、建议等[42]。其中,为国家创制国际经济方面的权利义务,指导国家及其政府机关与国际经济有关的立法、执法、司法行为,对国家及其政府机关的相关立法、执法、司法行为作出肯定或否定评价之类的文件均可作为国际经济法的渊源。

国际组织法律文件作为国际经济法渊源的地位,还存在不同的观点。在这里我们有必要详细讨论一下联合国大会决议的效力。有的学者(主要是发展中国家的学者)主张联大决议具有法律约束力;而另外一些学者(如发达国家的一些学者)则认为联大决议不具有法律约束力,充其量只是一种"软法"。我们认为,对于

---

[42] L. Oppenheim, *Oppenheim's International Law*, 9th ed., Robert Jennings and Arthur Watts eds., Longman, 1992, p. 45 – 50.

这个问题应当实事求是地进行分析,而不能主观臆断。可从以下两个方面来认识这一问题。

一方面,联大决议在本质属性上不属于具有约束力的国际法规范。车丕照教授指出:从理论上讲,判断某一国际组织所制定或通过的决议是否具有法的性质,应考察该国际组织或该组织的特定机构是否具有立法权。如果该组织或该组织的特定机构具有立法权,那么它所制定的规范性文件自然属于法律性文件,也就具有了法的拘束力;反之则不具备法的约束力。那么,如何判断某一国际组织或该组织的特定机构是否具有立法权呢？通常可行的方法是审查这一国际组织据以设立的宪章性文件,即成员国为设立这一国际组织所制定的国际公约。例如,《联合国宪章》(The UN Charter)即为宪章性文件,其具有法的拘束力就是毋庸置疑的。如果按宪章性文件的规定,某一国际组织或该组织特定机构所制定的规范性文件具有法律性文件的效力,并对该组织的成员国具有约束力,那么它就具有立法权。这里有两层含义:第一,该组织或该机构所制定的规范性文件具有法律性文件的效力,其对于各成员国均有约束力,而不论某一成员国是否赞成该项文件;第二,该组织或该机构所制定的规范性文件即使具有法律性文件的效力,但其仍然不能约束非成员国,除非该文件所设立的规则具有国际强行法的效力。

另一方面,从效果上看,联大决议表述了国际社会主流的或者多数国家的意志或情感倾向,可以归属于国际法渊源的辅助材料。即使诸如联合国大会这类国际组织、机构不具有立法权,它们所通过的具有规范性文件形式的决议,仍然具有一定的效力。因为首先,虽然我们认定,联大决议在没有通过条约的缔结程序使其"上升"为法律性文件之时,它不具备法的约束力;但是对于赞成该项决议的成员国而言,它们在该决议中以书面的形式清晰明确地表达了"建议"创设某种规范的共同意志,因此,该决议对这些国家具有国际道义性的约束力。其次,从理论上讲,对于不赞成该项决议的成员国而言,由于它并未同意决议所"建议"创设的规范的内容,因此不能强制它遵守这些决议。再次,从发展的角度分析,国际组织所制定的决议对某些国际经济法规范的最终形成可能具有推动作用。最后,我们认为,国际法从本质上讲本来就是一种软法,在一个强国既不愿意遵守约定又违背国际公认道德的情况下,并没有任何国际法措施能够对其加以制裁。从这个意义上讲,国际组织所制定的决议从效力上看并不次于"一般法律原则"。因而,就这些规范的意义而言,其已经具备了国际经济法渊源的资格。

应该指出的是,在联合国大会上,采取的是一国一票制,这样在世界上占大多数的发展中国家就可以通过一些反映发展中国家意志的、对自己相对有利而对发达国家相对不利的决议。所以在联大决议的效力问题上发达国家和发展中国家的学者才会有分歧。我们要承认一个客观现实:在当今的国际法律秩序中,还没有形成"多数裁决"这一国内法上较为普遍采用的立法规则。因此,如果通过一项决议的国际组织或机构不具有立法权,那么,无论这一决议如何反映着国际社会的发展前景,也无论赞成这一决议的国家如何对该项决议"具有法的确信",该项决议终究不会在事实上产生法的约束力量。[43] 不能盲目地认为联大决议就是国际法规范;但联大决议的约束力量至少不应当比权威公法学家学说的约束力量要弱,所以认定联大决议可以作为国际法渊源的辅助应当是较为中肯的看法。当前,这些文件确实越来越广泛地影响着国际经济法律秩序。

3. 国际经济习惯。国际习惯又称习惯国际法,根据国际法文件,它是指"作为通例之证明而经接受为法律者"。[44] 由此可见,国际习惯的形成须具备两个条件,一是各国的反复的类似行为(具体实践),二是各国认为其具有法的约束力(法律确信);[45] 北海大陆架案即可见习惯国际法认定的一般方式。作为国际经济法的渊源,国际习惯除符合上述构成条件之外,还应含有经济性权利义务的内容。国际习惯的适用主体只能是国家和国际组织。作为国际法最古老、最原始的渊源,国际经济交往自然也是从习惯开始的。当国家进行与国际经济交往有关的活动时,国家所遵行的国际惯例为经济性国际习惯。此种国际习惯至少在三种情况下可能对国家具有约束力:一是在国家相互交往时,国家可依据国际习惯来约定彼此的权利义务关系,并通过条约予以确认;二是在一国对其涉外经济活动实施管理时,可参照国际习惯来制定其有关的法律,使其与世界上多数国家的实践相一致;三是当国家之间出现经济争端时,争端当事国之间可以依据国际习惯或国际机构解决争端。国际习惯可以用来解释条约,当国际习惯包含国际强行法规则时则可以裁断、否定有关条约的合法性。[46]

北海大陆架案

西德,丹麦与荷兰在北海大陆架的划界问题上发生了争执。上述国家曾于1964年12月1日签订了《德荷条约》和1965年6月9日签订了《德丹条约》,在这两个条约中确定了彼此间的部分边界线,即从海岸到海面25里至30里外,主要适用等距离原则划出。但他们无法就这些点以外的边界线达成任何协议,因为,西德认为,在习惯国际法中没有等距离原则,而且用这种方法划分北海大陆

---

[43] 车丕照:《国际经济法原理》,吉林大学出版社1999年版,第39~45页。

[44] 联合国《国际法院规约》第38条。

[45] L. Oppenheim, *Oppenheim's International Law*, 9th ed., Robert Jennings and Arthur Watts eds., Longman, 1992, p. 25 – 31.

[46] L. Oppenheim, *Oppenheim's International Law*, 9th ed., Robert Jennings and Arthur Watts eds., Longman, 1992, p. 25.

架疆界对西德来说是极不公平的。西德声称，等距离原则只有在直线海岸线的情况下才符合这种要求，否则，便属于特殊情况。而丹麦和荷兰则坚持适用等距离原则。1966年三国进行了进一步的谈判而未能使问题获得解决。1967年2月20日，西德分别同丹麦、荷兰签订特别协定，将划分北海大陆架的争端提交国际法院解决。当事国要求国际法院指明应适用的国际法原则和规则，并承诺将按照国际法指明的原则规则来协商划界。1969年2月20日，法院以11票对6票判定，西德没有义务在划分大陆架时接受等距离原则。划界应考虑到一切有关情况，依照公平原则，通过协议来划定，使构成当事国陆地领土海底自然延伸部分的大陆架归其所有。与此同时，法院也未接受西德的论点。

判决指出，荷兰、丹麦主张的1958年《大陆架公约》因联邦德国不是该公约的缔约国而对联邦德国没有法律约束力；该公约第6条所确立的"等距离中间线"也不是国际习惯因而对联邦德国同样没有约束力。在没有条约依据和国际习惯依据的情况下，国际法院利用一些辅助资料，概括出了有关大陆架划界的"一般法律原则"。如大陆架是陆地领土向海底的自然延伸这个规则是"与大陆架有关的所有法律规则中最基本的规则"[47]。大陆架的法律基础是自然延伸，不是邻近性。某块海底区域如果不是最邻近的国家的自然延伸，即使很靠近该沿海国，也不能成为该国的大陆架。[48] 判决还特别指出，公平原则是一项法律规则，这个规则在许多大陆架划界案中是被引用过的。而适用"公平原则"并不等于是适用"公允及善良"原则进行判决。该判决还特意指出，其适用的是该条第一款所指的(卯)项辅助资料确定的(寅)项的"一般法律原则"。

绝大多数国际习惯和条约一样并不具有普遍约束力。所以，国际法理论界长期坚信，国际法规范从总体上说属于国家之间的"约定法"。也就是说，在国际社会中不存在超越国家之上的世界性立法机构和国家一体遵行的国际法规范，任何一项国际习惯都可因为某一国家的反对而对其不予适用（持续反对者原则）。但自《维也纳条约法公约》(Vienna Convention on the Law of Treaties)正式提出了"国际强行法"的概念之后，就形成了这样的一种理念：如果一项国际习惯在内容上反映的是国际强行法，它就可以对所有国家毫无例外地适用，无论一个国家反对与否，这一国际习惯对其都应予以适用。

不过，在国际经济领域，属于强行法的国际习惯为数甚少。这是因为在国际经济领域，各国经济利益存在尖锐的矛盾与冲突，致使一项国际习惯的广泛确认十分

---

[47] *North Sea Continental Shelf*, Judgment, I. C. J. Reports 1969, p. 3, para. 101.

[48] *North Sea Continental Shelf*, Judgment, I. C. J. Reports 1969, p. 3, para. 40.

困难,而具有国际法强行规范性质的国际习惯的确认就尤为困难。例如,关于一国对外国投资进行国有化的补偿标准问题,尽管广大发展中国家都认为应适用适当补偿原则,并把该项原则视为国际习惯,但发达国家却宁愿将其看作国际贸易惯例;它们还进一步指出,即使适当补偿原则是一项国际习惯,它也不能约束反对它的国家,因为不能证明它是一项国际强行法。而且,由于现代社会已经超越了出现和建立习惯的阶段,[49] 所以今后出现强行性国际经济习惯法的可能性不大。当然,从理论上不能断然排除此种国际经济习惯法的出现。

国际经贸惯例(或称国际商务惯例)是指经过国际经济交往的当事人的反复实践所形成的,通常须经当事人的明示同意才能适用的,通行的国际商事习惯规则或习惯做法。其适用主体主要是私人,在国家以私人身份从事国际贸易活动时亦可对其适用。由此可见,国际贸易惯例的构成要件为:①须经当事人的反复实践方能形成,其适用的内容和形式均十分确定;②须经当事人的明示同意才能适用;③须成为通行的国际商事习惯规则或习惯做法,其适用的范围不但具有商事行业性,而且具有跨国性,成为特定领域内国际经济交往当事人一贯同意遵循的规则或做法。国际商事行为的惯例,自中世纪以来就作为商人法而具有相当的独立性和特殊性,其调整的对象均为平等主体的商事关系。"综合说"以管理性和商事性等所有跨国经济关系为客体,所以将具有经济性的国际习惯和国际贸易惯例都视为国际经济法的渊源。按照本书的国际经济法体系,应当属于国际商法的渊源。

4. 一般法律原则。在国际经济法律关系的处理过程中,经常会出现没有明确的条约和习惯的情况。在这种情况下,一般来说,国际司法裁判机构并不会认为这个问题因缺乏现有法律而无法解决,大多会倾向于从既有的法律文献或者相关实践中总结出一些简明概括的基本原则来给出一个解决的方案。当然,这种做法与国际裁判机构对于案件的整体态度是相关的。如果裁判机构认为这一类事务不宜作出裁决,他们还是会采取相对模糊的态度来阐释问题。[50] 除去这种不愿阐明或者不宜阐明的情况,国际司法机构会阐释和利用相关的一般法律原则。

从前述北海大陆架案的审理我们可以看出,在没有确定的国际习惯和国际条约可供参考和适用的情况下,国际法院的法官们可以利用已有的一系列资料,来总结相关的法律原则,以求得公平的结果。这样既能充分发挥法官的自由裁量权,又

---

[49] 显而易见,当今国际社会具有强烈的国际法律成文化的热情和浓厚的国际法律成文化的氛围。官方和非官方的国际组织的法律编纂工作已经将以往作为国际惯例的东西成文化了,因此今后的趋势是不待一项规则成为国际习惯,它已经被作为国际公约或国际组织的生效法律文件固定下来。

[50] 例如,国际法院审理的使用和威胁使用核武器案的咨询意见,就得出了在涉及国家生死存亡的境况下,无法断定使用和威胁使用核武器是否违背国际法的结论。*Legality of the Threat or Use of Nuclear Weapons*, *Advisory Opinion*, *I. C. J. Reports* 1996, p. 226, para. 105 (E)。

可以获得国际认同,为未来可能的同类情形提供参考依据。

国际经济法中的一般法律原则,应当被理解为和国际法中的一般法律原则意义一致。其中,司法经济也就是一事不再理这样的原则是各国都通行、同样也被国际司法机构所接受的。在国际法的领域内被普遍认可的原则,包括主权原则、公平原则,在国际经济法经常被表述为国际经济主权原则、经济公平原则等。

5. 国际司法判决。相关国际审判、仲裁或其他争端解决机构的审判、裁决文件属于国际经济法不具有约束力但具有参考价值的渊源,或者法律规范发展趋势的证明规则。《国际法院规约》第59条明确规定:"法院之判决除对于当事国及本案外,无拘束力。"但联合国国际法院在判决中所表述的规则对于国际范围内国际经济法规范仍可能产生影响,不仅表现为国际条约、国内立法对这种规则的吸收,也可以将这种规则作为某项国际惯例存在的证明资料。[51]

(二) 国内法渊源

各个国家的国内立法从形式上看可以分为制定法、行政规章、地方规章、判例等。在涉及国际经济关系时,它们都可以成为国际经济法的渊源。当今世界上所发生的大多数国际经济关系,特别是私人之间以及国家与私人之间的国际经济关系,主要受有关国家的国内立法的调整,所以,国内立法可以说是国际经济法的主要渊源。作为国际经济法渊源的国内立法可分为两类:一类是经济法,另一类是民商法。

经济法是规范政府与私人之间的经济管理关系的法。而作为国际经济法渊源的经济法则是调整国家与私人之间所产生的涉外经济管理关系的法,其作用在于确定一国政府与其有权管辖的国际经济交往当事人之间的权利义务关系。

采取国内立法的方式对国际经济交往进行调整是国际经济法律规制的最初手段。在发生跨国经济交往之初,国家可能并不进行干预。待到跨国经济行为逐渐增多,国家就会采取一定的手段进行干预和管理。管理的方式包括收取关税、对于从事跨国贸易的人的资格进行限定、限制从事跨国贸易的地点、确定固定的机构从事管理,以维持市场秩序和国家利益,等等。随着社会的进步,国际经济交往的形式逐渐增多,国家参与管理和控制的方法也随之不断增多。采取国内立法对于国际经济交往进行规制至今也是国家调整涉外经济交往的主要手段,而且是基本手段。因为到目前为止,国际公约、国际习惯、国际组织决议能直接对具体国际经济关系进行调整的尚为数甚少,基本上是通过国家的法律规范间接地成为指引国际经济关系的规则的。调整国际经济交往的国内立法的方式和种类很多。从涉及领域来看,既可能是对所有涉外经济关系的总括立法,也可能是对各个部门和区域、具体问题的分别立法;所涉的事项范围包括商品、货币、资本、人员等所有经济因素

---

[51] 参见韦经建、刘世元、车丕照主编:《国际经济法概论》,吉林大学出版社2000年版,第19~20页。

以及国家安全、社会稳定等社会因素;调整的方式包括宏观调控和市场管理;调整的手段包括税收、程序管理、外汇、商品控制等。正是由于这方面立法的繁复,很多学者才主张设立涉外经济法这一学科领域。作为国际经济法渊源的经济法的表现形式,可以是专门调整某种涉外经济关系的法规,如外商投资企业法,也可以是既调整某种涉外经济关系同时也调整同类型的国内经济关系的法规,如反垄断法。经济法通常具有强行法的性质,从事国际经济交往的当事人不得规避其适用。

民商法主要是规范私人之间交易关系的法。各国的商事立法,在其能够影响具有跨国因素的平等主体间经济交往过程中权利义务关系时,显然是国际商法的重要渊源。民商法作为国际经济法中国际商法部分渊源,调整不同国家的私人之间所发生的交易关系。尽管私人之间就某项交易的权利义务关系的具体内容是通过他们订立的合同加以约定的,但各国的民商法仍要将各类当事人在各类商事交往中的最基本的权利与义务规定下来。作为国际经济法渊源的民商法的表现形式可以是专门调整某种涉外民商关系的法律,也可以是既调整涉外民商关系同时也调整国内民商关系的法律,如美国《合同法重述》(The Restatement of Contracts)。民商法大多数属于任意性规范,但也有少数属于强行法规范。

国内判例有时也会被视为一国法律的一部分。众所周知,英美法系国家是通过法官对个别案件的司法判决而创设规则,再总结原则,归结总体法律框架的。这种法律被称为判例法,或者法官法。在相当长的历史时期里,英美法系国家的国内法的主要渊源是判例法,而成文法属于次要渊源。自19世纪中期以来,成文法的数量才日渐繁多,但判例法作为其国内法主要渊源的地位未受根本动摇。当然,从法的效力的角度来看,成文法的效力均优于判例法。但是,迄今为止,如果在英美法系国家评价某一国际经济关系而又缺乏成文法的依据时,判例法就会发挥其作用。英美法系国家的判例法同各法系国家的成文法在调整国际经济关系方面具有同样的适用范围,即无论是一国的成文法还是判例法,只能用于调整不同国家的私人之间的国际经济关系。

国际经济法渊源是国际公法渊源与国内经济法渊源的有机结合。所谓有机,是指国际法规范和国内法规范之间经常存在普遍的联系。从法规范的制定过程来看,含有经济内容的国际法总是参照各国的国内经济立法现状制定的;[52] 而各国在制定新的经济立法时一般会参照对本国有约束力的国际经济条约、协定以及有

---

[52] 从制定方式上看,国际经济立法也是由各国的立法者谈判、磋商定立的,从制定依据上看,国际经济立法并不是凭空臆造,而是以各国的法律实践为基础和参照的。

关国际组织的法律文件。[53]

第三节 国际经济法的主体

国际经济法主体就是国际经济法律人格者,即国际经济法律关系的主体,是国际经济法律行为的施动者。具体地说,是指能够参加国际经济法所调整的社会关系,并能以自己的名义享有或承担国际经济法上的权利或义务的实体。国际经济法的主体包括国家、国际组织以及私人(从事国际商事交往的自然人和法人)。

一、国家是国际经济法的最基本主体

(一) 国家的概念

"国家"一词在中国和西方都有着悠久的渊源。国家(state)这一概念在不同的学科领域,处于不同的观点,会有各种不同的理解。比如,政治学将国家理解为统治的机构;经济学将国家理解为观察经济整体发展状况的一种界限,或者宏观经济的外围和行动者;历史学将之视为世界风云变幻的表面原因和结果。甚至在同一学科的不同学派那里,对国家的理解也相去甚远。但是《蒙得维地亚公约》(Montevideo Convention on the rights and Duties of States)中所确立的国家基本标准是"永久的人口、确定的领土、有效统治的政府、与他国交往的能力",成为在现代政治学中流行最普遍、接受最广泛的国家定义要素,现代一些国家的百科全书都用类似这种要素说为国家下定义。

在国际经济法领域我们对国家的认识,与国际法上对国家的认识是一致的。因此依照国家的构成要素,可作出这样一个定义:国家是指居住在特定领土上的人民在一套政府机构的运作之下而形成的具有主权的实体。[54] 其构成基础是确定的领土、居民、政府和主权。

国家是最基本、最重要的国际经济法主体,其原因是:第一,国家的存在是国际经济交往产生的前提和基础。显而易见,只有存在了国家,才能谈到"跨国"或"国际"交往,更重要的是,国家间的交往实际上决定着当事人之间的经济交往的范围和程度。例如,交战国之间一般不会有正常的经济往来。第二,国家行为是国际经济法律行为的主要方面。可以说,国家的任何行为都是具有经济意义的。国家参

---

[53] 关于经济领域国际规范与国内法的衔接,参见沈敏荣:《国际经济法的性质及其发展——论 WTO 对国际经济法的发展及其限度》,载《法律科学》2001 年第 3 期;沈木珠:《WTO 背景下国际经济法性质新析》,载《江淮论坛》2004 年第 5 期。

[54] L. Oppenheim, *Oppenheim's International Law*, 9th ed., Robert Jennings and Arthur Watts eds., Longman, 1992, p.120 – 123.

与的国际经济决策、国家的国内经济立法以及代表国家的政府机关的管理行为都是国际经济法研究的主要对象。第三,国家行为决定着国际经济法的渊源。和国内法上的法律主体不同,国家不仅在"依法办事",也在创制着法律。我们所探究的国际经济法的渊源大多数都直接或间接地出于国家之手。

(二)国家的权利能力和行为能力

作为国际经济法的主体,国家具有较为全面和主动的行为能力。国家的权利能力和行为能力是等同的,其来源一方面是长期以来形成的习惯认同,另一方面是国家在其基本章程——宪法中的规定。当然如果深究的话,可能会涉及人民通过社会契约将权利让与国家,国际社会的逐渐成熟将国家的权利能力和行为能力规范化和统一化等问题,在这里不拟作系统分析。需要说明的是,国家的权利能力和行为能力始于建立、终于消灭,不以其他国家的承认与否为依据。

(三)国家在国际经济法上的地位

由于国家既可以参加国际经济法所调整的国家之间的协调关系,又可以参加国际经济法所调整的国家与私人的管理关系和交易关系,所以,在国际经济法体系中,国家具有三重身份:国际社会的成员、跨国经济活动的管理者、国际商事活动的参与者。首先,当国家之间进行具有经济内容的合作、交往时,各国都是平等的主权者;其次,当一国依据其公法上的权限对跨国经济活动进行管理时,国家是处于支配地位的主权者,对方是被管辖者;最后,当国家以自己的名义依据私法原则与外国人(包括个人、法人和其他经济组织)进行经济交往时,国家大体上同对方处于平等的地位。

依据国家主权原则,一国有权通过国内立法来规制其涉外经济贸易活动。而国家主权包含着属地优先权和属人优先权。根据属地优先权,一国可对发生于其境内的一切经济交往,包括外国人所从事或参与的经济交往进行管理;根据属人优先权,一国可对本国人在国外所从事的经济活动加以管理。此外,许多国家还经常依据"效果原则"对某些国际经济活动主张管辖权,即只要某一国际经济活动可能会对本国利益带来一定程度的影响,则不管这一活动是否发生于本国境内或者是否有本国人的参与,本国都可对其行使管辖。

在国家与国际经济活动的当事人之间的关系中,无论是管辖关系还是交往关系,由于一方是主权者,而另一方是私人,所以,国家实质上处于支配地位,私人无法对国家构成约束。但一国不能随心所欲地确定和改变这种关系。首先,国家在确定和改变与当事人的关系时,必须考虑自己的行为与先前承担的国际义务是否一致。但应指出的是,这并不是国家对私人所承担的义务,而是国家对国家所承担的义务。因此,当缔约国的一方违背条约的规定时,只能由缔约对方追究违约方的国家责任。其次,一国在确定其与国际经济活动的当事人的关系时,还必须考虑自身的行为所可能带来的影响,否则很难取得预期的效果。

从以上分析可以看出,国家在国际经济法中的地位取决于国家对外交往的性质,以及对国际法规范中的"约定法"(例如,国家在从事商业活动时是否享有豁免权)的取舍。在国际经济法规范中的强行规范只占很小比重的情况下,国家在国际经济法中的地位主要取决于各国的意志,而这种意志又取决于国家间各种力量,特别是经济力量的对比。所以,一国在从事国际经济交往过程中,在为自己在国际经济舞台上定位时,应充分考虑理想的法与现实的法之间的关系,公平正义原则与实际力量的对比的关系,以制定出切实可行的策略。

(四)国家豁免

从国家主权原则和平等者之间无管辖权原则,可以得出这样的结论:一个国家不能对另一国家行使管辖权。这就是通常所说的国家主权豁免。但后来,由于国家参与通常属于私人经营范围的事业逐渐增多,出现了国家主权豁免问题上的绝对主义和限制主义的不同主张。1976年,美国国会通过了《外国主权豁免法》(Foreign Sovereign Immunities Act,FSIA)。该法虽首先肯定了主权国家享有管辖豁免,但随后却大量地列举了外国国家不享有豁免的例外情况,如自愿放弃豁免等。国家主权的绝对豁免和国家主权的限制豁免经常发生冲突的焦点体现在:当一国从事商业活动时是否当然地丧失豁免的资格。问题在于如何在实践中解决绝对豁免主义和相对豁免主义的冲突。在这个问题上我们的看法是:第一,在许多国家已明确表示采取相对豁免主义的今天,我们很难继续将国家主权的绝对豁免认定为一项普遍适用的国际法准则或规范。如果一项国际法规范不是强行规范的话,那么它只能是国家之间通过明示或默示的行为所约定的规范。因此,应该认为,绝对豁免主义和相对豁免主义都属特别国际法规范,只在分别承认其一的效力的国家之间适用。任何国家都有权自主决定在国家主权豁免问题上采取何种立场或与他国作出何种约定。第二,正因为绝对豁免主义和相对豁免主义都只是特别国际法规范,而非普遍适用的国际法准则,持相对豁免主义的国家不能依据其所承认的特别国际法规范,更不能依据其国内立法来对坚持绝对豁免主义的国家进行约束。第三,由于坚持绝对豁免主义的国家仅仅是拒绝接受其他国家单方面施加的司法管辖,因此,绝对豁免主义和相对豁免主义在实践中直接冲突的机会并不是很多,而且,这种冲突实际上会逐渐减少。冲突减少的原因在于:首先,坚持绝对豁免主义的国家通常也并不会主张所有国家财产在国际经济交往中都享有豁免的资格;其次,坚持不同立场的国家可以通过条约只就某些特定领域中的国家豁免问题作出约定;最后,私人在同国家签署契约时也可要求国家就此次交易放弃主张国家主权豁免的权利。

2023年9月1日,第十四届全国人民代表大会常务委员会第五次会议表决通过了《中华人民共和国外国国家豁免法》,标志着我国外国国家豁免制度的进一步健全。该法律采取了限制豁免的制度,实现了从绝对豁免立场的转变。通过规定外国国家在中国享有的豁免与例外等内容,《外国国家豁免法》对统筹推进国内法治与涉外法治,促进对外开放,依法维护国家主权、安全和发展利益,保障当事人合法权益等具有重要意义。

二、政府间国际组织作为国际经济法主体的地位日益重要

(一) 国际组织的概念

国际组织是指不同国家或不同国家的自然人、法人或其他实体,为特定宗旨,在自愿协商的基础上,依照某种程序所建立起来的,具有独立人格的法律实体。从这一定义可以看出国际组织具有以下特点:

第一,国际组织既包括以国家作为成员的组织(政府间国际组织),也包括以自然人、法人和其他实体作为成员的组织(民间国际组织)。以国家作为成员的国际组织通常被赋予某些国家才可能具有的管理的职能,因此可称为公法上的国际组织;而民间国际组织则无法具有这种管理职能,因而可称为私法上的国际组织。

第二,国际组织须有特定的宗旨,这是国际组织得以建立的原因。国际组织的宗旨决定了国际组织的功能和作用范围,如果超过了国家的授权界限,其合法性就会受到怀疑。不过,任何组织都有权力扩张的倾向,所以很多时候国际组织都会通过规范或实践拓展权能。

第三,国际组织是在各成员自愿协商的基础上建立起来的。根据组织的宪法性章程,各成员都具有平等的法律地位,所以任何一方都不能将自己的意志强加给另一方。当然,即使如此,组织成员的影响能力差异还是很明显的,例如德国、法国在欧盟的影响力就远大于其他成员国。

第四,国际组织的建立需要根据宪法性章程而履行特定的程序。

第五,国际组织具有独立的人格。国际组织与国际会议的区别在于前者具有独立的法律人格。确定某国际组织具有法律人格的主要后果是,该组织成为国际法主体,能独立享有国际权利和承担国际义务。[55] 国际非政府组织也需要具备独立的法律人格,才能够成为国际法主体。

(二) 政府间国际组织的国际经济法主体资格

政府间国际组织是指两个或两个以上的国家依据条约建立的具有独立的国际法律人格的机构。政府间国际组织是重要的国际经济法的主体。政府间国际组织的特点在于:

首先,除了一些特别例外,它是由国家设立的组织。组织的成员主要是国家,个别情况下也包括国家所辖的地区,如作为亚洲开发银行成员的中国香港特别行政区,世界贸易组织成员中的中国香港特别行政区、中国澳门特别行政区、中国台

---

[55] 参见陈安主编:《国际经济法总论》,法律出版社1991年版,第229页。

湾地区(台湾澎湖金门马祖单独关税区),但不可能包括自然人或法人。

其次,它是国家之间的组织,而不是国家之上的组织。国际组织不得凌驾于成员国家之上,干涉成员国的内部事务。但有些组织可能在发展的进程中会呈现出一些超国家性,例如欧洲联盟的法律对于其成员国而言具有直接适用性和优先适用性,并且在成员国国家宪法的框架下接受了欧盟法律的超国家性。[56] 然而值得铭记的是,成员国始终有权利决定退出国际组织,无论组织的基础条约说的何许坚定。2016年英国通过全民公决的方式退出欧盟就是一个非常清晰的证明。[57] 同时,成员国之间的地位与影响也会有差异。如同前面举过的欧盟的例子,不同类型的国际组织情形会有所不同:在以实现某种政治目的为宗旨的政府间国际组织中,各国的法律地位通常是平等的;但在实现某种经济目的过程中,各成员国的地位会有所差别,这种差别通常取决于会员国对该组织的不同的贡献。

最后,政府间国际组织的权限由成员国通过公约加以限定。如前所述,政府间国际组织通常具有某些国家才能具有的权力,而这种权力的来源则是成员国通过条约对国际组织的授权。

政府间国际组织可以成为国际经济法的主体,这首先是因为它具有独立的国际人格。关于国际组织的国际人格的产生依据,存在不同的解释,归纳起来主要有以下几种学说:一是组织章程规定说,认为国际组织是通过国家间协商同意,经由组织章程设立的,因此,国际组织国际人格的法律基础在于其组织章程的明文规定。二是宗旨必要说,认为由国际法赋予国际组织以国际人格是国际组织实现其宗旨所必需的。如果它缺乏国际人格,就不能执行各创始会员国的意图。[58] 三是权利义务派生说,认为国际组织从它们组织章程所赋予的一系列权利义务中派生出国际人格。四是承认说,认为国际组织的国际人格只有通过现有人格者的承认才能取得。其他人格者(主要是国家)的承认是国际组织的国际人格的法律基础。五是固有人格说,认为国际组织的国际人格建立在国际组织存在这一基础之上,只

---

[56] 欧洲联盟法是国际法中的重要分支,在国际经济法中也具有很重要的地位。相关阐述参见Damian Chalmers, Gareth Davies, and Giorgio Monti, *European Union Law: Text and Materials*, 3rd ed., Cambridge University Press, 2014; Lorna Woods, Philippa Watson, and Marios Costa, *Steiner & Woods EU Law*, 13th ed., Oxford University Press, 2017; Catherine Barnard and Steve Peers (eds.), *European Union Law*, 2nd ed., Oxford University Press, 2017; Paul Craig and Gráinne de Búrca, *EU Law Text, Cases, and Materials*, 6th ed., Oxford University Press, 2015.

[57] Ian Dunt, *Brexit: What the Hell Happens Now?*, Canbury Press, 2016; Tim Shipman, *All Out War: The Full Story of How Brexit Sank Britain's Political Class*, William Collins, 2017; Harold D. Clarke, Matthew Goodwin, and Paul Whiteley, *Brexit: Why Britain Voted to Leave the European Union*, Cambridge University Press, 2017; Geoffrey Evans and Anand Menon, *Brexit and British Politics*, Polity Press, 2017.

[58] 黄惠康、黄进:《国际公法国际私法成案》,武汉大学出版社1987年版,第235页。

要某个国际组织符合了特定的条件,它在法律上和实践上就具备了客观的法律人格。[59]

上述各种学说都从某一侧面说明了国际组织的国际人格的产生基础。实际上,国际组织的国际人格是由内在因素和外在因素共同决定的。所谓内在因素,即各成员国就建立国际组织所制定的条约,如果没有条约的规定,国际组织便无从产生。所谓外在因素,是指国际社会对某一国际组织的接纳。如果某一国际组织不被国际社会所接纳,它自然无法同国际社会的其他成员进行国际交往,也就谈不上国际人格了。

作为国际经济法的主体,政府间国际组织既具有公法上的功能,又具有私法上的功能。

从公法角度来看,国际经济组织的功能包括:第一,协调各成员国的意志。由于国际组织是成员国为特定目的而设立的,所以,国际组织的首要功能是为实现本组织的设立宗旨而协调各成员国的意志。第二,协调本组织与非成员国及其他国际组织的关系。作为国际经济法的主体,在行使公法方面的职权时,政府间国际经济组织必然要同其他主体结成各种关系。第三,管理各成员国私人之间的经济交往以及成员国与非成员国私人之间的经济交往。管理私人之间的国际经济交往原本是国家的职能,但政府间国际组织现已在一定范围内行使国家的职能。

从私法角度看,国际组织具有法人的功能,包括取得财产、缔结合同和从事诉讼。例如,《多边投资担保机构公约》(MIGA)第1条即规定,该机构具有完全的法律人格,特别是有能力签订合同,取得和处分动产和不动产,提起诉讼。根据国家主权原则和条约法的自由同意原则,政府间国际组织的上述功能具体可由参加这一国际组织的成员国协商确定。只要该国际组织对这些功能的约定不违背国际法强行规范,不损害其他国家的利益,那么这些约定即为有效。

(三)政府间国际组织对国际经济法的影响

政府间国际组织的经济活动须受国际经济法的调整;与此同时,这些国际组织对国际经济法的发展也起着巨大影响。

首先,政府间国际组织据以成立的国际法律文件所规定的原则、制度和规则,丰富了国际经济法的内涵,促进了国际经济组织法的发展。政府间国际组织据以成立的国际法文件表现为国际条约。虽然政府间国际组织所据以成立的国际法文件不能简单地等同于国际经济组织法,但各国在这一领域中的国际实践对国际经济组织法的形成和发展显然会产生有力的推动作用。

其次,政府间国际经济组织内部的活动及其同其他国际经济法主体之间的交

---

[59] 关于国际组织的国际人格的各项学说,参见汤捷:《试论政府间国际组织人格的法律基础》,载《外交学院学报》1992年第2期。

往,促进了国际经济法规范的产生或新的制度的形成。

最后,政府间国际组织的实践在对国际经济法律规则的产生和发展起到促进作用的同时,也推动着国际经济法理论的发展。随着在政府间国际组织的实践中产生出新的国际经济法规范和原则,必然会给国际经济法学带来新的研究课题,从而推动国际经济法理论的发展。

三、私人作为国际经济法主体的地位

私人(法人与自然人)作为国际经济法的主体,其地位是较为特殊的。综合国际经济法学说认为,私人是国际经济法最常见(数量最多)、最普遍(出现概率最大)、最复杂(具体法律关系内容最多样化)的一类主体,其大部分的表现都在于国际商事行为。在我们的国际经济法框架之下,私人的地位就显得单纯一些。但这并不意味着私人的地位就失去了重要性,事实上,正由于世界上大多数的跨国商事交往行为是由私人来完成的,因此,国际经济法作为以主权为核心的、以调控和管理为主体的法律体系,很大数量的权利义务都是指向私人的。

在这种国际经济法中,私人的地位基本上是消极被动的,依照有关的法律来产生其主体资格,依照有关的法律对其主体资格进行变更和消灭;依照有关的法律来从事经济行为,私人在国际经济法中的地位主要是受管理者;有时也作为平等行为者;而作为受管理者时也可以反过来要求救济。

国际经济交往通常是由不同国家的法人与自然人完成的,尽管法人与自然人参与国际经济交往的范围或程度可能有所不同,但它们在国际经济法中的地位基本相同。

(一)法人与自然人参加国际经济交往的资格

法人与自然人作为国际经济法主体所遇到的第一个问题就是它们的能力或资格的认定,即一个法人或自然人依据什么样的标准取得参与国际经济交往的资格。

依据国际私法规则,判断自然人和法人有无能力或资格参与民事交往,主要应依据自然人或法人的属人法。国际经济交往从本质上看是民事交往的一种形式,因此,自然人或法人参与国际经济交往的能力也应依据属人法来判定。

那么,一国法律对外国自然人和法人(以下简称外国人)参加国际经济交往的能力或资格会产生什么样的影响呢?首先,一国法律有可能扩大外国人参与国际经济交往的能力。现代国际私法规则允许以行为地法作为确认行为人的行为能力的准据法。因此,如果一个外国人依其本国法为无行为能力或限制行为能力人,而依据行为地法为有行为能力人,则可断定其有行为能力。其次,一国法律不能否认外国人依据其本国法所取得的参与国际经济交往的能力。一个国家可以禁止外国人在本国从事经济活动,但却不能一般地否认外国人的从事国际经济交往的能力或资格。事实上,外国法人在内国的经济活动的确会受到各种限制,但内国法所施加的这种限制并不是否认外国法人的法人资格,而仅仅是市场准入问题。

(二) 外国人财产权的承认及行使限制

自然人与法人参加国际经济交往的能力基本上来自本国法,但在实践中,自然人和法人参加国际经济交往又的确受到外国政府的限制。而这种限制从性质上说并非是对外国人的能力或资格的限制,而是对外国人的财产权行使的限制。

财产权主要包括知识产权和物权等。直至今天,知识产权仍具有严格的地域性。依据一国法律所获得的知识产权在他国不能当然地得到承认和保护,因此也无法安全地在其他国家得以行使。所以,外国人若想在内国从事与知识产权相关的经济活动,就必须首先依据内国法来确立其知识产权,而且,如何行使这种知识产权也必须遵循内国法的要求。至于一般物权,虽然依据"平权原则",在一个国家所取得的物权在其他国家通常会自动地得到承认,而无须履行另外的审批或登记程序,但这种物权的行使仍须接受内国法的一些限制。

(三) 一国对本国国民的海外利益的保护

如果一个国家对外国人的国际经济活动所施加的管理或限制违背了其所承担的国际义务,并对外国人的合法利益造成了损害,外国人的母国就可依照特定的程序对其国民的海外利益实行保护。这里涉及外交保护和卡尔沃主义两个问题。

所谓外交保护,是指当外国人在所居留的国家受到人身或财产上的侵害时,外国人的本国要求居留国给予适当的救济。刚果诉比利时的逮捕令案就是外交保护的良好例证。外交保护权是一项国家的权利,它的基础是依据国家主权而引申出来的属人管辖权。根据长期的反复的国家实践,一国行使外交保护权必须基于两项条件:第一,权利受到损害的个人必须具有本国国籍,而且,从遭受损害到受到外交保护直到问题的最终解决的整个期间,受害人必须持续地保有行使外交保护权的那个国家的国籍,这就是所谓的"国籍继续原则";第二,受害者在请求本国政府进行外交保护之前,必须已经用尽了在居留国可以利用的救济手段而不能得到救济,这就是所谓的"用尽当地救济原则"。在很长的历史时期里,行使外交保护权曾是一国对其位于国外的国民的利益予以保护的最基本的方式。

刚果诉比利时案(逮捕令案)

该案以20世纪90年代卢旺达大屠杀发生后大量难民涌入刚果,并发生严重的民族冲突为背景。时任刚果民主共和国总统私人秘书的阿卜杜拉·耶罗迪尔·努道姆巴西多次在公开场合进行煽动民族仇恨和种族灭绝行为。2000年4月11日比利时法院在12名居住于比利时的原告的指控下,根据1993年《关于惩处违反1949年8月21日日内瓦公约和1997年6月8日第一第二附加议定书的法律》和1999年修正的《惩处严重违反国际人道法的法律》两项法律文件,对时任刚果外交部长的耶罗迪尔发出了国际逮捕令。对此,2000年10月17日刚果以比利时为被告向国际法院提起诉讼,指控其向本国外交部长耶罗迪尔发出逮捕令,并在世界范围内发布,这一行为侵犯了"一国不得在他国领土行使权力原则""联合国成员国主权平等原则"等多项国际法原则。刚果具体的诉讼理由包括两点:其一,比利时仅以国内法的规定行使"普遍管辖权"的行为,违反了国际法上"一国不得在他国领土行使权力原则"和《联合国宪章》规定的"联合国成员国主权平等原则";其二,依据比利时法(即《惩处严重违反国际人道法的法律》)关于否认他国在任外交部长的外交豁免权的规定,违反了"国际法院判例所承认的、并在1961年《维也纳外交关系公约》第41条规定的主权国家的外交部长享有外交豁免权"的国际法规则。[60]

本案的实体问题是一国对外国的外交部长发布的逮捕令是否具有合法性的问题。通过审理,国际法院确认比利时公布逮捕令的行为违反了其对于刚果的国际法义务,没有尊重刚果外交部长的豁免权,判决比利时必须自己采用适当的方法,撤销该逮捕令,并且告知被送达逮捕令的有关当局。[61]

尽管本案不是关于国家元首豁免的案例,但仍具有很大的研究意义。首先,法院判决中明确提及了国家元首豁免的问题。其次,与之前的各国际刑事法庭不同,国际法院其在处理本案过程中并未致力于指责耶罗迪尔所犯的具体罪行和本人应承担的刑事责任,而是通过对国际法规则的分析,确定发布逮捕令这一行为的性质。最后,国际法院在审理案件的过程中,更多地适用国际条约、习惯国际法等国际法渊源,可以反映出国际法院的目的与初衷。因此可以说,国际法院的相关判决和咨询意见对国际法的发展有着重要的指导意义。[62]

与外交保护这种做法针锋相对的是拉丁美洲国家所坚持的"卡尔沃主义"(Calvo Doctrine)。卡尔沃主义的主要内容是:外国人在东道国的权利义务应根据东道国的法律予以确定;外国人应放弃寻求本国政府予以外交保护的权利。可以看出,卡尔沃主义的理论基础在于属地管辖原则和国民待遇原则。卡尔沃主义的最为典型的表现即为"卡尔沃条款"(Calvo Clause),即在东道国与外国投资者所签订的合同中规定:因合同所引起的一切争端均应由东道国的法院依据东道国的法律予以解决,外国投资者不得请求本国政府实行外交保护。

---

[60] 邵沙平主编:《国际法院新近案例研究》,商务印书馆2006年版,第446页。

[61] *Arrest Warrant of 11 April 2000（Democratic Republic of the Congo v. Belgium）*, *Judgment*, *I. C. J. Reports 2002*, p.3, para.76.

[62] 《防止及惩治灭绝种族罪公约》第9条:缔约国关于本公约的解释、适用或实施的争端,包括关于某一国家对于种族灭绝罪或第3条所列任何其他行为的责任的争端,经争端一方请求,应提交国际法院。

第四节 国际经济法的基础与目的

法律通过分配权利与义务来调整社会关系,最后达到实现某种社会秩序的目的。现在的国际经济领域需要调整哪些权利义务、哪些社会关系,从而达到一种什么样的社会秩序,是国际经济法本身构建体系的基本前提,也是国际经济法本身的意义所在。

一、全球化的国际社会是国际经济法的基础

(一)全球化现象

在对一个社会进行定性时,基于不同的观察角度,使用不同的理论工具,可能会得到不同的结果。我们认为,对于 20 世纪以后的国际社会而言,可以用"全球化"这个众所熟知、简洁明了的词汇来概括它的本质特征。而经济全球化具体表现为下列存在连锁因果关系的 6 个环节:

1. 商品的自由流动发展为资本的自由流动,全球经济进行融合。
2. 无论是何种发展程度的国家,都鼓励经济因素的全球流动。
3. 区域一体化是世界一体化的前奏,为其他区域的一体化提供范例和指引,并随着区域机制的强化和扩大而逐渐增加其影响。
4. 人类共同的环境问题使各国必须站在全球的高度来寻求对策。
5. 在人权领域,区域组织和国际机构的努力使人权呈现国际化的趋势和样态,保障了基本人权。
6. 由于经济因素的跨国流动,尤其是跨国公司的影响,使得娱乐消闲、食品口味、货币使用等逐渐在国家之间减少差异,各国人民的生活方式逐步趋同。[63]

(二)全球化后果

1. 积极后果。全球化的发展,资本、信息、人力、思想观念等的跨国流动可以带来很多积极效应。在经济生产和消费过程中,将各种因素在全球的范围内进行组合,可以保证资源的最佳配置,从而产生最大的效益,避免资源的浪费。人类的生活方式会随着全球化的推进而逐渐扬弃和开放,生活内容也会随着全球化的进程而逐渐丰富。人类的思想观念会逐渐从狭隘变得宽容,从单一走向多元。人类的关注范围将从本地拓展到全球,从目前拓展到未来,从本地、本代的局限系统发展观念拓展为全球、代际的可持续发展观念。

---

[63] 参见[美]理查德·T.巴纳特、约翰·卡瓦纳:《跨国企业与世界新秩序》,彭志华、陈秀君译,海南出版社 1999 年版。

2. 消极后果。对于全球化的消极效应,各国的思想家都作过一些归纳,而对于全球化的忧虑,尤以发展中国家为甚。具体看来,其消极后果包含以下几个方面。第一,全球化造成了全球经济等级化。[64] 笔者通过分析看出,占据市场优势的一方可以用其价值观念来左右价格的制定,这一点以当今风靡世界的所谓"奢侈品"的价格与成本的巨大落差为明显例证。在国际经济全球化的时代,经济要素在全球范围内流动,而占据国际市场优势的是发达国家,它们就可以(以跨国公司为主体)操纵国际市场的定价标准。这样一来,发展中国家在进出口的过程中物质的和货币的财富都在减少,这种减少促使其进一步采掘资源,以赚取外汇。与此相应,发达国家却可以利用发展中国家的资源利用本身的机器和智力成果生产出成品,销售给包括发展中国家在内的世界各地。现代的国际社会仍然是以国家为基本单位的社会,国家是利益划分的基本单位,虽然将来可能对国家的存在及其合理性提出质疑,但现在它还是十分必要的。因此,如果任由这种分化现象持续下去,势必将有越来越多的发达国家沦落成为发展中国家,最终受害的将不只是原来那些发展中国家。第二,全球化等同于欧美化。欧美在经济上控制发展中国家的同时,也通过娱乐、消费、文化传播等手段将其自己的思想观念传扬到整个世界,同时贬低、忽视或者无视发展中国家传统思想文化的价值;并且在政治上采取各种合法与非法的手段排除异己。[65] 最后导致文化多样化的消失,只剩下欧美的价值观来统领世界,使世界成为"欧美人的乐园"。第三,上述经济两极化和文化趋同化的过程会引起弱势国家或民族的反对,导致冲突和矛盾。弱势国家会将发达国家的行为视为经济和文化侵略,进行大规模的反抗,最后导致经济的制裁、文化的冲突和暴动。第四,产品成本外部化导致环境恶化。资源在全球范围内寻求配置会使生产者忽视资源所在地的环境后果,而这种后果是要由人类来承担的。这就是经济学中谈到的"产品成本外部性"。生产者单纯的经济效益观念加上资源所在国缺乏良好的环境资源管理手段,就会导致环境水平下降,污染加剧,最终对本国的甚至全球的生存条件造成不可挽回的恶果。第五,在跨国公司大幅度全球化的时候,一些亚社会结构和违法行为也借此在全球范围内铺开。这会导致黑社会组织控制较大社会范围、贩卖毒品和武器、利用高新科技手段从事其他种类跨国犯罪等现象大幅度增加。

(三)逆全球化与再全球化

我们也应注意到,全球社会矛盾日益显现,全球化进程对国家治理提出了新的

---

[64] "等级化"一词借用于[法]雅克·阿达:《经济全球化》,何竟、周晓幸译,中央编译出版社2000年版。

[65] 参见[美]诺姆·乔姆斯基:《新自由主义和全球秩序》,徐海铭、季海宏译,江苏人民出版社2000年版。

挑战,逆全球化也在全球化的进程中孕育。

当西欧与北美的工业化大国经济发展能力降低,尤其是在某些劳动密集型或资源密集型的交易方面不再占据优势的时候,它们就开始对原有的经济运行方式和法律制度进行重新审视,在很多产品上设置关税壁垒和非关税壁垒,积极促动那些本国或者本国家集团占据优势的商品区域化出口,而对那些可能有利于竞争性国家转型升级和科技进步的产品则设置出口限制,其目的都在于压缩竞争国家的经济优势。这些国家甚至直接背弃既有的经济贸易便利化规则,试图重起炉灶,另开体制。从总体状态上观察,就是全球化的步调放缓,原来促动全球化的国家开始质疑或者反对全球化。这种情况被称为逆全球化。

"全球化-逆全球化"政策难题在贸易流动、跨境资本流动、经常账户可持续性和技术扩散方面出现。技术扩散克服了"距离暴政",加剧了伴随信息和通信技术(ICT)革命性变革而来的"数字鸿沟"。反复发生的全球金融危机和对货币挂钩的投机攻击客观上要求重塑国际金融结构,以减少国内经济对全球金融危机破坏性的影响。逆全球化的本质是对全球化的秩序进行清理,塑造一种对本国有利的国际经济贸易交易机制,尤其是将在经济贸易领域与本国有较强竞争关系的国家剔除出局。当然,试图剔除的目标不可能顺利实现;被排挤的国家也必然会积极努力,试图构建新的格局。由此,就出现了全球化秩序的不同版本,区域经济也以不同的模式重新布局。

逆全球化是反全球化的政府升级版。从实践的进行来看,全球化的趋势一直和反全球化的趋势同时存在。具体体现为:当世界的总体潮流体现为有一种力量试图推进全球经济的融合、全球文化的交流、全球思想观念的协同、全球价值结构的通约之时,在这个世界上也存在一些不那么主流的观点、主张,存在另外一种倾向,那就是保护和维持原有的生活方式、文化模式,避免外来的商品经济、文化样态、思想观念、生活方式冲击一个地域原有的文明生态。由此,全球化和反全球化就形成了一对相互矛盾、共同存在、辩证发展的范畴。

与此同时,值得关注的是,逆全球化的乱局中萌发着再全球化的新局。逆全球化并不是全球化的全面回潮与衰退,而是某些国家在一些领域、一些方面对于全球化的成果进行否定或拆解;另一方面,这些国家则积极寻找出口,仍然以其他的方式,尤其是区域合作、跨区域合作来推进跨国的经济贸易往来。也就是说,一些商品、技术、人员和资本的投向发生了转变,由原来在全球范围内几乎无差别地进行最优选择,到现在进行筛选和剔除的区域性商品资本合作。这就使我们感受到,逆全球化并非全球性的商品资本流动的全线降低,而是选择性的、甚至是一种重新调整方向与步调的"再全球化"。这是一种重新规划的再全球化,或者叫作有选择的全球规范的重塑。[66]

二、全球化的客观性及人类的目标

(一) 全球化是一种人类自身形成的社会趋势

无论我们如何去看待全球化的过程,如何对其进行价值判断,它都是一种人类实践的产物,是基于经济基础和人类主观思想观念而产生并发展变化的,从而也必然会根据人类自身的要求得以控制。不同之处仅在于不同地区全球化的程度有所不同。全球化的浪潮之所以是一种"趋势",主要缘于两个方面原因:

1. 全球化的主观动力。企业作为"经济人"目的是取得最大的利益,而经济学发现,资本在全球的范围内进行活动会带来更大的利益,同时也会给资本所在地带来更大的活力。这些内在的规律说明了全球化的大趋势。

2. 全球化的客观条件。在物质上,人类的科学技术为全球化提供了必要的媒介和条件,物资可以运送到全球的各个角落。这样的条件为满足人类心理上的好奇和探索新知,以及在经济上获得财富的需要提供了便利。

如果说,全球化这种现象本身未必是令人惊喜、积极正面的全球希望,那么,全球法治和国际治理体系在逆全球化的进程中随之陷入举步维艰和停滞不前的困境也未必是世界前途的噩耗。形成审慎规划的价值立场,并全面收集全球化、逆全球化形态及影响的数据,并进行周密细致的分析。明晰逆全球化是否确实为长期趋势,还是仅属世界经济发展的短期转变,值得高度关注。

全球化无论是放慢了脚步,还是改换了方向,都是立场观点砥砺碰撞、澎湃争论的契机。这就彰显出一个问题,即对于全球化进行理论反思和理论探讨的重要性。全球化的缓急、起落所带来的理论反思和文化反省必然是有益的。因为它意味着人类可以用自身的理性过滤既有的社会潮流,从而使之有机会按照人们清醒认识到的方向和轨道发展,避免其误入歧途,避免给民众带来深重的灾难,避免在一元化语言体系之下变成一种意识形态或乌托邦。

(二) 全球化背景下的人类目标

人类是有理性的。实践表明,国际领域的问题都在朝着理性化的方向发展。其主要标志,是在政治上成立国际联盟、联合国、北约、华约等机构制约军事力量,促使国际争端和平解决;在经济上构建关税与贸易总协定、IMF、世界银行等组织,协调贸易政策,避免贸易纠纷,解决经济矛盾。这样一来,整个国际政治、经济关系实际上就处于一种理性化的状态之中。

前文的分析表明:全球化并不是一种完全恶的现象,实际上它是能给世界带来某种新的力量、新的起色的一种现象。全球化的积极作用和消极影响是相互交融、

---

[66] 何志鹏:《全球化、逆全球化、再全球化:中国国际法的全球化理论反思与重塑》,载《中国法律评论》2023年第2期。

渗透的。虽然全球化这种现象看起来可能有各种各样的负面作用，但另一方面，我们同样可以预期全球化将给整个世界带来更好的变化。并且我们已经认定全球化是一种不能逆转的世界趋势，因此就只能通过努力使其向好的方面发展，抑制其坏的方面。这就意味着，在全球化浪潮扑面而来的时候，人类必须因势利导，避免其冲突，引导其为人类创造利益。人类的理性要求在全球化的背景下呈现出一种健康的、和谐的、正义的、有效率的、充分尊重自由的世界秩序。

这就意味着，在全球化的进程中，国家始终处于主动的状态，而不完全是处于一个消极被卷入的地位。因而，像中国这样的发展中大国，就有机会与巴西、印度、俄罗斯、南非等国组成"金砖国家"（BRICS），在这样一个体系之中形成新的国际经济结构和规范，提出与以往的国际经济体制不同的新理念、新原则、新做法。

金砖国家

2001年，美国高盛公司经济师吉姆·奥尼尔（Jim O'Neill）首次提出"金砖四国"（BRIC）这一概念，特指巴西（Brazil）、俄罗斯（Russia）、印度（India）和中国（China）这几个新兴市场的投资代表。2008～2009年，相关国家举行系列会谈和建立峰会机制，拓展为国际政治实体。

2009年6月，四国领导人在俄罗斯举行首次峰会，并发表《"金砖四国"领导人俄罗斯叶卡捷琳堡会晤联合声明》。

2010年4月，第二次"金砖四国"峰会在巴西召开。会后四国领导人发表《联合声明》，商定推动"金砖四国"合作与协调的具体措施，至此，"金砖国家"合作机制初步形成。

2010年11月，二十国集团会议在首尔举行，南非（South Africa）在此次会议上申请加入"金砖四国"。

2010年12月，中国作为"金砖国家"合作机制轮值主席国，与俄罗斯、印度、巴西一致商定，吸收南非作为正式成员加入"金砖国家"合作机制，"金砖四国"变成"金砖五国"，并更名为"金砖国家"（BRICS）。

2011年4月，在中国三亚举行第三次领导人会晤，发表了《三亚宣言》，商定加强金融合作，推行本币贸易结算。在五国领导人的见证下，正式签署《金砖国家银行合作机制金融合作框架协议》。

2012年3月28～29日，金砖国家领导人第四次会晤在印度首都新德里举行，会后发表了《新德里宣言》和行动计划。

2013年3月，第五届金砖国家峰会在南非德班召开。成员国领导人在此次峰会中决定，建立"金砖国家开发银行"并筹备建立金砖国家外汇储备库。

2014年7月15日，金砖国家领导人第六次会晤在巴西福塔莱萨举行。5国领导人围绕"实现包容性增长的可持续解决方案"主题,就当前世界经济形势、国际政治安全问题交换意见,达成广泛共识。其成果《福塔莱萨宣言》宣布,金砖国家新开发银行初始资本为1000亿美元,由5个创始成员平均出资,总部设在中国上海。

2015年第七届金砖国家峰会期间,五位领导人围绕"金砖国家伙伴关系——全球发展的强有力因素"主题,就全球政治经济领域重大问题以及金砖国家合作深入交换了意见。会议发表《乌法宣言》及其行动计划,通过了《金砖国家经济伙伴战略》。

2016年10月,金砖国家领导人第八次会晤在印度果阿举行,会议发表《果阿宣言》。

2017年9月,金砖国家领导人第九次会议在中国厦门举行。主题为"深化金砖伙伴关系,开辟更加光明未来"。会议协商一致通过《金砖国家领导人厦门宣言》,自2017年9月4日起实施。宣言是为了深化务实合作,促进金砖国家发展而制定的法规,强调了人文交流在金砖国家合作发展中的地位和作用。

金砖国家都是重要的发展中国家和新兴市场国家,社会经济发展的目标多有相似,对许多国际议题立场相近,对改革现有世界政治经济体制、建立更为平衡的全球治理体系有共同的要求。2010年,金砖国家和其他国家推动二十国集团成为国际经济协调与合作的主要平台;同年,金砖国家共同推动了世界银行和国际货币基金组织的改革。这些改革是一次最大规模的有利于新兴市场和发展中国家的权力调整,大大提高了发展中国家和新兴市场国家的话语权。

在哥本哈根气候变化大会上,中国、印度和巴西采取共同立场,认为保护环境和减少温室气体排放,必须坚持《京都议定书》的"共同但有区别的责任"原则。这一立场为大会取得切实成果作出了贡献。

三、理性的全球化是国际经济法的使命

(一)发扬全球化的优势呼唤国际经济法的规制

全球化的国际现象和人类理性的发展现状结合起来告诉我们:如果要发扬全球化的优势,扩大和推广其积极后果,抑制全球化的弊端,消除和避免其负面效应和消极后果,要实现一种健康的、向上的、共同富裕的全球化,而不希望实现一种病态的、分散的、贫富分化的全球化,就不能放任市场主体的行为,就要用法律对全球化进行引导。在国际社会走向理性化的阶段,法律这种明确、可预见的行为规范体系和机制是最佳的选择。这种对全球化的法律管制的背景与国家对国内市场进行法律管制的背景是一致的。

在浩大庞杂的法律体系之中,能够对全球化进行基础的、提纲挈领而又广泛有

效的调控的体制首要存在于经济领域。因为政治、军事、文化等各方面的后果都是由经济因素的流动带来的,经济因素是基础、是关键、是纽结。可以说经济是全球化的起源点和目标,也是控制全球化的枢纽。它能够实质改变全球化的方向和进程。引导全球化理性发展的经济领域法律规则主要体现在以下三个互相关联的层次:

1. 在全球层面上设计出国际经济全球化的总发展方向。各个国家都已经认识到,当经济因素在全球范围内进行配置之时,当市场在全球范围内寻找最优组合之时,国际社会应当给予步调统一的、目的一致的、互不冲突的严密关注。如果延续以国家为单位的传统的市场分割式的管理和规制,整个国际社会只能处于各国彼此孤立的、互不协调的状态,不利于全球化的发展。实现对全球化的宏观目标设定的主要途径,是通过全球性、综合性的经济公约、宪章和宣言。就现期而言,构建全球化的总体目标应当定位在倾斜于发展中国家,承认其经济地位,确认其经济权利,保障其经济利益,对其提供经济援助,鼓励其经济发展,实现国际经济新秩序。

2. 在具体的领域(如贸易、投资、金融、税收等)和具体的区域(如欧洲、美洲等)设定本领域、本区域关于全球化的进一步细化的目标,并规定具体措施,要求国家遵循和实际操作。其主要方式是国家和国家之间采取双边或者多边的手段,在经济领域进行磋商,在国家之间寻求权力和利益的平衡,构建国际经济的法律制度,从而为创立国际经济秩序制定一套框架。在国际组织风起云涌的时代,更多地表现为 WTO、EU、NAFTA、IMF 等全球性、区域性的国际组织,通过一系列关系国际经济交往的法律文件,要求各个成员国遵守。

3. 国家对涉及本国的经济活动进行调整。每个国家都有必要不断健全经济法体系,适当控制国内市场,合理限制交易者的自由,对本国的经济秩序进行国家保障,具体落实国际社会对全球化的方向所提出的目标,从而实现国际经济秩序。各个国家应当认识到世界经济体系中的相互依赖性,理性地采取规制全球化的法律手段。[67] 具体措施包括:制定国家发展战略,规划经济发展的长远宏观的目标;确定引入资本的行业和规模,鼓励对本国的经济、社会、文化发展有益的产业在本国落脚,同时鼓励和引导本国资本的外投;确定征收所得税、营业税的数额和方式;确定关税的税种和税目,以吸引于本国有益的产品,阻挡于本国不利的产品;确定海关管理办法,把危害本国人民生命健康和动植物安全的商品、技术等拒于国门之外;通过数量限制、反倾销、反补贴等规则保证国内市场的平稳发展,保护国内产业的成熟化等。国家的涉外经济立法可以是直接贯彻和执行国际条约或者国际组织

---

[67] 参见[英]戴维·赫尔德、安东尼·麦克格鲁编:《治理全球化:权力,权威与全球治理》,曹荣湘、龙虎等译,社会科学文献出版社 2004 年版,第 6~7 页。

的法律文件，也可以是在国际社会对世界秩序达成共识的基础之上进行立法，但是不能为所欲为。一个国家，即使是强国，如果不从全球化的角度制定经济法律政策，也会遭到世界各国的反对、抵制。[68]

上述三个层次是相辅相成、互相衔接、互为表里的。国家对于涉及本国的国际经济活动的调整实际上是建立在本国的条约义务的基础之上的；在没有条约的情况下，需要遵从国际法律的基本原则。国内的法律规范和法律行为依靠国际规范而得以统一和协调；国际公约通过国内的具体落实和法律操作而达到目的。这三个层次的规则结合起来就有助于实现对全球化的全球监控，构建一种全球化的秩序。这种法律基本上站在国家利益和社会公共利益的角度，是对国际市场的自由竞争的一种适度限制，它与以宏观调控和市场管理为己任的国内经济法[69]目的相近，不同之处主要在于其视角比国内经济法更为广阔。

(二) 国际经济法的独特性

为了实现对全球化的法律规制，需要建立一个新的法律体系，这个体系就是国际经济法。而实际上国际经济法这一概念早已存在。全球化的分析理路不失为对国际经济法的概念与体系进行重构的一个理想途径。国际经济法作为法的体系，就应当是以人类的未来命运为终极关怀和目标的，以国家和国际社会的整体利益和前途命运为基本起点的规则的总和；是国家通过宏观调控和市场管理、确认和调整主体地位和权利义务关系等方式，去指引、理顺、保障、监督国际经济活动的机制，首先有助于在各个国家内部实现一种经济秩序(涉外的经济秩序)，最终致力于在国际范围实现一种宏观的全球经济秩序。

为了调控全球化需要一套在国际社会统一协调之下的法规范，这样的法规范互相结合构成国际经济法体系的主体部分。它在调整平等交易主体之间的权利义务关系的法律规范的辅助下，主要调整国家与国家之间、国家与私人之间宏观的经济关系，为实现人类的理性、健康、可持续地发展而发挥作用。

四、中国与全球化

(一) 对全球化的系统反思

在20世纪末及以前，中国学界对于全球化的学术研究更多是将全球化当成一个不能质疑、不能改变的事实。这实际忽视了人的实践性主动性，在一定程度上也就忽视了国家作为国际秩序的主要参与者所能够起到的作用。其原因在于中国国

---

[68] 比如，美国数次采取不利于国际社会对于全球化方向共识的法律行动，如拒不批准《气候变化框架公约京都议定书》的行为违背了环境保护和可持续发展的共识，对于中国钢铁出口施用"201条款"违背了自由贸易和国际经济新秩序的共识。这些都受到国际社会的谴责。

[69] 关于经济法的基础和目的，参见邱本：《自由竞争与秩序调控》，中国政法大学出版社2001年版。

际法理论的独立性不足、理论对实践的"热追"有余而"冷思"不足、向西方看齐学习而非批判的心态、学术理论界对于理论批判与创新的激励不足。

实践证明,在国家认为其意识形态或地缘竞争要求对全球化、对资本获利的意愿进行约束之时,国家就会毫不迟疑地采取法律或政治措施,阻断全球化的经济,包括货物贸易、技术贸易、知识产权贸易,也包括直接投资和间接投资,阻断全球化的人员流动、文化教育以及其他方面的交往。这也就进而打破了关于全球化的另一个论断,那就是全球化是一个不可阻挡的潮流。事实证明,全球化不仅可以被约束,可以被调整,而且也可以被阻挡。这就意味着,人们在理论上对于全球化所进行的探索,在实践发展的过程中,有些会被印证,有些则会被推翻。

在当代世界格局和中国处境的激荡里,以国际法的知识和基本语言体系进行理论创新具有可能性。将这种可能性转成现实性,既要充分利用现有的资源,也要形成理论自觉,在中国的立场上进行探索。当下,中国在世界秩序结构中的地位日益显著,[70] 世界各国也已经注意到中国政府提出了"人类命运共同体"[71] "一带

---

[70] 孙吉胜认为:"中国积极与各国分享自身的发展机遇和发展经验,积极参与全球治理体系改革和建设,推动共建'一带一路'高质量发展,坚持安全与发展并重,提出全球发展倡议与全球安全倡议,推动构建全球发展伙伴关系,支持联合国2030年可持续发展议程,与各国携手构建全球发展命运共同体,推动构建人类命运共同体走深走实。中国以自身发展为全球发展做出了巨大贡献,在发展领域初步建立了话语权,'和平发展''一带一路''互联互通''合作共赢''共同发展''全球发展倡议'等逐渐成为具有代表性的中国话语。"孙吉胜:《全球发展治理与中国全球发展治理话语权提升》,载《世界经济与政治》2022年第12期。

[71] 曲星认为,相互依存的国际权力观、共同利益观、可持续发展观和全球治理观,为建设人类命运共同体提供了基本的价值观基础。中国提出的和谐世界观与全球价值观有异曲同工之妙。和谐世界观包括五个维度,即政治多极、经济均衡、文化多样、安全互信、环境可续。如果各国政治家能真正从全人类长远利益出发来考虑问题,而不是从短期国内政治需求出发来制定政策,一个更高程度的、走向共同繁荣的人类命运共同体完全是可以建成的。曲星:《人类命运共同体的价值观基础》,载《求是》2013年第4期;阮宗泽认为,中国的新型国际关系理念,即"构建以合作共赢为核心的新型国际关系,打造人类命运共同体",这是中国在问鼎世界强国之际的政策宣示,旨在回答"中国到底想要一个什么样的世界",或"什么是中国的世界梦"。阮宗泽:《人类命运共同体:中国的"世界梦"》,载《国际问题研究》2016年第1期。

一路"倡议,[72]"真正的多边主义",[73]"坚持以国际法为基础的世界体系"[74]等主张。中国希望通过这些概念来表达中国的立场、提供全球治理的中国方案,世界各国则希望中国将这些论断阐释清楚,让世界明白中国的意图何在。

(二)对全球化的法律应对

"涉外法治"是中国在法律层面思考与应对全球化问题的集中体现。作为中国法治进程中的一个工作方面,涉外法治的具体领域和工作方式在2014年《中共中央关于全面推进依法治国若干重大问题的决定》中呈现出初步的阐述。这一文件虽然没有采用涉外法治的概念,但是在工作层面进行了框架性的设计和规则;2019年《中共中央关于坚持和完善中国特色社会主义制度 推进国家治理体系和治理能力现代化若干重大问题的决定》明确提出了"加强涉外法治工作,建立涉外工作法务制度,加强国际法研究和运用,提高涉外工作法治化水平"的要求。"涉外法治"的概念进入国家法语。中共中央2021年年初印发的《法治中国建设规划(2020—2025年)》在重申以往文件的基础上进一步细化,提出了"加强涉外法治工作"的系列要求。

涉外法治是法治的思想、理念、文化、实践在涉外工作和生活各领域、方面、环节中的展开,体现为涉外工作确立并实施明确的实体法律标准、形成并坚持妥当法律程序的体系和进程。在性质上,涉外法治是国家法治的对外部分,是国内法治的

---

[72] 黄先海和余骁提出:"以'一带一路'建设主导区域经济一体化或将是我国在新时期转移国内过剩产能、推进产业结构升级、实现国际分工地位提升的重要途径。"黄先海、余骁:《以"一带一路"建设重塑全球价值链》,载《经济学家》2017年第3期。

[73] 王帆认为:"真正的多边主义,强调维护主权平等、促进公平正义、尊重多元价值、遵守国际秩序、加强对话协商、实现合作共赢。真正的多边主义,以全人类共同价值代替西方话语体系中的'普世价值',以多元主义代替美国主导的'霸权治理',以面向未来的和平与发展代替狭隘的'大国战略竞争',致力于实现持久和平、普遍安全、共同繁荣、开放包容、清洁美丽的世界愿景。这种真正的多边主义是对多边主义的守正创新,对全球治理方案的积极探索。"王帆:《完善全球治理,践行真正的多边主义——学习〈习近平谈治国理政〉第四卷》,载《红旗文稿》2022年第19期。

[74] 参见徐崇利:《国际秩序的基础之争:规则还是国际法》,载《中国社会科学评价》2022年第1期。作者认为,"在西方国家眼中,作为国际秩序基础的规则包括国际法,但其所指的并非各国公认的应然国际法,而是西方强权可以主导的那些实然国际法,应该说,这样的实然国际法与其他规则并无实质差异"(第34页)。进而,"中国坚持国际规则的应然性,亦即'国际规则应该是世界各国共同认可的规则,而不应由少数人来制定',明确反对西方国家对国际规则做上述实然性解读"(第33页)。这个论断值得进一步审视和深思。如果进一步结合美国提出新议题、确立新概念、"以违背法律来制造法律"(law breaking as law making)的经历和能力,结合中国政府,尤其是领导人和外交部官员在国际法上所作出的说明,何者更倾向于实然法,何者更倾向于应然法,似乎并不明确。由此,中国政府所提出的"少数国家所谓'以规则为基础的国际秩序'的说法含义不清,反映的是少数国家的规则,并不代表国际社会的意志。我们要维护的是普遍认可的国际法。……维护以联合国为核心的国际体系和以国际法为基础的国际秩序"(第28页)。似乎更加明晰而符合中国的真正意图。

对外延伸,与国内法治、社会治理、政府治理一起构成国家治理能力、治理体系在涉外关系中法治化发展变革的一部分,是涉外法规范水平提升(构建涉外良法)和涉外法应用机制的完善(塑造涉外善治)的结合。在运行体系上,涉外法治以国家需求作为动力,以维护国家的主权、尊严、安全、发展等核心利益作为导向,以国家涉外工作的法治化为内容,以国家的发展作为目标,聚焦于涉外法律工作的强化和完善。[75]

当国内法治自身建设不能满足国家和人民日益增长的国际交往需要、不能有效保护国家和人民的海外利益之时,就需要规划实施涉外法治建设,通过涉外立法、涉外法律服务、参与国际立法执法适应国家的开放发展。因此,统筹国内法治和涉外法治是法治中国建设全面健康持续发展的有力保障。

具体来说,中国共产党第十九届中央委员会第五次全体会议通过的《中共中央关于制定国民经济和社会发展第十四个五年规划和二〇三五年远景目标的建议》提出要持续优化市场化法治化国际化营商环境。近年来,立法机关加快推进我国法域外适用的法律体系建设,为我国涉外执法司法活动提供法律依据。2023年制定《中华人民共和国对外关系法》,该法成为对外事务的纲领性法律规范。与《中华人民共和国反外国制裁法》(2021年)和《中华人民共和国外国国家豁免法》(2023年)等系列关涉具体跨国事务的法律紧密配合,国务院基于《中华人民共和国缔结条约程序法》制定了《缔结条约管理办法》;商务部根据《中华人民共和国对外贸易法》、《中华人民共和国国家安全法》(下文简称《国家安全法》)等有关法律制定公布了《不可靠实体清单规定》《阻断外国法律与措施不当域外适用办法》;基于《中华人民共和国外商投资法》,商务部于2020年6月23日发布《自由贸易试验区外商投资准入特别管理措施(负面清单)》和《外商投资准入特别管理措施(负面清单)》,商务部于2020年8月25日发布《外商投资企业投诉工作办法》,2020年12月19日发布《外商投资安全审查办法》,2020年12月27日发布《鼓励外商投资产业目录》,系列文件表明了中国对经济合作规制的态度和尺度。

以涉外法治手段有效维护国家与人民的基本权利,仅有立法是不够的。近年来,为了促进"一带一路"倡议健康扎根、持续发展,中国建立了一系列的仲裁和调解机构,其目标即在于提升法律的实施质量。与此同时,在一些特定的司法机构中,也建立了国际商事法庭,以期更高质量地解决涉外商事关系的司法解决机构缺位问题。当然,值得进一步考虑的问题是,以中国为倡导者推进和发展的司法体系,是否真的适用于相关问题,尤其是与中国相关的经济贸易、投资、金融、数据流动等各方面交往所出现的纠纷之上。这是因为中国在国际社会中的地位日益提升、影响不断加大,很多国家及其国民在与中国交往的过程中会存在一些顾虑,担

---

[75] 何志鹏:《涉外法治:开放发展的规范导向》,载《政法论坛》2021年第5期。

心中国以其强大的国力对涉外交往造成压力,影响争议的平等顺畅解决。司法机制与立法、执法相互配合,才能积极促动涉外法治的健康发展。

高水平维护公民和法人的跨国利益,要求国家鼓励和促动政府机构、社会组织,建立涉外交往所需要的机制,提供良好的法律培训和法律服务,强化企业合规管理,引导企业、公民在海外遵守当地法律,通过外交、商务、司法、援外等部门协调配合,掌握最新情况,形成顺畅的工作应对机制,以法律方式有效应对国际摩擦纠纷。为此,我国已经努力推进建设一批具有国际一流水平的律师事务所和一批具有广泛国际影响的卓越的国际商事仲裁中心。为了给"一带一路"倡议等国家重大发展举措提供法律服务,2019年我国成立了"一带一路"律师联盟,在该联盟之下组建的金融、跨境争议解决、知识产权、基础设施建设、劳动争议等9个专业委员会在新加坡、巴西等34个国家和地区建立了工作点,设立了西安、广州、成都、海口、杭州5个代表机构。这一律师联盟对接欧亚经济论坛、博鳌亚洲论坛、环太平洋律师协会会议、亚洲律师协会会长会议。2024年1月,我国律师事务所已经在35个国家设立了180多个分支机构,其所提供的法律服务包括投资、知识产权、税务、能源与基础设施等多个方面。[76]

第五节 国际经济法的价值

一、国际经济法价值研究的意义

国际经济法,无论是作为一套法律规范的体系还是一种学术研究的体系,甚至是看待问题的视角,其具体的内涵和外延都有待于进一步的探索和分析。在这方面国内的很多学者都提出了一些新的主张。但是,在这种前提下,人们已经形成共识的一点是:国际经济法的实践性非常强,它紧紧伴随着科学技术发展的脚步,密切联系着国际关系变幻的动态,深刻体现着经济要素在国际市场的流动。那么对这一实践性强的学科有无进行价值探讨的必要呢?

(一)价值研究对国际经济法的推动作用

对任何一门法律都可以采用价值分析的方法进行判断。通过价值研究,一方面可以为现存的法律秩序的评价和批判提供一套准则,另一方面也能为未来的社会提供一种法的理想并以此作为引导人们走向未来的价值目标。[77] 同样,进行法律的价值分析也是一种对国际经济法进行整体把握和评判的方法。对国际经济法价值的探讨,可以使我们超越单纯阐释规则、实证分析事实问题的境界;深入考虑

---

[76] 何志鹏:《涉外法治的系统思维》,载《武汉大学学报(哲学社会科学版)》2024年第4期。
[77] 张文显主编:《法理学》(第4版),高等教育出版社2011年版,第4章第4节、第21章。

法律追寻的价值以及对于法律体系的评价,为从更高的基点去俯视国际经济法的规范和体系,提供一套判断的标准。也就是站在国际经济法的圈子之外去把握它的庐山真面目,进而更加全面和彻底地认识国际经济法,得出其现状如何、未来发展路向如何的结论,认识到国际经济法在全球化发展与国际法治实现的进程中所起的作用。[78] 唯有通过这样的分析和研究,国际经济法才能不断地反思、扬弃、更新、发展,其所调整的国际经济关系才能符合社会进步的内在要求。

(二) 国际经济法价值研究的含义

根据法的价值的概念和学者对于法的价值的解释和分类,我们认为,国际经济法的价值研究可以从两个方面去理解:

1. 探索国际经济法对于价值的追求。这是国际经济法的内在价值,也就是法律规则本身所体现的立法者的意愿:通过诠释国际经济法律规则的文本及其操作过程所追求的价值,深入地分析和归纳法律本身所体现的价值观,即国际经济法提倡什么、反对什么、保护什么、容忍什么、抑制什么。对此进行研究可以使我们透过国际经济法表面庄严的法律规范的面纱,直接看到内核中利益地纷争和妥协,看到作为一个价值排序表的国际经济法在貌似神圣冷峻的条款、文本背后所表达的实际意义。进而,我们可以总结归纳出一套国际经济法的社会价值系统,如公平、自由、秩序、国际经济新秩序等。这一系列的研究我们可以称为对国际经济法客观或实然的价值分析。

2. 评价国际经济法对于价值的取舍。这是国际经济法的外在价值,也就是作为评判主体的观察者、研究者,站在某一种价值观的立场上,对于静态的国际经济法规范和动态的国际经济法运作所作的价值判断。研究者首先依据社会发展和跨国交往的理性,建立起一套应然的国际经济法价值系统,进而将前述的实然的价值分析结论与这个应然的价值系统相对比,最终得出结论:现存的国际经济法规范哪些是好的,哪些是坏的;哪些是积极的,哪些是消极的;哪些符合时代发展,哪些逆历史的车轮而动。这是对国际经济法意义的进一步剖析。通过上述过程可以反映一定社会对国际经济法的价值要求和评判,指引国际经济法应当怎么样、应当向什么方向发展。这一系列的研究我们可以称为主观或应然的价值分析。

上述两个方面的价值研究虽然分属不同层次,却属于同一个问题。客观的价值分析是主观价值分析的基础,主观价值分析是客观价值分析的深化。

(三) 国际经济法价值研究的内在阻碍

迄今为止,国际经济法的价值研究在国内外都还十分薄弱。究其原因,是从事

---

[78] 国内学者关于全球化与国际法治方面的探索,参见车丕照:《法律全球化与国际法治》,载《清华法治论衡》(第3卷),清华大学出版社2002年版;何志鹏:《国际法治:现实与理想》,载《清华法治论衡》(第4卷),清华大学出版社2003年版。

国际经济法的价值分析有两个方面的阻碍:

1. 价值隐藏。法律规范是一套价值的排序表,但国际经济法的规范都直接切入国际经济交往的现实,具有经济性,调整的是经济交往行为、经济主体之间的关系,很多时候都不能直接判别其价值取向。与宪法、刑法这类较为直接体现价值的规范比较起来,国际经济法的价值追求并不浮在表面上,需要深入法律条文背后去进行钩玄,这就增加了对其价值探讨的难度。

2. 价值多元。由于国际经济法并非由一个统一的立法机关制定,所以,无论是其中的国际法规范还是国内法规范都体现了互相矛盾、参差不齐的各种价值追求。我们很难总结出某一价值是所有的国际经济法规范的价值取向,却经常能够看到某种价值有些经济利益集团支持,另外一些经济利益集团却漠然置之或直接反对的情形,这些态度都会以各种形式体现在法规范中。这样一来国际经济法的价值探寻就变得十分艰涩,并且往往得不出什么结果。

二、国际经济法的一般价值

国际经济法的价值既是多元的,也是多层次的。国际经济法学作为整个法学体系的一个部分,国际经济法作为法的一部门,其价值体系的构建当然并不会也不该背离法的一般价值。现代公认的法的共同价值,包括公平、效率、正义、秩序,在国际经济法中均有体现。为了体现这些价值,国际经济法采用了其自身的规则模式和调整方式,具有一些特色。下面分别加以阐述。

(一)国际经济法的自由价值

1. 国际经济法中自由的含义。自由是人类所向往的一种美好目标,也成为法律的基本价值。在国际经济法领域,自由主要指国家赋予私人的从事跨国交易行为的自由,同时也包括国家本身的跨国经济自由。具体包含:第一,国家制定与国际经济有关的宏观经济发展战略的自由。这是国际法上的国家主权原则在经济领域的具体表现。[79] 每个主权国家都必然应当拥有决定如何开展经济活动、如何进行发展的权利,这是经济主权的题中应有之义。第二,国家对涉及本国的经济活动进行管理和调整的自由。主权国家在现代已不再只是自由市场经济时期的"看门人"的地位,在市场这只"看不见的手"之外国家经常采用"看得见的手"来维护本国的经济增长和社会稳定。这一点是国家主权原则在国际经济领域的表现,是国际经济法要维护的重要价值。第三,国家赋予交易者进行交易活动的自由。跨国经济活动的自由从来就是由商人享受的。他们在谋求本身利润的同时,促进了市

---

[79] 近年来对于主权的去向问题探索颇多。对于国际公法上主权问题的论述,参见 James Crawford, *Brownlie's Principles of Public Interantional Law*, 8th ed., Oxford University Press, 2012, p.129 – 133;[德]沃尔夫刚·格拉夫·魏智通主编:《国际法》(第5版),吴越等译,法律出版社2012年版,第155页。

场国生产生活水平的提高。所以保护和推进这种自由是保障国际经济关系持续、协调发展的核心。第四,经济要素得到国家允许实现跨越国境地流动的自由。在国际经济法所调整的国际经济关系中,"经济"的落脚点在于物质利益。所以国际经济法不仅要赋予交易者进行活动的资格,为交易活动确定规则,更重要的是应当允许物质因素的跨国流动。

2. 国际经济法律制度在实现国际经济自由方面的作用。国际经济法是国际经济协调之法,是跨国经济的调整之法。作为以协调和调整为内容的法,国际经济法是否需要并可能实现自由这一价值呢?回答是肯定的。国际经济自萌芽之时起,就一直在调整与放任之间滑动。一方面,国家为了自身的安全和本国相对薄弱产业的生存,要对涉及本国的国际经济交易行为进行监督、管制、调整、控制;另一方面,国家为了得到外国更雄厚的资本、更先进的技术、更优质的服务,同时也为了给本国较强大的产业寻求更广阔的市场,便为他国的经济交易主体或经济要素提供自由,并要求其他国家也提供这种自由。现代的国际社会应当继续确保自由的国际市场,因此,国际经济法就必须在实现国际经济自由交往方面继续发挥作用。国际经济法实现自由的途径包括:首先,国际社会通过确立国家主权原则,承认国家的经济决策自由和经济管理自由。这类似于一种宏观上的许可,依据这一原则,国家可以采取各种合乎法律规定的手段,对涉及本国的经济问题采取适当调整措施。其次,国家之间通过签订条约、国际组织通过有关法律文件,确认国家有采取某些调整措施的自由。再次,国家通过立法保障当事人从事国际经济交易的自由,以及资本、货币、商品、服务等经济因素跨国流动的自由。最后,国家之间通过签订条约、国际组织通过有关法律文件,使有关国家主动承诺或者被动地给予跨国交易者经济贸易自由以及经济要素的流动自由。

3. 自由和限制。一个应当指出的问题是,虽然我们一直主张自由贸易,[80]但如同在任何其他领域一样,法律上的自由也总是从限制中反观的。这主要是因为:首先,没有限制就没有自由可言。国际经济法规则所进行的各种限制,在效果上正是使自由能够充分实现的依托。例如反垄断、反倾销、反补贴等法律规则正是通过限制那些扭曲市场秩序的行为而营造一个自由竞争的市场。其次,在国际经济领域,国家的自由是一种原始的默认的状态,而对国家权力的限制是后发生的。最后,在国内经济领域,政府的管理是有明确的界限的,所有管理的项目都要通过法律所规定的限制性条款表现出来。

另一个相似但不同的问题是,国际经济法实际上一直在限制和自由之间摇摆。

---

[80] 在这里,"自由贸易"应更准确地被称为"自由经济交往",其内涵不仅包括传统的货物贸易,也包括技术、服务等贸易形式;并且包含着直接、间接投资等非贸易国际经济交往形式。由于在经济学以及日常用语中已经习惯使用"自由贸易"一词,所以遵循习惯,不作改换。

现代国际经济法表现出两个方面的趋势:一方面,在国家对私人的管理方面,总的趋势是在私人利益问题上逐渐放松限制,走向自由;而在公共利益问题上,逐步推动私法公法化,政府进行深入管理。另一方面,在对于国家的要求方面,总的趋势是从自由走向限制。

4. 自由和例外。法律经常为了保护弱者、为了实现公平而牺牲一部分自由。在国际经济法中,要求历史地、连贯地认识国际经济关系,所以也不能主张完全的自由。这一点在发达国家与发展中国家的关系上体现得尤为明显,WTO在贸易诸领域为发展中国家提供的例外条款就是鲜明的例证。[81]

(二) 国际经济法的秩序价值

国际经济法的秩序价值就是指国际经济法在确立和确认秩序方面所能够作出的贡献。国际经济法律秩序是一个较为复杂的问题,在这里拟就一些基本问题作简要的分析。

1. 国际经济法律秩序的概念。国际经济法律秩序是在国际经济交往中所表现出来的国家间关系和国家对私人的管理调整关系的总体样态。在国际交往中,秩序可以在不同的层面体现。在我们将国际经济法界定为主要与主权相关的法,国家经济利益协调和国家对商事行为及商事主体进行调整的法的基础上,国际经济法律秩序就主要体现在国家之间的经济关系和国家对涉外经济贸易的管理层面。就国家之间的关系而言,国家之间的力量对比、竞争与合作的关系就构成了一种秩序;就国家对私人的管理、调整而言,某一国的单独政府管理、调整构成了该国的涉外经济秩序,各国之间管理、调整措施的协调与统一构成了宏观的国际经济调整秩序。

国际经济法律秩序与国内经济法律秩序是既有联系又有区别的概念。其中最大的区别就在于,就每个国家而言,国内经济法的秩序有一个居高临下的政府机构,对诸般问题可以作出终局性的决定;换言之,在国内法上,可以确立一套统一的秩序,或者称为"一元秩序"。而在国际经济法领域,具有不同层面的法律秩序:从各国的涉外经济法来看,当然可以认为就该国的属地、属人管辖权所及的范围而言,确乎存在一元的秩序;但从整个世界的角度来看,根本就不存在一个统一的秩序。在国际法领域,没有一个位居各国之上的机构可以指引和约束各国的行为,故而在这个方面,统一的秩序也就无从谈起。那么,是否因为上述情况的存在就可以

---

[81] 这方面的论述,参见周林彬、郑远远:《WTO规则例外和例外规则》,广东人民出版社2001年版,第12~14页;陈卫东:《WTO例外条款解读》,对外经济贸易大学出版社2002年版,第25~27、91、145~150页;值得注意的是,随着世界诸国对环境保护、公共健康等问题的日益重视,发达国家在药物和医疗器械等方面的"自由竞争"也日益受到约束,WTO多哈回合在这方面的努力,即《知识产权与公共健康宣言》就体现了发展中国家的关注。

认为在国际经济法上没有秩序可言呢?并不是这样。虽然没有整体的、统一的秩序,但仍然存在局部的、各自有差异的秩序。国际经济法学的研究正是从个别的、互相冲突的秩序入手,寻求国际经济法律秩序的一般趋势,探讨国际经济法律规范在实现秩序方面的促进作用和消极阻碍的情形。

2. 国际经济法律规范对国际经济秩序的作用。各种可以归属到国际经济法的法律规范都在为实现国际经济秩序而发挥自己的作用。我们可以从不同主体制定出的规范的角度加以观察:

(1)各国关于宏观调控和市场管理的法律规范的涉外部分,都在营造和维护着各国的涉外经济秩序。各个国家的这种秩序组合起来,从宏观上看就构成了国际经济管理秩序的一部分。因而,每个国家的涉外经济法都在为实现国际经济管理秩序服务。

(2)国家之间的条约在以下两个方面维持着国际经济秩序:第一个方面是确立国家间经济关系的条约,在国际层面上建立着以国家为主体的经济秩序,这种秩序是通过指引和约束国家行为而形成的;第二个方面是国家之间相互承诺在经济管理领域采取何种方式的条约,约束着各国的国内涉外经济立法,将有关国家的涉外经济管理秩序有机地结合起来,为建立统一、协调的国际经济管理秩序服务,这种秩序的内涵与各国涉外经济法所构筑的秩序基本相同,只是实现秩序的方式更完善。

(3)国际组织的有效力的法律文件所维护的秩序也无外乎上面两种秩序,只不过具体采取的手段略有差异。首先,国际经济组织的内部条约,属于国际条约的一种,无论其内容和形式有何不同,在实现秩序方面的作用都与前述的国际条约无异。其次,国际经济组织作为一个整体与其他国家或国际组织签订的条约,就其内容而言也未超出国际条约对实现秩序的追求,只是国际经济组织以一个整体的面目出现,体现了组织内的成员在以一个声音说话,更有利于实现秩序的协调和统一。再次,国际组织的有关机构作出的有约束力的法律文件,一般都是对具体的国家经济管理政策和管理行为作出指引,可以归结入实现国际经济管理秩序的法律框架。最后,国际组织的有关机构作出的没有约束力的文件,不能够直接建立和维护秩序,而只是表达了某些国家的一种愿望,叙述了在该组织内部力图构建某种国际经济法律秩序的理想。就现在的实例看来,这些文件多数是宏观规定国家之间的关系,它预示着国际经济法可能发展的方向,为将来可能会出现的国际经济秩序勾画蓝图,但这些文件不具有指引国家行为的效力,因而也就不能直接实现某种秩序。

总之,国际经济法应当建立和维持一种正当的、合理的国际经济秩序。国际社会应当通过各种法律制定和法律运行手段保证稳定、健康的国际市场秩序。国际经济法律制度如何建立、确认和实现这种法律秩序,要在制定法律和运行法律的过程中进一步具体考虑。

(三)国际经济法的正义价值

1. 国际经济法中正义的含义。随着时代的变迁,正义的观念开始在国家之间的关系上不断拓展,正义的思想已成为国际经济法中的一项重要标准。国际经济法的正义价值主要是经济公平和经济正义,具体包含两个方面:(1)公平,即一种利益分配的算术平均或者几何平均的状态。(2)正义,即法应当改善强者和弱者之间的关系,保护弱者的利益;法应当维护自然界的权益,实现生态正义。

2. 国际经济法对公平的实现的作用。人们普遍认为,国际经济法应当能够为营造一个公平的国际经济交往和竞争环境发挥应有的作用。国际经济法的各种规范可以为实现公平提供可能。这主要可以通过以下三个方面表现出来:(1)国际经济法应当争取国家之间关系和力量对比的公平发展。国际经济法在这方面实现国家间公平的方式包括:在决定国际经济问题的时候,给予发展中国家平等的甚至是优先的发表见解和进行表决的机会;在贸易方略和政策上给发展中国家提供咨询和辅助;在资金、技术方面扶植和帮助发展中国家等。(2)国际经济法应当保障国内、国际市场的公平竞争。国际经济法为保障市场公平竞争采取的方法包括:实行国民待遇原则和最惠国待遇原则,首先达到本国人和外国人、不同国籍的外国人在一国以内的地位平等;采取合理的市场准入措施,使外国的经济要素能够正常地进入本国境内等。(3)国际经济法应当促进域际公平和代际公平。国际经济法为促进域际公平和代际公平可以通过下列途径:建立严格的但不是苛刻的、切实的但不是偏袒的环境标准,对国内、国际的商品及其生产、消费过程进行环境方面的控制;在国际直接投资领域,掌握投资方向的环境亲和性,不允许高污染的产业入境和出境等。

(四)国际经济法的效率价值

1. 国际经济法中效率的含义。国际经济法就其起源和内容而论,当然要制定规则,致力于国际经济和其他资源的最优配置,提高国际经济效益。国际经济法所追求的效率就是:(1)在一国自身或国家之间进行经济决策时,有关决策能够迅速及时地作出,并能够有效地实施;(2)在国际经济交易者从事国际经济行为时,他们能够在顺畅的法律环境中活动;(3)在出现国际经济争议时,这种争议能够迅速、便捷、有效地得以解决。

2. 国际经济法与国际经济交往中的效率。国际经济法律制度应当通过其内在的理性促进国际经济效率。国际经济法追求效率的途径多种多样,但归根结底还是应当主要从协调国家之间的经济关系和调整国际经济行为两个方面来促进效率。具体而言,国际经济法促进效率的方式包括:(1)确认国际经济法主体的应有权利。稳定的秩序是效率的基础,因此确认权利是实现效率的起点。(2)维护国际经济法主体的合法利益。在权利的基础上,国际经济法的主体可以进一步展开国际经济行为,获得或出让有关利益;通过维护主体的利益,法律就缔造或认可了一种稳定的、良好的国际经济交往模式,因而,国际经济交往的效率就随之产生了。(3)保障国际经济交易过程高效运行。国家通过法律规范使商事行为便捷进行,尽量少设置障碍、多提供便利;国际社会通过某些立法来约束国家的行为,使各个国家为国际经济交往铺平道路。(4)制定合理的争端解决机制,为出现的国际经济争议提供有效的解决方式。纠纷解决最能够显示法律的本质属性。纠纷的快速、高效、便利解决,是从最后的、也是最关键的环节体现了法律的效率。

三、国际经济法的特有价值

国际经济法作为法体系中的一个部分,也显示出了一定的特殊性。比如,它跨越了国家的边境,处理的并不是国家的内部关系,它处理的问题都与经济有关,也就是直接关系到所涉主体的物质利益。从这个意义上讲,国际经济法应该具备一些独特的价值追求。这种价值追求是在法的一般价值的基础上,对某些部分有所强调、有所丰富、有所拓展,进行了国际的、经济的特定化之后的产物。这些价值可以成为国际经济法的特有价值。这种特有价值还可以继续分为终极价值和现阶段的核心价值两个方面。因此,国际经济法也包含着一些特有的价值。

(一)终极价值——人民利益的最大化

人本主义、功利主义将世界的目标直接指向了人。从那个时候起,经济生活才真正地繁荣起来。而经济的繁荣任何时候也没有将人的利益抛到脑后。国际经济法的价值和最终目的,也就是在整个世界的范围内通过资源的最佳配置、市场的通畅和划分,实现人民生活水平的实质提高。这一价值在很多国际文件中都可以得到证明。比如,《关税与贸易总协定》(GATT)序言中提到,各国政府的贸易和经济事业应以提高生活水平、保证充分就业、保证实际收入和有效需求的巨大持续增长、扩大世界资源的充分利用以及发展商品的生产和交换为目的。《欧洲经济共同体条约》(EEC Treaty)第 2 条规定,共同体的目标应是通过共同市场的建立和各成员国经济政策的逐步接近,在整个共同体内促进经济活动的和谐发展,不断并且平衡的扩展,日益增长的稳定,生活水平的提高以及各成员国间越来越密切的关系。

著名国际经济法学者彼得斯曼(E.-U. Petersmann)也指出:国际贸易、投资等行为本身并不是目的,而只是通过自由同意和共同受益的交易方式来行使自由权利与所有权而提高个人和社会福利的手段;国际经济行为和政策的目标应当定位于增加就业机会、个人自由、收入的实质提高、获取需要的资源以及享受人权。

国际合作的终极目标,从表面来看可能是国家或者是企业的一些数字,但从深层次看,最终体现的必定是也必然是人民生活水平的实质提高,否则这些数字是没有意义的。国家对于涉及本国的经济活动进行管理和调控,表面上看,是维护本国的国家利益,而实质上,也是在维护本国人民的整体利益。所以,整个的国际经济行为,都是为人民的最大利益服务的。

(二) 现阶段价值——国际经济新秩序

在整个世界还划分为若干国家的情况下,试图通过法律规范来直接实现全球人民利益的最大化是很难做到的。所以必须首先将权利义务交给国家,由国家将利益分配给本国人。这样一来,首先提出的一个问题就是:如何划定国家之间利益的分配原则? 具体讲就是:如何确定各个国家的经济增长速度? 如何保证各个国家的经济平稳增长? 如何维持各个国家之间经济力量的平衡? 国际经济法必须深入考虑这些问题,并将之作为一个重要价值目标,也就是说,必须在国家之间营造一种微妙的平衡,这种平衡在现代社会被称为"国际经济新秩序"。

国际经济新秩序包含这样一些要求。根据联合国的有关文件,[82] 国际经济新秩序的基本内容包括:维护各国对其天然资源的永久主权;确认国家对与其有关的经济活动享有管理的权利;改善发展中国家在国际贸易中的地位和条件;增加向发展中国家资金转移;改革国际货币金融制度,使发展中国家能从中得利;保护海洋资源,争取海运权;加强发展中国家之间的合作;推动世界经济结构改革。

国际经济新秩序的根本目的是通过各种手段使国际经济关系的样态得以彻底扭转,使原来的表面就不平等、实质上损害发展中国家利益的,或者虽然表面上平等、实质仍然对发展中国家不利的交往方式得到改变,从而让发展中国家真正在国际经济交往中受益,[83] 并逐渐在经济上得以发展,在未来的国际社会里能够与发达国家共谋繁荣。在现实生活中,我们所谈到的秩序往往是全方位的,其中包括了秩序的价值取向内涵。进一步我们就可以理解,在国际社会经常提到的"国际经济新秩序"的概念是一个较为特殊的问题;应当说它包含着但绝不限于单纯的国际经济法律秩序。国际经济新秩序是国际经济未来发展的一种方向选择,其核心在于加强和推进发展中国家的发展,其终极目的是全球经济的公平与均衡发展。[84] 因此,它本质上是一种国家间的关系,具体通过国际经济法的各种制度表

---

[82] 这些文件包括:1974 年联合国大会通过的《各国经济权利和义务宪章》《关于建立新的国际经济秩序的宣言》《行动纲领》,1975 年联合国大会通过的《发展和国际经济合作》的决议,1980 年联合国大会通过的《联合国第三个发展十年国际发展战略》等。这些文件并不具有严格的法律约束力,但是它们代表了国际社会的价值取向,是习惯国际法的基础。

[83] 参见《世界经济百科全书》,中国大百科全书出版社 1987 年版,第 255~258 页。

[84] 对于全球化,国际学界作了数量甚多的讨论,赞扬与反对者均为数不少。笔者认为,如果走出单纯的国家间竞争模式,从和谐与协作的角度看待全球化可能更符合社会的发展态势。相关论述参见梁展选编:《全球化话语》,上海三联书店 2002 年版。

现出来,其中部分包括了国际经济法的公正、效率、秩序等价值。[85] 国际经济新秩序是一种秩序,但不是一般意义上的、没有取舍标准的、单纯的整齐状态;它的内涵十分丰富,具有很多伦理方面的因素,所以是现代社会国际经济法的核心秩序。

国际经济法价值体系发展的总体趋势与法律理想可以被归纳为:从平等向公平进化;从国家、企业孤立的行为向协同发展;从企业、国家之间的单纯竞争向联合的双赢机制转换;从国家间的剥夺与被剥夺的关系向合作和援助转化。按照这样的标准评价,中国"一带一路"倡议就是对当代公正合理的国际经济秩序的有益探索。

> ### "一带一路"
>
> "一带一路"(英文:The Belt and Road,缩写 B&R)是"丝绸之路经济带"和"21 世纪海上丝绸之路"的简称。它将充分依靠中国与有关国家既有的双多边机制,借助既有的、行之有效的区域合作平台,"一带一路"旨在借用古代丝绸之路的历史符号,高举和平发展的旗帜,积极发展与沿线国家的经济合作伙伴关系,共同打造政治互信、经济融合、文化包容的利益共同体、命运共同体和责任共同体。
>
> 2013 年 9 月和 10 月,中国国家主席习近平在出访中亚和东南亚国家期间,先后提出共建"丝绸之路经济带"和"21 世纪海上丝绸之路"的重大倡议,得到国际社会高度关注。
>
> 2015 年 3 月 28 日,国家发展改革委、外交部、商务部联合发布了《推动共建丝绸之路经济带和 21 世纪海上丝绸之路的愿景与行动》。
>
> **框架思路**
>
> "一带一路"是促进共同发展、实现共同繁荣的合作共赢之路,是增进理解信任、加强全方位交流的和平友谊之路。中国政府倡议,秉持和平合作、开放包

---

[85] 关于国际经济新秩序的论述很多,较为常见的著述可参阅高树异主编:《国际经济法总论》,吉林大学出版社 1989 年版,第 89 页;陈安主编:《国际经济法》,法律出版社 1999 年版,第 15~20、82~103 页;姚梅镇主编:《国际经济法概论》,武汉大学出版社 1989 年版,第 21 页;韦经建、刘世元、车丕照主编:《国际经济法概论》,吉林大学出版社 2000 年版,第 28~31 页;杨泽伟:《新国际经济秩序研究》,武汉大学出版社 1998 年版(杨泽伟教授的著作,以较为丰富的事实材料论证了国际经济新秩序的发展);有学者认为,在中国主导下启动国际经济新秩序已然成型。参见佟家栋、何欢、涂红:《逆全球化与国际经济新秩序的开启》,载《南开学报(哲学社会科学版)》2020 年第 2 期。也可参见何志鹏:《国际经济法与国际经济新秩序》,载《法制与社会发展》1999 年第 1 期;何志鹏:《知识产权与国际经济新秩序》,载《法制与社会发展》2003 年第 3 期,最后这篇文章证明在知识经济的时代,国际经济新秩序仍然是重要的追求,而且其实现仍然艰辛。

容、互学互鉴、互利共赢的理念,全方位推进务实合作,打造政治互信、经济融合、文化包容的利益共同体、命运共同体和责任共同体。

"一带一路"贯穿亚欧非大陆,一头是活跃的东亚经济圈,一头是发达的欧洲经济圈,中间广大腹地国家经济发展潜力巨大。丝绸之路经济带重点畅通中国经中亚、俄罗斯至欧洲(波罗的海);中国经中亚、西亚至波斯湾、地中海;中国至东南亚、南亚、印度洋。21世纪海上丝绸之路重点方向是从中国沿海港口过南海到印度洋,延伸至欧洲;从中国沿海港口过南海到南太平洋。

根据"一带一路"走向,陆上依托国际大通道,以沿线中心城市为支撑,以重点经贸产业园区为合作平台,共同打造新亚欧大陆桥、中蒙俄、中国—中亚—西亚、中国—中南半岛等国际经济合作走廊;海上以重点港口为节点,共同建设通畅安全高效的运输大通道。中巴、孟中印缅两个经济走廊与推进"一带一路"建设关联紧密,要进一步推动合作,取得更大进展。

"一带一路"建设是沿线各国开放合作的宏大经济愿景,需各国携手努力,朝着互利互惠、共同安全的目标相向而行。努力实现区域基础设施更加完善,安全高效的陆海空通道网络基本形成,互联互通达到新水平;投资贸易便利化水平进一步提升,高标准自由贸易区网络基本形成,经济联系更加紧密,政治互信更加深入;人文交流更加广泛深入,不同文明互鉴共荣,各国人民相知相交、和平友好。

共建原则

"一带一路"建设秉承共商、共享、共建原则。

恪守联合国宪章的宗旨和原则。遵守和平共处五项原则,即尊重各国主权和领土完整、互不侵犯、互不干涉内政、和平共处、平等互利。

坚持开放合作。"一带一路"相关的国家基于但不限于古代丝绸之路的范围,各国和国际、地区组织均可参与,让共建成果惠及更广泛的区域。

坚持和谐包容。倡导文明宽容,尊重各国发展道路和模式的选择,加强不同文明之间的对话,求同存异、兼容并蓄、和平共处、共生共荣。

坚持市场运作。遵循市场规律和国际通行规则,充分发挥市场在资源配置中的决定性作用和各类企业的主体作用,同时发挥好政府的作用。

坚持互利共赢。兼顾各方利益和关切,寻求利益契合点和合作最大公约数,体现各方智慧和创意,各施所长、各尽所能,把各方优势和潜力充分发挥出来。

区域定位

根据《推动共建丝绸之路经济带和21世纪海上丝绸之路的愿景与行动》,提出:发挥新疆独特的区位优势和向西开放重要窗口作用,深化与中亚、南亚、西亚等国家交流合作,形成丝绸之路经济带上重要的交通枢纽、商贸物流和文化科教中心,打造丝绸之路经济带核心区。

利用长三角、珠三角、海峡西岸、环渤海等经济区开放程度高、经济实力强、辐射带动作用大的优势,加快推进中国(上海)自由贸易试验区建设,支持福建建设21世纪海上丝绸之路核心区。

充分发挥深圳前海、广州南沙、珠海横琴、福建平潭等开放合作区作用,深化与港澳台合作,打造粤港澳大湾区。

推进浙江海洋经济发展示范区、福建海峡蓝色经济试验区和舟山群岛新区建设,加大海南国际旅游岛开发开放力度。加强上海、天津、宁波-舟山、广州、深圳、湛江、汕头、青岛、烟台、大连、福州、厦门、泉州、海口、三亚等沿海城市港口建设,强化上海、广州等国际枢纽机场功能。以扩大开放倒逼深层次改革,创新开放型经济体制机制,加大科技创新力度,形成参与和引领国际合作竞争新优势,成为"一带一路"特别是21世纪海上丝绸之路建设的排头兵和主力军。发挥海外侨胞以及香港、澳门特别行政区独特优势作用,积极参与和助力"一带一路"建设。为台湾地区参与"一带一路"建设作出妥善安排。

对陕西、甘肃、宁夏、青海四地的定位是:形成面向中亚、南亚、西亚国家的通道、商贸物流枢纽、重要产业和人文交流基地。

对沿海诸市的定位是:加强沿海城市港口建设,强化国际枢纽机场功能。

广西的定位是:21世纪海上丝绸之路与丝绸之路经济带有机衔接的重要门户。

云南的定位是:面向南亚、东南亚的辐射中心。

对内蒙古、黑龙江、吉林、辽宁、北京的定位是:建设向东北亚开放的重要窗口。长吉图开发开放先导区是东北亚区域的核心区域。

打造重庆西部开发开放重要支撑和郑州、武汉、长沙、成都、南昌、合肥等内陆开放型经济高地。

取得成就

截至2017年10月,中国同40多个国家和国际组织签署了合作协议,同30多个国家开展机制化产能合作。中国对"一带一路"沿线国家投资累计超过500亿美元。亚洲基础设施投资银行已经为"一带一路"建设参与国的9个项目提供17亿美元贷款,"丝路基金"投资达40亿美元。中国企业已经在20多个国家建设56个经贸合作区,为有关国家创造近11亿美元税收和18万个就业岗位。

2017年5月,"一带一路"国际合作高峰论坛在北京举行,29个国家的元首和政府首脑,140多个国家、80多个国际组织的1600多名代表共赴盛会。在开幕式上,习近平用4年来"一带一路"取得的丰硕成果向世界表明,"一带一路"倡议顺应时代潮流,适应发展规律,符合各国人民利益,具有广阔前景,标志着共建"一带一路"倡议已经进入从理念到行动、从规划到实施的新阶段。

上面所论述的国际经济法的价值体系只是国际经济法的社会价值,而并没有涉及其形式价值以及我们对法的价值评判等内容。这是因为,在形式价值方面,国际经济法的渊源千差万别,我们只能说哪些法律在形式上是好的,哪些法律在形式上是差的;而若是对一部部法律进行价值评判,也没有太多的理论及实践意义,不妨在具体涉及某一项法律时再行讨论。

第六节　国际经济法的方法

国际经济法的方法,就是为了达到掌握国际经济法而需要具备的手段。具体地说,就是作为学习和研究者,应当采取何种方式,才能够认知国际经济法的规则、组织与运行方式,了解国际经济法的体系结构,能够运用国际经济法来解决问题,对于国际经济法领域的问题能够提出建议。

国际经济法学在学习和研究上并没有太多特殊的方法。总体上看,其学习与研究方法和国际法的学习与研究方法并无本质差别。更扩大一点说,作为法律的一个部门,所有的各个学科差距都不是特别明显。国际经济法作为法学的一部分,无论是一般的原则还是总体框架,与其他法律部门在学习的进路和研究的方式上要求一致。学习和研究国际经济法的方法,仅仅是在一些具体的问题上有更为具体的标准或针对性。国际经济法的学习和研究主要有以下几种方法。

一、实证分析的方法

实证研究方法是法学学生的基本要求,也是法学专业的看家本领。实证分析,简单地说就是"实事求是"。这种实事求是的要求可以分为三个层次。

(一)对事实有明确的认识

所谓"实事"就是要把所讨论的情况搞清楚,无论是一个案例还是一个争议的事实,都要特别注重证据,根据证据规则和举证责任要求所确认的可以接受的证据来组成一个证据链条来建构一个具有法律意义的事实。在这方面,不能靠猜想,也不能靠热情,更不能意气用事。在法律问题上任何的盲动和蛮干都是没有实际效果的,重要的是保持冷静的态度去探究事实的真相。

例如,中国诉欧盟对中国部分钢铁紧固件最终反倾销措施争端案(DS397),在事实层面,就需要欧盟采取的具体措施、相关措施所造成的损害结果等一系列材料。所有这些材料都必须有扎实的证据,通过针对企业的统计数据、调查报告来形成一个完整和充分的证据链条。

当然,在法律生活中,也允许根据法律生活的基本规律和日常生活的基本形态进行推定。

(二) 对于规则有准确的认识

所谓"求是",从法律生活的意义上讲,就是找到真正有用的规则,有明确的规则依据。在进行国际经济法研究的时候,必须对法律文本进行深入地分析。我们虽然自始就反对本本主义,但是法律要求我们真正读懂规则,这是法律研究的基本功。语义分析并不是简单的名词解释或语法剖析,虽然这种途径也很重要,但更需要缜密而清晰的逻辑思维,深厚而扎实的理论基础,全面而具体的背景知识,敏锐而牢固的法律观念。在这里我们认为,文本分析的研究方法要求我们注意下面三个问题:

1. 重视文本。法律分为纸面上的法和运行中的法。前者是静态的,后者是动态的;前者是死的,后者是活的。从长期的发展来看,在国际经济法律问题中,很多运行中的法都是以纸面上的法为依据和基础的。因此,谈论国际经济法律问题的时候不应简单地就事论事,就某一个国家的行为或某一个案件的事实发表观点,而应当充分重视法律文本的重要性,这样的思考和研究就会更加具有理论和实践价值。这是从思想意识的角度上提高对文本的重视。

2. 读懂文本。正是因为要实事求是,所以我们鼓励甚至是要求在学习法律、分析相关法律问题的时候,一定要找到法律的原文。法律规范的原文是学习法律的第一手资料,所以,包括国内法和国际法,都需要认真地去阅读法律条文的原文,在需要的时候也要求去阅读相关的案例原文或者是相关的报告。在这一点上,有时学习国际法比学习国内法要求要更高,整个的难度也有提升。法律的学习和研究要求我们深刻地理解法规范的含义,因此必须下功夫探求法律文本的真正内涵。国际经济法律文件浩繁复杂,比如以世界贸易组织的规则而论,官方的条约、协定文本就有上千页,更有大量的案件争议文件和各个委员会的报告、提案;欧盟的规则也一样,单是作为基础文件的、经过 2016 年整合的《欧洲联盟条约》(Treaty of Maastricht)、《欧洲联盟运行条约》(TFEU)就分别有 52 条和 358 条,还有 37 份附加议定书和 65 份宣言。[86] 欧盟各个机构的法律文件就更是数以万计。[87] 这都需要学习和研究者在涉及相关问题的时候真正掌握。读懂文本上的规则,不仅需要文字上的基础,也需要掌握与该文本有关的历史发展脉络,该文本在执行时衍生的其他文本,等等。规则究竟是怎么规定的,它的含义究竟是什么,在很大程度上要靠自己去阅读原文来加以理解,任何解说,包括本书中的解说,都仅仅是一种参考,我们一般称为间接资料,或者第二手资料。

3. 以文本为基础展开研究。在进行法律判断的过程中,非常重要的方法就是语义分析和逻辑分析。语义分析就要求对一个词汇的内涵有非常明确的认知,这

---

[86] http://eur-lex.europa.eu/collection/eu-law/treaties/treaties-force.html,2018-04-25.

[87] http://eur-lex.europa.eu/browse/directories/legislation.html,2018-04-25.

一点哈特（H. L. A. Hart）在《法律的概念》中已经有了非常好的解释和示范，只有妥善地采用了一个概念，并且对一个概念有着非常充分和准确的认识，才有可能对于问题有较为明确的分析和解读，否则就很有可能会误入歧途。逻辑分析最主要的就是三段论，也就是大前提、小前提和结论，这种形式逻辑的方法，其实也包括了对概念的认知。在充分重视和理解文本的基础上所进行的国际经济法研究，才会是具有浑厚基础的研究，研究的结论才不会是虚无和漂浮的，其论述和评析才会令人信服。学习的认真态度、研究的认真态度就是要在阅读分析的过程中逐渐建立。如果不能够以规范文本为基础进行研究，不基于规则或者是案件的真实情况而妄加评论，就很有可能以讹传讹。

（三）构建起合理的论证体系

理清了法律事实，明确了法律规范的内容，并不足以支撑一个完整的法律论证。或者说，法律事实和法律规范仅仅是法律论证的前提和基础。要想完成一个法律论证，还需要把事实和规范有效地串在一起。正如一条绳索把一些珍珠串在一起，形成一串具有美感的链子一样，法律也要这样一个串连的过程。这个过程的目标是形成一个清晰而有说服力的逻辑线条。一般来说，这个论证过程需要经历以下四个阶段：首先是阐明要予以讨论的法律事实（issue）；其次是说明法律规范的内容（rule）；再次，要把事实和规范进行应对，相互呼应地说明相关规范是可以应用在这一事实之上的（application, analysis），这是法律说理的核心与关键；最后，说明适用这一规范会得出什么样的结论（conclusion）。这个论证的过程就被称为IRAC，这是在法学教育中经过长期积累后被认为可行的一种论证方式。

欧盟紧固件反倾销案[88]的论证结构	
事实 I	2009年1月，欧盟经过调查决定对来自中国的紧固件征收反倾销税。其中，两家欧资企业被欧盟确定的倾销幅度为零，一家合资企业为26.5%，通过抽样被调查的企业为63.1%~78.3%，未被抽样但应诉的企业为77.5%，其他未应诉企业为85%。 欧盟和美国一直把中国视为"非市场经济国家（NME）"，在计算倾销幅度时都用所谓的"替代国价格"，即找一个所谓的"市场经济国家"的同类产品的销售价格或生产成本作为中国出口产品的"正常价值"，并依此计算中国产品的倾销幅度，结果往往导致人为扩大中国出口产品的倾销幅度。 1996年欧盟《反倾销基本条例》（384/96）首先将中国列入"非市场经济国家"的名单。然后，规定对中国这样的NME的出口产品只给一个全国性的

---

[88] European Communities—Definitive Anti-Dumping Measures on Certain Iron or Steel Fasteners from China, https://www.wto.org/english/tratop_e/dispu_e/cases_e/ds397_e.htm.

反倾销税率。如果某个企业想获得单独的反倾销税率,就要按基本条例的规定,或通过"市场经济待遇(MET)"检验,或通过"单独税率待遇(IT)"检验。

在 MET 检验中,NME 的企业要证明:(1)价格、成本和投入,包括原材料、技术和劳工成本、产出、销售和投资,企业依市场机制决定,未受到政府的重大干预;(2)企业具有经过按国际会计标准审计过的清晰的会计账簿;(3)企业的生产成本和财务状况,特别在财产折旧、其他注销、易货贸易以及债务赔偿支付方面,未受到先前非市场经济制度的重大扭曲;(4)能确保企业运营具有法律确定性和稳定性的破产法和财产法,适用于该企业;(5)汇率换算依市场汇率进行。符合 MET 检验标准的,出口商可用其产品的国内销售价格或成本作为正常价值,然后与其出口价格相比,确定其倾销幅度。如果证明不成功,取决于企业是否还要求做 IT 检验。如果不要求,企业就要受到全国单一反倾销税率的制约。

在 IT 检验中,NME 的企业要证明:(1)全外资或部分外资企业或合资企业,出口商可自由汇回资本和利润;(2)出口价格、数量、销售条件与条款,企业可自主决定;(3)一半以上的公司股权属于私人;在董事会里或占据重要管理岗位的政府官员,或属少数,或必须证明企业足以独立于政府的干预;(4)汇率换算依市场汇率进行;(5)如给予出口商单独反倾销税率,政府不会通过干预,让其他出口商规避该反倾销措施。如 IT 检验证明成功,出口商的倾销幅度将基于欧盟给中国企业找到的"替代国价格"同其出口价格相比来确定。如果证明不成功,企业就要受到欧盟确定的全国单一反倾销税率的制约。

欧盟法律对 NME 的所有出口商给予一个全国单一反倾销税率是总体原则和主要方面,而给予每个企业一个单独的反倾销税率则是个别例外,须企业主动申请。

| 规则 R | 中国认为,欧盟《反倾销基本条例》第9(5)条自身与欧盟的下述法律义务不一致:
➢ WTO 协定第十六条第 4 款;
➢ 1994 年关贸总协定第一条第 1 款,第六条第 1 款,第十条第 3 款(a)项;以及
➢《反倾销协定》第 6.10 条,第 9.2 条,第 9.3 条,第 9.4 条,第 12.2.2 条和第 18.4 条。
中国还认为,欧盟理事会第(EC)91/2009 号条例对来自中华人民共和国的某些钢铁紧固件的进口征收最终反倾销税不符合欧盟的如下义务:
➢ 1994 年关贸总协定第六条和第十条第 3 款(a)项;
➢《反倾销协定》第 1 条,第 2.1 条,第 2.2 条。2.4、2.6、3.1、3.2、3.4、3.5、4.1、5.4、6.1、6.2、6.4、6.5、6.10、9.2、9.4 和 17.6(i)段;以及
➢《中国入世议定书》第一部分第 15 段。
此外,中国还提及《反倾销协定》第 9.3 条和第 12.2.2 条。 |

分析、适用 A	WTO《反倾销协定》第6.10条规定,进口国反倾销调查机关"通常应对被调查产品的每一个已知出口商或生产商确定各自的倾销幅度"。当出口商、生产商、进口商的数量或被调查产品种类特别多而且作出此种确定不实际时,主管机关可以使用抽样的方法来确定倾销幅度。WTO的原则是,进口国在反倾销调查时,给每个出口商计算出单独税率是原则,抽样计算倾销幅度是唯一的例外。WTO各项协定包括《反倾销协定》并没有所谓"非市场经济"的概念。当然就更没有关于如何计算来自NME出口商倾销幅度的规定。 在紧固件案件中,《反倾销协定》第6.10条给予出口商"单独税率待遇"的规定是对进口国调查机关的一项具有拘束力的强制性义务。对这一义务唯一的例外,就是由于出口商或被调查产品种类特别多,而且确定"单独税率待遇"不实际时,进口国可采取抽样的办法。WTO的各项协定、各个条文均不允许进口成员可对NME成员背离确定"单独税率待遇"的义务。中国加入WTO议定书第15条只允许进口成员在一定情况下,背离中国出口企业产品的国内销售价格或成本。该条要求中国的出口商要证明其国内产品生产、制造和销售方面是按市场经济规律办事,否则"WTO进口成员可使用不依据与中国国内价格或成本进行严格比较的方法"。议定书此点至多只允许进口成员在价格比较上,可对中国出口产品"正常价值"的计算上采取变通的方法。议定书根本未提及价格比较时中国企业的"出口价格"问题。议定书第15条并没有取代WTO《反倾销协定》第6.10条的规定。议定书除在价格比较时对中国企业的国内价格规定了特殊规则外,不存在可对中国进行差别待遇的"无边际的例外(open – ended exception)"。
结论 C	欧盟《反倾销基本条例》有关对"非市场经济"出口商"单独税率待遇"的规定本身不符合《反倾销协定》的相关规定,其对紧固件案的适用本身也不符合《反倾销协定》的规定。

二、语境分析的方法

对于事实和规则的把握非常重要,但这仅仅是法律学习的基础技能。如果想对国际经济法的规范和运行为什么会处于某种状况进行分析,还必须超越规则和事实本身,在更为广阔的背景下加以认识和分析。"语境"在这里就包括了法律所存在的社会背景、历史背景和知识背景。

(一)联系社会生活的语境

国际经济法学是一门与实践有着密切联系的应用学科。其所制定的规则绝大多数是源于实践,而且能够指导实践。因而国际经济法的理论研究绝不能脱离国际经济交往的实践。在当前的国际社会中,由于各国政治、经济制度不同,经济发展水平也相差悬殊,国际经济关系中的法律问题也随之错综复杂。这就要求我们客观地面对现实,从实际出发,针对国际经济现实中存在的矛盾和问题,运用辩证的方法和法学基本理论,分析和研究这些矛盾和问题,找出主要矛盾及问题的实质之所在,进而找出解决问题的方法与途径。

综合,是将原则、规则和理论放到一个统一的系统中,进行整体的关照和分析。比较,是将分属于不同地域、不同级别、不同部门的原则、规范和理论放到一起,鉴别其异同、优劣。国际经济法是一个综合的法律部门,既包括国际法的规范,又包括国内法的规范;而在国际法与国内法之间,既存在区别,又相互联系、相互作用;各国的涉外经济立法则更不一致,不仅有资本主义法制和社会主义法制的区别,而且发达国家法制与发展中国家法制也大不相同,还有大陆法制与英美法制的差异等。面对如此复杂的法律体系,就必须采用综合的比较的研究方法,联结国际法与国内法,对比二者间的相互关系和作用,找出国际法与国内法间的内在联系,发现其相互配合、相互作用以共同调整国际经济关系的规律。通过综合的方法,能够形成整体的意识,对国际经济法的宏观问题有所认识,如国际经济法的历史发展脉络、未来发展趋势等。通过比较的方法,则可以对理论和实践作出评价和指引。

(二)深入历史发展的语境

可以说,既不存在不隶属于任何一个学科的历史,也不存在没有任何一点历史的学科。法律和法学是深深地扎根在历史的泥土之中。国际经济法也是如此。对它的研究应采用历史分析的方法。

1. 了解历史。我们必须首先了解国际经济法的历史,从感性上掌握国际经济法从产生之初到现在的历程。比如,对西方资本主义发展初期、西方民族国家建立、西方垄断资本主义时期、战后新发展时期、"国际经济新秩序"时期等各个历史阶段的国际经济法表现样态、法律规范的大体内容、总的特点必须了然于胸。

2. 认识现实、理解现实、评价现实。了解国际经济法的历史之后,我们才能真正理解为什么有些国际经济法律规则是这样而不是那样,有些国际经济法律行为偏重此方而不偏重彼方等。只有这样,我们才能回答下面这些问题:国际经济法为什么会出现;国际经济法为什么能够具有相对的独立性;国际经济法为什么能在20世纪中叶以后取得长足的进展;国际经济法在过去、现在和将来曾经起过、正在起着、将要起到什么样的作用等。

3. 预示未来。了解了国际经济法的历史之后,我们才能更有把握地整理出国际经济法的发展脉络,从而通过历史的足迹,去昭示未来发展的前程。比如,我们可通过以下几条历史线索去透视国际经济法。第一,国际经济交易关系的发展历程与国际经济法的发展脉络:通过认识到私人经济交往的发展、跨国公司的出现和扩张,能够得出新的经济交往方式的出现会催化法制的创新、新的交往手段的使用会拓展法律的范围等结论;第二,国际关系的发展与国际经济法的发展脉络:通过从敌对阶段、"文明国家"阶段到第二次世界大战之后的新阶段国际法的发展,我们能够认识到,国际经济法的发展尽管曲折,但总的来看是走向文明、走向理性、走向公平;第三,国内立法的发展与国际经济法的发展脉络:从属于自由放任阶段的私人自治时期,属于国家控制阶段的重视社会、国家利益时期,到属于国际控制阶段的开始谋求全球利益时期的进程,我们能够认识到经济全球化发展一方面带来了光明的方面,另一方面也给贫弱国家带来了极大的威胁和挑战。如此了解了国际经济法的历史之后,我们才能更完整地建立起自己的价值观,清醒地认识哪些规则和做法符合国际经济的公平、正义、效率和自由等价值。

(三) 推广学科交叉的语境

国际经济法是以国际的经济问题为对象的,国际经济法又是以国际经济关系为基础的,因此,研究国际经济法必须注重研究国际经济关系,把法律与经济的研究密切结合起来。如果离开了法律的经济基础,就法论法,则不可能了解和掌握国际经济法的发展变化规律,其研究也无法深入和取得成效。同样,在研究国际经济法的具体规则时,应采取把法律分析与经济分析相结合的方法,分析其价值取向和政策导向,以决定如何借鉴或如何完善。此外,国际经济法的发展与政治、历史、文化等因素均有重要联系,因此,必须重视与法学相邻的社会科学其他部门,特别是经济学(其中国际经济学尤为重要)、社会学、政治学(其中国际政治学更有意义)、史学的有关理论和研究成果。实践证明,采取将法学与经济学、社会学、政治学等学科相结合的跨学科研究方法,有助于为国际经济法的研究加入新的理论依据和思考方法。现代国际经济关系和国际经济秩序正处于变动或变革之中,研究国际经济法就必须敢于突破旧观念和既存法学分科对它的束缚,对传统的某些国际法规则、传统的法理进行再认识、再评价。[89]

三、价值分析的方法

法律是利益的调节器。在单一主体立法的情况下,它反映了立法者的价值选择;在多重主体立法的情况下,它反映了参与立法者的价值追求。国际经济法的每一条规则,无论是属于一国的国内经济立法、两国或数国的经济合作条约,还是国际经济组织职能机构的一项法律文件,实际上都具备利益的内涵。因此在对国际经济法进行研究的时候,如果没能认识到利益这一重要因素,那么很多的结论可能都是片面的、表层的。特别是,研究国际经济法应立足于本国,联系本国的实际,进行有针对性的探讨,提出符合本国利益并有助于促进国际合作的解决有关国际经济法律问题的对策依据或立法建议,使国际经济法学为我国改革开放和现代化建设服务。国际经济法中的规则的冲突经常会反映不同主体之间的利益的冲突。因此,评价某一规则的前提是确立立场。对同一项规则,站在不同的位置上很可能会得出不同的评价。

在一国之内,法律是由超越于法律关系主体之上的立法机构所创设的,学者们通常也只从立法者的角度,而不是从某一法律关系主体的角度来对法律予以评价。而在国际社会中,并不存在超越国家的立法者,因此,我们通常也只能从一国的角

---

[89] 余劲松、吴志攀主编:《国际经济法》,法律出版社1999年版,第26~27页。

度来评价某一规则,而不能摆脱本国利益来谈论国际社会的整体利益。对于一个国际经济法学者来说,他首先关注的通常是本国利益,其次才是国家集团的利益和国际社会的利益。在评价某一国际经济法规则的"优劣"时,我们考虑的是它对某一国家的利益的影响,因此,我们总是从某一国家的立场上来看待这一问题;而在评价某一规则的功效时,我们是在考虑这一规则的实施效果是否达到了立法目标,因此,我们应该从该规则的缔造者这一角度来看待这一问题。例如,在反垄断法的域外适用问题上,受到负面影响的国家会认为这是一项不好的规则,但在评价该规则的功效时,我们则应该从制定该规则的国家的角度考虑,这一规则的实施是否达到了该规则的制定目标。例如美国主张其反垄断法的域外适用,是为了最大限度地维护本国的利益,而当它看到无节制地主张域外适用无助于实现其立法目标时,便又创设了法律适用方面的"合理原则",从而使其反垄断法的域外适用可取得更好的功效。

以本国的利益受到不利影响为由而否认某一规则的功效,并不是可取的立场。在国内法体系中,私人(包括自然人和法人)选择法律适用的机会很少,而在国际经济法体系内,私人则拥有较为广泛的选择法律适用的机会。私人对法律的选择当然是站在自己的立场上对法律予以评价之后所作出的,私人选择法律的标准当然是"趋利避害"。国家在制定有关的规则时以及学者在评价这些规则时,需要从法律的适用对象的角度来考虑问题,是为了更好地实现立法宗旨,或者说是为了获得满意的法律功效。[90] 以利益分析的方法从事国际经济法的研究,应注重以下三个方面:

1. 站稳立场。既然每个人都很难没有任何利益倾向,那么就应当从主观上认清这个问题。不要试图去做一个绝对公平的裁判者。也就是牢固地建立一个自己的利益立场,清楚自己维护的是哪一些方面主体的哪些利益,反对的是哪一些方面主体的哪些利益。

2. 分析法本身的利益取向。在具备研究的立场或利益视点后,再去深入地观察作为研究对象的法规范、法关系反映了什么样的利益取向,以对法规范的利益内涵有一个清楚的认识。其中包括政治利益分析、经济利益分析,当前利益分析、长远利益分析,商事主体利益分析、国家利益分析、国家集团和企业集团利益分析等。

3. 利益评价与利益指引。从自己的利益视点出发,通过对法规范、法行为的利益分析,进而探讨和挖掘静态的、动态的国际经济法的表象和本质,对现存的国际经济法律规则作出评价,为将来的国际经济法律规则指出去向。

方法会为我们提供路径与手段,却不会提供目的。诚然,我们要了解事实,认清客观事实背后所隐藏的规律,必须有方法,否则根本无法达到;正是在这个意义

---

[90] 车丕照:《国际经济法原理》,吉林大学出版社1999年版,第24~26页。

上,我们才重视方法,探讨方法。但是,绝不能因此而走入另一个极端,认为有了方法就有了一切,掌握了方法则客观事实、规律和理性就可以自己到来;这就是买椟还珠,本末倒置,成为学术研究中的一种华而不实的风气。总的来说,从事国际经济法的研究,同任何其他学科一样,要奠定深厚坚实的基础,然后进行广泛的横向、纵向比较,深入的利益、价值分析,最终还要解放思想、开拓创新,以求促进国际经济法和国际经济法学的实质发展。

———— 练习题 ————

问答
1. 在出现了一个国际经济法领域的案件之后,如何查找相关的法律?
2. 国际经济法都有哪些主体?各自作用如何?
3. 国际经济法对于国家、国际社会能起到什么作用?
4. 如何判定一项国际经济规则的善恶?如何评价一个国际经济行动的效果?

———— 拓展阅读 ————

1. 车丕照:《国际经济交往的政府控制》,长春出版社1998年版。
2. 车丕照:《国际经济法总论》,吉林大学出版社1999年版。
3. 陈安主编:《国际经济法总论》,法律出版社1991年版。
4. 何志鹏:《全球化经济的法律调控》,清华大学出版社2006年版。
5. 何志鹏:《国际经济法的基本理论》,社会科学文献出版社2010年版。
6. 王彦志:《国际经济法总论:公法原理与裁判方法》,华中科技大学出版社2013年版。
7. 何志鹏:《国际经济法治:全球变革与中国立场》,高等教育出版社2015年版。
8. 曾华群:《国际经济法总论》,法律出版社1994年版。
9. Jackson, John H. , William J. Davey, Alan O. Sykes, Jr, *Legal Problems of International Economic Relations: Cases, Materials, and Text*, 6th ed. , West Group, 2013.
10. Lowenfeld, Andreas F. , *International Economic Law*, 2nd ed. , Oxford University Press, 2008.
11. Qureshi, Asif H. and Andreas R. Ziegler, *International Economic Law*, 2nd ed. , Sweet & Maxwell, 2007.

第二章　国际货物买卖法

　　国际货物买卖法是国际经济法当中成文化程度较高的一个法律部门。目前，除区域范围内的法律统一运动之外，影响最大的，当属由联合国国际贸易法委员会主持制定的《联合国国际货物买卖合同公约》(the United Nations Convention on Contracts for the International Sale of Goods, CISG)。此公约的诞生，有效消弭了各国法律传统差异为国际商事交易带来的法律风险，同时在制度设计上也充分做到了"求同存异"，对难以中和的法律文化差异进行了技术性处理，高度尊重了公约缔约国的司法主权。因此，此部分对国际货物买卖法的学习，不仅需认真研究当前现行国际规则的内容，同时还需注意各项规则背后的法律文化，以便在法律实务当中更好地理解当事方的真实需求，避免产生误解。

第一节　概　　述

一、历史：货物买卖法为何走向国际化？

　　对国际货物买卖法的学习，首先需要回答的问题就是此法律产生的原因。或者说，为什么在这一领域，会出现统一的国际法？货物买卖法原本是合同法下属的一个分支，属于国内法的管辖范围。然而，经济全球化的深入，引发了全球商业交往的不断推进；商人间交易量的增加，也因而必然引发纠纷数量的增多。严格来讲，国际商事纠纷并非传统"国际法"——处理国家间关系的法律所管辖的范畴。然而，国际商事纠纷必然引发法律选择、法律适用、法律解释等一系列法律层面纠纷，这无疑为商事交易的顺利进行人为地设置了障碍。各国间统一法律规则的需求因而得到了支持。对此，一系列国际性、区域性示范法应运而生。影响力较大的示范法包括《国际商事合同通则》(Principles of International Commercial Contracts, PICC)(国际统一私法协会分别于 1994 年、2004 年、2010 年、2016 年推出四个版本)，以及《欧洲合同法通则》(the Principles of European Contract Law)(欧洲合同法委员会推出)；但推进力度最大、在国际范围内获得支持最高的，当属由联合国国际贸易法委员会主持制定的《联合国国际货物买卖合同公约》(United Nations Convention on Contracts for The International Sale of Goods, CISG)。该公约于 1980 年在维也纳外交会议上获得通过，于 1988 年达到法定批准成员国(10 个国家)而生效。截至 2024 年 9 月，该公约已有 97 个成员国，涵盖了中国大多数贸易伙伴。

当然，此处的统一法进程，并非严格意义上的"世界法"——世界范围内适用同一套法律。CISG 的管辖范围仅包括国家间货物买卖，即营业地位于不同缔约国的当事人之间的关系。对于纯国内争议——营业地位于同一个国家的当事人之间的争议，CISG 并不进行管辖。这主要是由于各国合同法当中均保留了若干法律传统，如对合同形式的要求、对违约求偿的规定等等。对于国际货物买卖，各国均有意愿求同存异订立条约。但对于纯国内交易，则应当尊重各国的法律传统。因此，下文在对公约适用范围进行介绍时，也将提及如何区分国际与国内货物买卖。

二、CISG 的结构简介

CISG 虽然是以私人交易为规制对象，但毕竟属于国家间条约，因此，其内容同时包括公法性质与私法性质的条款。具体而讲，CISG 除序言外，共包括 101 条、四个部分。其中，第 89 条以后为条约本身的效力问题，包含条约的保管、签字、保留、生效等问题，并不直接涉及国际货物买卖问题；其余条款又可分为三个部分。第一部分共 13 条，主要包括条约的适用范围；第二部分共 11 条，为第 14 条至第 24 条，是对合同订立的规定；第三部分是公约的主体部分，包括第 25 条至第 88 条，其中详细列举了买卖双方的权利义务、合同风险转移、违约责任、免责条款等内容。

如果从公约本身的规模来看，此公约远不如《国际商事合同通则》与《欧洲合同法通则》详尽。然而，此种较为原则的规定，也正是公约能够拥有数十个成员国，在国际商事交易当中具有较强接受度的原因。公约序言表明：

"本公约各缔约国，铭记联合国大会第六届特别会议通过的关于建立新的国际经济秩序的各项决议的广泛目标，考虑到在平等互利基础上发展国际贸易是促进各国间友好关系的一个重要因素，认为采用照顾到不同的社会、经济和法律制度的国际货物销售合同统一规则，将有助于减少国际贸易的法律障碍，促进国际贸易的发展；……"

这段话直接点明了公约的立法目的：减少国际贸易的法律障碍，而法律障碍的重要来源，正是"不同法律制度"所带来的。因此，公约最重要的职能，是在成员国之间就重大法律分歧达成一致，从而为跨国货物买卖提供最基本的可预知性。与此同时，公约必然会对细枝末节的问题规制得较为宽松，甚至全然不作讨论，以求成员国在存异的基础之上就最核心问题"求同"。此种立法态度，也给各缔约国在司法实践当中对公约的解释带来了差异。此种倾向，在下文的分析当中还将一一阐明。从这一角度来讲，学习 CISG，一方面在于掌握国际通行的货物买卖规则；另一方面，也同样有助于理解各国间合同法律习惯差异，便于与别国学者和实务界人士进行沟通与交流，避免在合同谈判过程中因为法律背景差异而产生误解。

最后，需说明的是，与 CISG 紧密相关的还包括一个非官方机构——2001 年成立的 CISG 咨询委员会（CISG Advisory Council），其成员包括世界著名合同法学者。该委员会先后针对 CISG 各条款发布了 23 份意见（Opinion），内容共包含两类:第一类是通过对各国适用 CISG 的判例进行汇编,总结各国对 CISG 条款内容的阐释;第二类是对相关条款背后的各国法律传统的解说。这 23 份意见均有英文版。对此内容的阅读,将有助于对 CISG 本身的学习和理解。[1]

第二节 《联合国国际货物买卖合同公约》的适用范围

本节对 CISG 适用范围的分析,共包括如下几个方面:第一,公约对当事人身份的规定,即哪些当事人之间的买卖将适用 CISG;第二,公约对买卖标的的限制,即何种买卖合同才可适用公约;第三,公约的适用方式,即是否需要当事人主动选择才会得以适用;第四,公约的部分适用,即公约某些条款是允许当事国作出保留的,这些条款内容如何,将对公约调整范围产生何种影响;第五,公约对港澳地区的适用,这对我国当事人而言将是极其重要的一个细节问题。

一、公约管辖的当事人范围

谈到 CISG 的适用,首先需解决的是对当事人的效力。此处的措辞是"当事人"而非"缔约国",足以表明 CISG 的特殊性。传统上讲,"条约仅适用于其缔约国",是贯穿于国际法始终的一个原则。然而,由于《联合国国际货物买卖合同公约》(本章以下简称"公约")为私法性质的条约,能够直接对私人之间的法律纠纷产生效力,因此,公约的效力包括但不限于"对缔约国产生约束"。公约第 1 条对此进行了明确规定:

"(1)本公约适用于营业地在不同国家的当事人之间所订立的货物销售合同:

(a)如果这些国家是缔约国;或

(b)如果国际私法规则导致适用某一缔约国的法律。

(2)当事人营业地在不同国家的事实,如果从合同或从订立合同前任何时候或订立合同时,当事人之间的任何交易或当事人透露的情报均看不出,应不予考虑。

(3)在确定本公约的适用时,当事人的国籍和当事人或合同的民事或商事性质,应不予考虑。"

此条款表明,判断某一合同纠纷的当事人是否受到公约约束,应当考量的因素包括:当事人的营业地是否处于不同缔约国;或营业地位于异国的当事人之间是否适用某一缔约国的法律。

---

[1] 相关意见文本参见:https://iicl.law.pace.edu/cisg/page/cisg-advisory-council-opinions,2024-09-06。

（一）"营业地"标准

公约第 1 条第 1 款明确强调,公约的适用范围仅限于营业地在不同国家的当事人之间所订立的货物销售合同。"在不同国家"意味着,公约本身并不自动适用于纯国内纠纷。考虑到公约序言当中声明的立法目的,此种对适用范围的界定是符合公约宗旨的。然而,此处的法律问题在于:公约为何选择营业地而非当事人国籍国作为判断"国际货物买卖"的"国际性"标准？此种立法方式,明显是与通行的国际私法规则不一致的。例如,根据中国《最高人民法院关于适用〈中华人民共和国涉外民事关系法律适用法〉若干问题的解释（一）》第 1 条:

"民事关系具有下列情形之一的,人民法院可以认定为涉外民事关系:

（一）当事人一方或双方是外国公民、外国法人或者其他组织、无国籍人；

（二）当事人一方或双方的经常居所地在中华人民共和国领域外；

（三）标的物在中华人民共和国领域外；

（四）产生、变更或者消灭民事关系的法律事实发生在中华人民共和国领域外；

（五）可以认定为涉外民事关系的其他情形。"

根据上述条款,即便一个货物买卖合同在位于中国的两个当事人之间订立,此合同也仍有可能由于当事人国籍、经常居所地等因素具有"涉外"性质,从而引发法律选择、法律适用等一系列问题。而采用"营业地"标准,将造成的结果是:两个位于中国的当事人之间如无特别规定,将不适用 CISG,即使这两个当事人均为外国人也同样如此。

此种立法方式表明,CISG 订立之初,目的并不在于覆盖所有涉外合同。事实上,此种安排更多是出于可预见性的考量。国际货物买卖合同在多数情况下存在于商人之间,未必具有法律专家的介入；因此,对商人而言,判断对方当事人国籍、经常居所地等因素显然具有相当的难度。更何况,如果对方当事人属于法人,那么,又必将面临诸如"注册登记地""营业中心地"等一系列法人国籍认定标准辨析的问题。比较而言,"营业地"这一标准是最能够一目了然的。上述对可预见性的强调,也能够通过公约第 1 条第 2 款得到印证。该款强调,"当事人营业地在不同国家的事实,如果从合同或从订立合同前任何时候或订立合同时,当事人之间的任何交易或当事人透露的情报均看不出,应不予考虑"。此款意味着,在缔约之时,如果一方当事人有理由相信所从事的交易仅仅为国内交易,那么,即便对方当事人实际营业地位于国外,公约仍然无法适用。

对于"营业地"的定义,公约并未作出明确规定。在实践中,曾有法院认为,虽然 CISG 对此并未界定,但国际对此已基本达成共识：如果某实体在某地具有较为持续的组织形式以及较为确定的商业活动,就可认定该地属于此实体的营业地。[2] 这就意味着,一个企业完全可以同时具有数个"营业地"。涉案营业地是否属于企业主营业务所在地在所不问。

在某当事人存在多个营业地的情况下,公约所认可的营业地,是"与合同及合同的履行关系最密切的营业地"(公约第10条),但仍然需考虑到对方当事人截至合同订立之时所能了解的情况。例如:

例2-1 甲公司位于上海,与乙公司签订了货物买卖合同。乙公司在英属维京群岛注册,在北京与大阪均设有分支机构,从事经营活动。假设合同标的将在大阪完成生产全部流程,符合日本相关质量标准,那么,即便合同在中国签订,乙公司"与合同及合同履行关系最密切的营业地"仍为大阪。

例2-2 A公司位于法国,与一贯在法国从事经营活动的自然人B签订了货物买卖合同。然而,B所供职的C公司营业地位于德国,货物的生产也完全在德国进行。A公司与B签订合同之时对此一无所知。在此种情况下,可以认为C公司同时在法国与德国具有营业活动,且德国与合同履行的关联最为密切。但是,考虑到A公司缔约时的信息局限性,C公司与此合同相关的营业地仍应认定为法国。

上述例2-2中的可预见性标准,实际上是与公约第1条第(2)款相互印证的。

(二)国际私法规则的适用

上述两种导致公约适用的情形,第一种情形——当事方营业地分属不同缔约国较容易理解;而第二种情形——公约第1条第1(b)款所规定的"国际私法规则导致适用某一缔约国的法律"则略微复杂。此种情形同样要求当事方营业地分属不同国家,但此处的"不同国家"可以不是公约缔约国。只要法律选择或法律适用的结果导致了缔约国法律的适用即可。举例来讲:

例2-3 甲公司位于美国,与位于英国的乙公司签订了货物买卖合同。美国属于公约缔约国,但英国并未加入公约。在合同双方未约定法律适用的情况下,假设某仲裁机构根据国际私法规则决定应当适用美国法,那么,公约根据上述条款仍能够得到适用。

需注意的是,公约第1条第1(b)款,是公约明确允许成员国提出保留的条款

---

[2] UNCITRAL Digest of Case Law on the United Nations Convention on Contracts for the International Sale of Goods(2016 edition), Article 1, para. 5, https://uncitral.un.org/sites/uncitral.un.org/files/media-documents/uncitral/en/cisg_digest_2016.pdf, 2024-09-06.

之一。中国对该条款提出了保留。关于该条款保留的效力，下文还将更加详细地进行分析。

二、公约规制的合同类型

国际贸易种类不胜枚举，但 CISG 并不是对任何贸易均有管辖权。从公约的名称即可看出，公约所规制的合同，仅仅限于国际货物买卖合同。公约并未对"货物"一词进行定义，仅仅表明，"尚待制造或生产的货物"仍然属于货物买卖合同的标的，除非订货方提供生产所需的大部分材料(公约第 3 条第 1 款)，或，供货方的绝大部分义务在于提供劳力或服务(公约第 3 条第 2 款)。这就意味着，单纯的来料加工合同与服务合同不包含在公约规制范围之内。不过，在实践当中，定制货物的合同是属于"货物买卖"还是服务合同，目前尚未达成一致。[3]

与此同时，公约还通过负面清单的方式，列明了某些不属于其规制范围的内容。

(一)特殊类型货物买卖

根据公约第 2 条，若干特殊货物的买卖不受公约管辖。这些货物包括：供私人、家人或家庭使用的货物的销售；拍卖；根据法律执行令状或其他执行令状的销售；票据或货币的销售；船舶、船只、气垫船或飞机的销售；电力的销售。

公约设立此种例外的原因，是上述货物的买卖多基于特殊规则，因而不适合"一刀切"地加以规制。例如，供私人使用的货物买卖会引发消费者保护相关问题，某些国家强制赋予消费者"反悔权"或要求商人一方必须受到广告约束，而在非消费者合同当中则并不存在对合同某一方的类似保护；拍卖和司法执行程序存在特殊交易场所与交易规则，难以受到一般的合同法律规制，等等。因此，对这些特殊货物的买卖进行排除，一方面是尊重上述特殊规则的效力；另一方面也不易引发缔约国的反感，为其保留了政策空间。

(二)合同所衍生的其他问题

从上文对 CISG 结构的阐述可知，公约虽然规制的是货物的买卖，但在管辖范围上，与一国国内法存在较大的差异。公约仅就合同本身的订立、履行、终止等问题进行规制，但并不涉及合同本身所衍生的如下问题：

1.产品责任问题。公约第 5 条明确规定，公约不适用于卖方对于货物对任何人所造成的死亡或伤害的责任。这是由于，产品责任问题固然是合同延伸出来的，但同时包含了消费者保护与侵权法的大量内容。这无疑是 CISG 力所不逮的。

2.合同及合同条款的效力，以及合同所涉惯例的效力(公约第 4 条第 1 款)。这是因为，合同效力问题多涉及当事人行为能力、法律行为的效力等民法上的规

---

[3] 参见公约咨询委员会第四号意见：http://iicl.law.pace.edu/cisg/CISG-AC-op4.html，2024-09-06。

定，各国对此的规定差异较大。而合同所涉惯例问题更是因地制宜，公约无法一一进行调整。

3.合同对货物所有权的影响（公约第4条第2款）。所有权问题归根结底属于物权法的范畴。各国物权法均受到当地历史传统的深刻影响，且相当一部分物权法律问题与家庭、继承法律紧密相关。因此，在世界范围内尚未形成统一物权规范的情况下，CISG不宜贸然对此进行规定。不过，此处需说明的是，公约中存在对于转移货物所有权的零星规定，如规定卖方具有转移所有权的义务等等。但这些规定究竟如何实现、所有权究竟如何转移，还要靠国际私法规则指引之下的准据法进行调整。

三、公约的适用方式：自动适用

一般来讲，合同领域的法律适用，向来是以当事人意思自治为主，最密切联系原则为辅。由于CISG调整的同样是合同领域的问题，因此，当事人当然有权在合同当中明示适用CISG，或者选择适用其部分章节而排除其余。不过，在当事人并未如此明确选择的情况下，还需讨论的问题包括：第一，公约是否必须经当事人明确选择才能得以适用？第二，如果当事人并未明确选择公约，而是选择了某一缔约国法律作为准据法，那么，公约能否作为缔约国法律的一部分得到适用？

对于第一个问题，从公约第1条的措辞来看，公约的适用无需当事人明确选择，只需涉案合同满足公约规定的要件即可。这就意味着，在当事人未进行任何法律选择的情况下，公约将优先于任何国内法加以适用。受案法院或者仲裁庭甚至无需适用国际私法规则对准据法进行判断。在中国，对此进行明确规定的是《最高人民法院全国沿海地区涉外、涉港澳经济审判工作座谈会纪要》。其中表示：

"鉴于我国已加入1980年《联合国国际货物销售合同公约》，承担了执行该公约的义务，自1988年1月1日起，我国公司同该公约的其他批准国的公司订立的合同，如未另行选择所适用的法律，将自动直接适用该公约的有关规定。法院应当按该公约规定处理它们之间的合同纠纷。"

此处的"自动适用"意味着，涉案法院无须根据最密切联系原则首先选择某一缔约国法律为准据法，再分析该国法律是否包括CISG在内，而是应当直接决定适用CISG。更无须讨论"如果该缔约国法律与CISG发生冲突何者优先"这一问题。考虑到"最密切联系原则"在实践当中通常具有较大的不确定性，且可能指向非公约缔约国法律，公约的存在将有效减少案件在不同法域审理可能存在的法律适用变数，以及减少当事人择地诉讼的可能性。

对于第二个问题，即当事人选择了"某缔约国"法律是否意味着CISG将优先适用的问题，公约本身并未明示。比较一致的看法是，如果当事人在法律选择条款当中明确排除公约适用，或仅仅选择了某缔约国的特定法律，公约将无法适用。但如无此种表述，则公约将予以适用。

例如,某合同当中约定:"本合同履行引发的一切争议,将适用美国《统一商法典》(Uniform Commercial Code,UCC)。"此例当中,当事人并未将缔约国——美国法律作为一个整体进行选择,而仅仅选择了美国的特定法律。此种情况下,应认定当事人并无意愿适用包括公约在内的美国其他法律。

然而,如果当事人仅仅笼统地选择某一缔约国法律,如,"本合同引发的违约损害赔偿问题将适用加拿大法律",此处的"缔约国法律"通常会包含公约在内。

举例来讲,在美国加利福尼亚州北区地方法院于2001年作出的 Asante Technologies v. PMC - Sierra 案判决当中,法院明确表示,"对特定法律的选择,如加利福尼亚州商法典或美国统一商法典,会构成对公约的排除。然而,此处的法律选择条款并非如此。例如,卖方选择的准据法是加拿大卑诗省法律,而公约正是该省法律的一部分。即便本案适用买方所选择的法律——美国加利福尼亚州法律,公约也同样包含在该州法律之内"[4]。

不过,在公约与某一缔约国法律同时适用的情况下,二者的优先层级目前尚无定论。中国此前的实践也不统一。例如,中国国际经济贸易仲裁委员会在2006年的一份裁决[5]当中曾经表示,"由于合同第18条规定了准据法应当是中国法,因此,如果中国法与公约存在冲突,则中国法优先使用"。然而,北京市高院也曾在判决当中表示,根据中国《民法通则》第142条,当中国国内法与加入的国际条约冲突时,国际条约应当优先适用。[6]

当然,由于中国合同法的起草在很大程度上参照了公约,因此,"中国法与公约存在冲突"的情况并不常见。上文所引用的两起案例尽管提及了法律冲突问题,但在具体裁判当中均未实质性涉及二者冲突的解决。中国国际经济贸易仲裁委员会的上述裁决主要涉及了损害赔偿的计算问题,而中国合同法对此的计算方式与公约是一致的。北京市高院的判决当中也表示,即便双方当事人就公约能否适用产生了纠纷,但不论中国合同法还是公约对要约与承诺的规定都是完全一致的。因此,法律适用问题完全不影响对合同是否订立的认定。

四、公约的部分适用与保留条款的效力

公约的制定,主要意图在于统一成员国之间法律传统差异,减少国际贸易法律的碎片化。然而,为了最大限度地统一缔约方立场,公约并不禁止成员国对其中某些条款作出保留。

---

[4] Asante Technologies, Inc. v. Pmc - Sierra, Inc. 164 F. Supp. 2d 1142 (N. D. Cal. 2001).
[5] China May 2006 CIETAC Arbitration proceeding (Canned oranges case), available at: https://cisg-online.org/files/cases/7888/translationFile/1971_25829263.pdf, 2024 - 09 - 06.
[6] 北京晨光汇龙电子科技发展有限公司诉法国泰雷兹公司案([2004]高民综字第576号),北京市高级人民法院(2004)高民终字第576号民事判决书。

公约当中共规定了五项保留，其中，前两项保留允许成员国就公约整部分进行保留。具体来讲，公约第92条第1款允许缔约国在加入公约时声明其不受公约第二部分或第三部分约束。在历史上，挪威、瑞典、芬兰、丹麦曾先后声明其对公约第二部分作出保留，但目前均已撤回保留。与此同时，沙特阿拉伯提出，其不愿受公约第三部分约束。

与之相比，第三项、第四项保留是针对具体条款作出的。根据公约第95条和第96条的有关规定，成员国还可就"国际私法规则导致公约的适用"与"书面形式"两个问题进行保留。前者是指公约第1条第1(b)款关于"国际私法规则适用"的规定。根据该款规则，即便合同当事人营业地并不位于公约缔约国境内，只要该合同准据法指向某一缔约国法律，则公约仍然能够得到适用。此条款由于人为扩大了公约适用范围，导致公约能够对非缔约国境内企业与自然人产生约束力，因此，引发了一系列国家的保留。截至2024年9月，作出保留的国家包括亚美尼亚、中国、老挝、新加坡、斯洛伐克、美国、圣文森特和格林纳丁斯。除此之外，德国对此的保留遵循对等原则，即仅对提出此项保留的国家作出保留。

"书面形式"保留，是指根据公约第11条，销售合同的订立无需选择书面形式，也无需以书面形式证明。这也与一些国家的法律传统直接冲突。公约因此允许缔约方对此提出保留。中国在加入公约之时也曾提出此项保留，其中主要原因在于，当时的中国《涉外经济合同法》第7条明确规定，"当事人就合同条款以书面形式达成协议并签字，即为合同成立"。然而，随着中国合同法的修改，此项保留已形同虚设。因此，中国于2013年撤回了此项保留。截至2024年9月，作出此种保留的国家还包括阿根廷、亚美尼亚、白俄罗斯、智利、朝鲜、巴拉圭、俄罗斯、乌克兰、越南。

最后，公约还允许成员国对特定地域进行保留，即根据公约第93条，成员国有权主张公约仅适用于其领土的某一部分。例如，加拿大批准公约时就曾在声明公约仅适用于其境内某些地区后，逐年扩大公约适用范围。

上述五种情形，可用表2-1概括：

表2-1 CISG允许的保留内容表

公约允许的保留内容	备注
对公约第二部分进行保留	挪威、瑞典、芬兰、丹麦曾先后作出保留，但目前均已撤回
对公约第三部分进行保留	沙特阿拉伯
国际私法规则导致公约的适用	中国作出此项保留
书面形式保留	中国曾作出保留，但目前已撤回
特定地区保留	中国未作出保留

五、公约对中国香港、澳门地区的适用

上文曾经提及,公约允许成员国主张公约仅适用于其领土的某一部分。真正作出此种主张的国家并不多见,但此条款对中国而言却是有实际价值的。中国两岸三地四法域的特殊情形决定了,公约对香港、澳门地区的适用同样需要讨论。尤其是考虑到公约于1988年生效,但香港、澳门地区均在此之后回归,因此,中国最初加入公约时尚无需考量香港、澳门地区的适用问题。但在港澳相继回归之后,中国仍未对公约的适用问题进行明确宣示,这就带来了法律上的困惑。2022年5月5日,中国政府正式递交声明,将公约领土适用范围延伸至香港地区,但对于公约是否适用于澳门地区尚未进行明示。

第三节 合同的订立

一、概述

公约第二部分,是关于合同订立的规定。此部分内容与中国《合同法》以及《民法典》中关于合同的规定具有很高的相似性。这是因为,中国《合同法》的起草晚于公约生效,公约因而成为中国《合同法》重要的参考资料。《民法典》同样未对《合同法》作出根本性的重大修订。

由于公约是对各国法律传统的融合,因此,对于合同的订立,公约也尽量回避了各国法律当中特有的规定,仅保留了最基本的要件:要约与承诺。这也与中国《合同法》的规定是一致的。公约在两个特殊问题上,尤其进行了淡化处理。

第一个问题,是关于合同书面形式的要求。前文曾经提及,公约并不要求合同具有书面形式,但对此问题允许成员国作出保留。因此,公约对此问题实际上授权成员国自行决定。公约对此的模糊处理,一方面是由于有些国家要求涉外合同必须以书面形式订立;另一方面,也是由于一些国家本身具有要求合同书面形式的法律传统。例如,早在1677年,英国就已通过名为《反欺诈与伪证法》(An Act for Prevention of Frauds and Perjuries)的法律,要求某些种类合同(如担保合同、土地买卖合同)必须以书面形式订立。此传统也为美国所沿袭并至今部分保留。美国《统一商法典》第2-201条就作出了如下规定:

"除本条另有规定外,价款达到或超过500美元的货物买卖合同,如果缺乏充足的书面材料,表明当事方已达成买卖合同,且合同已由被要求强制执行的当事方或其授权代理人或经纪人签名,合同即不得通过诉讼或抗辩强制执行。一份书面材料,即使疏漏或错误书写一项业经商定的合同条款,也不因此失去证明效力,但合同只能在不超出此种书面材料所标明之货物数量的范围内强制执行。"

第二个问题,是关于"对价"的要求。公约第23条明确规定,合同于要约被接

受时得以订立。第 29 条进一步中规定,合同的更改或废止,同样只需当事人合意即可达成。这就意味着,英美法系具有悠久历史传统的"对价"制度并不适用于国际货物买卖合同。所谓"对价",是指为换取合同利益所支付的代价。当事人是否支付了对价,将直接决定其订立的合同是否产生约束力。对价与所换取的合同利益无需相称(如,"一美元"也可以成为一辆汽车的对价),但缺乏对价的合同将无法强制执行。这一制度的存在有利于探索当事人是否真正具有交易的意愿,但近年来即便是英美法国家对此的要求也已经开始松动,不再要求商人之间的交易必须具有对价。例如,美国《统一商法典》第 2-204 条第 A 款表示,对于商人之间的交易,合同只需证明双方具有合意即可订立。因此,公约也遵从了此种态势,在处理合同订立问题上只需审查当事人合意,而无须探查合同的具体交易内容。

需要说明的是,在公约的中译本当中,对"offer"与"acceptance"两词的翻译,是"发价"与"接受"。由于公约的中译本最初确定于 20 世纪 80 年代,上述译法较符合当时的行文习惯;然而,考虑到中国现行《民法典》合同编的措辞,此处仍然使用"要约""承诺""反要约"等现代译法。

二、要约

(一)要约的构成要件

根据公约第 14 条第 1 款,要约是"向一个或一个以上特定的人提出的订立合同的建议",且,此建议必须"十分确定",并且表明要约人"在得到接受时承受约束的意旨"。这就意味着,要约首先必须具有充分的确定性,即,至少"写明货物",以及"明示或暗示地规定数量和价格或规定如何确定数量和价格"。因此,要约不需包括合同的全部要件,只需包括货物名称、数量、价格三项条款即可。当然,要约是否足够确定,不应机械地根据要约语言本身确定,而应当考虑到同等条件下正常人的理解能力、当事人之间是否有交易习惯可供参考等。例如:

> **例 2-4** 甲公司向乙公司发函,措辞如下:"本店需购买三卡车鸡蛋,价格为收货当天本地市价"。此函构成要约,因为其虽未直接规定价格,但提供了价格计算方式;此外,业内人士均能够理解"三卡车鸡蛋"是指"通常货运卡车装满为止"。[7]

除确定性之外,要约还需表明要约人受此要约约束的意思。此种意思的确定,同样应结合具体文本、交易习惯、协商历史等一系列因素确定。例如:

> **例 2-5** 甲公司在本公司网页上发布了产品报价单。乙公司向甲公司发送邮件,其中表示:"我公司愿以报价单价格订购编号为 A-003

---

[7] 此例改编自:Landgericht Oldenburg, Germany, 28 February 1996, available on the Internet at https://cisg-online.org/files/cases/6164/translationFile/189_67534117.pdf,2024-09-06。

的螺丝1000箱,10日内可否发货?"此例当中,乙公司的回复虽然载有货物名称、价格、数量,但并无对方一旦回复就受此约束的意愿,而是希望与对方就交货期限进一步协商。但如果乙公司的邮件中表示"如10日内能够发货,我公司愿以报价单价格订购编号为A-003的螺丝1000箱",就足以证明其愿意受要约约束。

最后,要约针对的对象必须是特定的人。由于要约一旦被接受就将导致合同的成立,因此,面向不特定的人发出的建议若构成要约将对提出建议者构成过大的负担。向非特定人发出的建议仅被视为要约邀请。除非在特定的情况下,买卖双方均有理由相信,只要相对方作出承诺,该建议就能对双方产生约束力。最典型的例子,就是寻物悬赏广告,或"先到先得"型广告。例如,某企业在其网站上公告:"10月1日首位订购的顾客,可以以1美元的价格获得一台惠普 OMEN 15-AX200电脑。"此广告虽然未针对特定对象发出,但买方完全有理由相信,只要自己是当天首位订购的顾客,卖方就必须受到公告的约束,不得拒绝出售此电脑。但如果该企业仅仅在网站首页打出"一美元买电脑"的通栏广告而并未附加其他任何细节,则买方并无理由期待该企业必须与自己订立合同。

综上,确定性、受约束的意思、特定对象,这三个要件构成了要约的必备要素。

问题:请比较中国《民法典》与公约的相关规定,寻找二者的异同,并分析,哪种规定更为科学?

《民法典》

第472条 要约是希望与他人订立合同的意思表示,该意思表示应当符合下列条件:

(一)内容具体确定;

(二)表明经受要约人承诺,要约人即受该意思表示约束。

第473条 要约邀请是希望他人向自己发出要约的表示。拍卖公告、招标公告、招股说明书、债券募集办法、基金招募说明书、商业广告和宣传、寄送的价目表等为要约邀请。

商业广告和宣传的内容符合要约条件的,构成要约。

《联合国国际货物买卖合同公约》
第十四条

(1)向一个或一个以上特定的人提出的订立合同的建议,如果十分确定并且表明发价人在得到接受时承受约束的意旨,即构成发价。一个建议如果写明货物并且明示或暗示地规定数量和价格或规定如何确定数量和价格,即为十分确定。

（2）非向一个或一个以上特定的人提出的建议,仅应视为邀请做出发价,除非提出建议的人明确地表示相反的意向。

（二）要约的生效、撤回、撤销与终止

根据公约第15条第1款,要约"于送达被发价人时生效"。此规定的意义首先在于,要约从发出到送达之间的这段时间,尚不会对要约人产生任何约束力。在此段时间,要约人完全可以对要约进行撤回。当然,随着现代通信手段的发达,传真、卫星电话、电子邮件等即时通信手段地不断普及,已经使发件与送达之间仅存在极短的间隔。此间隔甚至可以忽略不计。除此之外,要约生效采用到达主义,也意味着在要约发出后因故丢失的情况下,不论是要约人还是受要约人都不会受其约束。

撤回(withdraw)与撤销(revoke),均指要约人在要约发出后终止其效力的行为。二者区别在于,撤回是在要约到达受要约人之前或者与要约同时到达受要约人处的终止要约的通知。由于此种情况下要约并未生效,因此,公约并不禁止对要约进行撤回。受要约人也不会因为要约被撤回而遭受任何损失。

与之相对应,要约的撤销,是指要约到达受要约人后在其作出承诺之前送达的终止要约的通知。此时要约已经生效,受要约人也很有可能对此加以信赖。因此,为保护受要约人的利益,公约对要约的撤销作出了额外规定。

一方面,需对要约能够撤销的时间进行一定的限制:要约人必须在受要约人作出接受要约的意思表示之前进行撤销。尽管根据公约规定,接受要约的意思表示只有到达要约人时方才生效,合同才会成立,但此种意思表示一经作出,要约人即丧失撤销要约的权利。这就意味着,在合同订立的流程当中,存在一段合同尚未成立但要约亦不得撤销的"冻结期"。此段"冻结期"的存在,将有助于保护受要约人对合同的信赖,在接受要约后即可依赖合同进行履约安排,而无需担心接受要约后合同仍会有变。

另一方面,在两种情况下,要约不得被撤销:要约载明了接受期限或表明其不可撤销;或,受要约人有理由信赖其不可撤销,且已经基于此种信赖行事。公约的此种规定,同样意在保护受要约人的信赖利益。

要约撤回与撤销的区别,可以下例表示:

例2-6

1月1日	1月5日	1月10日	1月20日
甲公司发出要约	到达乙公司处	乙公司发出接受的意思表示	乙公司的意思表示到达甲公司处

1. 从1月1日至1月5日,甲公司均可撤回要约。只要撤回的意思表示不迟于要约到达乙公司处即可。

2. 从1月5日至1月10日,甲公司均可撤销要约但此权利须受到一定限制。

3. 1月10日后,甲公司不得主张要约的撤回或撤销。

要约的终止,可以包含若干种情形。最常见的情形,是要约期限已过,或受要约人在合理期限内并未表示接受(公约第18条第2款)。此外,要约还可能随着受要约人的拒绝而终止。此种拒绝可以表现为明示的拒绝(公约第17条),也可以表现为对要约的实质性变更。根据公约第19条第1款,此种实质性变更构成对原要约的拒绝,且构成反要约(counteroffer)或新要约。公约第19条第3款进一步规定,对货物价格、付款、货物质量和数量、交货地点和时间、一方当事人对另一方当事人的赔偿责任范围或解决争端的变更,均属于上述"实质性变更"。此种实质性变更等同于新要约,因此,其生效、撤回、撤销等一系列规则均应适用对要约的规定。例如:

例2-7 甲公司于1月10日向乙公司发出传真:"请供应一等蔗糖100吨,单价8800元每吨。"乙公司于1月20日回复传真:"目前有货,价格为9000元每吨。如同意,明日即可发货。"1月21日,蔗糖市价跌至8600元每吨,乙公司随即致电甲公司,表明愿意接受1月10日的要约。如果将传真视为即时通信,那么,在此例中,乙公司1月20日的传真构成对甲公司要约的拒绝,且构成新要约。此新要约一旦到达甲公司即发生"拒绝"的效力。甲公司的要约因而失效。乙公司无法再次表示接受。

例2-8 在上例中,假设乙公司1月20日的回复是通过特快专递作出,1月21日尚未到达甲公司。此回复虽构成对甲公司要约的拒绝,但在21日尚未生效,因而可以被撤回。

此种情况下,允许乙公司撤回回复,是因为此回复构成反要约或新要约,对它的撤回因而需要遵循对要约进行撤回的一般规则。

三、承诺

(一) 承诺的定义、生效与撤回

承诺(acceptance,又称接受),是指受要约人对要约的同意。此种同意可以以书面或口头的形式作出,还可以以行为的方式作出(如,收到订单直接发货),但"缄默或不行动"本身不构成对要约的同意。即,假设要约中载明,"如需上述货物,请在3月1日前回复",买方不回复任何信息,自然不构成承诺。但假设要约当中表示,"如不需上述货物,请在3月1日前回复",则即便买方置之不理,也同样不构成承诺。对此,唯一的例外,是双方交易习惯为一方以缄默构成承诺。例如,买

卖双方长期以来的交易方式一直是卖方每月将新出版的书籍名录邮寄至买方处，买方若不表示拒绝购买其中几本，则卖方在一定期限后直接将名录中所列的书籍寄往买方处。在此种交易习惯之下，买方的缄默则会被视为对要约的接受。

与要约类似，公约对承诺生效的规定仍采取了到达主义，即，承诺只有到达要约人时才会生效。然而，对于以行为作出的承诺，其生效时间却有待商榷：

根据公约第18条第3款：

"如果根据该项发价或依照当事人之间确立的习惯作法和惯例，被发价人可以做出某种行为，例如与发运货物或支付价款有关的行为，来表示同意，而无须向发价人发出通知，则接受于该项行为做出时生效，但该项行为必须在上一款所规定的期间内做出。"

根据条款的字面意思，以行为作出的承诺，应当是在行为作出之时即为生效。然而，此条款却为"作出生效"设立了前提条件："如果根据该项发价或依照当事人之间确立的习惯作法和惯例"，受要约人可以以行为表示同意。这似乎意味着，"行为作出时承诺生效"，必须是在要约明确允许以行为作出承诺，或者当事人交易习惯如此的情况下才会成立。否则，承诺生效应当仍采到达主义，即，行为结果到达要约人时生效。

因此，除非要约明示或当事人之间存在交易习惯，否则，受要约人即便以行为作出承诺，也应当及时发出履约通知，以便尽早以合同的形式确定双方的权利义务。事实上，由于国际货物买卖合同较为烦琐，履行行为通常耗时较长，往往会超出要约给定的期限，因此，极少有当事人选择直接以行为方式作出承诺，除非双方交易习惯能够确保履约行为作出之时合同即为成立。

对承诺生效时间进行界定的意义在于，根据公约第23条，一旦要约被接受，合同就此成立，买卖双方均需受到合同的约束。任何一方随后提出的建议，都将被视为对合同修订的建议，而非谈判阶段的协商。合同谈判阶段的具体谈判内容，即便未能写入合同也仍有可能成为合同的一部分，或者合同解释的补充资料；但合同一旦订立，单方面的主张就不会对另一方产生任何影响。事实上，在公约当中，对于合同解释和违约责任的很多规定，都是以"合同订立时"作为时点加以判断的。例如，公约第35条要求，货物必须"适用于订立合同时曾明示或默示地通知卖方的任何特定目的"。因此，若买方在谈判过程中曾致函给卖方，提出货物应当适用于某种目的，即便此目的没有最终写入合同，卖方也必须保证货物需符合此种目的。然而，假设买方在合同订立后致函卖方，提出货物应当适用于某种目的，这至多就是对合同修订的建议。卖方既可以拒绝此种修订，也可以在同意修订的同时，要求提价、延长发货期限等等。正是由于合同成立这一时点会对合同内容产生影响，因此，在一些争议当中，即便合同双方均不否认合同的存在，但仍然可能会对合同成立的具体时点存在分歧。此种分歧在非书面形式的合同当中尤为突出。

在到达要约人之前,承诺同样可以撤回。撤回通知需与承诺同时或先于承诺到达要约人。但与要约不同的是,由于承诺一经生效即导致合同成立,因此,承诺不存在撤销与否的问题。

(二) 承诺的期限

由于承诺是对要约的回复,且要约人必须在一定时限内维持要约的效力,因此,承诺必须在一定时限内作出,以便要约人及时作出商业决策。对此,公约第19条第2款规定,如果要约本身标明了承诺期限,则承诺必须在期限内到达要约人处;如果要约为口头要约,则原则上应当立即接受;而对于无承诺期限的要约,则需在"合理时间内"送达要约人。

对于期限的计算,根据公约第20条第2款的规定,要约所规定的期间,如"四十天",应当包括期间内的节假日或非营业日在内,但期间的最后一天如果是节假日或非营业日,因而无法将承诺送达,则接受的期间应当顺延至次日。这一规定基本可以解决期限的计算问题,然而,在实践当中,仍有两个问题值得注意。

第一个问题,是"期间"的起算,是否包括要约送达的当天?例如,甲公司于1月1日以传真的形式向乙公司发出要约,其中注明,"请于七日内回复";则,在实践当中对"七日"的理解,既可能是"从1月1日至7日",也可能是"1月2日至8日"。这一问题目前并无定论,因此,在实践当中,为避免歧义,要约在措辞上最好避免此种描述,而改为诸如"请不迟于1月8日回复"这样确定性较强的描述。在一些较为严谨的场合,甚至会出现"请于1月8日23:59:59(华盛顿时间)前提交回复"这样的表述。此处的"华盛顿时间",实际上提出了第二个问题,即时差问题。不同于国内贸易,国际贸易当中的当事方完全可能处于不同的时区甚至不同的日期。因此,任何期间的起算,均会存在以哪一时间为准的问题。假设某公司根据当地时间,在承诺期限内以电子邮件的形式发出承诺且该承诺即时到达要约人处,但由于时差关系,要约人当天工作时间已经结束,因而认为该承诺已经逾期。这一问题目前的主流观点,是对时间的计算应以要约人所在地区为准。当然,为了保证法律语言的精确性,此处仍然提倡诸如"本要约有效期截至1月8日17:00(纽约当地时间)"这样的表述方式。

在要约标明了承诺期限的情况下,该期限届满即表明要约已终止,逾期承诺自然无法导致合同的订立。然而,出于鼓励商事交易的目的,公约并不完全否认逾期承诺的效力。即便承诺逾期,如果要约人愿意接受该承诺且立即通知对方,则合同依然会成立。除此之外,公约第21条第2款还规定,"如果载有逾期接受的信件或其他书面文件表明,它是在传递正常、能及时送达发价人的情况下寄发的",那么,除非要约人明确告知对方拒绝此逾期承诺,则公约仍然认定合同成立。这就意味着,对于一般的逾期承诺,要约人并无义务进行回复,也无需受其约束。但如果承诺逾期并非由于受要约人选择通信方式的过失,那么,要约人必须明确拒绝此逾期承诺,否则,承诺就将发生法律效力。

(三)承诺对要约的修订

从定义上讲,承诺是受要约人对要约的同意,"同意"二字意味着承诺应当是对要约全部内容的认同。普通法国家将此种情形表述为"镜像规则"(mirrorimage rule),即,要约与承诺应当像某物与其在镜中的影像那样完全一致。然而,实践中并非如此。商事交易往往会经过多轮文书往来,就交易条件进行商讨。受要约人对要约的回复很有可能是对其中某些条件表示同意,而对其他条件提出修改。全盘接受要约内容的承诺实际上并不多见。前文曾经提及,对要约的实质性变更将构成反要约;非实质性变更根据公约第19条第2款就将构成承诺。当然,对此种"非实质性变更",要约人仍然有权作出反对,但必须"在不过分迟延的期间内以口头或书面通知反对此种差异"。要约人的反对,将使此变更成为反要约。要约人如不反对,合同的内容就将包含要约的内容,以及承诺对此作出的修改。

此种对实质性与非实质性变更的区分,很大程度上源自公约促进商事交易的立法倾向,即不因交易双方在小问题上的分歧而轻易否定合同的成立;但同时也不会在当事人就实质性问题存在重大分歧的情形之下强行认定一方意图为合同内容。

(四)对"格式之争"的特别处理

上述规则,从理论上讲同样能够用来处理"格式之争"(battle of the forms)问题,即商事交易各方在谈判过程中均向对方发送己方的标准合同文本,且任意一方均未明确同意适用对方文本。此种情形会造成的第一个法律问题是,合同是否已经订立,即文本几番往复后,一方当事人主张合同已经订立,并要求对方履约;而另一方当事人则表示反对,声称双方意思表示并未达成一致,因而不存在合同。在双方均未进行任何履行行为时,此种争议往往能够通过分析当事人之间是否就合同实质性条款达成一致,进而判断合同是否订立。

然而,较为复杂的一种情形是,各方均认可合同已经订立,双方甚至可能在存在分歧的情况下加以履行(或一方履行、另一方表示接受),直至出现履约争议,各方才就合同文本究竟包括哪些内容提出质疑。对于此种争议,英美法国家通常会适用"口头证据规则"加以解决。该规则认为,只要书面合同一旦成立,任何一方当事人都不得主张其他资料同样属于合同的一部分。然而,公约并未接受这一规则。因此,即便当事人之间已经达成了一份较为概括的书面合同,也仍可能有当事人主张,该书面合同之外的内容同样属于合同的一部分。更具体来讲,此种对合同内容的争议,还可以进一步分为两类:

第一类是双方仅对非实质性内容提出质疑。根据上述规则,在一方对另一方文本当中的非实质性修改未提出异议的情况下,此修改内容将成为合同的一部分。此种做法在实践当中被称为"最后一枪规则"(last-shot rule)。

第二类是双方标准文本之间冲突体现为实质性内容的冲突。对此,公约并未提供任何解决方法。因此,各国通常会援引本国国内法加以解决。

举例来讲,美国《统一商法典》第2-207条规定,在商人之间,除非要约明确表示己方只接受要约当中的内容,承诺对要约进行了实质性修改,或要约人明确反对此内容,否则承诺当中有别于要约的条款将构成合同内容。

又如,《欧洲合同法通则》第2.22条规定:"在双方当事人均使用各自的标准条款的情况下,如果双方对除标准条款以外的条款达成一致,则合同应根据已达成一致的条款以及在实质内容上相同的标准条款订立,除非一方当事人已明确表示或事后毫不延迟地通知另一方当事人其不受此种合同的约束。"此规定在学术上被称为"抵消规则"(knock-out rule),即格式条款之间相冲突的内容将自动抵消,只有实质上相同的格式条款内容才会称为合同内容。但如果当事人事前或事后立即反对,则合同不成立。

由于公约本身规定的模糊性,标准文本之间的冲突很可能给未来的合同履行带来隐患。因此,为避免此种情形发生,当事人可以明确表示,己方拒绝接受最终缔结的合同文本之外的任何标准条款;或可在最终缔结的合同当中注明,此合同已包含了双方当事人的全部合意。不过,仍需说明的是,此处讨论的是合同内容本身。一份口头或书面的证据即便不会成为合同内容的一部分,也仍然可能用于下文将要论及的合同解释,即在当事人对某一问题的规定不够具体时,用于解释当事人的真实意图或习惯做法。

第四节 合同的解释与合同空白的填补

货物买卖合同的订立,并不意味合同双方已经事无巨细地对所有问题均达成一致。一方面,合同本身可能对有些问题并未进行规定;另一方面,即便某些问题在合同当中已有规定,合同条款本身的含义也仍然存在解释的空间。因此,本节内容将对合同的解释与合同空白的填补进行阐释。

一、合同的解释规则

经过要约与承诺后,合同已经有效订立,但对合同内容解释仍然会存在模糊之处。此种模糊,可能产生于对合同文本本身的理解分歧,如"不可抗力"是否包括买方所在国的进口限制措施;可能产生于对合同所包含内容的争议,如买方于谈判过程中口头承诺、但并未载入书面合同的交货宽限期是否对合同双方具有约束力,等等。对此,公约第8条提供了一系列合同解释的规则。

公约首先认为,应当尊重一方当事人提出且为另一方当事人已知或应知的意图。此意图虽未经各方达成正式的合意,但至少是与各方正当期望最为相近的,因而对合同双方具有约束力。举例来讲,买方主张合同当中的"羊肉"应当是依照清真方式屠宰的羊肉,因为买方曾告知卖方,货物将销往中东地区。此例当中的卖方就应对货物的品质具有正当预期。不过,此种情形下,主张某种意图存在的一方,需承担证明另一方已知或应知此种意图的举证责任。

例 2-9 甲、乙两公司签订了货物买卖合同,甲公司在合同标注有"卖方"处签署了本公司的名称,在履约过程中以卖方的身份接受了货款,且对货物检验提出了相关建议。然而,在货物质量出现问题时,甲公司表示,本公司仅仅为外贸代理商而非货物生产商,相关质量问题应当由被代理人负责。该案当中,由于甲公司从未将"代理人"这一身份告知买方乙公司,因此,法院判决,甲公司作为代理人参与合同订立这一意图并不为乙公司所知。甲公司无法免除合同责任。[8]

其次,在缺乏双方共同知晓的合同解释时,应当按照"合理人标准"进行解释。所谓合理人标准,在公约当中的表述是"与当事人同等资格、通情达理的人处于相同情况中,应有的理解"。此概念也是英美法系国家通用的用于推定正常人应具备的行为方式的一个虚拟的法律标准。合理人并非完人,法律并不强求其永不犯错,仅要求其具有与合同一方处于同等地位时通常的智力、经验与谨慎程度。

"合理人标准",首先是一个客观的标准。此标准无意于探究当事人对合同内容的主观理解,而是推定当事人应当具有相同地位的正常人应有的理解。由于公约本身并不处理供个人或家庭消费的商品买卖相关问题,因此,公约所规制的买卖合同双方均是商人,也均应被推定具有商人应有的专业素质。所谓的"同等地位"是指"类似交易当中的买方/卖方",而非"与当事人具有相同知识、相同背景的买方/卖方"。当事人是否缺乏专业知识、是否首次涉入某一领域在所不问。举例来讲,某大宗商品买卖习惯采用"货到付款"的交易方式,其中的"货到"在行业内普遍理解为"提单的交付"。某公司即便是首次从事此种交易,也无法主张,合同中的"货到付款"应理解为一般意义上的"货物实际到达"。毕竟,"合理人标准"意在保护同等情况下普通人的正当期望,而非对无知者提供额外保护。

最后,公约还规定,合同成立前后的一切相关情况,诸如谈判情形、当事人之间的习惯做法与惯例、当事人随后的行为等,均可作为确定一方当事人意图或合理人应有理解的辅助资料。

公约的上述规定意味着,除合同文本之外,其他外部证据能够用以解释合同。此规定实际上是对英美法系"口头证据规则"(parol evidence rule)的否认。该规则

---

[8] 此例改编自国际商会仲裁院 1999 年裁决:https://www.unilex.info/cisg/case/466,2024-09-06。

认为,一旦书面合同订立,缔约过程当中的全部口头与书面表述,均不得用于推翻书面合同的内容,也不得对书面合同进行补充。由于商事谈判往往伴随着多轮文件往复,倘若允许各方当事人任意主张合同之外其他文本的法律效力,将造成权利义务关系的混乱。因此,口头证据规则能够有效澄清合同各方的权利义务,以及减少投机行为。然而,此种证据规则毕竟仅仅存在于英美法系国家当中。公约并未对此加以采纳。因此,如果当事人希望将合同文本作为双方权利义务的唯一来源、否认其他证据的效力,当事人可在书面合同当中加入"合并条款"(merger clause),即写明"此前任何谈判内容均已合并至此书面合同当中;此合同当中未载明的事项均不产生任何约束力"。

口头证据规则,是针对缔约过程当中的辅助材料而言;而"当事人随后的行为",则是指合同订立后、履约过程中当事人的行为同样能够用以解释合同。这是因为,从当事人履约行为当中有时能够推测出该方在合同项下的真实意图。举例来讲,买卖双方就合同规定的货物数量产生了争议。卖方举证,买方曾在发生争议的第二批货物运抵后,向卖方发函索要过货物发票。法院可由此认定,买方的行为等同于认可该批货物属于合同标的物。

此处还需区分一个问题:合同解释不同于上文所论及的"格式之争"。虽然二者均可能引发"某份书面材料能否对当事人产生约束力"这一问题,然而,所谓"格式之争"是对合同本身内容的争议,双方争议焦点在于"什么构成合同",核心问题是合同的存废之争。而合同解释问题,争议焦点是"合同文本如何理解",核心问题是合同以外资料能否对合同进行补充。合同本身的存在与效力都是毋庸置疑的。

二、合同空白的填补

上述合同解释问题,是指对合同当中明示的问题进一步阐释;而合同履行过程当中,争议还可能产生于合同当中的空白,如未规定价格条款的合同如何履行等等。对此,公约还规定了若干空白填补的规则。

首先,双方当事人业已同意的惯例(usage)与他们之间确立的习惯做法(practice),对双方当事人均有约束力(公约第9条第1款)。此处的"惯例"是指通行于某一行业或地区的习惯性规则,而"习惯做法"则是当事人之间的一种交易习惯。此种交易习惯在买卖双方之间多次存续且已经成为双方的默认做法。此处的惯例与习惯做法虽未明确写入合同,但当事人此前曾对此达成了合意,因此,对此的尊重有利于保护当事人的正当期望。

例 2-10 在之前的数次交易当中,卖方均在收到买方订单后不做回复直接发货;此种习惯做法意味着,买方因而有理由相信,在随后的交易当中,卖方即便不做回复也仍意味着接受订单。

其次,双方当事人已知道或理应知道的国际贸易惯例将适用于双方所订立的合同,只要该惯例"已为有关特定贸易所涉同类合同的当事人所广泛知道并为他们所经常遵守"。(公约第 9 条第 2 款)此处的国际贸易惯例由于是普遍适用的行业或区域惯例,因此,不需当事人明确同意,只需"已知或应知"即可产生约束力。主张约束力存在的一方,应就惯例的"普遍适用性"承担举证责任。

例 2-11 某地区为柑橘产地,当地同时存在两种交易方式:第一种方式为期货买卖,即买方于春季根据上年产量向果农预先购买柑橘,收获后依市价多退少补;第二种方式为"定金 + 货款"的购买方式,即买方于年初支付定金,柑橘收获后支付余款。由于两种交易方式同时存在,因此,任何一种交易方式均不具有普遍适用性,因而无法直接对当事人产生约束力。

例 2-12 某大宗农产品交易,绝大多数货物采用"交货重量以发运港称量为准、抵岸后上下浮动千分之二以内为正常"的交易方式。如果当事人未在合同当中作出相反规定,则该交易方式默认适用于该合同。

最后,公约还对合同缺乏价格条款的补缺方式进行了特别规定。公约第 55 条规定:"如果合同已有效的订立,但没有明示或暗示地规定价格或规定如何确定价格,在没有任何相反表示的情况下,双方当事人应视为已默示地引用订立合同时此种货物在有关贸易的类似情况下销售的通常价格。"第 56 条规定:"如果价格是按货物的重量规定的,如有疑问,应按净重确定。"

需要说明的是,上述第 55 条在实践当中的应用相对有限。首先,第 55 条的适用前提,是双方均承认合同已经有效订立,且合同当中缺乏价格条款是各方有意搁置的结果。如果一方当事人否认合同已经订立,而是主张双方仅处于协商阶段且无法就价格问题达成一致,则法院有可能据此完全否认合同的存在。因此,此条款如发挥作用,也多是针对价格待定合同,而非真正弥补买卖双方的疏漏。其次,第 55 条的规定也存在模糊之处,仅仅明示了确定合同价格的时点,是"订立合同时"而非"合同履行时",但并未规定价格确定的地点,即应采用买方还是卖方所在地的类似售价。当二者间价差超过了运费与保险费之和时,就很容易引发买卖双方之间的争议。最后,当某种货物(尤其是定做货物)并无市场价时,第 55 条完全无法适用。在合同各方无法就价格问题达成一致的情况下,法院很可能因而判决合同并未有效订立。

公约对合同空白填补的规定相对有限,但这并不妨碍以国际私法规则为指向的国内法进一步对合同空白进行填补。事实上,包括中国《合同法》在内的很多国家的国内法均有更加详尽的类似规定。以我国《民法典》为例,其第 510 条规定:"合同生效后,当事人就质量、价款或者报酬、履行地点等内容没有约定或者约定不明确的,可以协议补充;不能达成补充协议的,按照合同相关条款或者交易习惯确定。"其第五百一十一条进一步规定,"当事人就有关合同内容约定不明确,依据前条规定仍不能确定的,适用下列规定:

（一）质量要求不明确的,按照强制性国家标准履行;没有强制性国家标准的,按照推荐性国家标准履行;没有推荐性国家标准的,按照行业标准履行;没有国家标准、行业标准的,按照通常标准或者符合合同目的的特定标准履行。

（二）价款或者报酬不明确的,按照订立合同时履行地的市场价格履行;依法应当执行政府定价或者政府指导价的,依照规定履行。

（三）履行地点不明确,给付货币的,在接受货币一方所在地履行;交付不动产的,在不动产所在地履行;其他标的,在履行义务一方所在地履行。

（四）履行期限不明确的,债务人可以随时履行,债权人也可以随时请求履行,但是应当给对方必要的准备时间。

（五）履行方式不明确的,按照有利于实现合同目的的方式履行。

（六）履行费用的负担不明确的,由履行义务一方负担;因债权人原因增加的履行费用,由债权人负担。"

又如,美国《统一商法典》第2-305条至第310条,分别是对价格条款、包销条款、分批交货、交货地点、交货时间、付款时间的补缺规定。

各国国内法当中补缺条款的存在意味着,在订立合同时,买卖双方需预见到:故意或无意间留下的合同空白,可能被除公约之外的其他法律加以填补。因此,虽然前文曾经论及,公约不需当事人选择即可直接适用;但考虑到公约未必能够解决所有争议问题,当事人尽量应在合同当中明确作出法律选择,以免在争端解决中另生变故。

第五节 买卖双方的权利与义务

在合同有效订立后,接下来需要澄清的就是买卖双方的权利与义务。当事各方的义务来源主要包括三个方面:当事人通过合同约定的义务;虽未约定、但因交易惯例或习惯而被推定存在的义务;以及法律直接规定的义务。上述第二项义务源自公约第9条的规定:当事人不仅需受业已同意的惯例与双方之间的习惯做法约束,还需受到"当事人已知或应知的惯例"约束,只要此种惯例是"有关特定贸易所涉同类合同的当事人所广泛知道并为他们所经常遵守"的。而第三项义务——法定义务,则需从公约对卖方义务的规定中归纳整理。

总体上讲,根据公约第30条,卖方的义务包括"交付货物、移交一切与货物有关的单据、转移货物所有权"三项。由于交货义务是卖方最为主要的义务,也是最能体现买卖合同特征的义务,因此,公约对此项义务的规定相当详尽,以求在当事人未能于合同中明示义务类型时加以补充。本节也将重点阐述此项义务。与此同时,由于卖方交付单据的义务并不复杂,公约仅仅规定卖方应当依照合同约定的时间、地点与方式将与货物有关的单据移转给买方,且卖方在未逾期的情况下有权更改单据不符点。对于第三项义务,由于公约第4条明确规定,公约本身并不规制合同对所有权转移的影响,因此,虽然卖方具有转移所有权的义务,但此项义务究竟如何完成,仍然要交由国内法调整。

相对而言,买方的义务就较为简单,仅仅包括公约第53条所列举的收取货物和支付货款两项。

一、卖方交货的方式

公约对卖方交货方式的规定,主要包括对交货时间、地点、运输方式的规定。

(一)交货时间

根据公约第33条,卖方交货时间首先应当取决于合同规定的日期,或"根据合同可以确定的日期"。其次,若合同规定的是一段期间,则原则上卖方有权在期间内选择交货日期,除非有情况表示买方有此权利。最后,在合同无规定的情况下,应当在缔约后合理时间内交货。举例来讲:

> **例 2 – 13** 某合同规定,"卖方应当于信用证开立后三十天内将货物发运"。此种情况下,合同并未明示交货日期,但规定了确定日期的方法——于买方开立信用证起算并向后顺延三十天内。同时,在此期间内,卖方有权选择发运货物的具体日期。

如果卖方在交货日期前交货,则根据公约第37条,卖方有权在该日期以前对履约瑕疵进行补救,但不得给买方造成不合理的不便或开支。这意味着,卖方并不因提前履约而丧失期限利益。

需补充的是,"卖方在交货日期前交货",其中的"交货日期前"可能包含上文提及的"在履约期间内、履约截止日期前"交货,还可能包括"在履约期间之前交货"。卖方在前一种情况下有权挑选具体履约日期,买方不得拒收货物;但在后一种情况下,根据公约第52条第1款,买方有权拒绝提前收货、坚持在履约日到来当天收取货物。此种情况多是由于货物需占用买方仓储空间、货物难以保管等原因。举例来讲,假设合同约定履约日期为2月1日至10日,则,卖方有权在2月5日交货,买方不得拒收;但假设卖方在1月20日交货,则买方有权拒收,并要求卖方在合同期限内再次交货。

(二)交货地点

根据公约第31条的规定,卖方交货的地点应当首先取决于合同的规定。其次,在涉及运输的情况下,卖方交货义务于交付给第一承运人时完成。再次,对于特定货物、需特定化的货物、尚未制造的货物,交货地点应是合同订立时已知的货物存放地或制造地。最后,如上述规定均不适用,则卖方只需在合同订立时的营业地交货即可。

上述规定当中,有三个法律问题需要强调:

第一个问题是,公约将"货交第一承运人"作为卖方交货义务的完成时点。表面上看,这或许对买方不利,因为买方此时毕竟无法实际掌控货物;然而,此规定并不会实际影响买方利益。这是因为,所谓"交货"可以是实际交付,也可以是象征性交付,即卖方将提单等发货单据交付买方。即便货物仍在承运人控制之下,买方亦可通过对单据的转售行使对货物的所有权。若强行要求卖方必须在货到目的港之时方可完成交货义务,则货物发运期间内,买方无法对货物进行转售,卖方也无法向银行提交发货单据以获得信用证项下款项。这显然不利于商事交易的高速进行。事实上,很多贸易术语均规定,卖方交货义务完成于将货物交由第一承运人之时。例如,如果合同当中采用了 CIF 术语,如"CIF(上海港)",则意味着双方同意,卖方的交货义务完成于发货港、货物越过船边之时。卖方有权自行选择发货港,只需保证货物能够运抵上海港即可。这也是与公约的上述规定相一致的。

第二个问题是,公约特别提及卖方需对货物进行特定化。所谓特定化,是指将货物确定到合同项下。对于尚未生产的货物,卖方首先需完成生产流程,且将种类物作出清晰的标注,明确哪一部分为履约货物。例如,卖方仅通知买方收取"位于我公司 A001 号仓库的 30 吨大米"是不够的,除非该仓库当中仅有 30 吨大米。卖方需标明该仓库中货物所处的具体位置,或为仓库中货物贴上标记。只有货物完成了特定化,买方才能对"已划拨给他"的货物主张权利以及在风险转移后承担此部分货物的风险。此种规定是与风险承担紧密相连的。只有货物已经特定化,才能在货物大规模灭失或毁损时准确分辨受损货物的所有权是否已经转移给买方。

第三个问题是,上文曾两次提及"合同订立时"。不论是货物所在地、货物生产地还是卖方营业地,均为"合同订立时"的地点。选择此时点,是因为合同条款仅仅是对缔约过程当中双方谈判内容的固化,并不体现缔约后双方的状态变化。买方的合理期待,也是基于合同订立时所获知的全部信息展开的。因此,如果卖方在合同订立后更改了货物生产地或营业地,此种变化所产生的负担也不应由买方承担。卖方仍有义务在原地点履行义务。

(三) 对货物的运输

公约第 32 条对需运输的货物作出了特别规定。对于此种货物,卖方的发货义务还包括:首先,对货物进行特定化,即在货交第一承运人时,通过在货物上加标记、开立单独的装运单据、向买方发出列明货物的发货通知等方式对货物进行特定化。一般来讲,卖方只会将符合合同规定数量的货物交付承运人;但在某些情况下,卖方可能将发往同一目的港若干买家的相同货物统一运送。这就产生了将种类物进行特定化的需求。上文曾提及,即便是卖方在其货物存放地或制造地交货,卖方也需承担特定化货物的义务。卖方的此种义务并不因涉及运输而消失。

其次,如果合同要求卖方安排运输,则卖方必须"按照通常运输条件,用适合情况的运输工具"发运货物。如运输工具选择不当、导致货物受损,即便根据贸易术语或公约的规定货物风险已经转移,卖方也仍需承担责任。

最后,卖方还需根据合同规定办理保险,或为买方提供办理保险所需的资料。国际货物买卖通常涉及跨境运输,因此,买卖双方常会为运输途中发生的风险投保。公约并未明示此项义务应由哪一方完成,具体保险方式多由买卖双方协商完成,甚至还会出现卖方仅投保最基本险种、买方投保其他险种的情形。因此,公约也仅要求卖方办理保险或配合买方办理保险,而并未将此硬性规定为卖方的义务。

公约对卖方交货义务的具体描述,可以表2-2表示:

表2-2 CISG对卖方交货义务的描述

卖方交货的时间	合同规定的时间	
	合同规定的期间	
	合理时间	
卖方交货的地点	合同约定	
	涉及运输:货交第一承运人	象征性交付即可 卖方需将货物特定化方可完成交货义务 选择合适的运输方式 需购买保险或配合买方购买保险
	特定货物或需特定化的货物:缔约时已知的存放地或制造地	
	缔约时卖方营业地	

二、卖方对货物品质和权利的保证

上述交货义务仅仅保证货物能够及时交由买方,并未涉及货物本身的质量是否符合买方的期望。对此,公约规定,就货物的质量问题,卖方需满足品质担保与权利担保两项要求。当然,这两个术语均为学术上的称谓。为了避免因使用特定术语而引入相关国家法律文化,公约并未使用这两个术语对卖方义务加以概括,而是使用平实的语言,直接对卖方义务进行列举。

(一) 卖方对货物品质的保证

1. 义务来源:合同明示标准与公约默示标准

根据公约第 35 条,卖方对货物品质提供保证的义务来源,可能是合同明示,也可能是公约推定当事人间默示存在的质量标准。货物与合同相符自不必言,公约当中推定存在的默示标准包括:

第一,货物适用于同一规格货物通常使用的目的。例如,合同标的为"玩具喇叭",那么,即便当事人并未另行规定,货物也应当能够发声,且符合直接与人体接触产品的健康标准。此种"通常使用目的"无需买方特别通知卖方。

第二,货物适用于订立合同时曾明示或默示地通知卖方的任何特定目的,除非卖方已知或可推知买方并不依赖卖方的判断力。举例来讲,若合同约定,买卖标的为"野外工程用火柴",则卖方有义务保证所提供货物具有一定防风、抗潮湿品质,而非提供普通家用火柴。然而,在买卖双方均为特定行业专家,尤其是卖方根据买方指定型号或技术标准生产的情况下,买方知识素养并不低于卖方,因而在买方已经自行对货物品质加以确认的情况下,无需强行要求卖方对货物质量承担责任。

例 2-14 甲公司向乙公司采购一批法兰绒布料,用于生产儿童睡衣;乙公司提醒甲公司,根据相关技术标准,儿童服装应当使用具有一定阻燃性的布料生产,但本公司从未将产品进行过阻燃性测试。甲公司采购人员表示其已了解相关风险。此案中,虽然甲公司已告知乙公司其货物最终用途,但甲公司的行为已表明其愿意承担货物质量的相关风险。因而可推知甲公司并不依赖乙公司对货物是否符合特定目的的判断力行事。

第三,如果交易是依据样品进行,则货物质量需与样品相同。

第四,货物的包装应当符合通用方式,如无此方式则应以"足以保护和保全货物的方式"包装。

公约同时规定,如果买方在缔约时已明知或理应知道货物瑕疵,则买方无法主张卖方违反了上述默示标准。例如,买方在观看卖方样版服装后决定批量订货,卖方告知其在无法采购到相同里衬的情况下将更换为其他花色布料。此种情况下,即便买方最终收到的货物与样品不符,也依然无法主张卖方交货的品质瑕疵。默示标准的意义毕竟在于,在当事人疏于规定的情况下保护买方正当期望。因此,已经实际知悉货物不符点的当事人,自然无任何正当期望值得保护。

然而,上述抗辩仅限于对"默示标准"而言。对于合同明示的货物质量标准,卖方不得主张"买方在缔约时明知或应知货物与合同不符"。这是因为,公约要求卖方对货物质量承担的义务,毕竟是合同未做规定时的一种补缺条款。买方缔约时明知某种不符点存在仍然同意缔约,可以视为对不符点的默认,此种默认在效力上优于公约的补缺规定。然而,在合同明示了某种质量标准的情况下,可以推知的是,买方既然要求将此种明示条款写入合同,就代表其不接受货物可能存在的问题,更不接受货物与合同的明示条款不符。因此,即便卖方有证据证明买方缔约时即知晓货物不符合同,也无权以此对不符点进行抗辩。

仍以"阻燃性法兰绒布料"案为例,假设该案当中,合同明确规定,"买卖标的应当符合某某阻燃性标准",那么,即便卖方事前表明本工厂产品并未经过相关测试,卖方也仍有义务提供符合合同规定的货物。

对于卖方的品质担保义务,可以表2-3概括:

表2-3 CISG对卖方品质担保义务的规定

义务名称	义务来源	义务内容	备注
卖方的品质担保义务	合同明示		
	公约规定	适用于同一规格货物通常使用的目的	在买方于缔约时明知或理应知道货物瑕疵,此义务不适用
		适用于订立合同时曾明示或默示地通知卖方的任何特定目的,除非有证据表明买方不依赖卖方的判断	
		与样品相同	
		包装符合通用方式	

2. 判断时点:风险移转到买方时

判断卖方对所交付的货物是否违反了质量担保义务,在合同无特别规定的情况下,公约第36条规定以"风险移转到买方时"为准。如果货物质量瑕疵产生于风险移转之前,不论此种瑕疵何时显现,卖方均需对此负责。同时,如果货物质量问题的产生,是由于卖方违反了某项义务,则即便问题产生于风险转移之后,卖方仍需对此负责。此种情况下,卖方违反的"义务"可能是对货物保质期、保修期的规定,也可能是对货物的包装义务、保管义务等。

卖方质量担保义务的判断时点,可用表2-4表示:

表 2-4　卖方质量担保义务判断时点

风险转移给买方之前	已产生质量问题	卖方需对此负责
风险转移给买方之后	由于卖方违反了某种义务导致货物出现质量问题	卖方需对此负责
	非由于卖方原因导致质量问题	卖方不需对此负责

例 2-15　甲公司向乙公司出售一批布料,根据合同约定,卖方于货交第一承运人时完成交货义务。买方收到布料后发现,由于印染瑕疵,布料于清洗后出现大规模褪色。根据公约第 67 条,货物风险于卖方交货时转移;但印染瑕疵产生于卖方生产过程中,因此,卖方仍需对此负责。

例 2-16　A 公司向 B 公司出售一批面粉,卖方于纽约港将货物交由买方指定船只运输。货物在海运途中被打湿,因而导致面粉部分结块。此种情况下,如果问题产生于船东对货物错误的保管,则卖方不承担责任;如果问题产生于卖方对面粉包装不当,则卖方仍需对此承担责任。

公约将"风险移转到买方时"作为卖方质量担保义务的节点,是因为一方面,卖方的注意义务截止于其对货物失去掌控之时。国际贸易当中,货物往往需要经过长途运输。对于运输途中导致的质量问题,卖方往往无法加以控制。由于货物的风险转移往往与卖方交货时间重合,因此,此种规定不至于要求卖方为其无法控制的风险负责。当然,在运输过程当中发生的风险,同样是买方无法控制的。然而,由于买方将直接从承运人手中接收货物,对于运输途中的风险,买方较之于卖方更方便向承运人以及保险公司索赔。另一方面,从"风险移转"一词的字面意义上看,移转的风险不仅包括运输途中货物灭失的风险,还包括因运输导致货物质量下降的风险。因此,风险既已移转到买方,质量风险自然应由买方承担。

3. 买方的检验义务

由于货物与合同不符需经检验方能发现,因此,公约第 38 条要求,买方必须在实际可行的最短时间内对货物进行检验。这是因为,买方的拖延可能导致货物原有瑕疵进一步扩大,或抵达目的地后因保管不善出现瑕疵。为防止此种瑕疵的成因出现造成举证困难,公约因而要求买方尽快检验,以便尽快确定货物状况。当然,对于涉及运输的货物,要求买方于港口或运输途中验货并不现实,因此,公约允许检验可在货物到达目的地进行。此外,如果货物需改运、再发运,因而无法在到达目的地后立刻检验,且卖方已知或应知此种情形,则公约允许将检验推迟到货物抵达新目的地后进行。此处强调"卖方知晓此种情形",是因为,前文曾提及卖方有义务对货物进行适当包装。因此,卖方若知晓货物将被再次运输,就会针对再次运输对货物进行特别的包装,以避免货物因长途运输而变质、受损等。否则,一旦产生质量纠纷,将难以举证瑕疵是源于卖方的包装瑕疵还是运输不当,更难以举证货损究竟发生于哪一段运输途中。

4. 买方的通知义务

对于货物不符合同的情形,公约要求买方必须在发现或理应发现此种不符情形的合理时间通知卖方。除非合同另有规定,则此合理期间不得超过收到货物2年(第39条)。买方负有通知义务的原因在于,公约允许卖方对违约进行补救,而补救只有在得知不符点之后才能进行。如果任由买方拖延通知时间,则违约损失可能进一步扩大,且有可能引发举证困难。然而,如果此种不符点是卖方已知或不可能不知、但并未告知买方的,那么卖方的补救行为就不依赖买方的通知;公约也因此规定,此种情况下买方无需进行通知(第40条)。

(二)卖方对货物相关权利的保证义务

除保证货物质量之外,卖方还需保证,货物本身不涉及任何第三方权利。换言之,买方所购得的货物应当是"清洁"的、不会引发任何争议的货物。所谓的第三方权利,可能包括抵押权等物权性质的权利(第41条),也可能包括知识产权(第42条)。此处需注意的是,公约要求货物不涉及第三方权利,此项义务是绝对的,不论此第三方位于哪一国家。然而,对于货物是否涉及第三方的知识产权,公约具有特别规定:公约仅要求卖方保证,根据产品转售国或使用国的相关法律,以及买方营业地所在国法律,货物不侵犯他人知识产权。且此种侵权仅以卖方缔约时已知或应知为限。这是因为,知识产权的范围与内容取决于主权国家国内法的设定。一项专利可能在甲国已经失效,但在乙国仍处于保护期内。因此,要求卖方保证其产品不侵犯任何国家的知识产权是不切实际的,且对买方也并无实际意义。卖方仅需保证,在产品实际销售或使用国以及买方营业地,货物是"清洁"的。

上述权利担保要求,在买方同意货物存在第三方权利的情况下可不适用。除此之外,对于知识产权担保,如果买方在缔约时已知或应知货物存在第三方权利,或侵权行为是由于买方提供技术图案等原因引发的,卖方同样免除担保义务。此处需注意的是,对于权利担保,买方仅仅已知货物存在第三方权利是不足以免除卖方义务的。买方必须明确同意在此种情况下接收货物,卖方才可以免责。

与卖方对货物品质的保证义务类似,买方在已知或应知第三方权利存在之后,同样应当在合理时间内通知卖方,以方便其对货物的权利瑕疵进行补救;但如果卖方已经得知第三方权利的存在,买方则无需进行通知。

三、买方的义务

由于在买卖合同当中,买方并非特征性履行一方,因此,其义务相对简单,主要包括收货与付款两项义务(第53条)。

(一)买方的付款义务

买方的付款义务,在公约中描述为"根据合同或任何有关法律和规章规定的步骤和手续,以便支付价款"(第54条)。这意味着,买方的付款义务包括为完成此义务所采取的其他步骤与手续,如开立信用证、换取外汇等。因而发生的费用也自然应当由买方承担。同时,如果买方无法完成这些手续,那么除非存在不可抗力,否则买方将需要承担违约责任。

对于买方付款的时间,在合同没有明示的情况下,公约默示将付款与交货作为对流条件,即买方应当在卖方将货物实际交付或象征性交付时支付价款。公约还规定,在涉及货物运输时,卖方还可要求买方支付货款后方可获得货运单据(第58条)。此要求实际是服务于信用证交易的。涉及运输的货物多采用信用证形式付款,即买方开立信用证(多为不可撤销信用证)后即被认定为完成付款义务;而卖方通过向银行交付与信用证要求相符的单据获得货款。

关于付款的地点,公约默认卖方营业地或交货地点为付款地。如卖方于缔约后变更营业地,所造成的额外支付费用将由卖方承担(第57条)。不过,随着信用证交易的流行以及跨境汇款手续的不断简化,买方真正前往付款地付款的情形已并不多见。

(二)收取货物

公约第60条仅对买方收取货物的义务作了简略的规定:"采取一切理应采取的行动,以期卖方能交付货物;和接收货物。"此处要求买方采取的行动包括申请进口配额、办理进口清关手续以及在买方自行安排运输的情况下积极进行安排等。如货物由于买方的原因无法交付,由此带来的损失将由买方自行承担。同时,此处仅仅要求买方"接收货物"而非"接受货物"。"接收"强调的是买方收取并实际控制货物的行为,并不涉及关于货物品质的确认与所有权的转移。事实上,买方在收到货物后,仍有权利对货物进行检验,且在货物根本违约的情况下拒绝接受货物。

第六节 违约救济

一、综述

公约第三部分对违约救济进行了规定。其中,第三部分第二章第三节是对卖方违约后买方救济的规定。此种情况下,买方有权主张的救济方式包括要求其继续履行(交付替代货物、对货物进行修理)、在买方给定的额外期限内履行义务、宣告合同无效、请求减价、拒收货物、请求损害赔偿。与之相对应,根据公约第三部分

第三章第三节,在买方违约的情况下,卖方将有权要求其实际履行、在卖方给定的额外期限内履行义务、宣告合同无效,以及请求损害赔偿。同时,在买方有义务定明货物规格但未能定明时,卖方还有权自行选择规格并通知买方。

公约对违约救济的规定,同样是对各国法律传统的调和。下文将会提及,对于违约本身的认定各国法律传统存在重大的差别。例如,一些国家强调催告制度对于认定违约行为的重要作用,但也有的国家并无相应的制度。对于违约之后的救济措施各国的偏好也各不相同。例如大陆法系国家普遍强调实际履行在救济方式当中的重要地位,但英美法系国家对此并不看重。因此,公约对此的规定一方面强调救济方式的覆盖性,但同时也给了缔约国一定的自由裁量空间。

二、对违约行为的若干种界定

在介绍违约救济之前,首先需要介绍的是公约对于违约的分类。守约方并非无限制地有权使用上文所列举的任何救济方式。在公约项下,不同的违约行为所能引发的救济方式也有所不同。

(一)根本违约

公约第 25 条对根本违约进行了界定:一方当事人违反合同的结果,如使另一方当事人蒙受损害,以至于实际上[9]剥夺了他根据合同规定有权期待得到的东西,即为根本违反合同,除非违反合同一方并不预知而且一个同等资格、通情达理的人处于相同情况中也没有理由预知会发生这种结果。此定义共包含三层内容:第一,违约结果为"实际上剥夺了合同项下的合理期待";第二,违约方必须能够预知或应当预知上述结果的发生;第三,对"可预见性"的判断,应当根据"合理人标准"而定。

判断违约行为是否属于根本违约,首先需要将瑕疵履行与合同约定事项本身进行比照,并适当参考相对方的缔约目的,以判断瑕疵履行行为能否服务于此种目的。例如,卖方发运瓷砖时发送了错误的颜色,如果买方的合同目的在于对旗下酒店进行装修,那么,错误的颜色将导致装修效果完全无法达成。此种违约属于根本违约。但如果买方是瓷砖经销商,购买瓷砖的目的在于转售,那么,只要转售的可能仍然存在,此种违约就不属于根本违约。

例 2-17 甲公司向乙公司购买硫酸钴一百吨,合同注明产品产地应当为英国。乙公司交货后,甲公司发现产品原产地为南非而非英国。此案当中,如甲公司在正常经营活动当中能够使用或销售南非产硫酸钴,则乙公司的行为不构成根本违约。然而,如果甲公司所在国与南非处于

---

[9] 需要说明的是,公约的上述文本,为中文版标准文本;然而,"实际上"一词所对应的英文为"substantially",中文版若译为"实质上"则更能反映根本违约一词中的"根本性"。

贸易战当中,该国海关拒绝南非任何产品入关,则,甲公司完全无法实现合同目的。乙公司的行为将构成根本违约。[10]

强调违约结果是"对合同相对方合理期待的根本剥夺",是由于只有在此种情况下,合同相对方才有权采取某些救济措施,如宣告合同无效、要求卖方交付替代货物等。毕竟,如果违约行为导致相对方在合同项下的合理期待完全落空,相对方自然有权拒绝此种瑕疵履行。否则,如果违约行为较为轻微,相对方仍然能够获得合同项下的部分利益,那么,相对方仅仅能够请求降价、损害赔偿、进行修补等救济。此种区分能够有效避免守约方因轻微瑕疵随意宣告合同无效。

当然,对合同项下合理期待可否实现的考量,在考虑相对方需求的同时,还需考虑违约一方缔约时的合理预见。公约第25条并未明示违约方可预见根本违约的时点,但学界通常认为,此时点应当与公约其他条款保持一致,即,违约方只需证明其缔约时不可能预知其行为构成根本违约即可。此规定的意义,并不在于减轻违约方的责任,而是鼓励合同当事人积极披露与其需求相关的信息,帮助相对方科学决策。例如,如果买方对于货物及时抵达极为看重,就应当在合同谈判过程中告知卖方"货物延误可能导致下游买方整单退货"。卖方得知此情形,即可选择更加快捷稳妥的运输方式以避免因延误导致根本违约。卖方因此增加的运输成本,也可以在合同谈判时体现在货物报价当中。

(二) 预期违约

根本违约与非根本违约,是就违约结果进行的划分。而预期违约的概念,则是针对违约时间所提出的。所谓预期违约,是指在订立合同后、履约期限届满前,一方当事人由于履约能力或信用出现缺陷,或履约行为表明其不能履行大部分合同义务。此种情况下,合同相对方将有权中止己方义务的履行、阻止货物实际交付,并将中止履约的事实通知对方。如果对方提供保证,则相对方必须恢复履行(第71条)。

一方当事人破产、中止履约等行为,即便发生在履约期限届满之前,也足以表明其无意履行合同。预期违约制度在此种情况下赋予了合同相对方中止己方履行的权利,以免其利益受到进一步损害。然而,预期违约毕竟不等同于实际违约。行为方在期限届满前仍有可能恢复履约能力。因此,合同相对方必须发出通知,要求对方进一步确定其履约能力。

需说明的是,预期违约同样可能构成根本违约。此种情形下,合同相对方的权利将是"根本违约"与"预期违约"两项规则的融合:相对方有权主张合同无效,但

---

[10] 此案例改编自德国联邦最高法院1996年判决:https://cisg-online.org/files/cases/6113/translationFile/135_13548459.pdf,2024-09-06。

只要时间许可,均应负有通知义务,使对方有机会提供保证;除非此种预期违约是由一方当事人明确表示将不履行合同项下义务。此种情形之下,拒绝履约一方自然无需获得提供保证的机会(第72条)。

(三)分批交货合同的违约

分批交货合同,既包括定期供应货物的合同,也包括同一笔交易项下的货物通过不同的运输途径分批到达。在分批交货合同项下,对违约界定的特殊之处在于,一批货物的违约,是否对其他批次货物产生影响。

对此,公约第73条规定,首先,如果其中一批货物构成根本违约,则对方当事人仅有权宣告合同对该批货物无效。这主要是针对种类物的交易而言,如大米、钢材等的交易。一批货物延误或质量出现瑕疵,并不影响其他批次货物的交付。

其次,如果一批货物违约将使对方当事人有理由相信随后各批货物均将构成根本违约,则当事人有权宣告合同自此无效。此种情况主要针对买方或卖方的履约能力出现瑕疵而言:如,买方资金链发生断裂,无法筹措履约款项;卖方工厂被毁,因而无法交货等。此种情形实际等同于"根本违约"与"预期违约"之和。当事人宣告合同对未来无效,此种宣告也同时等同于宣告当前一批货物相关的合同无效,以及对"预期根本违约"的宣告。

最后,如果各批次货物之间相互依存、无法单独应用于合同目的,则买方有权宣告合同自始无效。这主要是针对整套机械设备的发运或相互配合的若干批次货物而言。

三、卖方违约时买方有权主张的救济

根据公约第三部分第二章第三节,在卖方违约的情况下,买方将有权要求其实际履行(包括交付替代货物、对货物进行修理)、在买方给定的额外期限内履行义务、宣告合同无效、请求减价、宣告合同无效并拒收货物、请求损害赔偿。

(一)实际履行

根据公约第46条,买方有权要求卖方实际履行,不仅包括继续履行合同项下义务,还包括要求卖方交付替代货物以及对货物进行修理。

实际履行,是公约项下争议较大的一项救济措施。在法国、德国等大陆法系国家,请求实际履行是当事人的一项不可侵犯的合同权利,因而法院更倾向于判决当事人实际履行合同义务。然而,英美法系国家并不看重对合同义务的实际履行,而是更加看重当事人于合同项下可能获得的利益。因此,普通法通常仅仅会给予损害赔偿救济,而衡平法才会在有限的情况下要求违约方实际履行。

为中和此种矛盾,公约一方面在第46条当中规定,买方有权要求卖方实际履行,但另一方面,又在第28条当中规定,根据公约,法院并无义务判决当事人必须实际履行,除非该法院依国内法也会作出同样的判决。这意味着,公约实际将是否判决实际履行的权力交由各缔约方法院,由其自行决定。事实上,在国际贸易纠纷当中,违约方通常会选择请求损害赔偿而非实际履行。这是由于,此种救济毕竟需要对方当事人配合,甚至需要外国法院协助执行才能真正落实。此处不仅存在对方当事人不配合的风险,更有可能因为繁冗的法律程序而导致救济被拖延。对于当事人而言,要求金钱赔偿显然更加方便快捷。

实际履行的具体方式,既包括按照合同要求完成未履行的部分,也包括对已经履行、但与合同不符之处进行补救,如要求卖方交付替代货物、对货物进行修理等。但是,"交付替代货物"这一补救措施的前提是卖方根本违约,即首次交付的货物完全无法实现买方于合同项下的正当期望。在货物仅存在微小瑕疵的情况下,买方无权要求卖方交付替代货物。

(二)给定一段额外期限,要求卖方在期限内履行义务

根据公约第 47 条,对于卖方交付货物的瑕疵,买方还有权规定一段合理的额外期限,要求卖方在期限内履行义务。此种"合理的额外期限",从表面上看类似于德国的"宽限期"制度,即履行期届满后,债权人必须先为债务人设定合理的宽限期,如果债务人仍不进行给付才能要求其承担责任。[11] 然而,德国法上的给予"宽限期",是债权人的法定义务。法院不得剥夺债务人享有宽限期的权利。与之相对,公约当中的"额外期限",是由债权人自主决定是否给予的。公约特别强调,法院或仲裁庭不得主动给予此种宽限期。这是因为,买方一旦同意给予卖方宽限期,则在期限内不得采取其他补救措施,如宣告合同无效等,除非卖方明确表示不履行合同。法院若强制买方给予卖方宽限期,则无异于剥夺了买方寻求其他救济的权利,也相当于人为地延长了卖方的履约期限。

公约并未对"合理额外期限"的具体长度进行规定。这是因为,此期限是为方便卖方继续履行合同而订立的,因此,期限的长度必须足够卖方完成履约行为,同时不至于对买方的权利造成过度的伤害。此期限的合理性因而必须根据具体情形而定。

公约对额外期限内履约的规定,并不仅仅是对卖方的保护,同时也隐含地为买方未来宣告合同无效提供了准备。在卖方根本违约的情况下,买方可以选择给予其额外期限,要求其交付替代货物,也可以直接宣告合同无效。但如果卖方的违约行为尚未构成根本违约,"给予额外期限"就将服务于另外一重目的:如果卖方在额外期限内仍不履约,则根据公约第 49 条第 1(b)款,买方有权宣告合同无效。这就意味着,在合理期限内仍不履约的行为,在效果上等同于根本违约。因此,对买方而言,若对卖方能否履约存有疑虑,但同时不确定己方是否有权宣告合同无效,则可以通过给予额外履约期限的方式获得宣告合同无效的权利。

---

[11] 吴越:《德国民法典之债法改革对中国未来民法典的启示》,载《法学家》2003 年第 2 期。

(三) 由卖方自付费用进行补救

尽管公约并不强制法院给予实际履行的救济措施,但在可能的情况下,公约仍然鼓励合同当事人对履约瑕疵进行补救,以便完成合同义务。前文曾经提及,卖方在提前交货或买方给予额外期限的情况下,有权对瑕疵履行进行补救。公约第48条同时规定,即便在交货日期之后,卖方仍有权自付费用进行补救。但前提条件是,补救不得造成不合理的迟延、不得给买方带来不合理的不便,以及必须承担因而产生的费用(包括买方预付的费用,如保管货物的开支等)。

严格来讲,此种救济方式并非"买方有权主张的救济",而是卖方主动提出的补救措施。买方并无义务询问卖方是否愿意进行补救。卖方需通知买方其意向在特定时限内履行义务,并询问买方是否接受其履行义务。买方有权拒绝接受补救并选择其他救济方式。买方在合理期间后仍不作出答复,将视为同意卖方作出补救。前文曾经提及,受要约人收到要约后的缄默,并不构成对要约的接受。这是由于要约人与受要约人之间毕竟并无合同关系约束,受要约人完全没有义务回复要约人的任何询问。然而,卖方此处提出补救的请求,是建立在买卖双方具有合同关系的基础之上的。公约因而要求买方在此种情况下配合卖方进行沟通,从而更加快捷地处理合同履行瑕疵。

(四) 减价

对于不符合同的货物,买方还有权要求减价。减价的比例为实际交付的货物在交货时的价值与符合合同的货物在当时的价值之间的比例。从这一措辞来看,减价救济能够适用于瑕疵履行,但未必会适用于迟延交货,因为迟延交货未必导致货物价值损失。

减价这一救济方式,最初源自大陆法系,对于减价的计算方式与公约的上述规定类似;而在英美法国家通常将减价救济包含在损害赔偿当中,允许买方于货款当中扣除所主张的损害赔偿金额。此种"减价"与公约当中规定的具有实质性区别。由于公约目的在于调和各国间法律传统的差异,因此,此处虽规定了减价,但是否行使此种权利仍然取决于买方。买方完全可以选择损害赔偿。至于具体如何选择,还要取决于在具体案情当中二者由于计算方式不同所产生的数额差异。

如,假设合同于1月1日签订,约定交易的一等面粉价格为600美元/吨;此时二等面粉的价格为500美元/吨。货物于3月1日交付,卖方误将二等面粉当作一等面粉交付。此时二者价格分别为650美元/吨(一等)与550美元/吨(二等)。那么,买方有权主张的减价比例,为:600 − 600 × (550/650) ≈ 92 美元/吨,买方实际支付的货款为508美元/吨。但在同一情况下,如果买方主张损害赔偿,则其有权获得的赔偿金额为100美元/吨,即根据公约第74条,买方因违约而"遭受的包括利润在内的损失额"——符合合同的货物与实际收到的货物之间的价格差。买方需支付的货款为600 − 100 = 500美元/吨。这就意味着,买方主张损害赔偿更为有利。在此案例当中,如果二级面粉价格不变,仍为 500 美元/吨,则减价与损害赔偿救济金额分别为 138 美元/吨与 150 美元/吨,差额将进一步加大为 12 美元/吨。

当然,从理论上讲,在合同标的物价格上涨的情况下,买方在请求减价的同时,仍然有权主张损害赔偿,从而获得减价与损害赔偿之间的差额。公约第 45 条明确强调,"买方可能享有的要求损害赔偿的任何权利,不因他行使采取其他补救办法的权利而丧失"。而减价,也正是第 45 条所列明的补救办法之一。然而此种情况下,买方更有可能直接选择损害赔偿,而非同时提起两项主张。

然而,在履约后货物价格降低的情况下,买方选择减价救济更为有利。仍以上例当中的情形为例,假设 3 月 1 日交货时一等与二等面粉的价格分别下跌至 550 美元/吨与 450 美元/吨,那么,按照上述计算方法,买方仍然只能主张 100 美元/吨的损害赔偿,但有权主张的减价金额约为 110 美元/吨。这也就意味着,公约保留了减价救济的规定,但此项救济的意义,将更多体现在履约后货物价格下降的场合。

最后,还有两个法律问题需要注意。第一,减价比例的计算时点是"交货时",而非缔约时。这也是公约当中较少见的以合同实际履行之时作为计算时点的情形。在认定根本违约等情形下,均采用的是"缔约时"作为认定标准。这是因为,减价这种救济方式,目的毕竟是保护当事人的期待利益。如果交货时的价格变化对买方更为有利,则自然应当允许买方以此为基础主张权利。第二,买方主张减价还需受到一定限制:如卖方在履约期限到来之前或之后,提出对瑕疵履行进行补救,但买方加以拒绝,则买方无权要求降价。这是因为,"补救"可以认为是另一种形式的"实际履行"。卖方选择补救,必然是由于相对于其他救济方式(如减价),补救行为能够以更小的代价回复货物的原有价值。假设允许买方拒绝补救、反而有权要求减价,这无疑是一项"损人不利己"的制度安排。更何况,下文还将提及,公约第 77 条要求守约一方必须承担减少损失的义务,否则,就将丧失对其本应减少的损失主张损害赔偿的权利。因此,买方若选择拒绝补救,也将自负因而扩大的损失。因此,买方通常来讲不会无理由拒绝卖方提出的补救措施。

(五)宣告合同无效

与上述几种救济方式相比,公约允许买方行使的效力最强的救济,当属宣告合同无效。宣告合同无效将使买卖双方的权利义务回复到未缔约时的状态,属于完全否认双方的合同关系,因此,公约第 49 条仅允许买方针对最严重的违约行为才能行使——根本违约以及在额外期限内仍不履行合同。

买方宣告合同无效,需在合理时间内进行。对于迟延交货,买方需在得知交货的合理时间内进行宣告;如果卖方并未迟延交货但所交付货物存在其他瑕疵,则买方需在已知或应知此瑕疵的合理时间内进行宣告。在买方指定或买方同意给予卖方额外履约时间的情况下,买方需在期限届满或卖方明确拒绝履约后的合理时间内进行宣告。

从效果上讲,买方宣告合同无效,将解除买卖双方在合同项下的全部义务。双方因而有义务回复到合同缔结前的状态,相互返还货物与货款。如果双方均负有返还义务,则此义务必须同时履行。除此之外,宣告合同无效,并不影响各方有权主张的损害赔偿(第81条)。

具体来讲,卖方除返还货款之外,还需承担从买方支付价款之日起所产生的利息。然而,此种利息如何计算,例如按照哪一方营业地利率计算,按照存款还是贷款利率计算等,公约并未明确规定。

与之相对应,买方需返还收到的全部货物。买方若已无法依原状返还货物,就会丧失宣告合同无效的权利,除非发生以下三种情形:无法返还货物并非买方的行为或不行为引发(如货物质量问题导致的毁损);货物的损耗是由于正常的检验造成的;以及在发现货物与合同不符之前,货物就已经在正常营业过程中被销售或使用(如货物使用后才发现质量与合同不符)(第82条)。要求买方返还货物,是因为宣告合同无效将导致双方负有返还义务。买方无法返还货物,就自然无权要求卖方返还货款。更何况,如果买方此前已将货物转售或使用,那么,这也可以反证,货物至少并未完全违背买方在合同项下地期待,货物瑕疵极有可能不构成根本违约。买方很可能根本不享有宣告合同无效的权利。

当然,在货物部分灭失的情况下,买方仍可选择返还部分货物并部分宣告合同无效,但需将无法返还的货物所带来的利益返还卖方。

最后,需说明的是,公约并未解决"卖方自付费用对违约进行补救"与买方宣告合同无效之间的关系。理论上讲,在根本违约确凿无疑的情况下,买方宣告合同无效并不需要得到卖方的同意。然而,当买方希望宣告合同无效但卖方要求进行补救时,双方权利将产生冲突。在市场波动较大、相关产品于缔约后大幅降价的情况下,此种冲突尤为明显。

(六) 卖方部分交货、提前交货、超量交货时买方的救济

如果卖方仅仅交付部分货物或交付的货物仅有部分符合合同,那么,根据公约第51条,买方有权将上述五项救济方式应用于未交付或有瑕疵的货物,即买方完全有理由拒收与合同不符的货物并宣告此部分合同无效,而无需宣告整个合同无效以及返还全部货物。与此同时,除非部分交货将导致整个合同目的无法实现(如导致整套设备无法使用),买方无权因为部分交货而宣告整个合同无效。

在卖方提前交货的情况下,根据公约第52条,买方可以收货,也可以拒绝收货。然而,公约并未对此种情况下额外产生的保存、仓储费用进行进一步规定。

在卖方超量交货的情况下,买方有权接受或拒收超量的货物。对于接受的货物,买方必须按照合同价格付款。对于拒收的货物,根据公约第86条的规定,买方还需承担保管义务,并就此向卖方追偿。

四、买方违约时卖方有权主张的救济

与卖方义务相比,买方在买卖合同项下的义务种类相对较少。不过,公约对买卖双方救济界定的模式基本是相同的。根据公约第三部分第三章第三节,在买方违约的情况下,卖方将有权要求其实际履行,在卖方给定的额外期限内履行义务,宣告合同无效,以及请求损害赔偿。同时,在买方有义务定明货物规格但未能定明时,卖方还有权自行选择规格并通知买方。

(一)实际履行

在买方不履行义务的情况下,根据公约第 62 条,卖方有权要求买方履行支付货款、收取货物等合同义务,除非卖方已采取了其他与之相抵触的救济措施,如已将合同项下货物转售等。不过,通常来讲,除非货物为定制货物,否则,卖方通常不会要求买方必须收取货物。这是因为,买方拒绝收货的行为很可能预示着其信用缺失,或根本无意履行合同。即便强制其收取货物,卖方也可能难以收取货款。与之相比,卖方自行转售货物再向买方请求损害赔偿显然更加便捷。

(二)给定一段合理时限,要求买方履行义务

根据公约第 63 条,在买方违约的情况下,卖方也可给予买方一段合理时限,要求其履行义务。除非买方明确宣告将不在规定的时间内履行义务,则卖方在此段时限内不得采取任何补救措施。此段合理期限的设定,除敦促买方及时履约外,同样有助于卖方在时限经过后宣告合同无效。同时,设定此时限是卖方的权利。法院或仲裁庭同样无法强制卖方必须给予此种时限。

(三)宣告合同无效

卖方有权宣告合同无效的两种情形分别为:买方根本违约,以及买方在额外期限内仍不履行或拒绝履行义务。从理论上讲,卖方宣告合同无效的结果,同样是双方均负有返还义务。但是,由于买卖合同当中,卖方为发运货物、收取货款一方,因此,几乎不可能出现卖方无法返还货款的情形。因此,"返还义务"对卖方而言,最重要的意义仍然在于要求买方返还货物。除此之外,卖方还有权要求损害赔偿。损害赔偿的计算方法将在下文详述。

(四)自行指定货物规格

根据公约第 65 条,如果根据合同,买方有义务指定货物形状、大小或其他特征,那么在买方违约的情况下,卖方有权根据已知的买方要求,自行指定货物规格,并通知买方。如果买方在合理时间内未提出反对意见,则卖方指定的规格将有效约束合同。

此规定的目的在于,尽可能维护已经订立的合同的效力,避免由于一方怠于履行而导致合同权利义务处于不确定的境地。不过,由于此种代为指定规格容易引发纠纷,且卖方完全有理由怀疑买方未来亦将拒绝履行其他合同义务,因此,在实

践当中,卖方使用此种救济的案例并不多见。公约第 65 条毕竟是对卖方的授权性规定,而非义务性规定。此种情况下,卖方选择中止己方履行、规定合理时限要求买方履行,甚至于宣告合同无效等其他救济方式显然更为有利。

第七节 保 全 货 物

一、保全货物义务产生的若干情形

对货物的保全,并不等同于一般意义上的保管货物。它是专指在一方违约的情况下,如果另一方当事人仍然持有货物或者持有货物的控制权,那么,该方当事人就有义务对货物进行保全,以免保管不善造成损失的进一步扩大。具体来讲,可能引发保全义务的情形,共分为如下几种。

第一种情形是,买方违约的情况下,卖方承担的保全货物义务。具体来讲,根据公约第 85 条,如果买方延误收货或在付款与交货为对流条件时拒绝付款,那么在卖方仍然控制货物或能够控制货物处置权的情况下,卖方就负有保全货物的义务。所谓"卖方控制货物"是指对货物的实际控制,如货物仍然放置在卖方营业地;而"控制货物处置权"是指货物虽然已经离开卖方的实际控制,但卖方仍然掌握着货物单据。公约第 58 条在叙述买方付款义务时曾经提及,卖方有权将"支付价款后方可交付单据"作为发运货物的条件。因此,当付款时间已过,卖方根据合同原已无需继续保管货物,因而产生的费用应当由买方承担,且卖方有权扣留货物,直至买方偿付保管费用为止。

第二种情形是,卖方违约、买方希望行使退货权。这又进一步分为两类情况:第一类情况是买方已经收货但打算退货。此种情况多产生于检验后发现货物根本违约。第二类情况是买方并未收货但货物已到达目的地并交由其处置,而买方希望退货。此种情况多产生于延迟交货构成根本违约,或买方即便没有收货也能够确定货物根本违约(如提单载明的货物种类与合同完全不符)的情形。前一种情况较容易处理,买方显然需对已处于其控制之下的货物进行保全。而后一种情况下,根据公约第 86 条,买方仍然有义务代表卖方收货,除非发生如下情形:

第一,收取货物将意味着买方需支付价款。此种情况下,如果强制买方收货,无异于强制其在卖方根本违约的情况下仍然不能终止己方履行。

第二,收取货物的行为,将使买方遭受不合理的不便或承担不合理的费用。例如,收取货物将意味着买方需支付大笔运输或交通费用,且无从得知此费用是否能够向卖方追偿。

第三,卖方或代表卖方掌管货物的人同样在目的地。买方承担保全货物的义务,原本是"代表卖方"而为之,以便减少损失。如果卖方本人或已有代表在场,则自然无需买方对其进行代表,更无须买方对货物进行保管。

如果买方承担了保全货物的义务,则买方有权扣留货物,直至卖方偿付保管货物的费用为止。

在此,有必要说明的是,公约的中英文版本,对"支付价款""遭受不合理的不便""承担不合理的费用"三者之间关系的表述略有出入。根据公约中文版本,[12]买方需证明自己需要支付价款,且至少满足"遭受不合理的不便或需承担不合理的费用"之一,才能拒绝收取货物。中文版公约第86条第2款表示,"如果发运给买方的货物已到达目的地,并交给买方处置,而买方行使退货权利,则买方必须代表卖方收取货物,除非他这样做需要支付价款而且会使他遭受不合理的不便或需承担不合理的费用"。"除非"后"而且"两字的使用,意味着"支付价款"与"遭受不合理的不便或承担不合理的费用"是并列的两项要件。然而,公约英文版[13]对此的阐述则是:"he must take possession of them on behalf of the seller, provided that this can be done without payment of the price and without unreasonable inconvenience or unreasonable expense."此句可直译为:"他(买方)必须代表卖方收取货物,如果此行为不会要求其支付价款或者使其遭受不合理的不便或承担不合理的费用。"这就意味着,只要"支付价款"与"遭受不合理的不便""承担不合理的费用"这几项否定条件满足其一,买方即可拒绝收取货物。由于公约第101条第2款明确表示:"其阿拉伯文本、中文本、英文本、法文本、俄文本和西班牙文本都具有同等效力。"因此,无法据此草率地推定二者的分歧系翻译错误。然而,在具体司法实践当中,援引该条款的中方律师,仍需注意文本差异可能对当事人权利带来的影响。

二、义务人在公约项下的权利义务

不论保全货物的义务源自卖方还是买方违约,根据公约第87条、第88条,承担此义务的当事人均享有如下权利:

第一,义务人可自行保管货物,也可将货物存放在第三方仓库当中。保管货物的费用将由另一方承担,但第三方仓库的价款必须合理。

第二,义务人有权扣留货物,直至对方支付保全货物的费用为止。

第三,义务人有权将货物进行转售。如果对方当事人迟延收取货物或支付保全费用,那么,承担保全货物义务的一方有权将货物出售,但转售前必须通知对方。如果货物易于变质或保全费用过高,则义务人必须将货物转售。但在此种情形下,义务人仅须在"可能的范围内"通知对方。如时间或条件不允许,则其完全可以在

---

[12] 此处公约中文版来源于:https://uncitral.un.org/sites/uncitral.un.org/files/media-documents/uncitral/zh/v1056996-cisg-c.pdf,2024-09-06。

[13] 此处公约英文版来源于:https://uncitral.un.org/sites/uncitral.un.org/files/media-documents/uncitral/en/v1056997-cisg-e-book.pdf,2024-09-06。

未经通知的情况下直接将货物转售。

货物转售后,义务人有权在价款当中扣除保全货物的费用以及因为转售而支付的其他费用,并将剩余货款返还给对方。不过,此处需说明的是,"返还剩余货款"的义务,很有可能因损害赔偿问题而受到影响。例如,在买方已支付货款的情况下,即便买方将根本违约的货物进行转售,买方也无需返还转售价款,而是有权进一步提出请求,要求卖方支付转售价款与合同价之间的差额。转售后的价款处理,还将在下文"损害赔偿"问题当中进一步阐明。

第八节 风险转移

在买卖合同当中,所谓"风险",是指货物遗失或损坏。而"风险转移",则是指货物遗失或损坏的后果,何时由卖方交由买方承担。在国际货物买卖当中,风险转移与货物的实际控制无关,与货物的所有权也无关,而是具有自己独立的一套规则。

一、涉及运输的货物的风险转移

对于需要运输的货物,风险转移问题主要涉及运输阶段的风险由谁承担。根据公约第 67 条的规定,卖方如有义务在特定地点将货物交给承运人,则风险于该地点转移;如果卖方并无此种义务,则货物在交由第一承运人时转移风险。不过,在实践当中,涉及运输的货物通常会使用某些贸易术语,而贸易术语当中通常包含了更加详细的风险转移规则(如风险于越过船边时转移)。此种情况下,如无相反规则,则贸易术语当中的规定优先于公约适用。与贸易术语相关的内容,本章随后还将详细介绍。

此处需说明的是,在涉及运输的情况下,除非卖方已经通过在货物上加标记、以装运单据、通知等方式将货物特定化,否则,风险并不交由买方承担。此种规定的意义在于,在同时装运的货物将发送给不同买方且并未特定化至各份合同项下的情况下,如货物部分灭失,要求哪一买方承担风险都将是不公平的,且极易引发纷争。因此,公约规定,此种情形下的风险应当由卖方承担。

二、运输途中进行销售的货物的风险转移

严格来讲,"运输途中销售的货物"同样属于"需运输的货物"。然而,公约对于运输途中销售的货物的风险转移具有特殊的规定,主要是由于,此种货物往往不会像通常的货物买卖那样在始发港或目的港转手。买卖双方进行交易之时,货物很可能正在运输途中。具体到交易完成的那个时点,货物是否已经遭遇风险都难以获知。对于这些货物,公约第 68 条规定,风险一般应于缔约时转移给买方。但在情况需要时,风险从货物交付给签发载有运输合同单据的承运人时起即交由买

方承担,除非缔约之时卖方已知或应知风险依然发生但并未告知买方。后一种情况下,风险应当由卖方承担。

"情况需要时",通常是指无法判断风险何时发生的情形。此种情况下,要求买方承担货物发运到缔约之时的风险,表面上看是对买方不利的;但实际上,此种做法恰恰能够保证买方能够根据运输合同所附带的保单索赔。毕竟,承担风险一方才有权提出索赔。而强调货物于交付给"签发载有运输合同单据的承运人"时风险转移,而非笼统规定"货物于交付给承运人时"风险转移,这是因为,货物很可能经过不止一次转运。买方即便承担自装运时的风险,也只应承担最近一次运输的风险。货物在此前多次运输当中是否损毁或灭失,自然应当由上游卖方负责。

三、无需运输的货物的风险转移

严格来讲,"无需运输的货物"这一措辞并不严密。这是因为,在货物买卖当中,除了上门制作的货物之外,几乎没有一种货物不涉及任何运输,而不论此种运输是由买方还是卖方完成。此处的"无需运输的货物"是指,买方前往卖方所在地或特定地点自提的货物。所谓"无需运输"是从卖方角度来讲,特指卖方无需安排货物的运输。由于卖方只需在特定地点提供货物即可,货物一旦交付就当然无需再承担任何风险,因此,对于此种货物的风险分配也需要特殊规定。根据公约第69条,这些货物的风险转移,又分为两种情形:第一种情形是买方需于卖方营业地接收货物。那么,风险于买方接收货物时起转移,或如果买方拒绝收货,从货物交由其处置但其不收货的行为构成违约时起转移。

第二种情形是买方需于卖方营业地之外的另一地点接收货物。那么,风险于交货时间已到买方知道货物已在该地点交给他处置时产生转移。

在上述两种情形中,公约特别强调,货物在特定化至合同项下之前,风险并不转移给买方。

此处,需特别注意如下法律问题:

首先,风险于买方"接收"货物时即发生转移。买方是否接受货物在所不问。这实际上意在督促买方认真保管货物,即便货物与合同不符也是如此。此种措辞也是与公约整体制度设计相一致的。

其次,买方在何处接收货物,将影响风险转移的时点。如果买方需在卖方营业地接收货物,那么,风险转移的时点并非是"货物交由其处置时起",而是"不收货的行为构成违约时"起。这意味着卖方对于处于营业地内的货物,有义务在交货时段内保管货物并承担风险。但对于存储于第三方仓库的货物并无此种义务。

最后,不论如何,风险转移都只会发生在交货时间已到之后。即便卖方提前将货物交由买方处置,买方也不会因而提前承担风险。这也与前文叙述"卖方提前交货时买方有权主张的救济"时,买方有权拒绝卖方提前交货相一致。

例 2-18 根据合同规定,买方需于 2015 年 2 月 1 日至 10 日在卖方营业地收取货物。1 月 20 日,卖方将提货单送达买方处,并通知买方有权随时提货。此例当中,买方虽然于 1 月 20 日即有权提货,但货物的风险将于 2 月 11 日方转移给买方。

例 2-19 根据合同规定,买方需于 2015 年 2 月 1 日至 10 日在第三方仓库收取货物。1 月 20 日,卖方将提货单送达买方处,并通知买方有权随时提货。此例当中,风险于 2 月 1 日起转移给买方。

例 2-20 根据合同规定,买方需于 2015 年 2 月 1 日至 10 日在卖方营业地收取货物。1 月 20 日,卖方传真通知买方,货物已备妥,但并非通知买方货物具体仓储地点或提货方式。买方迟至 2 月 11 日方才到达卖方营业地提货,却被告知,备妥的货物已遭盗窃。此例当中,尽管理论上风险已于 2 月 11 日 0 时转移给买方,但由于货物并未特定化,风险实际上并不发生转移。否则,将极易引发卖方的欺诈行为。

上述若干种情形下的风险转移,可用表 2-5 表示:

表 2-5 风险转移分类表

需运输的货物	有约定:特定地点交由第一承运人 无约定:货交第一承运人
运输中的货物	缔约时/起运时
买方前往卖方营业地提货	接收货物时/不接收货物构成违约时
买方前往其他地点提货	交货时间已到、买方得知货物交由其处置时

四、风险转移的法律后果

风险转移的后果是,直接导致货物损毁或灭失的责任承担者发生变化。然而,风险转移并不影响合同项下买卖双方的权利义务。根据公约第 66 条,风险转移到买方后,货物的损毁或灭失并不影响买方支付货款的义务。而在卖方根本违约的情况下,风险转移同样不影响买方主张包括宣告合同无效在内的任何救济方式。前文曾提及,如买方宣告合同无效,则必须承担返还义务。然而,公约同时规定,无法返还货物并非买方的行为或不行为引发,是返还义务的例外之一。此处"风险转移后的货物灭失",就属于此种情形。

第九节 《国际贸易术语解释通则》:对风险划分与买卖双方义务的集中规定

一、《国际贸易术语解释通则》简介

上文对于买卖双方权利义务的规定,是公约在买卖合同并未作出相应规定时提供的补缺安排。然而,这些安排的存在,也客观反映了当事人未必能够在合同当中将彼此关系安排得尽善尽美。因此,为便利国际贸易,为当事人提供体系性的、可预见的权利义务安排,国际商会创制了《国际贸易术语解释通则》[其英文名称为 International Rules for the Interpretation of Trade Terms, International Commercial Terms(Incoterms)]。该通则最初创立于 1936 年,随后屡经修订,当前通行的是 2020 年版(通称 Incoterms 2020)。该版本共包含了 11 个贸易术语,每个术语均代表一种特定的交易方式。在合同当中约定适用该术语,就意味着对交货地点、运输方式、运费承担、保险购买等一系列问题均适用了该术语项下的具体规则。需说明的是,由于 Incoterms 每一版均存在微小的变动,且后一版规则的问世并不必然意味着此前版本自动失效,因此,在合同当中约定适用 Incoterms 某一术语时,最好标明是哪一版本。同时,虽然 Incoterms 的名字当中带有"国际"二字,但本身的应用未必仅限于国际贸易。当事人如果愿意在国内贸易当中援引某一贸易术语,在法律上也毫无问题,只需忽略术语当中关于进出口报关、清关的规定即可。

Incoterms 2020 当中共包含 11 个术语,每个术语均由 3 个英文字母组成,代表一种交易方式。字母后的括号当中的地名,视术语的差异其含义也有所差异。对于这 11 个术语,目前主要有两种分类方式:

第一种方式,是按照运输方式不同加以分类。其中 7 个术语可适用于各种运输方式,这些术语包括 EXW、FCA、CPT、CIP、DPU、DAP、DDP。另外四个术语则只适用于水运类,这些术语包括 FAS、FOB、CFR、CIF。

第二种方式,是按照"安排运输"与"风险承担"两个标准,将上述 11 个术语分为四类。其中,需买方安排全部运输的术语只有 EXW 一种。需买方安排大部分运输的术语共有三种:FAS、FOB、FCA。由卖方安排大部分运输,风险在大部分运输完成前转移的术语共有四种:CFR、CIF、CPT、CIP。由卖方安排大部分甚至全部运输,风险在大部分运输完成后转移的术语共有三种:DAP、DPU、DDP。

考虑到第二种分类方式更能体现买卖双方权利义务关系,此处对术语的讲述,也将采用第二种分类方式。

二、E 组术语:买方安排全部运输

E 组术语仅包括 EXW,其全称为 Ex Works,意为"工厂交货(指定地点)"。当

然，此术语并未硬性要求卖方必须在工厂完成交货。交货地完全可以是工厂、卖方营业地或卖方指定的仓库。交货地无须是港口，卖方即便在内陆亦可完成交货，且不承担装货义务。买方负责雇佣交通工具前来收货，且负责将货物装上交通工具。此后的出口清关、办理保险等一系列工作均由买方完成。这也是卖方义务最小的一个术语。由于 EXW 完全不涉及运输问题，因此，此术语可以适用于任何方式的运输。

三、F 组术语：买方安排大部分运输

F 组术语共包括三个：FCA、FAS、FOB。

其中，FCA 的全称为 Free Carrier，意为"货交承运人（指定地点）"。卖方需在其所在地或合同指定地点将货物交给买方指定的承运人，即完成交货。此术语项下，卖方的义务还包括办理出口清关手续。买方负责雇佣承运人、承担运费、承担卖方交货后的风险，以及办理保险。此术语项下，风险于交货时转移。在 FCA 项下，买卖双方还可以约定，同意由买方指定的承运人在货物装船后向卖方签发已装船提单。此术语适用于任何运输形式。还需说明的是，从理论上讲，"买方指定的承运人"也完全可能包含买方自身。即，在 FCA 项下，买方并不必然雇佣第三方承运人进行运输。

FAS 的全称为 Free Alongside Ship，意为"船边交货（指定装运港）"。卖方需在指定的装运港将货物交到买方指定的船边。此术语项下，卖方同样须负责出口清关，买方负责办理运输与保险，完成货物的进口手续。此术语项下，风险同样于交货时转移，即于卖方将货物交到买方指定的船边时，风险发生转移。

FOB 的全称是 Free on Board，意为"船上交货（指定装运港）"。卖方需将货物运输至买方指定的装运港，并且需要将货物装运至买方指定的船舶。卖方需办理出口手续，买方则需承担运费、办理进口手续。此术语项下风险的划分以货物是否装运至船上为界限。卖方需承担完成交货前的风险。FOB 在国际贸易当中俗称为"离岸价"，是使用最为频繁的术语之一。

F 组的三个术语当中，只有 FCA 可以适用于任何运输方式。FAS 与 FOB 由于均为指定装运港，因此，只能适用于水运。另外，三个术语当中的字母 F 均代表 free，这是从卖方的角度来讲的。即，将货物交至括号所指地点的承运人/船边/船上即可免除义务与此后的费用承担。

四、C 组术语：卖方安排大部分运输、风险于货交承运人或装船时转移

C 组术语共包括四项：CPT、CIP、CFR、CIF。与 F 组术语不同，此处的字母 C，在各个术语当中的含义并不相同；但字母 I 均代表 insurance（保险）。即，在 C 组术语当中，有两项术语明确对货物的保险问题进行了规定。

CPT 全称为 Carriage Paid To，意为"运费付至（指定目的地）"，指卖方将货物在双方约定地点交给卖方指定的承运人或其他人。卖方必须签订运输合同并支付

将货物运至指定目的地所需的费用,以及负责出口清关。

CIP 全称为 Carriage and Insurance Paid To,意为"运费和保险费付至(指定目的地)"。在此术语项下,卖方需将货物在双方约定地点交给承运人。卖方须签订运输合同,并支付将货物运至指定目的地的所需费用。此外,与 CPT 对比,卖方在 CIP 项下还需签订保险合同。这也是两个术语唯一的区别。

在 CPT 与 CIP 项下,术语括号中的地点,均为货物需运至的地点。卖方需承担货物运抵目的地所需的费用,且运输合同是由卖方订立的。然而,应当注意的是,卖方的交货义务仍然在货交承运人之时即为完成,风险也于此时转移。

CFR 的全称为 Cost and Freight,意为"成本加运费付至(指定目的港)"。此术语项下,卖方同样需支付运费将货物运送至括号中所指明的目的港。卖方交货义务于装货港船上完成,货物风险同样在装运港船上交货时转移。此术语由于涉及目的港,因此同样仅适用于水运。

与 CFR 相似的术语为 CIF,其全称为 Cost Insurance and Freight,意为"成本、保险费加运费付至(指定目的港)"。卖方在支付运费将货物运送至指定目的港之外,还需办理运输中的保险。此术语同样仅适用于水运。此术语项下,卖方完成交货义务的地点与风险转移的地点与 CFR 完全相同。与 FOB 相对应,CIF 也被俗称为"到岸价"。

对于 C 组术语,有三个法律要点值得再次强调:第一,卖方完成交货义务的地点与卖方将货物实际运送至的地点并不相同。即,卖方有义务订立运输合同,将货物运至目的地或目的港,但卖方交货义务在此之前就已经完成了。在涉及水运的两个术语(CFR 和 CIF)项下,风险于货物上船时转移;而在可能适用于任何运输方式的两个术语(CPT 和 CIP)项下,风险则于货交承运人时转移。第二,在 C 组术语项下,卖方有义务办理出口清关手续,但并无义务办理进口手续。第三,Incoterms 2020 仅对 CIP 而非 CIF 当中的保险义务进行了修订。Incoterms 2010 当中要求卖方至少提供《协会货物保险条款》条款(C)或类似的最低险别,而 Incoterms 2020 则要求卖方必须取得符合《协会货物保险条款》条款(A)的保险险别。

五、D 组术语:卖方安排大部分运输,风险在目的地转移

D 组术语共包括 DAP、DPU、DDP。其中字母 D 均代表"delivered"(交货)。此组术语也是卖方承担义务最多的一组。

DAP 的全称为 Delivered At Place,意为"目的地交货(指定目的地)"。卖方需将货物运至目的地,但无需承担将货物从运输工具上卸下的费用。卖方只需在指定目的地将货物交由买方控制即可完成交货义务。在此术语项下,卖方不负责进口清关。

DPU 的全称为 Delivered at Place Unloaded,意为"目的地卸货后交货(指定目的地)"。卖方需将货物运至目的地并卸货后,买方才承担风险。在此术语项下,

卖方同样不负责进口清关。这一术语也是 Incoterms 2020 新增的术语。

DDP 的全称为 Delivered Duty Paid，意为"完税后交货（指定目的地）"。卖方需将货物运抵指定目的地且完成进口清关手续，以及承担所有运输费用。

从 D 组术语括号中的地点可知，D 组术语的应用范围包含但并不局限于水运。此外，由于 D 组术语项下的运输均由卖方负责，因此，卖方同样应当承担运输途中的风险，买方于受领货物后方才承担风险。

第十节　损害赔偿

公约第 45 条、第 61 条均规定，一方违约另一方有权主张公约规定的救济措施，但救济措施本身并不影响损害赔偿的权利。这就意味着，诸如减价、宣告合同无效等救济措施如果无法完全补偿当事人所遭受的损失，当事人有权在此基础上主张损害赔偿。下文将对损害赔偿计算的方法进行详细阐述。

一、损害赔偿计算的一般性规则

根据公约第 74 条，损害赔偿的计算需遵循两项规则：

第一，一方当事人违反合同应负的损害赔偿额，应与另一方当事人因他违反合同而遭受的包括利润在内的损失额相等。因此，损害赔偿的意义在于保护当事人的期待利益，即因为订立了合同而有权期待得到的利益。以卖方根本违约为例，买方既有权宣告合同无效，并要求卖方返还自己在合同项下已经支付的货款，还有权根据损害赔偿规则，主张卖方履约后己方本应获得的利润。"返还货款"是买方在合同项下已付出的数额；而"利润"则是买方应获得的数额。

第二，损害赔偿金额不得超过违反合同一方在订立合同时，依照他当时已知道或理应知道的事实和情况，对违反合同预料到或理应预料到的可能的损失。即，损害赔偿金额以缔约时合理人可预见的损失为限。此处需注意，虽然损害赔偿金额的计算，是根据违约时所造成的损失，但对可预见性的衡量，却是"缔约时"。这是因为，双方当事人就合同条款进行谈判时，均会对己方履约能力、违约风险等进行综合考量。在己方履约能力可能不足但瑕疵履行所导致的赔偿责任同样较低时，当事人可能选择签订合同并承担违约风险。而如果损害赔偿责任过大，该当事人就可能放弃从事此交易。因此，选择"缔约时"这一时点，将有利于当事人综合评估风险与收益，从而谨慎选择交易对象。

例 2-21　甲公司向乙公司购买奶酪，并将其转售给其他商人。乙公司提供的奶酪当中 3% 存在变质。这不仅导致了此部分奶酪无法销售，还导致甲公司的四个长期合作伙伴拒绝继续交易，造成数十万元利润损失。此案当中,如果乙公司缔约时明知甲公司的营业性质,则乙公司应当预计到奶酪变质可能导致甲公司商业信誉受损等后果,因而应当赔偿利润损失。

二、买方购买替代货物或卖方转售货物后的损害赔偿计算

根据公约第 75 条,如果合同被宣告无效,且在宣告无效后一段合理时间内,买方已购买替代货物或卖方已转售货物,那么,主张损害赔偿一方有权获得合同价格与替代货物交易价格之差,以及根据上述第 74 条有权主张的其他损害赔偿金额。

此处需注意两个法律问题:第一,上述转售或购买替代货物的行为,必须是在宣告合同无效后合理时间作出。如果延误时间过长,导致转售价格过低或购买价格过高,则违约方有权要求以其他方式计算损害赔偿金额,或根据公约第 77 条,主张扣除因此增加的金额。

第二,上述"其他损害赔偿金额"主要是指,由于保管货物而额外支出的费用,寻找替代买家或卖家所支付的通信、交通、中介等费用。

三、货物未被转售或买方未购买替代货物时的损害赔偿计算

根据公约第 76 条,在货物未被卖方转售或买方并未购买替代货物的情况下,损害赔偿金额的计算应当等同于合同价与宣告合同无效之时的时价之差,以及据上述第 74 条有权主张的其他损害赔偿金额。但是,如果买方在接收货物后宣告合同无效,则损害赔偿金额应当等同于合同价与接收货物时的时价之差。

对于这一规定,有两个要点需要注意:第一,对于买方收货后宣告合同无效的特别规定,目的在于敦促买方及时检验货物、行使权利,以免货物价格在收货后骤降,导致合同各方更大的损失。第二,此处对"时价"的计算,应当依照合同约定交货地的货物价格。在不存在此价格的情况下,可使用其他地点的价格,但需将运费因素考虑在内。

四、守约方减少损失的义务与损害赔偿的关联

公约第 77 条规定,主张损害赔偿一方必须采用合理措施减少另一方违约所造成的损失。否则,违约方有权主张从损害赔偿中扣除原本可以减轻的损失数额。此种义务包括适当保管货物避免其灭失、及时转售货物或购买替代货物等等。事实上,上文刚刚提及的"买方在接收货物后宣告合同无效"的损害赔偿计算,就是一种变相的"减少损失的义务"。在卖方根本违约的情况下,买方接收货物、尽快检验、尽快宣告合同无效,就可以有效减少合同处于效力不确定的状态下货物可能出现的损失。除此之外,公约当中还多次提及"合理时间内""立即"等字眼,要求守约一方尽快行事、避免无故拖延,这也同样是减少损失义务的变体。

第十一节 免　　责

与绝大多数国家类似，公约将合同责任界定为无过错责任。即，守约一方无需证明对方违约行为存在过错，即可要求其承担责任。即便如此，违约方仍有权请求免责。

一、可以要求免责的具体理由

第一种情形是，其违约行为是由于另一方当事人的行为或不行为所致。举例来讲，如果卖方提供的提单与信用证载明事项不符导致买方无法完成付款义务，则买方的违约行为是因为卖方错误所致，买方因而不承担责任。

第二种情形则是普遍存在于各国合同法的中一项制度——不可抗力。更确切地讲，公约第79条并未使用"act of God""force majeur"等与"不可抗力"一词相对应的术语，以免引入相应词汇背后的具体规则，而是直接对此进行了定义："不履行义务是由于某种非他所能控制的障碍，而且对于这种障碍，没有理由预期他在订立合同时能考虑到或能避免或克服它或它的后果。"此种情况下，当事人无需承担责任。

此定义可进一步分为两项要求：

第一项要求是对导致违约的"障碍"的描述。此障碍必须是违约的成因，且非违约方所能够控制。此处，公约本身并未对"障碍"作出进一步描述，但是在公约咨询委员会第7号意见[14]当中，明确区分了两个概念："困难"（hardship）与"障碍"（impediment）。该意见第3.1条表示，公约并未要求某种情形必须达到"使履约完全不可能"才能成为"障碍"。如果某种困难的存在使履约极其不便（excessively onerous），也可能因而成为免责事由。此意见直接引发了学者的广泛争论。后一种情形也被称为情势变迁，在一些国家的民法当中能够作为免责事由存在。因此，公约虽未对此进行规定，但也有一些学者依据本国法的法理论证此种情形应当并入"障碍"当中。[15] 然而，或许正是由于此问题争议较大，目前为止，尚未发现法院在CISG项下因"困难"的存在而允许违约方免责的实例。

第二项要求是对障碍可预见性的规定。违约方在缔约时必须无法预见到障碍

---

[14] https://iicl.law.pace.edu/cisg/CISG-AC-op7.html，2024-09-06.

[15] 对此的讨论请参见：CISG Advisory Council Opinion No.20, Hardship under the CISG, https://cisg-online.org/files/ac_op/CISG_Advisory_Council_Opinion_No_20.pdf#:~:text=There%20is%20hardship%20when%20a%20change%20of%20circumstances，have%20avoided%20or%20overcome%20it%20or%20its%20consequences.，2024-09-06。

的存在,且对障碍及其后果无法避免或克服。此处可预见性的时点与公约其他提及可预见性的条款类似,均为"缔约时"。即根据缔约时的综合情况考虑,障碍是无法预见、避免与克服的。

在当事人违约是第三方违约所导致的情况下,公约第79条第2款规定,只有在违约方和第三方均有权依据第79条第1款主张免责的情况下,违约方才能免责。举例来讲,如果卖方无法交货是由于其上游供货商库房被大火烧毁导致其缺乏原材料,那么,卖方请求免责,必须同时主张上游供货商遭受的损失是源于不可抗力,且卖方无法获得原材料同样是由于不可抗力。假设上游供货商遭受火灾是由于人为原因,如机械设备长期超负荷运转,则火灾并非由于"缔约时无法避免"的原因造成。这就不符合"第三方有权主张免责"的要求。又如,假设卖方在上游供货商出现问题时有机会从他处购买原材料,但因价格过高拒绝购买,则此案中的"障碍"并未达到卖方无法克服的程度。因此,卖方也无权因此主张免责。

二、不可抗力的运用与后果

关于不可抗力问题,还有以下三个法律问题需要注意:

第一,尽管"障碍"的存在能够为违约方提供免责的依据,然而如果障碍仅仅存续了一段时间,或仅影响合同项下部分义务的履行,那么违约方在障碍并未波及的范围内仍需履行义务。举例来讲,两国之间处于贸易战状态,一国禁止货物向另一国出口,这能够成为卖方拒绝发货的免责理由。然而,一旦贸易禁令被撤销,且合同履约期尚未届满,卖方仍有义务向买方发运货物。

第二,公约虽然对不可抗力的构成要件进行的规定,然而在个案当中对此的认定,还要有赖于公约缔约国法院与仲裁机构,因此存在着一定的不确定性。为保证不可抗力问题不会在履约过程中成为一方逃避责任的借口,在缔约过程中,比较明智的做法是用专门条款对不可抗力的具体情形进行穷尽性列举;或者至少进行排除性列举,如规定汇率变动不属于免责事项等。

第三,公约第79条所称的免责,仅仅是免除违约方的损害赔偿义务,但不影响守约一方主张除此之外的其他救济。前文所提及的减价、交付替代货物、修理等其他救济方式仍然有效。除此之外,如果合同由于障碍的存在而不得不宣告无效或宣告部分无效,守约一方还有权要求违约方返还在合同项下所受有的利益。例如,在买方已付货款但卖方发运货物的船只因海难沉没的情况下,买方宣告合同无效后,有权要求卖方返还所收款项。

练习题

一、问答
1. 如何判断国际货物买卖合同的"国际性"？
2. 公约共允许缔约国作出哪些保留？中国对其中的哪些事项提出了保留？
3. 何为要约？一份完整的要约，需具备哪些要素？
4. 如何认定逾期的承诺的效力？
5. 在合同未作明确规定的情况下，卖方需对货物承担怎样的担保义务？
6. 对于需运输的货物，风险转移应遵循什么规则？如果货物是在运输中销售，风险应自何时起转移？

二、案例分析
1. 科龙公司是一家在德国注册与从事经营活动的图书出版公司。尼斯公司在意大利注册成立，但主要经营活动位于中国。该公司主要提供印刷服务。2011年5月，两公司签订合同，其中约定尼斯公司为科龙公司印制1万册导游图，价款5万欧元，于2011年7月1日至15日将货物发运至汉堡港。买方通过信用证的方式支付，卖方凭发货提单领取货款。合同当中选择了德国法作为准据法。

2011年6月15日，尼斯公司致函科龙公司，表示由于合同规定的用于印刷导游图的纸张在中国严重缺货，因而无法按期交货。科龙公司于6月20日回函表示，如尼斯公司愿意在意大利完成印刷，则本公司愿意适当推后交货日期。7月1日，尼斯公司表示，本公司愿意将印刷地点改为意大利，但需更改合同当中的付款条款，本公司只有在科龙公司支付货款后才会进入生产流程。科龙公司对此未作回复。7月16日，在履约期限已过后，科龙公司以传真的方式宣告合同无效，并于7月20日委托美音中介公司代为寻找替代生产商，并支付了中介费1000欧元。8月1日，科龙公司与意大利众合公司签订了新的印刷合同，价款5.6万欧元，合同主要条款与前一份合同完全相同。8月10日，科龙公司向其合作伙伴——威尔士在线图书销售公司支付了延迟发货的赔偿金5000欧元。

2011年9月1日，科龙公司提起仲裁，要求尼斯公司赔偿损失。

根据上述材料，请分析：

(1) 此案当中，应如何认定尼斯公司的主要营业地？

(2) 此案是否应当适用《联合国国际货物销售合同公约》？（请从合同标的、法律选择两个方面分析）

(3) 科龙公司是否有权宣告合同无效？

(4) 尼斯公司是否有权援引公约中的免责条款？

(5) 科龙公司有权要求尼斯公司支付哪些损害赔偿金？

2. A公司是一家在日本注册登记的公司，主要从事鱿鱼的海洋捕捞活动。公司总部位于东京。B 公司在美国注册登记，主要负责向美国加州的若干大型连锁超市供应海产品。2014 年 6 月，两公司签订合同，由 A 公司向 B 公司提供 3000 箱鱿鱼，每箱 200 美元，2014 年 11 月 1 日前交货。合同未对准据法进行约定。

关于鱿鱼的尺寸问题，A 公司在合同谈判阶段向 B 公司提供了一箱冷冻鱿鱼作为样品，并声称此箱货物为 A 公司向另一合作伙伴（位于纽约州的一家大型日本料理连锁企业 C 公司）提供的货物。在样品当中，90% 的鱿鱼重量均在 100~150g。然而，对样品的描述并未写入合同当中。合同条款仅仅写明"标的为 3000 箱鱿鱼"。

2014 年 10 月 20 日，A 公司如约将货物送至合同约定地点——B 公司仓库。B 公司从中抽取 10 箱进行检验，发现重量略小于样品，仅有 70% 的鱿鱼在 100~150g，因而向 A 公司提出抗议。在 A 公司同意减价 10% 后，B 公司将货物于 2014 年 11 月 4 日发送给 D 公司（某大型连锁超市）。然而，货物抵达后，D 公司验货后表示，鱿鱼重量存在相当的差异。标记为"8 月捕捞"的鱿鱼平均 70% 能够达到 100~150g，但标记为"9 月捕捞"的鱿鱼仅有 50% 能够达到这一重量。D 公司据此提出退货。

2014 年 11 月 10 日，B 公司在从 D 公司处收回全部 3000 箱货物后，与 A 公司进行协商，主张 A 公司构成根本违约。A 公司提出如下抗辩：

①B 公司在验货程序当中存在瑕疵，因而应当承担货物不符合合同的风险。货物发运至 B 公司所在地后，B 公司工作人员仅仅选择了标记有"8 月捕捞"的鱿鱼进行检验。而在此行业内部，不同时段捕获的海产品尺寸可能存在差异属于业内共识。

②即便 9 月捕捞的鱿鱼质量不符合合同，8 月捕捞的鱿鱼也并不构成违约。

③即便根据 B 公司与 D 公司的合同，D 公司有权退货，B 公司亦无权主张 A 公司根本违约。此批鱿鱼即便重量略小，但依然能够向消费者出售。除此之外，A 公司也并不知道 D 公司在此情况下享有退货权。此前，在 A 公司与 C 公司合作过程中也曾发生过类似情形，但纽约州某法院仅仅判决 A 公司降价 20% 作为赔偿。

④A 公司有证据表明，己方完全不知道鱿鱼重量存在问题，因此并不存在故意违约。由于 2014 年台风多发，海洋作业气候恶劣，A 公司员工在捕获鱿鱼后立即放入冷库，并未认真量取重量。此批鱿鱼随后直接装箱并运至 B 公司仓库。

对于上述抗辩，B 公司答辩如下：

①B 公司在检验货物时并不清楚 A 公司提供的鱿鱼并非同一时段捕获。3000 箱鱿鱼共分两大箱运送，而 B 公司质检人员所开启的第一大箱当中，每箱鱿鱼上均标记有"8 月捕获"字样。质检人员因而未开启第二大箱验货。由于 AB 两公司此前三次交易均未发生过任何违约行为，因此，B 公司质检人员此次并未过多怀疑货物的质量。

②由于美国连锁超市竞争激烈，因而，B 公司服务的主要商业伙伴均采用与 D 公司类似的验货标准。根据 B 公司现有的销售渠道，对于 9 月捕捞的鱿鱼，B 公司无法将其销售给任何一个商业伙伴。

③根据 B 公司与 D 公司的合同，70% 的鱿鱼重量均需在 100~150g。而且，当货物不符合合同超过 10% 时，D 公司即有权整单退货。本案当中，尽管 8 月捕获的鱿鱼符合这一标准，但由于 A 公司交付的鱿鱼仅有 50% 为 8 月捕获的，因此，另外 50% 的鱿鱼均不符合

上述重量标准。D 公司因而有权整单退货。

请分析上述争议,并论述,A 公司是否应当就货物不符合合同承担责任?[16]

———— **拓展阅读** ————

1. 张玉卿:《国际货物买卖统一法:联合国国际货物销售合同公约释义》(第 3 版),中国商务出版社 2009 年版。
2. 张玉卿审校:《国际统一私法协会国际商事合同通则 2010》(英汉对照),中国商务出版社 2012 年版。
3. DiMatteo, Larry A. Lucien Dhooge, Stephanie Greene, Virginia Maurer, and Marisa Pagnattaro, *International Sales Law: A Critical Analysis of CISG Jurisprudence*, Cambridge University Press, 2005.
4. Flechtner, Harry, Ronald Brand, and Mark Walter, eds., *Drafting Contracts under the CISG*, Oxford University Press, 2008.
5. Fountoulakis, Christiana, Ingeborg Schwenzer, and Mariel Dimsey, *International Sales Law: A Guide to the CISG*, 2nd ed., Hart Publishing, 2012.
6. Lookofsky, Joseph, *Understanding the CISG: A Compact Guide to the 1980 United Nations Convention on Contracts for the International Sale of Goods*, 5th ed., Kluwer Law International, 2017.
7. Schwenzer, Ingeborg, *Schlechtriem and Schwenzer: Commentary on the UN Convention on the International Sale of Goods (CISG)*, 3rd ed., Oxford University Press, 2010.

---

[16] 此案例改编自第 18 届 WILLEM C. VIS 国际模拟仲裁赛事案例。

第三章 国际贸易支付

国际货物买卖是国际贸易中的重要组成部分。长期以来,国际贸易一直以有形货物的跨国交易为主要内容。由于国际货物买卖涉及不同国家之间的有形货物的交易,因此与运输、保险、支付等形成一个不可分割的整体。货物买卖是运输、保险、支付等其他环节的基础和起点,其他环节皆是因货物买卖才产生,并为实现货物买卖而服务。从法律上说,货物买卖合同是其他各个环节上的合同的根据,其他各个环节上的合同或者安排必须符合买卖合同的运输条款、保险条款、支付条款及其余有关条款。另外,货物买卖也有赖于其他环节的顺利进行,其他环节的合同或安排又相对独立于买卖合同,与买卖合同具有不同当事人、不同的法律关系、不同的法律问题,其中支付环节尤甚。[1] 国际贸易支付涉及的当事人众多,身处异国的买卖双方通常互不信任,同时还会遇到国内贸易支付所没有的汇率变动风险、外汇管制风险等问题,因此国际贸易支付是国际贸易中的重要环节。本章将从支付工具和支付方式两个方面探讨国际贸易支付的法律问题。

第一节 国际贸易的支付工具

国际贸易中的支付工具主要包括货币和票据。货币支付,即使用现金支付,实务中会产生大量现金携带的问题,既不方便也不安全,在国际贸易支付结算中很少采用。与之相比,代替货币流通的票据成为国际支付结算的主要信用工具,主要包括汇票、本票和支票三种。

一、票据概说

(一)票据的概念

票据是出票人签发的,由自己或委托他人于指定日期和地点无条件支付一定金额的款项的有价证券。

(二)票据的作用

票据的作用主要体现为汇兑、支付和信用三大功能:

1. 票据可以代替金钱的转移,具有汇兑功能。

---

[1] 王传丽主编:《国际贸易法》,法律出版社2012年版,第129页。

2. 票据可以作为金钱的代用物充当支付手段,具有支付功能。

3. 票据可以克服金钱支付上的时间间隔,把未来的金钱变为现在的金钱,把商业信用转化为银行信用,发挥信用工具作用。

(三)票据的特征

1. 票据是设权证券,票据上的权利是在票据作成时同时产生的。

2. 票据是债权证券中的金钱债权证券,票据上的权利是以一定的金钱给付为标的的债权。

3. 票据是无因证券,票据一经作成便与原来的合同关系相分离,成为独立的债权关系,原合同存在与否并不影响票据关系的存在。

4. 票据是要式证券,票据上的记载事项和记载方式均应按照法律规定进行,不符合法律规定的无效。

5. 票据是指示证券,在通常情况下均采取记名证券的方式签发,同时允许票据所载权利人基于背书方式将票据转让给指定人。

6. 票据是文义证券,票据上权利的内容应完全依据票据上所载文义确定,不得进行任意解释或者根据票据以外的其他文件确定。

二、票据的种类

在国际经济贸易交往中常见的票据主要有三种,即汇票、本票和支票。

(一)汇票

汇票是出票人签发的,委托付款人在见票时或者在指定日期,无条件支付确定金额给收款人或者持票人的票据。在国际贸易支付中,汇票是使用最为广泛的票据。

各国票据法及有关国际公约关于汇票的规定通常有以下内容:

1. 出票。汇票的出票,是指出票人签发票据并将其交付给收款人的票据行为。出票人不得签发无对价的汇票用以骗取银行或者其他票据当事人的资金。

2. 汇票当事人。汇票关系主要有三方当事人,即出票人、付款人和收款人或持票人。出票人是签发汇票并委托付款人付款的人。付款人是接受出票人的委托承担无条件付款责任的人。收款人是接受付款的持票人,他既可以是汇票上记载的收款人,也可以是因受让取得汇票的持票人。

3. 汇票的记载。汇票应注明"汇票"字样,并载明无条件支付的委托、付款人姓名或者商号、付款的时间、地点、期限和确定的金额、收款人姓名或者商号、出票人签章、出票日期和地点等。

4. 出票人的责任。出票人签发汇票后即承担保证该汇票承兑和付款的责任。在汇票得不到承兑或者付款时,出票人应当向持票人承担清偿并赔偿的责任,持票人可以向出票人、背书人或者汇票的其他债务人行使追索权。

(二) 本票

本票是出票人签发的,承诺自己在见票时无条件支付确定金额给收款人或者持票人的票据。本票可以广泛用于国际贷款的支付、国际票据融资,以及旅游、劳务或者其他现汇的个人用汇等方面,但在国际贸易中较少使用。

1. 本票当事人。本票关系主要有两方当事人,即出票人和收款人或者持票人。本票的出票人必须具有支付本票金额的可靠的资金来源,并保证能够支付。

2. 本票的记载。本票应注明"本票"字样并载明无条件的支付命令、收款人姓名或者商号、付款的时间、地点、期限和金额、出票人的签名、出票日期和地点等。

3. 本票的背书、保证、出票行为、付款行为和追索权的行使通常适用关于汇票的规定。

(三) 支票

支票是出票人签发的,委托办理支票存款业务的银行或者其他金融机构在见票时无条件支付确定金额给收款人或者持票人的票据。支票在国际贸易中极少使用。

1. 支票当事人。支票关系涉及三方当事人,即出票人、付款人和收款人或者持票人。支票的付款人只能是银行并且见票及付款。

2. 支票的记载。支票应注明"支票"字样并载明无条件的支付命令、付款行名称、付款地点和金额、出票人的签名、出票日期和地点等。

三、主要的票据法体系和统一票据法的国际公约

(一) 主要的票据法体系

为适应经济发展需要,保障票据的安全流通,各国都制定了自己的票据法。世界上主要有法国法系、德国法系和英国法系三个票据法体系。

1. 法国法系。法国早期的票据立法出现于路易十四的商事条例。1807 年的《拿破仑商法典》(Code de Commerce) 对商事条例作出修订,但当时的票据立法仅适用于汇票和本票。直到 1865 年,法国才制定了支票法。法国票据法注重票据的汇兑功能,强调票据产生的原因关系是票据关系成立的必要条件,但对票据的形式要求并不严格。法国票据法曾对意大利、西班牙、比利时等欧洲大陆国家的票据立法产生较大影响。

随着商品经济的发展,票据作为支付手段和信用工具的作用日益明显,同时法国票据法的缺陷也日渐暴露,使得原先效仿法国票据法的欧洲大陆国家先后放弃法国法转而采用德国法。后来,法国根据"日内瓦统一票据法"[2]的规定修改了

---

[2] 经过相关国家努力,1930~1931 年国际联盟在日内瓦召集国际会议,制定了《1930 年关于统一汇票和本票的日内瓦公约》《1930 年关于解决汇票和本票的若干法律冲突的公约》《1931 年关于统一支票法的日内瓦公约》《1931 年关于解决支票的若干法律冲突的公约》,统称"日内瓦统一票据法"。

票据立法,并于 1936 年 2 月 1 日公布施行。

2. 德国法系。德国于 1871 年颁布了适用于汇票和本票的统一票据法,又于 1908 年制定了支票法。1933 年,德国又根据"日内瓦统一票据法"制定了新的票据法。德国票据法注重票据的支付功能和信用功能,将票据关系与产生票据的原因相分离,强调票据行为的无因性,并对票据的形式作了严格的规定。德国法系与英国法系并无实质差别,只是在形式上将汇票、本票统一立法,将支票分别立法。意大利、西班牙、比利时、瑞士、瑞典、丹麦、奥地利等许多欧洲国家以及日本和我国的台湾地区都属于德国法系。

3. 英国法系。英国的票据法于 1882 年颁布施行。英国票据法与德国票据法一样,注重票据的信用功能并强调票据行为的无因性以促进票据的流通。但是,与德国立法形式不同,英国采取汇票、本票、支票统一立法的形式。

(二)统一票据法的国际公约

为解决各国票据法存在的差异给国际支付与结算带来的障碍,早在 20 世纪初国际社会就开始制定旨在统一各国票据法的国际公约。这方面的成果主要包括国际联盟制定的"日内瓦统一票据法"和联合国大会通过的《国际汇票与国际本票公约》(Convention on International Bill of Exchange and International Promissory Note of the United Nations)。

1. "日内瓦统一票据法"主要参照了大陆法系国家的票据立法,是调和德国法系和法国法系之间分歧的产物。同时,该公约与以英国为代表的英美法系国家的票据立法存在很大差异,以汇票为例:(1)在汇票的内容上,公约要求汇票必须标明"汇票"字样,英美法系国家的票据立法则无此规定;(2)公约要求汇票必须采取记名的形式,后者则无此要求;(3)公约要求汇票上必须注明出票日期和出票地,后者则规定只要能确定付款日期并注明付款地即可;(4)在提示承兑时间上,公约要求汇票自开立日期起一年内提示承兑,后者则规定为在合理时间内提示承兑;(5)在附条件的背书问题上,公约认为汇票背书如附条件,所附条件无效,而后者认为附条件的背书对该被背书人有效,只是付款人在付款时对所附条件是否成立不负调查责任;(6)在票据被拒付时持票人对前手的追索权是否以通知为条件的问题上,公约规定持票人未及时通知前手并不丧失追索权,后者的规定则正好相反。正是由于存在以上诸多差异,英美等国家认为如果参加日内瓦公约,将会影响英美法系各国已经实现的统一,因此拒绝参加日内瓦公约。

2. 联合国《国际汇票与国际本票公约》。为了解决国际贸易中使用汇票和本票的不便,1988 年 12 月联合国第 43 届大会上通过了《国际汇票与国际本票公约》。该公约须经 10 个以上的国家批准或者加入方能生效,目前尚未生效。

《国际汇票与国际本票公约》与"日内瓦统一票据法"有所不同,《国际汇票与国际本票公约》主要适用于"作为国际贸易结算手段所使用的票据",即国际票据,具体包括在出票地、付款地、受款人名称附记地等地点中至少有两个地点分处不同国家的国际汇票和国际本票。

公约还对两大法系的内容作了一定程度的协调。例如,在汇票的内容上,公约规定汇票上必须载明出票日期并且不得开立不记名汇票,这与大陆法系国家的规定相一致;公约还规定背书可以以不记名的方式进行,这就使记名汇票实际上可以作为不记名汇票使用,这与英美法系国家的规定相同。另外,在对持票人的保护和伪造背书的后果方面,公约对两大法系的规定也进行了适当的协调。

第二节　国际贸易的支付方式

在货物买卖中,买方的主要义务是支付货物价款。但在国际货物买卖中,情况要复杂得多。国际货物买卖双方当事人的营业地位于不同国家,他们各自使用的货币也不同,因此支付方式也存在特殊之处。国际货物买卖的支付方式,常用的有汇付、托收、信用证、国际保理和电子资金划拨五种。

一、汇付

(一)汇付的概念

汇付(remittance),是指由买方(进口方)将货款通过银行汇交卖方(出口方)的一种支付方式。在国际贸易中,它一般用于买方直接付款的情形。

(二)汇付的当事人

汇付关系涉及四方当事人:

1. 汇款人(remitter),是委托银行将货款汇给国外收款人的人,通常是国际贸易中的买方。

2. 收款人(payee,beneficiary),是接受汇款人所汇款项的国外收款人,通常是国际贸易中的卖方。

3. 汇出行(remitting bank),是接受汇款人委托汇出款项的银行,通常是买方所在地银行。

4. 汇入行(paying bank),又称解付行,是受汇出行委托解付汇款的银行,通常是卖方所在地银行。

(三)汇付当事人之间的关系

1. 汇款人与收款人。汇款人与收款人是国际贸易中的买方和卖方,两者之间是基于国际贸易合同形成的债权债务关系。

2. 汇款人与汇出行。汇款人与汇出行之间是委托代理关系。汇款人在办理汇款时需向汇出行出具汇款申请书。汇款申请书是汇款人自汇出行申请汇款时填写的一种书面申请单,应填明汇款的方式、汇款日期、收款人姓名、地址、汇款货币与金额、汇款人姓名、地址等。汇款申请书被看作汇款人和汇出行之间订立的委托代理合同。汇出行有义务按照汇款申请书中的指示办理汇款业务,汇出款项。

3. 汇出行与汇入行。汇出行与汇入行之间也是委托代理关系。汇出行与汇入行之间事先也订有委托代理合同。汇入行按照合同的规定承担解付款项的义务。汇出行与汇入行之间一般是总行与分行的关系。

(四)汇付的种类

1. 电汇(telegraphic transfer,T/T)。电汇是汇款人要求当地银行(汇出行)用电报或电传发出付款委托书给收款人所在地银行(汇入行),委托其向指定付款人付款。随着现代通信技术的发展,银行之间使用电报或电传进行直接通信,并且要核实密押,因此具有快速准确的优点。但是,电汇的费用较高。

2. 信汇(mail transfer,M/T)。汇款人将货款交给本地银行(汇出行),由银行开具付款委托书,通过邮寄的方式寄交收款人所在地银行(汇入行),委托其向指定付款人付款。信汇一般通过航空邮寄信汇委托书,汇款在途时间比较长,但费用相对低廉。

3. 票汇(demand draft,D/D)。汇款人向当地银行(汇出行)购买银行汇票后,亲自将汇票寄给收款人,收款人或其指定的人持汇票向收款人所在地银行(解付行)承兑收款。票汇具有手续简单的优点,票汇的汇入行无需通知收款人取款,而是由收款人自行持票取款。同时,票汇的收款人可以通过背书将汇票转让给他人。票汇是由汇款人自行邮寄,所以途中时间比较长,但费用较低。

(五)汇付的程序(见图3-1)

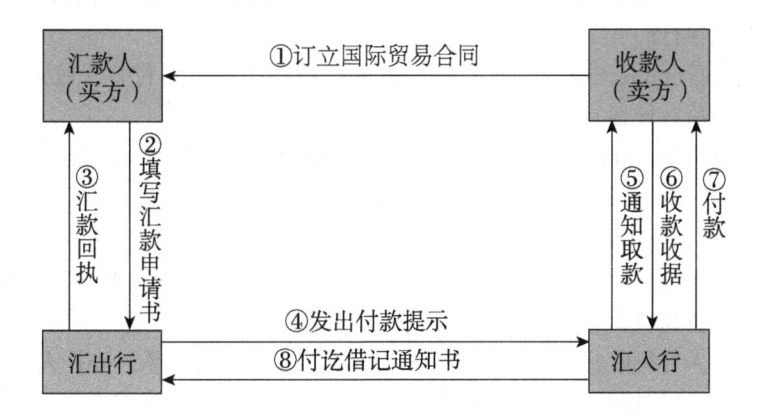

图3-1 汇付的程序

1. 国际贸易的买卖双方订立合同,约定采用汇付方式支付。
2. 汇款人填写汇款申请书,提交给汇出行,并交付款项。
3. 汇出行收取汇款金额、手续费,将汇款回执交给汇款人。

4.汇出行在接受委托后,以电传、电报或信汇委托书、汇票通知书等方式向汇入行发出付款指示。

5.汇入行接到汇出行指示后,发给收款人通知书。

6.收款人在收款收据上签字,交给汇入行。

7.汇入行将汇款付给收款人。

8.汇入行将付讫借记通知书交给汇出行。

在汇付这种支付方式下,银行的汇款通知或银行汇票的去向与货币的流向是一致的,因此习惯上称为"顺汇"。

(六)汇付的适用

汇付的优点在于手续简便、费用低廉。汇付的缺点是风险大,货到付款的情况下由卖方一方承担风险,预付货款的情况下则由买方一方承担风险,因此汇付主要适用于样品、杂费、定金、小额交易的货款、分期付款等小额费用的结算。

二、托收

(一)托收的概念

托收(collection)是指卖方对买方开立汇票,委托卖方所在地银行通过其在买方所在地的分行或代理行向买方收取货款的一种结算方式。

(二)托收的当事人

1.委托人(principal)又称出票人(drawer),是开立汇票委托银行收款的债权人,通常是国际贸易中的卖方。

2.托收行(remitting bank),是接受委托人的委托代其收取货款的银行,通常为卖方所在地银行。

3.代收行(collecting bank),是接受托收行的委托代其向付款人收款的银行,通常为买方所在地银行。

4.付款人(payer),又称受票人(drawee),是代收行对之提示汇票、要求其付款的汇票上的付款人,通常是国际贸易中的买方。

(三)托收当事人之间的关系

1.委托人与付款人。委托人与付款人一般是国际贸易中的卖方与买方,两者之间是国际货物贸易合同关系。

2.委托人与托收行。委托人与托收行之间是委托代理关系。委托人在委托银行代为托收时,须填写一份托收申请书,规定托收的指示及双方的责任。托收委托书就是他们之间的代理合同。

托收申请书,又称托收委托书,委托人应在托收申请书中详细表明自己的要求,即写明委托的内容、双方的责任范围以及具体问题的处理条件。主要内容包括:(1)托收行的选定;(2)交单条件的选择;(3)是否委托托收行作"需要时的代理"以及"需要时的代理"的权限;"需要时的代理"是指如果发生拒付的情况,委托人就可能需要有一个代理人为其办理在货物运出目的港时所有有关货物存仓、保险、重新议价、转售或运回等事宜;按照惯例,出口商必须在托收申请书中明确"需要时的代理"的权限,如是否有权提货等;(4)拒付时是否需要做成拒绝证书;(5)付款时间的附加规定,如付款交单条件下是否准许付款人按比例分期付款、分批提货,付款人逾期付款是否罚息,提前付款是否给予贴息等;(6)利息的处理,如果出口商明示要收取利息,必须在托收申请书中注明利息的计算方法;但付款人拒付该利息时,代收行可视情况决定不必收取该利息,除非出口商在托收申请书中特别注明不得放弃利息;(7)银行费用的处理。银行费用包括银行办理托收业务的手续费或其他费用。托收申请书中应表明进口地的银行费用是否向付款人收取,可否放弃。在实务中常常在合同中已明确,进口商和出口商各自负担本国银行的费用。如遇拒付,代收行只得从应收的货款中扣除。

3. 托收行与代收行。托收行与代收行之间也是委托代理关系。委托代理合同主要由托收指示书以及由双方签订的业务互助协议等组成。

托收指示书由托收行缮制,并附汇票和运输单据等寄国外代收行。一切托收单据必须附有一项单独的托收指示书,托收指示书应载有以下内容:

(1)关于托收行、委托人、付款人的详情,包括其全称、电话、传真;
(2)托收金额和货币;
(3)所附单据及每一单据的份数;
(4)取得付款、承兑的条款和条件;
(5)发生拒付款、拒绝承兑或与其他指示不符时的指示。

4. 委托人与代收行。委托人与代收行之间不存在直接的合同关系。
5. 代收行与付款人。代收行与付款人之间也没有法律上的直接关系。

(四)托收的种类

按照汇票是否附有单据,托收方式一般可分为光票托收和跟单托收。

1. 光票托收(clean bill for collection)。光票托收是指委托人仅开立汇票委托银行向付款人收款,而不附任何货运单据的托收方式。在光票托收方式下,付款人承兑或付款后可能无法获得货物或代表货物所有权的单据,因此风险较大,一般用于样品费、佣金、货款尾数等的结算。

2. 跟单托收(documentary bill for collection)。跟单托收是指委托人开立附货运单据的汇票,凭跟单汇票委托银行向付款人收款的托收方式。

按照交单条件的不同,跟单托收可分为付款交单托收和承兑交单托收。

(1)付款交单(document against payment, D/P)。付款交单是委托人将汇票和货运单据交给托收行并指示只有在付款人付款时才能将货运单据交给买方的托收方式。

依照付款时间的不同,付款交单分为即期付款交单和远期付款交单。即期付款交单是指委托人开具即期汇票,通过银行向付款人提示,付款人见票后立即付款并取得货运单据。远期付款交单是指委托人开具远期汇票,通过银行向付款人作承兑提示,付款人承兑后于汇票到期时再付款赎单。

（2）承兑交单(document against acceptance,D/A)。承兑交单是指付款人承兑汇票后即可获得货运单据,于汇票到期日再付款。承兑交单仅适用于远期汇票托收。

（五）托收的程序（见图3-2）

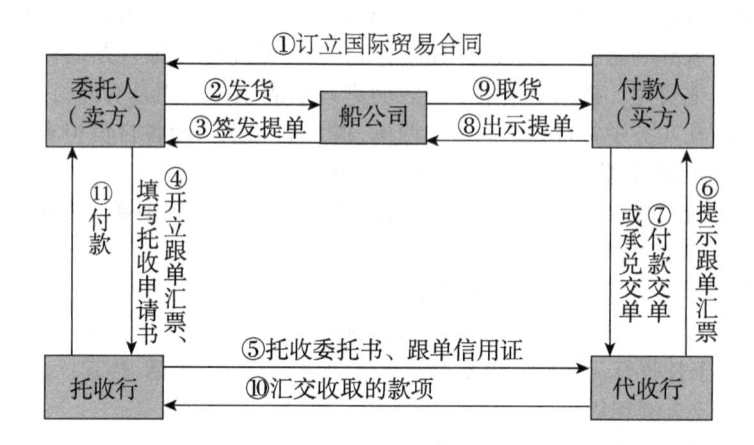

图3-2 托收的程序

1. 买卖双方签订国际贸易合同,约定使用托收支付。
2. 合同签订后,卖方履行发货义务。
3. 船公司将货运单据交给卖方。
4. 委托人(卖方)开立跟单汇票,填写托收申请书,向托收行提出托收申请。
5. 托收行接受申请后,委托代收行代为办理收款事宜。
6. 代收行向付款人(买方)作付款提示或承兑提示。
7. 在承兑交单下,付款人(买方)承兑汇票后即可取得货运单据;在付款交单下,付款人(买方)付款后便可取得货运单据。
8. 付款人(买方)在目的港向船公司出示货运单据。
9. 船公司将货物交给付款人(买方)。
10. 代收行将所收款项汇交给托收行。
11. 托收行将货款交给委托人(卖方)。

在托收方式下,信用工具的传递与资金的转移方向相反,因此托收是一种逆汇。

（六）托收的适用

在托收方式下,付款人是否付款要取决于其商业信用。银行办理托收业务时,没有检查货运单据是否正确或完整的义务,也不承担付款人必须付款的义务。因此托收方式对卖方的风险较大,而且承兑交单比付款交单的风险更大。承兑交单方式下,买方承兑汇票后即可取得货运单据提货,如果买方出现破产、丧失付款能力或者借故拒不付款等情形时,卖方不仅不能按时收回货款,还可能面临钱货两空的风险。

例3-1 德国A公司与美国B公司订立水果销售合同。双方在合同中约定承兑交单。德国A公司向托收行办理托收。后来美国B公司称由于发票上没注明原产地而无法通关,提出拒付,并且指出该货物在保税仓库的保管费已经接近货值的三分之一。如果德国A公司不能弥补损失,美国B公司将不能接受货物。德国A公司为了避免更大的损失,只好降价30%。最后通过其他途径才知道货物早就被美国B公司提走。

从案例中可以看出,采用承兑交单的支付方式,卖方能否顺利收回货款完全取决于买方的商业信用。如果买方借故拒不付款,卖方的风险则比较大。因此,实践中从事国际贸易活动的当事人对承兑交单的使用比较谨慎。

(七)有关托收的国际惯例

国际商会于1958年起草《商业单据托收统一规则》(Uniform Rules on the Collection of Commercial Paper),1967年公布了《商业单据托收统一规则》,1978年修订并改名为《托收统一规则》(Uniform Rules for Collections),以下简称URC322。现行文本为1995年修订、1996年实施的《托收统一规则》,以国际商会第522号出版物的形式出版,以下简称URC522。

URC522是目前国际托收业务中普遍采用的国际结算惯例。共计26条,分别规定了总则和定义、托收的形式和构成、提示的形式、责任和义务、付款、利息和费用、其他条款七个方面的问题,该规则不涉及当事人的能力和单据效力问题。虽具有惯例的性质,但已为许多国家的商会和银行所采用。

1.适用范围。《托收统一规则》仅适用于银行托收。《托收统一规则》具有国际惯例的效力,仅适用于托收指示中注明该规则的托收,当事人在发出委托指示时应注明"受URC522约束"的字样。当事人也可以作出不同的约定,该种约定优先于上述规则。也就是说,只有当事人明示采用该规则时才对其具有法律上的约束力。此外,《托收统一规则》不得与一国的强制性法律规定相抵触,发生抵触时法律规定优先。

2.银行的义务。托收行对委托人、代收行对托收行负有下列具体代理行为的义务:

(1)及时提示的义务,指对即期汇票应毫无延误地进行付款提示;对远期汇票则必须不迟于规定的到期日作付款提示。当远期汇票必须承兑时应毫无延误地作承兑提示。

(2)保证汇票和装运单据与托收指示书的表面一致,如发现任何单据有遗漏,应立即通知发出指示书的一方。

(3)收到的款项在扣除必要的手续费和其他费用后必须按照指示书的规定无迟延地解交本人。

(4)无延误地通知托收结果,包括付款、承兑、拒绝承兑或拒绝付款等。

3.银行的免责。

(1)银行只须核实单据在表面上与托收指示书是否一致,此外没有进一步检验单据的义务;代收行对承兑人签名的真实性或签名人是否有签署承兑的权限概不负责。

(2)与托收有关的银行对由于任何通知、信件或单据在寄送途中发生延误或失落所造成的一切后果,或对电报、电传、电子传送系统在传送中发生延误、残缺和其他错误,或对专门性术语在翻译上和解释上的错误,概不负责。

(3)与托收有关的银行对由于天灾、暴动、骚乱、叛乱、战争或银行本身无法控制的任何其他原因,或对由于罢工或停工致使银行营业间断所造成的一切后果,概不负责。

(4)除非事先征得银行同意,货物不应直接运交银行或以银行为收货人,否则银行无义务提取货物。银行对于跟单托收项下的货物无义务采取任何措施。

(5)在汇票被拒绝承兑或拒绝付款时,若托收指示书上无特别指示,银行没有作出拒绝证书的义务。

三、信用证

信用证是国际经济活动中最广泛使用的一种支付方式。汇付和托收都是建立在商业信用的基础之上的,风险的负担并不均衡,而信用证较好地解决了这一问题。信用证是以银行信用为基础,对进出口双方都具有安全保障的作用,在保证了进出口双方的货款和代表货物的单据不致落空的同时,又使双方在资金融通上获得便利,而参与信用证业务的有关银行也取得了实惠。因此,信用证对促进国际贸易的顺利发展及金融业务的扩大发挥了极为重要的作用。[3]

(一)信用证的概念

信用证(letter of credit,L/C),是指银行依开证申请人的请求,开给受益人的保证在一定条件下承担付款责任的书面凭证。

(二)信用证的当事人

1.开证申请人(applicant,opener),指向银行申请开立信用证的人,通常是国际贸易中的买方。

---

[3] 高倩倩、顾永才主编:《国际支付与结算》,首都经济贸易大学出版社2010年版,第135页。

2. 开证行(opening bank or issuing bank),指接受开证申请人的委托开出信用证的银行,一般是买方所在地的银行。

3. 通知行(advising bank or notifying bank),指接受开证行的委托,负责将信用证通知受益人的银行,一般为开证行的分行或代理行。

4. 受益人(beneficiary),指有权享有信用证上利益的人,一般是国际贸易中的卖方。

5. 付款行(paying bank),指信用证上指定的向受益人付款的银行,通常是开证行本身。

6. 议付行(negotiating bank),指愿意买入或贴现受益人按信用证开立的汇票的银行,可以是通知行或其他银行。

7. 保兑行(confirming bank),指依开证行的请求对信用证承担保证兑付责任的银行,通常为通知行或其他银行。

8. 偿付行(reimbursement bank),指开证行在信用证上委托的代开证行偿还议付行垫款的第三国银行。

(三)信用证当事人之间的关系

1. 开证申请人与受益人。国际贸易合同的买卖双方订立国际货物买卖合同,约定信用证付款方式,买卖双方虽然在信用证项下无直接关系,但是买方作为开证申请人要承担开立信用证的义务。

2. 开证行与开证申请人。开证行与开证申请人通过开证申请书建立委托代理合同关系。开证申请人在开证申请书中写明开证要求及各项条件,交纳开证押金或提供其他保证,缴纳开证费用,并在开证行付款后承担偿还其所付款项的义务。开证行根据开证申请书开立信用证后就承担了信用证项下的付款义务,并有权要求开证申请人偿还其所付款项。开证行与开证申请人的委托代理合同独立于作为基础合同的国际货物买卖合同。

3. 开证行与受益人。开证行与受益人之间的关系依开立信用证的种类的不同而有所差别。在可撤销的信用证项下,由于开证行可以不必通知或征得受益人的同意就可以修改或撤销信用证,开证行对受益人的付款承诺是没有拘束力的,所以二者之间并不存在对双方都有拘束力的合同关系。在不可撤销的信用证项下,开证行对受益人承担了不可撤销的允诺,所以二者之间存在对双方都有拘束力的合同,并且该合同是与开证申请人和受益人之间的买卖合同以及开证申请人与开证行之间的委托代理合同相独立的合同。

4. 通知行与开证行。开证行与通知行之间是委托代理关系。在实践中,通知行可能具有三重身份:一是仅仅转送信用证并通知受益人,此为通知行;二是在不可撤销信用证上加上保兑,此为保兑行;三是受开证行委托向受益人付款,此为议付行。因此,通知行作为开证行的代理人承担通知、保兑或议付货款的义务。

5. 通知行与受益人、开证申请人。由于通知行只是作为开证行的代理人行事,它与受益人和开证申请人之间均不存在直接的合同关系。

6. 开证行与付款行、承兑行、议付行。如果开证行指定或授权其他银行付款、承兑或议付,而其他银行接受,则形成合同关系。

(四)信用证的内容

1. 关于信用证本身的说明,包括信用证的种类、号码、开证日期、有效期限、信用证的金额(包括信用证应支付的最高金额)、信用证支付货物的币种、单据提交期限等内容;

2. 关于信用证当事人的说明,包括开证申请人、受益人、开证银行、通知行、议付行等;

3. 关于汇票的说明,该条款适用于使用汇票的信用证,内容包括汇票的当事人、金额、种类、份数、付款期限等;

4. 关于单据的说明,主要涉及单据的种类及份数,主要包括提单、保险单和商业发票,以及其他单据,如商品检验证明书、原产地证书等;

5. 关于运输的说明,主要规定启运地、目的地、装运期限及是否允许分批装运等内容;

此外,还可以依每笔交易的不同需要在信用证中进行特殊的规定(见图3-3)。

Name of Issuing Bank:	Documentary Credit Number
Place and Date of Issue:	Expiry Date and Place for Presentation of Documents
Applicant:	Expiry Date:
Advising Bank: Reference No.:	Place for Presentation:
Partial shipments □allowed □ not allowed	Beneficiary:
Transshipment □allowed □ not allowed	Amount:
□Insurance covered by buyers	
Shipment as defined in UCP600 From: For transportation to: Not later than:	Credit available with Nominated Bank: □by payment at sight □by deferred payment at: □by acceptance of drafts at: □by negotiation Against the documents detailed herein: □and Beneficiary's draft(s) drawn on:
Documents to be presented within □ days after the date of shipment but within the validity of the credit	

图3-3 国际商会《标准跟单信用证格式》

资料来源:高倩倩、顾永才主编:《国际支付与结算》,首都经济贸易大学出版社2010年版,第105页。

目前,许多国家使用 SWIFT 信用证。以 MT700 格式开出的信用证为例,说明信用证的内容[4]。

Application Header	700　UOVBPHMMA
	UNITED OVERSEAS BANK PHILIPPINES
	MANILA
	(MT700 格式　开证行:大华银行菲律宾分行 马尼拉)
Sequence of Total	27:1/1(信用证页数:全套1份)
Form of Doc. Credit	40:IRREVOCABLE(信用证类型:不可撤销)
Doc. Credit Number	20:18LC10/10359(信用证号码:18LC10/10359)
Date of Issue	31C:100315(开证日期:2010年3月15日)
Expiry	31D:Date100430 Place /CHINA
	(有效期 2010 年 4 月 30 日;有效地:中国)
Applicant	50:TBCD ELECTRONIC CO. LTD.
	N2036 FEATI CTREET PAMPANGA PHILIPPINES
	(开证申请人:TBCD ELECTRONIC CO. LTD.
	N2036 FEATI CTREET PAMPANGA PHILIPPINES)
Beneficiary	59:BEIJING LONGTAIDA CO. LTD
	NO. ××ZHONGGUANCUN SOUTH ROAD
	HAIDIAN DISTRICT BEIJING PRC
	(受益人:北京龙泰达公司 中国北京海淀区中关村南路××号)
Amount	32B:Currency USD Amount 36,432.30
	(信用证币种和金额:36,432.30 美元)
Available with/by	41D:ANY BANK PLC BY NEGOTIATION
	(此证为议付信用证)
Drafts at……	42C:SIGHT FOR 100 PERCENT INVOICE VALUE
	(汇票金额为 100% 发票金额)
Drawee	42A:UOVBPHMMA
	UNITED OVERSEAS BANK PHILIPPINES
	MANILA
	(汇票付款人:大华银行菲律宾分行——开证行)
Partial Shipments	43P:PERMITTED(分批装运:允许)
Transhipment	43T:PERMITTED(转运:允许)

---

[4]　陈岩、刘玲:《UCP600 与信用证精要》,对外经济贸易大学出版社 2007 年版,第 35 页;高倩倩、顾永才主编:《国际支付与结算》,首都经济贸易大学出版社 2010 年版,第 110~114 页。

Loading in Charge	44A：ANY PORT IN CHINA（装运港：中国任何港口）
Fort Transport to	44B：MANILA PHILIPPINES（卸货港：菲律宾马尼拉）
Latest Date of Ship.	44C：100412（最迟装运日期：2010年4月12日）
Descript. of Goods	45A：730 PCS. 60″ CRT
	AS PER PROFORMA INVOICE NO. P00601
	DATED FEB 29,2010
	P. S. C. C. ;776. 10. 00
	FOB DALIAN CHINA
	（货物描述：730件60″ CRT根据2010年2月28日号码为P00601的发票P. S. C. C. ;776. 10. 00 FOB中国大连）
Documents Required	46A：（所需单据）

1. FULL SET OF 3/3 CLEAN ON BOAED OCEAN BILL OF LADING ISSUED TO THE ORDER OF UNITED OVERSEAS BANK PHILIPPINES MARKED "FREIGHT COLLECT" NOTIFY APPLICANT.

（全套3/3清洁已装船提单，制作成以大华银行菲律宾银行为抬头，注明"运费待付"，通知开证申请人）

2. SIGNED COMMERCIAL INVOICE IN TRIPLICATE.

（经签署的商业发票3份）

3. PACKING LIST IN TRIPLICATE.（装箱单3份）

4. BENEFICIARY'S CERTIFICATE THAT ONE（1）SET OF NON – NEGOTIABLE SHIPPING DOCUMENTS HAVE BEEN FORWARDED DIRECTLY TO APPLICANT VIA COURIER WITHIN FIVE（5）WORKING DAYS AFTER SHIPMENT.

（受益人证明要说明全套——1套不可转让单据已在装运后5个工作日内以快递方式径寄开证申请人）

Additional Cond.	47A：（其他条款）

1. ALL COPIES OF SHIPPING DOCUMENTS SUCH AS BUT NOT LIMITED TO BILL OF LADING（B/L）, AIR WAYBILL（AWB）OR POATAL RECEIPT MUST LEGIBLY INDICATE THE L/C NUMBER PERTIANING TO THE SHIPMENT.

（全套单据，包括但不限于提单、空运单据或邮寄收据，必须显示与本次装运有关的信用证号码）

2. BILL OF LADING MUST SHOW ACTUAL PORT OF LADING AND DISCHARGE.

（提单必须显示实际装货港和卸货港）

3. IN CASE OF PRESENTATION OF DISCREPANT DOCUMENTS AND SUBJECT TO THE ISSUING BANK'S ACCEPANCE, A DISCREPANCY FEE OF USD40. 00 FOR ACCOUNT OF BENEFICAIRY SHALL BE LEVIED.

（若所提示的有不符点的单据被开证行接受，受益人要承担40美元的不符点费）

Details of Charges 47B: ALL BANK CHARGES OUTSIDE PHILIPPINES ARE FOR BENEFICAIRY'S ACCOUNT.
(费用细节:菲律宾以外的所有银行费用都由受益人承担)
Presentation Period 48: ALL DOCUMENTS SHOULD BE PRESENTED WITHIN 15 DAYS AFTER SHIPPING DATE.
(所有单据都必须在装运日后 15 天内提交)
Confirmation 49: WITHOUT(保兑要求:无)
Instructions 78:(指示)
1. UPON RECEIPT OF DOCUMENTS WITH ALL TERMS AND CONDITIONS COMPLIED WITH, WE WILL REMIT THE PROCEEDS TO THE NEGOTIATING BANK ACCORDING TO THEIR INSTRUCTIONS.
(一旦收到与信用证条款相符的单据,我们开证行将按照议付行的指示付款)
2. DOCUMENTS TO BE MAILED DIRECTLY TO UNITED OVERSEAS BANK PHILIPPINES, LOCATED AT 17th FLR, PACIFIC STAR BLDG, SEN GIL PUYAT AVE, COR, MAKATI AVE, MAKATI CITY, PHILIPPINES IN ONE(1) LOT VIA COURIER.
(单据直接一次性快递给大华银行菲律宾分行,地址为 17th FLR, PACIFIC STAR BLDG, SEN GIL PUYAT AVE, COR, MAKATI AVE, MAKATI CITY, PHILIPPINES)
3. REIMBURSEMENT, IF APPLICABLE, IS SUBJECT TO ICC URR 525.
(如有偿付,遵循《国际商会银行间偿付统一规则》)
4. THIS CREDIT IS SUBJECT TO ICC UCP600.
(本信用证遵循《国际商会跟单信用证统一规则》)
Send to Rec. Inf. 72: YOU MAY CONTACT BENEFICAIRY AT
TEL NO. 86 - 10 - ×××××××
FAX NO. 86 - 10 - ×××××××
(收报行信息:贵行可通过下列信息联系受益人,电话:86 - 10 - ×××××××;传真:86 - 10 - ×××××××)

(五)信用证的种类

1. 按照信用证是否可撤销,分为可撤销信用证和不可撤销信用证。

可撤销信用证(revocable L/C)指信用证在有效期内,开证行既不需要征得受益人的同意也不必事先通知受益人,就可随时修改或取消的信用证。可撤销信用证必须在信用证上明确注明本身为可以撤销的,一般信用证上没有注明是可撤销还是不可撤销的,都视为不可撤销的。

不可撤销信用证(irrevocable L/C)指在信用证有效期内,未经受益人及有关当事人的同意,开证行不能单方面修改或撤销的信用证。UCP500 允许开立可撤销信用证;但 UCP600 确定了信用证的不可撤销性,银行只能开立不可撤销信用证。

2. 按照是否需要开证行以外的另一家银行对受益人作出保证付款承诺,分为保兑信用证和不保兑信用证。

保兑信用证(confirmed L/C)指开证行开出的信用证又经另一家银行保证兑付的信用证。

不保兑的信用证(unconfirmed L/C)指未经另一银行加以保证兑付的信用证。

3. 按照信用证的付款方式不同,分为即期信用证和远期信用证。

即期信用证(sight L/C)指允许受益人开立即期汇票,银行见票即付的信用证。

远期信用证(usance L/C)指受益人仅可开立远期汇票,银行在汇票指定的付款到期日支付货款的信用证。

4. 按照受益人是否可以转让信用证上的权利,分为可转让信用证和不可转让信用证。

可转让信用证(transferable L/C)指受益人有权要求付款行、承兑行或议付行将信用证金额的部分或全部转让给第三人的信用证。

不可转让信用证(untransferable L/C)指受益人不能将信用证的权利转让给他人的信用证。

5. 按照信用证项下是否附随货运单据,分为跟单信用证和光票信用证。

跟单信用证(documentary L/C)指凭跟单汇票或只凭单据付款的信用证。

光票信用证(clean L/C)指凭不附单据的汇票付款的信用证。

6. 备用信用证(standby L/C),又称担保信用证、保证信用证或履约信用证,是一种特殊形式的光票信用证,是指在开证人不履行其义务时,由开证行保证付款的凭证。备用信用证的实质是银行担保,开证行保证在主债务人不履行其义务时,由该银行付款。与一般信用证相比,具有自己的特点:

(1)在受益人提供单证证明债务人没有履行基础交易中的义务时,开证行才支付信用证项下的款项;

(2)开证行并不希望按该信用证的规定对受益人开出的汇票及提供的单证付款;

(3)开证申请人和受益人既可以是卖方也可以是买方。[5]

备用信用证虽适用于 UCP600,也适用于《国际备用信用证惯例》(ISP98)。备用信用证主要适用于借款保证、投标保证、履约保证、赊购保证等。

7. 其他种类的信用证。

(1)循环信用证(revolving L/C)是指信用证经受益人全部或部分使用后,能

---

[5] 王传丽主编:《国际贸易法》,法律出版社 2012 年版,第 157~158 页。

够重新恢复至原金额继续使用,一直到规定次数或总金额达到为止。

(2)对背信用证(back to back L/C)是指中间商收到进口商开来的信用证后,要求原通知行或其他银行以原证为基础,另外开立一张内容近似的新证给另一受益人。

(3)对开信用证(reciprocal L/C)是指交易双方进行互有进出或互有关联的交易时,双方都对其进口部分要求银行向对方开立的信用证。

(六)信用证支付的一般程序(见图 3-4)

1. 买卖双方订立国际贸易合同,约定采用信用证方式支付。
2. 开证申请人(买方)向其所在地的银行(开证行)提出开证申请,并交纳一定的开证押金或提供其他保证,要求银行向受益人(卖方)开出信用证。
3. 开证行将信用证寄交受益人(卖方)所在地的通知行。
4. 通知行通知受益人(卖方)并将信用证交给受益人(卖方)。
5. 受益人(卖方)收到信用证后,按约定装运货物。
6. 受益人(卖方)从船公司手里取得货运单据,并开立跟单汇票,向议付行办理议付。
7. 议付行依信用证条款审核单据无误后,依汇票金额扣除利息,将货款垫付给受益人(卖方)。
8. 议付行将汇票和货运单据寄交开证行,向开证行索偿。
9. 开证行审核单据无误后,偿付给议付行。
10. 开证行通知开证申请人(买方)付款赎单,开证申请人(买方)付款后取得货运单据。
11. 开证申请人(买方)凭货运单据在目的港向船公司提货。

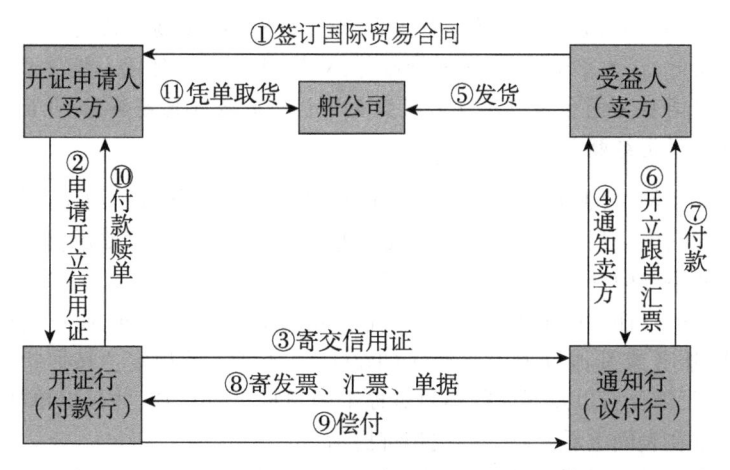

图 3-4 信用证支付的一般程序

（七）调整信用证关系的国际惯例

在国际贸易中,信用证当事人之间的权利义务关系主要由国际商会的《跟单信用证统一惯例》(UCP600)来调整,它适用于包括备用信用证在内的一切跟单信用证。为了明确信用证有关当事人的权利和义务,国际商会于1933年首次制定《商业跟单信用证统一惯例》(Uniform Customs and Practice for Commercial Documentary Credits),后经1951年、1962年(改名为《跟单信用证统一惯例》)、1974年、1983年、1993年多次修订,现行文本是2006年修订、2007年7月1日起施行的《跟单信用证统一惯例》,以国际商会第600号出版物的形式出版,简称UCP600。《跟单信用证统一惯例》是处理国际货款信用证支付的商业惯例,为世界各银行处理信用证业务所适用。

1. 信用证独立性原则。UCP600第4条a款规定,"就性质而言,信用证与可能作为其依据的销售合同或其他合同,是相互独立的交易。即使信用证中提及该合同,银行亦与该合同完全无关,且不受其约束。因此,一家银行作出兑付、议付或履行信用证项下其他义务的承诺,并不受申请人与开证行之间或与受益人之间在已有关系下产生的索偿或抗辩的制约。受益人在任何情况下,不得利用银行之间或申请人与开证行之间的契约关系"。因此,信用证独立于基础合同。虽然信用证是以买卖合同为根据的,但它与买卖合同完全无关,也不受其约束。银行在办理信用证业务时,没有审查买卖合同真实性的义务,只要卖方所提交的单据在表面上符合信用证的要求,银行就可以凭单付款。

例3-2 德国A公司与美国B公司签订了一份茶叶买卖合同。双方在合同中约定德国A公司须在6月内装船。合同采用信用证付款方式,但6月装船条件未记载在信用证上。后来德国A公司在8月2日装船,美国B公司认为其违约,要求解除合同并拒收货物。但是开证行审查单据时,认为单证、单据之间皆相符,对德国A公司付款。随后开证行要求美国B公司付款赎单。美国B公司认为原合同已经解除,开证行不应付款而拒绝赎单。

分析此案例,根据UCP600的规定,银行只受信用证条款的约束,而不受买卖双方的合同约束。只要卖方提交的单据与信用证相符,银行就要承担第一位的付款责任。此案例中开证行的行为是正确的。

2. 银行的责任。UCP600第5条规定:"银行处理的是单据,而不是单据所涉及的货物、服务或其他行为。"此外,UCP600第14条a款规定:"按照指定行事的被指定银行、保兑行以及开证行必须对提示的单据进行审核,并仅以单据为基础,以决定单据在表面上看来是否构成相符提示。"

银行审单时,必须坚持单证相符原则,即受益人提交的单据必须在表面上符合信用证条款。同时,还要坚持单单相符原则,单据之间也应相互一致,否则银行有权拒绝接受单据、付款、承兑或议付。如果开证行接受了不符的单据,开证申请人有权拒绝补偿开证行。此原则也同样适用于付款行、承兑行和议付行。如果付款行、承兑行和议付行也接受了不符的单据,则开证行有权拒绝偿付上述银行。

3. 单证严格相符标准。UCP600 第 14 条 d 款和 e 款规定:"单据中内容的描述不必与信用证、信用证对该项单据的描述以及国际标准银行实务完全一致,但不得与该项单据中的内容、其他规定的单据或信用证相冲突。除商业发票外,其他单据中的货物、服务或行为描述若须规定,可使用统称,但不得与信用证规定的描述相矛盾。"严格相符原则要求单据在表面上符合信用证的要求,但不要求绝对的字面相符。习惯上,允许有若干误差,如字母的大小写有误等,只要不与单据本身、其他单据以及信用证的内容相冲突。

4. 审单规则。

(1) 出单人的身份描述使用模糊用语。UCP600 第 3 条规定,诸如"第一流"(first class)、"著名"(well‐known)、"合格的"(qualified)、"独立的"(independent)、"正式的"(official)、"有资格的"(competent)、"当地的"(local)等用语用于描述单据出单人的身份时,单据的出单人可以是除受益人以外的任何人。也就是说,只要这些单据的出单人不是受益人,同时单据符合信用证的其他条款,银行就予以接受。

(2) 正本单据和副本单据的确认。UCP600 第 17 条规定,信用证中规定的各种单据必须至少提供一份正本。除非单据本身表明其不是正本,银行将视任何单据表面上具有单据出具人正本签字、标志、图章或标签的单据为正本单据。单据签字可以手签,也可以用打字、穿孔签字、盖章的方式。如果信用证要求提交副本单据,则提交正本单据或副本单据均可。如果信用证使用诸如"一式两份""两张""两份"等术语要求提交多份单据,则可以提交至少一份正本,其余份数以副本来满足。

(3) 单据出单人或单据内容未做规定。UCP600 第 14 条 f 款规定,如果信用证要求提示运输单据、保险单据和商业发票以外的单据,但未规定该单据由何人出具或单据的内容,如信用证对此未做规定,只要所提交单据的内容与所提交的其他单据不矛盾,银行将对提示的单据予以接受。

(4) 出单日期。UCP600 第 14 条 i 款规定,单据的出单日期可以早于信用证开立日期,但不得迟于信用证规定的提示日期。

5. 银行的免责。

(1) 银行对任何单据的形式、完整性、准确性、真实性、伪造或法律效力,以及对单据上所载的或附加的一般或特殊条件,概不负责。

(2) 银行对由于任何消息、信函或单据在传递过程中发生延误或遗失而引起的后果,或任何电讯在传递过程中发生延误、残缺或其他错误,概不负责。

(3)银行对由于天灾、暴动、骚乱、叛乱、战争或本身无法控制的其他原因或任何罢工或停工而中断营业所引起的后果,概不负责。

(4)银行不受买卖合同的约束或影响,不负责买卖合同的履行情况及买卖当事人的资信等。

(八)信用证欺诈的法律问题

基于信用证独立性原则,银行没有审查买卖合同以及单据合法性、真实性的义务,只要单证相符、单单相符,银行就要承担第一位的付款责任。这便给不法之徒提供了可乘之机,利用信用证进行诈骗。

1.信用证欺诈的主要表现形式。

(1)受益人伪造、变造单据或者以具有欺诈性陈述的单据欺骗开证行和开证申请人;

(2)开证申请人采用伪造或假冒信用证欺骗议付行或受益人;

(3)开证申请人与受益人相互勾结,虚构实际上并不存在的货物买卖合同关系,开立信用证并提交伪造的单据,骗取银行付款。

2.信用证欺诈例外原则。在肯定信用证独立原则的基础上,允许银行在存在欺诈的情况下有权拒付或承兑汇票,受欺诈的当事人可以请求银行不予付款承兑,或要求法院发出止付令禁止银行对信用证的付款或承兑。

四、国际保理

自20世纪60年代以来,国际保理作为一种新型国际贸易支付方式,获得了较大的发展。国际保理业务以其对于买卖双方提供全方位服务的特点而日渐为国际贸易领域所接受,甚至在欧美等发达国家已出现了逐渐取代信用证的趋势。

(一)国际保理的概念

国际保理,又称国际保付代理,指的是国际保理商与出口商通过国际保付代理合同约定,由出口商向国际保理商转让其与客户之间订立的货物或服务合同所产生的应收账款的权利和利益,由国际保理商提供的保理服务。

(二)国际保理的功能

国际保理的功能主要包括信用销售控制、账款回收、销售账户管理、贸易融资和坏账担保等。[6]

1.信用销售控制。保理商为降低风险,必须对进口商进行全面的调查,包括资信状况、清偿能力、经营作风等,以核定相应的信用销售额度。此外,保理商还需了解进口商所在国的外汇外贸政策、经济形势、政治稳定性等宏观环境因素。

---

[6] 高倩倩、顾永才主编:《国际支付与结算》,首都经济贸易大学出版社2010年版,第167~168页。

2.账款回收。保理商在账款回收方面拥有丰富的专业经验,熟悉各国有关的法律条款与司法程序,因而能提高账款回收的效率。

3.销售账户管理。出口商将应收账款转让给保理商后,有关账目的管理工作也移交给保理商。由于保理商一般都是商业银行或其附属机构,拥有银行在账务管理方面的各种有利条件,因此完全有能力向客户提供优良的账务管理服务。

4.贸易融资。当出口商将应收账款转让给保理商后,一般保理商会立即支付不超过应收账款80%的现款,使出口商迅速回收大部分货款,减少资金的积压。

5.坏账担保。在采用保理业务时,保理商根据对进口商资信调查的结果,规定了出口商向每个进口商赊销的额度,在额度内的应收账款成为已核准应收账款,超过额度的为未核准应收账款。保理商对已核准应收账款提供100%的坏账担保,而对未核准应收账款则不提供坏账担保。对于已核准应收账款,如果进口商因财务上无偿付能力或倒闭、破产等原因而导致不能履行付款责任时,保理商将承担风险。保理商对已经预付的款项不能要求出口商退款,尚未结清的余额也必须按约定支付。

(三)国际保理的当事人

1.出口商(exporter),即提供货物或劳务的当事人。

2.出口保理商(export factor),即与出口商签订保理协议,对出口商的应收账款做保理业务的当事人。

3.进口商(importer),即对提供货物或劳务所产生的应收账款负有付款责任的当事人。

4.进口保理商(import factor),即根据与出口保理商的协议,调查进口商的资信并提出信用额度,在额度内依照保理规则对已承担信用风险的受让应收账款有义务支付的当事人。

(四)国际保理当事人的法律关系

1.出口商与进口商。出口商与进口商签订国际货物销售合同或劳务合同,两者是基于合同关系的债权人和债务人。

2.出口商与出口保理商。出口商与出口保理商签订出口保理协议,这是国际保理交易中的主合同,该合同将其在国外的应收账款转让给出口保理商,出口保理商向其提供包括预付款融资在内的全部保理服务。

3.出口保理商与进口保理商。进出口保理商之间签订的相互保理协议,出口保理商委托进口保理商负责应收账款的回收并提供坏账担保,并将相关的应收账款再转让给进口保理商,进口保理商核准进口商的信用额度,在信用额度内提供坏账担保并回收应收账款。

4.进口保理商与出口商。进口保理商与出口商之间不存在直接的合同关系,进口保理商仅对出口保理商负责,出口保理商再对出口商负责。在行使追索权时,进口保理商也只能向出口保理商追索,再由出口保理商向出口商追索。

5.进口保理商与进口商。进口保理商与进口商是基于债权让与而形成的事实上的债权债务关系。

(五)保理的分类

1.根据保理商是否对出口商享有追索权,分为有追索权保理与无追索权保理。

有追索权保理指保理商凭债权转让向出口商融通资金后,如果买方拒绝付款或无力付款,保理商有权向出口商要求偿还资金,保理商具有全部追索权。此种保理因缺少信用担保功能,并非严格意义上的保理业务。

无追索权保理指保理商凭债权转让向出口商融通资金后,即放弃对出口商追索的权利,保理商独自承担买方拒绝付款或无力付款的风险,但无追索权只是指保理商在对债务人核准的信用额度内承担债务人的信用风险,对于超过信用额度的预付款,保理商仍享有追索权。

2.根据保理商的数量,分为单保理和双保理。

单保理指仅由进口保理商提供保理业务。

双保理是在出口国际保理业务中,保理商除在出口国开展出口贸易融资的同时,也在进口国使用代理保理商来协助其开展业务的模式。

(六)国际保理的运作流程(见图3-5)

1.出口商与出口保理商签订国际保理合同,提出对进口商的信用额度要求。

2.出口保理商将出口商对进口商的信用额度要求传递进口保理商。

3.进口保理商对进口商进行商业资信调查评估,并确定进口商的信用额度。

4.进口保理商将其核定的信用额度通知出口保理商。

5.出口保理商将核定的信用额度通知出口商。

6.出口商与进口商签订国际销售合同。

7.出口商装运货物并将货运单据寄进口商。

8.出口商将转让应收账款所有权的通知书递交给出口保理商。

9.出口保理商向出口商提供资金融通。

10.出口保理商将转让应收账款所有权的通知书递交给进口保理商。

11.进口保理商向进口商催收货款。

12.在货款到期日,进口商向进口保理商付款。

13.进口保理商通过银行将货款转付给出口保理商。

14.出口保理商扣除预付货款、佣金、银行转账及其他费用后,将余额款项付出口商。

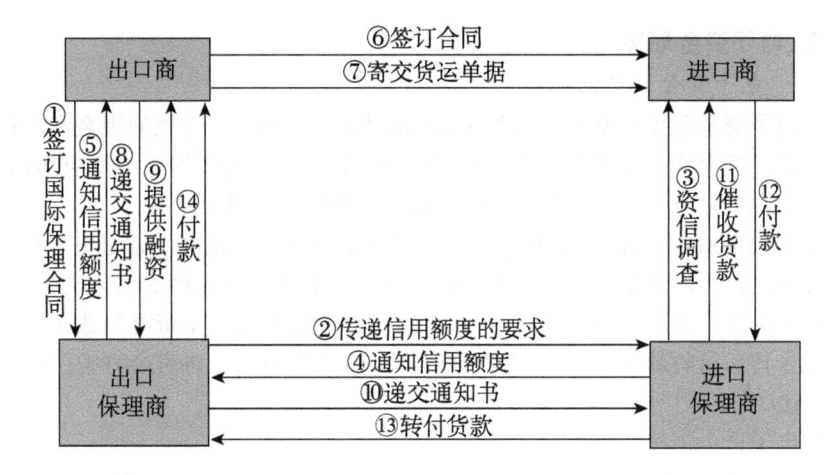

图 3-5 国际保理的运作流程

(七)调整国际保理的国际公约与国际惯例

为促进国际保理业务的发展,保持保理交易中不同当事人利益的均衡,国际统一私法协会制定了《国际保付代理公约》(The Convention on International Factoring),该公约于 1988 年 5 月在渥太华外交会议上正式通过,1995 年 5 月 1 日正式生效。公约全文共 4 章 23 条,适用于营业地位于不同缔约国的供应商和债务人(客户)之间由于货物销售合同或服务贸易合同项下的应收账款而签订的保付代理合同,也适用于受一缔约国法律管辖的此类合同。公约不具有强制效力,当事人可以排除公约的适用,但只能将公约作为一个整体排除适用。

此外,随着国际保理的发展,国际保理惯例初步形成,国际保理组织也相继建立并进行国际保理惯例的编纂。目前的国际保理组织主要有国际保理商联合会(FCI)、国际保理协会(IFG)等。其中 FCI 影响最大,由各国保理商组成。FCI 一直致力于国际保理惯例的编纂,并在 1988 年制定了《国际保理通则》(General Rules for International Factoring,GRIF),之后不断地进行修订。该守则侧重对出口保理商和进口保理商之间的权利义务作出规定,共 31 条。内容涉及信用风险的承担、付款责任、保理商的代理、保证及其他责任、应收账款转让的合法性、补偿、预付款、期限、保理中 EDI 标准的适用等。自颁布以来,该守则产生了广泛影响,不仅 FCI 成员选择适用它,许多非 FCI 成员的保理商也选择适用,贸易商在保理安排中也参照其规定。[7]

---

[7] 左海聪主编:《国际商法》,法律出版社 2013 年版,第 274~275 页。

五、电子资金划拨

(一)电子资金划拨的概述

1.电子资金划拨的概念。随着计算机技术的普遍发展,传统的现金和票据的支付方式已经无法适应电子化资金流的要求,于是电子资金划拨制度应运而生。电子资金划拨是电子商务的技术和网络在银行业广泛应用的结果。

电子资金划拨,又称电子资金转移,是指银行按照客户的指示通过电子商务的技术和网络进行的票据承兑和货币支付等方面的业务。在这种交易方式中,需要转移资金的客户先向银行发布支付命令,然后由银行通过电子资金划拨系统将客户的指令传送给收款银行,最后由收款银行按照收到的指令将资金划拨到收款人的账户上。

2.电子资金划拨的分类。

(1)根据发动程序的不同,电子资金划拨分为借记划拨和贷记划拨。

借记划拨是指由收款人(债权人)向银行发出支付令的电子资金划拨。

贷记划拨是指由付款人(债务人)向银行发出支付令的电子资金划拨。小额电子资金划拨可以是贷记划拨,也可以是借记划拨,而大额电子资金划拨均为贷记划拨。

(2)根据支付金额的大小,电子资金划拨分为小额电子资金划拨和大额电子资金划拨。

小额电子资金划拨主要是针对广大消费者个人的,通过自动柜员机(ATM)和销售终端设备(POS)等系统进行的电子资金划拨。小额电子资金划拨主要涉及金融机构和客户之间的关系,具有传统支付方式电子化的特征。1978年美国国会通过的《电子资金划拨法》(Electronic Fund Transfer Act,EFTA)是专门调整小额电子资金划拨的立法。

大额电子资金划拨主要是为货币、黄金、外汇、商品市场的经纪商、商业银行等提供服务的电子资金划拨。大额电子资金划拨不仅涉及金融机构和客户之间的关系,还包括金融机构之间的关系。目前,许多国家都建立了自己的电子资金划拨系统,如美国的美联储电划系统(Fed Wire)、纽约银行间电划清算系统(CHIPS)、英国伦敦银行自动收付系统(CHAPS)、瑞士银行间清算系统(SIC)等。此外,环球同业银行金融电讯协会还建立了环球同业银行金融电讯系统(SWIFT)。这些系统的建立,使整个交易在短短几分钟之内即可完成,并且交易各方不必实际提交书面提示或文件,只需通过计算机发布命令就可完成货币现金的转移。1989年美国在《统一商法典》第4编银行存款和收款中增设了4A编,专门对电子资金划拨问题作出了规定。这是世界上第一部调整大额电子资金划拨的立法。在借鉴美国《统一商法典》4A编的基础上,联合国国际贸易法委员会于1992年通过了《国际贷记划拨示范法》(UNCITRAL Model Law on International Credit Transfers),调整国际电子资金划拨的法律问题。

（二）大额电子资金划拨的当事人

由于大额电子资金划拨普遍应用于国际支付结算，因此本部分以大额电子资金划拨为主要内容展开。

1. 发端人，即向银行签发支付令的人。发端人通常是付款人，往往也是债务人，是电子资金划拨程序的发起人。

2. 发端人银行，即接收发端人止付令的银行。如果发端人不是银行，发端人银行是发端人支付令的接收银行；如果发端人是银行，发端人本身同时就是发端人银行。

3. 受益人，即发端人在支付令中指定的收款人。

4. 受益人银行，即支付令中指定的贷记受益人账户的银行。

5. 中间银行，作为传递支付令或结算中介的银行。中间银行一般是除发端人银行和受益人银行以外的任何接收银行。

（三）大额电子资金划拨的程序

1. 发端人与受益人签订合同，约定使用电子资金划拨方式支付。
2. 发端人向发端人银行签发支付令。
3. 发端人银行接收并接受支付令。
4. 发端人向发端人银行作出支付。
5. 发端人银行向中间银行签发支付令。
6. 中间银行接收并接受支付命令。
7. 发端人银行向中间银行作出支付。
8. 中间银行向受益人银行签发支付令。
9. 受益人银行接收并接受支付命令。
10. 中间银行向受益人银行作出支付。
11. 受益人银行向受益人作出支付。

（四）大额电子资金划拨当事人的权利和义务

美国《统一商法典》4A编和《国际贷记划拨示范法》均规定，当支付令被接受时，接收银行的种类不同，产生的权利义务也不同：

1. 受益人银行以外的接收银行接受支付令时，接收银行承担对发端人的义务；受益人银行接收支付令后，受益人银行承担对受益人的义务。

2. 接收银行接受支付令后，支付令的发端人的基本义务是向接收银行支付该命令的金额；接收银行的基本权利是要求发端人支付被接受的支付令的金额；发端人的权利是使其支付令在正确的时间按正确的金额向正确的地方得到执行。

3. 受益人银行以外的接收银行的义务是向中间银行或受益人银行签发一项自己的支付令以执行收到的支付令，受益人银行的义务是向受益人支付。对受益人银行与受益人来说,在接受了支付令以后,受益人银行有义务就支付令付款,而受益人有权利得到付款。[8]

(五)大额电子资金划拨的法律责任

大额电子资金划拨的法律风险一般有两种:欺诈和错误划拨,由此引发的法律责任也有所不同。

1. 欺诈的法律责任。欺诈是指第三人以银行客户的名义,向客户的银行签发一项支付令,指示从客户的账户划拨一定数额的款项到自己或同伙的银行账户。这就产生了两个问题,一是如何防止欺诈,二是在不能找到欺诈行为人时,损失由谁承担。为此,美国《统一商法典》4A编规定了安全程序,即要求接收银行与其客户就支付令的认证签订协议。对于未经授权的支付令所导致的损失,原则上应由银行承担。但是,如果接收银行与客户约定,以客户的名义签发给接收银行的支付令须经安全程序认证,而银行在接受支付令时尽了合理的注意义务,并且遵循了安全程序,则应由客户承担损失并就未授权的支付令向接收银行付款。[9]

2. 错误划拨的法律责任。

(1)支付令错误,即在支付令的内容上存在错误,或在支付令的传递中出现了差错,主要有支付令错误指定受益人、支付金额错误、支付令重复等情况。美国《统一商法典》4A编规定,除非发端人能够证明:他遵循了与接收银行间关于检测错误支付令的安全程序,且接收银行没有遵循安全程序。如果接收银行遵循了安全程序,错误本来能够检测出来。则因错误支付令导致的损失应由发端人承担。[10]

(2)电子资金划拨没有完成的情况下,发端人有权要求银行归还本金并支付利息,但除非发端人与接收银行有明示的书面协议,银行不对间接损失承担责任;在迟延执行、不适当执行的情况下,银行也不对间接损失承担责任。[11]

练习题

一、问答

1. 简述汇付的种类及特点。

---

[8] 韩立余主编:《国际经济法学原理与案例教程》,中国人民大学出版社2006年版,第232页。
[9] 韩立余主编:《国际经济法学原理与案例教程》,中国人民大学出版社2006年版,第232~233页。
[10] 韩立余主编:《国际经济法学原理与案例教程》,中国人民大学出版社2006年版,第233页。
[11] 韩立余主编:《国际经济法学原理与案例教程》,中国人民大学出版社2006年版,第233页。

2. 简述托收支付方式中各方当事人之间的关系。
3. 根据《托收统一规则》的规定,银行的免责事项有哪些?
4. 信用证的当事人有哪些?各自之间的关系如何?
5. 简述信用证独立性原则的内容。
6. 简述国际保理的种类。

二、案例分析

甲国 A 公司与乙国 B 公司签订服装合同。按照合同,甲国 A 公司以乙国 B 公司为受益人开出不可撤销跟单信用证,总金额为 300 万美元。双方在合同中约定:货物应由甲国 A 公司指定的检验机构进行检验并出具检验证书。合同签订后,甲国 A 公司开出了以乙国 B 公司为受益人的不可撤销跟单信用证。2014 年 5 月乙国 B 公司依照合同约定将货物装船,持提单及其他单证在银行议付了货款。货物到达目的港后,甲国 A 公司委托当地商检机构进行检验,发现该服装品质不符合合同要求。甲国 A 公司持商检证明要求银行自行追回货款,并声明拒绝向银行付款。

根据上述材料,请分析:
(1)此案当中,银行是否有义务自行追回货款?
(2)甲国 A 公司的拒付是否正确?
(3)对于甲国 A 公司的损失,有何种救济途径?
(4)从本案中,你得到了哪些启示?

———— 扩展阅读 ————

1. 高洁、史燕平:《国际结算》(第 4 版),中国人民大学出版社 2019 年版。
2. 高倩倩、顾永才主编:《国际支付与结算》,首都经济贸易大学出版社 2010 年版。
3. 卓乃坚:《国际贸易支付与结算及其单证实务》(第 3 版),东华大学出版社 2017 年版。
4. Caves, Richard E., Jeffrey A. Frankel, and Ronald W. Jones, *World Trade and Payments: An Introduction*, 10th ed., Pearson, 2005.
5. Grath, Anders, *International Trade Finance: The Complete Handbook on Risk Management, International Payments, Guarantees, Credit Insurance and Trade Finance*, Nordia Publishing Ltd., 2005.
6. Grath, Anders, *The Handbook of International Trade and Finance: The Complete Guide to Risk Management, International Payments and Currency Management, Bonds and Guarantees, Credit Insurance and Trade Finance*, 2nd ed, Kogan Page, 2011.
7. Haldane, Andrew, Stephen Millard, and Victoria Saporta, eds., *The Future of Payment Systems*, Routledge, 2014.

第四章　国际运输与保险法

国际货物买卖合同的履行通常都要涉及合同项下的货物在物理状态下的位移或法律状态下的流转,这就是货物的跨国运输问题;而对于在运输途中可能发生的、并且给运输中的货物造成损失的自然灾害、交通事故或者其他运输风险的防范或减损措施,又往往都是通过保险制度来实现的。可见,货物的运输与保险是国际贸易流程中不可或缺的组成部分和重要环节,而调整国际货物运输与保险关系的国际运输与保险法则是广义的国际贸易法的组成部分。

国际货物运输法是调整货物跨国运输的法律规范的总称,包括国际海上货物运输法、国际航空货物运输法、国际铁路货物运输法和国际货物多式联运法律制度。在学理上,国际货物运输保险法是调整跨国运输货物的保险关系的法律规范的总称。然而事实上,国际社会并没有统一的货物运输保险法。实践中,跨国运输货物的保险关系一般由各国的国内法或相关当事人订立的保险合同来加以调整。

第一节　国际海上货物运输法

由于海上货物运输的运输量大、适货性广泛、成本相对较低同时安全性较高,因此成为国际货物贸易最主要采用的运输方式。根据经营方式的不同,国际海上货物运输主要分为班轮运输和租船运输。

一、班轮运输

班轮运输(liner shipping)是指在固定的航线上,以固定的船期、固定的运费率、固定的挂靠港顺序将不同托运人的件杂货(general cargo)从一港运送至另一港的运输方式。由于班轮运输多以提单(bill of lading, B/L)作为运输合同的表现形式,因此班轮运输又被称为提单运输。值得注意的是,班轮运输的件杂货采用集装箱运输方式已经非常普遍,海运单(sea way bill)和电子提单(electronic bill of lading)作为件杂货运输合同的表现形式也已经开始在集装箱货物运输中应用。

(一)提单的定义及作用

根据《1978年联合国海上货物运输公约》[《汉堡规则》(Hamburg Rules)]第1条第7款规定,提单是指用于证明海上货物运输合同和货物已经由承运人接收或者装船,以及承运人保证据以交付货物的单证。《中华人民共和国海商法》(以下简称我国《海商法》)也有类似规定。根据这一定义,提单具有如下作用:

第一,提单是承运人与托运人之间订立海上货物运输合同的证明。在提单签发之前,托运人已经通过向承运人订舱的方式与承运人订立了海上货物运输合同。承运人签发提单时运输合同的订立过程早已完成,签发提单只是履行运输合同的一个环节,因此提单只是运输合同的证明。但是,当提单按照通常的流转程序转让给善意第三人后,提单就是提单持有人与承运人之间的运输合同,二者之间的权利义务关系应当以提单条款为准。

例4-1 阿登尼斯案(The Adenines)是一个关于提单是运输合同证明的典型案例。在该案中,"阿登尼斯"轮的代理对一批柑橘的托运人口头保证:该轮在西班牙的卡塔黑纳港装上这批柑橘后,将直接驶往英国伦敦,并约定赶在1947年12月1日,即这批货物的进口税提高以前到达。但船东却指示该轮先驶往比利时的安特卫普再转道伦敦,结果造成了航程的延误,12月5日才到达伦敦。货主向法院起诉后,船东提出抗辩,称这批货物所用的提单载明:承运人可以任意经过任何航线把货物直接或间接运至目的地。英国高等法院判决认为:承运人应依在提单签发之前的口头约定运输该批货物,因此,应赔偿货主的损失。其依据的理由是:提单并不是合同本身,合同在提单签发之前就已经存在了,后者只是由一方签发的、且是在货物装上船时才将其提交托运人的。[1] 该案第一次明确了提单是海上运输合同的证明,而不是运输合同本身。

第二,提单是承运人出具的证明其已经接收货物或货物已经装船的证明。提单是承运人根据运输合同的约定和托运人的要求签发的,表明承运人已经接收提单上所载的货物,或者已将该货物装于提单上载明的船舶。提单正面所载的许多内容,如标志、件数、数量或重量等,都属于收据性的内容,因此提单是承运人出具的正式收据。作为收据,提单在不同当事人手中,提单的证据效力是不同的。当提单在托运人手中时,它是证明承运人按照提单的上述记载收到货物的初步证据(prima facie evidence)。原则上承运人应当按照提单所载事项向收货人交货。但如果承运人能提出有效的证据,证明其所收到的货物与提单所载内容不符,就可以否定提单的证据效力。当提单被转让给善意第三人时,提单就成为证明承运人收到提单所载货物的绝对证据(conclusive evidence)。此时,即使承运人能够举证证明其所收到的货物与提单记载的内容不符,也不能推翻提单的记载,亦不得以此对抗善意的提单持有人。

例4-2 托运人将一批货物交给承运人,承运人于装船完毕后签发了没有任何不良批注的已装船提单。在船舶起航前的最后检查时,船长

---

[1] The "Ardennes" [1950] 84 Lloyd's Rep. 340.

发现货物存在破包情况，并且包内货物已经发生变质，于是要求托运人交还提单。双方因此发生争议，并诉至法院。托运人用承运人签发的提单证明其提交货物时货物完好，货损发生在承运人责任期间，承运人应承担责任。承运人于是请专门检验机构进行检验。该机构出具检验报告证明货物在装船前已经变质，原提单记载不属实。由于提单在托运人手中时只是承运人收到提单所载货物的初步证据，可以通过其他有效证据推翻，法院因此支持了承运人的主张。同例，如果承运人在目的港向提单持有人交货时才发现货物有问题，并通过上述方式证明货物在装船前已经变质，则不能以此对抗提单持有人。因为提单流转到善意持单人手中时，已经成为绝对证据，不能以反证推翻。

第三，提单是承运人保证据以交付货物的凭证。承运人应当按照提单所记载的货物状况在目的港将货物交付给正本提单持有人。承运人交付货物时，应当收回提单。如果承运人未凭借提单交付货物，则构成实践中所说的无单放货，应对持有正本提单并根据提单有权提取货物的人承担赔偿责任。

关于提单的作用，在英美的海商法著作和法院判例中普遍认为提单是"Document of Title"，并认为提单的这一作用是承运人凭借提单交付货物或者是提单持有人凭借提单提取货物的依据。根据《布莱克法律词典》的解释，"Document of Title"包括提单、仓单、交货单及其他书面凭证，它赋予了该书面凭证持有人以收取、占有或处置该单证及其上所载货物的权利。[2]

但是关于"Document of Title"的具体含义我国学界存在争议。我国海事司法界和理论界的主流说法是，提单是所载货物的物权凭证，甚至是所有权凭证。最通行的说法是"谁持有提单，谁就拥有提单项下的货物"；有的甚至将我国《海商法》第71条规定的"承运人保证据以交付货物的单证"解释成"提单是承运人据以向收货人交付货物的物权凭证""提单代表着提单项下货物的物权"。[3] 虽然我国海商法界对于"提单是物权凭证"的提法已经十分普及，但是这并不表明人们对此概念的完全认同，随着越来越多的学者对此进行深入研究，开始有学者认为"把提单说成是物权凭证缺乏法律规定，完全是一场历史的误会"。[4]

本书认为，提单应当具有物权性，是物权凭证。虽然提单的债权功能可以解释许多重要问题，特别是提单持有人可以凭借所持有的提单向承运人主张提货，这正是运输合同的目的所在。但是提单的债权性还是不能解决其他的一些问题，比如

---

[2] Bryan A. Garner ed., *Black's Law Dictionary*, 11th ed., Thomson Reuters, 2019, p.610.
[3] 傅旭梅主编：《中华人民共和国海商法诠释》，人民法院出版社1995年版，第142~143页。
[4] 李海：《关于"提单是物权凭证"的反思》，载司玉琢主编：《中国海商法年刊》（第7卷），大连海事大学出版社1996年版，第51页。

说银行为什么会用提单作为担保物,[5]也不能在无单放货的时候赋予提单持有人向实际提货人追偿的权利,[6]更不能使在途货物的转买方得到和实际货物同样或是相仿的权利。[7]但是,显然,提单的物权性已经不是我们在运输领域所要研究的重点了,因为提单的物权性主要是体现在买卖和支付环节中的提单的法律属性。

(二)提单的种类

1. 已装船提单和收货待运提单

按照货物是否已经装船,提单可以分为已装船提单(shipped B/L 或 on board B/L)和收货待运提单(received for shipment B/L)。已装船提单是在货物装船之后由承运人签发的提单。这种提单上注有船名,有的还有装船日期,表明货物已经在该日期装于该船舶之上。国际货物买卖合同和信用证一般都规定,卖方必须提供已装船提单。收货待运提单是承运人在接管托运人交付的货物但尚未装船时签发的提单,表明货物已经由承运人占有。这种提单之上没有船名和装船日期的记载。根据有关的贸易和金融惯例的规定,除非在集装箱运输情况下,国际货物买卖中的买方及银行一般都不接受这种提单。当货物装船后,托运人可以凭此提单向承运人换取已装船提单,或由承运人在收货待运提单上加注船名和装船日期,使之变为已装船提单。

2. 记名提单、不记名提单和指示提单

按照提单正面收货人一栏记载不同,提单可以分为记名提单(straight B/L)、不记名提单(bearer B/L)和指示提单(order B/L)。记名提单是指由托运人在提单正面收货人一栏注明特定收货人的提单。记名提单不能转让,承运人只能将货物交给记名的收货人。不记名提单又称空白提单或持票人提单,是指提单上收货人一栏内不具体填写收货人,通常只注明"持有人"(bearer)或"交与持有人"(to bearer)的字样,日后凭单提货的提单。这种提单无须背书转让,谁持有此种提单,

---

[5] 由于我国《民法典》第440条规定了七种权利质押的形式,其中包括提单,因此也有人主张信用证银行接收提单,就相当于接收了权利质押。但是,这种理解与国际上对银行持有提单时地位的理解并不相符。

[6] 有人认为提单持有人可以用"侵害债权"为由向实际提货的人主张侵权责任。"对于第三人侵害债权是否受侵权责任法调整,侵权责任法中没有规定。本次编纂民法典,对这个问题的争议仍然很大,没有形成共识,因此仍没有明确规定。对这个问题,我们认为,如果第三人侵害债权的行为足够恶劣,第三人有过错,能够构成相应侵权行为的,可以适用本编规定"。参见黄薇主编:《中华人民共和国民法典侵权责任编释义》,法律出版社2020年版,第3页。可见,第三人侵害债权的问题较为复杂,在实务中应适当将此作为例外规则,对于能够通过债务不履行规则解决的问题,应在准确界定相应法律关系的前提下,首先适用债务不履行的规则,避免将第三人侵害债权的规则泛化,冲击正常的交易秩序乃至社会秩序。那么,如果能用物权保护提单持有人,为什么还要用绕了好几个圈子且有严格适用条件的"侵害债权"呢?

[7] 郭瑜:《海商法的精神——中国的实践与理论》,北京大学出版社2005年版,第166页。

谁就可以向承运人要求提货。指示提单是指在提单上收货人一栏内载明"凭某人指示"(to order of …)或"凭指示"(to order)字样的提单,前者称为记名指示提单,后者称为不记名指示提单。指示提单可以背书转让,实现提单的流通,故在当今国际货物贸易中被广泛使用。

3. 清洁提单和不清洁提单

按照提单上是否有货物外表状况的批注,提单可以分为清洁提单(clean B/L)和不清洁提单(unclean B/L 或 foul B/L)。清洁提单是指提单上并无明显声称货物或包装状况有缺陷的条款或批注的提单,表明承运人在接收货物时货物外表状况良好。值得注意的是,货物外表状况良好并不排除货物内容存在凭目力或通常的方法不能发现的缺陷。不清洁提单是指提单上附有声称货物或包装状况有明显缺陷的条款或批注的提单。当承运人在货物装船时发现货物或其包装有明显缺陷时,通常在提单上加注诸如"包装箱损坏""渗漏""破包""锈蚀"等批注。根据《跟单信用证统一惯例》的规定,除非信用证明确规定可以接受者外,银行拒绝接受不清洁提单。此外,由于不清洁提单经常成为贸易合同的买方拒收货物和向卖方索赔的依据,因此也难以作为物权凭证而自由转让。

4. 直达提单、海上联运提单或转船提单和多式联运提单

按照运输方式不同,提单可以分为直达提单(direct B/L)、海上联运提单(ocean Through B/L)或转船提单(transshipment B/L)和多式联运提单(combined transport B/L 或 multimodal transport B/L)。直达提单是指货物自装货港装船后直达目的港,中途不需要转船的情况下签发的提单。海上联运提单是指货物自装货港装船后,不直接驶往目的港,而需要在中途换船,由其他承运人将货物运至目的港的提单。转船提单是指允许货物中途换船的提单。海上联运提单和转船提单虽然在签发的原因上不同,但本质上并无不同,均是船公司或其代理人签发并承担全程责任的提单。在航运实践中,这两个术语经常通用。多式联运提单是指多式联运经营人将货物以包括海上运输在内的两种或多种运输方式,从一地运至另一地而签发的提单。这种提单多用于国际集装箱货物的运输,多式联运经营人应对不同运输方式的全程承担责任。

5. 运费预付提单和运费到付提单

按照运费支付时间的不同,提单可以分为运费预付提单(freight prepaid B/L)和运费到付提单(freight payable at destination B/L)。运费预付提单是指托运人在装货港提交货物时即支付运费的提单,承运人在提单中载明"运费付讫",在 CIF 和 CFR 合同中要求运费预付提单。运费到付提单是指货物到达目的港后由托运人或收货人支付运费的提单,提单上载明"运费到付"。

6. 倒签提单和预借提单

在国际航运实践中,根据航运惯做法或商业运作的需要,还经常出现一些特

殊提单或对提单的特殊操作,其中最为典型的就是倒签提单(anti-dated B/L)和预借提单(advanced B/L)。倒签提单是指承运人在货物装船后签发的一种早于货物实际装船日期的已装船提单。承运人签发这种提单主要是应托运人的请求,以使提单所载装船日期符合信用证规定的装运日期,使其能达到顺利结汇的目的。预借提单是指承运人在货物尚未装船或尚未装船完毕,或货物仅被承运人接管的情况下签发的已装船提单。签发这两种提单的风险很大。一方面,这两种提单含有虚假的记载和陈述,违反了提单公约和各国海商法的相关规定,因而导致提单证据效力的瑕疵;另一方面,这两种提单通常会威胁到善意的第三方的利益,一旦发生纠纷,承运人和托运人将会以合谋欺诈行为受到制裁。

例4-3 "新发"轮案就是一起典型的预借提单纠纷案。1993年5月8日,中国广澳开发总公司(本案原告)(以下简称中国广澳公司)与印度尼西亚茂林合板厂有限公司(本案被告)(以下简称印度尼西亚茂林公司)签订购销合同。合同约定印度尼西亚茂林公司向中国广澳公司提供胶合板6000立方米,价格条件为CIF中国汕头,总价2,266,000美元。后印度尼西亚茂林公司没有按时交货装船。新加坡联发船务公司(本案被告)在货物尚未开始装船的情况下就签发了已装船提单,构成预借提单。中国广澳公司收货后不能履行内贸合同,随后向海事法院起诉,理由是印度尼西亚茂林公司和新加坡联发船务公司共同侵犯了中国广澳公司的利益。海事法院判决认定,印度尼西亚茂林公司与新加坡联发船务公司的行为属于共同侵权行为,对中国广澳公司负连带赔偿责任。[8]

(三)提单的签发

1. 提单签发的含义和签发人

提单的签发不同于一般合同的签署,只须由一方当事人签字即可生效。此种在提单上单方面签字并出具给托运人的行为,即为提单的签发。提单经签发后即对托运人、收货人、提单持有人具有约束力。有权签发提单的人,即提单签发人,一般包括承运人、承运人的代理人和船长。根据航运习惯,船长是承运人的"法定代理人",[9]无须承运人的特别授权便可签发提单,但承运人的其他代理人必须经过承运人的特别授权,否则签发的提单无效。

2. 提单签发的依据和签单责任

在航运实践中,承运人可以签发已装船提单,也可以签发收货待运提单,但两

---

[8] 金正佳主编:《中国典型海事案例》,法律出版社1998年版,第407页。转引自韦经建、王彦志主编:《国际经济法案例教程》(第二版),科学出版社2011年版,第63~64页。

[9] 我国《海商法》第72条第2款规定:"……提单由载货船舶的船长签发的,视为代表承运人签发。"可见,船长签发提单的权利由法律所赋予。

种提单签发所依据的单证的类型和签单责任的大小有所不同。

(1)已装船提单的签单责任。已装船提单是承运人将货物装船或接管已装船货物的收货凭证,提单上的记载是承运人接管已装船货物的初步证据,应当依据能够客观反映货物装船状况的大副收据及其他有关单证签发,如大副收据上有批注的,则应如实转批在提单上,因而提单签发人必须基于诚实信用原则对于已装船提单承担严格的签单责任。

(2)收货待运提单的签单责任。收货待运提单是承运人在接收货物的地点接管待运货物的收货凭证,提单上的记载是承运人收到待运货物的初步证据,通常仅依据仓单等即可签发,因而提单签发人对于收货待运提单的签单责任不及于货物装船时表面状况的记载,仅须承担相对的签单责任。[10]

3. 提单签发的地点和日期

凡是已装船提单的签发地点应当是货物的装船港,签发的日期应当是货物实际装船完毕的日期,并且与大副收据的日期一致;收货待运提单的签发地点可以是承运人的货仓或其接管货物的地点,签发日期应当是承运人接管货物的日期。

4. 提单签发的份数

提单分为正本和副本两种。正本提单通常是一式若干份,主要是为了防止提单的遗失、被窃或延迟到达。由于正本提单具有物权凭证的效力,可以流通和转让,为防止他人利用多份正本提单进行贸易诈骗,承运人通常要求货方在目的港出示全套正本提单提取货物,或者在正本提单上注明:"承运人或其代理人已签署本提单一式×份,其中一份经完成提货手续后,其余各份失效。"据此,一经收货人在目的港向承运人出示一份正本提单并提走货物,其余各份正本提单便失去效力。承运人只能在目的港向持有正本提单的人交付货物。如果承运人在目的港以外的地方或向其他人交付货物,则应向正本提单持有人承担错误交货的责任。副本提单的份数可以视需要而签发。副本提单没有运输单证的法律效力,不能据以提货或转让,但也是装运港、中转港以及目的港的代理人和载货船舶不可缺少的补充货运文件。正本提单一般注有"正本"(original)字样,副本提单一般注有"副本"(copy)"不能流通"(non‐negotiable)字样,而且一般没有背面条款。

(四)提单的内容

1. 提单的正面记载事项

提单的正面记载事项通常包括:船名、船籍、船舶航次;承运人的名称和主营业所、托运人和收货人的名称;装货港和接收货物的日期、卸货港;货物品名、标志、包数或件数、重量或体积、危险货物的说明;货物表面状况的记载和批注;运费及其支付方式;签发日期、地点、份数及签名等内容。

---

[10] 韦经建、刘世元、车丕照主编:《国际经济法概论》,吉林大学出版社2002年版,第186页。

2. 提单的背面条款

提单背面条款是由各班轮公司自行制定的,规定了承运人、托运人和持单人之间的权利义务关系。虽然没有统一的模式,但通常都包括如下条款:

(1)首要条款(paramount clause)。该条款是规定提单适用何种法律的条款,通常以某公约或国内法的具体规定为准(即作为准据法)。例如,首要条款规定适用《海牙规则》或《维斯比规则》,或者采纳上述规则的国内法。

(2)管辖权条款(jurisdiction clause)。该条款是规定在何地和通过何种方式解决提单项下争议的条款。每个船公司的提单都有这种规定,其目的是保护本国承运人的利益,因此船公司往往在管辖权条款中规定在承运人的主营业地通过诉讼方式解决争议。例如,中国远洋海运集团有限公司提单规定:"除下文第 27(2)条规定的情况外,所有针对承运人的索赔必须在中华人民共和国上海海事法院单独提起并审理。"

(3)承运人责任条款(carrier's responsibility)。该条款是指承运人在海上货物运输中应承担的责任和免责规定,属于提单的主要条款之一。

(4)责任期间条款(period of responsibility)。该条款是指承运人按照法律或合同规定,对货物的灭失或损坏负赔偿责任的期间。

(5)装货、卸货和交付条款(loading, discharging and delivery clause)。该条款是关于托运人在装货港提供货物和收货人在卸货港提取货物的规定。一般规定托运人或收货人应以船舶所能装卸的速度尽快昼夜不间断地提供或提取货物,并应对违反这一规定所引起的包括滞期费在内的损失承担赔偿责任。

(6)赔偿责任限制条款(package limitation)。该条款是规定承运人对货物的灭失或损坏承担赔偿责任的最高限额。如果提单的首要条款中已规定适用某国际公约或国内法的,应按该公约或国内法确定承运人的赔偿限额。

(7)运费和费用条款(freight and other charges clause)。该条款是关于货方支付运费和有关费用的规定。通常规定货方应按提单正面记载的金额、支付方式、货币名称支付运费,并支付提单正面记载的,以及货物装船后至交货期间发生的,并应由货方承担的其他费用,包括与货物有关的各种税款。

(8)留置权条款(lien)。该条款通常规定承运人有权在因货方未付清运费、亏舱费、滞期费和其他应付费用或者未支付共同海损的分摊时留置货物或运输单证。当留置货物或单证达到法律规定的期限而货方仍未支付上述费用的,承运人有权出售或处分被留置的货物或单证。

(9)活动物和甲板货条款(live animal and deck cargo)。提单条款通常规定承运人对于甲板货和活动物的装卸、保管和运输不承担责任,此项责任和风险由货方承担。

(10)集装箱货物条款(cargo in container)。由于集装箱运输在现代海运中大量使用，因此提单大多载有集装箱货物条款。该条款规定货物可以由承运人装箱，也可以由其代理人或托运人装箱。托运人自行装箱时，由于其装箱行为不当，或者不适宜集装箱装运的货物而引起的损失，托运人自己承担责任。承运人在装运时，可以将集装箱装于甲板上。

（11）共同海损条款（general average clause）。该条款一般规定在何地按照什么规则理算航程中发生的共同海损。国际上主要按照《约克—安特卫普规则》进行理算。

（五）调整班轮运输的国际公约

《海牙规则》《维斯比规则》《汉堡规则》《鹿特丹规则》是目前调整海上班轮运输的主要的国际公约，对这几个公约进行比较研究，有助于我们准确把握国际航运规范，更好地参与国际航运市场的竞争。中国没有加入以上任何一个国际公约，但是我国《海商法》第四章"海上货物运输合同"就主要借鉴了《海牙规则》和《维斯比规则》，并适当参照了《汉堡规则》的相关规定。另外，中国代表团全程参加了《鹿特丹规则》的制定过程，提案数量在所有国家中位居第三位，[11]并且中国代表团的一些提案被公约所采纳。因此，对这几个国际公约进行比较研究，也有助于我们在实践中更好地理解和适用我国《海商法》，进而为完善我国国内立法服务。

1.《海牙规则》（Hague Rules）

《海牙规则》于1924年8月25日在布鲁塞尔外交会议上通过，全称是《1924年统一提单的若干法律规则的国际公约》（International Convention for the Unification of Certain Rules of Law Relating to Bill of Lading，1924）。《海牙规则》共有16条，其中第1—10条是实质性条款，规定了承运人的最低限度的义务、最大限度的权利及诉讼时效等问题；第11—16条是有关公约的批准、加入和修改的程序性条款。《海牙规则》于1931年6月2日生效，截至2023年年底，已有76个国家和地区加入《海牙规则》。[12]该公约采纳美国1893年《哈特法》的基本原则，限制承运人因滥用合同自由权利而在提单中订入大量免责条款，是在海上货物运输领域目前影响范围最广的国际公约。

中国尽管没有参加《海牙规则》，但我国《海商法》关于承运人的责任和免责的规定基本全部参照《海牙规则》相关的内容制定。

《海牙规则》的主要规定如下：

（1）承运人最低限度的责任。《海牙规则》第3条规定了承运人必须履行的最低限度责任。第一，承运人的适航义务。其具体含义为：承运人须在开航前和开航时恪尽职责，使船舶适于航行；适当地配备船员、装备船舶和供应船舶；使货舱、冷

---

[11] 凯特·兰纳：《〈鹿特丹规则〉的构建》，载《中国海商法年刊》2009年第4期。

[12] See *CMI Yearbook* 2023，http：//www.comitemaritime.org，last visited on 10 September 2024.

藏舱、冷气舱和该船其他载货部分能适宜和安全地接受、运送和保管货物。第二，承运人的管货义务。承运人应适当和谨慎地装载、搬运、积载、运输、保管、照料和卸载所运货物。关于承运人最低限度责任的规定，是《海牙规则》规定的强制性义务，承运人不得通过运输合同和提单条款加以减损，但可以增加。

(2) 承运人的免责条款。《海牙规则》第 4 条第 2 款规定了承运人对于 17 项原因引起的货物的灭失和损坏不承担责任，即承运人的免责条款。其中又分为两类性质不同的免责事项，即过失免责和无过失免责。

过失免责事项包括以下两项：船长、船员、引航员或承运人的受雇人在驾驶或管理船舶中的行为疏忽或不履行义务以及火灾，即航海过失免责及火灾免责。这是《海牙规则》体系下承运人"不完全过错责任制"的核心规定。这里需要注意的是，由于承运人"实际过失或者私谋"造成的火灾，承运人不能免责。如何理解"实际过失或者私谋"？"实际过失"是指承运人本身真实存在的过失；"私谋"是指承运人亲自参与某种行为，知情而不采取适当措施予以防范。因此，承运人"实际过失或者私谋"是指承运人本人有过错。《海牙规则》关于承运人过失免责事项的规定明显偏袒船方利益，致使货方的权益不能得到充分保障，而且又与各大法系普遍承认的民事过失责任原则根本抵触，但是在当时的形势下，出于鼓励海上运输和促进国际贸易的考虑，也有其存在的合理性。

例 4-4 "Canadian Highlander" 轮案[13]是关于承运人航海过失免责的典型案例。本案货方在 1925 年 2 月 6 日将 5808 箱铁皮装上承运人的"Canadian Highlander"轮，从英国斯温西港驶往加拿大温哥华。途径利物浦时在大雨中卸下木材又装运了新货物。随后该船又撞击了德国不伦瑞克码头，致使装铁皮的货舱受损，需要进行修理。修理中，由于船员和修理人员的疏忽没能用防水帆布罩盖紧货舱，使雨水注入货舱。该轮到达温哥华时，货物已经因淡水侵蚀损失严重。货方起诉船方要求其承担由于疏忽没有照管货物而致货损的责任，而船方则援引航海过失免责进行抗辩。本案经过三审，法院最终判决船方败诉。理由是：第一，因为修理过程涉及的人员复杂，不仅包括船员，还包括码头工人、修理人员和其他人，不能简单援引航海过失免责条款；第二，防水舱布是否盖紧不会影响船舶的安全，也不影响船舶的正常运行，不应被认为是船舶管理过程中造成的货损，而本案中的船员没有能够做到谨慎地管理货物，因此应承担货损责任，不能免责。

---

[13] The "Canadian Highlander" [1928] 32 Lloyd's Rep. 91.

例 4-5 "Maruienne"轮案[14]是关于火灾免责与适航责任的案例。"Maruienne"轮在装货期间，船员依船长的命令用吹管烘烤融化水管中的冻冰，结果引起火灾，不得不将船舶凿沉使货物严重受损。法院认为承运人在该船起火这一点上并无过失，但所有的救火设备及其控制系统均安装在机舱内，起火后无法使用，造成货损，这实际上是船舶在设计上存在问题，对此承运人是有过失的。因此法院最后判定，在该案中，承运人没有"谨慎处理"在开航前和开航时使船舶适航，因此，不能援引《海牙规则》火灾免责。

无过失免责包括如下事项：海难、天灾、公敌行为、战争行为；君主或人民的扣押和依法扣押；检疫限制；货方的行为或不行为；暴动、变乱或罢工；救助或企图救助海上人命；货物的固有缺陷、包装不良、标志不清或不当；承运人虽谨慎处理仍不能发现的潜在缺陷以及承运人没有过失或私谋的任何其他原因等。《海牙规则》关于无过失免责的规定与各大法系关于合同法、侵权法和运输法的传统法律原则十分接近。

(3) 承运人的责任期间。《海牙规则》第1条第5项规定："'货物运输'是指自货物装上船时起至卸下船时止的一段时间。"该款所指的"一段时间"，即为承运人对于货物运输的责任期间，起止点为货物装上船至卸下船，即"装到卸"原则，不包括装货前和卸货后的时间。但是在航运实践中，承运人责任期间的开始和终止，通常要根据航运或港口惯例区分不同的装卸方式而定：如果使用船上的吊杆装卸货物时，承运人的责任期间从装货港货物被吊钩挂起时开始至货物在卸货港被卸下吊钩时为止，即"钩至钩"责任期间；如果使用岸上的吊杆装卸货物时，承运人的责任期间从装货港货物越过船舷时开始至卸货港货物越过船舷时为止，即"舷至舷"责任期间。

(4) 承运人的赔偿责任限制。承运人的赔偿责任限制是指对承运人不能免责的原因造成的货物灭失或损坏，将其赔偿责任在数额上限制在一定的范围内，其实质是承运人赔偿责任的部分免除。《海牙规则》第4条第5款规定："不论承运人或船舶，在任何情况下，对货物或与货物有关的灭失或损害，每件或每单位超过100英镑或者与其等值的其他货币的部分，概不负责；但托运人于装货前已就该货物的性质和价值提出声明，并已在提单注明的，不在此限。"

(5) 托运人的义务和责任。《海牙规则》第3条第5款规定，托运人应保证其在货物装船前，向承运人书面提供的货物标志、件数、数量和重量的正确性。托运人应对由于这些资料的不正确而给承运人造成的损失，承担赔偿责任，即托运人的

---

[14] Marxine Footwear Co. Ltd. v. Canadian Government Merchant Marine, Ltd. [1959] 2 Lloyd's List L. R. 105.

保证义务。《海牙规则》第 4 条第 6 款规定，如果托运人未经承运人同意而装运属于易燃、易爆或者其他具有危险性质的货物，应对因此直接或间接引起的损失和费用负责，即托运人负有不得擅自装运危险品的义务。

（6）货物索赔通知和诉讼时效。《海牙规则》第 3 条第 6 款规定，如果货物在卸货港移交其掌管时，货物存在明显的灭失或损坏，收货人应在此之前或者当时，将货物的灭失或损坏的一般情况，用书面形式通知承运人或者其代理人；如果损坏不明显，则应在 3 天之内提交这种通知。否则，视为承运人已按提单记载情况交付货物的初步证据。但是，如果承运人在交付货物时，双方已就货物的灭失或损坏进行了联合检查或检验，则收货人无须提交这种通知。

根据《海牙规则》第 3 条第 6 款的规定，货方向承运人提起索赔的诉讼时效为 1 年，自货物交付之日起计算，但如果货物全部灭失的，则按照货物应当交付之日起计算。

（7）《海牙规则》的适用范围。《海牙规则》第 10 条规定："本公约各项规定，适用于在任何缔约国所签发的一切提单。"事实上，《海牙规则》的适用范围已经远远超过上述规定，许多在非缔约国签发的提单，其中也含有选择适用《海牙规则》的法律适用条款（即首要条款）。显然，《海牙规则》被国际航运界超范围地选择适用，这并非是根据国际条约法的原则和规则，而是基于国际私法、海商法和商事仲裁法的有关原则和规则形成的实践。

2.《维斯比规则》（Visby Rules）

在《海牙规则》制定以后的半个多世纪，由于它成功地获得了大多数国家的承认，并相继制定出台了国内法，使得海上货物运输法律从无到有进入了一个相对稳定期。然而随着国际政治、经济形势发生了巨大变化，《海牙规则》在某些方面已经显得不合时宜，并且有关判例不断涌现，人们发现船货双方的利益失去了平衡，具体表现为：《海牙规则》比较偏重于承运人的利益，赔偿责任限额太低，缺少对集装箱运输的规制，海运技术的发展使得承运人驾驶和管理船舶的过失免责遭受诟病，适用范围有限，承运人的代理人、受雇人的法律地位和提单善意受让人法律地位不明。针对这一问题，国际航运界与贸易界启动了对《海牙规则》的修改程序。经过近十年的努力，于 1968 年 2 月 23 日在布鲁塞尔通过了《关于修改统一提单若干法律规则的国际公约的议定书》（Protocol to Amend the International Convention for the Unification of Certain Rules of Law Relating to Bill of Lading），简称《维斯比规则》，1977 年 6 月 23 日生效。截至 2023 年年底，已有 31 个国家和地区加入《维斯比规则》。[15]

中国没有参加《维斯比规则》，但我国《海商法》中有关提单的证据效力、非合

---

[15] See CMI Yearbook 2023, http://www.comitemaritime.org, last visited on 10 September 2024.

同之诉、承运人的受雇人或代理人的法律地位和诉讼时效的规定，都是以《维斯比规则》的内容为基础作出的。

《维斯比规则》对《海牙规则》的修改，主要体现在如下几个方面：

（1）承运人的责任限制。《维斯比规则》第 2 条将《海牙规则》规定的承运人赔偿责任限额进行了如下修改：第一，将赔偿责任限额从每件或每单位 100 英镑提高到每件或每单位 10,000 金法郎[16]，或者以货物毛重计算，为每公斤 30 金法郎，二者以高者为准。第二，规定了用集装箱或托盘装运的货物在计算赔偿责任限额时的具体计算标准。该条规定，当货物以集装箱、货盘或类似的工具集装时，如提单载明装在这种运输工具中货物件数或单位数时，则承运人责任限额按照此件数或单位数予以确定。否则，这种运输工具视为一件或者一个单位，而不论其内实际装有货物的件数或单位数。第三，对于承运人因故意或者明知可能造成损失而轻率的作为或不作为造成的货物灭失或损害，承运人不得享有责任限制的权利。

（2）提单的证据效力。根据《海牙规则》第 3 条第 4 款，载有货物主标志、件数、数量或者重量以及货物外表状态的提单，作为承运人已收到其上所载货物的初步证据。《维斯比规则》第 1 条进一步规定，当提单转让至善意的第三人（收货人或提单持有人）时，提单的记载即成为承运人船舶所载的货物的最终证据，承运人提出的与提单记载不符的任何相反证据均不能接受。

（3）非合同之诉的规定。《维斯比规则》第 3 条规定，《海牙规则》规定的抗辩和责任限制，应适用于就运输合同所载货物的灭失或损坏，对承运人提起的任何诉讼，而不论该诉讼是以合同为依据，还是以侵权为依据。这一规定的目的是防止受害人以侵权行为提出诉讼，从而排除《海牙规则》有关承运人免责或者责任限制规定的适用。

（4）承运人受雇人或代理人的法律地位。承运人的受雇人或代理人不是运输合同的当事方，但是《维斯比规则》规定，如果赔偿诉讼是对承运人的受雇人或代理人提出的，则该受雇人或代理人有权援引《海牙规则》中承运人的各项抗辩或者责任限制的规定。这一规定实质上是认可了"喜马拉雅条款"的法律效力。

例 4 – 6 "阿德勒诉狄克逊"案[17]是"喜马拉雅条款"的由来。该案中，"喜马拉雅"轮在挂靠比利时安特卫普港时，由于舷梯未放好，致使乘客 Adler 夫人在上船时滑倒受伤。事后 Adler 夫人向该轮船所属的船公司提出索赔，但船公司认为，船票上已经载明了船公司对乘客跌倒受伤

---

[16] 一个金法郎是指含有纯度为千分之九百的黄金 65.5 毫克的单位。10,000 金法郎当时约合 431 英镑，从而基本上解决了通货膨胀的影响。

[17] Adler v. Dickson (1955) 1 QB 158. 转引自张丽英：《海商法：原理·规则·案例》，清华大学出版社 2006 年版，第 49~51 页。

不负责任的条款,因此应当免责。于是 Adler 夫人转而以侵权行为控告该船船长 Dickson 和水手长,英国上诉法院判原告胜诉。法院认为,旅客运输与货物运输都承认承运人免责条款的效力,而本案客票上的免责条款,没有包括船长及水手长,因此他们无权援引该免责条款,Adler 夫人应得到全部损害赔偿。该案判决后,船公司纷纷在提单或者客票上订入"喜马拉雅条款",规定承运人的受雇人或代理人可以援引承运人的免责或责任限制。

(5)诉讼时效。《维斯比规则》规定货物灭失或损坏索赔的诉讼时效期间为 1 年。诉讼提出后,如果经当事人同意,可以延长该期限。该规则还规定,即使 1 年期限届满后,如果受理该案的法院的国家法律准许,仍可以对第三者提出索赔诉讼,准许的时间不得少于 3 个月,自提出这种索赔诉讼的人已经解决对其本人提出的索赔案件或者从向其本人送达起诉状之日起计算。这种规定是保护承运人赔偿了收货人后,向第三人追偿的权利。

(6)适用范围。《维斯比规则》第 5 条在《海牙规则》的基础上,扩大其适用范围至有关国际海上货物运输的货物是在缔约国起运的条件下签发的提单,以及受到适用《海牙规则》的国内法约束的,或者受到赋予《海牙规则》以法律效力的国内法约束的提单。

3.《汉堡规则》(Hamburg Rules)

《维斯比规则》表面上平衡了船货双方的利益,但缺乏实质性保护货主利益的规定。特别是原来准备修改的承运人免责范围问题,《维斯比规则》仍然未做任何改动,所以与《海牙规则》合称为"海牙-维斯比体系"。许多非航运发达的发展中国家以及代表货主利益的发达国家,如美国、法国、加拿大、澳大利亚等国,强烈要求对《维斯比规则》作全面、实质性的修改。[18] 而且,发展中国家并不认同只修改《维斯比规则》的部分章节,而主张彻底抛弃它,另外订立更为理想的、能代表第三世界发展中国家意愿的国际海上运输法。第三世界的斗争最终以《汉堡规则》的通过取得了胜利。1978 年 3 月 31 日,联合国在汉堡召开的海上货物运输会议上正式通过了《联合国海上货物运输公约》(United Nations Convention on the Carriage of Goods by Sea,1978),简称《汉堡规则》。《汉堡规则》于 1992 年 11 月 1 日生效,截至 2024 年 9 月,该规则已有 35 个参加国。[19]

中国没有参加《汉堡规则》,但该规则中一些比较成熟、合理的内容,如提单的定义、实际承运人及其受雇人或代理人的法律地位的规定、延迟交付的责任、托运

---

[18] 司玉琢:《国际海事立法趋势及对策研究》,法律出版社 2002 年版,第 288 页。

[19] https://treaties.un.org/Pages/ViewDetails.aspx?src=TREATY&mtdsg_no=XI-D-3&chapter=11&lang=en, last visited on 10 September 2024.

人的义务与责任、保函的效力等内容,为我国《海商法》及航运司法实践所采纳。

《汉堡规则》重新调整了船货双方的权利义务,对《维斯比规则》进行了比较彻底的修改。

(1)承运人责任原则。承运人的责任制度,是《汉堡规则》的核心。《汉堡规则》第5条第1款概括规定了承运人的责任原则,即如果引起货物灭失、损坏或延迟交付的事故发生在承运人的责任期间,则承运人应当对货物的灭失、损坏或延迟交付所造成的损失负赔偿责任,除非承运人证明,其本人、其受雇人或代理人已经为避免事故的发生及其后果采取了一切所能合理要求的措施。《汉堡规则》同时废除了在航运界争议越来越大的航海过失免责,从而在根本上摒弃了《维斯比规则》体系下承运人传统的不完全过失责任制,实行完全过失责任制。同时,从该条规定可以看出,《汉堡规则》首次采取了推定过失与举证责任相结合的责任原则:在货损发生后,首先推定承运人有过失,如果承运人主张自己无过失,则必须承担举证责任。

《汉堡规则》对火灾的举证责任作了妥协。根据《汉堡规则》第5条第4款的规定,如果索赔人不能就火灾发生的原因或灭火措施等事由举证证明承运人或其受雇人或代理人有过失,承运人不负赔偿责任。事实上,如果没有承运人的积极配合,索赔人很难事后证明承运人或其受雇人有过失。因此,尽管在承运人或其受雇人或代理人有过失的情况下,承运人再不能对于火灾所引起的货损免责,但《汉堡规则》关于火灾举证责任的规定会使承运人由于索赔人举证不能而事实上免责。

(2)承运人的责任期间。《汉堡规则》第4条将承运人责任期间的范围扩展到承运人接收货物时起到交付货物时止,货物处于承运人掌管下的全部期间,即以"收到交"原则取代了《海牙规则》的"钩至钩"或"舷至舷"原则。这一规定不但对于完善集装箱运输和多式联运制度并促进其发展具有重要意义,并且对于规范和改革传统的班轮运输制度,尤其是对于改革班轮承运人普遍采用的,通过提单的"装前卸后"条款扩大责任期间的实践做法具有制度化的意义。

(3)承运人责任限制。《汉堡规则》第6条在《维斯比规则》的基础上进一步提高了承运人的责任限制,即提高到每件或每单位835特别提款权,[20]或者按照毛重每公斤2.5特别提款权,以两者中较高者为准。但是对于尚未参加国际货币基金组织,并且国内法律不允许适用特别提款权的国家,承运人的责任限额为每件或每单位12,500金法郎,或者按照毛重每公斤37.5金法郎。该额度比《海牙规则》提高了4倍多,比《维斯比规则》也提高了25%。承运人延迟交付货物的赔偿责任,以所延迟交付的货物应付运费的2.5倍为限,但不超过海上运输合同中规定的

---

[20] 特别提款权(special drawing rights,SDR),系国际货币基金组织于1969年确立的一篮子货币,因作计账单位。参见第五章第一节。

应付运费总额。如果货物既有延迟交货,又有灭失或者损坏的,则承运人的赔偿责任以货物全部灭失时应承担的责任为限。

(4) 延迟交付。根据《海牙规则》,当发生货物的延迟交付时,即使在班轮运输的条件下,承运人也无须向收货人承担违约责任。《汉堡规则》对此作出了重要的修改,根据该规则第5条第2.3款规定,如果货物未能在运输合同明确约定的时间内,或无此约定,但未能在一个勤勉的承运人所能合理要求的时间内,在海上运输合同所规定的卸货港交付,即构成延迟交付;有权对货物提出索赔的人,当延迟交付货物达到60天时,可视为货物已经灭失,即可要求承运人承担货物灭失的赔偿责任。

(5) 实际承运人与承运人之间的关系。实际承运人是指接受承运人委托,从事货物运输或者部分运输的人,包括接受转委托从事此项运输的其他人。《海牙规则》只有承运人的概念,而没有关于实际承运人的规定,但是在海上货物运输实践中,与托运人订立运输合同的承运人并非一定要完全亲自或者始终亲自参与和实际从事货物的运输,因此实践中承运人与实际承运人同时存在是十分常见的,二者之间的关系亟须明确。根据《汉堡规则》第10条规定,承运人仍须对包括实际承运人承担的运输区段在内的全程运输负责;承运人和实际承运人都负有赔偿责任的,应当在此项责任范围内负连带责任;并且,实际承运人也可以享有适用于承运人的抗辩理由和责任限制的利益。

(6) 特殊货物的适用。《海牙规则》不适用于活动物和舱面货,但是《汉堡规则》对这两种货物的适用作出了明确的规定。关于活动物,《汉堡规则》第5条第5款规定,承运人对由于这类运输所固有的任何特殊风险造成的灭失、损害或延迟交付不负责任,但承运人须证明,他已经按照托运人对有关活动物所作的专门指示行事。关于舱面货,《汉堡规则》第9条规定,承运人只有在依据同托运人的协议或符合特定的贸易习惯,或为法规或规则所要求,才有权在舱面上载运货物,否则承运人应对将货物装在舱面上造成的损失负赔偿责任。

(7) 保函的效力。保函,在本章是指,由托运人向承运人出具的赔偿保证书。保函的主要作用在于,当收货人或提单持有人因清洁提单、倒签提单或预借提单的签发等事由向承运人提起索赔诉讼时,承运人因此而遭受的任何涉讼损失将由保函出具人给予相应的赔偿。保函在国际贸易与航运实践中被广泛使用,但就其效力,各国法律有着不同的规定。《汉堡规则》第17条规定,托运人在货物外表状况不良时,为换取清洁提单而向承运人提供的保函,在托运人与承运人之间有效,但是当提单转让至包括收货人在内的任何第三方时,这种保函在托运人与提单持有人之间无效。如果承运人或者代其行事的人接受托运人的保函,未就货物外表状况批注保留,构成对信赖提单中所载的货物情况的第三方进行有意欺诈,则保函在托运人与承运人之间也无效,同时,承运人应对第三方因此所受的任何损失负赔偿责任,且不得援引规则规定的责任限制。

(8)索赔通知与诉讼时效。根据《汉堡规则》的规定,索赔通知应在收货后的第1个工作日内提交;如果损害不明显,则在收货后的15日内提交;如果收货人已经会同承运人在收货时对货物进行了联合检验的,则无须提交书面索赔通知;承运人自向收货人交付货物的次日起连续60日内,未收到收货人因延迟交付造成经济损失而提交的索赔通知,则不负赔偿责任。《汉堡规则》规定的诉讼时效为2年,从承运人或实际承运人交付货物或交付部分货物,或从应当交付货物的最后一日起算。此外,承运人向收货人赔付后再向第三方追偿时,即使上述时效已届满,仍可在诉讼所在国法律许可的时间内提起诉讼,但所许可的时间,自起诉人已解决对其索赔或者已接到向其本人送交的起诉状之日起算,不少于90天。

(9)管辖权。《海牙规则》没有有关管辖权的规定,一般是依各航运公司在提单中订明有关的条款,这实际上是将管辖法院的选择权交给了承运人,对货方而言是不公平的。《汉堡规则》第21条对司法管辖进行了规定,即原告有权在下列地点选择管辖法院,并按该法院所在国法律提起诉讼:①被告的主营业所,如无主营业所时,为其惯常居所;②合同订立地,该合同必须是在被告设有营业处所、分支机构或代理机构的地方订立的;③装货港或卸货港;④海上运输合同中为此目的指定的任何其他地点。

(10)适用范围。《汉堡规则》第2条规定,公约适用于在两个不同国家之间的所有海上货物运输合同,并且:海上货物运输合同中规定的装货港或者卸货港位于某一缔约国之内,或者备选的卸货港之一为实际卸货港并位于某一缔约国内;提单或者作为海上运输合同证明的其他单证在某一缔约国签发;提单或者其他单证规定海上货物运输合同受该规则或采纳该规则的任何国内法的约束;公约不适用于租船合同,但适用于租船合同项下的提单。

4.《鹿特丹规则》(Rotterdam Rules)

现存的三大公约对船货双方的权利、义务的规定不同,有的甚至是大相径庭。虽然在它们制定过程中,都是以平衡船货双方利益为出发点进行制度设计的,在当时的背景下,也基本实现了利益平衡。但在航运技术和管理水平大幅度提高、货物贸易蓬勃发展的今天,它们中的一些规定已经过时,还有一些规定已经不再合理;更为重要的是,三大公约已经不能体现当今航运与贸易条件下的船货双方利益的平衡。这种情形既不利于国际贸易的开展,也不利于国际航运的发展。而要解决这一问题,根本的途径是重新制订国际海上货物运输的法律。经过长达12年的努力,2008年12月11日在联合国大会上通过了《全程或者部分海上国际货物运输合同公约》(United Nations Convention on Contracts for the International Carriage of Goods Wholly or Partly by Sea,以下简称《鹿特丹规则》),并于2009年9月21日至

23 日在荷兰鹿特丹举行签字仪式。[21] 截至 2024 年 9 月,已有 25 个国家签署了《鹿特丹规则》,5 个国家批准了该规则。[22] 目前,《鹿特丹规则》尚未生效。

由于当前世界上的主要经济大国都开始重视贸易与航运的共同发展,贸易大国和航运大国有时具有很大的重叠性,[23]不存在纯粹代表货方利益的集团或纯粹代表船方利益的集团,因此《鹿特丹规则》比以往三大公约更注重利益的平衡[24]与形式对称[25],并且在一些条文的编排上,也花费了颇多心思。[26]《鹿特丹规则》共 18 章 96 条,是迄今为止条文内容最多、调整运输范围最广和吸收、引进新规则较多的国际货物运输合同公约,其主要内容如下。

---

[21] 值得强调的是,在《鹿特丹规则》的讨论和制定过程中,第三工作组对于保持和维护船方与货方利益平衡的问题给予了特别的关注。例如,在讨论承运人的适航义务的时候,"工作组业已注意到,在草案中把这项义务规定为连续义务会影响承运人和货方的风险平衡,为此工作组在讨论草案的其他部分时需要特别注意这一点"。A/CN.9/WG. III/WP. 36,脚注 55。

[22] 这三个批准国分别是西班牙(2011 年 1 月 19 日)、多哥(2012 年 7 月 17 日)、刚果(2014 年 1 月 28 日)、喀麦隆(2017 年 10 月 11 日)和贝宁(2019 年 11 月 7 日)。https://treaties.un.org/Pages/ViewDetails.aspx? src = TREATY&mtdsg_no = XI – D – 8&chapter = 11&lang = en, last visited on 10 September 2024。

[23] 根据世界贸易组织的数据,2009 年世界各国货物贸易总量排名前十位的国家分别为:美国、中国、德国、日本、法国、荷兰、英国、意大利、比利时、韩国。数据来源于 http://www.wto.org/english/res – e/booksp – e/anrep – e/anrep09 – e.pdf。2010 年世界前十大船队国家/地区的排名依次是:日本、希腊、德国、中国、美国、俄罗斯、挪威、新加坡、荷兰、英国。数据来源于 http://www.mapsofworld.com/world – top – ten/largest – merchant – shipping – fleets.html,2018 – 04 – 25。通过这两个排名可以看到,贸易大国和航运大国具有很大的重叠性,有些国家同时是贸易大国与航运大国。

[24] 货方在国际海事立法中所发挥的作用越来越大,鉴于这一趋势不是将来的趋势而是业已存在并将继续发挥作用的趋势,同时货方在现有三大公约体系下所获得的保护与其地位不相称,所以,《鹿特丹规则》在条文的内容、排列及语言表述方面,都注重保护货方利益(只是,其保护的标准略低于《汉堡规则》所设定的保护标准)。以条文数量为例,《海牙规则》一共有 15 条,但只有第 3 条第 1 款涉及托运人的权利与义务;《维斯比规则》并未对《海牙规则》进行实质性地修改,因此没有增加对托运人权利与义务的规定;虽然《汉堡规则》注重了对托运人利益的保护,但公约中有关托运人权利与义务的条款仍显得较为单薄,只占据了公约 34 个条款中的 3 条。相较而言,《鹿特丹规则》则设计了专章(第七章)对托运人的权利义务进行规定,此外,其他章节中也分布有托运人权利与义务的规定。

[25] 三大公约也忽视了海运双方当事人的权利与义务的对称性,使得一方必须履行的义务不能成为另一方可以主动行使的权利。比如,《海牙规则》第 3 条第 5 款规定,托运人有义务保证其在货物装船时向承运人提供的唛头、号码、数量和重量是正确的,但没有同时赋予承运人在整个运输过程中要求托运人提供与货物有关的信息和文件的权利,而是仅仅规定如果因托运人提供不正确信息而导致承运人损失的,则承运人有获得赔偿的权利。而在事实上,对于承运人来说,要求获得与货物有关的信息和文件的权利是十分重要的。对此,《鹿特丹规则》给予了关注,如其在"信息、指示、文件的提供"方面,就分别在第 28 条、第 29 条和第 55 条中对一方权利及对应的另一方的义务作出了对称性规定。

[26] 郭萍:《从货方视角看〈鹿特丹规则〉》,载《中国海商法年刊》2010 年第 2 期。

(1) 扩大了公约的调整范围。《鹿特丹规则》将调整范围扩展到"海运 + 其他",即公约的适用范围将扩大到传统的海上区段以外的其他领域,[27] 包括与海上运输连接的陆上运输,铁路、公路、内河水上运输甚至是航空运输。由于扩大了调整范围,《鹿特丹规则》已经不是一部纯粹的海运公约,而是一部可以用来调整包含海运在内的"门到门"运输的货物多式联运公约。适用同一法律制度调整全部的货物运输合同,保证了法律适用的确定性、可预见性和统一性,这是《鹿特丹规则》所要追求的目标之一,但其也可能与现行调整相关运输区段的国际公约产生冲突,从而导致适用上的混乱。为避免这种情况的发生,《鹿特丹规则》采取了"有限网状责任原则",即如果货物运输合同在涵盖了海上运输的同时还包括其他非海上运输方式,而且货物是在其他非海上运输区段发生损失,则该运输区段有强制适用的国际公约的,就适用相关的国际公约;[28] 如果该运输区段没有强制适用的国际公约,就要适用《鹿特丹规则》的规定。

(2) 加重了承运人的责任。

第一,承运人责任期间扩大。《鹿特丹规则》第 12 条第 1 款明确规定,责任期间自承运人或者履约方为运输而接收货物时开始至货物交付时终止,体现了"门到门"运输的特点。

第二,扩大了承运人对船舶的适航义务。《海牙规则》中承运人适航义务存在于"开航前和开航当时",而《鹿特丹规则》第 14 条明确规定,"承运人必须在开航前、开航当时和海上航程中恪尽职守"使船舶保持适航状态,即承运人需要在整个航程中保持船舶的适航状态。

第三,增加了管货义务的环节。《海牙规则》下承运人管货义务包括七个环节,在《鹿特丹规则》之下扩大为九个环节。该规则第 13 条明确规定:"承运人应妥善而谨慎地接收、装载、操作、积载、运输、保管、照料、卸载并交付货物",即管货义务贯穿于九个环节。但是海运领域以外的其他运输区段如果存在强制性的国际文书,承运人则需要根据该国际文书的相关规定承担义务。

第四,取消了承运人航海过失免责,承运人承担完全的过错责任。另外,《海牙规则》和《维斯比规则》中关于"火灾,除非由于承运人本人的过失或故意"的免责,在《鹿特丹规则》中被限制在"船上发生的火灾"的范围内,加重了承运人的火灾责任,使之包括承运人或代表其行事的人造成的火灾。[29]

第五,提高了承运人赔偿责任限额。《鹿特丹规则》在《汉堡规则》的基础上进一步提高承运人赔偿责任限额。其第 59 条第 1 款规定:"承运人对于违反本公约

---

[27] 参见《鹿特丹规则》第 5 条第 1 款。
[28] 参见《鹿特丹规则》第 82 条。
[29] 参见《鹿特丹规则》第 17 条。

对其规定的义务所负赔偿责任的限额,按照索赔或争议所涉货物的件数或其他货运单位计算,每件或每个其他货运单位 875 个计算单位,或按照索赔或争议所涉货物的毛重计算,每公斤 3 个计算单位,以两者中较高限额为准,但货物价值已由托运人申报且在合同事项中载明的,或承运人与托运人已另行约定高于本条所规定的赔偿责任限额的,不在此列。"第 60 条明确了对迟延造成货物灭失或损坏的赔偿额:相当于迟交货物应付运费两倍半的数额,但不得超过所涉货物全损时的赔偿限额。

第六,增加了"履约方"和"海运履约方"的概念及其责任。《鹿特丹规则》首次界定了"履约方"和"海运履约方"的概念。"履约方"是指承运人以外的,履行或承诺履行承运人在运输合同下有关货物接收、装载、操作、积载、运输、照料、卸载或交付的任何义务的人,以该人直接或间接在承运人的要求、监督或控制下行事为限。"海运履约方"是指凡在货物到达船舶装货港至货物离开船舶卸货港期间履行或承诺履行承运人任何义务的履约方。内陆承运人仅在履行或承诺履行其完全在港区范围内的服务时方为海运履约方。[30]

《鹿特丹规则》还在多个涉及承运人责任的条文中明确规定适用于履约方或海运履约方,并对海运履约方的责任单独予以规定。《鹿特丹规则》第 19 条第 1 款规定,符合下列条件的,海运履约方必须承担本公约对承运人规定的义务和赔偿责任,且有权享有本公约对承运人规定的抗辩和赔偿责任限制:①海运履约方在一缔约国为运输而接收了货物或在一缔约国交付了货物,或在一缔约国某一港口履行了与货物有关的各种活动;②造成灭失、损坏或迟延交付的事件发生在货物到达船舶装货港至货物离开船舶卸货港的期间内,或货物在海运履约方掌管期间,或海运履约方参与履行运输合同所载列任何活动的其他任何时间内。引入"履约方"和"海运履约方"的用意是为了扩大运输合同责任主体的范围,从而便利货方的索赔。

(3)明确了货方的范围及其权利义务。《鹿特丹规则》扩大了货方范围,除了规定"托运人""收货人"外,还第一次规定了"单证托运人"和"持有人"的概念。"托运人"是指与承运人订立运输合同的人,而"单证托运人"是指托运人以外的,同意在运输单证或电子运输记录中记名为"托运人"的人。"持有人"是指持有可转让运输单证的人,如果单证为指示单证,指该单证所载明的托运人或收货人,或该妥善背书的单证所指明的人;如果单证为空白背书的指示单证或不记名单证,指该单证的持单人;"持有人"还包括可转让电子运输记录的接收人或受让人。[31]

现有的三大公约主要强调承运人对托运人的义务,而对托运人的义务较少提

---

[30] 参见《鹿特丹规则》第 1 条,定义条款。
[31] 参见《鹿特丹规则》第 1 条,定义条款。

及。《鹿特丹规则》基于对等、平衡原则,参照承运人的责任规定,对托运人的义务进行了比较清晰而明确的规定。托运人义务与责任主要包括三个方面。第一,托运人有交付备妥待运货物的义务;[32]第二,托运人有提供信息、指示和文件的义务,同时托运人应当及时向承运人提供拟定合同事项及签发单证或电子运输记录所需要的准确信息;[33]第三,托运人对承运人的赔偿责任以过错责任为原则,以严格责任为例外:托运人违反公约的义务造成承运人损失的,托运人应负赔偿责任;[34]对于危险货物的运输,如托运人违反有关义务造成承运人损失,应承担严格责任。[35]《鹿特丹规则》第33条明确规定,单证托运人享有托运人的权利和抗辩并承担托运人的义务。

(4)运输单证和电子运输记录。《鹿特丹规则》填补了现有三大公约的空白,首次确认了电子运输记录与运输单证具有同等的法律效力,并将电子运输记录分为可转让电子运输记录与不可转让电子运输记录。另外,鉴于承运人识别问题的重要性以及实践中货方识别承运人存在的困难,《鹿特丹规则》在第37条中规定了承运人识别的两项原则:其一,单证合同事项中载明承运人名称的,必须以此为准;其二,未载明任何人为承运人的,推定装载货物的船舶的登记所有人或船舶的光租承租人为承运人。此规定使得登记船舶所有人的风险大增,但总体上有利于货方索赔。

(5)货物的交付。《鹿特丹规则》第43条第一次明确规定了收货人有接受交货的强制性义务,即"当货物到达目的地时,要求交付货物的收货人应在运输合同约定的时间或期限内,在运输合同约定的地点接受交货,无此种约定的,应在考虑到合同条款和行业习惯、惯例或做法以及运输情形,能够合理预期的交货时间和地点接受交货"。《鹿特丹规则》区分几种情况对货物的交付进行了规定:①未签发可转让运输单证或可转让电子运输记录的,承运人应在第43条述及的时间和地点将货物交付给收货人。[36] ②签发必须凭单交货的不可转让运输单证时,承运人应在收货人按照承运人的要求适当地表明其为收货人并提交单证时交付货物;如果声称是收货人的人不能适当表明其为收货人,承运人可以拒绝交付;如果声称是收货人的人未提交不可转让单证,承运人应拒绝交付。[37] ③签发可转让运输单证或可转让电子运输记录的情况下,如果该持有人提交了可转让运输单证还适当地表明了其身份,或该持有人证明其为可转让电子运输记录的持有人,承运人应向其交

---

[32] 参见《鹿特丹规则》第27条。
[33] 参见《鹿特丹规则》第29条、第31条。
[34] 参见《鹿特丹规则》第30条。
[35] 参见《鹿特丹规则》第32条。
[36] 参见《鹿特丹规则》第45条。
[37] 参见《鹿特丹规则》第46条。

付货物；如果可转让运输单证或可转让电子运输记录明确规定可以不提交运输单证或电子运输记录交付货物的，在满足特定条件的情况下，即承运人经合理努力无法确定收货人等，按照控制方、托运人或单证托运人的指示交付货物的可以解除承运人在运输合同下交付货物的义务，而不考虑收货人是否已向承运人提交记名提单。[38]

（6）控制方的权利。为了与贸易法律规定的卖方中途停运权相对应、服务于未来的电子商务、帮助承运人明确运输合同的相对方，《鹿特丹规则》引入了控制权制度。货物控制权的目的是在买卖合同不实际履行时，向卖方提供一定的补救措施。在国际贸易中，卖方签订合同的目的是尽快出售货物，而不仅仅是在买方不能支付货款时仍然以控制单证来阻止承运人交货，他还可以选择变更收货人或目的地等方式。这些权利都有利于卖方及时处理货物，因此，赋予卖方控制权是相当必要的。

控制权主要涉及如下问题。①控制方的识别：在未签发任何单证的情况下，托运人为控制方；在签发不可转让运输单证且载明必须交单提货的情况下，托运人为控制方；在签发可转让运输单证的情况下，单证的持有人为控制方，持有人可以转让控制权；在签发可转让电子运输记录的情况下，该电子运输记录的持有人为控制方。[39] ②控制权的内容：发出与货物有关的但不构成对合同变更的指示的权利，及修改此指示的权利；在货物抵达原目的地之前，在运输途中的挂靠港或途径地点要求交付货物的权利；变更收货人的权利。[40] ③承运人执行指示。承运人执行指示的条件包括：发出此种指示的人有权行使控制权；该指示送达承运人时即能按照其中的条件合理地执行；该指示不会干扰承运人的正常营运，包括其交付作业。在任何情况下，控制方均应偿还承运人根据本条勤勉执行任何指示而可能承担的合理的额外费用，且应补偿承运人可能由于此种执行而遭受的灭失或损坏。按照承运人的合理预计，执行指示将产生额外费用、灭失或损坏的，承运人有权从控制方处获得与之数额相当的担保。未提供此种担保的，承运人可以拒绝执行指示。[41]

（7）权利转让。在国际贸易领域，权利转让作为一种有效的融资方式，有利于促进货物的自由流动和资源的有效配置，实现财富的最大化，可以说它已经成为国际贸易领域不可或缺的一项重要制度。从本质上看，运输最终是为贸易服务的，运输法中规定与贸易法相协调的内容，有利于保护贸易相关方的利益，从而促进国际贸易的顺利开展。海上货物运输中的权利转让，是指在签发可转让运输单证或可

---

[38] 参见《鹿特丹规则》第47条。
[39] 参见《鹿特丹规则》第51条。
[40] 参见《鹿特丹规则》第50条。
[41] 参见《鹿特丹规则》第52条。

转让电子记录的情况下,可转让单证的持有人通过向其他人转让该单证或电子记录的方式来转让其中包含的各项权利,非托运人的持有人未行使运输合同下任何权利的,不能仅仅因为是持有人而负有运输合同下的任何赔偿责任,如果持有人行使运输合同下任何权利的,则负有运输合同对其规定的任何赔偿责任,但此种赔偿责任须以载入可转让运输单证或者可转让电子运输记录,或者可以从其中查明为限。[42]《鹿特丹规则》引入权利转让制度符合国际立法趋势,[43]能够满足贸易商的合理预期,鼓励银行提供融资服务,以及有利于推动电子商务发展。[44]

(8)批量合同。《鹿特丹规则》在美国的积极推动下突破公约强制适用的禁锢引入了批量合同的概念,目的是平衡谈判能力相当的承运人与托运人之间的利益,提高交易效率,降低交易成本。所谓批量合同,是指在约定期间内分批转运特定数量货物的运输合同。根据《鹿特丹规则》第 80 条的规定,承运人与托运人可以就某货物的运输订立所谓的批量合同,并且可在合同中载明增加或减少一方根据公约原本可以得到的权利或应承担的义务。显然,这样的结果会使合同的一方丧失部分权利或承担更重的义务,而且承运人抑或托运人丧失利益取决于订约时双方各自在航运市场上所处的地位,因此各国对《鹿特丹规则》有关批量合同的规定存在较大争议。

(9)索赔通知与诉讼时效。《鹿特丹规则》第 23 条规定了发生灭失、损坏或迟延时的通知:货物灭失或损坏明显的,应在交货前或交货当时提交索赔通知;货物灭失或损坏不明显的,在交货后的 7 个工作日内提交索赔通知;船货双方联合检查的,不需要提交索赔通知;延迟交付的,在交货后 21 个连续日内向承运人提交了迟延造成损失的通知。

《鹿特丹规则》第 62 条规定的诉讼时效为 2 年,自承运人交付货物之日起算,未交付货物或只交付了部分货物的,自本应交付货物最后之日起算。时效期间的起算日不包括在该期间内。时效期不得中止或中断,但被索赔人可以在时效期内的任何时间,通过向索赔人声明而延长该时效期。该时效期可以经再次声明或多次声明进一步延长。[45]《鹿特丹规则》第 64 条规定了向第三人追偿的时效:提起程序的管辖地准据法所允许的时效期间;或者,自追偿诉讼提起人解决原索赔之日起,或自收到向其本人送达的起诉文书之日(以较早者为准)起 90 日内。

---

[42] 参见《鹿特丹规则》第 57 条、第 58 条。
[43] 在国际合同法统一化的进程中,一些有影响的合同统一法在各自的领域和范围内都规定了权利转让制度,并且体现出了一些共同的发展趋势,如《国际保理公约》《欧洲合同法原则》《国际商事合同通则(2010)》。
[44] 姚莹:《国际海上货物运输中的权利转让问题研究——以 UNCITRAL〈运输法公约(草案)〉为视角》,载《当代法学》2008 年第 3 期。
[45] 参见《鹿特丹规则》第 63 条。

中国代表团全程参与了《鹿特丹规则》的起草与谈判,并在此过程中多次提案,发表意见。公约通过后,"谈判的主要参与者"和"其"这 2 个表述略带歧义作了较高的评价,认为应考虑加入公约;但《鹿特丹规则》最终文本令中国航运与贸易两个领域的企业疑虑重重,甚至认为其不符合我国利益,不应加入。[46] 虽然《鹿特丹规则》总体而言是一部先进的公约,然而其作为各国、各利益集团博弈、妥协的结果,带有先天不足的特点,只是这不应成为我们拒绝《鹿特丹规则》的理由。中国政府应以客观全面、积极审慎的态度对待《鹿特丹规则》。

二、租船运输

在国际海上货物运输中,既有采用定期船进行的班轮运输,也有采用不定期船进行的租船运输。班轮运输依靠提单调整相关当事人之间的关系,租船运输依靠租船合同调整相关当事人之间的关系。租船合同是指船舶出租人按照一定的条件将船舶全部或部分出租给承租人进行货物运输的合同,包括航次租船合同和定期租船合同。

(一)航次租船合同

航次租船合同(voyage charter party, voyage C/P)又称航程租船合同,是指船舶出租人与承租人达成的将船舶或船舶的部分舱位出租给承租人装运约定的货物,由承租人支付约定的运费,完成从一国港口到另一国港口的特定航次运输的合同。

各国立法对航次租船合同的性质有不同规定,有的国家将其视为海上货物运输合同,更多的国家将其视为船舶租用合同。我国《海商法》将航次租船合同归入"海上货物运输合同"一章。

航次租船合同多采用标准的格式合同再加上双方另行商定或选择的附加条款。使用最为广泛的格式合同是波罗的海国际航运公会制定的《统一件杂货租船合同》(Uniform General Charter),租约代号"金康"(GENCON),此外还有《澳大利亚谷物租船合同》(Australian Grain Charter Party)、《油船航次租船合同》(Tanker Voyage Charter Party)和《煤炭航次租船合同》(Coal Voyage Charter)等。

目前,国际上没有专门调整航次租船合同的国际公约,各国海商法在调整航次租船合同时多采取任意性规定,其适用以当事人没有约定或没有相反约定为前提。按照我国《海商法》第 93 条的规定,航次租船合同的内容,主要包括出租人和承租人的名称、船名、船籍、载货重量、容积、货名、装货港和目的港、受载期限、装卸期限、运费、滞期费、速遣费以及其他有关事项。

我国《海商法》第 94 条规定,只有第 47 条关于承运人谨慎处理使船舶适航的

---

[46] 曾令良、冯洁菡主编:《中国促进国际法治报告》(2014 年),武汉大学出版社 2015 年版,第 292 页。

规定和第 49 条关于承运人按照约定的或者习惯的或者地理上的航线将货物运往卸货港的规定,强制适用于出租人,其他有关合同当事人之间的权利义务的规定,都属于任意性条款。

在航次租船合同项下,根据承租人或托运人的要求,出租人、船长或出租人的代理人应当签发提单。根据我国《海商法》第 95 条,对按照航次租船合同运输的货物签发的提单,提单持有人不是承租人的,承运人与该提单持有人之间的权利、义务关系适用提单的约定。但是,提单中载明适用航次租船合同条款的,适用该航次租船合同的条款。

(二) 定期租船合同

定期租船合同(time charter party)又称期租合同,是指船舶出租人向承租人提供约定的由出租人配备船员的船舶,由承租人在约定的期间内按照约定的用途使用,并支付租金的合同。

关于定期租船合同的性质,理论界没有定论。由于定期租船合同是由承租人负责船舶的调度与营运,并负担船舶营运的费用,因此定期租船合同具有财产租赁合同的特征。但在绝大多数情况下,定期租船合同主要是关于货物运输的规定,因此,定期租船合同同时具有海上货物运输合同的某些特征,具有双重属性。

定期租船合同的标准格式合同被广泛采用,常见的主要有纽约土产交易所制定的《定期租船合同》(Time Charter),租约代号"土产格式"(NYPE),还有波罗的海国际航运公会制定的《统一定期租船合同》(Uniform Time Charter),租约代号"波尔的姆"(BALTIME)。此外,还存在很多针对特定种类货物的定期租船合同格式。

根据我国《海商法》第 130 条的规定,定期租船合同的内容,主要包括出租人和承租人的名称、船名、船籍、船级、吨位、容积、船速、燃料消耗、航区、用途、租船期间、交船和还船的时间和地点以及条件、租金及其支付,以及其他有关事项。

出租人应当按照合同约定的时间交付船舶。出租人交付船舶时,应当做到谨慎处理,使船舶适航。交付的船舶应当适于约定的用途。出租人违反以上约定的,承租人有权解除合同,并有权要求赔偿因此遭受的损失。[47]

承租人应当保证船舶在约定航区内的安全港口或者地点之间从事约定的海上运输;承租人应当保证船舶用于运输约定的合法的货物;承租人有权就船舶的营运向船长发出指示,但是不得违反定期租船合同的约定;承租人可以将租用的船舶转租,但是应当将转租的情况及时通知出租人;在合同期间,船舶进行海难救助的,承租人有权获得扣除救助费用、损失赔偿、船员应得部分以及其他费用后的救助款项的一半;承租人应当按照合同约定支付租金,否则出租人有权解除合同,并有权要

---

[47] 参见《中华人民共和国海商法》第 131 条、第 132 条。

求赔偿因此遭受的损失;承租人向出租人交还船舶时,该船舶应当具有与出租人交船时相同的良好状态,但是船舶本身的自然磨损除外;超期还船时,承租人应按合同约定的租金率支付租金,市场租金率高于合同租金率时,按照市场租金率来支付租金。[48]

第二节 国际航空货物运输法

国际航空运输作为一种现代化的运输方式,出现于"二战"之后。由于它受地理条件影响小、安全准确率高和货损货差小,特别适合运送贵重物品与鲜活商品。

一、调整国际航空货物运输的国际公约

目前,调整国际航空货物运输的国际公约主要有 4 项。

(一)《华沙公约》

《华沙公约》的全称是《统一国际航空运输某些规则的公约》(Convention for the Unification of Certain Rules Relating to International Carriage by Air,1929),1929 年 10 月 12 日在华沙签订,1933 年 2 月 13 日生效,目前有 152 个缔约国。中国于 1958 年 7 月 20 日正式加入议定书,该议定书于 1958 年 10 月 18 日对中国生效。[49]

《华沙公约》为调整国际航空运输法律关系创设了基本制度。该公约适用于运输合同中规定的起运地和目的地分别在两个公约成员国境内的航空运输,也适用于运输合同规定的起运地和目的地均在一个成员国境内,但经停点中起码有一个是在该国境外的航空运输。《华沙公约》的主要内容如下:

1. 航空运单。根据公约规定,在没有相反证据的情况下,航空运单是订立运输合同、接受货物和约定承运条件的证明,还起到运费账单和保管单据的作用。如果承运人承办保险或者发货人要求承运人代办保险,航空运单还具有保险单证的性质。航空运单应当填写的内容包括:(1)航空运单的填写地点和日期;(2)起运地和目的地;(3)约定的经停地点;(4)托运人的名称和地址;(5)第一承运人的名称和地址;(6)必要时应写明收货人的名称和地址;(7)货物的性质;(8)包装件数、方式、特殊标志和号数;(9)货物的重量、数量、体积或尺寸;(10)关于运输应受该公约所规定的责任限制约束的声明。

2. 托运人的义务。托运人的主要义务包括:(1)托运人应正确填写关于货物的说明和声明;(2)托运人应提供各种必需的资料和证件并附在航空运单之后;

---

[48] 参见《中华人民共和国海商法》第 134~137 条、第 139~140 条、第 142~143 条。

[49] http://www.icao.int/secretariat/legal/List%20of%20Parties/WC-HP_EN.pdf, last visited on 10 September 2024.

（3）在收货人提取货物之前，托运人可向承运人请求提回货物、中止运输、变更收货人或/和将货物退回起运地，但不得因此使承运人或其他托运人遭受损害。

3. 承运人的责任与免责。承运人应对货物在航空期间因毁损、遗失或损坏而发生的损失负责。所谓航空期间，是指货物在承运人保管之下的全部期间，不论此种保管是在航空站内、航空器上或航空站外降落的任何地点，而且包括为履行运输合同如交货、装货或转运，而在航空站外进行的陆运、海运和水运。如果承运人能证明他和他的代理人或受雇人为了避免损失已经采取了一切必要措施，或不可能采取这种措施时，承运人对货物的损失可以不负责任。承运人对载运货物的责任限额为每公斤250金法郎，但托运人特别声明货物价值并已缴付必要的附加费的不在此限。

4. 索赔与诉讼时效。对于货物损坏的异议，一般应在提取货物时提出，否则推定为货物已经完好交付。提取货物后发现的损坏，应在收到货物后7天内提出（有延误事件时最迟在14天内提出）。只有已经向承运人提出异议的损失，才可以作为索赔诉讼的标的，除非能证明承运人有欺诈行为。诉讼时效为2年，从交付之日或本应交付之日起算。

（二）《海牙议定书》

《海牙议定书》的全称是《修改1929年统一国际航空运输的某些规则的公约的议定书》(Protocol Modifying the Convention for the Unification of Certain Rules Relating to International Carriage by Air)，1955年9月28日于海牙签署，1963年8月1日生效，目前有137个缔约国。中国于1975年8月20日正式加入议定书，该议定书于1975年11月18日对中国生效。[50]

《海牙议定书》主要在航行过失免责、责任限制、运输单证和索赔期限等方面对《华沙公约》进行了修改，主要内容如下。

1. 承运人责任与免责。《华沙公约》规定承运人对航行过失或航空器操作过失免责，《海牙议定书》取消了此项免责。另外，《海牙议定书》对承运人责任限制作出了补充规定：如果经证明系承运人、其受雇人或代理人的蓄意造成损失或明知可能造成损失而漠不关心，则不能适用《华沙公约》的有关责任限制规定。《海牙议定书》对责任限额未作任何改动，只是补充了两点：本公约所指的金法郎是含有千分之九百成色的65.5毫克黄金的货币单位，可以折合成任何国家的货币取其整数，应以判决当日该货币的黄金价值为准；如果货物一部分或货物中的任何物件发生遗失、损失或延误，则对承运人责任限制重量，仅为该一包件或该数包件的总重量。如果因货物的一部分或任何物件发生遗失、损坏或延误以至于影响同一份航

---

[50] http://www.icao.int/secretariat/legal/List%20of%20Parties/WC-HP_EN.pdf, last visited on 10 September 2024.

空运单所列的另一包件的价值考虑时,则在确定责任限额时,另一包件或另数包件的总重量也一并考虑在内。

2. 航空运单。《海牙议定书》将《华沙公约》中规定的航空运单的内容从10项改为3项,即:(1)起运地和目的地的注明;(2)如起运地和目的地均在同一缔约国领土内,而在另一国家有一个或数个约定的经停地点时,注明至少一个此种经停地点;(3)对托运人声明:如果运输的最终目的地或经停地点不在起运地所在国家时,《华沙公约》可以适用于该项运输,且该公约规定在一般情况下限制承运人对货物遗失或损坏所负的责任。

3. 索赔期限。《海牙议定书》对于货物损坏的索赔期限作了修改:一般情况下,收货人在发现损害后,应立即向承运人提出异议,或最迟应在收到货物后14天内提出;发生延迟交货时,最迟应在货物交付收货人自由处置之日起21天内提出。

(三)《瓜达拉哈拉公约》

《瓜达拉哈拉公约》的全称是《统一非缔约承运人所办国际航空运输某些规则以补充华沙公约的公约》(Convention, Supplementary to the Warsaw Convention, for the Unification of Certain Rules Relating to International Carriage by Air Performed by a Person Other Than the Contracting Carrier),1961年9月18日于墨西哥的瓜达拉哈拉签署,1964年5月1日生效,目前有86个缔约国。中国尚未加入该公约。[51]

该公约的主要目的在于将《华沙公约》中有关承运人的各项规定的适用范围扩及非合同承运人。承运人分为缔约承运人和实际承运人,缔约承运人对全部运输负责,实际承运人则对参与的部分运输负责。该公约是对《华沙公约》的补充。

(四)《蒙特利尔公约》

《蒙特利尔公约》的全称是《统一国际航空运输的某些规则的公约》(Convention for the Unification of Certain Rules for International Carriage by Air,1999),1999年5月28日于加拿大蒙特利尔签署,2003年11月4日生效,目前有140个缔约国。中国于2005年6月1日正式加入公约,该公约于2005年7月31日对中国生效。[52]

1. 公约适用上的优先性。由于旧的华沙公约体系的每个文件均是独立的条约,而这些文件的参加国又不完全相同,加之前几次的修改,使得《华沙公约》原本确立的统一航空承运人责任制度处于严重混乱状态,因此国际社会制定了《蒙特利尔公约》来改变这种混乱状态。《蒙特利尔公约》规定,当国际航空运输在该公

---

[51] http://www.icao.int/secretariat/legal/List%20of%20Parties/Guadalajara_EN.pdf, last visited on 10 September 2024.

[52] http://www.icao.int/secretariat/legal/List%20of%20Parties/Mtl99_EN.pdf, last visited on 10 September 2024.

约的当事国之间履行,而这些当事国同为下列条约的当事国时,《蒙特利尔公约》优先于国际航空运输所适用的任何规则:(1)《华沙公约》;(2)《海牙议定书》;(3)《瓜达拉哈拉公约》;(4)《危地马拉议定书》;(5)各个蒙特利尔议定书。当国际航空运输在《蒙特利尔公约》的一个当事国内履行,但该当事国是上述五项所指的一个或几个文件的当事国时,《蒙特利尔公约》优先于国际航空运输所适用的任何规则,即具有优先的适用效力。

2. 国际航空货物运输单证。《蒙特利尔公约》规定,承运人除可以提交传统的纸质单证外,也可以用任何其他保存客票资料的方法或任何保存所作运输的记录的方法代替传统纸质单证。《华沙公约》和《海牙议定书》规定的是,如果承运人没有提交运输单证,或提交的运输单证上没有载明受《华沙公约》或《海牙议定书》约束的条款,承运人无权援用公约中的免除或限制责任的条款。《蒙特利尔公约》删除了这一惩罚性条款。在航空货运单的内容方面,《蒙特利尔公约》要求载明托运货物的性质和重量,但取消了载明受《华沙公约》或《海牙议定书》约束的条款的要求,同时还取消了承运人应该在货物装入航空器之前签字的要求。

3. 承运人的责任及免责。《蒙特利尔公约》实行承运人严格责任,只要货物毁灭、遗失或损坏发生在航空运输期间,承运人就应当承担责任。但如果承运人证明货物毁灭、遗失或损坏是由于下列一个或几个原因造成的,承运人不承担责任:货物的固有缺陷、质量或瑕疵;货物非由承运人或其受雇人或代理人包装,包装有缺陷;战争或武装冲突行为;公共当局对货物入境、出境、过境所实施的行为。承运人的责任以每公斤 17 特别提款权为限,除非托运人在向承运人交运包件时,特别申报其价值,并在必要时支付附加费。

4. 索赔。有关损害赔偿诉讼,只能依照《蒙特利尔公约》规定的条件和责任限额提起,无论其根据如何,是根据该公约、合同,还是根据侵权。发生货损时,收货人应当在发现后立即向承运人提出异议,至迟应在收货后 14 天内提出。发生延误的,至迟应在货物交付收货人处置之日起 21 天内提出异议。除承运人一方有欺诈外,未在前述期间内提出异议的,不得对承运人提起诉讼。损害赔偿诉讼,诉讼地严格限于当事国,必须在一个当事国的领土内提起。

二、国际航空货物运输合同

国际航空货物运输合同是航空承运人与货物托运人之间签订的,由航空承运人负责将托运人的货物由一国航空港运至另一国航空港,由托运人或收货人收取货物并支付运费的合同。承运人与托运人受国际航空货物运输合同的约束。航空货运单是航空货物运输合同的证明,是托运人托运货物的收据和承运人接收货物的证明。但与提单不同,航空货运单通常不具有流通性,因此不是物权凭证,不具有议付或背书转让的功能。

第三节 国际铁路货物运输法

国际铁路货物运输是铁路承运人以火车为运输工具,将托运人的货物从一国的某地运至另一国某地的货物运输方式。与航空货物运输方式相比,它具有载重量大、连续性强、受气候影响小和运输成本低的优势;与海上货物运输相比,它具有安全、准确率高、运输速度快和货物易于保管的优势。因此,铁路货物运输在国际贸易中一直起着重要的作用,其地位仅次于海上货物运输。

目前,有关铁路货物运输的国际公约有两个:一是1951年《国际铁路货物联合运输协定》(Agreement Concerning International Carriage of Goods by Rail,1951),简称《国际货协》;二是1961年《铁路货物运输的国际公约》(Convention Concerning International Carriage of Goods by Rail,1961),简称《国际货约》。

一、《国际货协》

《国际货协》于1951年在华沙签订,历经多次修订,现行有效的文本是2015年修订本。其成员包括阿塞拜疆、阿尔巴尼亚、阿富汗、白俄罗斯、保加利亚、匈牙利、越南、格鲁吉亚、伊朗、哈萨克斯坦、中国、朝鲜、吉尔吉斯斯坦、拉脱维亚、立陶宛、摩尔多瓦、蒙古、波兰、俄罗斯、斯洛伐克、塔吉克斯坦、土库曼斯坦、乌兹别克斯坦、乌克兰、爱沙尼亚,共计25个国家,我国于1953年加入该协定。《国际货协》的主要内容如下。

(一)合同的订立

根据《国际货协》的规定,发货人在办理货物托运手续时,对于每批货物按规定的格式填写运单和运单副本,由发货人签字后向缔约承运人出具,并从始发站在运单加盖日期戳时起,运输合同即告成立。

运单是承运人收取托运货物的凭证和承托双方存在铁路货物运输合同的证明,也是承运人在终点站核收运杂费用和向收货人交付货物的依据。但是运单不具有物权凭证的效力,托运人不能向第三人转让。

(二)承运人的权利、义务和责任

1. 承运人的责任制度,包括责任期间和责任原则。承运人的责任期间是从签发运单时起到终点站交付货物时止的全部期间,即"签到交";在责任期间内,由于承运人的过失造成的货物灭失、损坏或逾期损失,承运人承担赔偿责任,即严格的过失责任原则。

2. 承运人的免责。根据《国际货协》第22条,承运人对以下原因引起的损失免责:(1)铁路不能预防或不能消除的情况;(2)因货物的特殊自然性质引起的;(3)因发货人或收货人装卸原因造成的;(4)因发货人或收货人的过失而不能归责于铁路的;(5)因发送铁路国内规章许可,使用敞车类货车运送的货物;(6)由于发货人或收货人委托的押运人未采取保证货物完整的必要措施;(7)由于承运时无法发现的容器或包装缺陷;(8)发货人的其他过失,如采用不正确的名称托运违禁品,或者违反规定托运本来应以特定条件承运的货物等;(9)货物在规定标准内的途耗;(10)在运输中发生雪(沙或风)灾、崩塌或其他自然灾害,或者根据政府指示发生行车中断或限制,致使货物逾期运达的情况。

3. 赔偿责任限额。根据《国际货协》第 22 条,承运人对货物损失的赔偿金额在任何情况下,不得超过货物全部灭失时的金额;当货物遭受损坏时,赔付额应与货价减损金额相当;当货物全部或部分灭失时,赔偿限额按外国销售者在账单上所列的价格计算,但发货人对货物价格另有声明的,按声明价格计算;当逾期交货时,承运人应按逾期的长短向收货人支付规定的逾期罚金。

4. 留置权。为保证核收运输合同项下的一切费用,承运人可对货物行使留置权。此项留置权的行使及其效力适用货物交付地国家的法律。

5. 核查运单和货物。承运人有权检查发货人在运单中所载事项是否正确,并在法律有规定或为保证行车安全或货物完整的情况下,在途中检查货物的内容。

(三) 托运人的权利义务

1. 托运人的权利:在终点凭单领取货物;当货物遭受部分或全部毁损的,有权拒收货物并向承运人提出索赔请求,但仍须先按运单支付全部运费,然后再按照赔偿手续领回其因损失或短少而未收到的货物所发生的运费。

2. 托运人的义务:如实申报义务;交付完整文件义务;向承运人提交货物的义务;声明贵重物品价值的义务;支付运费和其他费用的义务。托运人如违反上述义务的,承担由此造成的货物损毁或其他后果。

(四) 赔偿请求与诉讼时效

根据《国际货协》第 28 条,发货人和收货人有权基于运输合同提出赔偿请求,赔偿请求或者以书面形式由发货人向发送站提出,或者由收货人向收货站提出,并需根据不同的情况附上有关法律文件或其他的依据并注明索赔金额。承运人自提出索赔请求之日起的 180 天内,必须审查此项请求并给予答复;发货人或收货人在请求得不到答复或者答复不甚满意时,有权向受理赔偿请求的承运人所属国家的法院提起诉讼请求。

《国际货协》第 30 条还规定,基于运输合同向承运人提出的赔偿请求和诉讼,以及承运人对于发货人和收货人关于支付运送费用、罚款和赔偿损失的要求和诉讼,应在 9 个月期间内提出;关于货物运输逾期的赔偿请求和诉讼,应当在 2 个月内提出;时效期间届满的赔偿请求和要求不得以诉讼方式解决。

二、《国际货约》

《国际货约》于 1961 年在伯尔尼签订,该公约于 1970 年 2 月 7 日修订,修订案于 1975 年 1 月 1 日生效。1980 年该公约第八次修订,变身为《国际铁路运输公约》(COTIF)。为适应铁路私有化和市场变化,1999 年该公约又经重大修改,新公约于 2006 年生效。其成员包括主要的欧洲国家,如法国、德国、比利时、意大利、瑞典、瑞士、西班牙及东欧国家,此外还有西亚的伊朗、伊拉克、叙利亚、西亚北非的阿尔及利亚、摩洛哥、突尼斯等,共计 50 个缔约方,涵盖欧洲、中东和北非等地区。中国未加入该公约。

(一) 合同的订立

《国际货约》适用的铁路运输必须通过至少两个缔约国的领土。铁路一经发运附有运单的货物,国际铁路货物运输合同成立。

(二) 承运人的权利、义务和责任

1. 责任期间。铁路承运人应对接运货物至交付期间发生的货物全部或部分灭失和货物的损坏负损害赔偿责任。

2. 赔偿责任限额:承运人享有的责任限额为灭失或损坏货物毛重每千克不得超过 17 特别提款权。延迟交货时的赔偿额不超过运费额的 4 倍。

3. 承运人的免责。如运输期限的超过、货物的灭失或损坏是由于索赔人的任何错误行为和疏忽、由于索赔人的指示而非承运人的错误行为或疏忽的结果、由于货物固有的缺陷或由于承运人不可避免的情况以及此种情况的不能阻止的后果造成,承运人不负赔偿责任,但对此应承担举证责任。

(三) 诉讼时效

《国际货约》规定,铁路货物运输合同引起的诉讼时效为 1 年。如提出欺诈或故意行为的指控、现款交付之诉、收回由铁路方出售货物之净收入之诉、转运前的运输合同之诉,诉讼时效为 2 年。

第四节 国际货物多式联运法律制度

国际货物多式联运是指按照一个多式联运合同,以至少两种不同运输方式,由多式联运经营人将货物从一国接管货物的地点,运至另一国指定交付货物的地点的运输方式。国际货物多式联运是在集装箱运输的基础上发展起来的,将海上运输、航空运输、铁路运输、公路运输等多种运输方式结合在一起,实现了"门到门"的运输方式。

一、《联合国国际货物多式联运公约》

为实现国际货物多式联运法律制度的统一,1980 年 5 月 24 日在联合国贸易与发展会议的主持下,制定并通过了《联合国国际货物多式联运公约》,该公约是世界上第一个多式联运方面的公约,目前有 11 个国家批准了该公约,该公约至今尚未生效。[53] 公约的主要内容如下。

(一) 公约的适用范围

《联合国国际货物多式联运公约》适用于多式联运经营人接管货物或交付货物的地点必须位于缔约国境内的多式联运合同。本公约不得影响任何国际公约或国家法律中有关运输业务的管理和控制的适用,或与之相抵触。公约也不影响国家对多式联运制定法律的调控权利。[54]

(二) 多式联运经营人的赔偿责任

1. 责任期间。《国际货物多式联运公约》第 14 条规定,多式联运经营人对货物的责任期间,自其接管货物之时起到交付货物时为止。

2. 赔偿责任基础。《国际货物多式联运公约》实行完全推定过错责任原则,即对于责任期间内货物的灭失、损坏或延迟交付所引起的损害,除非他能证明其本人、受雇人、代理人或为履行合同而雇用的任何其他人,已为避免事故的发生及后果采取了一切所能合理要求的措施,否则,便推定损害是其过错行为所致,应承担赔偿责任。[55]

3. 赔偿责任限制。《国际货物多式联运公约》第 18 条和第 19 条对多式联运经营人的赔偿责任限额进行了详细规定:货物灭失或损坏的赔偿责任限额为每件或每货运单位不得超过 920 特别提款权,或按毛重每公斤不得超过 2.75 特别提款权,以较高者为准;国际多式联运合同如果不包括海上或内河运输,则多式联运经营人的赔偿责任为毛重每公斤不得超过 8.33 特别提款权;对迟延交货造成损失所负的赔偿责任限额,以相当于迟延交付货物应付运费的 2.5 倍的数额为限,但不得超过多式联运合同规定的应付运费的总额;如果货物的灭失或损坏发生于多式联运的某一特定区段,而对这一区段适用的一项国际公约或强制性国家法律规定的赔偿限额高于前述赔偿限额,则赔偿限额应按该公约或强制性国家法律予以确定。[56]

(三) 索赔与诉讼

1. 索赔通知。《国际货物多式联运公约》第 24 条规定:收货人应在收货的次一工作日将货损、灭失情况书面通知联运经营人;如果货损、灭失不明显,则在收货后连续 6 日内提出书面通知;如果在收货时双方已经对货物进行了联检,则无须提交书面通知;对于延迟交货,收货人应在收货后 60 日内向联运经营人提交书面通

---

[53] https://treaties.un.org/Pages/ViewDetails.aspx? src = TREATY&mtdsg_no = XI – E – 1&chapter = 11&dang = en, last visited on 10 September 2024.

[54] 参见《联合国国际货物多式联运公约》第 2 条、第 4 条。

[55] 参见《联合国国际货物多式联运公约》第 16 条。

[56] 参见《联合国国际货物多式联运公约》第 19 条。

知,否则,联运经营人对延迟交货造成的损失不负责任,联运经营人应在货损发生 90 日内,或在提交货物后 90 日内,以较迟者为准,将货损通知递交发货人。

2. 诉讼时效。《国际货物多式联运公约》第 25 条规定,诉讼时效为 2 年,但在货物交付后 6 个月内,或货物未交付时在应交付之日后 6 个月内,没有提出书面索赔通知,则在此期限届满后失去诉讼时效。

二、1992 年《多式联运单证规则》

由于《国际货物多式联运公约》迟迟未能生效,联合国贸易法委员会和国际商会转而在 1992 年起草制定了《多式联运单证规则》作为指导性规则,供当事人自由选择适用。

《多式联运单证规则》采用了典型的"网状责任制",即多式联运经营人对全程运输负责,除非能证明损失不是由于多式联运经营人本人、受雇人或代理人在履行合同中的过失或疏忽所引起的。多式联运经营人的责任限额为每件或每货运单位 666.67 特别提款权,或毛重每公斤 2 特别提款权,以高者为准。如联运不包括海运,则以毛重每公斤 8.33 特别提款权为限。

三、《中华人民共和国海商法》

我国《海商法》第四章第八节对国际货物多式联运合同进行了特别规定:

第一,定义。多式联运合同,是指多式联运经营人以两种以上的不同运输方式,其中一种是海上运输方式,负责将货物从接收地运至目的地交付收货人,并收取全程运费的合同。

第二,多式联运经营人的责任制度。我国《海商法》采取多式联运经营人"网状责任制";多式联运经营人与各区段承运人可以就多式联运合同的各区段运输,另以合同约定相互之间的责任,但是此项合同不得影响多式联运经营人对全程运输所承担的责任;货物的灭失或者损坏发生于多式联运的某一运输区段的,多式联运经营人的赔偿责任和责任限额,适用调整该区段运输方式的有关法律规定;货物的灭失或者损坏发生的运输区段不能确定的,多式联运经营人应当依照我国《海商法》关于承运人赔偿责任和责任限额的规定负赔偿责任。

第五节 国际货物运输保险法

对于货物在运输过程中发生的货损,货主通常会选择向承运人索赔。但由于相关运输国际公约、国内立法与运输合同都规定了承运人对于特定原因造成的货损不负赔偿责任,或者即使承担赔偿责任,也被限制在一定额度之内,货主的损失并不总能从承运人处获得补偿。因此,国际货物运输保险成为了国际贸易不可或缺的组成部分。

国际货物运输保险是指进出口商对于进出口货物按照一定的保险险别向保险公司投保并缴纳保费,当货物在运输途中遭遇到保险事故时,由保险公司对进出口商因此造成的货损或产生的责任予以赔偿。国际货物运输保险主要分为:国际海上货物运输保险、国际航空货物运输保险和国际陆上货物运输保险。

一、国际海上货物运输保险制度

海上货物运输是国际货物贸易的重要组成部分,而与海上货物运输密切相关的海上货物运输保险在国际贸易中扮演了极为重要的角色。通过海上货物运输保险,国际货物贸易中的买卖双方可以有效地减少交易中的风险。所以,我们可以毫不夸张地说,海上货物运输保险可以有效地保证国际货物贸易的顺利进行。

(一)国际海上货物运输保险合同的订立

国际上并没有统一的海上货物运输保险法,实践中保险人与被保险人之间的关系通过各国国内法和双方当事人订立的海上运输保险合同来确定。海上货物运输保险合同订立过程有六个环节:要保、核保、保险费报价、暂保、签发保险单和缴纳保险费。在英美国家,海上货物运输保险合同要通过保险经纪人才能订立。保险经纪人出具承保单,保险公司在承保单上签字,合同即告成立。保险经纪人可以代保险人收取保险费并收取保险佣金。我国海上货物运输保险合同,由被保险人直接向保险公司投保,经保险公司同意,双方对保险条款达成协议,保险合同即成立。

保险合同主要包括以下内容:保险人与被保险人名称、保险标的、保险价值、保险金额、保险责任和除外责任、保险期间和保险费。[57] 此外,还需要列明运输工具、运输路线和投保险别等。

(二)国际海上货物运输保险的基本原则

1. 保险利益原则

海上保险中的保险利益原则(principle of insurable interest)是主宰国际海上保险的灵魂。是"赌博"还是"合法地转嫁风险",保险利益是唯一的评价标准。没有保险利益就不能得到赔偿,这是海上保险法律制度中的一条重要原则。海上保险的保险利益原则是由英国1906年《海上保险法》所确立的,并被许多国家在立法

---

[57] 参见《中华人民共和国海商法》第217条。

和实践中所采纳。[58] 我国《保险法》第 12 条第 6 款规定:"保险利益是指投保人或者被保险人对保险标的具有的法律上承认的利益。"所谓"法律上承认的利益",应该包括根据法律规定而产生的利益以及根据合法有效的合同产生的利益。我国《海商法》没有直接关于保险利益的规定,因此该定义同样适用于海上货物运输保险合同。

例 4 – 7 贸易双方签订了一份价格条件为 FOB 的合同,买方向保险公司购买了含有"仓至仓"条款的"海洋货物运输一切险",但是货物从卖方仓库运往码头的途中因意外而全损。买方以保险单含有"仓至仓"条款为由,向保险公司要求赔偿,但是遭到拒绝。[59] 保险公司的拒绝赔偿是有道理的。这是因为尽管保险人的保险责任从卖方仓库起运时开始,但由于保险事故发生在货物装上船之前,买方并未承担该货物的风险,也没有取得该货物的所有权,在保险事故发生时,买方对该货物不具有保险利益。因此,买方作为被保险人与保险人订立的保险合同因买方在货物出险时对货物不具有保险利益而无效,买方不能获得保险赔偿。

2. 最大诚信原则

最大诚信原则(utmost good faith)是指保险人与被保险人在签订海上保险合同时,必须以有诚意、守信用、不欺瞒作为签约所依据的主要情况和条件,应将与投保有关的一切情况毫无保留地告诉对方。诚实信用原则是最大诚信原则的核心概念,[60] 最大诚信中的"最大"一词只是提出了高程度的诚信要求。[61] 在海上保险中,保险人需要根据一些特殊的事实才能计算出发生偶然事故的概率,而这些事实通常只有可能为被保险人所知悉。在这种情况下,保险人只有基于对被保险人的信任,根据其陈述,相信被保险人不会欺瞒他所知道的任何情况,有些情况客观存在而被保险人没有陈述的,就会误导保险人仍按照这种情况并不存在来评估风

---

[58] 英国 1906 年《海上保险法》第 5 条第 1 款、第 2 款规定:"依本法规定,凡对于特定海上航程有利害关系的人,有保险利益。特别是当一个人与特定航程或海上航程中任何可作为保险标的的财产有法律或衡平法上的关系,致使他因为保险标的安全无恙或准时到达目的地而获益,或因保险标的灭失、损坏或被扣押而蒙受损失或产生责任,此人有保险利益。"其中第 2 款提出了具备保险利益的三个特征,即:(1)被保险人会因保险标的的安全或按时到达而受益,或因其灭失或损害或被扣押而产生损失或责任;(2)被保险人与该特定航程或其中的任何保险利益之间有法律或衡平法上的关系;(3)这种受益、受损或产生的责任要是这种与保险财产或特定航程之间的关系所造成的。

[59] 梁慧星主编:《民商法论丛》(第 8 卷),法律出版社 1997 年版,第 690 页。

[60] 徐卫东主编:《商法基本问题研究》,法律出版社 2002 年版,第 292 页。

[61] Susan Hodges, *Law of Marine Insurance*, Cavendish Publishing Ltd., 1996, p.83.

险。[62] 因此,海上保险合同建立在最大诚信原则基础之上,这项原则是维护保险业务正常进行的必不可少的前提条件。

最大诚信原则的主要内容是诚实信用以及基于海上保险的特殊性所设定的一些特殊规则。这些特殊规则包括:(1)保险人的说明义务与被保险人的告知义务;(2)陈述义务与误述的处理规则;(3)海上保险中的保证制度;(4)风险变化的通知义务;(5)发生保险事故的处理规则;(6)违反最大诚信原则的处理规则。[63]

3. 近因原则

海上发生的突发事故往往是由多种原因的组合而造成的。近因原则(principle of proximate cause)是指只有当承保危险是造成保险标的损失的"近因"时,保险人才需要对被保险人进行保险赔付,[64]而对于承保范围以外的原因造成的损失,保险人不负赔偿责任。"近因"并非指时间上最接近损失的原因,而是指直接促成结果的原因或效果上有支配力的原因。[65]

4. 赔偿原则

赔偿原则(principle of indemnity)是指承保标的遭受保险责任范围内的事故,造成财产损失,保险人必须履行对被保险人的赔偿义务。英国1906年《海上保险法》和我国《海商法》第216条都明确地将海上保险合同确认为赔偿合同。赔偿原则具有明确的内容:(1)及时赔偿。及时赔偿是保险人的一项法定义务,我国《海商法》第237条对及时赔偿作了原则性规定,而《保险法》第23条、第25条则有具体规定。(2)全部赔偿。保险人对被保险人因保险事故造成的损失,应给予全额赔偿,不能作任何扣减。但是"不足额保险"和海上保险合同中订立"免赔额"条款的情况除外。(3)赔偿实际损失。被保险人获得的保险赔偿不得超过其实际损失,但法律特别认可的除外,如"定值保险"。[66]

(三)国际海上货物运输保险承保的风险与损失

1. 承保的风险

国际海上货物运输承保的风险主要包括以下三类:(1)自然灾害,是指由于自然力量所造成的灾害,如暴风雨、雷电、地震、海啸等自然现象;(2)意外事故,是指由于意外原因引起的事故,如船舶搁浅、触礁、沉没、碰撞、爆炸等事故;(3)外来原因,是指由于偷窃、受潮、串味、钩损、沾污等造成货物损失、灭失的外来原因,以及由战争、暴动、罢工等造成货物损失、灭失的特殊原因。

---

[62] 杨召南、徐国平、李文湘:《海上保险法》,法律出版社2009年版,第57页。
[63] 司玉琢:《海商法专论》(第三版),中国人民大学出版社2015年版,第389页。
[64] 司玉琢:《海商法》,中国人民大学出版社2008年版,第463页。
[65] 陈安主编:《国际经济法学》(第六版),北京大学出版社2015年版,第184页。
[66] 张丽英主编:《海商法》(第四版),中国政法大学出版社2015年版,第314~315页。

2. 除外风险

保险人一般会在保险单中列明某些原因所导致的损失不属于承保范围内,保险人不承担赔偿责任,即除外风险。除外风险一般包括:(1)被保险人的故意行为或过失;(2)被保险货物本身特性或本质缺陷所引起的损失;(3)自然消耗或磨损;(4)行市变化的损失;(5)航行延迟或交付迟延所造成的损失。

3. 承保的损失

由承保的风险所致的损失可以分为两类:货物本身遭受的全部损失(total loss)或部分损失(partial loss),以及为营救货物支出的费用。

(1)全部损失包括实际全损(actual total loss)和推定全损(constructive total loss)。实际全损是指货物全部灭失或因受损而失去原有用途,或被保险人已无可挽回地丧失了保险标的。推定全损是指货物受损后对货物的修理费用加上继续运至目的地的费用超过其运到后的价值。对于实际全损,保险人予以赔偿。对于推定全损,由被保险人选择:按照实际全损进行索赔,但必须向保险人发出委付通知;否则按照部分损失进行索赔。

(2)部分损失即除了全部损失以外的一切损失,包括共同海损(general average)、单独海损(particular average)和单独费用(sue and labour)。共同海损是指在同一海上航程中,船舶、货物和其他财产遭遇共同危险,为了共同安全,有意地和合理地采取措施所直接造成的特殊牺牲,支付的特殊费用。共同海损由获救船舶、货物、运费获救后的价值按比例在所有与之有利害关系的受益人之间进行分配,保险公司对共同海损的牺牲和费用以及分摊都赔偿。单独海损是指货物由于承保风险引起的不属于共同海损的部分损失。单独海损一般由受损方自己承担,能否从保险公司获得补偿取决于投保的险别以及保单的条款。单独费用是为了防止货物遭受承保风险所造成的损失或灭失所支付的费用。由于保单上通常载有"诉讼与营救条款",所以这项费用一般都能从保险公司获得补偿。

(四)委付与代位求偿权

委付(abandonment)是海上保险中特有的一项法律制度,是指保险标的发生推定全损时,被保险人把保险标的所有权转让给保险人,而请求保险人支付全部保险金额的单方行为。委付一经作出则不能撤回。保险人没有接受委付的义务,而其一旦接受,则取得货物所有权,当损失是由第三人过失或疏忽造成时,还取得了代位求偿权。

代位求偿权(subrogation)是指保险标的的损失是由于第三者的疏忽或过失造成的,保险人依保险合同向被保险人支付了约定的赔偿后取得的由被保险人转让的对第三者的损害赔偿请求权。保险人应以自己的名义向第三人提起诉讼。如保险人追偿所得大于赔付给被保险人的金额,则多出部分返还给被保险人。在赔付全部损失的情况下,保险人取得代位权的同时还取得了残存货物的所有权。即使残存价值大于保险公司的赔付额,超出部分归保险公司所有。

(五) 国际海上货物运输保险的险别

国际海上货物运输保险的险别主要体现在保险条款上。目前国际社会常用的国际海上货物运输保险条款是伦敦保险业协会制订的货物保险条款,我国对外贸易运输中除上述条款外,还经常使用中国人民保险公司制订的海洋运输货物保险条款。

1. 中国人民保险公司海洋运输货物保险条款

中国人民保险公司海洋运输货物保险条款分为一般保险条款和特殊保险条款。一般保险条款包括三种基本险别:平安险、水渍险和一切险;特殊保险条款包括一般附加险、特别附加险和特殊附加险。

(1) 平安险(free form particular average),英文意思为"单独海损不赔"。其责任范围主要包括:①被保险货物在运输途中由于恶劣气候、雷电、海啸、地震、洪水等自然灾害造成的整批货物的全部损失或推定全损;②运输工具遭受搁浅、触礁、沉没、互撞、与流冰或其他物体碰撞以及失火、爆炸等意外事故造成货物全部或部分损失;③在运输工具已经发生搁浅、触礁、沉没、焚毁等意外事故的情况下,货物在此前后又在海上遭受恶劣气候、雷电、海啸等自然灾害所造成的部分损失;④在装卸或转运时由于一件或数件整件货物落海造成的全部或部分损失;⑤被保险人对遭受承保责任内危险的货物采取抢救、防止或减少货损的措施而支付的合理费用,但以不超过该批被救货物的保险金额为限;⑥运输工具遭遇海难后,在避难港由于卸货所引起的损失以及在中途港、避难港由于卸货、存仓以及运送货物所产生的特别费用;⑦共同海损的牺牲、分摊和救助费用;⑧运输合同中订有"船舶互撞责任"条款,根据该条款规定应由货方偿还船方的损失。平安险是三种基本险别里保险人责任最小的一种。

(2) 水渍险(with particular average),英文意思为"单独海损负责"。该险的责任范围除平安险的各项责任外,还负责被保险货物由于恶劣气候、雷电、海啸、地震、洪水等自然灾害所造成的部分损失。

(3) 一切险(all risks),该险除包括水渍险的责任范围外,还负责赔偿被保险货物在运输途中由于外来原因所致的全部或部分损失。外来原因是指由一般附加险承担的损失,不包括特别附加险和特殊附加险。

一般附加险有 11 种,包括:偷窃、提货不着险;淡水雨淋险;短量险;混杂、沾污险;渗漏险;碰损、破碎险;串味异味险;受潮受热险;钩损险;包装破裂险;锈损险等。一般附加险不能单独投保,它必须附于主险项下。但是该附加险全部包括在一切险中,即投保了一切险就无须加保一般附加险。

特别附加险有 6 种,包括:交货不到险;进口关税险;舱面险;拒收险;黄曲霉素险;出口货物到香港(九龙)或澳门存仓火险责任扩展险。

特殊附加险有2种,包括:海洋运输货物战争险和罢工险。

2.伦敦保险业协会货物保险条款

目前通用的是1983年3月31日起使用的货物保险条款,共6种,即A条款、B条款、C条款、战争条款、罢工条款、恶意损害条款。与中国人民保险公司海洋运输货物保险条款相比,有如下不同:(1)伦敦保险业协会货物保险条款用英文字母A、B、C表示原来的一切险、水渍险和平安险,避免了过去因险别名称含义不清且与承保范围不符产生的误解,消除了险别之间的交叉与重叠;(2)增加了承保陆上风险的规定,如B、C条款承保由于陆上运输工具的颠翻、出轨、碰撞引起的货损以及湖水、河水侵入船舶造成的损害;(3)增加独立投保的保险条款。除A、B、C条款外,还有协会战争条款、罢工条款、恶意损害条款,均可独立投保,或在投保了A、B、C条款后加保。

二、国际航空货物运输保险制度

国际上有关航空货物运输保险没有统一的规定,各国保险公司根据自己的保险单设立保险条款,其保险内容大致相同。以下以中国人民保险公司航空货物运输保险条款为例介绍航空货物运输保险的相关内容。

(一)航空货物运输保险的险别与承保范围

中国人民保险公司航空货物运输保险条款分为航空运输险和航空运输一切险两个险种。

1.航空运输险。承保范围包括:(1)被保险货物在运输途中遭受雷电、火灾、爆炸或由于飞机遭受恶劣气候或其他危难事故而被抛弃,或由于飞机遭受碰撞、倾覆、坠落或失踪等意外事故所造成的全部或部分损失;(2)被保险人对遭受承保范围内危险的货物采取抢救、防止或减少货损的措施而支出的合理费用,但以不超过该批被救货物的保险金额为限。

2.航空运输一切险。除包括上述航空运输险的责任外,还负责被保险货物由于偷窃、短少等外来原因所致的全部或部分损失。

国际航空货物运输保险的除外责任与国际海上货物运输保险的除外责任相同。

(二)航空货物运输保险的责任期间

国际航空货物运输保险采用"仓至仓"责任期间,自被保险货物运离保险单所载明起运地仓库或储存处所开始运输时生效,包括正常运输过程中的运输工具在内,直至该货物到达保险单所载明目的地收货人的最后仓库或储存处所或被保险人用作分配、分派或非正常运输的其他储存处所为止。如未抵达上述仓库或储存处所,则以被保险货物在最后卸载地卸离飞机后满30天为止。如在上述30天内被保险的货物需转送到非保险单所载明的目的地,则以该货物开始转运时终止。

三、国际陆上货物运输保险制度

国际上有关陆上货物运输保险没有统一的规定，各国保险公司根据自己的保险单设立保险条款，其保险内容大致相同。以下以中国人民保险公司陆上货物运输保险条款为例介绍陆上货物运输保险的相关内容。

(一) 陆上货物运输保险的险别与承保范围

中国人民保险公司陆上货物运输保险条款包括：陆运险、陆运一切险、陆上运输货物战争险和陆上运输冷藏货物保险四个险种。

1. 陆运险。承保范围是：被保险货物在运输途中遭受暴风、雷电、洪水、地震等自然灾害或由于运输工具遭受碰撞、倾覆、出轨、失火、塌方或爆炸等意外事故所造成的全部或部分损失，以及被保险人对遭受承保责任范围内危险的货物采取抢救、防止或减少损失的措施而支付的合理费用，但以不超过该被救货物的保险金额为限。

2. 陆运一切险。承保范围是：被保险货物在运输途中由于外来原因造成的短少、短量、偷窃、渗漏、碰损、破碎、钩损、雨淋、生锈、受潮、受热、发霉、串味、沾污等全部或部分损失。

3. 陆上运输货物战争险。该险别是陆上运输货物保险的一种附加险，只有在投保了基本险之后才能附加投保。我国保险公司只接受用火车运输的货物承保此附加险。陆上运输货物战争险的承保范围是：陆运途中的货物由于战争、类似战争行为和敌对行为、武装冲突所致的损失，以及各种常规武器所致的损失。但对于敌对行为使用原子武器或热核武器所致的损失和费用，以及根据执政者、当权者或其他武装集团的扣押、拘留引起的承保运程的丧失和挫折而造成的损失除外。

4. 陆上运输冷藏货物保险。该险别是陆上运输货物保险的一个专门保险，其承保范围是：陆运全部保险责任范围；由于冷藏机器或隔温设备在运输途中损坏，而使被保险货物解冻溶化而腐败造成的损失。

国际陆上货物运输保险的除外责任与国际航空货物运输保险的除外责任相同。

(二) 陆上货物运输保险的责任期间

国际陆上货物运输保险采用"仓至仓"责任期间，自被保险货物运离保险单所载明起运地仓库或储存处所开始运输时生效，其范围包括正常运输过程中的陆上和与其有关的水上驳运在内，直至该货物运达保险单所载目的地收货人的最后仓库或储存处所或被保险人用作分配、分派的其他储存处所为止。如未抵达上述仓库或储存处所，则以被保险货物运抵最后卸载的车站满60天为止。陆上运输冷藏货物保险的责任期间也采用"仓至仓"的责任条款。陆上运输冷藏货物保险责任的有效期限以被保险货物到达目的地车站后10天为限。

练习题

一、问答

1. 什么是提单？提单的作用有哪些？
2. 调整班轮运输的国际公约有哪些？它们在承运人责任制度的规定上有何异同？
3. 《鹿特丹规则》的主要内容是什么？主要创新有哪些？
4. 租船合同的主要类型有哪些？各自具有什么特点？
5. 《蒙特利尔公约》的主要内容有哪些？它与华沙公约体系有何关系？
6. 《国际货协》对承运人的权利、义务和责任进行了哪些规定？
7. 国际海上货物运输保险的基本原则有哪些？其各自含义是什么？
8. 国际海上货物运输保险的主要险别有哪些？各自的承保范围是什么？

二、案例分析

位于我国青岛的华宇公司向美国的 KINADO 公司定购手提电脑 2000 台。合同规定，电脑价格为每台 1000 美元 CIF 青岛，2001 年 6 月 1 日波士顿港装货。合同未规定法律适用问题。货物于 2001 年 6 月 1 日装船，但是外包装有破损。KINADO 公司向船公司出具了货物品质保函。船长应 KINADO 公司的请求，出具了清洁提单。KINADO 公司据此从银行取得了货款。货物到达青岛港后华宇公司发现，手提电脑的外包装箱有严重破损，电脑亦受到损坏，遂向船方提出索赔。船公司出示了 KINADO 公司提供的保函，认为该事应由 KINADO 公司负责，并建议华宇公司凭手中的保险单向保险公司索赔。各方当事人就赔偿问题发生争议，于是向青岛市中级人民法院提起诉讼。

(1) 青岛市中级人民法院在审理当事人争议过程中应适用哪一国的法律？为什么？
(2) 船方是否承担责任？华宇公司可否向船方提出索赔？为什么？
(3) KINADO 公司应否承担责任？如是，应对谁承担一种什么样的责任？
(4) 如果华宇公司向保险公司索赔，则保险公司可能如何对待华宇公司的索赔？
(5) 本案中华宇公司可能有哪几种救济方式？

拓展阅读

1. 司玉琢：《海商法》（第 5 版），法律出版社 2023 年版。
2. 杨良宜、杨大明：《提单与其他付运单证》，大连海事大学出版社 2023 年版。
3. 司玉琢、张永坚、蒋跃川编著：《中国海商法注释》，北京大学出版社 2019 年版。
4. 何丽新等著：《〈海商法〉修订中重大问题研究》，法律出版社 2023 年版。

5. [加]威廉·台特雷:《国际海商法》,张永坚等译,法律出版社 2005 年版。
6. [美]G. 吉尔摩、C. L. 布莱克:《海商法》,杨召南等译,中国大百科全书出版社 2000 年版。
7. Yvonne Baatz ed. , *Maritime Law*, 5th ed. , Routledge, 2021.
8. Caslav Pejovic, *Transport Documents in Carriage of Goods by Sea: International Law and Practice*, Routledge, 2020.
9. Özlem Gürses, *Marin Insurance Law*, Routledge, 2015.

第五章 国际货币金融法

国际货币金融法主要体现为国际货币体系和国际金融制度。在国际经济交往中,除了货物的流通、资本的流通之外,在很多时候还涉及货币自身的流通。货币在国际经济法律体系中究竟处于何种地位?在以货币为客体的国际经济交往过程中,都有哪些法律制度,这些制度是如何影响国际经济交往的,是一个非常值得我们关注,而且对于国际经济秩序、国家的经济发展具有至关重要地位的问题。本章我们将从国家货币主权开始,对国际货币的基本制度进行展开,继而对国际货币交往的基本状况和规则予以阐释。

第一节 国际货币法

一、货币主权

(一)货币主权的内涵

货币主权是国家主权的重要组成部分。它意味着每一个国家在其国内拥有发行和管理本国货币的最高权力,并且,依据此种权力,在国际上独立执行其对外的货币政策、平等参与国际货币金融事务。

从传统的意义上看,货币是一个国家所发行的、在发行国境内作为普遍的交易手段和共同等价物的财产。货币是一个极为常见的社会现象和社会存在,但是要想进行全面的归纳和科学的界定,却存在诸多的困难。即使前述的传统理解,也有诸多被突破的方面。比如,一个非国家行为体是否可以在一定范围之内发行类似于货币的流通券?在网络时代,超越国家的网络货币是否可能?同时,在国际经济交往的时代,货币是否仅仅限于在一个国家的境内使用?这都是在国际经济发展的过程中出现的新问题。

在历史上,货币本身就曾经拥有过价值。比如,以稀缺金属金银来制作货币,其本身就拥有价值;而现在的货币在多数时候都体现为纸币,或称银行券。银行券的价值并不在于其纸张和印刷,而在于其代表的国家信用。当前,以中国为引领的网上支付潮流,使得人们更多地理解了货币的本质:货币的价值并不在于有多少张纸,而在于作为一个普遍等价物,是一个多大的数字。

(二)货币主权的外延

作为国家主权的一个部分,货币主权分为对内和对外两个方面。

货币主权的对内方面主要体现在发行独立的国家货币,确立本国的货币制度。国家发行独立货币的权力,是这一国家进行国内管理的应有之义,因此它拥有铸造货币的最高权力。在一个国家之内,货币一般由中央银行来发行,而发行的数量应当是有控制的,以满足经济发展为原则。货币发行量如果超过经济发展的实际状态,也就是货币与社会财富的存量不成正比,则有可能导致货币价格的下降,即通货膨胀。

在货币发行领域,各国一般通过法律明确规定,中央银行具有货币发行的垄断权,中央银行所发行的货币具有无限法偿能力。同时,以立法的方式规定了货币发行的程序和流通的管理。为了保证货币价值的稳定性,很多国家都要求货币发行应当具有一定的限度,并且要提供发行的保证,也就是在发行货币的时候,要有百分之百的合格资产作为准备金。

货币制度,就是国家在本国货币流通方面所确立的原则规则、组织机构和运转程序,主要涉及的方面有货币材料的确定、货币单位的确定、货币的种类、对不同种类货币的铸造发行的管理、对不同种类货币的支付能力的规定以及准备制度等等。货币制度的核心是关于本位货币的规定。本位货币,即一个国家的法偿货币具有无限的法偿效力,是法定的计价和结算货币,在金属货币制度之下,本位货币按照国家规定的货币单位铸成,它的名义价值与实际价值金属本身所具有的价值,是相一致的,例如中国传统上经常用多少两白银来计价,白银本身就是具有价值的。但是,现在各国的本位货币都不再是贵金属,而仅仅是纸币,不再能够兑现成为贵金属。但是根据一个国家的货币制度,任何人不得拒绝接受国家以法定货币作为支付手段。

货币主权的对外方面主要体现在确定本国货币同外国货币的关系,制定本国独立的货币政策。为此,国家可以:

- 建立发行和管理货币的专门机构
- 颁布有关货币的法律法规
- 确定货币的名称
- 保护货币的价值和正常流通
- 禁止伪造和走私货币
- 建立外汇货币市场
- 维护本国货币和外国货币的比价
- 进行外汇买卖、调控
- 协调货币的国际流动
- 协商解决货币纠纷
- 维持国际货币秩序
- 遵守货币领域的国际法义务

因为货币主权是国家管理权能的一个部分,所以,国家可以自由地对货币的单位、货币与贵金属的关系、货币的升值贬值、汇率制度进行决定。除了国家明确地约定受某些允诺的约束,否则,国家没有任何禁止性规范需要遵守。值得注意的是,随着国家之间的交往日趋频繁深入,国家之间在货币领域的彼此影响也日益复杂,因而,一个国家的金融秩序很可能会对其他国家造成风险甚至危机。近代以来,出现的很多次危机都与货币相关,所以,国际社会现在已经建立起了货币和外汇管理方面的制度。

一个国家如果在没有明确的国际义务允诺之时,可以独立运用各种工具,决定货币存量、调整总需求,对宏观经济进行调节,为此确立其货币政策,包括政策工具、中介指标和政策目标三个部分。从国际交往的角度讲,《国际货币基金协定》(Agreement of the International Monetary Fund)确立了国家货币政策不得损害其他国家利益的要求,同时也要求不能破坏国际货币秩序的国际货币关系基本原则,要求会员国在制定本国货币政策的时候要共同维护国际货币制度,促进国际货币合作。

二、国际货币制度

(一)国际货币制度的内涵

国际货币体系(international currency/monetary system)是在国际经济关系中各国按某些共同的习惯或某种协定,对各国货币之间的兑换、汇率制度、国际收支的调节、储备资产的供应、国际资金流动等问题做出的安排,是对货币在国际范围内发挥世界货币职能所确定的原则、采取的措施和建立的组织形式的总称。

国际货币制度包括五个方面的内容:

1. 各国货币的汇率制度,包括汇率确定的原则、波动的界限、调整的幅度。汇率制度分为固定汇率制和浮动汇率制。

2. 国际支付原则。决定一国货币的兑换性与外汇管理,包括对外支付是否受到限制,一国货币可否自由兑换成支付货币,本国货币与其他国家货币之间的汇率如何确定。

3. 主导货币或国际储备资产的确定及储备资产的供应方式,即用什么货币作为支付货币,一国政府应持有何种为世界各国所普遍接受的资产作为储备资产。

4. 国际货币发行国的国际收支及履约机制,包括国际收支的调节(各国政府用什么方式弥补国际收支缺口),逆差和顺差国所承担的国际责任。

5. 国际货币金融事务的协调机制或建立有关协调和监督机构,负责此领域的协调磋商和有关管理。

国际货币制度的直接作用是确保外汇市场的有序与稳定,防止循环的恶性贬值、解决国际收支问题,为国际收支不平衡的调节提供有利手段和解决途径;并且为遭遇破坏性冲击的国家或地区提供获得国际信用的便利。更为广义的目标在于促进各国的经济政策协调,保障国家贸易、世界经济的稳定和有序发展,使各国的资源得到有效的开发利用。

(二) 国际货币制度的发展进程

国际货币制度最初是习惯做法,后来逐渐凝聚为国际立法,在从习惯做法到立法的过程中,各国基于自身的利益和要求所进行的实践是国际货币法发展的重要基础。国际货币体系经历了从"金本位"(gold standard)到当今的牙买加体系的漫长而复杂的发展过程。

1. 货币本位的演进

在国际货币制度的最初阶段(1880~1914年),采取了金本位制度,这是一种以一定成色及重量的黄金为本位货币的制度。其特点是黄金充当国际货币,各国货币的汇率由其含金量决定,国际收支由物价现金流动机制自动调节。各国可以自由铸造、自由兑换、自由输出、输入和储藏黄金。其优势在于,货币制度较为稳定,表现为该体系下各国货币之间的比价、黄金以及其他代表黄金流通的铸币和银行券之间的比价以及各国物价水平相对稳定。因而对汇率稳定、国际贸易、国际资本流动和各国经济发展起了积极作用。但劣势在于该货币制度过于依赖黄金,而黄金产量的增长远远无法满足世界经济贸易增长对黄金的需求,各国经济实力的巨大差距又形成了黄金储备分布的极端不平衡,于是黄金兑换日益困难。"一战"爆发,各国中止黄金输出,停止银行券和黄金的自由兑换,金本位制度宣告解体。

1918~1939年,国际社会进入金本位制度的恢复时期,建立了虚金本位制度(又称金汇兑本位制)。该制度在1922年意大利热那亚召开的国际货币金融会议上确定,在"一战"结束到20世纪30年代经济大萧条蔓延期间适用。基本内容是,黄金依旧是国际货币体系的基础,各国纸币仍规定有含金量,代替黄金执行流通、清算和支付手段的职能;本国货币与黄金直接挂钩或通过另一种同黄金挂钩的货币与黄金间接挂钩,与黄金直接或间接保持固定的比价;间接挂钩的条件下,本国货币只能兑换外汇来获取黄金,而不能直接兑换黄金;黄金只有在最后关头才能充当支付手段,以维持汇率稳定。其优势在于节约了黄金的使用,弥补了金本位中黄金量不足的劣势;但是世界贸易的发展中对黄金的需求和黄金的产量的缺口仍然存在,尤其是在汇率频繁波动时用黄金干预外汇市场来维系固定比价显得力不从心。1929~1933年的世界经济危机使国际虚金本位制度瓦解。

从20世纪30年代到第二次世界大战前,国际货币制度进入了长达十几年的混乱时期。分裂成以英、美、法三国为中心的相互竞争的货币集团(英镑集团、美元集团、法郎集团),三大集团以各自国家的货币作为储备货币和国际清偿力的主要来源,同时展开了世界范围内争夺国际货币金融主导权的斗争,各国货币竞相贬值,动荡不定。这种局面一直持续到"二战"结束。

2. 布雷顿森林体系的形成

一般认为,现代国际货币金融制度形成于第二次世界大战后的布雷顿森林会议。

美国成为第二次世界大战的最大赢家,不但打赢了战争,而且发了战争财。在"二战"即将结束时,美国的黄金储备占当时世界各国官方总量的75%以上,美国登上了资本主义世界盟主地位,美元的国际地位得到稳固。

在第二次世界大战后期,美英两国政府出于本国利益的考虑,构思和设计战后国际货币体系,分别提出了"怀特计划"(主张者为时任美国财政部助理部长的哈里·怀特,内容是强化美元地位)和"凯恩斯计划"(主张者为英国经济学家凯恩斯)。二者都以设立国际金融机构、稳定汇率、扩大国际贸易、促进世界经济发展为目的,但运营方式不同。1944年4月,双方达成了反映怀特计划的"关于设立国际货币基金的专家共同声明","怀特计划"成为布雷顿森林会议最后通过决议的蓝本。

1944年7月,美国邀请参加筹建联合国的44个国家或政府的经济代表在美国新罕布什尔州的布雷顿森林举行会议,商讨战后的世界贸易格局。经过3周的激烈讨论,会议通过了以"怀特计划"为基础制定的《国际货币基金协定》和《国际复兴开发银行协定》(Articles of agreement of the international bank for reconstruction and development),1945年12月27日,参加布雷顿森林会议的国家中的22国代表在《布雷顿森林协定》(Bretton Woods system)上签字,正式成立永久性国际货币金融机构——国际货币基金组织(简称IMF)和世界银行(简称WB)。建立了"金本位制"崩溃后一个新的国际货币体系,即布雷顿森林体系。

需要说明的是,"布雷顿森林体系"这一概念在货币和金融领域可以从广义和狭义两个维度去认识。广义的布雷顿森林体系,是由世界银行和国际货币基金组织所确立的国际货币和资金融通、银行信贷体系,这一体系至今仍然存在。而狭义的布雷顿森林体系则是下面所讨论的美元与黄金挂钩、各国货币与美元挂钩的双挂钩货币体系,这一体系已经被牙买加体系所替代。

3. 布雷顿森林体系核心内容

作为国际货币制度的布雷顿森林体系是以美元为中心的国际金汇兑本位制,又称"美元—黄金本位制"。主要内容包括以下几点:

(1)美元与黄金挂钩,成为国际储备货币。布雷顿森林体系以黄金储备为基础,以美元为主要国际货币,实行"美元—黄金本位制"。各国确认1944年1月美国规定的官价:35美元=1盎司黄金,每一美元的含金量为0.888671克黄金。美国准许各国政府或中央银行随时按官价向美国兑换黄金。为使黄金官价不受自由市场金价冲击,各国政府需协同美国政府在国际金融市场上维持这一黄金官价。美元成为各国外汇储备中最主要的国际储备货币。

(2)其他国家货币与美元保持固定比价,通过黄金平价决定固定汇率。

(3) 确立可调整的固定汇率。《国际货币基金协定》规定,各国货币兑美元的汇率,只能在法定汇率上下各 1% 的幅度内波动。否则各国政府有义务在外汇市场上进行干预,以维持汇率的稳定。若会员国法定汇率的变动超过 10%,就必须得到国际货币基金组织的批准。[1]

(4) 各国货币兑换性与国际支付结算原则。《国际货币基金协定》规定,任何会员国对其他会员国在经常项目往来中积存的本国货币,若对方为支付经常项货币换回本国货币。考虑到各国的实际情况,《国际货币基金协定》作了"过渡期"的规定。国际支付结算的原则是,会员国未经基金组织同意,不得对国际收支经常项目的支付或清算加以限制。

(5) 国际收支的平衡。根据《国际货币基金协定》,国际收支的失衡有两种调节方法:一是短期的失衡由国际货币基金组织提供信贷资金解决,二是根本性失衡通过调整汇率平价来解决。国际货币基金组织会员国份额的 25% 以黄金或可兑换成黄金的货币缴纳,其余则以本国货币缴纳。会员国发生国际收支逆差时,可用本国货币向基金组织按规定程序购买(即借贷)一定数额的外汇,并在规定时间内以购回本国货币的方式偿还借款。会员国所认缴的份额越大,得到的贷款也越多。贷款只限于会员国用于弥补国际收支赤字,即用于经常项目的支付。[2]

布雷顿森林体系下,自由兑换、黄金流动都受到一定的限制,自由的多边结算也受制于国家的外汇管制。

4. 布雷顿森林体系的支柱

从制度建设的角度来看,布雷顿森林体系签订了有一定约束力的《国际货币基金协定》,建立了国际货币基金组织、国际复兴开发银行等永久性国际金融机构,以国际法的形式建立了现代国际货币管理所必需的国际收支调节制度、国际信贷监督制度、国际金融统计制度、国际汇率制度、国际储备制度、国际清算制度等,对会员国政府进行约束,初步构建了把资本主义国家囊括在国际金汇兑本位制之下的统一性,以及全面规定维持货币制度运转各方面的严整性。通过国际金融机构的组织、协调和监督,保证统一的国际金汇兑本位制各项原则、措施的推行。

从金融运行的角度来看,以美元为中心的布雷顿森林体系与美国的经济实力和黄金储备分不开。该体系以黄金为基础,以美元作为最主要的国际储备货币,美元可以兑换黄金和各国实行可调节的钉住汇率制,是构成这一货币体系的两大支

---

[1] 1971 年 12 月,这种即期汇率变动的幅度扩大为上下 2.25% 的范围,决定"平价"的标准由黄金改为特别提款权。布雷顿森林体系的这种汇率制度被称为"可调整的钉住汇率制度"。

[2] 但是,在实际运行中,两种方法的效用不大。IMF 通过配额筹集的资金规模有限,解决不了巨额的国际收支平衡问题。同时,在布雷顿森林体系下,汇率调整的情况不多见。事实上在布雷顿森林体系下运行的 20 多年时间里,国际收支普遍失衡的问题没有得到真正解决。韩龙主编:《国际金融法》,法律出版社 2004 年版,第 67~68 页。

柱。因此，该体系运转要求三个基本条件：(1)美国国际收支必须顺差，保证美元对外价值稳定；(2)美国黄金储备充足；(3)黄金维持在官价水平。

现实中，这三个条件很难同时满足。美国经济学家特里芬1960年在其著作《黄金与美元危机——自由兑换的未来》一书中揭示了布雷顿森林体系所存在的难以解决的内在矛盾：由于美元与黄金挂钩，而其他国家的货币与美元挂钩，美元虽然取得了国际核心货币的地位，但是各国为了发展国际贸易，必须用美元作为结算与储备货币，这样就会导致流出美国的货币在海外不断沉淀，对美国来说就会发生长期贸易逆差。而美元作为国际货币核心的前提是必须保持美元币值稳定与坚挺，这又要求美国必须是一个长期贸易顺差国。这两个要求互相矛盾，因此是一个悖论。被称为"特里芬难题"(Triffin Dilemma)。[3]"特里芬难题"揭示了该体系存在无法解决的难题：布雷顿森林制度以一国货币作为主要国际储备货币，在黄金生产停滞的情况下，国际储备的供应完全取决于美国的国际收支状况：美国的国际收支保持顺差，国际储备资产不敷国际贸易发展的需要，形成"美元荒"(Dollar Shortage)；[4]美国的国际收支保持逆差，国际储备资产过剩，美元发生危机，危及国际货币制度。[5]

5. 布雷顿森林体系的作用

布雷顿森林体系使得美元处于国际货币的中心地位，塑造了美元的世界货币角色，但同历史上的国际货币制度相比，仍有了明显的改进，从功能上看，有助于国际金融市场的稳定，对"二战"后的经济复苏起到了一定的作用。

(1)布雷顿森林体系暂时结束了"二战"前货币金融领域的混乱局面，稳定了世界金融市场，维持了"二战"后世界货币体系的正常运转。以美元为中心的布雷顿森林体系的建立，使国际货币金融关系有了统一的标准和基础，混乱局面暂时得以稳定。

---

[3] 有学者考证，早在1929年，波兰经济学家Feliks Młynarski在其著作《黄金与中央银行》(Gold and Central Banks)中就已经探讨了这一问题，故而建议称之为Młynarski难题。

[4] 美元荒是指美元供不应求的状况。"二战"后，美国生产力大大提高，而欧洲各国资金短缺、物资匮乏，急需从美国进口商品。所以美国大举向西欧、日本以至世界各地输出商品，使美国的国际收支持续出现巨额顺差，但购买美国商品必须用美元或黄金支付，而各国黄金数量有限，无力向美国出口换取美元，这使美国国际收支大量盈余，其他国家大量需求美元，引起国际市场上美元汇率上涨。到1949年，美国黄金储备高达245亿美元之多，世界其他国家就发生了美元荒。

[5] 其推理过程是：作为国际支付手段与国际储备手段，美元币值稳定，其他国家就会接受。而美元币值稳定，要求美国有足够的黄金储备，而且美国的国际收支必须保持顺差，从而使黄金不断流入美国而增加其黄金储备。否则，人们在国际支付中就不会接受美元。此外，全世界要获得充足的外汇储备，美国的国际收支就要保持大量逆差，否则全世界就会面临外汇储备短缺，国际流通渠道出现国际支付手段短缺。随着美国逆差的增大，美元的黄金保证会不断减少，美元将不断贬值。

(2)布雷顿森林体系解决了国际储备(黄金)短缺的困难,促进了各国国内经济的发展。在金本位制下,各国注重外部平衡,国内经济往往带有紧缩倾向。在布雷顿森林体系下,各国偏重内部平衡,危机和失业情形较之战前有所缓和。

(3)布雷顿森林体系在相对稳定的情况下扩大了世界贸易。美国通过赠与、信贷、购买外国商品和劳务等形式,向世界散发了大量美元,客观上扩大了世界的购买力。固定汇率制在一定程度上稳定了主要国家的货币汇率,有利于国际贸易的发展。

(4)布雷顿森林体系促进了国际金融合作,有助于生产和资本的国际化。汇率的相对稳定,避免了国际资本流动中引发的汇率风险,有利于国际资本的输入与输出;为国际融资创造了良好环境,有助于金融业和国际金融市场发展,也为跨国公司的生产国际化创造了良好的条件。

(5)布雷顿森林体系形成后,国际货币基金组织和世界银行的活动对世界经济的恢复和发展起到了一定的积极作用。国际货币基金组织提供的短期贷款暂时缓和了战后许多国家的收支危机,促进了支付办法上的稳步自由化。国际货币基金组织的贷款业务迅速增加,重点由欧洲转至第三世界。世界银行提供和组织的长期贷款和投资不同程度地解决了会员国战后恢复和发展经济的资金需要。国际货币基金组织和世界银行在提供技术援助、建立国际经济货币的研究资料及交换资料情报等方面对世界经济的恢复与发展起到了一定作用。

6. 布雷顿森林体系的缺陷

布雷顿森林体系以一个强大经济实体来稳固世界金融市场,容易因为此经济实体的起伏与盛衰导致世界金融市场的波动,而造成不稳定性。其缺陷可以从总体格局和美国自身的经济状况予以考察。

(1)布雷顿森林体系作为货币制度的困境。由于经济发展的不平衡性,各国经济实力对比一再发生变化,布雷顿森林体系中的矛盾和缺陷日益暴露。

第一,金汇兑制本身的缺陷。货币是商品价值的衡量尺度,当人们把货币的职能与一种储量有限的金属结合起来的时候,金属的价值就必然随着商品的丰盈或短缺而发生波动,所以布雷顿森林体系想保持金本位货币的稳定价值就很难实现。

第二,储备制度不稳定。布雷顿森林体系无法提供一种数量充足、币值坚挺、可以为各国接受的储备货币,以使国际储备的增长能够适应国际贸易与世界经济发展的需要。

第三,国际收支调节机制的缺陷。布雷顿森林体系规定汇率浮动幅度需保持在1%以内,汇率缺乏弹性,着重于国内政策的单方面调节,限制了汇率对国际收支的调节作用。

第四,内外平衡难统一。在固定汇率制度下,各国不能利用汇率杠杆来调节国际收支,只能牺牲内部平衡,通过采取有损于国内经济目标实现的经济政策或采取管制措施来换取外部平衡。当美国国际收支逆差、美元汇率下跌时,其他国家应根据固定汇率原则干预外汇市场,这会导致和加剧这些国家的通货膨胀;若这些国家不加干预,就会遭受美元储备资产贬值的损失。

(2) 布雷顿森林体系依赖于美国经济的困境。布雷顿森林体系使得美元与黄金挂钩,享有特殊地位,加强了美国对世界经济的影响。美国通过发行纸币而不动用黄金进行对外支付和资本输出,有利于美国的对外扩张和掠夺。

同时,美国承担了维持金汇兑平价的责任。美元作为国际支付手段与国际储备手段,发挥着世界货币的职能。美国虽然借此成就了自身的世界金融霸权,但世界经济此消彼长,美国黄金储备减少。当人们对美元充分信任,美元相对短缺时,这种金汇兑平价可以维持;当人们对美元产生信任危机,美元拥有太多,要求兑换黄金时,美元与黄金的固定平价就难以维持。事实上,美国经济危机频繁爆发。第二次世界大战后从美元荒(短缺)到美元灾(过剩,Dollar Glut),是这种矛盾发展的必然结果。1950年,朝鲜战争爆发,美国海外军费剧增,国际收支连年逆差,黄金储备源源外流。20世纪60年代中期,美国卷入越南战争,财政赤字巨大,国际收支进一步恶化,美元的信誉受到冲击,黄金储备不断减少。1971年,美国的黄金储备是它对外流动负债的15.05%。美国完全丧失了承担美元对外兑换黄金的能力。1973年美国爆发了最为严重的经济危机,黄金储备已从战后初期的245.6亿美元下降到110亿美元,没有充分的黄金储备作基础,严重地动摇了美元的信誉。美国通货膨胀加剧,在两次石油危机中因石油提价而增加支出;由于失业补贴增加,劳动生产率下降,造成政府支出急剧增加。与此相对,西欧各国经济增长、出口贸易扩大,其国际收支由逆差转为顺差,美元和黄金储备增加。美国收支逆差引起资金大量外流,美元贬值,各国纷纷抛售美元、抢购黄金和硬通货,形成"美元灾"。这使美元汇率承受巨大的冲击和压力,不断出现下浮的波动。

7. 布雷顿森林体系崩溃

随着国际收支逆差的逐步增加,美国的黄金储备日益减少。为了抑制金价上涨,保持美元汇率,减少黄金储备流失,美国联合英国、瑞士、法国、西德、意大利、荷兰、比利时八个国家于1961年10月建立了黄金总库,八国央行共拿出2.7亿美元的黄金,由英格兰银行为黄金总库的代理机关,负责维持伦敦黄金价格,并采取各种手段阻止外国政府持美元外汇向美国兑换黄金。1968年3月的半个月中,美国黄金储备流出了14亿多美元,仅3月14日一天,伦敦黄金市场的成交量达到了350~400吨的破记录数字。美国没有了维持黄金官价的能力,经与黄金总库成员协商后,宣布不再按每盎司35美元官价向市场供应黄金,市场金价自由浮动。

1971年7月第七次美元危机爆发,8月15日美国政府宣布停止各国中央银行按官价向美国兑换黄金,同年12月宣布美元与黄金比价贬值7.89%,但这些措施并未阻止美国国际收支危机和美元危机的延续。

1971年12月以《史密森协定》为标志,美元对黄金贬值,美联储拒绝向国外中央银行出售黄金。至此,美元与黄金挂钩的体制名存实亡。

1973年2月,国际金融市场又一次掀起了抛售美元、抢购原西德马克和日元并进而抢购黄金的风潮。此时,美国政府再次宣布美元贬值10%。但是,1973年3月,西欧又出现了抛售美元的风潮,3月16日,欧洲共同市场9国在巴黎举行会议并达成协议,联邦德国、法国等国家对美元实行"联合浮动",彼此之间实行固定汇率。英国、意大利、爱尔兰实行单独浮动,暂不参加共同浮动。其他主要西方货币实行了对美元的浮动汇率。至此,以美元为中心的固定汇率制度崩溃。

作为国际货币制度的布雷顿森林体系(狭义)崩溃以后,国际货币基金组织和世界银行作为重要的国际组织(广义布雷顿森林体系)仍然存在并发挥作用。

8. 牙买加体系

布雷顿森林体系瓦解后,国际货币基金组织于1976年通过《牙买加协定》,确认了布雷顿森林体系崩溃后浮动汇率的合法性,继续维持全球多边自由支付原则。这种国际货币制度安排被称为牙买加体系。虽然美元的国际本位和国际储备货币地位遭到削弱,但其在国际货币体系中的领导地位和国际储备货币职能仍得以延续。布雷顿森林体系下的准则与规范却支离破碎。因此现存国际货币体系被人们戏称为"无体系的体系",规则弱化导致重重矛盾,特别是经济全球化引发金融市场全球化趋势使得体系所固有的矛盾日益凸显。

(三) 当前的国际货币体系

牙买加体系是布雷顿森林体系的继承者,20世纪70年代开始形成,沿用至今。其具体内容包括:

(1)黄金非货币化,黄金与各国货币彻底脱钩,不再是汇价的基础。

(2)国际储备多元化,包括美元、欧元、英镑、日元、黄金、特别提款权等。这摆脱对单一货币依赖,货币供应和使用更加方便灵活,并解决了"特里芬难题";但是也存在国际货币格局不稳定,管理调节复杂性强、难度大的问题。

(3)浮动汇率制合法化,存在单独浮动、联合浮动、钉住浮动制、管理浮动制等各种方式。此种做法在灵敏反应各国经济动态的基础上是相对经济的调节;不过也加剧了国际金融市场和体系的动荡和混乱,套汇、套利等短线投机活动大量泛滥,先后引发多次金融危机。虽然在亚洲、美洲和许多其他地区短期内非正式地钉住美元较为普遍,但这些钉住汇率制基本上都是"软钉住",缺乏可信度,长期内更是如此。这使得现行美元本位的普遍性还不足以确保汇率稳定。[6] 汇率变化难以预测也不利于国际贸易和投资。

---

[6] R. McKinnon, "Exchange Rates or Wage Changes in International Adjustment? Japan and China versus the United States," *Working Paper, Stanford*, May 2005.

(4)货币调节机制多样化,允许汇率调节、利率调节、国际货币基金组织干预和贷款调节。各种调节机制相互补充,避免了布雷顿森林体系下调节失灵的尴尬。然而此种安排不能根本上改变国际收支失衡的矛盾。国际货币基金组织对亚洲金融危机的几次干预失败就是例证。

> **特别提款权**
>
> 特别提款权(special drawing right,SDR),亦称"纸黄金(Paper Gold)",是1969年10月在国际货币基金组织第24届年会上决定创设的一种储备资产和记账单位,代表基金组织分配给会员国的一种特别使用资金的权利。会员国在发生国际收支逆差时,可用它向基金组织指定的其他会员国换取外汇,以偿付国际收支逆差或偿还基金组织的贷款,还可与黄金、自由兑换货币一样充当国际储备。但由于其只是一种记账单位,不是真正的货币,使用时必须先换成其他货币,不能直接用于贸易或非贸易的支付。因为它是国际货币基金组织原有的普通提款权以外的一种补充,所以称为特别提款权(SDR)。
>
> 2015年11月30日,IMF将篮子货币的权重经历了调整。人民币与美元、欧元、日元和英镑一起构成特别提款权货币篮子中的货币,新的货币篮子于2016年10月1日正式生效。此后特别提款权的权重是美元占41.73%,欧元占30.93%,人民币占10.92%,日元占8.33%,英镑占8.09%。人民币进入特别提款权,是全球经济发展变化的重要标志。2022年5月11日,国际货币基金组织执董会完成了五年一次的特别提款权(SDR)定值审查,维持现有SDR篮子货币构成不变,即仍由美元、欧元、人民币、日元和英镑构成,权重是美元占43.38%,欧元占29.31%,人民币占12.28%,日元占7.59%,英镑占7.44%,此比例2022年8月1日生效。人民币在国际货币基金组织的业务操作中发挥着日益重要的作用,进一步促进经济全球化的发展,同时对中国金融体制的改革也具有推进作用。

各国相继实施了自由化的经济政策和浮动汇率,直接加速了资本的跨境流动并推动了金融全球化的进程。资本的全球化与地区经济发展的差异,也使得全球区域经济协调与合作取得了突飞猛进的发展。从而使得金融全球化、金融资本与现实的脱离、汇率不稳定、美元为中心与国际收支不平衡、区域货币合作成为这一时期国际货币体系的显著特征。

2013年10月31日,美联储、欧洲央行、英国央行、日本央行、加拿大央行和瑞士央行把既有的临时双边流动性互换协议,转换成长期货币协议。这些互换协议在六国央行间建立起了"双边货币互换网络"(a network of bilateral swap lines),充当稳定流动性的角色。一旦签订双边互换协议的两家央行认为当前市场状况可以保证互换发生,有流动性需求的央行就可以按照协议规定获得来自其他五家央行的五种货币流动性。该长期货币互换协议的本质是欧、英、日、加、瑞五家央行与美联储的货币互换协议,美联储处于货币互换体系的中心位置,也就使美元国际货币体系的绝对中心位置。[7] 现行国际货币体系下名义"货币锚"缺失,即使得美国的货币政策行为不必受到法律的约束,也使得其他国家的货币行为更具有任意性。[8]

三、国际货币金融领域的主要国际组织

当前世界的两大金融机构是国际货币基金组织(International Monetary Fund,IMF)与世界银行,二者根据1944年7月在布雷顿森林会议签订的相关协定而在华盛顿成立,自1947年11月15日起成为联合国的常设专门机构。

(一)国际货币基金组织

《国际货币基金组织协定》是第二次世界大战后国际货币制度的核心,其职责是监察货币汇率和各国贸易情况,提供技术和资金协助,确保全球金融制度正常运作。其总部设在华盛顿。

《国际货币基金协定》经过数次修订。1968年第一次修订,1976年第二次修订,1990年第三次修订,1997年9月23日进行了第四次修订,2009年第四次修订生效。2008年5月5日进行第五次修订,2011年2月18日生效。2008年4月28日通过的第六次修订案于2011年3月3日生效。2011年通过关于份额与治理改革第七次修订案,2016年1月26日生效。

1. 国际货币基金组织的成立。1946年5月,国际货币基金组织根据1944年7月布雷顿森林会议上签订的《国际货币基金协定》而正式成立,1947年3月1日正式运作,成为"二战"完结后之重建计划的一部分。

2. 国际货币基金组织的职能。国际货币基金组织是维持当代国际货币体系正常运转的中心机构,它把促进和保持成员国的就业、生产资源的发展、实际收入的高低水平,作为经济政策的首要目标,有监督国际汇率、提供国际信贷、协调国际货币关系三大职能。具体包括:

● 制定成员国间的汇率政策和经常项目的支付以及货币兑换性方面的规则,并进行监督;

● 对发生国际收支困难的成员国在必要时提供紧急资金融通,避免其他国家受其影响;在有适当保证的条件下,基金组织向成员国临时提供普通资金,使其有

---

[7] 徐以升:《国际货币体系:"牙买加体系"到"大西洋体系"》,载《第一财经日报》2013年12月2日。

[8] M. Dooley, D. Folkerts‑Landau, P. Garber, *An Essay on the Revived Bretton Woods System*, NBER Working Paper 9971, 2002.

信心利用此机会纠正国际收支的失调,而不采取危害本国或国际繁荣的措施;
- 为成员国提供有关国际货币合作与协商等会议场所;
- 促进国际金融与货币领域的合作,为国际货币问题的磋商和协作提供方法;
- 促进国际经济一体化的步伐;
- 维护国际汇率秩序。稳定国际汇率,在成员国之间保持有秩序的汇价安排,避免竞争性的汇价贬值;取消外汇管制,货币自由兑换;
- 协助成员国之间建立经常性多边支付体系,除允许的例外,各成员国不得限制经常项目的支付,不得采取歧视性的货币措施,并应实行多边支付制度等,力图取消经常项目的外汇管制。

3. 国际货币基金组织的机构。基金组织的最高权力机构为理事会,由各成员国派正、副理事各一名组成,一般由各国的财政部长或中央银行行长担任。每年 9 月举行一次会议。

执行董事会负责日常工作,行使理事会委托的一切权力。执行董事每两年选举一次;总裁由执行董事会推选,负责基金组织的业务工作,任期 5 年,可连任,另外还有 4 名副总裁。

国际货币基金组织设有 16 个职能部门,负责经营业务活动。此外,还有两个永久性的海外业务机构,即欧洲办事处(设在巴黎)和日内瓦办事处。

4. 国际货币基金组织会员资格。加入国际货币基金的申请,首先会由基金的董事局审议。之后,董事局会向管治委员会提交"会员资格决议"的报告,报告中会建议该申请国可以在基金中分到多少配额,以及提款权。

管治委员会接纳申请后,该国需要修改法律,确认签署的入会文件,并承诺遵守基金的规则。而且会员国的货币不能与黄金挂钩(不能兑换该国储备黄金)。成员国的"配额"决定了一国的应付会费、投票力量、接受资金援助的份额,以及特别提款权 SDR 的数量。

5. 国际货币基金组织议事规则。IMF 决策采用加权投票表决制。投票权由两部分组成,每个成员国都有 250 票基本投票权,以及根据各国所缴份额所得到的加权投票权。由于基本票数各国一样,因此在实际决策中起决定作用的是加权投票权。加权投票权与各国所缴份额成正比,而份额又是根据一国的国民收入总值、经济发展程度、两次世界大战前国际贸易幅度等多种因素确定的。

6. 国际货币基金组织与中国。中国是国际货币基金组织和世界银行的创始国之一,1944 年的布雷敦森林会议我国便是与会 44 国之一,并作为大国而摊额十分庞大,仅次于美国的 275 亿美元及英国的 130 亿美元,为 55 亿美元,与美、英、法、印度并列入摊额最大的国家。1959 年基金增资时,由于种种原因,中国摊额并未增加,因此未能列入摊额最大的 5 国之中,1961 年单独任命执行董事的资格被西德取代。过去,我国在国际货币基金的资格由台湾当局代表。1980 年 4 月 17 日,中华人民共和国在这两个机构中的合法席位先后恢复。中国当时在该组织中的份额为80.901亿特别提款权,占总份额的4%。2010年11月6日国际货币基金组织执行董事会通过改革方案,中国份额占比计划从4%升至6.39%。中国自1980年恢复在货币基金组织的席位后单独组成一个选区并指派一名执行董事。1991年,该组织在北京设立常驻代表处。

2015年11月30日,国际货币基金组织执董会批准人民币加入特别提款权货币篮子。

2016年1月27日,国际货币基金组织宣布2010年份额和治理改革方案已正式生效,中国份额占比从3.996%升至6.394%,排名从第6位跃居第3位,仅次于美国和日本。

(二)世界银行

世界银行(World Bank,简称世行)的基础是国际复兴开发银行(International Bank of Reconstruction and Development, IBRD),后来发展为世界银行集团。是经营国际金融业务的专门机构,同时也是联合国的一个专门机构。1945年在布雷顿森林会议后正式宣告成立,1946年6月开始运行。

世界银行的宗旨是向成员国提供贷款和投资,推进国际贸易均衡发展。其初始目标是帮助欧洲国家和日本在"二战"后的重建,此外它还应该辅助非洲、亚洲和拉丁美洲国家的经济发展。日本和西欧国家"毕业"后,世界银行完全集中于发展中国家。从20世纪90年代初开始,世界银行也开始向东欧国家和原苏联国家贷款。

1. 股份原则和加权投票。世界银行按股份公司的原则建立。其资金来源包括:(1)各成员国缴纳的股金;(2)向国际金融市场借款;(3)发行债券和收取贷款利息。世界银行在成立之初,确定法定资本100亿美元,全部资本为10万股,每股10万美元。凡是会员国均要认购银行的股份,认购额由申请国与世行协商并经世行董事会批准。会员国认购股份的缴纳有两种方法:(1)会员国认购的股份,先缴20%。其中2%要用黄金或美元缴纳,18%用会员国本国的货币缴纳。(2)其余80%的股份,当世行催交时,用黄金、美元或世界银行需要的货币缴付。

世行和国际货币基金组织采用加权投票制。《国际复兴开发银行协议条款》(以下简称《协议条款》)规定,世界银行的重要事项都需会员国投票决定,投票权的大小与会员国认购的股本成正比,与国际货币基金的有关投票权的规定相同。世界银行每一会员国拥有250票基本投票权,每认购10万美元的股本即增加一票。世界银行集团各机构的投票权重分布各不相同。

2. 世界银行的主要机构。世界银行集团包括五个分支机构:

• 国际复兴开发银行(IBRD),1945年成立,向中等收入国家政府和信誉良好的低收入国家政府提供贷款。

• 国际开发协会(IDA),1960年成立,向最贫困国家的政府提供无息贷款(也称信贷)和赠款。

- 国际金融公司(IFC),1956年成立,是专注于私营部门的全球最大发展机构。IFC通过投融资、动员国际金融市场资金以及为企业和政府提供咨询服务,帮助发展中国家实现可持续增长。
- 多边投资担保机构(MIGA),1988年成立,目的是促进发展中国家的外国直接投资,以支持经济增长、减少贫困和改善人民生活。MIGA通过向投资者和贷款方提供政治风险担保履行其使命。
- 国际投资争端解决中心(ICSID),1966年成立,提供针对国际投资争端的调解和仲裁机制。ICSID设立秘书处运作,其秘书长由行政管理委员会选举产生,每6年换届。

世界银行集团行长为行政管理委员会主席。IFC和MIGA的执行副总裁向世界银行集团行长报告。

世界银行理事会由每个成员国任命的一名理事和副理事组成。该职位通常由该国财政部长、中央银行行长或级别相当的一名高级官员担任。理事和副理事任期5年,可以连任。如果一个国家同时是世行、国际金融公司(IFC)或国际开发协会(IDA)成员国,其任命的理事和副理事同时也担任IFC和IDA理事会的理事和副理事。除非另行说明,则他们也在国际投资争端解决中心(ICSID)行政理事会中担任本国的代表。多边投资担保机构(MIGA)的理事和副理事单独任命。

根据《协议条款》,世行的所有权力由其最高决策机构理事会掌管。但理事会将《协议条款》中所提及权力除外的所有权力下放给了执行董事。具体权力包括:

- 接受成员和中止成员国资格;
- 增加或减少核定股本;
- 决定世行净收入的分配;
- 决定执行董事根据《协议条款》中的诠释提出的申诉;
- 作出同其他国际组织合作的正式和全面安排;
- 终止世行业务;
- 增加当选执行董事人数;
- 审批《协议条款》修正案。

世界银行执董会成员包括世界银行行长和25名执行董事。行长主持执董会会议,通常无表决权,但在赞成票和反对票持平的情况下有决定性的一票。未经执董会明确授权,执行董事不能单独行使任何权力,也不能单独作出承诺或代表世行。如遇执行董事缺席,副执行董事可全权代表执行董事行使职权。此外,高级顾问和顾问协助执行董事开展工作,他们可以顾问身份和副执行董事一起出席大部分执董会会议,但无表决权。

世行秘书处负责成员国完成国际复兴开发银行、国际开发协会、国际金融公司和多边投资担保机构定期增资程序的协调。世行秘书处就成员国按照理事会批准的决议认购额外股份的程序提出指导意见,包括所需文件和认购股份的付款程序。

世界银行行政管理机构由行长、若干副行长、局长、处长、工作人员组成。行长由执行董事会选举产生,是银行行政管理机构的首脑,他在董事会的有关方针政策指导下,负责银行的日常行政管理工作,任免银行高级职员和工作人员,行长同时兼任执行董事会主席,但没有投票权。只有在执行董事会表决中双方的票数相等时,可以投关键性的一票。

3. 世行成员国资格。《协议条款》规定,一个国家要想成为世行成员国,就必须首先加入国际货币基金组织。加入国际复兴开发银行亦是成为国际开发协会、国际金融公司和多边投资担保机构成员的前提条件。

世行秘书处与国际货币基金组织配合,并同其他世行集团员工协商,协调新成员国加入事宜,并负责维护成员国地位的相关信息,包括成员国名单更新。

4. 主要业务。向成员国尤其发展中国家提供贷款是世界银行最主要的业务。世界银行贷款从项目的确定到贷款的归还,都有一套严格的条件和程序。

世界银行是全世界发展中国家获得资金与技术援助的一个重要来源。世行向发展中国家提供低息贷款、无息贷款和赠款,用于支持对教育、卫生、公共管理、基础设施、金融和私营部门发展、农业以及环境和自然资源管理等诸多领域的投资。部分世行项目由政府、其他多边机构、商业银行、出口信贷机构和私营部门投资者联合融资。世行也通过与双边和多边捐助机构合作建立的信托基金提供或调动资金。很多合作伙伴要求世行帮助管理旨在解决跨行业、跨地区需求的计划和项目。

世界银行向政府或公共企业贷款,不过一个政府(或"主权")必须保证贷款的偿还。贷款的基金主要来自发行世界银行债券。这些债券的信用被列为 AAA(最高)不但成员国的分享资本支持它们,而且借款人有一个主权的保证。由于世界银行的信用非常高,它可以以非常低的利率贷款。由于大多数发展中国家的信用比这个贷款的信用低得多,即使世界银行向受贷人提取约1%的管理费,世界银行向这些国家的贷款对这些国家来说也是非常有吸引力的。

除此之外世界银行集团的国际开发协会向最不发达国家(一般人均年收入少于500美元)提供"软"的贷款,贷款期为约30年,不收利润。国际开发协会的基金直接来自成员国的贡献。

5. 世界银行与 IMF 关系。世界银行的成员国必须是 IMF 的成员国,但 IMF 的成员国不一定都参加世界银行。世界银行与 IMF 两者起着相互配合的作用。IMF 主要负责国际货币事务方面的问题,其主要任务是向成员国提供解决国际收支暂时不平衡的短期外汇资金,以消除外汇管制,促进汇率稳定和国际贸易的扩大。世界银行则主要负责经济的复兴和发展,向各成员国提供发展经济的中长期贷款。

为了应用全面发展框架的原则,世界银行和 IMF 联合推出了减贫战略文件

（简称PRSP），该文件由各国自己制定，并成为减债和优惠贷款的依据。制定减贫战略文件的目的是扩大公民社会、尤其是贫困人口本身在参与设计减贫战略中的代表性，加强各个发展伙伴之间的协调，使国际社会的分析调研、政策咨询和财政资源集中起来取得减轻贫困的实效。

6. 世界银行与中国关系。中国是世界银行的创始国之一，中华人民共和国成立后，中国在世界银行的席位长期为台湾当局所占据。1980年5月15日，中国在世界银行及其所属的国际开发协会及国际金融公司的合法席位得到恢复。1980年9月3日，该行理事会通过投票，同意将中国在该行的股份从原7500股增加到12,000股。2010年起，中国在国际复兴开发银行的投票权占总票权的4.42%，居第三位。在世界银行的执行董事会中，中国单独派有一名董事。

中国从1981年起开始向该行借款。此后，中国与世界银行的合作逐步展开、扩大，世界银行通过提供期限较长的项目贷款，推动了中国交通运输、行业改造、能源、农业等国家重点建设以及金融、文卫环保等事业的发展，同时还通过本身的培训机构，为中国培训了大批了解世界银行业务、熟悉专业知识的管理人才。

2008年5月，林毅夫被正式任命为世行首席经济学家，这是世行自1945年成立以来第一次任命来自发展中国家的人士担任首席经济学家。

根据世行对中国的《国别伙伴战略》，世界银行主要为中国提供以下援助：(1)促进中国经济与世界经济的融合。深化中国对多边经济机构的参与，降低对内和对外贸易和投资壁垒，为中国的海外发展援助提供帮助。(2)减少贫困、不平等和社会排斥：推动城镇化均衡发展，保障农村生活，尤其是在农村地区，扩大基本社会服务和基础设施服务。(3)应对资源短缺和环境挑战：减少大气污染，节约水资源，优化能源利用（部分通过价格改革），改善土地行政管理，履行国际环境公约。(4)深化金融中介作用：扩大金融服务（尤其是中小企业），发展资本市场，应对系统性风险，维护金融稳定。(5)加强公共部门和市场制度：提升企业竞争力，改革公共部门，理顺政府间财政关系。

第二节　国际借贷法

国际借贷是一种传统的国际融资方式，长期以来在国际资本市场上占据重要地位。根据有无中介机构，国际资金融通一般可分为直接融资和间接融资。直接融资主要是指国际证券融资，如国际股票融资、国际债券融资、投资基金融资等。国际证券融资起步较晚，但发展十分迅猛，目前已成为国际融资的主要方式。间接融资主要是指国际借贷，表现为基于各类国际性银行信用的国际放款活动，包括国际银团贷款、国际项目贷款等。近年来国际贷款的发展相对证券融资而言有所减缓,但其在现代经济生活中的作用仍是不可或缺的。[9]

一、国际借贷概述

(一)国际借贷的概念

国际借贷是不同国家的借款人和跨国银行或国际金融机构,或者国家政府之间或与国际金融组织或机构之间进行的货币资金的有偿让渡。

(二)国际借贷的分类

1. 按照贷款人的类型为标准,分为国际官方贷款和国际商业贷款。

国际官方贷款包括政府贷款和国际金融机构贷款。政府贷款是指两国政府之间通过政府间借贷协议的安排,由作为贷款人的一国政府向作为借款人的另一国政府提供的条件较为优惠的贷款。政府贷款在两国政治外交关系良好的情况下进行,贷款期限比较长,一般为10~30年,利率比较低甚至无利率,因此具有经济开发援助的性质。国际金融机构贷款是指世界银行集团、国际货币基金组织、亚洲开发银行、亚洲基础设施投资银行等政府间国际金融组织或机构基于国际借贷协议向其成员国政府、政府机构或公私企业提供的贷款。国际金融机构贷款的条件优惠,一般利率较低,贷款期限较长,但审查程序较为严格。

亚 投 行

亚洲基础设施投资银行(Asian Infrastructure Investment Bank,简称亚投行,AIIB)是一个政府间性质的亚洲区域多边开发机构。

首个由中国倡议设立的多边金融机构:2013年10月2日,中华人民共和国主席习近平在雅加达同印度尼西亚总统苏西洛举行会谈,习近平倡议筹建亚洲基础设施投资银行,促进本地区互联互通建设和经济一体化进程,向包括东盟国家在内的本地区发展中国家基础设施建设提供资金支持。

总部:北京。

法定资本:1000亿美元。

宗旨:通过在基础设施及其他生产性领域的投资,促进亚洲经济可持续发展、创造财富并改善基础设施互联互通;与其他多边和双边开发机构紧密合作,推进区域合作和伙伴关系,应对发展挑战。

主要职能:

(一)推动区域内发展领域的公共和私营资本投资,尤其是基础设施和其他生产性领域的发展;

---

[9] 李仁真主编:《国际金融法》,武汉大学出版社2014年版,第136页。

（二）利用其可支配资金为本区域发展事业提供融资支持,包括能最有效支持本区域整体经济和谐发展的项目和规划,并特别关注本区域欠发达成员的需求;

（三）鼓励私营资本参与投资有利于区域经济发展,尤其是基础设施和其他生产性领域发展的项目、企业和活动,并在无法以合理条件获取私营资本融资时,对私营投资进行补充;

（四）为强化这些职能开展的其他活动和提供的其他服务。

2016年1月16日,亚投行开业仪式在钓鱼台国宾馆举行。中国财政部部长楼继伟被选举为亚投行首届理事会主席,金立群当选亚投行首任行长。

2016年1月17日,亚投行在坐落于北京金融街的总部大楼正式启用。

2016年2月5日,亚投行正式宣布任命5位副行长。这5位副行长分别来自英国、德国、印度、韩国、印度尼西亚。

2016年9月23日,亚投行总部奠基仪式在北京奥林匹克公园中心区举行。

2017年1月16日,亚投行庆祝成立一周年,启动2017年战略发展规划,重点支持领域包括可持续基础设施建设、跨境互联互通等。

2017年亚投行逐步扩大贷款投资规模,改善借款国的城市设施、交通、能源供给能力和使用效率,推进国际产能合作,促进区域互联互通。通过项目投资将人、服务和市场连接起来,满足亚洲各国日益增长的基础设施需求,从而促进亚洲经济与社会稳定发展。

截至2017年10月15日,亚投行有57个正式成员(38个在区域之内,19个在区域以外),23个待加入。

亚投行累计发放34亿美元的贷款以支持印度、巴基斯坦、孟加拉国、塔吉克斯坦、印度尼西亚、缅甸、阿塞拜疆、阿曼等国的21个基础设施项目。

https://www.aiib.org/en/index.html

国际商业贷款是由跨国商业银行在国际金融市场向他国借款人提供的贷款。国际商业贷款的手续简便,但与国际官方贷款相比,贷款期限较短,利率较高。

2. 按贷款的期限为标准,分为短期贷款、中期贷款和长期贷款。短期贷款是指贷款期限为1年以下的贷款,多见于银行同业间的资金拆借。中期贷款是指贷款期限为1年以上、5年以下的贷款,是国际商业贷款最常见的形式。长期贷款是指贷款期限为5年以上的贷款,多见于国际官方贷款。

3. 按贷款有无担保为标准,分为有担保的国际贷款和无担保的国际贷款。有担保的国际贷款是指要求借款人提供担保的贷款,是国际借贷的主要形式。无担保的国际贷款是指不要求借款人提供担保的贷款,多见于政府间贷款或国际金融机构的贷款。

4. 按贷款利率是否浮动为标准,分为浮动利率贷款和固定利率贷款。浮动利率贷款是指在整个借贷期间利率随市场利率或法定利率不断进行调整的贷款,多用于中长期贷款。固定利率贷款是指在整个借贷期间利率固定不变的贷款,多用于短期国际借贷。

5. 按贷款的用途为标准,分为普通贷款和项目贷款。普通贷款是指在贷款用途上没有特别限制的贷款。项目贷款是指向特定的自然资源开发和基础设施建设项目提供的贷款。

二、国际银团贷款的法律制度

(一)国际银团贷款的概念

国际银团贷款又称国际辛迪加贷款,是指数家国际性商业银行联合组成一个银团共同向借款人提供的贷款。

(二)国际银团贷款的组织程序

1. 选择牵头行。借款人选择一家或几家声誉良好的大银行作为牵头行并提出贷款申请,说明贷款的金额、用途、币种、期限等情况。银行接到借款人的贷款申请后,开始对借款人的资信状况进行调查。调查后如同意贷款,即告知借款人愿意为其提供贷款和物色银团成员。

2. 全权委托和准备法律文件。借款人得知贷款申请已被银行接受后,立即将授权委托书交给这家银行,委托其作为牵头行安排银团贷款。牵头行得到借款人的授权后,与借款人一起准备信息备忘录、担保函、借贷协议的结构条款等与银团贷款有关的各种法律文件。

3. 组织贷款银团。牵头行将准备好的信息备忘录等法律文件分发给其选定的银行,邀请其参加银团贷款。

4. 谈判与签约。借款人与银团成员谈判,商定借款协议的各项条款。借贷双方就借贷协议的内容达成一致意见后便签署借贷协议,银团贷款即组织完毕。

(三)国际银团贷款的方式

根据银团成员参加贷款银团的不同方式,可将国际银团贷款分为两种。

1. 直接参与型。直接参与型是指银团的各个成员直接与借款人签订借贷协议,他们按协议规定的条件统一贷款给借款人,并委托一家或数家银行作为银团成员的代理人统一负责贷款的日常管理工作。

在直接参与方式下,尽管各家贷款银行与借款人只签订了一份借贷协议,但实质上每家银行与借款人之间均存在合同关系,所以各家银行与借款人之间是直接的债权债务关系。银团成员虽然共同与借款人签订了一份合同,但各家银行的贷款义务是分开的,即每个银团成员的贷款义务仅限于它在借贷协议中承诺的部分,对其他银团成员的贷款义务不承担任何连带责任。

在直接参与方式下，银团会委托一家或数家银行作为银团成员的代理人统一负责贷款的日常管理工作，此一家或数家银行即为代理行。代理行的主要义务包括：充当发放贷款和偿还贷款的中间渠道；审查借款人是否满足贷款的先决条件；监督借款人的财务状况并向银团成员报告；就借款人的行为是否违约作出判断并在必要时提请全体银团成员做出违约救济决定；代理行不得与银团发生利益冲突，不应与借款人发生合同以外的商务关系或牟取秘密的商业利益，未经银团同意，不得将代理权委托再代理等。

2. 间接参与型。间接参与型又称参与式银团贷款，是指由牵头行单独与借款人签订贷款协议后又将参与贷款权转让给其他愿意提供贷款的银行的银团贷款。通过购买参与贷款权参与银团贷款的银行称为参与行。牵头行转让参与贷款权的方式主要有以下三种：

(1) 合同更新或替代。借款人、牵头银行和参与行三方达成一个合同，在合同中借款人同意解除牵头行在与其签订的贷款协议中的部分贷款义务，这部分贷款义务改由参与行承担。这种做法在大陆法中被称为合同更新，在英美法中被称为合同替代。在这种方式下，参与行代替牵头行的债权人地位取得债权，借款人对牵头行的债务转为对参与行的债务。

(2) 转贷款。参与行以借款的方式将参与贷款权转让给参与行并承诺在借款人还本付息的条件下偿还参与行的贷款。在这种方式下，参与行并不是将贷款直接提供给借款人，因此参与行与借款人之间不存在直接的合同关系。此外，牵头行对参与行履行还款义务，是以借款人对牵头行还款为前提条件的。

(3) 让与。牵头行将其在与借款人签订的贷款协议中的部分债权连同收益一起转让给其他愿意提供贷款的银行。在这种情况下，参与行加入原债权关系，与牵头行共同享有债权。

(四) 国际银团贷款的法律文件

1. 义务承担书。义务承担书是牵头行与借款人初步接触之后交给借款人的一份具有要约内容的文件，牵头行在其中列举了贷款的数额、利息、期限、币种等基本的贷款条件并表示愿意按照这些条件为借款人组织银团贷款。

2. 委托书。委托书是借款人同意牵头行在义务承担书中提出的贷款条件后授权牵头行为其安排银团贷款的法律文件，是牵头银行组织银团贷款的法律依据。委托书一般载明贷款的金额、利率等在日后签订的贷款协议中可能包括的条款，是对牵头行在义务承担书中所列条件的确认，尽管它不构成承诺，但牵头行应在委托书中所确定的条件下组织银团贷款。

3. 信息备忘录。信息备忘录是牵头行分发给有可能参加银团贷款的银行的，邀请其参加银团贷款的法律文件，也是贷款银行考虑是否参加银团贷款的重要依据。信息备忘录主要内容是说明借款人的法律地位、财务和商务状况以及主要贷款条件。借款人和牵头行要对信息备忘录中所披露的内容的真实性和准确性负责,否则要对在信息备忘录中作出的错误陈述或虚假说明承担法律责任。

(五)国际贷款协议的主要条款

国际贷款协议是贷款人与借款人之间进行货币借贷、明确相互间权利和义务而达成的协议。

1. 首部。首部通常包括两部分内容:贷款协议的全称和前言。前言主要对订约日期、订约地点、当事人事项以及对订约原委和订约目的进行说明。

2. 执行性条款。执行性条款主要规定贷款货币和金额,贷款利息和费用,贷款期限,贷款的提取、使用和偿还等内容。

(1)定义条款。为了使同一术语在整个国际借贷协议中具有统一的含义,避免或减少在协议中多次解释同一术语,贷款协议通常都将常用的重要术语在定义条款中列举出来,并赋予其特定的含义作为解释协议中该术语的唯一基础,以减少解释上的纷争。

(2)贷款货币条款。该条款规定贷款所使用的货币。在确定以何种货币作为贷款货币时,双方应考虑货币风险、货币供应的可能性、借款的目的和用途等因素,一般应为在国际市场上可自由流通的货币。

(3)贷款金额和期限条款。该条款应写明贷款的数额及每家银行承担的份额。贷款金额主要取决于借款人的资金需要量和贷款人的供贷能力。贷款期限是指从签订贷款协议之日起至借款人还清贷款的全部本息为止的整个期间。根据期限长短可分为短期贷款、中期贷款和长期贷款,通常贷款额度越大,贷款期限越长。

(4)贷款利率条款。贷款利率是贷款人依利率计算的法定孳息。借贷双方可以采用固定利率或浮动利率来确定贷款利率。固定利率是指双方商定利率后就固定下来,在整个贷款期内利率不变;浮动利率是指以伦敦银行同业拆放利率作为基础利率,再加上利差作为贷款的利率。国际官方贷款和短期商业贷款多采用固定利率,国际中长期商业贷款一般采用浮动利率。

(5)贷款费用条款。借款人除了支付利息外,还要支付各项费用。这些费用包括向贷款人支付的承担费,向牵头行支付的管理费,向代理行支付的代理费以及向牵头行支付的通讯费、印刷费、律师费、谈判费、签字费等各项杂费。费用的多少及付费方式皆应明确。

(6)贷款用途条款。双方对贷款的用途一般都做明确规定,在贷款协议中写明贷款的用途,特别是项目贷款必须写明项目名称、各项目的资金分配等。非经贷款人的同意,借款人不得改变贷款的使用用途。国际金融组织贷款大多也对贷款的使用用途予以限制,借款人必须专款专用,而国际商业银行贷款较为自由。贷款一般不能用于非法目的或法律所禁止的事项。

(7)贷款的提取和偿还条款。该条款主要列明借款人提取贷款的方式、时间、数额、地点以及提款通知等事项。一般要求借款人在借贷协议有效期间内提取借款时,应事先向贷款方发出书面提款通知,注明提款日期、提款数额、该笔提款的利息期、借款方的银行账户、提款地点等。贷款偿还条款涉及偿还期限、偿还方式以及宽限期等。偿还方式主要包括到期一次性还本付息、宽限期后分次偿还和无宽限期的逐年分次偿还。

3. 先决条件。先决条件是指是贷款协议生效的先决条件,只有先决条件被满足时,借款人才有提取贷款的权利,贷款人才承担提供贷款的义务。在实践中,先决条件分为涉及整个合同生效的先决条件和涉及每笔具体贷款发放的先决条件。

(1)涉及整个合同生效的先决条件主要是规定借款人向贷款人提供使贷款协议生效所必需的各种文件。一般包括:①保证书或其他担保文书;②一切必需的授权书副本,如公司股东大会或董事会决议;③一切必需的政府批准书和外汇管理机关批准书的副本;④借款人组织机构的成立文件,如公司企业章程等;⑤律师意见书。

(2)涉及每笔具体贷款发放的先决条件主要规定在借款人提取每一笔贷款时应满足的条件。一般包括:①借款人的财务状况和经营状况没有发生实质性的不利变化;②没有发生违约事件或可能构成违约的其他事件;③没有出现任何情况使得借款人履行贷款合同项下的义务受到限制。

4. 陈述与保证条款。借款人需就其与借款有关的法律、财务和商务状况作出陈述,并保证这些陈述的真实性和准确性。如果借款人所做的陈述与保证失真,贷款人可以采取合同上或法律上的救济方法。陈述和保证的主要事项主要分为法律事项和财务与商务事项。

(1)法律事项一般包括:①保证借款人是依法注册的公司企业,具有良好的信誉,并有订立借贷合同、经营有关业务的合法权限;②保证签订和履行此借贷合同不违反借款人所在国的法律,也不同借款人与第三人签订的担保合同相抵触;③保证借款人已取得政府许可,包括取得有关外汇和汇出外汇的许可;④保证合同债权具有法律上的有效性,如日后出现法律改变使合同有效性产生疑问,应由借款人承担风险,即"四季青保证"(evergreen warranties)。

(2)财务与商务事项一般包括:①保证账目的真实性;②保证借款人没有卷入财产诉讼,也没有被提起财产诉讼之虞或发生违约事态;③保证借款人保持一定金额的最低资产净值、资产负债比率、流动性比率、外债清偿比率,以保证其将会持有足够的流动资金和外汇如期还本付息。

5. 约定事项条款。约定事项条款主要是贷款人为了保障贷款的回收,往往要求在贷款合同中规定借款人保证从事或不从事某些活动。具体的约定事项通常在消极担保条款、平等比例条款、财务约定条款和税收约定条款中加以规定。

(1)消极担保条款。是指借款人承诺在偿还贷款以前,不在他的资产或收入上设定任何抵押权、担保权、质权、留置权或者其他担保物权,也不得允许这些担保物权继续存在。

(2)平等比例条款。是指借款人对无担保物权的贷款人承诺不给予任何其他无担保物权的债权人以法律上的优先权。

消极担保条款和平等比例条款是为了使原贷款人的地位不致因新的债权人的出现而遭到歧视,但消极担保条款是为了使贷款人的求偿权不次于有担保权益的债权人的权利,而平等比例条款是为了使贷款人的求偿权不次于其他无担保权益的债权人的权利。

(3)财务约定条款。财务约定条款主要规定借款人必须定期向贷款人报告其财务状况,并遵守某些反映其财务状况的资产量化标准,目的在于监督借款人的财务状况以保证借款人的清偿能力或在借款人的财务状况恶化时及时采取补救措施。

(4)税收约定条款。税收约定条款是指借贷双方就税款负担和支付方式进行约定的条款。该条款通常规定,借款人的一切支付都是没有税收负担的。如果按照借款人所在国法律的规定,借款人在付款前必须预扣税款,则借款人应将所扣税款补足给贷款人,使其收到协议项下的全部金额,即纳税补偿。通过这一规定,贷款人将税收负担转嫁给借款人。[10]

6. 违约救济条款。这一条款主要规定各种可能发生的违约事件以及对违约事件的救济方法。违约事件一般分为实际违约事件和预期违约事件。实际违约事件是指已经发生了的违约事件,如借款人没有偿还到期的贷款本息和其他费用,或违反陈述与保证条款作出了错误陈述或虚假说明,或没有履行贷款协议规定的其他义务。预期违约事件是指尚未发生但有迹象表明借款人将要违约的事件,通常有以下几种情况:(1)借款人的经济状况发生了重大不利的变化;(2)对其他债务违约;(3)丧失清偿能力;(4)交叉违约,即借款人由于其他借贷违约而被贷款人宣布贷款加速到期立即偿还时所构成的违约事件。这种情况下,贷款人有权宣布贷款加速到期并要求立即偿还。

违约救济方法主要规定当出现违约事件时贷款人可以采取的救济方法,分为合同补救和法律补救。合同补救又称内部救济,是指当事人在贷款协议中约定的救济方法,通常包括:(1)中止借款人提取借款;(2)要求借款人支付违约利息;(3)宣布贷款到期、立即偿还。法律救济又称外部救济,是指双方在贷款协议约定之外的法律的救济方法,通常包括:(1)解除贷款合同;(2)要求赔偿损失;(3)要求履行借贷合同,支付已到期本息。

7. 法律适用条款。法律适用条款主要用来确定贷款协议适用的准据法。各国

---

[10] 左海聪主编:《国际商法》,法律出版社2013年版,第293页。

一般允许当事人依照当事人意思自治原则选择贷款协议所适用的准据法,实践中大多数选择贷款人所在地国的法律。当事人未作法律选择时,许多国家一般采用最密切联系原则,主要考虑的联结因素有当事人所在地、贷款协议签订地、担保物所在地、支付地、支付所使用的货币以及支付地等。

8. 司法管辖条款。司法管辖条款规定纠纷解决时由哪一国法院管辖的问题。需要特别注意的是当事人涉及国家或者国际组织时,则会产生主权豁免的问题。实践中,为了保证作为借款人的外国政府能够受到贷款人所在地法院的管辖,国际贷款协议中一般都要求外国政府保证其贷款行为属于商业行为,不享受豁免,或者要求外国政府明确表示放弃豁免。

三、国际项目贷款的法律制度

(一)国际项目贷款概述

1. 概念。国际项目贷款是指贷款人向特定的自然资源开发和基础设施建设项目提供的贷款。这种贷款方式因贷款人所取得的追索权限不同而分为两种形式:无追索权的国际项目贷款和有限追索权的国际项目贷款。前者贷款人收回贷款的本金和利息的资金来源仅依赖于项目所产生的收益和在项目资产上设定的担保权益。当项目资产和收益不足以偿还贷款时,贷款人将独自承担风险而无权向他人追偿。这种方式因贷款人承担的风险太大,所以很少采用。后者贷款人除了以项目的收益作为偿债资金来源并以在项目资产上设定的担保权益作为收回贷款的保障之外,还可以要求有利害关系的第三方提供担保。当项目资产及其收益不足以偿还贷款时,贷款人可以向这些担保人追偿。这种方式在实践中比较常见。

2. 国际项目贷款的特点。

(1)从贷款对象上看,国际项目贷款是针对特定的工程项目所提供的贷款。国际项目贷款是针对某一自然资源开发和基础设施建设项目提供的贷款。贷款人主要是根据项目的现金流量和收益而不是根据项目的投资者或发起人的资信来安排融资。这与传统的贷款方式不同,传统贷款方式的贷款人则比较看重的是借款人的资信状况。

(2)从还款的资金来源来看,国际项目贷款的还款资金主要来源于项目投产后所产生的收益。国际项目贷款的偿还,以项目本身所能创造的经济收益作为主要来源。如果项目失败或项目收益不足以清偿贷款,项目贷款人对项目主办人的追索范围仅限于其对项目的投资及其依约定承担的其他义务项下的财产。而在传统贷款方式中,借款人的还款资金来源于其全部资产及其收益。

(3)从贷款的担保形式来看,国际项目贷款具有多样的担保形式。为了分散贷款的风险,贷款人除了以项目的收益作为偿债资金来源并以在项目资产上设定的担保权益作为收回贷款的保障之外,还可以要求有利害关系的第三方提供担保。这些利害关系人包括项目主办人、工程承包方、原材料供应商、项目产品的购买人等。当项目资产及其收益不足以偿还贷款时,贷款人可以向这些担保人追偿,但仅以各担保人所担保的金额或协议义务为限。

(二)国际项目贷款的参与人

国际项目贷款涉及多方参与人,各参与人在国际项目贷款中都扮演不同角色,对项目的完成发挥不同的作用。项目贷款一般包括以下各方参与人:[11]

1. 项目主办人。项目主办人是项目的实际投资者,从组织上负有落实项目计划的责任。由项目主办人组织成立项目公司,再由项目公司作为借款人向项目贷款人借款完成工程开发。尽管作为法律意义上的借款人是项目公司,但项目主办人是事实上的借款人。项目主办人拥有项目公司的全部或部分股权,以直接担保或间接担保形式为项目公司提供一定的信用支持,并享有获取投资利润和其他收益的权利。项目主办人可以是政府或公司企业,有时也吸收外国公司参加。

2. 项目公司。项目公司是项目主办人为发展项目而出资设立的法律实体,是项目借款人,是项目债务和项目风险的直接承担者。项目公司以其自身名义向项目贷款人借款,负责项目的开发、建设以及经营管理,以项目收益偿还贷款,并以项目公司的资产作为还款的保证。

3. 项目贷款人。项目贷款人是项目信贷资金的主要提供者。贷款人可以是政府机构、出口信贷机构、国际金融组织,也可以是商业银行、投资公司、租赁公司、财务公司和保险公司等。

4. 项目供应商。项目供应商是项目材料和设备的提供者。项目供应商为项目公司提供原材料和设备,确保项目公司能正常运转。供应商往往愿意为项目争取优惠出口信贷和设备质量担保。

5. 项目使用方。项目使用方是项目产品的买方或项目设备的用户,可以是项目主办人,也可以是项目主办人之外的第三人。项目使用方通过与项目公司签订长期购买或使用合同,确保项目公司有足够的收益偿还贷款,从而为该项目的贷款提供重要的信用支持。

6. 项目融资顾问。项目融资顾问是项目贷款的安排设计者,通常由投资银行、财务公司或者银团牵头行担任。

7. 保证人。保证人通常由东道国央行、外国著名大银行或大公司担任,提供项目的完工保证、偿债保证等。

8. 托管人。国际项目贷款一般都指定专门的托管人负责管理有关的资产。托管人一般是具有信托资格的银行或信托公司,设立托管账户,托管项目的现金流量和收益。

9. 官方保险机构。由于海外投资风险高,涉及战争险、征用险、汇兑险等政治

---

[11] 左海聪主编:《国际商法》,法律出版社2013年版,第307~309页。

风险,一般商业保险公司不愿意承保。因此,为鼓励对外投资,许多国家的政府设立官方保险机构,对本国的对外投资或贷款提供保险。

(三)国际项目贷款的合同结构

国际项目贷款的诸多参与人之间的错综复杂的法律关系是通过一系列合同联系起来的,这些合同按照一定的步骤或方法订立,形成特定的合同结构。在不同的项目组织形式和不同的融资途径下,这些合同形成以下三种不同的结构:

1. 二联式合同结构。主要由贷款协议和担保协议构成,即贷款人与项目公司先订立贷款协议,然后由项目主办人与贷款人订立完工担保协议、投资协议、先期购买协议等担保协议。

2. 三联式合同结构。主要由贷款协议、担保协议和长期购买协议构成,即贷款人与项目公司先订立贷款协议,再由项目公司与项目产品的买主订立无论提货与否均需付款的协议,或付款协议等长期购买协议,最后由项目主办人与项目公司签订担保协议,保证项目产品的买主履行买卖合同项下所承担的付款义务。在这种合同结构下,项目公司需将买卖合同项下的权利及项目主办人提供的担保一并转让给贷款人作为担保。

3. 四联式合同结构。主要由贷款协议、先期购买协议、长期购买协议和担保协议构成,即贷款人成立一个全资的子公司作为融资公司,先与该融资公司订立贷款协议,由贷款人向其贷款;融资公司与项目公司订立先期购买协议,将其取得的贷款作为向项目公司购买项目产品的预付货款;融资公司采用无论提货与否均需付款或提货与预付款形式的长期购买协议将产品转售第三人,以货款收入偿还贷款人的贷款;项目主办人与融资公司签订担保协议,向融资公司提供担保。在这种合同结构下,融资公司需将其在先期购买协议、长期购买协议和担保协议中取得的各种合同利益全部转让给贷款人作为贷款的担保。

(四)国际项目贷款所涉及的法律文件

国际项目贷款协议与国际银团贷款协议的内容基本相同,除此之外常见的法律文件主要有以下几种:

1. 特许协议。特许协议是东道国政府与项目主办人签订的,由东道国政府授权项目主办人从事项目的勘探、开发、建设或经营的法律文件。特许协议的内容包括:(1)借款人能否以外汇偿还贷款的本金及利息;(2)项目公司向东道国政府交纳报酬的形式和金额;(3)项目的经营管理及合同权益的让与;(4)设备、原材料的进口限制及雇用外籍管理人员的限制;(5)特许协议所适用的法律。

2. 完工担保协议。完工担保协议是项目主办人与贷款人签订的,由项目主办人针对项目的完工风险向贷款人提供担保的法律文件。它可以是独立的合同,也可以作为项目融资的借贷协议甚至工程承包合同的附件。

完工风险主要包括由工程或技术原因造成的项目延期或成本超支,或者由工业纠纷或其他外部因素造成的项目延期或成本超支,以及由上述原因造成的项目停建。项目主办人签订的完工担保协议的主要内容有:(1)项目主办人的完工担保责任;(2)项目主办人履行完工担保义务的方式;(3)保证项目主办人履行完工担保义务的措施。项目主办人向贷款人作出保证,如果在计划内的融资安排以外还需要额外资金,项目主办人将进一步承担追加资金的义务。在大多数情况下,项目完工担保是由项目主办人所提供的,但有时承建项目的工程承包公司也会提供项目完工担保。工程承包公司提供的完工担保通常是以投标押金、工程承包合同履约担保、预付款担保、留置金担保、项目运行担保等形式提供的,是项目主办人提供的完工担保的补充形式。

3. 无论提货与否均需付款协议和提货与付款协议。无论提货与否均需付款协议是项目公司与项目产品购买人订立的,无论项目公司能否交货,买方都履行付款义务的长期购买合同。这类合同与传统买卖合同的差别在于,项目产品的购买者在合同中承担的是绝对的、无条件的付款义务,所以它实质上具有担保的性质。

提货与付款协议也是项目公司与项目产品购买人之间订立的长期购买协议,它与无论提货与否均需付款协议的差别是项目产品的购买者仅在取得项目产品的条件下才履行付款义务。

这两类协议主要包括产品的质量、数量、价格、交货时间和地点、合同期限、对生产中断和不可抗力事件的处理及合同权益的转让等条款。

4. 投资协议。投资协议是项目主办人与项目公司订立的,约定项目主办人以从属贷款或参股的方式向项目公司提供足以使其有清偿能力的融资金额,或者约定项目主办人向项目公司提供一笔足以使其偿还贷款人贷款的资金的协议。协议签订后,项目公司将协议项下的权利让与贷款人,当项目公司丧失清偿能力时贷款人可以以受让人身份主张协议项下的权利。

5. 购买协议。购买协议是项目主办人与贷款人订立的,约定当项目公司违约时项目主办人将购买贷款人提供给项目公司的贷款的协议。这是项目主办人为贷款人给项目公司的贷款提供的担保。

6. 先期购买协议。先期购买协议是贷款人控股的融资公司与项目公司之间订立的协议。据此协议,融资公司向项目公司预付购买项目产品的款项,项目公司使用该款从事项目建设,完工后向融资公司交付项目产品,融资公司再转售给第三人并由此获得贷款的本金和利息。协议签订后,贷款人向融资公司提供购买项目产品的预付款,融资公司将协议项下的权利让与贷款人。

7. 产品支付协议。产品支付协议是项目公司与贷款人签订的。据此协议,项目公司将若干比例的矿藏权益连同出售矿产品的应收款项的利益让与贷款人,直到项目公司清偿贷款为止。贷款人在协议中所取得的权利仅限于让与他的那部分矿藏所产生的收益,如果这部分收益不足以偿还贷款,贷款人也无权要求补偿。

8.经营管理协议。经营管理协议是在项目主办人与项目的经营管理人之间签订的,约定经营管理者负责管理项目的生产建设及现金流量,项目主办人向其支付佣金。

(五)国际项目贷款的风险以及分散风险的法律措施

1.国际项目贷款的风险。国际项目贷款的风险是指在建设、开发、运营过程中所面临的各种风险。这些风险按其性质可以分为两类。

(1)政治风险。政治风险一般是指由于东道国的法律、法令、政策或措施的变化对项目的建设、运营和收益造成的不利影响。除了战争、内乱、国有化和没收外,政治风险还包括外汇管制、进出口许可、税收、价格、劳工、环保等方面的法律法规或政策措施的变化所带来的风险。

(2)商业风险。商业风险是指由于经济、技术等非政治原因带来的风险。商业风险通常包括:①完工风险,由于成本超支、迟延完工、中途停建等原因导致项目不能按规定的质量标准按时完工和投产;②资源风险,在自然资源开发项目中由于勘测失误导致储量或质量未达到预计指标;③经营风险,在项目的试生产阶段或生产运营阶段在技术、能源和原材料供应、经营管理能力、劳动力等方面存在的风险;④市场风险,项目的产品没有稳定的市场行情;⑤货币风险,不同国家的汇率变化带来的风险。

2.分散风险的法律措施。针对项目贷款中的风险,贷款人可以采取下述措施加以防范:

(1)针对政治风险,贷款人通常可以采取以下措施:①尽可能把各项担保置于东道国管辖之外,避免东道国政府的干预;②避免东道国法律的适用和管辖,如选择东道国以外的国家的法律作为合同的准据法,选择东道国以外的国家的法院作为管辖法院;③要求东道国政府提供担保,即通过订立国家契约的安排要求东道国政府承诺保障投资者的权益;④向贷款人所在国的海外私人投资保险机构投保政治风险;⑤邀请不同国家的银行、政府信贷机构或国际金融机构共同参与项目贷款,使贷款多国化。

(2)针对商业风险,贷款人可以采取的法律措施主要是设定各种担保权益。这些担保权益的设置主要有三种形式:①在项目公司的资产上设定物权担保;②由项目公司以外的第三人提供担保,如项目主办人提供的完工担保、工程公司提供的工程履约担保等;③贷款人通过合同让与的方式取得项目贷款中所使用的各种协议项下的权利并由此而获得担保。

第三节　国际融资租赁法

融资租赁首次出现于20世纪50年代的美国。"二战"结束后,世界市场对于军火供应的需求开始被生产和生活供应的需求所代替,但"二战"后经济百废待兴,再加上固定资产投资的巨大资金缺口和新技术的发展导致设备折旧率的加速等诸多的因素,使美国经济面临需要进行结构性调整的重要关口。融资租赁业也正是在这样的背景下迅速发展起来的。国际融资租赁的对象主要是机器设备、飞机、船舶等,这些设施或运输工具涉及的投资较大,经营风险较高,而国家的进出口管制也较多,所以投资者宁愿选择融资租赁的方式,以减少固定资产的投资风险和降低经营成本。本章主要论述国际融资租赁的基本概念和理论,以及有关融资租赁的国际公约。

一、国际融资租赁概述

(一)国际融资租赁的概念

国际融资租赁是指出租人根据承租人对于供货人、租赁物的选择,向供货人购买租赁物,提供给承租人使用,承租人向出租人支付租金的资金融通方式。

国际融资租赁交易主要包括以下几个步骤:

1. 选定租赁物。承租人根据自己的需要自行选择租赁物的型号、品种、规格、性能和价格等。

2. 申请租赁。承租人将所需租赁物的情况告知出租人并向其提出租赁申请。

3. 订立租赁合同。出租人和承租人就租赁条件进行协商,双方签订租赁合同。

4. 购买租赁物。出租人就承租人选定的租赁物与供货人洽谈购买条件并订立买卖合同。合同订立后供货人向承租人交货,承租人验收。

5. 支付租金。承租人在验收货物后向出租人分期支付租金,出租人向供货人支付价款并向承租人收取租金,租赁开始。

6. 终止租赁。租赁期满后,出租人和承租人按照租赁合同的规定处置租赁物。

(二)融资租赁的特点

1. 融资租赁交易包含两个相互关联的合同关系。国际融资租赁法律关系是由各自独立又相互联系的买卖合同和租赁合同所组成,即出租人与供货人订立的买卖合同和出租人与承租人订立的融资租赁合同。这两个合同相互独立,但又相互依存。买卖合同是为融资租赁合同服务的,融资租赁合同又以买卖合同为基础。

2. 出租人对承租人不负有租赁物瑕疵担保义务。当交付的租赁物与买卖合同的规定不符时,尽管承租人有代位求偿权,但对于供货人违反交付义务的救济不能实现的风险也要由承租人承担,而不是由出租人承担。其原因在于:融资租赁法律关系是由各自独立又相互联系的买卖合同和租赁合同所组成,供货人在买卖合同项下负有品质担保和权利担保义务。根据合同法的原则,此种救济请求权的行使和救济不能实现的风险本应由作为买卖合同当事人的出租人享有和承担。但是,出租人往往通过租赁合同的规定使租赁物的利害关系归于承租人,即赋予承租人代位求偿权和免除出租人的风险负担。所以,作为租赁合同的当事人和买卖合同的利害关系人,承租人在出卖人违反交付义务时,有权行使代位求偿权,同时,救济不能实现的风险或引起的损失也只能归于承租人。

3. 出租人对承租人不负有租赁物维修、保养义务。根据物权法的风险承担原则,应当由物主承担物之意外灭失、损毁的风险,这一原则也当然地适用于一般租赁关系。但是,在融资租赁合同中通常都特别约定,凡属于不可归责于出租人的原因引起的租赁物的灭失、损毁或不能按约定使用的风险由承租人承担,而此种风险还包括因以上原因引起的出租人的租金损失。换言之,即使租赁物的灭失、损毁是由于不可抗力或第三人的原因造成的,也可能由承租人先予赔偿出租人的损失,再向保险人或第三人追偿。

4. 承租人在租期内不得解约。一旦合同开始履行,承租人即不得行使解约权,而应当继续履行合同义务,直到合同届满,除非以支付全部租金的方式向出租人提供充分赔偿。该规则的适用,是要防止因合同的终止履行而引起的权利义务的失衡,尤其是在租赁物权仅能满足于特定用途的场合,如果承租人中途解约并导致租赁物返还给出租人,而出租人因无法处分租赁物或租赁物因折旧或技术上原因所造成全部损失时,使出租人能够获得充分补偿。

(三) 融资租赁的法律性质

对于融资租赁的法律性质,各国学者们提出以下四种不同学说:

1. 借贷说。持此种观点的学者认为融资租赁是借贷的一种,其实质是由出租人以出租租赁物的形式贷款给缺乏购置租赁物所需资金的承租人,并以租金的形式收取贷款的本金及利息。这种观点虽然指明了融资租赁的融资特性,却忽略了融资租赁与借贷的明显差别。在借贷关系中,标的物交付给借贷人时所有权随之发生转移,且借贷双方之间是单一的、直接的对待给付;而在融资租赁关系中,在租赁期间出租人一直保留着对租赁物的所有权,且标的物并非由出租人直接交付。

2. 分期付款说。持这一观点的学者认为,由于在融资租赁中承租人支付的租金数额实际上相当于购买租赁物的价金,并且在最后一笔租金支付之后,承租人只要支付名义价款即可取得租赁物的所有权,它实质上是一种分期付款的买卖关系。这种学说只强调了融资租赁期满后承租人和出租人处置租赁物的一种方式,而淡化了另外两种方式,即由于承租人的退租或续租,出租人仍保留对租赁物的所有权。也就是说,在分期付款买卖中,买方在支付了最后一笔价金之后必然取得货物的所有权;但在融资租赁中,承租人支付了最后一笔租金之后并不必然取得租赁物的所有权,而是享有购买、退租或续租的选择权。

3. 特殊租赁说。持这种观点的学者认为融资租赁是一种特殊的财产租赁关系,其特殊性即在于租赁物的瑕疵担保责任、意外毁损灭失的风险责任和维修保养义务,不是像普通的租赁关系那样由出租人承担。将融资租赁视为财产租赁的观点虽然充分注意了融资租赁的融物特征,但却忽略了它与传统租赁方式的本质差别。首先,二者涉及的合同当事人和交易的方式不同。传统的租赁只包含两方当事人和一个合同,即出租人和承租人及其达成的租赁合同,是单一的交易关系;而融资租赁则包含三方当事人和两个合同。其次,租金的计算方式不同。在传统租赁方式中,租金按照租赁物的使用费计收;而在融资租赁方式中,租金是按照出租人购置租赁物的成本、手续费加上融资成本和利润来计算的,带有资金融通的特点。最后,租赁期满后租赁物的归属不同。在传统租赁方式中,租赁期满后租赁物仍归出租人所有;而在融资租赁方式中,租赁期满后租赁物在多数情况下归属承租人,在一定意义上具有买卖交易的特点。

4. 特殊合同类型说。事实上,将融资租赁法律关系看成是单纯的借贷关系、买卖关系或租赁关系的任何一种类型,都不能正确地反映其本质属性,因为它已经超出了任何一种单一的民事法律关系的范畴,是兼具借贷、买卖和租赁性质的独立合同法律关系。

目前,融资租赁交易方式已在全世界范围内得到广泛使用,形成了独特的交易习惯,具备了类型化的特征。独立合同类型说既承认融资租赁与传统的典型合同的关系,同时也考虑了它的特殊性。从发展的角度出发,独立合同类型说一方面肯定了在商人的交易中相对成熟和稳定的基本规则得以适用,另一方面也强调了融资租赁的独立性,有利于促进各国融资租赁法律制度的发展和统一。[12]

二、国际融资租赁法律制度

(一)融资租赁的国际法律调整

1988 年 5 月,由国际统一私法协会制定的《国际融资租赁公约》(UNIDROIT Convention on International Financial Leasing,以下本章简称《公约》)在渥太华外交会议上得以通过。该公约参照了《联合国国际货物销售合同公约》的体例,由序言、正文等 3 章 25 条组成。该公约是世界上唯一专门调整国际融资租赁关系的国际公约。

1.《公约》的序言。《公约》的序言简要说明了订约目的,即消除各国在经营国际融资租赁业务方面的法律障碍,及发生纠纷后适用统一的国际规则;鼓励更多人利用国际融资租赁方式,促进国际贸易的发展,维护各方正当权益,而不能因有了国际公约而使其受到限制;要照顾到国际融资租赁中的民事和商事法律方面的统

---

[12] 左海聪主编:《国际商法》,法律出版社 2013 年版,第 317~318 页。

一规则。

2.适用范围。《公约》仅适用于动产的融资租赁交易。根据《公约》第1条第1款的规定,《公约》所适用的融资租赁是指根据另一方(承租人)提供的规格,与第三方(供应商)订立一项协议(供应协议)。根据此协议,出租人按照承租人在与其利益有关的范围内所同意的条款取得工厂、资本货物或其他设备(设备),并且与承租人订立一项协议(租赁协议),以承租人支付租金为条件授予承租人使用设备的权利。由此可见,《公约》将不动产租赁和仅为承租人本人使用的租赁排除在适用范围之外。

另外,《公约》适用的融资租赁的交易与其他租赁交易有所区别:(1)承租人对于租赁物和供货商有选择权,从而使出租人免于对租赁物承担无瑕疵的保证责任;(2)出租人购买的标的物与租赁合同具有相关性,并且供应商知道这一租赁合同,并使其构成供货商向承租人承担交付义务的依据;(3)租金的计算特别考虑到了租赁物的全部或大部分成本的分摊。

《公约》仅适用于国际性的融资租赁交易。根据《公约》第3条的规定,在出租人与承租人的营业地分处不同国家,而且这些国家与供应商的营业地所在国均为缔约国,或者供货合同和租赁合同均是缔约国法律调整的,才属于《公约》适用的国际性的融资租赁交易。

《公约》在一定条件下适用于转租赁交易。转租赁是承租人将租赁物转租给他人使用而形成的租赁关系。根据《公约》第2条的规定,无论当事人对于同一租赁物进行几次转租赁的交易,只要此种转租赁满足《公约》规定的租赁交易的条件的,即应当适用《公约》的规定。但是,供货商不知道其提供的标的物与转租赁的交易的相关性的,供货商可不适用《公约》第10条第1款规定,直接对于承租人承担供货合同上的义务和责任。

《公约》适用的任意性。根据《公约》第5条的规定,只有在供货合同与租赁合同的各方当事人同意时,才可以排除《公约》的适用。在未根据前款规定排除适用《公约》时,当事人在其相互关系方面可以减损《公约》的任何规定或变更其效力,但第8条第3款及第13条第3款第2项和第4款规定的除外。也就是说,对于《公约》的整体排除适用,必须经过两个合同三方当事人的一致同意才能实现;而对于《公约》部分条款的更改或减损,只需各个合同的双方当事人的合意即可。另外,《公约》的部分条款不允许当事人更改或减损,这包括第8条第3款在出租人过失的情况下的租赁物权利瑕疵担保义务、第13条第3款第2项约定损害赔偿以及第13条第4款出租人在单方解除合同的情况下关于租金收取的规定。

3.总则规定。《公约》的总则部分比较简单,只有第6条的规定。第6条第1款规定了《公约》的解释,即依照序言所申明的目标与目的、《公约》的国际性质、《公约》适用的统一性以及国际贸易中的诚实信用原则对《公约》加以解释。第6

条第 2 款规定的是《公约》未涉及事项的处理,即按照《公约》所依据的一般原则来解决;在没有一般原则的情况下,按照国际私法规则确定适用的法律。

(二)国际融资租赁合同的主要内容

国际融资租赁合同的交易需要订立两个合同,即国际货物买卖合同和国际租赁合同。国际货物买卖合同在前面已经述及,本章不再赘述。关于国际租赁合同的内容,各国法律和行业习惯各有不同,这里仅就《公约》的相关规定加以说明。

1. 租赁物说明条款。租赁物说明条款是规定租赁物的名称、规格、技术性能等内容的条款,其内容与买卖合同的相关条款比较类似。

2. 交付租赁物条款。该条款主要规定租赁物交付时间、地点、验收的条件等事项。在融资租赁关系中,租赁物是由供货人直接向承租人交付的,但租赁物的付款人才是租赁物的所有人,并且他既是融资租赁关系的出租人,也是货物买卖关系的买受人。无论是根据货物买卖合同还是融资租赁合同,承租人均负有接管租赁物并加以适当检查、验收的义务。

3. 租赁期限和租金条款。该条款主要规定租赁期限、租金金额、币种、计算方法、支付时间及支付方式等事项。其中,租赁期限与租赁物预期使用期限大致相等。租金金额根据租赁物的大部分或全部成本以及出租人的合理利润确定。

4. 合同当事人的权利和义务条款。

(1)出租人对于租赁物的取回权。根据《公约》第 7 条的规定,出租人对租赁物的物权可以对抗承租人的破产清算人和其他债权人,包括已经取得扣押或执行令状的债权人。《公约》没有具体规定出租人应当以何种方式行使对于租赁物的物权,但根据国际私法的一般原则,这一方面应当依据破产清算国,或者根据扣押或执行地的相关法律处理;另一方面,出租人对于租赁物的物权权利并不影响承租人的债权人得基于其对于租赁物的留置权或其他担保权益而享有优先受偿的权利。

(2)在出租人根据承租人对于供货人、租赁物的选择订立的买卖合同项下当事人的权利义务。

供货人和承租人的权利义务:供货人应当按照约定向承租人交付标的物,承租人享有与受领标的物有关的买受人的权利;出租人、供货人、承租人可以约定,供货人不履行买卖合同义务的,由承租人行使索赔的权利;承租人行使索赔权利的,出租人应当协助。

出租人的权利义务:① 出租人不得变更买卖合同条款而损害承租人利益的义务。未经承租人同意,出租人不得变更与承租人有关的合同内容。② 出租人对租赁物品质瑕疵担保义务的免责。租赁物不符合约定或者不符合使用目的的,出租人不应对承租人承担任何责任,但承担人由于依赖出租人的技能和判断以及出租人干预选择供应人或租赁物规格的除外。③ 出租人的租赁物权利瑕疵担保义务。

出租人的租赁物权利瑕疵担保义务主要涉及平静占有担保义务,即出租人应当保证承租人对于租赁物的占有和使用,这种平静占有将不受享有优先所有权或权利或者要求优先所有权或权利并根据法院受权行为的人的侵扰。④ 出租人对租赁物致第三人损害的免责。出租人不应以其出租人身份而对第三人承担由于租赁物所造成的死亡而产生的人身伤害或财产损害的责任。

(3)在租赁合同项下,承租人和出租人的权利义务。① 承租人适当保管和合理使用租赁物的义务。承租人应当妥善保管、使用租赁物并应当履行维修的义务。② 给付租金的义务。承租人应当按照约定支付租金,经出租人的催告后在合理期限内承租人仍不履行支付义务的,出租人可以要求支付全部租金,也可以解除合同收回租赁物。③ 承租人的租期届满后对租赁物的购买选择权。租赁期间届满时,承租人有三种选择权以确定租赁物所有权的归属,即承租人可以将租赁物退还给出租人,或者行使续租权,或者可以支付租赁物的残值为对价而获得租赁物的所有权。

5. 法律适用和争议解决条款。该条款与国际货物买卖合同的相关条款从内容上看并无出入,只是在国际融资租赁合同项下适用的法律主要是国内法,其次可参照适用《公约》和行业惯例。

第四节 国际证券法

国际证券投资是国家或者企业利用国际资金进行发展的方式。证券是证明创设财产权利的一种书面凭证。发行证券是企业筹措资金的重要途径。作为融资方式的一种,证券交易可以在一定程度上反映一个国家地区的经济状况。国际证券投资一般被称为"国际间接投资"。这种投资活动一般表现为在国际债券市场购买中长期债券,或在外国股票市场上购买企业股票。近年来,国际证券投资增长迅猛,在国际经济交往中发挥着重要的作用。

一、国际证券及相关法律制度

各国为了促进商品经济的发展,都重视证券立法。各国的经济利益与证券业息息相关,所以,证券立法并无共识。虽然世界上还没有统一的国际证券法,但是证券跨国发行及交易规则具有共性。

(一)国际证券的内涵

国际证券是指某国政府、金融机构、公司企业或国际经济机构等在国际金融市场上发行的,以某国货币表示的证券,主要包括国际债券和在国际证券市场上发行的公司、金融机构的股票。

(二)国际证券的分类

国际证券主要有国际股票和国际债券两大类。

1. 国际股票(international stock)是指在股票的发行和交易过程,不是只发生在一国内,而通常是跨国进行的,即股票的发行者和交易者、发行地和交易地、发行币种和发行者所属本币等有至少一种和其他的不属于同一国度很多大公司尤其是跨国公司在国外发行和流通股票。

股票可以分为普通股和优先股两种:普通股的股东按其所持股票的份额,参加公司的管理,分享公司的利润,或分担公司的亏损,但其所承担的责任仅限于所持股份的份额;而持有优先股的股东一般都按固定的股息率较之普通股股东优先取得股息,不以公司利润有无或利润多少为转移。在通常情况下,优先股股东无权参与公司的经营管理。

国际股票的类型有以下几种:①在外国发行的直接以当地货币为面值并在当地上市交易的股票。如我国在香港发行上市交易的H股,在新加坡发行的S股,在纽约发行上市的N股。②以外国货币为面值发行的,但却在国内上市流通的,以供境内外国投资者以外币交易买卖的股票。我国上市公司发行上市的B股。③存托凭证(DR)是指在一国证券市场流通的代表外国公司有价证券的可转让凭证,主要以美国存托凭证(ADR)形式存在。④欧洲股票,是指在股票面值货币所在国以外的国家发行上市交易的股票。

2. 国际债券通常分为外国债券和欧洲债券两种:外国债券是指债券发行人在外国金融市场上发行的以发行地国货币为面值货币的债券;欧洲债券是指债券发行人在债券面值货币以外国家的欧洲债券市上发行的债券。欧洲债券市场是欧洲货币市场的组成部分。

(三) 中国的跨境投资模式探索

在人民币资本项下不可兑换、资本市场未开放条件下,为使国内的投资者向国外投资,形成了几种特别的投资渠道。

1. QDII,是"Qualified Domestic Institutional Investor"的首字缩写,意为合格境内机构投资者。是指在一国境内设立、经该国有关部门批准,有控制地允许境内机构投资境外资本市场的股票、债券等有价证券投资业务的一项制度安排。设立该制度的直接目的是为了进一步开放资本账户,以创造更多外汇需求,使人民币汇率更加平衡,更加市场化,并鼓励国内更多企业走出国门,从而减少贸易顺差和资本项目盈余,直接表现为让国内投资者直接参与国外的市场,并获取全球市场收益。QDII主要面向商业银行、信托公司、证券公司、基金管理公司、保险机构和全国社保基金等特定机构,投资范围一般被限定为境外证券投资。

2. QDIE,英文全称是Qualified Domestic Investment Enterprise,意为合格境内投资企业。QDIE与QDII(Qualified Domestic Institutional Investor,合格境内机构投资者)相似,但在主体资格和投资范围两个方面均有所突破。QDIE有更大的灵活性,作为通道的潜力非常大。与QDII相比,QDIE投资范围更广,对境外投资的地域、品种、比例等均无特定限制,除了证券类投资标的,还可投资境外非上市公司股权、对冲基金及不动产等。

3. QDLP,英文全称是 Qualified Domestic Limited Partnership,意为合格境内有限合伙人,是一种境内募集资金、境外投资的方式。理论上,它包括一种对应的模式,即境外募集资金、境内投资,简称 QFLP(Qualified Foreign Limited Partnership,合格境外有限合伙人)。2012 年 4 月,上海启动 QDLP 试点项目,允许获得试点资格的海外投资基金管理企业,在中国境内面向合格境内有限合伙人募集资金,设立有限合伙制的海外投资基金企业,进行境外二级市场投资。QDLP 比较倾向于大的机构,上海的 QDLP 试点是 QDIE 制度在中国境内的首次落地实施,主要面向海外对冲基金管理机构。

证券监管主要由一国自身完成。区域性的监管组织机构主要有北美证券管理者协会(NASAA)、美洲证券监管者委员会(CORSA),以及欧洲联盟(European Union)等。从全球的维度看,国际证券监管机构组织(International Organization of Securities Commissions, IOSCO)是协调各国证券法实施的主导力量,是各国证券市场监管机构最为重要的国际组织。它成立于 1974 年,20 世纪 80 年代后逐步演变为一个常设性国际组织。该组织的宗旨是:通过成员机构的合作,保证在本国及国际范围的有效监管,以维持公正和高效的市场;通过交换信息和交流经验,发展各国的国内市场;共同努力建立国际证券发行与交易的规范和有效监控;互相帮助,通过严格执法和有效稽查来保证市场的公正性。证监会下设三个委员会:执行委员会、技术委员会和新兴市场委员会。对证券跨国发行与交易行为的法律监管起主导作用的是技术委员会,分为 5 个工作小组,分别负责审议一级市场、二级市场和中介机构的监管、法规执行和投资基金业。在技术委员会的努力下。证监会国际组织发表和通过了一系列关于国际证券监管的报告、决议以及建议标准,如《国际会计标准》《国际审计标准》《跨国证券和期货欺诈》《跨国招股和首次上市的信息披露要求指引》等,均对协调境外上市的监管具有指导意义。

二、国际证券发行方面的法律制度

进行证券募集以筹集资金的市场被称为一级市场,它是一个无形市场,不存在具体的固定场所,实际上包含了新证券的发行人从策划到由投资银行等中介机构承销,直至全部由投资人认购完毕的全过程。在这一过程中,涉及到的当事人包括:发行人、证券监管机构、公证机构、承销机构、投资人等。

(一)国际证券发行的方式

国际证券发行是指发行者在一级市场按照法律规定的条件和程序,通过证券承销商向投资者发行证券的行为。按发行对象的不同,可分为私募发行与公募发行;按发行过程可分为直接发行和间接发行。

1. 国际证券的私募发行。证券发行人只能向特定的投资者直接销售证券,而不能公开向大众投资者推销,也不能进入公开的证券交易所市场流通,目的在于投资。

2.国际证券的公募发行。指证券发行人公开向大众投资者推销证券的发行方式,证券可以在公开的证券交易所流通。

各国法律都对公募发行规定相当严格的审核制度,可以分为核准制和注册制两种类型。

(1)核准制采取实质管理原则,以欧洲各国的公司法为代表。依照证券发行核准制的要求,证券的发行不仅要以真实状况的充分公开为条件,而且必须符合证券管理机构制定的若干适于发行的实质条件。符合条件的发行公司,经证券管理机关批准后方可取得发行资格,在证券市场上发行证券。

(2)根据注册制,证券发行申请人依法将与证券发行有关的一切信息和资料公开,制成法律文件,送交主管机构审查,主管机构只负责审查发行申请人提供的信息和资料是否履行了信息披露义务。在注册制下,证券发行审核机构只对注册文件进行形式审查,不进行实质判断。如果公开方式适当,证券管理机构不得以发行证券价格或其他条件非公平,或发行者提出的公司前景不尽合理等理由而拒绝注册。注册制主张事后控制,其核心是只要证券发行人提供的材料不存在虚假、误导或者遗漏,即使该证券没有任何投资价值,证券主管机关也无权干涉,因为自愿上当被认为是投资者不可剥夺的权利。

(二)国际证券发行的程序

证券发行一般遵循属地原则,一般要经历准备、申请、核准、承销几个阶段。而各国一般都会规定发行条件。发行条件指股票发行者在一级市场上发行股票筹集资金时所必须考虑的各种要求和条件。它通常包括初始发行条件、增资发行条件、配股发行条件等,具体会因各国证券市场的要求不同而不同。国际证券发行中,最重要的法律文件是包销协议。

国际证券的公募发行则针对众多的投资者主要经历以下几个阶段:(1)经理集团的组成;(2)包销集团的组成;(3)推销集团的组成;(4)受托人、支付代理人或财务代理人的选定;(5)律师的聘请。

欧洲债券发行一般不受发行地国证券管理机构的管制,发行过程比较简单。

三、国际证券流通方面的法律问题

(一)证券流通的形式

将证券在交易所登记注册,由此得以在交易所挂牌买卖的过程被称为二级市场。这是买卖、转让已发行股票的市场,由证券交易所、经纪人、证券商和证券管理机构等组成,通常可分为场内和场外交易市场。

1.场内市场采取股票交易所的组织形式,一般分为会员制和公司制。股票交易所的特征是:股票交易所本身并不持有、不买卖股票,也不参与制定价格,它只是为双方成交创造条件,提供场所和服务,并进行监督;交易采用经纪制度方式;交易按公开竞价方式进行;股票交易所有严格的规章制度和定型的动作规程;股票交易所的买卖完全公开。

2. 场外市场有以下几种形式:①柜台交易,指证券公司、经纪公司、经纪人、投资者等直接在交易柜台上进行面对面的交易,其中不涉及交易所,买卖股票的种类、数量、价格等等均由交易双方协商决定。②第三市场是场内市场向场外的一种特殊延伸,是指已获得在证券交易所上市资格的股票,由非交易所会员的证券商进行场外交易。③第四市场是场内市场向场外的另一种特殊延伸,是指交易双方不通过证券商而直接进行股票交易。

(二)证券交易市场的管理体制

目前,管理体制主要有以下三种类型。第一类是以自律管理为主的管理体制,这些国家政府干预较少,不设专门的证券管理机构,更注重证券交易所或行业公会自行制定规章、制度进行自律监管。其特点是反应迅速,效率较高。英国及我国香港地区就采用这一类型的管理体制。第二类是以美国为代表的、以专门机构管理为主的集中型监管模式,证券监管机构根据法律设立,负责制定和实施专门的证券管理法规,实现对全国证券市场的统一监督管理。其特点是监管机构超脱于其他市场参与者之外,能客观、公正、有效地发挥监管职能,有较强的威慑力和权威性。第三类是以德国、法国为代表的中间型监管模式,既有政府监管的成分,又有自律管理的因素。

证券交易的基础是企业运行,所以很多国家都特别注重披露制度。信息披露制度是世界各国对上市公司进行规范和管理的主要制度之一,持续向投资者披露其经营状况和财务状况是上市公司最基本的义务。投资者依据披露信息,作出投资选择,因此,各国证券法律均对上市公司信息披露责任作出了明确具体的规定。上市公司及其董事会信息披露必须真实、准确、完整,不得有虚假记载、误导性陈述或者重大遗漏,禁止欺诈行为及内幕交易。作为一个完整的体系,信息披露制度涉及信息披露主体,信息披露的时间、形式、内容、手段及法律责任等多方面内容。

(三)证券交易所交易的法律制度

1. 证券交易所的设立及类型。证券交易所是高度组织化的证券交易市场,是最主要的证券交易市场。各国一般采用三种模式对证券交易所进行管理:一是特许制,如日本;二是登记制,如美国;三是承认制,如英国。

各国设立的证券交易所大体上可以分为会员制和公司制两种法律类型。第一种是会员制证券交易所,由各证券商自愿组成,参加者即为会员,由会员共同承担交易所的各项费用,如美国。第二种是公司制证券交易所,一般采取股份有限公司的组织形式,是营利性法人,即证券交易所以公司的形式组织和经营,自负盈亏,如香港地区。

2. 证券商资格的取得。投资者不能直接从事证券买卖,而应通过证券商进行。一类是证券经纪商,另一类是证券自营商。对证券商资格的取得,有的国家(如日本)采取特许制,有的国家(如美国)实行登记制,有的国家(如美国)还规定申请人须经考试合格才能取得证券商资格。

3. 证券上市的条件。不是所有公开发行的国际证券都能进入证券交易所进行交易,各国立法都规定证券上市应具备一定的条件。不同国家及同一国家的不同证券交易所对证券上市具体条件的规定也各不相同。

主要国际股票交易所的上市制度

纽约证券交易所的上市制度

上市标准:在世界范围内至少拥有5000名股东,公众持有股份数额超过250万股,总市值和有形资产分别达到1亿美元以上,过去3年税前收入的总和达到1亿美元,并且3年中任何一年的税前收入不低于2500万美元;必须有证券交易所会员公司的保荐;非美国公司必须按1934年《证券交易法》的规定进行注册登记;应有保荐的美国存托凭证。

上市程序:保密资格审查,以给出一个正式的上市等级,并逐项列出需要达到的上市条件;递交正式申请;公布正式申请;接受上市。

伦敦证券交易所的上市制度

上市标准:当一家外国公司必须在注册所在国或在大多数股东所在国上市后,伦敦证券交易所才会接受其上市申请;申请公司必须采纳合适的会计标准来保护申请公司的不同投资者的利益;申请公司必须提供详细的报表,以对公司的运作绩效和财务状况进行充分的披露;申请公司利润留做储备的比率必须合适确定;申请公司必须提供资产评估标准的充分信息。

上市程序:完成伦敦证券交易所的上市程序通常需要12周至24周,具体为:聘请顾问,编写招股说明书初稿,研究证券定价,初稿递送伦敦证券交易所,评鉴上市说明书,正式递交文件,完成所有文件并由伦敦证券交易所审批通过,正式申请上市,支付上市费用,签署认购协议,获得上市资格。

纳斯达克证券交易市场的上市制度

上市程序:首次发行新股的上市程序,上市时间通常需要3个月至6个月的时间,包括以下程序:决定在纳斯达克市场上市,选择承销商,并进行审查,起草财务报告,填制年度报告,信息披露报告和编制招股说明书,已发行股票的上市程序,通常时间相对较短,包括以下程序:决定在纳斯达克市场上市,选择承销商,填制年度报告,信息披露报告,挂牌交易。

国际证券发行人在特定证券交易所上市证券,除应符合一定条件外,还须经证券管理部门批准,并提交招募说明书,各国立法都规定发行人负有连续披露的义务。

(四)对证券交易行为的管理

1. 吸收合并报价。首先,在提出吸收合并报价之前,发价公司必须将吸收合并的意图通知目标公司,目标公司的董事会应表明自己的态度,并将自己的意见告知股东;其次,发价公司必须将吸收合并报价通知有关主管机关,并提交发价文件;再次,发价公司的报价在一定期限内必须始终有效,如有必要,有效期还可延长;最后,发价公司向目标公司所有股东提出的价格必须相同,禁止对股东实行差别待遇。

2. 内幕交易。各国证券管理立法无一例外,都将内幕交易视为严重的违法犯罪行为,对从事内幕交易的有关人员科以重罚。

3. 诈欺与操纵证券市场行为。世界各国证券立法都禁止证券交易过程中诈欺及故意损害交易对方的行为,禁止操纵证券价格、垄断证券市场的行为。证券经纪商代客买卖应持公平交易原则,禁止任何欺诈和不法行为。

(五)场外交易的法律制度

由于场外交易一般由证券商组织,在证券商柜台进行,是分散和零散的交易,所以各国对场外交易的法律管制较为宽松,但也进行必要的管理。

―――― 练习题 ――――

1. 试分析当前国际货币体系的成就与问题。
2. 简述融资租赁的特点。
3. 简述融资租赁的法律性质。
4. 简述《国际融资租赁公约》的适用范围。
5. 国际融资租赁交易当事人的权利义务有哪些?
6. 简述国际借贷的分类。
7. 列举国际银团贷款的先决条件。
8. 简述消极担保条款与平等比例条款的联系与区别。
9. 简述国际项目贷款的特点。
10. 简述国际项目贷款各种合同结构所涉及的参与人。

---- **拓展阅读** ----

1. 陈安主编:《国际经济法学》(第七版),北京大学出版社 2017 年版,第 7 章。
2.《国际经济法学》编写组:《国际经济法学》,北京大学出版社 2016 年版,第 5 编。
3. 李仁真主编:《国际金融法》(第三版),武汉大学出版社 2011 年版。
4. 李仁真主编:《国际金融法新视野》,武汉大学出版社 2013 年版。
5. Scott, Hal S. and Anna Gelpern, *International Finance: Transactions, Policy, and Regulation*, 19th ed., Foundation Press, 2012.
6. Tirole, Jean, *Financial Crises, Liquidity, and the International Monetary System*, Princeton University Press, 2015.

第六章 国际投资法

第一节 国际投资法概述

一、国际投资法的概念和调整对象

国际投资法是调整国际(直接)投资或称外国直接投资(FDI)关系的法律规范的总体。国际投资法的调整对象主要包括:国家(东道国和母国)与外国投资者(及当地合营者)之间的国际投资管理关系;外国投资者与当地合营者之间的国际投资交易关系;国家之间、国家与政府间国际组织之间、政府间国际组织之间的国际投资管理协调关系。此外,国际投资法也调整一部分国际金融关系。

国际直接投资,是指外国投资者对其在东道国的投资拥有经营管理控制权的国际资本流动。国际直接投资的形式多种多样,主要包括:在东道国设立外国企业的分支机构和代表机构;以参与企业的经营管理为目的而取得东道国原有企业的股份或参股,组成合资经营企业或合作经营企业,或者收买、并购原有企业;在东道国新建享有100%股权的子公司,或者组建外商独资企业,或者与当地企业组建合资经营企业或合作经营企业;基于企业活动的目的,取得供企业用的实物资产,即新设支店、分公司、营业所、工厂,或扩大、扩建支店、分公司、工厂等;单独或联合投资参与东道国自然资源勘探开发与生产,或者以特许权形式参与东道国基础设施和公用事业建设和经营;以参与企业经营为条件的长期贷款,例如母公司对子公司的贷款等;通过各种合同安排所进行的非股权直接投资,例如产品分成合同、管理合同、交钥匙合同、技术许可协议等。

我国允许外国投资者以设立分支机构、代表机构、中外合资经营企业、中外合作经营企业、外资企业、并购境内企业、特许开发和建设等各种形式从事直接投资。我国《公司法》《外国企业常驻代表机构登记管理条例》《关于外国投资者并购境内企业的规定》《对外合作开采陆上石油资源条例》《对外合作开采海上石油资源条例》《最高人民法院关于审理外商投资企业纠纷案件若干问题的规定(一)》等法律、法规、行政规章、司法解释对外商投资形式作出了规定。《外商投资法》第2条对外国投资者在中国境内的投资形式作出了统一的概括性规定。

《外商投资法》的通过标志着我国内外资法律法规尤其内外资企业形态法律法规的进一步并轨和统一。《外商投资法》第42条规定了"三资企业法"的废止和"三资企业"组织形式的五年过渡期。

二、国际投资法的渊源和体系

国际投资法渊源主要包括国内制定法、国内判例、习惯国际法、国际条约、一般法律原则、国际判例、国际软法、跨国公私混合软法和跨国民间法。国际投资法的体系主要包括资本输入国法、资本输出国法、国际法、跨国公私混合软法以及跨国民间法。

(一) 资本输入国法

资本输入国的外国投资法是指资本输入国调整外国投资关系的法律规范,它是国际投资法体系的首要组成部分。外国投资法主要规定资本输入国政府、外国投资者、外国投资企业关于外国投资准入、运营和退出的鼓励、限制、禁止或保护的权利、义务和责任关系。不同发展水平和政治经济体制的资本输入国的外国投资法具有不同的立法体制和特点。

资本输入国的外国投资法主要有三种立法体制。一是制定比较全面统一的外国投资法或投资法典,作为调整外国投资的基本法律,并辅之以其他有关外国投资的法律。这是目前大多数发展中国家的立法体制。二是没有统一的外国投资法,而是制定一个或几个关于外国投资的专门或特别法律,并辅之以其他有关外国投资的法律。三是没有统一的外国投资法,而是通过一般的国内法调整外国投资,并辅之以个别专门关于外国投资的法律,发达的资本输出国一般都采用此种立法体制。

发达国家一般对外国投资持比较自由开放的态度,很少对外国投资制定专门的特别法律,对外国投资的特别限制或特别优惠都很少,在法律和政策上给予外国投资以国民待遇。发展中国家对外国投资一般都限制较多,税收或土地等鼓励优惠也较多,对外国投资实行一定的差别待遇。

我国改革开放以来陆续建立了包括宪法、法律、行政法规和行政规章、地方性法规和规章等在内的多层次的外国投资法律体系。长期以来,我国在立法体制上没有制定全面统一的外商投资法典,而是以"三资企业法"为主,并辅之以大量其他有关外国投资的法律。2019年3月15日,我国通过了《外商投资法》。该法体现了内外资一致的原则,是我国统一的外商投资基础性法律;该法规定了外商投资的准许入、促进、便利、保护和管理等内容。

(二) 资本输出国法

资本输出国的海外投资法是指资本输出国调整对外投资关系的法律规范,它是国际投资法体系的重要组成部分。海外投资法主要规定资本输出国政府和外国投资者之间关于对外投资准入、运营和退出的鼓励、限制、禁止或保护的权利、义务和责任关系。

资本输出国一般并不制定全面、统一、专门的海外投资法,而是分别规定在外汇、政治风险保证、税收、竞争、贸易等立法之中。海外投资法的主要内容包括:海外投资者的资格和条件、海外投资的申请和审批、海外投资的方式、海外投资的政治风险保证以及与海外投资有关的外汇、税收、竞争、贸易等内容。

发达国家对海外投资很少限制，多为鼓励和保护，尤其是在税收、资金、技术、信息和服务方面给海外投资者提供鼓励，并在征收或国有化、政府违约、外汇禁兑、战乱等政治风险方面提供政治风险担保，此外，也注重对于海外投资的监管。发展中国家对于海外投资限制较多，多数国家规定了海外投资的申请和审批制度，少数国家规定了海外投资政治风险保险制度。

我国曾经比较严格限制海外投资，后来逐步开放，并提出了"走出去"的战略，加强了海外投资的鼓励和保护。2014年我国修订了《境外投资管理办法》，改变了以往的全面核准的方式，实行"备案为主、核准为辅"的管理模式，并最大限度地缩小核准范围，大幅提高了境外投资的便利化水平。

(三)国际法

国际条约主要包括友好通商航海条约(FCN)、投资(政治风险)保证协定、促进和保护投资协定、自由贸易协定(FTA)等特惠贸易与投资协定(PTIA)中的投资专章。例如，《能源宪章条约》、《北美自由贸易协定》、《中日韩促进和保护投资协定》、《解决国家与他国国民之间投资争端公约》(ICSID公约)、《多边投资担保机构公约》(MIGA公约)、《服务贸易总协定》(GATS)、《与贸易有关的投资措施协定》(TRIMs)等。

此外，还包括联合国大会有关争取建立国际经济新秩序的宣言和行动纲领、经济合作与发展组织(OECD)《多国企业指南》、联合国《全球契约》、国际标准化组织(ISO)《社会责任指南26000》等国际软法、跨国公私混合软法和跨国民间法。

我国对外谈判签订了大量双边投资条约(BIT)、区域投资协定、包含投资专章的自由贸易协定或全面经济合作协定，并加入了ICSID公约、MIGA公约等多边公约。

第二节　国际投资准入管制

一、投资准入管制的概念

外国投资准入(admission of foreign investment)是指外国投资者将其现金或其他资本从东道国境外移入东道国，进入东道国从事个人自由职业，或者进入东道国设立企业、子公司、分支机构或代表处等，以便从事直接投资或与直接投资有关的活动。外国投资准入管制是指一国(即东道国)允许外国投资进入其领土内投资的投资种类、投资行业领域、投资地域范围、投资股权比重、投资审查程序以及其他有关方面的条件和程序等各种禁止、限制、鼓励或者允许措施。母国对于本国投资者海外投资输出环节的管制也属于广义的投资准入管制。

关于外资准入的规定主要体现在东道国国内法中,母国国内法和国际投资协定也包含了外资准入的内容。从总体趋势来看,当前外资准入呈现出越来越自由化的发展趋势。[1]与此同时,基于国家安全等理由对外资准入的禁止和限制也在不断强化。

二、投资准入管制的东道国法

外资准入管制是东道国关于外国投资立法的主要内容之一。各国立法都对外国投资的范围、条件和程序作出了规定。

(一)投资准入的立法

在一般国际法上,是否以及如何允许外国投资者投资准入和设业完全属于东道国的主权权利,东道国的外资准入管制权是国家属地管辖权的表现,此种权利只有经由国际协定才可以予以限制。只有经由东道国国内法或者有关的国际条约作出相关规定的情况下,外国投资者才可以依据相应的国内法或国际条约而享有投资准入的权利。东道国一般都会通过专门的外国投资法、专门的外资准入法或者分散的各个产业立法规定外国投资准入的事项。

在实践中,一国往往对于外国投资者的准入和设业施加管制,以实现经济政策、国家安全、公共健康和安全或者公共道德等政策目标。发达国家较早地实现了外资准入和设业的自由,但也同时基于各种正当公共政策目标而施加一定的限制。"二战"以后,发展中国家一般都对外资准入和设业采取了比较严格管制的政策和立法,以维护经济独立和发展目标。20世纪80年代以来,许多发展中国家对于外资准入和设业采取了越来越自由化的政策和立法。2010年以来,各国外资准入政策和法律呈现出自由化和加强管制并行的发展趋势。

我国自对外开放以来,陆续制定了许多涉及外资准入的法律。我国对外资准入的管制体现了渐进式开放的特点。最初只是分散式立法指导外商投资的方向,但不够明确和系统。自1995年起,我国开始制定实施专门集中和系统明确的外商投资产业方向和指导目录,并定期予以修订更新。2013年以来,我国决定更加积极有效利用外资,修订外商投资产业指导目录,扩大服务业和一般制造业开放,全面推行普遍备案、有限核准的管理制度,大幅下放鼓励类项目核准权,积极探索准入前国民待遇加负面清单管理模式。在这一背景下,我国陆续制定、修改和完善了关于外资准入的法律法规和规章制度。例如,修订《外商投资产业指导目录》,设立自由贸易试验区,并通过了全面统一的《外商投资法》。《外商投资法》第4条规定,国家对外商投资实行准入前国民待遇加负面清单管理制度。

---

[1] 参见陈安主编:《国际经济法学专论》(下编 分论)(第二版),高等教育出版社2007年版,第658~679页。

(二)投资者和投资的定义

一般来说,外国投资是指从东道国境外投入东道国境内的任何资本。多数国家规定,具有外国国籍的自然人、法人或非法人实体从东道国境外投入东道国的资本,以及外国投资者在东道国设立的外商投资企业中的外国投资者所得收益再次投入到东道国,都属于外国投资。有些国家规定,外国投资者所实际控制的内国投资者在内国所进行的投资也属于外国投资。

外国投资的投资定义即外国投资的资本构成或称出资方式。一般包括外币现金,机器设备、零部件、原材料、土地使用权、厂房等实物或称有形资产,专利、商标、专有技术、版权、商誉等知识产权或无形财产,以及股票、债券等具有经济价值的证券,抵押权、留置权、质权、用益权等担保物权和用益物权,具有经济价值的金钱请求权和行为请求权,自然资源、基础设施和公用事业的勘探、开发、建设、运营等特许权,以及劳务等。

我国《外商投资法》规定了外国投资者的范围及其出资的种类、出资的要求、出资期限等事项。外国投资者广泛包括外国的自然人、法人和其他组织。根据我国"一国四法域"的历史和现实国情以及吸引利用境外投资的需要,我国法律将香港、澳门、台湾地区的自然人、法人和其他组织也视为外国投资者对待,并将华侨也视为外国投资者对待。

我国法律广泛承认各种资产形式作为外国投资的出资种类。中外合作经营企业的中外合作者的投资或者提供的合作条件可以是现金、实物、土地使用权、工业产权、非专利技术和其他财产权利;中外合资经营企业的合营者可以用货币出资,也可以用建筑物、厂房、机器设备或者其他物料、工业产权、专有技术、场地使用权等作价出资;外资企业的外国投资者可以用可自由兑换的外币出资,也可以用机器设备、工业产权、专有技术等作价出资,经审批机关批准,外国投资者也可以用其从中国境内举办的其他外商投资企业获得的人民币利润出资。此外,外国投资者或其在中国设立的项目公司所享有的自然资源、基础设施和公用事业特许经营权也属于受我国法律保护的投资。

(三)投资范围与投资比例

投资范围或称投资方向是指东道国允许外国投资者在其境内投资的产业或部门。投资方向对于东道国的产业发展、经济安全、技术竞争、传统文化、政治统治等具有重要影响,各国立法通常都分门别类地明确规定允许、鼓励、限制和禁止外国投资的领域,以此引导、调节和管理外资投向。在立法模式上,有的国家采取正面清单或称肯定清单模式,列入清单内的领域属于允许外商投资的领域,没有列入的则属于禁止外商投资的领域。有的国家采取负面清单或称否定清单模式,列入清单内的领域属于禁止外商投资的领域,没有列入的则属于允许外商投资的领域。发达国家禁止或限制外国投资的领域一般较少,主要包括公用事业、交通、矿业、银行、国防等部门。发展中国家限制或禁止外资准入的部门一般较多,例如公用事业、航空、电信、银行、保险、证券、国防。各国经济发展和具体国情不同,其允许、鼓励、限制和禁止的范围和程度各有特点。例如,有的国家比较强调限制或禁止外国投资本国的影视等文化产业,以保护其民族文化;有的国家比较强调限制或禁止外国投资本国具有重要意义但竞争力弱的产业部门,以保护其民族经济等。总的来说,各国通常限制或禁止关涉国家安全或某些关键部门的外资准入,而鼓励本国亟待发展的领域的外资准入。

投资比例是指东道国对于外国投资所施加的投资或控制比例的规定。投资比例是东道国调节外国投资方向、实现本国经济发展目标的重要手段。发达国家一般只对很少的部门施加外国投资的比例限制,发展中国家则在许多领域都对外国投资施加比例限制。对于外国投资的投资比例,各国立法的方式和具体规定有所不同。有的国家规定了统一适用于各个行业的一般的比例规定,有的国家则对不同的行业施加不同的比例规定。有的发展中国家规定,外国投资比例一律不得超过49%,有的国家规定的统一比例低于49%。但多数国家越来越根据本国经济、政治等各方面的政策考虑,而分别对不同行业的外资准入施加不同的比例要求,有的限制在49%以下,而有的则允许外商独资。有的国家为了鼓励外国投资和达到利用外资的目的,规定在允许外国投资的部门,外国投资比例一律不得低于一定的比例。有的国家出于产业政策或国家安全管制的考虑,对于投资比例达到一定标准的外国投资纳入审查范畴。有的国家还规定,外国投资比例应在一定年限内逐步减少到一定比例,以实现特定产业部门的当地化或称本土化。

我国关于外商投资准入的立法包括《外商投资法》中的有关规定,专门关于外商投资方向和产业指导目录的集中立法(《指导外商投资方向暂行规定》《指导外商投资方向规定》《中西部地区外商投资优势产业目录》《外商投资产业指导目录》《外商投资准入特别管理措施(负面清单)》《市场准入负面清单》《自由贸易试验区外商投资准入特别管理措施(负面清单)》《鼓励外商投资产业目录》),以及各个特定行业领域的分散立法(例如《外资银行管理条例》《外资保险公司管理条例》《外商投资电信企业管理规定》《对外合作开采陆上石油资源条例》《对外合作开采海洋石油资源条例》等)。根据这些立法,我国将外商投资项目分为鼓励、允许、限制和禁止四类。鼓励类、限制类和禁止类的外商投资项目,列入《外商投资产业指导目录》,不属于鼓励类、限制类和禁止类的外商投资项目,为允许类外商投资项目,允许类外商投资项目不列入《外商投资产业指导目录》。

我国法律关于外国投资比例的规定具有一定特色。我国法律规定,外国投资者在企业中的投资比例一般不低于25%,外国投资者还可以设立外资占100%比例的外资(外商独资)企业,外国投资者投资比例低于25%的企业不享有外商投资企业的优惠。这并不意味我国法律只规定了外国投资比例的下限,而没有上限。

根据我国外商投资产业方向和指导目录,有些领域禁止外资准入,有些领域要求中方控股。《外商投资产业指导目录》在有些领域对外商投资项目规定了"限于合资、合作"、"中方控股"或者"中方相对控股"。其中,限于合资、合作,是指仅允许中外合资经营、中外合作经营;中方控股,是指中方投资者在外商投资项目中的投资比例之和为51%及以上;中方相对控股,是指中方投资者在外商投资项目中的投资比例之和大于任何一方外国投资者的投资比例。

(四)投资审批

投资审批是指东道国政府依据一定的程序、标准,对进入本国的外国投资进行甄别和评价,从而决定是否许可其投资的一种行政许可制度。外资审批制度主要包括审批目的、审批机构、审批范围、审批标准、审批程序、审批效果等具体方面。外资审批的目的是确保东道国对于外资准入施加有效的管制,以与东道国的经济发展和其他政策目标相一致。

外国投资经由东道国依法审查并获得批准的法律效果在于,在国内法上,东道国承认其投资合法有效,可以获得法律保护,享有有关的待遇或优惠,甚至得到东道国政府在外汇管理、土地使用、公用基础设施配套等方面的政策保证和支持。获得东道国审查和批准的外国投资在国际法上也会产生一定法律效果,例如,可能获得多边投资担保机构(MIGA)的多边政治风险担保,或者可以享有国际投资协定的实体和争端解决程序保护和救济。需要注意的是,除非东道国政府直接在外资审批文件中作出了特别承诺,表示投资审批在东道国与外国投资者之间形成了具有法律约束力的特别授权或契约关系,否则,东道国政府对于特定外国投资的审批许可只是在东道国和外国投资者之间形成了公法上的管制与被管制关系,而不意味着在东道国和外国投资者之间形成了投资契约关系。

南太平洋财团(SPP)与埃及政府、埃及旅游旅馆总公司仲裁案

南太平洋财团(SPP)与埃及政府、埃及旅游旅馆总公司签订了一份三方初步协议,进而SPP与埃及旅游旅馆总公司之间签订了补充投资协议。后来,埃及政府在议会压力下采取了一系列措施(包括宣布项目所在的金字塔地区为公共古迹区域、命令项目停建、宣布土地转让无效、为外商投资的埃及旅游开发公司委任管理人乃至最终取消了整个金字塔地区的投资项目),最终导致投资项目终止。SPP以埃及旅游部长在补充投资协议上签有"批准、同意和认可"为由,声称埃及政府由此成为SPP与埃及旅游旅馆总公司之间补充投资协议的当事人,进而认为初步投资协议和补充投资协密切联系,从而根据补充投资协议中的仲裁条款,要求埃及政府应对违反初步投资协议和补充投资协议的合同终止行

为给予损害赔偿,国际商会(ICC)仲裁庭裁决支持了 SPP 请求,[2] 但埃及政府在法国法院申请撤销该裁决,法国法院认定埃及政府并不是补充投资协议当事人,埃及政府并没有接受仲裁管辖,ICC 仲裁庭对埃及政府没有管辖权,因此以缺少仲裁协议、仲裁庭超越权限为由判决撤销了 ICC 裁决。[3] 随后,SPP 向 ICSID 中心提起仲裁请求,ICSID 公约仲裁庭认定埃及政府构成了征收,并裁决埃及政府赔偿 SPP。[4]

投资审批属于东道国国内法上的事情,一般情况下,国际投资协定只要求根据东道国国内法促进外资准入,因此,东道国外资准入的法律与措施一般不会被投资者与国家间仲裁庭认定为违反国际投资协定义务。但是,一旦国际投资协定采取了负面清单投资准入模式,且投资准入被列为投资者与国家间投资争端仲裁管辖范围,那么,东道国在投资准入阶段的作为和不作为也可能被认定违反了国际投资协定,并可能承担国家责任。此外,一旦外国投资者已经在东道国设立了外商投资企业,那么,东道国对于外商投资企业的投资准入管制也会受到国际投资协定的调整。在 Metalclad v. Mexico 案中,[5] 投资者已经申请并被授予关于建设和开发危险废弃物处理厂的联邦许可,又被授予地方政府土地使用权许可,且被联邦政府官员多次告知已经符合了投资建设和开发废弃物处理厂的所有必须许可,投资者继续向地方政府申请其他并非必须的许可,但该地方政府在迟至 13 个月后作出了拒绝许可的审批决定,而此时该处理厂已经建成,当该处理厂建成并即将运营之时,该地方政府发动了阻止该处理厂运营的行动,并最终通过法律将该处理厂所在区域纳入生态保护区,从而使得该处理厂完全违法。Metalclad 基于 NAFTA 对墨西哥提起了 ICSID 中心便利规则下的仲裁,仲裁庭认定墨西哥关于废弃物处理厂审批的规定和决定等不具有透明性和可预测性,因此违反了 NAFTA 第 11 章的公平与公正待遇义务,进而构成了违反 NAFTA 的征收,并裁决墨西哥支付损害赔偿。

---

[2] International Chamber of Commerce Court of Arbitration: Award in the Arbitration Between S. P. P. (Middle East) Limited, Southern Pacific Properties Limited and the Arab Republic of Egypt, the Egyptian General Company for Tourism and Hotels, March 11, 1983, *International Legal Materials*, Vol. 22, No. 4 (July 1983), p. 752 – 784.

[3] 参见姚梅镇、余劲松主编:《国际经济法成案研究》,武汉大学出版社 1995 年版,第 291~361 页;余劲松主编:《国际投资法》(第四版),法律出版社 2014 年版,第 151~152 页。

[4] *Southern Pacific Properties (Middle East) Limited v. Arab Republic of Egypt* (ICSID Case No. ARB/84/3), Decision on Jurisdiction, 14 April 1988; *Southern Pacific Properties (Middle East) Limited v. Arab Republic of Egypt* (ICSID Case No. ARB/84/3), Award on the Merits, May 20, 1992.

[5] Metalclad Corporation v. Mexico, ICSID Case No. ARB (AF)/97/1 (NAFTA), Award, August 30, 2000.

在申请撤销阶段,加拿大法院认定,该裁决关于违反透明性义务从而违反公平与公正待遇义务的部分被撤销,但关于征收的部分被保留。[6]

我国曾长期采取外国投资准入全面逐一审批制度。2013年以来,我国的外资准入管理开始由全面核准(审批)制转向有限核准和普遍备案制,并且开始在自由贸易试验区试行外商投资准入国民待遇加负面清单的管理方式。除国务院规定对国内投资项目保留核准的投资项目外,对负面清单之外的领域,将外商投资的项目核准改为备案制,而对外商投资企业设立和变更(合同、章程等)管理则只在自贸试验区推行负面清单管理,由审批改为备案管理。

(五)外商投资的国家安全审查

为了防止外商投资尤其外资并购威胁本国国家安全,许多国家都建立了外商投资国家安全审查制度。外国投资国家安全审查是指东道国为保障本国国家安全利益,授权特定机关对可能威胁国家安全的外国投资行为进行审查,并采取限制性措施,以消除国家安全威胁。外国投资审查中的国家安全主要是指东道国的国防军事安全、关系国计民生的关键部门和产业的安全(包括能源、电力、交通、食品安全、水利、通信等产业)以及民族工业的安全。外国投资国家安全审查是国家主权的具体体现,其审查机构包括专门机构、多部门联合等多种形式,其审查对象主要是但不限于外资并购行为,其审查程序启动包括投资者自愿申报、审查机构强制申报等多种形式,其审查标准具有很大的裁量性甚至不受司法审查,且国家安全审查是有别于反垄断审查的一种独立审查。近年,美国、欧盟及其主要成员国纷纷加强了外国投资国家安全审查。例如,欧盟于2019年3月通过了《设立外商直接投资审查框架条例》。

美国较早建立了外资并购国家安全审查制度。美国于1988年通过了修正1950年《国防生产法》(DPA)第721节的《综合贸易与竞争法》(即《埃克森—弗罗里奥修正案》),1993年《国防授权法》第837节(a)款(又称《伯德修正案》)修订了1988年法案,2007年《外国投资与国家安全法》(FINSA)再次修正了1950年《国防生产法》(DPA)第721节,2008年美国财政部制定了新的《关于外国人并购、收购和接管的条例》。2018年《外国投资风险审查现代化法案》进一步强化了外国投资国家安全审查。该一系列法律法规授权美国总统基于国家安全理由拒绝外资并购美国企业,并授权美国外国投资委员会负责具体实施。美国外资并购国家安全的审查机构是秘书处设在财政部、由财政部部长担任主席的部际联席机构——美国外国投资委员会(CFIUS)。美国外资并购国家安全的审查对象主要是对从事州际商业的任何人产生外国控制的任何外国人的或与外国人有关的收购、合并或接管。

---

[6] 关于该案裁决的评论,参见韦经建、王彦志主编:《国际经济法案例教程》,科学出版社2005年版,第121~131页。

美国外资并购国家安全的审查因素是国家安全,对于国家安全的含义应被解释为与国土安全有关的问题且应当包括对关键基础设施的影响,具体的考虑因素包括国防需求、恐怖主义、武器扩散、外国政府、国有企业、关键基础设施、关键技术、能源和重要资源和原材料供给等。CFIUS 对于确实威胁到美国国家安全的案件、外国政府控制的并购案件、外国人拟控制美国关键基础设施的案件进行调查,CFIUS 调查结束后须将调查结果报告总统并提出是否批准交易的建议,总统在接到报告和建议后有权暂停或禁止并购交易,总统有权指示司法部长在联邦地区法院寻求包括撤销投资在内的适当救济措施,总统采取的行动和认定不受司法审查,总统须将其决定结果通报国会。

中国三一集团诉美国总统否决并购侵权案

2012 年 2 月,中国三一集团(Sany Group)关联公司罗尔斯公司(Ralls 公司)与希腊电网公司特纳(Terna)美国公司签订资产收购合同,收购 Terna 美国公司在美国俄勒冈州 Butter Creek 的风场项目。该风电场位于美国海军军事基地附近,其中有三个风场距离海军限飞空域 7 英里,另外一个完全在限飞空域范围内并且其新迁地址仍在限飞空域东部区域范围内。Ralls 公司没有事先就此项交易向美国外国投资委员会(CFIUS)申报。2012 年 6 月,CFIUS 要求 Ralls 公司提交项目交易报告 Ralls 公司和 Terna 美国公司向 CFIUS 提交了相关报告。2012 年 7 月,CFIUS 和美国总统先后经审查认定,该项目交易涉外危害国家安全,下令要求禁止此项目交易,停止所有建设和运营,移除所有库存、装置或其他设施,剥离 Ralls 公司的所有产权、资产和任何被其开发好的、保留的或控制的业务。2012 年 9 月,Ralls 公司在美国哥伦比亚特区联邦地方分区法院将 CFIUS 告上法庭,指控 CFIUS 所下命令超出了国防生产法第 721 条款授权,违反了美国行政程序法相关条款,CFIUS 所下命令没有提供任何事实证据和理由是违反美国制定法的任意行为,奥巴马总统和 CFIUS 所下命令超越了宪法和相关制定法赋予的权限,违反了美国宪法第五修正案,未经合法程序剥夺了 Ralls 公司的私有财产权,违反了宪法平等保护条款,构成了针对中国企业(三一集团)和中国公民(Ralls 公司控制人)的选择性执法,并请求宣示性和禁令性救济。2013 年 2 月 26 日,美国哥伦比亚特区联邦地方法院法官 Amy Berman Jackson,J. 判决认定,关于总统令越权的指控并非必然不可审查;国防生产法的终局性条款禁止对于总统令是否越权、是否违反平等保护条款作出司法审查;国防生产法的终局性条款并不禁止对总统令是否违反正当程序作出司法审查;根据法院不受理不再有任何实际争议案件的原则(mootness doctrine),对于 CFIUS 令是否违反正当程序的请求是没有实际意义的(moot),且该案不属于可以重复出现却规避了法院审查的例外情形。因此,法院部分支持部分拒绝了美国政府提出的驳回诉讼的动议。2013年10月9日,美国哥伦比亚特区联邦地方法院法官Amy Berman Jackson, J. 判决认定,原告没有举证存在程序性正当程序保护所要求的受保护的利益,并且原告已经获得了充分的程序保护。[7] 2014年7月15日,美国哥伦比亚特区联邦巡回上诉法院法官Karen LeCraft Henderson判决认定,没有清晰且可信的证据表明国会意图在国防生产法下排除对于驳回请求作出司法审查,政治问题原则并不禁止法院决定正当程序条款是否授权原告对于美国总统令的证据享有知情和反驳的权利,原告在收购了目标公司100%所有权后已经拥有了充分的州法上的财产利益,没有提出事先申报且被批准并不禁止提出正当程序异议,总统令未经正当法律程序而剥夺了原告受保护的财产利益,CFIUS令属于可以重复出现却规避了法院审查的例外情形,因此推翻前述法院判决并发回重审。[8] 2015年11月,Ralls和CFIUS达成和解协议,Ralls撤回诉讼,美国政府也撤销了对Ralls的执行诉讼,CFIUS确定该项交易没有提出国家安全拒绝理由,Ralls可以将其四个风电场资产出售给第三方Xiuexin Tang,CFIUS批准三一公司收购另外两家风电场。[9] 该案标明,美国总统的外资并购国家安全审查决定并非绝对不受任何司法审查,而是仍受宪法正当程序条款的司法审查。

我国也建立了外商投资国家安全审查制度。国务院办公厅《关于建立外国投资者并购境内企业安全审查制度的通知》(2011年)、商务部《实施外国投资者并购境内企业安全审查制度有关事项的暂行规定》(2011年)、商务部《实施外国投资者并购境内企业安全审查制度的规定》(2011年)、国务院办公厅《自由贸易试验区外商投资国家安全审查试行办法》(2015年)和国家发展和改革委员会、商务部《外商投资安全审查办法》(2020年)对此作出了规定。我国外商投资国家安全审查的范围为:外国投资者"投资军工、军工配套等关系国防安全的领域,以及在军事设施和军工设施周边地域投资;投资关系国家安全的重要农产品、重要能源和资源、重大装备制造、重要基础设施、重要运输服务、重要文化产品与服务、重要信

---

[7] 关于该案的评论,参见龚柏华、谭观福:《美国总统以国家安全否决外资并购令可诉性分析——兼析中国三一集团告美国总统否决并购侵权案》,载《国际商务研究》2014年第3期,第45~56页。
[8] Ralls Corp. v. Committee on Foreign In v. in the U. S., 926 F. Supp. 2d 71(D. D. C., 2013), February 26, 2013; Ralls Corporation v. Committee on Foreign Investment in the United States, 987 F. Supp. 2d 18(D. D. C., 2013), October 9, 2013; Ralls Corp. v. Committee on Foreign In v. in U. S., 758 F. 3d 296(C. A. D. C., 2014), July 15, 2014.
[9] Jessica Stone, U. S. Government and Chinese Company Settle Wind Farm Lawsuit, November 4, 2015, http://www.cctv-america.com/2015/11/04/u-s-government-and-chinese-company-settle-wind-farm-lawsuit.

息技术和互联网产品与服务、重要金融服务、关键技术以及其他重要领域,并取得所投资企业的实际控制权。"其中,外国投资者"取得所投资企业的实际控制权,包括下列情形:外国投资者持有企业 50% 以上股权;(二)外国投资者持有企业股权不足 50%,但其所享有的表决权能够对董事会、股东会或者股东大会的决议产生重大影响;其他导致外国投资者能够对企业的经营决策人事、财务、技术等产生重大影响的情形"。我国由国家发展改革委、商务部牵头的外商投部安全审查工作机制办公室负责外商投资安全审查。工作机制办公室审查后,分别不同情形,作出允许实施投资、禁止实施投资、附条件允许实施投资等决定。

(六)外资并购的反垄断审查

外资并购东道国境内企业可能造成对于东道国相关市场的垄断,因此,外资并购东道国境内企业也属于东道国对于经营者集中实施反垄断审查的重要组成部分。美国、欧盟等关于企业并购反垄断的法律法规都同样既适用于境内企业之间的并购,也适用于外资并购其境内企业。

我国《反垄断法》和商务部《关于外国投资者并购境内企业的规定》规定了外资并购境内企业的反垄断审查。《反垄断法》第 2 条规定,中华人民共和国境内经济活动中的垄断行为,适用本法。该法第 38 条规定,对外资并购境内企业或者以其他方式参与经营者集中,涉及国家安全的,依照本法规定进行经营者集中审查。《关于外国投资者并购境内企业的规定》(2009 年)第 51 条规定,外国投资者并购境内企业达到《国务院关于经营者集中申报标准的规定》规定的申报标准的,应当事先向商务部申报,未申报不得实施交易。商务部条约法律司反垄断办公室制定了《外国投资者并购境内企业反垄断申报指南》(2007 年)。

在可口可乐公司并购汇源果汁(在开曼群岛注册成立但其企业实体在中国大陆)案中,[10] 可口可乐公司向商务部递交了申报材料,商务部对此项申报进行立案审查。经过审查,商务部认定,此项集中将产生如下不利影响:集中完成后,可口可乐公司有能力将其在碳酸软饮料市场上的支配地位传导到果汁饮料市场,对现有果汁饮料企业产生排除、限制竞争效果,进而损害饮料消费者的合法权益;品牌是影响饮料市场有效竞争的关键因素,集中完成后,可口可乐公司通过控制"美汁源"和"汇源"两个知名果汁品牌,对果汁市场控制力将明显增强,加之其在碳酸饮料市场已有的支配地位以及相应的传导效应,集中将使潜在竞争对手进入果汁饮料市场的障碍明显提高;集中挤压了国内中小型果汁企业生存空间,抑制了国内企业在果汁饮料市场参与竞争和自主创新的能力,给中国果汁饮料市场有效竞争格局造成不良影响,不利于中国果汁行业的持续健康发展。就此,商务部与可口可乐

---

[10] 参见韦经建、王彦志主编:《国际经济法案例教程》(第二版),科学出版社 2011 年版,第 144~147 页。

公司就附加限制性条件进行了商谈,经过评估,商务部认为可口可乐公司针对影响竞争问题提出的救济方案,仍不能有效减少此项集中产生的不利影响。最终,商务部认为,此项经营者集中具有排除、限制竞争效果,将对中国果汁饮料市场有效竞争和果汁产业健康发展产生不利影响。鉴于参与集中的经营者没有提供充足的证据证明集中对竞争产生的有利影响明显大于不利影响或者符合社会公共利益,在规定的时间内,可口可乐公司也没有提出可行的减少不利影响的解决方案,因此,决定禁止此项经营者集中。2009年3月18日,中国商务部发布2009年第22号公告,裁决禁止可口可乐公司收购中国汇源公司。[11]

除了对于外资并购东道国企业进行反垄断审查外,一些在国际市场竞争占有重要地位的发达国家和新兴发展中国家也加强了跨国企业并购的反垄断法域外适用。所谓反垄断法的域外适用,是指一国将其反垄断法适用于外国企业在该国境外从事的但对该国造成限制竞争效果的行为。我国《反垄断法》第2条也规定,"……中华人民共和国境外的垄断行为,对境内市场竞争产生排除、限制影响的,适用本法。"反垄断法域外适用的管辖权依据主要是作为客观属地管辖原则之体现的效果(管辖)原则,即外国企业的域外行为对内国造成了限制竞争的影响和效果,内国域外适用其反垄断法,对此类行为实施管制。反垄断法域外适用使得不同国家的属人管辖权与属地管辖权之间、属人及属地管辖权与效果管辖之间、效果管辖相互之间产生管辖冲突和利益冲突。为此,各国往往通过礼让原则或合理原则来限制反垄断法域外适用的过分扩张和滥用,或者通过双边或多边的反垄断执法协调与合作来预防或减少国际冲突。例如,在美国波音公司和麦道公司合并案中,美国反垄断当局批准了此项合并交易,但欧盟委员会认为,这项合并将大大提高波音公司的市场份额,加强其市场支配地位,从而对欧共体市场的竞争造成重大影响。为此,欧盟委员会与美国联邦贸易委员会进行了多次磋商。波音公司承诺接受和履行欧盟委员会提出的附加条件,包括波音公司在十年内有义务维持现有的市场结构(即维持麦道公司的独立性)和其他几项条件。最终,欧盟委员会批准了此项合并交易。[12] 目前,我国也对多起境外公司并购交易域外适用了我国《反垄断法》。

三、投资准入管制的母国法

投资准入的母国管制即母国投资准出管制,是指母国政府对于本国投资者到外国(海外、境外)的地区、领域、方式、条件等所实施的管制,主要包括母国对海外投资的投资者与投资定义、投资范围与投资比例、投资审查与投资批准等。从国际

---

[11] 关于此案的评论,参见邓峰:《传导、杠杆与中国反垄断法的定位——以可口可乐并购汇源反垄断审查案为例》,载《中国法学》2011年第1期,第179~190页。

[12] 张穹:《反垄断法研究》,中国法制出版社2007年版,第95~96页。

法来说，母国对其本国投资者对外直接投资享有属人管辖权。从政策角度来说，一国是否以及如何允许本国投资者从事海外直接投资，主要取决于对外直接投资对该国的经济利益影响，也涉及政治其他因素的考虑。

发达国家对于其本国投资者对外直接投资一般很少禁止或限制，主要是鼓励和促进本国对外直接投资，但也有少数国家对海外投资准出实施一定限制。例如，美国总统于2023年8月9日发布了《关于处理美国在特定国家对某些涉及国家安全的技术和产品的投资问题》的行政命令，基于国家安全等理由对本国境外投资施加限制。发展中国家外汇比较短缺，资金不够充足，一般并不鼓励和促进本国投资者从事对外直接投资，甚至反而限制或禁止本国对外直接投资。不过，一些经济增长较快或者石油资源收入充足的新兴发展中国家和新兴发展中大国正在积极鼓励和促进本国主权财富基金、国有企业和私人企业到其他发展中国家、发达国家从事对外直接投资。

我国对外开放之初，就将出国办企业、发展对外投资作为国策。但是，在初期，我国对境外投资管理比较严格。20世纪90年代以来，我国政府再次提出要积极扩大我国企业对外投资和跨国经营。2000年以来，中国政府正式提出走出去的战略，并要求健全在金融、保险、外汇、财税、人才、法律、信息服务、出入境管理等方面对境外投资的服务体系，完善境外投资企业的法人治理结构和内部约束机制，规范对外投资的监管。2008年以来，我国政府决定加快推进走出去战略，中国企业加快了走出去的步伐。随着我国加快推进实施走出去战略、提出并推进"一带一路"倡议、倡导并推动全球基础设施建设，我国对外直接投资将持续保持快速增长的态势。与此同时，我国政府也在积极制定、修改和完善与境外投资有关的政策和法律法规。2014年以来，我国对境外投资实施核准制和备案制分别管理制度。

四、投资准入管制的国际法

在国际法上，外资准入主要通过国际条约予以规定和确认。国际条约对于外资准入的规定和确认可以分为受管制的外资准入模式、有选择的自由化模式（正面或称肯定清单模式）、高度自由化的模式（负面清单模式）、区域工业化规划模式等。[13]

（一）受管制的外资准入模式

所谓受管制的外资准入模式是指国际条约承认外资准入是东道国国内管辖的事项，只要求东道国依据其国内法促进外国投资准入，东道国在是否以及在何种程度和范围内、以何种方式和程序允许外资进入其领土内投资享有独立的决定权和

---

[13] UNCTAD, Admission and Establishment, UNCTAD Series on Issues in International Investment Agreements, United Nations, 2002.

裁量权。此类条约对于东道国允许外资准入的规定可以概括为"依据东道国法律促进投资准入",其所采用的术语一般是东道国"应鼓励""应促进"外资准入或者"应"为外资准入"创造有利条件"等。根据这种表述方式,投资条约并不要求东道国承担投资准入和设业的自由化义务,也不要求东道国采取任何特定措施来促进外国直接投资。[14] 这种模式充分尊重东道国经济主权和外资准入管制权。传统欧式双边投资条约和目前绝大多数国际投资协定都采取这种模式。例如,1982年英国—喀麦隆 BIT 规定,每一缔约方应鼓励并为另一缔约方国民或公司在其领土内投资创造有利条件,而且应受制于其行使本协定生效时其现存法律所赋予权力的权利而准许此种投资。迄今为止,我国的国际投资协定主要采取此种受管制的外资准入模式。

在投资条约仲裁实践中,极少涉及关于外资准入的争议和问题。在 White Industries v. India 案中,[15] White Industries 依据印度—澳大利亚 BIT 第3条第1款(每一缔约方应鼓励并为另一缔约方投资者在其领土内投资促进有利条件,并应依据其与时俱进的法律和投资政策准许此种投资)声称,印度有义务采取具体的、积极的措施促进投资者的利益,其中至少包括三项义务,即创造适当的治理框架以监督国有公司与外国投资者之间的交易,确保其仲裁法的管理实施符合印度承担的《纽约公约》义务,采取措施减少法院案件积压(因为案件积压必然对国内和国际商业交易包括对 BIT 定义的投资者产生重要影响),具体来说,印度不应允许 Coal India 不适当地扣留银行担保中 White Industries 有权主张的资金,不应通过其法院对在印度以外所做裁决行使管辖权而违反其在《纽约公约》项下的义务,不应通过其法院的过分拖延而对 White Industries 拒绝司法。印度认为,第3条第1款只是一般性的、引言性的、劝告性的投资促进条款,这些条款没有具体规定任何必须采取的鼓励和创造有利条件的促进活动,没有可以作为独立的积极的承诺所要求的确定内容,不产生实体权利,因此,White Industries 的主张没有可适用的法律测试标准,而且,White Industries 所提出的具体请求都只涉及投资准入后的实体待遇,而不涉及在印度领土内投资的鼓励、促进或准入。White Industries v. India 案仲裁庭支持了印度的主张,认为第3条第1款的规定太过泛泛,缺乏足够具体的内容,不能产生独立的、积极的实体权利,因而不能支持 White Industries 所称的三项具体请求。

(二)有选择的自由化模式(正面清单模式)

所谓有选择的自由化模式或称相对的自由化模式,也就是正面清单模式,是指

---

[14] Andrew Newcombe & Lluís Paradell, *Law and Practice of Investment Treaties: Standards of Treatment*, Kluwer Law International, 2009, p.127.

[15] *White Industries Australia Limited v. The Republic of India*, Final Award, 30 November 2011.

东道国在国际投资协定中将其承诺允许外国投资准入和设业的领域、程度、范围、条件等予以具体列明,东道国所列明的属于外资可以自由准入的,东道国必须在此范围内遵守市场准入、国民待遇以及其他有关义务,而不得对此清单承诺范围内的事项再额外增加限制,而东道国没有列在承诺清单中的领域则属于东道国有权依据其国内法限制和禁止外国直接投资准入的范围。

《服务贸易总协定》(GATS)采取了渐进的、有选择的正面清单自由化模式。许多自由贸易协定的服务贸易专章也采取了此种正面清单模式,规定列于清单中的部门和措施受制于国民待遇、市场准入、最惠国待遇等义务。例如,2015年中国和澳大利亚FTA的服务贸易专章就是如此。国际投资协定一般很少采取此种正面清单模式。2005年印度和新加坡全面经济合作协定(CECA)对于外资准入国民待遇采取了正面清单和负面清单的混合模式。

(三)高度自由化的模式(负面清单模式)

所谓负面清单或称否定清单模式,是指东道国承诺在外国投资准入和设业方面给予缔约他方投资者及其投资以国民待遇和(或)最惠国待遇,并在国际条约中列明其在外资准入和设业方面与国民待遇、最惠国待遇不符的对外国投资不予开放的领域、义务(国民待遇、最惠国待遇)和措施(业绩要求、高管要求或者其他管理措施),对于清单列明的部门、义务和措施,东道国依据条约而保留其国内法对外资准入的管制权,对于没在清单中列明的部门和措施,东道国必须给予外资准入和设业以国民待遇和(或)最惠国待遇。

与传统欧式BIT不同,美式BIT采取了外资准入国民待遇、最惠国待遇加负面清单的模式,受到美国影响,加拿大、日本、韩国等国也采取了负面清单模式,晚近欧盟也开始采取此种负面清单模式,一些发展中国家、转型经济国家也在个别国际投资协定中接受了此种负面清单模式。1984年修订的经济合作与发展组织(OECD)《资本流动自由化法典》和《经常项目无形交易自由化法典》将资本流动自由化义务扩展到直接投资流动,该法典也采取了负面清单模式。OECD的资本自由化法典具有法律约束力,主要通过成员国相互之间的同行评审机制予以实施,该法典对于发达国家彼此之间的直接投资准入自由化发挥了重要作用。1992年《北美自由贸易协定》第11章(投资)采取了此种模式。根据联合国贸易与发展会议(UNCTAD)统计,准入前自由化模式正在兴起,但是,截至2014年年底,采取外资准入自由化模式的国际投资协定在国际投资协定总数中只占10左右。[16] 我国于2013年7月第五轮中美战略与经济对话中,正式接受在中美BIT谈判中采取投资准入国民待遇加负面清单模式,并随后开始在国内政策和法律层面推进外资准入负面清单的管理模式改革,进而在与欧盟投资协定谈判中接受负面清单模式,在

---

[16] UNCTAD, Recent Trends in IIAs and ISDS, IIA Issues Note No.1(2015), Feb.19, 2015, p.3.

与韩国 FTA、澳大利亚 FTA、东盟国家全面经济合作框架协定的升级版谈判中采取负面清单模式。《区域全面伙伴关系协定》(RCEP)、《跨太平洋全面与进步伙伴关系协定》(CPTPP)等大型自由贸易协定也采取了此种模式。

(四)欧盟的设业权模式

所谓设业权模式,是指东道国在国际条约中承诺,在外国投资者在东道国境内从事个人自由职业活动以及设立企业、分支机构和附属机构从事投资活动方面,相互给予国民待遇,除基于公共秩序、公共道德、公共健康、公共安全等必要限制外,外国投资者在东道国境内享有设业自由。在这种模式下,各国投资者到他国投资设业的权利是一般性的权利,只要到其他国家投资设业都会依据国民待遇享有与东道国的投资者相同的投资设业的权利。[17]

欧盟及其前身欧共体在投资准入方面采取了比较独特的设业权准入模式。欧盟条约(合并版本)(其前身为欧共体条约)第 49 条至第 55 条规定了欧盟内部的设立自由(营业自由)和设业权。欧盟条约的设业权条款规定,设业自由包括以从事个人经营活动为目的的权利和以建立并经营企业,特别是公司和合伙商号为目的的权利,其中,公司和合伙商号是指根据民法或商法建立的公司和商号,包括合作实体和依据公法或私法建立的营利性法人。欧盟条约禁止对于一成员国国民在另一成员国领土内的设业自由(也包括已经在另一成员国领土内设业的任何其他成员国国民在该另一成员国设立代理、分支或附属机构的自由)施加限制,设立自由应包括个人作为自我雇佣者(即作为自由职业者)从事和追求营业活动的权利,以及在其设业受其影响的国家对于其自己国民规定的条件下设立和管理事业(尤其是以公司的形式)的权利。为了促进欧盟范围内从事自我雇佣的自然人流动和设业,该条约还规定,欧洲议会和欧盟理事会应制定指令,要求成员国彼此承认有关的资格证书。但是,这种设业自由的义务不排除设业国基于公共政策、公共安全或公共健康的理由而对外国人施加特殊对待。欧盟的投资设业权模式也适用于欧盟内部的服务贸易和服务及服务提供者。此外,欧洲自由贸易联盟的条约也采取了此类设业权模式。

2014 年欧盟与加拿大全面经济与贸易协定(CETA)兼采欧共体传统的设业权模式和美式 BIT 的负面清单模式,在第 2 节规定了投资设业专章,第 3 节规定了非歧视待遇(国民待遇和最惠国待遇)适用于投资的设立、收购和扩张阶段。投资设业专章规定了市场准入和业绩要求两条。其中,投资设业条款规定,缔约方不得对于一缔约方投资者通过设业方式的市场准入采取或维持以下措施:无论以数量额度、垄断、排他供应还是经济需求测试的形式,限制可以实施特定经济活动的企业的数量;以数量额度或经济需求测试的形式,限制交易或资产总值;以数量额度或

---

[17] 佟占军:《国际投资设业权研究》,法律出版社 2012 年版,第 107 页。

经济需求测试的形式限制经营或产出总量;以对于外国持股最大百分比限制的形式,限制外国资本参与,或者限制单个或加总的外国投资的总值;限制在特定部门或企业可以雇用的自然人总数而这些自然人对于实施有关经济活动来说是必要的和直接相关的;限制或要求企业采取特定类型的法律实体或合营企业从事经济活动。但是,以下措施与前述义务并不冲突:关于影响发展或土地使用的区域规划措施或其他类似措施,为确保公平竞争而在能源、交通和电信等基础设施领域要求基础设施所有权与其所提供的货物或服务的所有权相分离的措施,限制所有权集中以确保公平竞争的措施,试图确保自然资源和环境养护和保护的措施,因为技术或物理限制(例如电信频谱)而对授权数量施加的限制,要求企业的一定比例的股东、所有权人、合伙人或董事必须具有一定资格或者从事一定职业(例如律师或会计师)。

在波兰、保加利亚、捷克国民诉英国的三个案例中,原告分别是与欧共体及成员国签订了包含国际投资设业权的条约的波兰、保加利亚和捷克国民,这些原告分别基于游客、政治避难以及先以雇员身份临时入境并成功获得政治避难等各自原因而进入英国境内,但是,他们以外国投资者身份在英国投资设业的申请都遭到了英国政府当局的拒绝。为此,他们在欧共体法院对英国政府提起了诉讼。欧共体法院认为,各个相关条约中规定的国际投资设业权条款,在条约适用的范围内是国内法院可以据以执行的和能够据以确定个人法律地位的精确的、无条件的准则,即使东道国法院可以适用这些原告母国的有关进入、定居和设业的法律与规章,但原告所引用的相关条款仍然具有直接效力,相关条约所界定的国际投资设业权是赋予波兰、保加利亚和捷克国民从事工商业活动、手工业以及个人营业活动的权利。[18]

第三节 国际投资运营管制

一、投资运营管制的概念

所谓外国投资运营(operation of foreign investment),是指外国投资者投资准入或设业之后在东道国从事经济运作和经营的活动。外资运营管制主要是指一国(即东道国)对于外国投资进入本国之后在其投资经营的各个环节和各个方面所实施的禁止、限制、允许或者鼓励等各种管理和控制措施。东道国对于外国投资者及其投资在其领土内运营所实施的管制领域非常广泛,涉及外国投资者在东道国投资经营活动的人、财、物、产、供、销等各个方面,涉及竞争、税收、会计、外汇、金

---

[18] 佟占军:《国际投资设业权研究》,法律出版社2012年版,第27~28页。

融、环境、资源、劳动、反腐败、反洗钱、反恐怖等各个领域。

与外资管制密切相关的概念是投资措施(investment measures)和业绩要求(performance requirements)。所谓投资措施或业绩要求是指东道国为了确保外国投资对东道国作出积极贡献,而通过强制的方式对外国投资实施一定的管制措施,要求外国投资满足一定的条件或完成一定的业绩,从而促进东道国外汇平衡、劳动就业、技术进步、产业发展以及其他类似政策目标的达成。这些投资措施或业绩要求主要是针对投资运营阶段的,但是,东道国政府往往在外资准入阶段就对外国投资者及其投资提出了这些投资措施或业绩要求,并将其作为外资准入或者获得某种优惠待遇的条件。因此,投资措施或业绩要求与外资准入管制、外资运营管制都密切相关。广义来说,东道国对于外国投资者及其投资在东道国投资经营所规定的各种管理措施,除了尊重和保护市场自由、反垄断等其他有限的、必要的、中性的政府干预措施外,只要是扭曲和限制国际贸易与投资基于市场原理自由流动的东道国政府措施,都属于投资措施或业绩要求。更广义的投资措施或业绩要求概念甚至包括具有扭曲和限制国际贸易与投资自由流动的母国措施和企业行为。但是,一般的投资措施或业绩要求的概念是专门针对东道国政府行为而言的,而且,在扭曲和限制国际贸易与投资自由流动的措施中,只限于违反国民待遇、一般地取消数量限制等义务的措施,或者只限于国际投资协定明确列举的措施。关税与贸易总协定(GATT)乌拉圭回合谈判曾经示例列举了14种扭曲贸易自由流动的投资措施,包括投资激励、当地股权要求、许可证要求、汇出限制、外汇限制、制造限制、技术转让要求、国内销售要求、制造要求、产品指令要求、贸易平衡要求、当地成分要求、出口要求和进口替代要求。

投资运营管制虽然主要是东道国的主权管辖事项,但却受到一般或习惯国际法的约束,东道国对于外资运营的管制不得违反习惯国际法上最低待遇标准、征收与补偿等义务。当然,东道国也可以通过缔结国际条约而在外资运营管制方面接受更广泛的国际法约束。例如,在外资运营方面给予外国投资者及其投资以国民待遇、最惠国待遇等。从而,一旦东道国外资运营管制的立法、执法和司法违反了国际投资协定义务,就可能需要承担国际法上的国家责任。

目前,对国际投资运营的管制主要是基于东道国国内法,辅之以投资者母国国内法,此外还包括国际法、跨国公私混合软法和跨国民间法。迄今为止,包括跨国公司在内的私人投资实体尚未成为国际法上的直接义务主体。[19] 因此,传统国际

---

[19] See John Gerard Ruggie, "Business and Human Rights: The Evolving International Agenda", *Am. J. Int'l L* 101, 2007; Jennifer A. Zerk, *Multinationals and Corporate Social Responsibility: Limitations and Opportunities in International Law*, Cambridge University Press, 2011; Markos Karavias, *Corporate Obligations under International Law*, Oxford University Press, 2014.

法(习惯和条约)一般只是通过对各国施加义务而间接管制外国投资者尤其是跨国公司。不过,国际软法、跨国公私混合法、跨国民间法则直接规定了私人投资实体的软法义务及其实施机制。此外,各国政府、政府间国际组织或者非政府组织的有关建议和范本中也规定了包括跨国公司在内的私人投资者的义务。例如,经济合作与发展组织(OECD)的《多国企业指南》；国际劳工组织(ILO)的国际劳工保护的公约和建议；联合国经社理事会下设的联合国跨国公司委员会的《跨国公司行为守则》(草案)；联合国人权理事会的《保护、尊重和救济:工商业与人权框架》和《工商业与人权:实施联合国"保护、尊重和补救"框架指导原则》、《安全与人权自愿原则》、金伯利进程、联合国《全球契约》；社会责任国际(SAI)的社会责任国际标准(SA8000)；国际标准化组织(ISO)的各种产品标准和企业社会责任标准(ISO26000)；国际会计准则理事会(IASB)的国际财务报告准则(IFRS)；国际电工委员会(IEC)的国际电工产品标准；森林管理委员会(FSC)的世界森林管理原则和标准,等等。[20] 晚近的国际投资协定也越来越多地订入了环境保护、气候变化、劳工保护、反贿赂等投资者义务或企业社会责任条款。美欧在自由贸易协定中订入了高标准的环境、劳工等可持续发展条款。我国在中欧全面投资协定中接受了高标准的环境、劳工等可持续发展条款。

在人权、人道、环境、金融、贸易、投资、知识产权、税收、公共健康、反恐怖、反腐败、国际和平与安全等各个领域,存在一定的习惯国际法和大量的国际条约,对国家施加了义务,要求各国制定和实施国内法,对包含外国投资者尤其跨国公司在内的非国家私人投资家体实施管制,确保受外国投资者尤其跨国公司投资运营不利影响的个体或群体的权益得到尊重和保护。此外,各国或者政府间国际组织制定和通过的宣言、指南等各种国际决议性质的国际软法也直接或间接规定了外国投资者尤其跨国公司的义务。这些习惯、条约和软法主要通过各国在国内法上的并入或转化而得以实施。外国投资者尤其跨国公司也可能在其企业内部政策、关联企业或企业集团内部政策、供应链关系政策以及交易合同之中将这些习惯、条约和软法予以并入或转化。此外,国际软法还通过政府、政府间国际组织、企业、劳工和非政府组织之间组成的多边的利害相关者的对话、交流、学习网络而得以实施。

二、投资运营管制的东道国法

东道国国内法对于外国投资运营的管制既包括对于外国投资者及其投资进行专门管制的法律和措施,也包括平等适用于国内外投资者及其投资的一般管制的法律和措施。一般来说,东道国对于外资运营管制的措施分散地规定在各种有关的法律法规之中,主要包括企业管理机构、企业购销、外汇、税收、环境、劳动、反垄

---

[20] 参见王彦志:《国际经济法总论:公法原理与裁判方法》,华中科技大学出版社2013年版,第76页。

断、反腐败、反恐、反洗钱、反贿赂、人权与社会责任等各个方面的措施。

（一）反垄断管制

外国投资者尤其跨国公司具有非常强大的经济、技术、资金实力和管理能力，其强大的企业权力可能被滥用，从而在东道国从事垄断行为或者造成垄断后果。外国投资者在东道国从事生产经营活动必须遵守东道国的反垄断法。美国、欧盟等发达国家和区域国际组织很早就制定和实施了包括规制外国投资在内的反垄断法。近年来，一些新兴发展中国家和发展中大国逐步加强了反垄断立法和执法，包括对于外国投资者及其外商投资企业的反垄断监管执法。

我国于2007年制定、2008年开始实施了《反垄断法》，并于随后制定和实施了《反垄断法》的配套法规。2013年以来，我国加大了反垄断监管执法力度，其中包括对于外国投资者及其在华外商投资企业、乃至境外企业的反垄断查处。

（二）反贿赂管制

包括外商直接投资的各种国际商业交往中不乏外国投资者或外商投资企业行贿、东道国当地政府官员和公共机构人员受贿的腐败现象。目前，许多国家都在加强国际商业中的反腐败查处力度。外国投资者及其外商投资企业必须遵守东道国反腐败法。我国目前也在加强打击外商投资企业在华投资经营中的行贿行为。2013年7月，因涉嫌严重商业贿赂等经济犯罪，葛兰素史克（中国）投资有限公司（GSKCI）被调查，部分高管被依法立案侦查。2014年9月，长沙市中级人民法院对葛兰素史克（中国）投资有限公司（GSKCI）和马克锐等人对非国家工作人员行贿、非国家工作人员受贿案进行不公开开庭审理，当日宣判。GSKCI被判处罚金人民币30亿元，马克锐等被告人被判有期徒刑二到四年不等。

（三）反洗钱和反恐融资管制

近年来，各国加强了对本土和外商银行、金融机构反恐怖融资的管理。例如，我国法律规定了在我国境内设立的金融机构和特定非金融机构反恐怖融资的义务，有关立法包括：2006年《反洗钱法》、2007年中国人民银行《金融机构报告涉嫌恐怖融资的可疑交易管理办法》、2012年中国人民银行《支付机构反洗钱和反恐怖融资管理办法》及2014年中国人民银行、公安部、国家安全部等联合发布的《涉及恐怖活动资产冻结管理办法》等。

（四）企业社会责任和民事侵权责任

包括外国投资者及其外商投资企业在内的公司和企业的投资经营活动越来越深刻地影响到企业内部员工和外部利害相关者的人身、财产等权益。对此，许多国家都在加强对于企业的社会责任管制和民事侵权责任管制。

1984年，美国联合碳化物印度有限公司（美国联合碳化物公司的印度子公司）在印度博帕尔市的一家化工厂贮存甲基异氰酸盐的金属罐泄漏，造成了极其悲惨的工业事故,导致四千余人丧生,数十万人受害,环境遭受污染。[21] 对此,印度受害人和印度政府在美国纽约南区联邦地方法院对美国联合碳化物公司提起索赔诉讼,但该法院以"不方便法院"为由驳回了起诉,并判令美国联合碳化物公司接受印度法院管辖。[22] 印度最高法院判令印度政府和美国联合碳化物公司以 4.7 亿美元和解该案,美国联合碳化物公司支付 4.25 亿美元,美国联合碳化物印度有限公司支付 0.45 亿美元,并由印度政府用和解资金向印度受害人支付赔偿。[23] 不过,博帕尔事故的后续影响并没有结束,博帕尔事故的受害者继续寻求在美国法院起诉美国联合碳化物公司,迄今为止后续所有案件都被美国法院驳回,[24] 但印度受害者仍在美国法院继续寻求上诉。

三、投资运营管制的母国法

外国投资者母国也会对本国投资者及其海外投资运营实施各种限制性的或鼓励性的管制。例如,在企业信息披露方面、税收、外汇、反洗钱、反贿赂、企业社会责任和民事侵权责任等方面实施限制性管制,或者对本国海外直接投资提供财政、税收、金融、信贷、资金、技术、情报等鼓励性管制。

(一)反海外贿赂管制

目前,各国都在加强对于国际商业交易中的贿赂行为的管制和制裁。除东道国对外国投资者及其外商投资企业实施反贿赂管制外,母国也在加强对本国投资者及其海外子公司的国际商业贿赂行为实施管制。

美国早在 1977 年就制定实施了《海外反腐败法》(FCPA),并且一直比较严格地实施对海外腐败行为的管制。FCPA 管制的对象包括美国企业及其海外子公司以及在美国上市的外国公司对外国官员、外国政党及其官员或外国公职候选人的海外行贿,违反 FCPA 的法律责任包括对企业实体的刑事罚金和对自然人的刑事罚金、监禁,以及民事赔偿和行政处罚。2008 年美国查处了在美国上市的德国西门子公司在多个国家行贿的案件,西门子公司支付了 13.45 亿美元罚款从而与美国执法机构达成和解。[25]

---

[21] 参见姚梅镇、余劲松主编:《国际经济法成案研究》,武汉大学出版社 1995 年版,第 1~39 页;余劲松:《跨国公司法律问题专论》,法律出版社 2008 年版,第 90~93 页。

[22] In Re Union Carbide Corp. Gas Plant Disaster, 634 F. Supp. 842 (S.D.N.Y 1986).

[23] Union Carbide Corporation vs Union Of India And Others, etc., JT 1989 (1) 296, 1989 SCALE (1) 380(14/02/1989); Union Carbide Corporation v Union of India etc., 1990 AIR 273, 1989 SCC (2) 540, 1989 SCALE (1)932(04/05/1989).

[24] Sahu v. Union Carbide Corp., 418 F. Supp. 2d 407 (S.D.N.Y. 2005); Sahu v. Union Carbide, 475 F. 3d 465 (2d Cir. 2007); Sahu v. Union Carbide Corp. 2014 WL3765556 (S.D.N.Y. 2014).

[25] 参见左海聪主编:《国际经济法》,武汉大学出版社 2010 年版,第 710 页。

(二) 域外经济制裁

有的国家为了对特定外国国家实施经济制裁,可能对于本国投资者甚至外国投资者在受制裁国家从事直接投资活动实施制裁。例如,1996 年美国国会通过的《达马托法》规定,美国总统必须对在一年内投资 4000 万美元以上开发伊朗和利比亚石油及天然气资源的外国公司或违反联合国对利比亚实施禁运(包括出售炼油设备)的外国公司实施制裁,美国对外国公司的惩罚措施包括:拒绝对其提供进出口银行的贷款、拒绝对其发放进口许可证、禁止美国金融机构对其提供任何 12 个月期 1000 万美元以上的贷款或信贷、拒绝对其提供美国政府的采购机构、拒绝其向美国出口货物等。

(三) 企业社会责任和民事侵权责任

外国投资者尤其跨国公司的子公司在东道国从事投资经营活动,尤其是在不尊重人权、民主和法治的东道国从事直接投资经营,经常会在利益驱使下无视东道国在利用外资过程中践踏人权的现象,有时甚至与东道国专制政府共谋侵犯人权。在这种情形下,受害人往往很难在东道国寻求当地救济,这时,受害者就可能诉诸外国投资者母国法院,指控外国投资者及其外商投资企业构成侵权,并寻求侵权损害赔偿等救济。美国 1789 年《外国人侵权索赔请求法》(ATCA,又称《外国人侵权法》,即 ATS)规定:"联邦地方法院对外国人仅基于违反万国法或美国条约的侵权提起的任何民事诉讼具有初始管辖权。"该法后来成为东道国受害者在美国法院起诉外国投资者的重要依据。[26]

在 Doe 诉 Unocal 案中,[27] 法国道达尔(Total S. A.)公司、美国尤尼科(Unocal)公司与缅甸军政府设立的国家石油公司合作,在缅甸农村地区修建一项天然气管道工程。尤尼科公司向缅甸政府支付款项,作为政府提供劳工和安全措施的报酬。在管道修建过程中,负责工程安全的缅甸军队和警察对当地居民实施了包括强制搬迁、强迫劳役、强奸、拷打和谋杀在内的一系列暴行。受害者在美国加州联邦地区法院基于《外国人侵权索赔请求法》(ATCA 或 ATS)起诉尤尼科公司、道达尔公司和缅甸军政府侵犯人权的行为。[28] 原告指控,军方的迫害是为了尤尼科公司的利益,尤尼科公司的知情是默许纵容缅甸政府的侵犯人权行为,并从强迫劳

---

[26] 参见王彦志:《国际经济法总论:公法原理与裁判方法》,华中科技大学出版社 2013 年版,第 162～165 页。

[27] See John Doe I, et al., v. UNOCAL Corp., et al., 395 F.3d 932 (9 Cir. 2002), September 18, 2002.

[28] 2002 年 4 月,四位缅甸国民在比利时法院基于普遍管辖权对道达尔公司提起诉讼,该案在 2008 年 10 月最终被驳回。2002 年 8 月,八位缅甸国民在法国法院对道达尔公司提起诉讼,后因非政府组织 Sherpa 代表该案缅甸国民与道达尔在 2005 年 11 月 29 日达成和解,道达尔出资设立了赔偿和人道基金,因此该案于 2006 年 3 月 10 日被正式取消。

动和强迫搬迁中得益,缅甸军政府的迫害行为和尤尼科的合谋行为违反了联合国相关人权宣言、国际劳工组织《禁止强迫劳动公约》等国际法,因此,被告应该对受迫害村民承担侵权损害赔偿责任。2000年3月,加州联邦地区法院认为原告指控证据不足而撤销了案件,原告提起上诉。第九巡回上诉法院于2002年9月部分推翻初审判决,并对尤尼科作出了即决判决(summary judgment),认定加州联邦地区法院对于违反国际法的强制劳动、谋杀和强奸的指控具有管辖权且尤尼科对此有可能基于ATS承担责任。原告又向加州高等法院依据加州法提起诉讼。2004年9月,加州高等法院拒绝了尤尼科提出的撤销案件的动议,认为该侵权诉讼应适用加州法。2004年年底,尤尼科公司决定和解,2005年4月2日各方正式达成和解,尤尼科公司同意赔偿原告损失,并通过赔偿基金改善管线经过地区居民的生活、医疗和教育条件。法院接受了当事人的和解,该案于2005年4月13日正式结束。[29]

然而,在ATS法下,对国际投资者尤其跨国公司提起违反国际法的侵权之诉存在许多障碍和局限。美国法院近年来不断限制对于ATS案件的管辖,对于美国公司的海外子公司在东道国违反国际法侵犯人权的行径,受害者将来很难在美国法院对美国公司及其子公司提起民事侵权诉讼和请求民事侵权责任救济。

四、投资运营管制的国际法、跨国公私混合软法和跨国民间法

(一)遵守东道国国内法和发展政策目标

许多国际投资协定都直接或间接规定了投资者及其投资应遵守东道国国内法的条款。多数国际投资协定规定受保护的投资是符合东道国国内法的投资,例如,《东部非洲和南部非洲共同市场投资协定》直接规定了投资者遵守东道国国内法的一般义务,其第13条规定投资者及其投资应遵守其投资所在成员国所有可适用的国内措施;《多国企业指南》规定,企业应充分考虑到其开展业务所在国家的既定政策,应避免不适当地介入东道国当地政治活动;《跨国公司行为守则》(草案)对此作出了更全面的规定。

(二)信息披露

《多国企业指南》规定,企业应确保及时公布与其活动、结构、财务状况、业绩、所有权和治理情况有关的重大事项的准确信息。信息公开应涉及企业的整体情况,在适当情况下,应包括业务种类或地理区域分布信息。企业的信息公开制度应适合企业自身的性质、规模和所在地,并且适当顾及成本、商业秘密和其他竞争方面的考虑。企业的信息公开制度应包括但不限于如下方面的重大信息:公司的财务和业务成效;企业目标;主要股权和投票权,包括企业集团的结构和集团内部关

---

[29] 参见韦经建、王彦志主编:《国际经济法案例教程》,科学出版社2011年版,第147~150页。

系,以及强化控制机制;董事会成员和主要执行官的薪酬制度,以及董事会成员的资料,其中包括资质、遴选过程、在其他企业董事会当中的任职情况以及董事会是否认为其成员享有独立地位;相关方交易;可预见的风险因素;涉及员工和其他利益攸关方的问题;治理结构和政策,特别是公司治理守则或政策的文本及其执行过程。《跨国公司行为守则》(草案)也规定了跨国公司的信息披露义务。

(三) 劳动管制

有些国际投资协定规定了缔约方不得减损劳工保护的义务,也就是要求缔约方不得不合理地放松投资者在东道国国内法上的劳工保护义务。例如,美国国际投资协定范本及其实践规定,通过削弱或减少国内劳动法的保护来鼓励投资是不适当的,每一缔约方应努力确保不得豁免或减损或者承诺豁免或减损国际公认的劳工权利来鼓励在其领土内的投资设立、取得、扩张或滞留;如果一缔约方认为另一缔约方提供了此种鼓励,它可以请求与该另一缔约方磋商,双方应通过磋商以避免此种鼓励。

国际软法、跨国公私混合软法和跨国民间法一般都直接规定了投资者的劳工保护义务。国际劳工组织《关于多国企业和社会政策的三方原则宣言》直接规定了多国企业在就业、培训、工作和生活条件以及劳资关系方面的原则的义务。SA8000包括童工、强迫与强制劳动、卫生与安全、结社自由与集体谈判权、歧视、惩罚性做法、工作时间、劳动报酬、管理体系等方面的9项基本要求及50项具体标准。联合国《全球契约》规定,企业应支持结社自由并有效承认集体谈判权,消除所有形式的强迫和强制劳动,有效消除童工劳动,消除就业和职业方面的歧视。《多国企业指南》规定,多国企业应尊重工人组织工会的权利、集体谈判的权利,应废除童工劳动,应消除强迫或强制劳动,应消除就业和职业歧视。

(四) 环境保护

有些国际投资协定规定了缔约方不得减损环境保护的义务,也就是东道国不得不合理地放松投资者在东道国国内法上的环境保护义务。例如,美国的国际投资协定范本与实践规定,通过削弱或减少国内环境法上的保护来鼓励投资是不适当的,每一缔约方应确保其不得以削弱或减损其环境法的方式来豁免或减损或者承诺豁免或减损其环境法来鼓励在其领土内的投资设立、取得、扩张或滞留,或者不得通过持续的或反复的作为或不作为而不有效执行那些法律;一缔约方可以就因本条产生的任何问题而向另一缔约方提出书面磋商请求,另一缔约方应在收到此种请求的30天内对此种请求作出回应,双方应磋商并努力达成彼此满意的解决。《多国企业指南》规定,企业应在其业务所在国家的法律、法规和行政惯例框架内,并在考虑到相关国际协定、原则、目标及标准的情况下,适当考虑保护环境、公共卫生和安全的需求,在通常情况下以能够促进更广泛的可持续发展目标的方式开展活动。《全球契约》规定,企业应支持应对环境挑战的风险预防原则,企业应采取主动行动以促进承担更大的环境责任,企业应鼓励环境友好技术的开发和传播。

(五)反腐败

《多国企业指南》规定了多国企业打击行贿、索贿和敲诈勒索的义务,主要是企业不应直接或间接提出、许诺、给予或索要贿赂或其他不正当利益,以便获得或保持商业或其他非正当优势。企业还应抵制索贿和敲诈勒索行为,特别是企业不得向公职人员或业务合作伙伴的雇员提供、许诺或给予不正当的金钱或其他利益。同样,企业不应要求、同意或接受公职人员或业务合作伙伴的雇员提供不正当的金钱或其他利益。企业不应通过代理人和其他中介机构、顾问、代表、分销商、企业集团、承包商和供应商以及合资企业伙伴等第三方,向公职人员、业务合作伙伴的雇员、其亲属、或商业协作单位提供不正当的金钱或其他利益。不得向公职候选人、政党或其他政治组织非法捐款,政治捐款应完全符合公开披露的要求,并向上级管理部门汇报。《跨国公司行为守则》(草案)也作了类似规定。

(六)人权保障

《工商业与人权:实施联合国"保护、尊重和补救"框架指导原则》详细规定了工商业与人权的保护、尊重和补救的义务。其中,国家保护人权的义务包括:国家必须保护在其领土与管辖范围内人权不受第三方、包括工商企业侵犯。这就要求采取适当步骤,通过有效政策、法律、条例和裁定,防止、调查、惩治和补救此类侵犯行为。国家应明确规定对在其领土与管辖范围内的所有工商企业在其全部业务中尊重人权的预期。工商企业尊重人权的责任包括:避免通过其本身活动造成或加剧负面人权影响,并消除已经产生的影响;努力预防或缓解经由其商业关系与其业务、产品或服务直接关联的负面人权影响,即使并非它们造成了此类影响;制定与其规模和环境相适应的政策和程序,包括履行尊重人权的责任的政策承诺,人权尽责程序,以确定、防止和缓解人权影响,并对如何处理人权影响负责,补救其所造成或加剧的任何负面人权影响的程序。获得补救的义务包括:各国确保在此类侵犯人权行为发生在其领土与管辖范围内时,通过司法、行政、立法或其他适当手段,使受害者获得有效补救。

(七)消费者保护

《多国企业指南》规定,在对待消费者时,企业应根据公平的商业、营销和广告作法行事,并应采取所有合理步骤,确保其提供的商品或服务优质且可靠。特别是,企业应:确保其提供的商品或服务符合所有议定或法律规定的消费者健康与安全标准,包括与健康警告和产品安全信息有关的标准;在适当时提供关于商品和服务价格、成分、安全使用、环境属性、维护、储存和处置的准确、可证实和清楚的信息,足以使消费者做出知情决定,在可行的情况下,信息的提供应提高消费者比较产品的能力;为消费者提供公正、便捷、及时和有效的非司法争端解决和补救机制,同时避免不必要的代价或负担;不得捏造或隐瞒信息,不得从事任何其他虚假、误导、欺骗性或不公平的活动;支持在涉及业务活动的领域对消费者进行教育,目的是提高消费者在以下方面的能力:做出涉及复杂商品、服务和市场的知情决定,更好地了解其决定对经济、环境和社会的影响,以及支持可持续消费;尊重消费者的隐私,采取合理的措施确保对其收集、储存、处理或传播的个人数据予以保护;与公共当局充分合作,防止或打击欺骗性的营销作法(包括误导性广告和商业欺诈),减少或防止因消费、使用或处置其商品和服务对公众健康与安全或环境造成的严重威胁;在适用上述原则时,考虑到弱势群体和处境不利消费者的需求,以及电子商务可能给消费者带来的具体挑战。《跨国公司行为守则》(草案)也规定了跨国公司的消费者保护义务。

(八)科学技术

《多国企业指南》规定,企业应努力保证各项活动符合其业务所在国家的科学技术政策和计划,并酌情为当地和东道国创新能力的发展作出贡献。如可行,在适当顾及知识产权保护的情况下,在其经营活动过程中采用允许转让和迅速扩散技术与专业技能的做法。适当时,在东道国开展科学技术开发以满足当地需求,并在考虑商业需求的情况下,雇用东道国拥有科技资质的人员,并鼓励对这些人员进行培训。在授予知识产权使用证或在转让技术时,以有助于促进东道国长期可持续发展的合理条件和方式行事。在涉及企业商业利益的情况下,发展与当地大学和公共研究机构的关系,参与当地产业或产业协会的合作研究项目。《跨国公司行为守则》(草案)规定,跨国公司应遵守经营所在地国的技术转让法规,应与这些国家的主管机关合作就国际技术转让对其经济的影响进行评估,并就可能有助于这些国家,特别是发展中国家,获得经济和社会发展的各种技术选择与上述主管机关进行磋商。跨国公司进行技术转让交易应遵照《一套多边协议的控制限制性商业措施的公平原则和规则》所确定的标准,避免对国际技术流通造成不利影响或在其他方面阻碍各国、特别是发展中国家的经济、技术发展。跨国公司应按照发展中国家既定的科技政策和优先安排,帮助这些国家增强科学技术能力。跨国公司应致力于发展中国家的基础研究和开发活动并在此过程中充分利用当地的资源和人力。

(九)竞争

《多国企业指南》规定,企业应在开展活动时符合关于竞争问题的所有适用的法律法规,同时考虑到企业活动可能产生反竞争效应的所有地区的竞争法。企业应避免与竞争对手达成或执行反竞争协定,包括如下协议:固定价格,非法操纵投标(合谋投标),制定产量限制或配额,或通过分配消费者、供应商、商业领地或贸易范围而分享或分割市场。企业应根据适用的法律和适当的安全规定,尽可能迅速、全面地对信息要求作出反应,与当地的竞争问题主管部门合作,并考虑使用可用的工具,例如在适当情况下的保密豁免,以促进调查部门之间的有效和高效的合作。企业应定期提高雇员对于遵守所有适用的竞争法与竞争政策的重要性的认识,特别是对企业高层管理人员进行有关竞争问题的培训。《跨国公司行为守则》(草案)规定,联合国大会通过的《一套多边协议的控制限制性商业措施的公平原则和规则》之有关条文,在限制性商业措施的领域内应得到适用。

(十)税收

《多国企业指南》规定,企业应及时缴纳应纳税金,从而为东道国的公共财政作出贡献。特别是,企业应遵守其活动所在国的各项税收法律法规的条文和精神。税务合规的措施之一是及时向相关主管部门提供用以准确核定其业务稽征税款的相关或法定信息,并且确保其转让定价做法符合独立交易原则。《跨国公司行为守则》(草案)规定,跨国公司从事公司内部交易,不应采用非基于恰当的市场价格,或若无此价格时非基于独立交易原则定价的价格政策,以致对经营所在地国的税收、外汇资源或经济的其他方面产生不良影响。跨国公司不得违反经营所在地国的法律和法规,利用其公司结构和经营方式,例如,利用非基于独立交易原则的内部作价或其他手段,改变借以评估跨国公司各经营单位的课税基础。

(十一)企业社会责任

有些国际投资协定还规定了企业社会责任条款。例如,加拿大在其国际投资协定中规定,每一缔约方应鼓励在其领土内经营或受其管辖的企业在其实践做法或内部政策中自愿并入国际公认的关于劳工、环境、人权、社区关系和反腐败的公司社会责任标准,例如已经得到缔约双方支持的原则声明。

第四节 国际投资保护

一、投资保护的东道国法

资本输入国一般都在其国内法中规定了外国投资保护的内容,其中,既包括一般性的保护承诺,也包括特定事项的保护承诺。

(一)一般性的投资保护承诺

许多国家在其宪法、外国投资法或其他有关的法律之中对于外国投资保护作出一般性的承诺。例如,我国《宪法》第18条规定,中国允许外国企业和其他经济组织或者个人依中国法律规定在中国投资,它们的合法权利和利益受中国法律保护。

我国《外商投资法》第5条规定,国家依法保护外国投资者在中国境内的投资、收益和其他合法权益。

(二) 外国投资待遇保证

有些国家在宪法、外国投资法或其他有关的法律之中专门规定了外国投资者及其投资在东道国享有的待遇标准。有的国家规定,外国投资者及其投资在东道国享有不低于东道国投资者及其投资的待遇,例如,土耳其 2003 年《外国直接投资法》第 3 条规定,外国投资者享有与本国投资者平等的待遇。印度尼西亚 2007 年《投资法》第 6 条规定,政府应依法对在印度尼西亚投资的任何国家的投资者提供相同的待遇。

我国《外商投资法》在投资准入、投资促进等方面规定了内外资平等待遇。

(三) 征收与国有化

各国一般都在其宪法、外国投资法或其他有关的法律之中对于征收与国有化及其补偿作出了规定。例如,墨西哥宪法规定,除非为了公用且支付充分赔偿,否则不得征收私人财产。印度尼西亚 2007 年《投资法》第 7 条规定,除非根据法律,否则政府不应国有化或接管任何投资者的所有权,在政府国有化或接管投资者所有权的情况下,政府应给予市场价格的赔偿。我国《外商投资法》第 20 条规定,国家对外国投资者的投资不实行征收,在特殊情况下,国家为了公共利益的需要,可以依照法律规定对外国投资者的投资实行征收或者征用。征收、征用应当依照法定程序进行,并及时给予公平、合理的补偿。

(四) 汇兑与转移

各国一般都允许外国投资者将其投资本金和利润汇兑和转移到东道国以外的其他国家。其中,发达国家对此一般不施加限制,而有些发展中国家则对金额、期限和程序施加一定限制,例如,有的国家规定须经审批。我国《外商投资法》第 21 条规定,外国投资者在中国境内的出资、利润、资本收益、资产处置所得、知识产权许可使用费、依法获得的补偿或者赔偿、清算所得等,可以依法以人民币或者外汇的汇入、汇出。

(五) 法律稳定化

为了鼓励外国投资,有的国家在其国内法中订入了法律稳定化条款,承诺在一定的期限内,东道国特定法律发生的不利于外国投资者及其投资的变化不影响外国投资者及其投资权利和利益。例如,蒙古 2013 年《投资法》订入了投资环境稳定化专章,规定外国投资者可以向投资管理当局申请稳定化证书,在稳定化证书的有效期内,稳定化证书的持有者不受企业所得税、关税、增值税、矿产资源特许费的比率变化的不利影响,如果有关的税费比率降低了,证书持有者有权享受降低的税费率,如果有关的税费率升高了,证书持有者有权享受原来的税费率。此外,外国投资者还可以申请与投资管理当局订立投资合同,并在投资合同中订入投资营商环境的稳定化条款,将蒙古 2013 年《投资法》所规定的保障和条件予以稳定化。

(六)当地救济和国际仲裁保证

各国一般都在其外国投资法或者其他有关法律中规定,外国投资者与东道国政府或东道国私人发生争议,可以在东道国寻求民事诉讼、行政诉讼、行政复议以及其他各种当地救济。此外,很多国家都规定,外国投资者与东道国政府之间的争端可以基于协议提交国际仲裁解决。有的国家甚至规定,外国投资者有权将其与东道国政府之间的争端提交基于 ICSID 公约的国际仲裁。例如,印度尼西亚 2007 年《投资法》规定,外国投资者与东道国政府之间的争端可以基于协议提交国际仲裁。

二、投资保护的母国法

投资者母国对于海外投资的保护主要体现为海外投资保险制度。海外投资保险是指资本输出国政府对本国海外投资者在海外投资的政治风险提供保证,在投资者因承保的特定政治风险发生而导致损失时,由海外投资保险机构事后补偿其损失。美国在 1948 年援助西欧的马歇尔计划最早创立了海外投资保险制度,后来其他发达国家纷纷效仿建立了各自的海外投资保险制度。此外,马来西亚、韩国、印度、中国等新兴发展中国家也建立了自己的海外投资保险制度。海外投资保险制度将母国私人投资者与东道国政府之间的争端上升为母国政府机构或公营机构与东道国政府之间的平等主体之间的争端,这有助于预防海外投资政治风险和解决海外投资政治风险损失引起的争端。

(一)海外投资保险的特征

海外投资保险的特征在于:海外投资保险是由政府机构或公营公司承保的不以营利为目的而以保护海外投资为目的的政策性保险,而不是由商业保险公司承保的以营利为目的商业保险;海外投资保险承保的风险范围仅限于征收或类似措施险、外汇兑换险、战争险等政治风险,而不包括商业风险;海外投资保险一般要求海外投资者的投资须经东道国批准且对东道国发展有利,多与东道国和母国之间的投资担保协定或者国际投资协定中的代位求偿权条款相互结合,可以说是资本输出国政府、资本输入国政府、海外投资者之间多方合作的产物。

(二)海外投资保险的承保人

海外投资保险主要包括承保人、合格投资者、合格投资、合格东道国、保险范围、保险额和保险期限、保险费、赔偿和救济等组成要素。承保人一般采取资本输出国的政府公司、政府机构、政府机构同政府公司或私营公司混合三种模式。我国海外投资保险的承保机构主要是中国出口信用保险公司(简称中国信保),中国信保是由国家出资设立、支持中国对外经济贸易发展与合作、具有独立法人地位的国有政策性保险公司,中国信保的经营宗旨是通过为对外贸易和对外投资合作提供保险等服务,促进对外经济贸易发展,重点支持货物、技术和服务等出口,特别是高科技、附加值大的机电产品等资本性货物出口,促进经济增长、就业与国际收支平衡。

(三)海外投资保险的合格投资者

合格投资者一般包括具有母国国籍的自然人、在母国设立的法人和其他组织以及母国自然人或法人所控制的外国法人或其他组织。中国信保海外投资保险的合格投资者包括具有国家规定的境外投资资格的下列投资者:在中华人民共和国境内(香港、澳门、台湾除外)注册成立的金融机构和企业,但由在香港、澳门、台湾的企业、机构、公民或外国的企业、机构、公民控股的除外;在香港、澳门、台湾和中华人民共和国境外注册成立的企业、金融机构,如果其95%以上的股份在中华人民共和国境内的企业、机构控制之下,可由该境内的企业、机构投保;其他经批准的企业、社团、机构和自然人。

(四)海外投资保险的合格投资

合格投资一般必须是东道国已经明确表示同意接纳的、有利于促进东道国发展的投资。合格投资一般限于新的投资,包括新建企业、现有企业的扩大、现代化或重建或者再投资。合格投资的投资形式一般包括股权投资(如现金、机器设备、工业产权等各种形式)、非股权直接投资(如租赁协议、技术援助协议、许可证协议等)、长期贷款或贷款担保、债券(包括政府债券和公司债券)等各种形式。中国信保海外投资保险的合格投资必须符合中国国家政策和经济、战略利益,投资项目应符合我国外交、外经贸、产业、财政及金融政策,符合投资项目各方所在国的法律和政策规定,并获得与投资项目相关的批准许可。下列形式的境外投资,不论是否已经完成,可投保海外投资保险:直接投资,包括股权投资、股东贷款、股东担保等;金融机构贷款;其他经批准的投资形式。海外投资保险承保投资者的投资及已赚取的收益因承保风险而遭受的损失。

(五)海外投资保险的合格东道国

合格东道国是指符合母国海外投资保险条件的东道国。有的国家规定,合格东道国必须是与母国签订了投资保证协定或者包含代位求偿权条款的国际投资协定的国家,有的国家则不要求东道国必须与母国签订此类协定。美国对合格东道国的规定非常严格,合格东道国必须是与美国友好的、国民收入较低的、尊重人权和国际公认劳工权利的、与美国签订投资保证或保护协定的发展中国家。

(六)海外投资保险的承保范围

海外投资保险机构承保的保险范围一般是外汇禁兑险、征收险和战争内乱险等三种政治风险。外汇禁兑险是指由于东道国政府的作为或不作为导致外国投资者的投资原本、利润和其他所得不能自由兑换和不能自由转移的风险。征收险是指由于东道国政府实行直接或间接的征收或国有化或类似措施,导致投资者财产权利被剥夺或者不能行使的风险,但东道国政府善意的公共利益管制除外。战争内乱险是指由于战争、革命、暴动、内乱、恐怖和破坏,致使投资者的财产遭受损失的风险。资本输出国的海外投资保险一般不承保独立的政府违约险,而是将其作为征收险的一种情形予以承保。不过,也有的国家将政府违约险作为独立的险种予以承保。所谓政府违约险是指东道国政府非法或不合理地取消、违反、不履行或拒绝承认其出具、签订的与投资有关的特定担保、保证或特许权协议而且投资者无法或无法及时获得司法救济的风险。有的国家还承保延迟支付险,即投资者因投资所产生的到期债权,因东道国停止支付或延迟支付而完全不能得到保证或完全不能受益的风险。美国海外私人投资公司(OPIC)还承保恐怖险,针对蓄意破坏和怠工设置的特别保险,针对东道国政府不当干预碳信用额度产生提供特别管制险以及租赁、石油天然气、机构贷款等特定产品政治保险。[30] 对于以上政治风险种类,各国一般要求全部综合投保,也有的国家允许投保人从中选择一种或几种分别投保。中国信保对投资者因投资所在国发生的汇兑限制、征收、战争及政治暴乱,以及违约风险造成的经济损失进行赔偿的政策性保险业务。中国信保承保的政治风险范围包括:征收,即东道国采取国有化、没收、征用等方式,剥夺投资项目的所有权和经营权,或投资项目资金、资产的使用权和控制权;汇兑限制,即东道国阻碍、限制投资者换汇自由,或抬高换汇成本,以及阻止货币汇出该国;战争及政治暴乱,即东道国发生革命、骚乱、政变、内战、叛乱、恐怖活动以及其他类似战争的行为,导致投资企业资产损失或永久无法经营;附加政治风险,包括经营中断和违约险,经营中断是指在股权投资保险项下,因战争及政治暴乱导致投资项目建设、经营的临时性完全中断,违约是指东道国政府或经保险人认可的其他主体违反或不履行与投资项目有关的协议,且拒绝赔偿。此外,中国人民保险集团股份有限公司也承保海外投资政治风险,其承保的政治风险种类包括:战争、类似战争行为、叛乱、罢工及暴动;政府有关部门征用或没收;政府有关部门汇兑限制,使被保险人不能将按投资契约规定应属被保险人所有并可汇出的汇款汇出。

(七)海外投资保险的保险额

海外投资保险的保险额一般最高为投资总额的90%,也有的国家例如德国规定在某些情况下可以提高到95%,还有的国家规定最高额为投资总额的85%或者70%等。保险期限一般最长为15年,也有的国家规定在一定情况下可以达到20年。保险费各国规定不一,例如,就一揽子综合险而言,美国规定为承保额的1.5%,英国为1%,日本为0.55%。中国信保的海外投资保险有两个保险期限,即承诺保险期和初始保险期,承诺保险期一般不超过20年,初始保险期限为3年,之后每年续保,被保险人对是否续保有选择权。中国信保海外投资保险损失赔偿比例分别为:基本政治风险项下赔偿比例最高不超过95%,违约项下赔偿比例最高

---

[30] 参见陶立峰、郑建军:《自贸区须准备好海外投资保险》,载《国际金融报》2014年6月30日,第18版。

不超过90%,经营中断项下赔偿比例最高不超过95%。中国信保海外租赁保险损失赔偿比例分别为:被保险人为非金融机构的,最高赔偿比例为实际损失的90%,被保险人为金融机构的,最高赔偿比例为实际损失的95%。

(八)海外投资保险的追偿权

若约定的保险事故发生,投保人有权向承保人索赔,承保人应依据保险合同向投保人支付保险金,然后由承保人取得投保人与投资有关的一切权利,包括有关资产的所有权、债权、索赔权等,代位向东道国追偿。美国、加拿大等国曾经对外签订专门的投资保险和保证协定,专门规定海外投资保险和代位求偿权。例如,1980年《中美投资保险和投资保证协定》第3条规定,如果承保者根据承保范围向投资者支付赔款,除了本协定第4条的规定外,中华人民共和国政府应承认因上述支付而转移给承保者的任何货币、债权、资产或投资,并承认承保者继承的任何现有或可能产生的权利、所有权、权利要求或诉讼权,但承保者应受投资者尚存法律义务的约束;对根据本条规定而转移或继承的任何利益,承保者不应要求比作出转移的投资者可享有的更大权利。但美利坚合众国政府保留以其主权地位按照国际法提出某项要求的权利。国际投资协定一般也都包含专门的关于海外投资保险的代位求偿权条款。例如,2011年中国和乌兹别克斯坦双边投资协定第9条规定,如果缔约一方或其指定的机构根据其对非商业风险的一项担保或保险合同就在缔约另一方国家领土内的某项投资向投资者作了支付,缔约另一方应承认:该投资者的权利和请求权依照缔约前者一方的法律或合法交易转让给了缔约前者一方或其指定机构;以及缔约前者一方或其指定机构在与投资者同等的范围内,代位行使该投资者的权利或执行该投资者的请求权,并承担该投资者与投资相关的义务。这就使得资本输出国单边国内法上的海外投资保险和代位求偿权有了双边国际法上的保障。

三、投资保护的国际法

最初,外国投资主要依靠西方国家的强权实力和西方国家主导的习惯国际法而得以促进、保护和救济。19世纪末20世纪初,西方国家和非西方国家(尤其拉丁美洲国家)在外国投资(当时主要是主权债务)保护的国际法上发生重大争议,武力索债受到了限制,充分、即时、有效的补偿标准受到了质疑。随后,习惯国际法最低待遇标准、国际仲裁也遭到了拉丁美洲国家地强烈反对。第二次世界大战以后,发展中国家和发达国家围绕东道国经济主权(尤其自然资源主权)和外国投资管制权展开了争取建立国际经济新秩序的斗争,发达国家强调国际法和国际仲裁,而发展中国家则强调东道国国内法和当地救济。

20世纪60年代以后,外国投资保护开始转向双边投资条约(BIT)和多边投资条约。其中,多边投资条约主要包括1965年《解决国家与他国国民之间投资争端公约》(ICSID公约)和1985年《多边投资担保机构公约》(MIGA公约)。而20世纪 90 年代开始,双边投资条约数量快速增长。1992 年《北美自由贸易协定》(NAFTA)率先在自由贸易协定中订入了与 BIT 内容基本相同的投资专章。21 世纪以来,包含与 BIT 内容基本相同的投资保护专章的特惠贸易与投资协定(PTIA)大量兴起。

(一)国际投资协定概述

国际投资协定(IIA)一般是指资本输出国和资本输入国订立的促进和保护投资的国际条约。双边投资条约包括传统的双边友好通商航海条约(FCN)、美式双边投资保证协定和欧式双边投资保护条约。1959 年德国和巴基斯坦缔结了第一个专门的双边促进和保护投资协定,随后,西欧国家开始陆续对外谈判缔结此种双边促进和保护投资协定,全面规定投资者和投资的定义、投资促进、国民待遇、最惠国待遇、公平与公正待遇、全面保护与安全、保护伞条款、代位求偿权、投资者与国家间争端解决、国家间争端解决等实体和程序内容。1977 年美国开始借鉴欧式双边投资条约,制定美国自己的双边投资条约范本,并于 1982 年与巴拿马缔结了第一个美式双边投资保护条约。美式双边投资保护条约比欧式双边投资保护条约保护标准更高,例如订入了投资准入国民待遇和最惠国待遇,强调依据国际法(最低待遇标准)给予公平与公正待遇,坚持订入禁止业绩要求条款,坚持征收或国有化补偿的赫尔准则(即时、充分、有效补偿标准),坚持投资者与东道国投资争端仲裁庭对于投资合同、投资授权和投资条约争端的广泛管辖权。

传统欧式 IIA 条文数量很少,一般只有 10 条左右,条文表述很简单,一般都是比较抽象的、缺少限定的投资待遇和投资保护条款,一般很少订入环境、健康、安全等公共政策例外条款,因此,更有利于保护投资者,而没有平衡兼顾东道国主权和公共政策空间。21 世纪以来,随着投资者与国家间投资争端仲裁案件数量的快速增长,美国、加拿大、墨西哥率先在北美自由贸易协定(NAFTA)框架下开始对国际投资协定的投资保护条款予以澄清和限制,并加强了投资者与国家间投资争端仲裁的透明性,以加强东道国主权和公共利益保障。随之,绝大多数国家都陆续对国际投资协定的投资保护条款予以澄清和限制,并订入了各种保障东道国主权和公共政策利益的例外条款。各国对于投资条约的序言、投资实体保护和待遇、投资者与国家间投资争端仲裁、最后条款等所有主要条款都在反思和调整过程之中。新近的区域经济协定的投资专章,例如 CETA、《跨太平洋全面进步伙伴关系协定》(CPTPP)、《美国、墨西哥、加拿大协定》(USMCA)等的投资专章也都反映了对于传统 IIA 的反思和调整趋势。

新一代 BIT 范本和 IIA 实践反映了这种从片面强调投资保护向平衡保护投资者权益和东道国主权及其公共政策目标的平衡化发展趋势。极个别国家甚至退出了 ICSID 公约,并终止了其对外签订的 BIT。投资者与国家间争端(ISD)仲裁受到了越来越强烈的争议和质疑,废除 ISD 仲裁的呼声和压力此起彼伏。整个国际投资法体制的正当性都受到质疑。然而,与此同时,美国、加拿大、欧盟多数国家、中国、日本、韩国等在国际投资法上最具影响力的国家群体仍然继续坚持推动国际投资协定向高标准、平衡化的趋势发展,例如推广投资准入的国民待遇和最惠国待遇条款、订入东道国法律规章措施的透明性条款、订入知识产权保护条款,等等。总体而言,整个国际投资法体制都处于转型之中,而其转型的主流趋势则是投资者权益和东道国公共政策利益之间的平衡化。新一代BIT条文数量增多,条款表述越来越复杂,对于投资保护和投资待遇条款订入了大量的澄清、限制或例外条款,在不同程度上平衡了投资者权益和东道国主权及其公共政策利益。

国际投资协定的结构主要包括:序言、定义(尤其是投资者的定义和投资的定义)、促进和便利投资(投资促进、投资准入、投资便利)、投资待遇标准(相对待遇标准:国民待遇、最惠国待遇;绝对待遇标准:公平与公正待遇、全面保护与安全;冲突或内乱补偿的待遇标准:最惠国待遇和国民待遇)、保护伞条款、汇兑和转移、履行(业绩)要求、透明度、征收和补偿、代位和求偿、拒绝授惠、权利保留、例外条款、投资者与国家间争端解决、国家间争端解决、机构与合作、最后条款。

(二)国际投资协定的序言条款

序言一般都表述了国际投资协定的整体目的和宗旨,与国际投资协定的实施、解释和争端解决直接相关。

传统BIT序言条款非常简明,就是强调为外国投资提供有利的环境、待遇和条件,鼓励和促进外国直接投资,促进各缔约国经济繁荣发展。例如,1992年中国和乌兹别克斯坦BIT序言表述为,愿鼓励和保护缔约一方的投资者在缔约另一方领土内投资,并为之创造良好的条件,根据相互尊重主权和平等互利的原则,为发展两国的经济合作。

新一代IIA的序言则兼顾促进、保护投资和环境、健康、可持续发展等东道国公共政策目标和东道国正当管制权。例如,2008年奥地利BIT范本及其此后缔结的BIT序言冗长地列举了投资保护、法治、透明性、可预测性、就业、人权、健康、安全、环境、可持续发展、劳工标准、反腐败、企业社会责任等政策目标,并援引了联合国蒙特雷共识;OECD《多国企业指南》;联合国《全球契约》《联合国反腐败公约》等国际文件。

(三)投资和投资者的定义以及领土适用范围

投资和投资者的定义和领土适用范围是国际投资协定的前提条款,它决定了国际投资协定中投资实体待遇保护和争端解决程序保护(尤其涉及投资者与国家间投资争端仲裁庭的管辖权)的属人、属物和属地的范围。

1. 投资定义

国际投资协定的投资定义主要有两种类型,即以资产为基础的投资定义和以企业为基础的投资定义。大多数IIA都采取以资产为基础的广阔的投资定义。大多数以资产为基础的投资定义对投资采取了不完全的列举。按照这种广阔的投资定义,受保护的投资是指各种具有经济价值的资产、权利和利益,包括但不限于国际投资协定所明确列举出来的那些资产、权利和利益。例如,2006年中国和巴基斯坦自由贸易协定(FTA)第46条规定,"投资"一词系指缔约一方投资者依照缔约另一方的法律和法规在缔约另一方领土内所投入的各种财产,包括但不限于:动产、不动产及抵押、质押等其他财产权利及类似权利;公司的股份、债券、股票或其他形式的参股;金钱请求权或任何其他与投资相关的具有经济价值的履行请求权;知识产权,特别是著作权、专利、商标、商号、工艺流程、专有技术和商誉;法律或法律允许依合同授予的商业特许权,包括勘探、耕作、提炼或开发自然资源的特许权。作为投资的财产发生任何符合投资所在地的缔约方的法律法规的形式上的变化,不影响其作为投资的性质。

《北美自由贸易协定》规定,投资是指:企业;企业的股票;企业的债券(限于该企业是该投资者的附属企业,或者该债券的初始到期时限至少为3年;但不包括国有企业的债券,无论其初始到期时限为多长时间);对企业的贷款(限于该企业是该投资者的附属企业,或者该贷款的初始到期时限至少为3年;但不包括国有企业的贷款,无论其初始到期时限为多长时间);在企业中的收益,该收益的所有者有权分享企业收入或利润;在企业中的收益,该收益的所有者有权分享企业解散时的资产(除了前述债券或贷款以外);不动产或其他财产,包括有形财产或无形财产,其取得是为了经济收益目的或其他商业目的的预期或使用;以及产生于在一缔约方领土内经济活动的资本或其他资源投入的收益,诸如包含投资者在该缔约方领土内的财产的合同(包括交钥匙合同或建设合同或特许协议)或其报酬主要取决于企业的产品、收入或利润的合同。但是,投资并不包括单纯产生于货物或服务销售的商业合同的货币请求权,或单纯产生于前述贷款以外的商业交易的信贷扩展(例如贸易融资),或任何不包含前述权益种类的货币请求权。

按照以资产为基础的投资定义,受保护的投资不限于伴有经营管理控制权的直接投资,还包括不享有经营管理控制权的间接投资(例如债券),受保护的投资也不限于股权直接投资,也包括非股权直接投资。有的条约将单纯的货物或服务贸易支付或贸易融资排除在投资定义之外。有的条约将单纯的证券投资排除投资定义在外,因为这种证券投资并不考虑与企业之间的长期关系,不考虑对于企业的控制或者有效影响,也不会对东道国带来直接投资所具有的技术转让、当地员工培训等益处。有的将短期债券或贷款排除在投资定义之外。有的条约将主权、政府、国有企业的或公共的债务、借款、债券排除在投资定义之外。有的条约将主权债券或债券明确包括在投资定义之内。例如,意大利与阿根廷BIT的投资定义包括了"债务(债券或证券),私人或公共(债券或证券)权益,或任何具有经济价值的履行或服务请求权,包括转作资本的收入"以及"任何基于法律或合同授予的具有经济价值的权利",而且该 BIT 采取了"包括但不限于"的不完全列举,因此,在某国际仲裁案件中仲裁庭认定申请人持有的阿根廷政府发行的债券属于受保护的投资。[31] 捷克与希腊 BIT 的投资定义表述为"各种资产,尤其,尽管并不排他地包括",其具体列举的投资包括"贷款、在具有金钱价值的合同之下的货币请求权或履行请求权",仲裁庭认为,希腊政府债券属于证券和债券形式的主权债务,但主权债券债务具有特殊性,它是政府货币和经济政策工具,它在当地和国际上的影响使其成为一国社会和经济政策的处理工具,它不能等同于私人或公司债务或债券;捷克与希腊 BIT 只列举了公司债务和债券,而没有列举"公共"债务或债券,更没有列举主权债券,BIT 缔约方并没有考虑将主权债券作为受保护的投资范畴;希腊政府债券只是希腊政府与初级市场发行商和经销商之间的合同关系,申请人是从二级市场买入该政府债券的,只有希腊政府到期支付给希腊银行本息时,申请人才有权对希腊政府提出请求,而这并不是基于申请人与希腊政府之间的合同关系,申请人与希腊政府之间不存在合同关系,因此申请人持有的希腊政府债券并不属于"在具有金钱价值的合同之下的货币或履行请求权"。[32]

少数 IIA 采取了以企业为基础的投资定义。例如,1988 年美国和加拿大 FTA 将投资定义为对于工商企业的设立或收购以及在工商企业持有使投资者对该企业拥有控制权的股份。这种投资定义就将受保护的投资限定在了以东道国企业为载体的、且伴有经营管理控制权的直接投资的范围内,从而排除了不以企业为载体的投资和不拥有经营管理控制权的投资。在以企业为基础的投资定义或者将企业作为投资的情形下,IIA 往往规定,外国投资者不但可以以自己的名义提出赔偿请求,而且可以被投资企业的名义提出赔偿请求。

新一代 IIA 大多对于投资定义作出了一定的澄清、限定或排除。有的条约规定,投资不包括基于欺诈性陈述、行贿或者腐败而获准的或者进行的投资。许多条约规定受保护的投资应具有某些特征,投资的特征包括投入资本、预期收益或利润、或者承担风险。

在仲裁实践中,有的仲裁庭强调投资是一系列复杂的、相互关联的经营活动,因此,即使基于一项单独来看并不构成投资的交易活动提出的争端请求,但只要该特定交易活动构成了符合投资特征的整个交易的内在组成部分,那么该争端仍然

---

[31] Abaclat and others v. The Argentine Republic, ICSID Case No. ARB/07/8, Decision on Jurisdiction and Admissibility, 4 August 2011; Ambiente Ufficio and others v. The Argentine Republic, ICSID Case No. ARB/08/9, Decision on Jurisdiction and Admissibility, February 8, 2013; Giovanni Alemanni and Others v. The Argentine Republic, ICSID Case No. ARB/07/8, Decision on Jurisdiction and Admissibility, November 17, 2014.

[32] Poštová banka, a. s. and ISTROKAPITAL SE v. Hellenic Republic, ICSID Case No. ARB/13/8, Award, April 9, 2015.

是直接因为投资产生的争端。不过,仲裁庭一般都认为,在没有条约对其作出特别规定的情形下,如果合同谈判没有导致合同签署或者没有导致任何其他类型的投资出现,那么在不成功的合同磋商过程中产生的费用或在投资项目准备的过程中作出的某些单方或内部投资,不应视为受保护的投资。[33]

在仲裁实践中,许多仲裁庭都强调投资必须具有某些基本特征,但对于投资应具有哪些特征存在分歧。例如,有的仲裁庭认为投资应该具有如下特征:一定的持续期限、有规律的利润与回报、承担风险、实质性的投入、对东道国发展有意义。也有的仲裁庭认为投资应该具有如下特征:实质性的投入、一定的持续期限、承担风险、对东道国发展有意义。传统的 IIA 一般并不规定投资必须具有某些特征,仲裁庭之所以认定投资必须具有一定的特征,主要是基于 ICSID 公约第 25 条的"投资"术语,然而 ICSID 公约第 25 条并没有对投资作出定义。有些仲裁庭认为,ICSID公约第 25 条并没有给出投资的定义,因此,对于投资的特征应作灵活理解。有的仲裁庭认为,BIT 给出了投资的定义或者列举,应该依据 BIT 认定是否构成受保护的投资,而不应该依据 ICSID 公约第 25 条来认定投资的特征。

2. 投资者定义

国际投资协定一般都在投资定义中规定,受保护的投资是指符合或遵守东道国法律的投资,也有的国际投资协定是在投资准入和投资保护条款中规定投资应遵守东道国法律。这意味着,如果违反了东道国法律,将使得该投资得不到 IIA 的实体保护和争端解决程序救济,仲裁庭将拒绝管辖。符合或遵守东道国法律不仅是指符合或遵守东道国关于投资准入和设立的法律,也包括与外国投资有关的东道国其他法律。此种符合或遵守是仅限于投资准入和设立(即作出投资)阶段,还是也包括投资准入后的经营阶段?有的 IIA 明确将其表述为"遵循东道国法律法规而作出的投资"。有的仲裁庭认为应该仅限于投资准入和设立阶段。此种符合或遵守是指符合或遵守东道国关于外国投资的法律的包括不重要的形式和程序细节在内的所有方面,还是主要是指东道国法律涉及外国投资的实质有效性方面?仲裁庭一般都认为应该限于东道国法律关于外国投资的实质有效性方面。例如,有的仲裁庭认为,外国投资者的投资定义应符合 BIT 而不是东道国国内法上的投资概念。有的仲裁庭指出,即使投资者在东道国设立子公司并没有按照东道国法律认可的形式来进行登记注册以及投资者提供的文件中存在诸如缺少必要的签字与公证的错误,也不能因为如此微小的错误就排除该投资的合法性和对该投资的保护,而且东道国政府已经对该投资企业给予了登记注册。[34] 符合或遵守东道国

---

[33] Rudolf Dolzer and Christoph Schreuer, *Principles of International Investment Law*, New York, Oxford University Press, 2012, p. 61 – 62.

[34] Tokios Tokelés v. Ukraine, ICSID Case No. ARB/02/18, Decision on Jurisdiction, 29 April 2004.

法律不仅是指东道国法律的具体规定，也包括东道国的一般法律原则、公共政策和国际公共政策。仲裁庭一般都认为，外国投资者在作出投资时如果故意隐瞒真相或者作出虚假或欺诈性描述、行贿、违反善意原则、故意规避东道国法律的限制性规定等，该投资就不能受到 IIA 保护。但是，仲裁庭一般也认为，如果投资存在违反东道国法律的某些情形，但东道国政府明明知晓而在一定时期内默认、没有对此提出异议甚至还对该投资提供了担保，这时就不能支持东道国对于仲裁庭的管辖异议。

国际投资协定一般规定受保护的投资者包括自然人和法人或者不具有法人资格的企业、合伙以及其他社团。关于自然人，IIA 一般规定是指具有缔约国国籍的自然人，如果具有两个以上国家的国籍，则缔约方国家的国籍优先，如果具有缔约双方国家的国籍，则缔约东道国得国籍优先。也有的 IIA 规定应认定该自然人是其主要或有效国籍的国家的国民。还有的 IIA 规定投资者也包括具有缔约方住所或者长期居住在缔约方国家的自然人。关于法人，IIA 一般规定，法人或其他组织是指依据缔约国法律设立了法人或者其他组织等实体。法人或其他组织的范围较广，有的 IIA 规定，法人或其他组织可以是私人的或国有的或公营的，可以是营利的或非营利的，可以是法人、其他实体以及分支机构。IIA 一般还规定，该实体还必须在该缔约国境内有住所。有的 IIA 规定，法人或其他组织包括缔约另一方国民或实体所拥有或控制的法人或其他组织，有的 IIA 将东道国国民或实体所控制的缔约另一方法人或其他组织排除在受保护的投资者定义之外，有的 IIA 将缔约另一方国民或实体所控制的东道国企业也视为受保护的投资者。新一代 IIA 大多规定，投资者是指依据一缔约方法律设立并且在该缔约方领土内具有实质经营活动的法人或其他组织。这种规定旨在排除"邮箱公司"之类与其设立地国家不具有实质经营关系的实体，也是为了防止投资者"选购条约"。IIA 一般规定了利益拒绝条款(denial of benefits)，也是意在将某些投资者排除在受保护的投资者范畴之外。例如，美国 2004 年和 2012 年 BIT 范本规定，缔约一方可以拒绝将本条约所赋予的利益提供给缔约另一方的投资者(该投资者是该缔约另一方的企业)和该投资者的投资，如果一个非缔约方的投资者拥有或控制了该企业，而且该拒绝方：与该非缔约方没有维持外交关系，或者对该非缔约方或该非缔约方的人采取或维持某些措施，而该措施禁止与该企业之间的交易或者如果本条约的利益被赋予该企业或其投资将会违反或规避该措施。缔约一方可以拒绝将本条约所赋予的利益提供给缔约另一方的投资者(该投资者是该缔约另一方的企业)和该投资者的投资，如果该企业在该缔约另一方领土内没有实质经营活动而且非缔约方的人或者拒绝方的人拥有或控制了该企业。

有的 IIA 规定，受保护的投资是指缔约另一方投资者直接或间接投入的各种资产，也有的 IIA 规定，一缔约方投资者的投资是指该缔约方投资者直接或间接拥有或控制的投资。这种表述旨在扩大受保护的投资者的范围。所谓直接投入、直接拥有或控制的投资,是指缔约另一方投资者本身在缔约东道国进行投资。所谓间接投入、间接拥有或控制的投资,是指并非缔约另一方投资者本身而是由其所拥有或控制的另外一家企业或其他组织在东道国进行投资。例如,2003年中国和德国BIT规定,"间接投资"系指缔约一方的投资者通过其完全或部分拥有的、住所在缔约另一方境内的公司所作的投资。在 Lauder v. Czech Republic 案和 CME Czech Republic v. Czech Republic 案中,[35]美国人 Lauder 在荷兰设立了 CME 企业并最终控制 CME,由 CME 在捷克进行投资,后来 CME 在捷克的投资遭遇了损失。Lauder 基于美国和捷克 BIT 提起仲裁请求,但最终输掉了该仲裁案件。CME 基于荷兰和捷克 BIT 提起仲裁请求,并赢得了该仲裁案件。

在投资和投资者的定义中,公司股东的国际法保护值得特别关注。在一般习惯国际法上,一般只有公司可以对东道国提起索赔请求,而公司股东不能对东道国提起索赔请求,进而,即使符合了外交保护的条件,一般也只有公司的国籍国有权行使外交保护,而股东的国籍国不能行使外交保护。这就使得股东权益得不到有效保护,当股东只是该公司的小股东时尤其如此。[36] ICSID 公约允许在一定条件下将外国投资者控制的东道国公司视为外国投资者,有的 IIA 也规定外国投资者控制的东道国公司视为外国投资者,这时,该东道国公司可以直接对东道国提出索赔和仲裁请求。但是,如果外国投资者控制的东道国公司不被视为外国投资者,那么,作为该公司股东的外国投资者的权益如何得到保护呢? IIA 的投资定义一般都规定,受保护的投资包括外国投资者在东道国企业持有或参与的股份甚至资产等其他利益。因此,如果东道国政府侵害了该东道国企业的权益,造成了持有或参与该东道国企业股份和其他利益的外国投资者的利益,那么,该外国投资者无论持有或参与该东道国企业的多少股份或资产等其他利益,都可以依据 IIA 直接对东道国提起索赔和仲裁请求。例如,在 CMS v. Argentina 案中,申请人是持有阿根廷企业 TGN 的 29.42% 股份的小股东,但美国和阿根廷 BIT 规定,投资的定义包括"一个公司或一个公司中的股份或其他利益或上述公司的资产利益",仲裁庭认为,BIT 没有规定受保护的投资必须是控股股东或拥有该公司大部分股权的股东的投资,国际法没有禁止小股东或非控股股东独立于公司而提起索赔请求。[37]

---

[35] Lauder v. Czech Republic, UNCITRAL, Final Award, 3 September 2001; CME Czech Republic v. Czech Republic, UNCITRAL, Final Award, 14 March 2003.

[36] 参见王彦志:《国际经济法总论:公法原理与裁判方法》,华中科技大学出版社2013年版,第95~108页。

[37] CMS Gas Transmission Company v. The Argentine Republic, ICSID Case No. ARB/01/8, Decision on Jurisdiction, July 17, 2003.

3. 投资条约的领土适用范围

国际投资协定一般都规定了其领土适用范围。IIA 一般适用于一缔约方投资者在另一缔约方领土内的投资,而且一般还适用于该缔约方行使主权权利或管辖权的其他区域。例如,2006 年中国和俄罗斯 BIT 规定,"缔约方领土"一词系指:中华人民共和国的领土和俄罗斯联邦的领土;缔约一方按照国际法为勘探、提炼、开发和保护自然资源而行使主权权利或管辖权的上述领土的领海外围海域。就我国而言,由于"一国四法域"的特殊历史和现实原因,我国关于香港地区和澳门地区的特别行政区基本法都规定,香港地区和澳门地区可以独立对外谈判缔结投资保护协定。然而,在实践中,如果香港地区和澳门地区没有与某个国家谈判缔结投资保护协定,而中国政府与该国缔结了投资保护协定,中国政府与该国的投资保护协定是否适用于香港居民和澳门居民在该国的投资呢? 这涉及我国主权、领土范围和国籍的问题,也涉及"一国两制多法域"的问题。[38] Señor Tza Yap Shum v. The Republic of Peru 案[39]和 Sanum Investments Limited v. Lao People's Democratic Republic 案[40]中,仲裁庭分别认定,中国和秘鲁 BIT、中国和老挝 BIT 分别适用于香港居民和澳门居民在秘鲁和老挝的投资,在秘鲁和老挝分别基于该两 BIT 不适用于香港和澳门居民而申请撤销裁决时,前一裁决被维持,[41]后一裁决被推翻。[42] 对此,最好的解决办法是缔约双方国家在 IIA 中对此作出明确表述。例如,2006 年中国和俄罗斯 BIT 议定书规定,除非缔约双方另行商定,本协定不适用于中华人民共和国香港特别行政区和中华人民共和国澳门特别行政区。

(四) 国民待遇

国民待遇是指东道国给予外国投资者的投资及其与投资有关的活动的待遇,在类似情形下,不得低于其已经或即将给予本国投资者的待遇。少数国际投资协定没有规定国民待遇,但大多数国际投资协定都规定了国民待遇。早期的国际投资协定多数只规定缔约方给予缔约他方投资者的投资的待遇不得低于其给予本国投资者投资的待遇,而没有规定"类似情形下"的限定条件。然而,即使不作此限

---

[38] 参见王彦志:《国际经济法总论:公法原理与裁判方法》,华中科技大学出版社 2013 年版,第 218~221 页。

[39] Señor Tza Yap Shum v. The Republic of Peru, ICSID Case No. ARB/07/6, Decision on Jurisdiction and Competence, 19 June. 2009.

[40] Sanum Investments Limited v. Lao People's Democratic Republic, UNCITRAL, PCA Case No. 2013-13, 13 Dec. 2013.

[41] Señor Tza Yap Shum v. The Republic of Peru, ICSID Case No. ARB/07/6, Annulment Decision, 12 February. 2015.

[42] Government of the Lao People's Democratic Republic ("Laos") v Sanum Investments Ltd ("Sanum") [2015] SGHC 15.

定,国民待遇的比较一般也仍然要基于类似情形才能判定。新一代 IIA 一般都规定国民待遇的适用条件是"在类似情形下"。

对于国民待遇的适用范围,绝大多数国际投资协定都规定国民待遇适用于外国投资准入和设立之后的扩大、管理、经营、享有、使用、出售或者任何其他处置。美国、加拿大、日本、韩国、欧盟等缔结的 IIA 规定,国民待遇适用于投资准入和设立阶段,即国民待遇不仅适用于投资的扩大、管理、经营、享有、使用、出售或者其他处置,而且适用于投资的设立、取得。不过,投资准入国民待遇都是与负面清单相互结合的,缔约方会根据本国的政治、经济、文化等进行考虑,在 IIA 附件中列出保留的部门和措施清单,一般主要涉及国防、国家安全、公用事业、政府垄断、关键产业等领域的部门和措施。我国于 2013 年在与美国之间的 BIT 谈判中开始接受投资准入国民待遇加负面清单模式。

国民待遇一般都有例外。没有任何国家给予其他国家投资者及其投资以不受限制的国民待遇。绝大多数 IIA 都将投资准入和设立排除在国民待遇适用范围之外。有的 IIA 规定缔约方根据本国的国内法给予国民待遇,这使得国民待遇受制于国内法。有的 IIA 规定缔约方努力给予缔约他方投资者及其投资以国民待遇,这使得国民待遇成了软法义务。有的 IIA 规定缔约方可以根据经济发展需要而对国民待遇作出限制。有的 IIA 规定还规定了"停止和退回"条款,即缔约方可以维持其现有的与国民待遇不符的措施,但缔约方不应再引入新的不符措施,而且现有不符措施应该逐步减少和取消。有的 IIA 规定,缔约方为了国家安全、公序良俗、国民健康等普遍的正当公共政策目标,可以对国民待遇作出限制。

我国在 20 世纪 90 年代中期以前一般不接受国民待遇标准,此后开始逐步接受国民待遇标准但施加了依据其法律和法规、国家安全、公共秩序和国民经济发展需要等限制条件。2001 年以来,我国在越来越多的条约中接受国民待遇标准,甚至在个别条约中接受了不受限制的国民待遇标准,但多数条约规定了保留国内现存不符措施的延续以及修改和逐步消除不符措施的规定。迄今为止,我国对外缔结的 IIA 中的国民待遇多数都只是适用于投资准入和设立后的阶段。2013 年我国宣布在中美双边投资协定谈判中接受准入前国民待遇和负面清单模式。

在实践中,国民待遇的适用一般遵循三个步骤。一是认定外国投资者与本国投资者是否处于类似情形下。在仲裁实践中,绝大多数仲裁庭在认定"类似情形"时采取了狭义的"同一部门"标准,而不考虑相关部门、替代部门之间的竞争关系。例如,有的仲裁庭认定邮政信件服务与快递服务属于不同部门,有的仲裁庭认定甲醇与乙醇属于不同部门。但是,极个别仲裁庭突破了"同一部门"标准,例如,Occidental 诉厄瓜多尔案仲裁庭将国民待遇适用于与石油出口无关的所有其他出口行业的增值税退税优惠。二是外国投资者获得的待遇水平是否低于东道国投资者享有的待遇,即是否存在歧视性的差别待遇。在仲裁实践中,有的仲裁庭认为,外国投资者的待遇应不低于在类似情形下东道国投资者中享有的"最好待遇"。仲裁庭一般都认为,对外国投资者的歧视包括法律上的歧视和事实上的歧视。有的仲裁庭认为,外国投资者只需证明东道国有歧视的事实而无需证明东道国有歧视的意图。也有的仲裁庭认为,外国投资者必须证明东道国存在歧视的意图。此外,仲裁庭一般都不要求外国投资者举证东道国对外国投资者采取的歧视性差别待遇是基于该外国投资者的国籍,而只要求投资者举证其遭受了歧视待遇。有的仲裁庭认为,公司成立登记等有关程序事项的技术上的差别不违反国民待遇。三是东道国给予外国投资者差别待遇是否有正当理由。仲裁庭一般认为,东道国如果是基于合理的原因而给予外国投资者差别待遇,并不违反国民待遇义务。这些合理原因或正当理由可能包括保护环境、生命健康、反不正当竞争等保护公共利益以及善意履行国际协定的需要。例如,在 Pope & Talbot 诉加拿大案中,仲裁庭认定,加拿大对软木出口实行差别配额的待遇是其善意履行加拿大与美国《软木贸易协定》的需要。[43]

（五）最惠国待遇

最惠国待遇是指缔约国给予另一缔约国投资者及其投资的待遇在类似情形下应不低于其已经或将来给予任何第三国投资者及其投资的待遇。国际投资协定一般都规定了最惠国待遇条款。早期的最惠国待遇条款一般没有"类似情形下"的限定条件。新一代 IIA 一般都规定最惠国待遇适用于"类似情形下"的投资者及其投资。

对于最惠国待遇的适用范围,绝大多数国际投资协定都规定最惠国待遇适用于外国投资准入和设立之后的扩大、管理、经营、享有、使用、出售或者任何其他处置。美国、加拿大、日本、韩国、欧盟等缔结的 IIA 规定,最惠国待遇适用于投资准入和设立阶段,即最惠国待遇不仅适用于投资的扩大、管理、经营、享有、使用、出售或者其他处置,而且适用于投资的设立、取得。有的国家不接受投资准入和设立阶段的国民待遇,但接受投资准入和设立阶段的最惠国待遇。我国在与加拿大之间的 BIT 之中接受了最惠国待遇适用于投资准入阶段。

最惠国待遇一般都有例外。最惠国待遇的最常见例外是区域经济一体化国家、边境贸易国家例外。此外,也有许多条约规定,双重税收协定以及其他有关税收问题的协议、国际知识产权条约也都属于最惠国待遇的适用例外。有的 IIA 规定了不溯及既往的例外,即最惠国待遇适用于缔约方在特定时间之后与第三国签订的国际投资协定或其他国际协定,而不是笼统地适用于缔约方已经或将来给予任何第三国投资者及其投资的待遇。许多 IIA 都规定,最惠国待遇不适用于渔业、海事等特定经济部门。新一代 IIA 一般都规定,最惠国待遇不适用于国际投资协

---

[43] 参见左海聪主编：《国际经济法》,武汉大学出版社 2010 年版,第 532~536 页;左海聪主编：《国际经济法》,武汉大学出版社 2014 年版,第 312~314 页。

定中的争端解决程序事项,也有的协定进一步规定不适用于国际投资协定的实体保护条款。此外,与国民待遇相同,基于国家安全、公共秩序、国民健康和道德需要等正当公共政策目标而实施的合理差别不违反最惠国待遇。

在仲裁实践中,外国投资者很少指控东道国国内措施违反最惠国待遇条款。在 Parkerings 诉立陶宛案中,仲裁庭认定,Parkerings 的停车场项目比 Pinus Proprius 的停车场项目离老城区及其历史和考古保护及环境保护区域更近且其规模更大,对历史、考古、文化和环境的消极影响更大,因此二者不处于类似情形,立陶宛对二者的差别待遇具有正当理由,不违反最惠国待遇。[44] 外国投资者主要是基于最惠国待遇条款援引东道国其他国际投资协定中更优惠的实体保护条款和争端解决条款。其中,争议最大的是,最惠国待遇是否适用于国际投资协定中的争端解决程序事项。目前,许多仲裁庭认定,最惠国待遇适用于国际投资协定中的争端解决程序事项。例如,在 Maffezini 诉西班牙案中,仲裁庭认定,最惠国待遇适用于 BIT 的争端解决程序事项,因为西班牙和阿根廷 BIT 规定,最惠国待遇适用于投资的所有事项,"所有事项"包含了 BIT 中的争端解决程序事项,因此,申请人可以根据西班牙和智利 BIT 的争端解决条款,直接对西班牙提起国际仲裁请求,而不必适用西班牙和阿根廷 BIT 中规定的必须首先提交当地司法救济而且必须在 18 个月内没有获得当地法院判决才可以提交国际仲裁的规定。有的 IIA 明确规定最惠国待遇适用于争端解决程序事项,因此,仲裁庭也支持最惠国待遇适用于争端解决程序事项。例如,在 Garanti Koza 诉土库曼斯坦案中,土库曼斯坦和英国 BIT 规定,最惠国待遇适用于程序事项,土库曼斯坦和英国 BIT 规定,投资争端当事人应首先协商解决争端,协商期为 4 个月,当事人应协议选择ICSID中心、国际商会(ICC)或者联合国国际贸易法委员会(UNCITRAL)仲裁规则通过仲裁解决争议,如 4 个月内不能协议选择,则投资者可基于 UNCITRAL 仲裁规则提交仲裁,而土库曼斯坦和瑞士 BIT 则规定,协商期为 6 个月,然后投资者可单方选择 ICSID 公约或 UNCITRAL 下的仲裁,仲裁庭认为,最惠国待遇适用于程序事项。大多数 IIA 没有明确规定最惠国待遇适用于争端解决程序事项,也没有明确规定适用于"所有事项",但很多仲裁庭认定,除非 IIA 另有明确的相反规定,否则最惠国待遇适用于争端解决程序事项。也有许多仲裁庭认为,最惠国待遇不适用于争端解决程序事项。例如,在 Plama 诉保加利亚案中,保加利亚和塞浦路斯 BIT 规定,投资者只能将征收补偿数额的争议提交国际仲裁,而且必须先诉诸当地司法和行政救济,而保加利亚和芬兰 BIT 规定,投资者可以将征收(不限于征收补偿数额)的争议提交国际仲裁,仲裁庭认为,除非基础条约明确规定最惠国待遇适用于争端解决程序事项,否则,最惠国

---

[44] Parkerings – Compagniet AS v. Republic of Lithuania, ICSID Case No. ARB/05/8, Award, September 11, 2007, paras. 362 – 430.

待遇不适用于争端解决程序事项。有的仲裁庭认为,最惠国待遇不能排除基础条约的用尽当地救济条款,不能损害基础条约的岔路口条款的适用,不能取代基础条约对一个特定仲裁机构的约定,不能排除基础条约对一个具有细密程序规则、高度组织化的仲裁机制的选择,不能排除基础条约经由缔约方特别谈判达成的核心事项,不能排除基础条约中那些事关敏感的经济和外交政策的程序问题,不能援引基础条约所没有规定的事项。[45] 鉴于此种争议,越来越多的国家在新一代 IIA 中明确规定,最惠国待遇不适用于其他国际条约中的争端解决程序事项。

最惠国待遇是否适用于国际投资协定中的实体待遇事项也存在一定争议。在 MTD v. Chile 案中,申请人 MTD 主张依据智利和马来西亚 BIT 第 3 条第 1 款(公平与公正待遇不得低于最惠国待遇),援引智利和克罗地亚双边投资条约第 3 条第 2 款(授予必要的投资许可)、第 3 款(禁止不合理或歧视待遇)和智利和丹麦双边投资条约第 3 条第 1 款(禁止不合理或歧视待遇、保护伞条款)的投资待遇条款,作为其应享有的公平与公正待遇的义务组成部分。智利和马来西亚 BIT 第 3 条的最惠国待遇条款只将区域经济一体化和税收协定排除在外,而没有将其他国际协定排除在外。因此,该案仲裁庭认为,申请人可以基于最惠国待遇条款援引智利和克罗地亚双边投资条约以及智利和丹麦双边投资条约的条款作为智利和马来西亚双边投资条约公平与公正待遇义务的组成部分。该案仲裁庭根据案件事实认定,智利政府批准了违反其自身城市政策的投资,这是对投资者的不公平对待,据此裁决智利政府赔偿投资者损失。[46] 在 ADF v. United States 案[47]和 Chemtura v. Canada 案[48]中,申请人都试图依据最惠国待遇条款主张美国和加拿大违反了其所援引的双边投资条约中更优惠的公平与公正待遇义务条款,但都没有得到支持。在 White Industries v. India 案中,[49]针对在撤销裁决、执行裁决以及与此有关的上诉中印度司法系统和法院行为的漫长、拖延和无效率,White Industries 基于最惠国待遇条款援引印度和科威特 BIT 的"提供有效救济手段"条款,指控印度没有根据其可适用的法律法规提供有效的在投资方面主张请求和执行权利的手段,而印度则反对基于最惠国待遇条款援引"提供有效救济手段"义务,认为这将从根本上改变 BIT 精心谈判的双边平衡,仲裁庭认为,允许投资者基于最惠国待遇条款援引其他

---

[45] 参见左海聪主编:《国际经济法》,武汉大学出版社 2014 年版,第 306~310 页。
[46] *MTD Equity Sdn. Bhd. & MTD Chile S. A. v. Chile*, ICSID Case No. ARB/01/7, Award, 25 May 2004.
[47] *ADF Group Inc. v. United States of America*, ICSID Case No. ARB (AF)/00/1, Award, Jan. 9, 2003.
[48] *Chemtura Corporation v. Government of Canada (formerly Crompton Corporation v. Government of Canada)*, UNCITRAL, Award, Aug. 2, 2010.
[49] White Industries Australia Limited v. The Republic of India, Final Award, 30 November 2011.

BIT 中更优惠的实体性的投资保护正是缔约方根据最惠国待遇条款意图实现的结果,并裁决印度违反了"提供有效救济手段"的义务。

(六)绝对待遇标准

大多数国际投资协定都规定,缔约方应给予缔约另一方投资者及其投资以公平与公正的待遇和全面的保护与安全。

不过,国际投资协定对于公平与公正待遇和全面保护与安全的规定方式存在很大差别。有的 IIA 规定了不受任何限制的公平与公正待遇和全面保护与安全条款,有的 IIA 规定依据国际法给予公平与公正待遇和全面保护与安全,有的 IIA 规定公平与公正待遇和全面保护与安全决不得低于国际法要求的待遇,有的 IIA 规定依据习惯国际法或习惯国际法最低待遇标准给予公平与公正待遇和全面保护与安全。

无论采取哪种表述方式,公平与公正待遇都具有抽象、模糊、不确定的特点。公平与公正待遇条款被喻为国际投资条约与仲裁中的"帝王条款"。[50] 投资者最经常援引公平与公正待遇来指控东道国政府,而许多仲裁庭一般都对公平与公正待遇作出比较宽泛的解释。Merrill & Ring v. Canada 案仲裁庭认为,这个标准叫什么名字并不重要,重要的是这个标准提供的保护是要禁止侵犯公平、公正和合理感受的所有行为,公平性、公正性和合理性的概念不可能确切定义,但在适用于具体案件事实时却仍然可以将辨识出哪些不适当的行为是不公平的、不公正的或不合理的。[51] Tecmed 诉墨西哥案仲裁庭认定,基于公平与公正待遇,外国投资者可以合理期待,东道国在与外国投资者关系方面,应以一致的、毫不含糊的和完全透明的方式行事,以便外国投资者能够事先知道任何和所有的调整其投资的规则和规章、相关政策及行政惯例和指令的目标,以便投资者能够规划其投资和遵守这些规章。也有的仲裁庭认为,只有达到 1926 年 Neer 案混合委员会所确定的那么严格的高标准,才能被认定为违反了国际法意义上的公平与公正待遇义务。Neer 案裁决认为,东道国政府的行为要想构成违反国际标准的国际违法行为,必须达到令人愤怒的暴行、恶意行为、故意无视义务或者政府行为的不充分性,如此不合国际标准以至于每个公正达理的人都会认为它是不充分的。[52] 有的仲裁庭则认为,公平与公正待遇不能停留在 1926 年 Neer 案委员会所确定的标准,而应结合当代文明发展作出与时俱进的演进解释。[53] 这样,一个在 20 世纪 20 年代不被认为是不

---

[50] 参见徐崇利:《公平与公正待遇标准:国际投资法中的"帝王条款"?》,载《现代法学》2008 年第 5 期,第 123~134 页。

[51] *Merrill & Ring v. Canada*, UNCITRAL Rules, ICSID, Award, 31 March 2010.

[52] *L. F. H. Neer and Pauline Neer (U. S. A.) v. United Mexican States*, Decision, 15 October, 1926, IV R. I. A. A. 60.

[53] See e. g., *Mondev International Ltd. v. United States of America*, ICSID Case No. ARB (AF)/99/2, Award, Oct. 11, 2002.

公平或不公正的行为,在 20 世纪末或者 21 世纪则很可能被认为是不公平或不公正的。

在仲裁实践中,仲裁庭对公平与公正待遇的宽泛解释导致许多国家都开始在 IIA 中对于公平与公正待遇进行限定。《北美自由贸易协定》(NAFTA)第 1105 条规定,每一缔约方应赋予另一缔约方投资者的投资以符合国际法的待遇,包括公平与公正待遇和全面保护与安全。在初期仲裁实践中,[54]投资者一般主张公平与公正待遇条款广泛包括《国际法院规约》第 38 条意义上所有国际法渊源所要求的公平与公正待遇,不限于并超出了习惯国际法最低待遇标准。为此,2001 年 7 月 31 日,NAFTA 自由贸易委员会作出解释,第 1105 条第 1 款"赋予另一缔约方投资者投资的最低待遇标准是指对待外国人的习惯国际法最低待遇标准","'公平与公正待遇'的概念""并不要求多于或超出对待外国人的习惯国际法最低待遇标准的待遇"。美国 2004 年 BIT 范本第 5 条(最低待遇标准)第 1 款规定,"每一缔约方应赋予所涵盖的投资以符合习惯国际法的待遇,包括公平与公正待遇和充分保护与安全。""为进一步明确,第 1 款赋予所涵盖投资的最低待遇标准是指对待外国人的习惯国际法最低待遇标准。""'公平与公正待遇'和'全面保护与安全'的概念并不要求多于或超出该标准所要求的待遇,而且并不创设额外的实体权利。"该范本附件 A(习惯国际法)规定,"缔约方确认它们的共同理解,即一般意义的和具体规定在第 5 条(最低待遇标准)和附件 B(征收)中的习惯国际法产生于各国出自法律义务感所奉行的普遍一致的国家实践。关于第 5 条(最低待遇标准),对待外国人的习惯国际法最低待遇标准是指保护外国人经济权利和利益的所有习惯国际法原则"。

然而,即使经过习惯国际法最低待遇标准的限定,公平与公正待遇仍然是抽象的和不确定的。[55] 在 RDC v. Guatemala 案中,仲裁庭指出,危地马拉、厄瓜多尔和美国都援引 Neer 案裁决来支持其对习惯国际法最低待遇标准的理解,但是 Neer 案裁决本身却并不是在分析出自法律义务感的国家实践的基础上认定的,如果依据 Glamis Gold 案表述的严格证明标准来认定习惯国际法,那么 Neer 案裁决本身并没有证明其所表述的习惯国际法最低待遇标准构成了习惯国际法;该案仲裁庭指出,其他仲裁庭裁决本身确实不构成国家实践,但被告国在仲裁诉辩中大量使用仲裁庭裁决支持自己在特定问题上对于法律是什么的观点却构成了习惯国际法的证明;该案仲裁庭认为,NAFTA 仲裁庭裁决广泛处理了最低待遇标准的义务内涵,

---

[54] *Pope & Talbot Inc. v. The Government of Canada*, UNCITRAL, Award on the Merits of Phase 2, 10 April, 2001.

[55] 参见王彦志:《公平与公正待遇条款改革的困境与出路——RDC v. Guatemala 案裁决引起的反思》,载《国际经济法学刊》2014 年第 1 期,第 51~79 页。

强调了习惯国际法最低待遇标准不是停留在 20 世纪 20 年代而是反映了今天存在的习惯国际法，Waste Management II 案仲裁庭对习惯国际法最低待遇标准具体内容的认定有说服力地整合了此前 NAFTA 仲裁庭积累起来的裁决分析，危地马拉政府适用 Lesivo 救济的方式和理由是武断的、不公平的和不正义的、违反了该政府作出的且被投资者合理依赖的陈述，因此危地马拉违反了美国和中美洲及多米尼加自由贸易协定（CAFTA－DR）第 10.5 条的最低待遇标准。

迄今，违反公平与公正待遇义务的情形广泛地包括违反正当程序、实行专断的或歧视性的措施、损害外国投资者合法期待、缺乏透明度、未提供稳定的和可预见的法律和商务框架、采取强制和侵扰行为、以不适当之目的行使权力、东道国政府越权行事、未尽适当审慎之义务、不当得利、非善意等。其中，比较具有共识的是，东道国在对待外国投资者及其投资方面，不得拒绝司法、不得违反正当程序、不得专断或任意歧视、不得违法强制或骚扰。2004 年经济合作与发展组织（OECD）研究报告将仲裁实践中认定的公平与公正待遇的具体含义要素概括为五项，其中包括：警惕和保护的义务；正当程序，包括不得拒绝司法和不得任意武断；透明性；善意，也可能包括透明性和不得任意武断；独立的公正要素。[56] 2011 年联合国贸易与发展会议（UNCTAD）研究报告将仲裁实践中的公平与公正待遇的具体含义要素概括也概括为五项，其中包括：挫败了投资者的合理期待（要与东道国公共利益管制权相平衡）；拒绝司法和正当程序；明显任意武断的决定；歧视；完全的暴虐对待。[57]

近年来，有些国家开始进一步限定公平与公正待遇。例如，有的 IIA 规定，公平与公正待遇要求每个缔约方在任何法律或行政程序中不得拒绝司法，这就将公平与公正待遇完全限定在了"不得拒绝司法"的义务范围内。2014 年欧盟与加拿大全面经济与贸易协定（CETA）规定，违反公平与公正待遇义务是指构成以下情形的一项或一系列措施：在刑事、民事或行政程序中拒绝司法；在司法或行政程序中根本违反正当程序，包括根本违反透明性；明显的任意武断；基于性别、种族或宗教信仰等明显错误的理由的有针对性的歧视；滥权对待投资者，诸如强制、威胁和骚扰；或者违反了缔约方根据本协定所通过的任何其他义务要素；缔约方应定期或应一缔约方请求评审公平与公正待遇的义务内容，服务和投资委员会可以在此方面形成建议并提交给贸易委员会作出决定；当适用公平与公正待遇义务时，仲裁庭可以考虑一缔约方是否对投资者作出了特别陈述以诱使此种投资，而该特别陈述

---

[56] Catherine Yannaca‐Small, *Fair and Equitable Treatment Standard in International Investment Law*, OECD, September 2004.

[57] UNCTAD, *Fair and Equitable Treatment*, UNCTAD Series on Issues in International Investment Agreements II, United Nations, 2012.

造成了正当期待,投资者依赖其据以决定作出或维持投资,但该缔约方后来挫败了此种期待。

我国缔结的 IIA 一般都规定了公平与公正待遇,其中,早期的 IIA 不接受习惯国际法、国际法要求或国际最低待遇标准的限定,2007 年以来的 IIA 开始接受习惯国际法或国际法上最低待遇标准的限定,而且以国家实践和法律确信的习惯国际法要素限定公平与公正待遇,此外,有的 IIA 规定公平与公正待遇义务"包括在民事、刑事和行政裁判程序中不得拒绝司法的义务",有的 IIA 规定公平与公正待遇义务"是指在民事、刑事和行政裁判程序中不得拒绝司法的义务"。

全面的保护与安全是另一项重要的绝对待遇标准。投资条约一般规定,缔约方应赋予另一缔约方投资者的投资以全面的保护与安全。该待遇标准的仲裁实践存在分歧。仲裁庭一般都认为,全面的保护与安全要求东道国应基于应有注意(due diligence),采取合理的必要措施,为外国投资提供有形的物理(physical)安全和保护,使之不受东道国政府或者任何其他人的物理侵害,但该义务只是行为义务,而不是结果义务,也就是说,东道国没有义务确保外国投资在任何情况下都绝对不受任何物理侵害。例如,在 AAPL 诉斯里兰卡案中,仲裁庭认定,全面的保护与安全只要求东道国政府采取合理的应有措施保护外国投资不受有形的物理侵害,而不要求东道国政府承担绝对的、完全的、客观的、无过错的严格责任(strict liability)。[58] 不过,有些仲裁庭则认定,全面的保护与安全不但要求东道国提供有形的物理保护和安全,还要求东道国提供法律和商业环境的保护和安全。例如,在 CME 诉捷克案中,仲裁庭认定,全面的保护与安全要求东道国确保其法律修改和管理机构的行为不得损害外国投资的安全与法律保护。[59] 鉴于全面保护与安全待遇在仲裁实践中解释与适用的不确定性和宽泛性,新一代 IIA 明确将全面保护与安全待遇限定为东道国有义务采取合理的必要措施为外国投资提供物理安全(physical security)和治安保护(police protection)。

(七)战乱补偿待遇

国际投资协定一般都规定了战乱损失的补偿待遇。例如,2003 年中国和德国 BIT 规定,缔约一方的投资者在缔约另一方境内的投资,如果由于战争或其他武装冲突、革命、全国紧急状态或叛乱而遭受损失,缔约另一方给予其在恢复原状、赔偿、补偿或其他有价值的补偿方面的待遇,不应低于其给予本国或任何第三国投资者的待遇。这是将国民待遇和最惠国待遇引入了战乱补偿事项。

---

[58] Asian Agricultural Products Ltd. (AAPL) v. Republic of Sri Lanka, ICSID Case No. ARB/87/3, Award, June 27, 1990, paras. 45 – 53.

[59] CME Czech Republic B. V. v. The Czech Republic, UNCITRAL, Partial Award, September 13, 2001, para. 613.

(八) 诉诸法院救济

有的国际投资协定规定了诉诸东道国法院当地救济的待遇条款。例如,2012年中国、日本、韩国投资协定第6条(国内法救济)规定,缔约一方在其领土内给予缔约另一方投资者在行使和维护投资者权利、向各级法院及行政法庭、行政机构寻求救济方面的待遇,应不低于在相似情形下给予本国、缔约第三方或非缔约方的投资者的待遇。这是将国民待遇和最惠国待遇引入了东道国当地救济事项。

也有的国际投资协定将绝对待遇标准引入了东道国当地司法救济。例如,印度和科威特BIT第4条第5款(提供有效救济手段)规定,每一缔约国应为另一缔约国投资者在其领土内的投资维持有利的环境,每一缔约国应根据其可适用的法律法规提供有效的在投资方面主张请求和执行权利的手段(provide effective means of asserting claims and enforcing rights with respect to investments),并确保另一缔约国投资者有权诉诸其法院、行政裁判庭和机构以及所有行使裁判权的其他机构,并确保另一缔约国投资者有权为了在投资方面主张请求和执行权利而自由选聘人员。

在White Industries v. India案中,[60] White Industries就是基于印度和澳大利亚BIT的最惠国待遇条款援引了印度和科威特BIT第4条第5款的"提供有效救济手段"条款,并引证了与印度和科威特BIT第4条第5款表述基本相同的美国和厄瓜多尔BIT第2条第7款(每一缔约方应提供有效的在投资、投资协议和投资授权方面主张请求和执行权利的手段)和Chevron & Texaco v. Ecuador案仲裁庭对该条的解释和对该案的裁决。[61] Chevron & Texaco v. Ecuador案仲裁庭认为,与习惯国际法上的拒绝司法相比,"提供有效救济手段"的认定标准没有那么高,它要求东道国不能令投资者受制于不确定的或者不适当的拖延,它要求东道国法律体系必须为外国投资者提供在合理的时间内执行其正当权利的手段,至于东道国是否提供了有效救济手段,这要考虑案件的复杂性、诉讼方的行为、案件所涉利益的重要性以及法院本身的行为等因素,根据客观的、国际的标准来判断。仲裁庭认为,印度法院的行为构成了不适当的拖延,违反了印度承担的"提供有效救济手段"的义务。

(九) 特许协议

特许协议(concession agreement),又称经济开发协议(economic development agreement)是指东道国政府与外国投资者或外国投资者为特许权项目而在东道国设立的项目公司之间签订的,约定由东道国政府授予外国投资者或项目公司以特

---

[60] White Industries Australia Limited v. The Republic of India, Final Award, 30 November 2011.
[61] Chevron Corporation (USA) and Texaco Petroleum Company (USA) v. The Republic of Ecuador, UNCITRAL, PCA Case No. 34877, Partial Award on the Merits, 30 March 2010.

许权,在一定期限和范围内,投资勘探开发自然资源并通过产品分成或服务费获得收益,或者建设运营基础设施或公用事业并通过提供公共产品或者公共服务获得收益,到期由东道国政府收回特许权的外商投资合同。

1. 特许协议的特征

国际特许协议具有诸多特殊性。在主体上,特许协议的一方当事人往往是东道国政府或其授权的主体,另一方当事人往往是外国投资者或其为特许权项目而在东道国设立的项目公司。在实践中,有时是东道国政府直接与外国投资者订立特许协议,东道国政府违反特许协议,除了可能依据东道国国内法承担法律责任之外,还可能因为违反国际法而向外国投资者直接承担国际法上的责任;有时是东道国政府与外国投资者在东道国设立的项目公司签订特许协议,东道国政府违反特许协议,仍然可能因为违反国际投资协定而向外国投资者承担国际法上的责任,因为外国投资者及其投资是受国际投资协定保护的投资者和投资;有时则是由东道国政府将特许权授予东道国的国有企业,并由东道国国有企业与外国投资者或其在东道国设立的项目公司签订特许协议。[62] 东道国国有企业违反特许协议,东道国政府仍然可能依据国际法而向外国投资者承担国际法上的责任,因为东道国国有企业的行为可能被视为或归属于东道国政府。在内容上,特许协议一般约定,东道国政府授予外国投资者或其东道国设立的项目公司以特许权,特许其在一定的期限、范围和条件下,在自然资源勘探开发、基础设施建设运营、公用事业服务等领域享有特许的勘探、开发、建设、经营等权利,并承担向东道国政府缴纳石油产品、税费或者到期转移项目权利和资产等义务。特许协议通常包含东道国法律和政策稳定化条款、重新协商或调整条款等特殊条款。在订立和生效程序上,特许协议可能须经东道国立法机关批准,才能生效。在争议解决上,特许协议可能约定提交国际仲裁解决争议。在法律适用上,特许协议可能适用一般法律原则、国际法的一般原则或者国际投资协定。

2. 特许协议的性质

关于特许协议的法律性质存在很多争议,主要涉及特许协议是国内契约还是国际契约,以及特许协议是公法契约还是私法契约的问题。特许协议只是契约而不是国际条约,这一点是没有争议的。[63] 关于特许协议是国内契约还是国际契约的问题,主要存在两种观点。一种观点认为,特许协议是国际协议、准国际协议或跨国契约,特许协议将外国投资者提升为国际法主体,使特许协议本身受国际法的

---

[62] 参见王贵国:《国际投资法》,北京大学出版社 2001 年版,第 139~141 页。

[63] Anglo - Iranian Oil Co. (United Kingdom v. Iran), Judgment, (on Preliminary Objection) of 22 July 1952, ICJ;韦经建、王彦志主编:《国际经济法案例教程》,科学出版社 2005 年版,第 131~133 页。

调整和保护,甚至使特许协议本身成为了国际法渊源并具有国际法上的约束力。[64] 另一种观点认为,特许协议是纯粹国内法上的合同,只要不是国际法主体间订立的协议都不是国际协议或条约,而只是受国内法支配的契约。[65] 对此,不能抽象地一概而论,而应作具体分析。如果特许协议的遵守和违约救济完全不受国际法调整和支配,那么,该特许协议就是纯粹的国内法上的合同,但却不是纯粹的国内合同,而是具有涉外或国际因素的国际合同,这意味着可能允许协议选择国际仲裁。如果特许协议选择或适用国际法或一般法律原则,那么,该特许协议就是兼受国内法和国际法调整和支配的混合合同,合同的订立和生效受国内法支配,而合同的遵守和违约的救济受国际法调整。在 Texaco v. Libyan 案中,独任仲裁员 René – Jean Dupuy 裁决认定,Texaco 和利比亚政府之间的特许协议选择适用利比亚法和国际法调整,利比亚政府对 Texaco 基于特许协议享有的所有权利、利益和资产实行国有化的行为违反了特许协议和国际法,利比亚应继续实际履行特许协议。[66] 关于特许协议是公法契约还是私法契约的问题,主要存在两种观点。民法法系国家(如法国)一般主张特许协议是公法性质的行政合同,特许协议受制于公共利益,受行政法调整,政府有权为了公共利益而修改或终止特许协议,但需给予私人当事方补偿,政府有权监督核查特许协议的履行并有权对私人当事方的违约实施制裁,特许协议争议排他地受专门的行政法院管辖。普通法系国家(例如英美)一般并不区分公法合同和私法合同,而称为政府合同,特许协议受普通法调整,但政府可以为了公共利益而行使主权权利和公共职能(包括警察权或公用征收权),通过制定法律、法规或发布命令等方式,干预、改变或者不履行特许协议,但应给予私人当事方赔偿,特许协议争议受普通法院管辖。因此,公法合同和普通合同的争议并没有根本的区别,无论在民法法系还是在普通法系,特许协议都既具有契约性,又具有行政性,东道国政府修改或终止特许协议都需给予私人当事方以赔偿。

3. 特许协议与国家责任

关于特许协议效力的争议主要涉及一国单方面修改、终止或违反特许协议是否承担国际法上的国家责任的问题。一种观点认为,特许协议的遵守和违约救济适用国际法和一般法律原则,特许协议具有国际法上的约束力,国家遵守特许协议

---

[64] 对此种观点的批评,参见姚梅镇:《国际投资法》,武汉大学出版社 1994 年版,第 328~338 页;余劲松主编:《国际投资法》,法律出版社 2022 年版,第 73~74 页。

[65] Serbian Loans Case (French Republic v. Kingdom of the Serbs, Croats and Slovenes), Judgment of 12 July 1929, PCIJ.

[66] Texaco Overseas Petroleum Company and California Asiatic Oil Company v. The Government of the Libyan Arab Republic, Int'l Arbitral Award, 104 J. Droit Int'l 350 (1977), translated in 17 I. L. M. 1 (1978).

是国际法上的义务,国家违反特许协议就违反了国际法上的信守约定、尊重既得权、禁止不当得利、禁止反言、禁止权力滥用等一般法律原则,应承担国际法上的国家责任。另一种观点则认为,特许协议的遵守和违约救济只适用国内法,国家为了公共利益而变更或废止特许协议是其自然资源永久主权权利的正当行使,并不违反国际法,违反特许协议本身只能产生违反国内法的责任,只能依据国内法确定其是否以及如何承担责任,而不能产生国际法上的国家责任,只有当违反特许协议同时还伴有违反与特许协议有关的条约义务、征收、歧视待遇、任意武断、拒绝司法等国际法上的违法行为,才产生国际法上的国家责任。对此,应作具体分析。如果特许协议选择或适用国际法或一般法律原则作为准据法,则具有国际法上的约束力。不过,即使适用国际法或一般法律原则作为准据法,除了信守约定等原则之外,还有不可抗力、情势变更或其他类似的一般法律原则,因此,东道国并非必然承担国家责任。

4. 特许协议的特殊条款

特许协议通常包含一些重要的独特条款,其中尤其是稳定条款和重新协商或调整条款。所谓稳定条款是指东道国通过合同(有时也通过国内立法)向外国投资者或其项目公司作出承诺,保证外国投资者或其项目公司的合法权益和待遇不因该东道国随后法律或政策的改变而受到减损。稳定条款的适用范围广泛,包括稳定财产权、稳定税收、稳定外汇管制、稳定进出口制度以及稳定与合同有关的一般法律结构。实现东道国法律或政策稳定化的方法有两种,一是冻结合同订立时东道国的有关法律,非经外国投资者或其项目公司同意,东道国的有关法律不得改变,二是豁免适用东道国的有关法律,东道国有权改变合同订立时的有关法律,但其改变不适用于该特许协议。[67] 关于稳定条款,最大的争议是,稳定条款是否具有限制东道国修改法律的优先效力?一种观点认为,稳定条款具有国际法上的约束力,东道国违反稳定条款就要承担国际法上的国家责任。另一种观点认为,稳定条款不具有凌驾于东道国国内法的优先效力,承认稳定条款及其优先效力,就是对东道国经济主权和公共利益的侵犯,东道国为了公共利益变更法律,不受稳定条款的约束。对此,应认为,稳定条款本身并不能使特许协议上升为受国际法保护,如果合同选择国际法或一般法律原则作为准据法,那么,东道国违反稳定条款,通过单方改变立法,侵害了外国投资者的权益,就应该承担国际法上的国家责任。但是,即使选择适用国际法或一般法律原则作为准据法,稳定条款也不具有绝对的凌驾于东道国经济主权和公共利益之上的优先效力。[68] 反之,经济主权本身也不是绝对的和不受任何限制的,经由东道国政府自由同意且不违反国际法强行规范的

---

[67] 参见左海聪主编:《国际经济法》,武汉大学出版社2010年版,第585页。
[68] 参见史晓丽、祁欢:《国际投资法》,中国政法大学出版社2009年版,第150~151页。

稳定条款,对东道国应该具有约束力,违反稳定条款对于认定东道国是否违反作为准据法的国内法或国际法以及如果违反是否承担以及如何承担责任应该有所影响。[69]但在基于稳定条款认定东道国是否违法以及承担责任时,仍应考虑不可抗力、情势变更或其他类似原则。所谓重新协商或调整条款是指当情势变迁根本改变了合同的经济利益平衡时,允许当事人重新审查合同并达成新的合同平衡,否则,合同一方可以中止或终止合同,并由法院或仲裁庭等第三方仲裁进行干预(即艰难情势条款),或者当规定的情形发生时,允许当事人按照合同约定的方式自动或半自动地调整合同,以重新达成合同平衡,而无须第三方介入(即调整条款),或者当约定或未约定的情形出现时,约定由当事人善意协商谈判,以重新达成合同平衡(即重新协商条款)。特许协议往往涉及长期复杂的自然资源开发或基础设施建设,当事人会因各种情势变迁而导致经济利益失衡,因此,稳定条款可能过于机械僵硬,而重新协商或调整条款可以使当事人重新协商达成新的经济利益平衡,因而更具有灵活性和合理性,但当事人在发生重大争议后,往往很难重新达成新的平衡,因此其实用性不强。

5. 特许协议的法律适用

特许协议的法律适用比较复杂。一般来说,特许协议当事人可以选择其适用的准据法,例如选择东道国国内法、国际法(或一般法律原则)或者同时选择东道国国内法与国际法(或一般法律原则),但有关国家也可以立法禁止当事人协议选择东道国国内法以外的法律作为准据法。如果当事人没有协议选择准据法,那么,根据最密切联系原则,应该适用东道国国内法。如果当事人约定了国际仲裁,但没有约定合同准据法,那么,仲裁庭可能根据仲裁规则适用其认为适当的实体法律作为准据法,而这种适当的法律可能是国际法或一般法律原则。进而,如果当事人特别授权仲裁庭根据善良及公允原则裁判案件,那么,也可能适用一般法律原则作为准据法。早期曾有特许协议只受该协议本身支配而排除任何国内法或国际法的学说和实践,即特许协议就是其自身的准据法(*lex contractus*)。但这并不是主流,随着国内石油立法的制定和完善,极少再有此种做法。在实践中,特许协议适用的法律主要包括东道国国内法、国际法或一般法律原则或当事人所属国共同的法律原则、东道国国内法与国际法(或一般法律原则)三种主要情形。在适用东道国国内法的情形下,具体适用东道国的什么法律?例如,行政法或行政合同法?还是民商法或民商合同法?如果没有专门立法或者专门立法没有规定专门的特许协议或行政合同的订立、效力、履行、违约和救济等,那么,就会适用有关的民商事立法。在适用东道国国内法和国际法或一般法律原则的情形下,有的约定适用东道国国内

---

[69] 参见[德]鲁道夫·多尔查、[奥]克里斯托弗·朔伊尔:《国际投资法原则》,祁欢、施进译,中国政法大学出版社2014年版,第84~87页。

法和一般法律原则,有的约定适用与国际法原则所共有的东道国国内法原则,有的约定适用合同当事方所属国共有的法律原则,有的约定适用东道国国内法并补充以国际法原则或一般法律原则,等等。例如,Texaco 和利比亚政府之间的特许协议规定,本协议应依据于国际法原则共同的利比亚法原则管辖和解释,在缺少此种共同原则时,则依据一般法律原则,包括那些为国际裁判庭所可能适用的原则。在此,一般法律原则就是国际常设法院规约和国际法院规约所规定的作为国际法渊源的文明各国公认的一般法律原则。[70] 在实践中,国内法与国际法的关系是,国际法往往被用来补充和矫正国内法。第三种做法完全排除了东道国国内法,而只适用国际法或一般法律原则。这在早期实践中不乏其例。例如,1933 年英伊石油公司(AIOC)协议就规定,关于本协议的仲裁裁定,适用国际法院规约第 38 条规定的法律原则。在国际仲裁实践中,有大量国际判例支持适用一般法律原则,或者适用善良意识及文明国家一般原则的共同实践,或者适用正义、公平和善意的原则。

6. 特许协议的争议解决

关于特许协议的争议解决方式,主要涉及特许协议的争议是否可以约定仲裁解决,进而是否可以约定外国仲裁机构,以及法院诉讼归专门的行政法院还是普通法院。特许协议争议发生后,经协商不能解决的,特许协议可能约定提交东道国法院诉讼,或者提交国际仲裁解决。有的国家立法规定,在协商不能解决之后,在提交诉讼或国际仲裁之前,可以或应该提交专家委员会或者专门的行政核查机关解决。值得注意的是,有的国家可能规定特许协议不得提交仲裁解决,或者规定东道国政府当局无权同意将特许协议争议提交仲裁解决。

(十)保护伞条款

保护伞条款是指国际投资协定中规定缔约方应遵守其对另一方缔约投资者及其投资所做出的特定承诺或承担的特定义务。许多国际投资协定都规定了保护伞条款。例如,1983 年美国和塞内加尔 BIT 规定,"每一缔约方应遵守其就另一缔约方国民或公司的投资所缔结的任何义务"。这是保护伞条款最常见的表述方式。在仲裁实践中,一般认为,东道国必须遵守的只是关于特定投资者投资所承担的具体特定的义务。[71]

如果没有将保护伞条款的适用范围限定为书面合同义务,而是笼统地规定缔约国必须遵守其对另一缔约方投资者及其投资的特定承诺或义务,那么,保护伞条款的适用范围就可以广泛包括投资合同上的承诺和义务、投资许可或投资授权上

---

[70] Texaco Overseas Petroleum Company and California Asiatic Oil Company v. The Government of the Libyan Arab Republic, Int'l Arbitral Award, 104 J. Droit Int'l 350 (1977), translated in 17 I.L.M. 1 (1978).

[71] See e.g., Philip Morris v. Uruguay, Award, July 8, 2016.

的特定承诺或义务、东道国投资立法上的特定承诺或义务以及国际条约上的特定承诺或义务。其中,保护伞条款最主要的适用范围就是合同承诺或义务。在实践中,仲裁庭已经认定东道国违反的特定承诺或义务可以是来自合同,也可以是来自东道国国内法。不过,东道国通过国际条约而对另一缔约方投资者及其投资作出有针对性的特定承诺或义务的情形极其少见。

如果不对保护伞条款的效力作出限定,而只是笼统地规定缔约国应遵守其对另一缔约方投资者及其投资承担的任何义务,那么,在遵守合同承诺或义务方面,保护伞条款可能具有如下效力:在实体法上,保护伞条款虽然没有将合同内容本身上升为国际法,但是将违反合同上升为违反国际法,违反了合同义务,就是违反投资条约,就是违反国际法,除非存在应该免责的情势变更、危急情况等,否则,东道国就应承担国家责任。在程序法上,保护伞条款可能使违反合同的争议不必诉诸合同约定的东道国当地救济或国际商事仲裁,而直接提交投资条约仲裁庭,或者既可以提交东道国当地救济或国际商事仲裁,也可以提交投资条约仲裁庭。

在仲裁实践中,保护伞条款的效力存在很大争议。仲裁庭对于保护伞条款的效力主要有三种解释。第一种解释是保护伞条款使得违反合同义务上升为违反投资条约,东道国应该承担国家责任。[72] 第二种解释是违反合同义务本身并不违反投资条约,也不违反国际法,也不承担国家责任,只有同时也违反了投资条约的公平与公正待遇(例如构成拒绝司法)、征收与补偿等其他实体保护条款,才违反国际法。[73] 第三种解释是如果是违反了商事合同或者以商业行为违反了合同,则不违反投资条约,也不违反国际法,也不承担国家责任,但如果违反了公法合同或者以主权者身份行使公共权力违反了合同,则违反投资条约,违反国际法,应承担国家责任。[74] 对于保护伞条款的效力,有的条约作出了具体规定。例如,1994 年英国和印度 BIT 规定,每一缔约方应遵守其对另一缔约方投资者的投资所承担的任何义务,但是,只有在缺乏通常的当地司法救济的情况下,才可以诉诸本条约的投资者与国家间争端解决程序。2010 年奥地利与塔吉克斯坦 BIT 第 11 条明确规定,每一缔约方应遵守其对另一缔约方投资者的特定投资所承担的任何义务;这尤其意味着,违反投资者与东道国或一个东道国的实体之间的合同将构成违反本条约。2011 年中国和乌兹别克斯坦 BIT 规定,缔约任何一方应恪守其以协议、合约或合同形式与缔约另一方投资者就投资所作出的书面承诺,缔约一方违反在商事

---

[72] See e. g. , SGS Société Générale de Surveillance S. A. v. Republic of the Philippines, ICSID Case No. ARB/02/6, Decision of the Tribunal on Objections to Jurisdiction, 29 Jan. 2004.

[73] See e. g. , SGS Société Générale de Surveillance S. A. v. Islamic Republic of Pakistan, ICSID Case No. ARB/01/13, Decision of the Tribunal on Objections to Jurisdiction, 6 Aug. 2003.

[74] See e. g. , El Paso Energy International Company v. The Argentine Republic, ICSID Case No. ARB/03/15, Decision on Jurisdiction, 27 Apr. 2006.

性质的合同下所承担的义务不应被视为违反本协定。

与保护伞条款密切相关的是特许协议或投资合同的国际法保护。如前所述,如果没有约定国际法或一般法律原则作为准据法,那么,特许协议就只是国内法上具有涉外或国际因素的国家契约,其本身并不直接产生国际法上的权利和义务,单纯的违约(违反特许协议)本身只产生国内法上的责任,而不产生国际法上的国家责任;如果选择或适用国际法或一般法律原则作为准据法,那么,有关约定必须遵守、情势变更等作为国际法渊源的一般法律原则就直接调整或保护特许协议上的权利、义务和责任;如果国家违反特许协议的行为同时也构成了故意、恶意、侵权、征收、任意武断、拒绝司法、歧视待遇等国际不法行为(internationally wrongful acts),那么,国家就可能违反了习惯国际法和一般法律原则,从而要承担国际法上的国家责任。此外,特许协议或投资合同还可以受到国际投资协定的保护。国际投资协定一般都规定,特许协议和其他具有投资特定的合同权益属于受国际投资协定保护的投资。因此,如果东道国在对待外国投资者的特许协议或投资合同权益方面有违反国民待遇、最惠国待遇、公平与公正待遇、征收与补偿、保护伞条款等情形,则要承担违反国际投资协定的国家责任。其中,保护伞条款就是为了更好地保护作为受保护投资的特许协议、国家契约或投资合同。在 Vivendi 案中,[75]第一仲裁庭正确地认定,申请人提出的违反条约的请求而不是违反合同的请求,但却错误地认为,违反条约的请求和违反合同的请求无法分开,申请人必须按照特许合同约定的争端解决条款将合同履行的问题提交图库曼省行政法院解决,而且,除非该行政法院的行为构成了违反 BIT 的拒绝司法或司法不公,否则,申请人不得就此对阿根廷提出 BIT 指控。该仲裁裁决因为明显逾越权限而被 ICSID 专门委员会撤销。第二仲裁庭认定,仲裁庭有权管辖条约请求,而且为了裁判条约请求,仲裁庭也有权管辖合同请求,但是,本案只要依据 BIT 就可以直接认定阿根廷违反了 BIT 义务,于是仲裁庭裁决阿根廷承担赔偿责任。[76]

(十一)禁止业绩要求

美式国际投资协定规定了禁止业绩要求条款,加拿大、日本等其他国家缔结的一些国际投资协定也规定了禁止业绩要求条款。其中,有的条约规定了非常有限的禁止业绩要求条款。例如,2012 年中国、日本和韩国投资协定规定,《世界贸易

---

[75] Compañía de Aguas del Aconquija, S. A. & Compagnie Générale des Eaux, Claimants v. Argentine Republic, ICSID, Case No. ARB/97/3, Award, November 21, 2000; Compañía de Aguas del Aconquija S. A. and Vivendi Universal S. A. v. Argentine Republic, Decision on Annulment, July 3, 2002, ICSID, Case No. ARB/97/3, Award, August 20, 2007; Decision on Annulment, August 10, 2010.

[76] 参见王彦志:《国际经济法总论:公法原理与裁判方法》,华中科技大学出版社 2013 年版,第 242~246 页。

组织协议》附件1A中《与贸易有关的投资措施协定》中的条款,已纳入本协定,成为本协定的一部分,对本协定项下的所有投资应比照适用;任何缔约方均不得在其领土范围内,就技术出口或技术转移的业绩要求,对缔约另一方投资者的投资采取不合理或歧视性措施。

有的国际投资协定则纳入了非常广泛的禁止业绩要求条款。例如,美国2012年BIT范本规定,任何缔约方都不得对于另一缔约方或非缔约方投资者在其领土内投资的设立、取得、扩大、管理、实施、运营、出售或其他处置强加或强制执行以下要求,或对其强制执行以下任何承诺或保证:出口一定水平或比例的货物或服务;达到特定水平或比例的国内含量;购买、使用或优先选择产自其领土的货物,或购买来自其领土的人的货物;以任何方式将进口的数量或价值与出口数量或价值或者与该投资带来的外汇流入相联系;通过将此种投资所生产或提供的货物或服务的销售以任何形式与其出口或创汇的数量或价值或外汇收入相联系的方式,对其领土内货物或服务的销售进行限制;将特殊的技术、生产流程或其他专有转移给其领土内的人;排他地从缔约方领土向特定区域市场或世界市场提供该投资所生产的货物或提供的服务;或者,购买、使用或赋予在其领土内的该缔约方的或该缔约方的人的技术以优惠,或阻止购买、使用或赋予在其领土内的特殊技术,以便基于国籍而为其投资者或投资或该缔约方的或该缔约方的人的技术提供保护。任何缔约方都不得对于另一缔约方或非缔约方投资者在其领土内投资的设立、取得、扩大、管理、实施、运营、出售或其他处置以符合任何下列要求作为获得或持续获得优势的条件:达到特定水平或比例的国内含量;购买、使用或优先选择产自其领土的货物,或购买来自其领土的人的货物;以任何方式将进口的数量或价值与出口数量或价值或者与该投资带来的外汇流入相联系;通过将此种投资所生产或提供的货物或服务的销售以任何形式与其出口或创汇的数量或价值或外汇收入相联系的方式,对其领土内货物或服务的销售进行限制。

(十二) 汇兑与转移自由

国际投资协定一般都规定了汇兑与转移自由。早期国际投资协定对汇兑与转移自由不作限制或者只规定较少的限制和例外。例如,1975年英国与新加坡BIT第6条规定,缔约方应保证缔约他方个人和公司自由转移其投资资本和利得,但缔约方在金融或者经济非常情势下有权根据其法律公平和善意地行使限制权力。1985年中国和荷兰BIT规定,缔约各方应根据其有关法律和法规准许向缔约另一方国家以该国货币或可以自由兑换的货币自由转移与投资活动有关的款项,特别是以下各项,并得不适当地限制和不适当地迟延:利润、利息、股息及其他所得;为购置原料、辅料、半成品或成品所需的资金以及为保证某项投资的持续性,用于更新资本资产的资金;为发展某项投资所必要的追加资金;投资者的雇员和投资者投资的企业中的雇员的收入;资本清算款;贷款的偿还金;管理费;提成费。

新一代 IIA 对于汇兑与转移自由规定了更多的例外和限制。例如,2008 年中国与墨西哥 BIT 第 8 条第 5 款规定,在面临严重的国际收支困难或严重的国际收支困难之威胁时,任一缔约方可以暂时限制汇兑,只要该国是依照国际标准实施某些措施或方案。这些限制应在公平、非歧视和善意的基础上进行。2009 年中国与东盟投资协定第 10 条第 3~6 款则更详细地规定了缔约方在公平、非歧视和善意实施其相关法律法规阻止或延迟某一项转移的情形,包括:破产,丧失偿付能力或保护债权人权利;未履行东道方的关于证券、期货、期权或衍生产品交易的转移要求;未履行税收义务;刑事犯罪和犯罪所得的追缴;社会安全、公共退休或强制储蓄计划;依据司法判决或行政决定;与外商投资项目停业的劳动补偿相关的工人遣散费;以及必要时用于协助执法或金融管理机构的财务报告或转移备案记录。2009 年东盟全面投资协定第 13 条第 3~5 款也作了相同的详细规定。这些例外规定为缔约国应对金融危机、经济危机、国际收支困难等而善意实施限制措施提供了法律保障。

(十三) 征收与补偿

国际投资协定一般都规定国有化或征收与补偿条款,征收一般都包括直接征收和间接征收。所谓直接征收,是指东道国出于公共利益的需要对外国投资者的全部或部分投资强制实行正式产权让渡或公开剥夺。所谓间接征收,是指东道国并没有强制转移投资者的所有权或者公开剥夺投资者的财产,而是对外国人使用、占有和处置财产的权利进行干涉,使得所有权人在干涉开始后的一定时间内不能使用、占有和处置该财产。

早期的国际投资协定一般只规定简单的征收与补偿条款,对于征收的定义和认定、补偿的标准和计算不作具体详细的规定。例如,1985 年中国和荷兰 BIT 规定,若缔约一方对缔约另一方的投资者的投资采取征收、国有化或其他类似措施,应符合下列条件:所采取的措施是为了公共利益并依照法律程序;所采取的措施是非歧视性的;所采取的措施伴有支付补偿的规定。补偿应相当于在宣布征收时被征收投资的价值,并包括直至支付日的利息,补偿应能兑换和自由转移,其支付不应不适当地迟延。

关于征收的补偿标准,"二战"以后,西方发达国家和发展中国家、社会主义国家之间发生了激烈的争议。社会主义国家在大规模征收西方发达国家投资者时,主张不给予任何补偿和赔偿。但在实践中,社会主义国家和西方国家之间往往就大规模征收谈判达成了一揽子补偿协议。在 20 世纪 70 年代,发展中国家主张征收只给予适当、相应、合理或公平的补偿,发达国家尤其美国则主张征收必须给予充分、即时、有效的补偿(即赫尔准则),其中,所谓充分就是给予采取征收前一刻或该征收措施为所知晓前一刻被征收的投资的公平市场价值并包括从征收之日起的利息,所谓即时就是指毫不迟延地,所谓有效就是指必须以可自由兑换的货币并且可自由转移出东道国以外。从习惯国际法来看,因为广大发展中国家的反对,充分、即时、有效的补偿标准并不是普遍接受的习惯国际法,反之,因为发达国家的反对,适当、合理的补偿标准也不是普遍接受的习惯国际法。[77] 因此,征收补偿主要依据国际投资协定的规定。尽管广大发展中国家在争取建立国际经济新秩序运动中强烈反对充分、即时、有效的补偿标准,但是绝大多数发展中国家后来在国际投资协定中接受了充分、即时、有效的补偿标准或者与之类似的标准。

在仲裁实践中,引起争议的主要是间接征收的认定。在早期,许多仲裁庭都认为,即使是为了正当的公共利益,只要对于外国投资者的财产(包括合同权利)造成了极其严重的侵犯,以至于使其不能行使财产权利或者使其财产失去了经济价值,东道国都必须给予外国投资者补偿,否则,就违反了国际投资协定的规定,就应该对外国投资者的损失给予赔偿。这是采取了效果标准来认定间接征收,即只要对外国投资者的投资造成了实质性的剥夺,而无论是否为了正当公共政策目标,都应该给予补偿。少数仲裁庭认为,判定是否构成间接征收,除了考虑东道国政府行为的效果,还应考虑东道国政府行为的目的或意图,以及东道国政府的行为是否剥夺了投资者的合理期待。

新一代 IIA 对于间接征收作出了详细规定,而且区分了必须给予补偿的间接征收和无须给予补偿的正当管制。例如,2012 年中国和加拿大 BIT 附件对于征收的界定和认定作出了进一步的具体规定。缔约双方确认如下共同理解:间接征收源于缔约方采取的一项或一系列措施,该等措施与直接征收具备同等效力,但没有在形式上体现为转移所有权或直接没收。判断缔约方一项或一系列措施是否构成间接征收,需要在事实的基础上针对个案进行调查,需要考虑的因素包括但不限于:该措施或该系列措施的经济影响,虽然缔约一方的一项措施或一系列措施对投资的经济价值有负面影响这个单一事实并不表明间接征收已经发生;该措施或该系列措施在何种程度上干预了作出投资的明显、合理期待;以及该措施或该系列措施的性质。除了在极少数的情况下,例如一项措施或一系列措施从目标来看相当严重,以至于这些措施不能认为以善意方式采取和适用,则缔约方为保护公众福祉之合法公共目的,如健康、安全和环境,而设计和适用的一项或一系列非歧视性措施,不构成间接征收。

(十四)权利保留条款和更优惠条款

国际投资协定一般都规定了权利保留条款或称更优惠条款或不减损条款。1983 年美国和塞内加尔 BIT 的权利保留条款(preservation of rights)规定,本条约不应取代、影响或减损:任一缔约方的法律、规章、行政惯例或程序、或行政或裁判决定;国际法律义务;或任一缔约方承担的义务,包括那些包含在投资协议或投资

---

[77] 参见车丕照:《国际经济法概要》,清华大学出版社 2003 年版,第 26 页。

授权中的义务,无论是在本条约生效时还是在此之后存在的,这些义务使得另一缔约方国民或公司的投资或有关活动在类似情形下有权享有比本条约赋予的更优惠的待遇。1986年中国和瑞士BIT规定,缔约一方法律中或者由缔约一方签订的国际协定中现行或将来的规定,对缔约另一方投资者的投资规定有比本协定更优惠的待遇,应从优适用。2004年和2012年美国BIT范本将标题改为"不减损"(non‑derogation),内容表述略作修改,"本条约不应减损以下使得一缔约方投资者或涵盖投资以比本条约赋予的更优惠待遇的:一缔约方的法律、规章、行政惯例或程序、或行政或裁判决定;一缔约方的国际法律义务;或一缔约方承担的义务,包括那些包含在投资授权或投资协议中的义务。"

(十五)例外、保留和限制条款

早期的国际投资协定主要规定促进和保护外国投资的内容,而较少规定保障东道国基于正当的公共政策目标而对外国投资实施管理的例外、保留和限制条款。早期国际投资协定的例外条款一般只规定了紧急情况或国家安全例外。例如,美国与阿根廷BIT第11条规定,本条约不应禁止任何缔约方为维持公共秩序、履行其在维持或恢复国际和平或安全方面的义务或者保护其本国根本安全利益而采取的必要措施。在阿根廷陷入经济危机而采取应对措施后,美国投资者纷纷对阿根廷提起了投资条约仲裁,阿根廷则援引该第11条安全例外条款进行抗辩。对此,各仲裁庭都认为第11条根本安全利益例外包括经济危机情况,但是,对于经济危机达到何种程度才能免责,有的仲裁庭认定,只有达到经济与社会的崩溃,危及国家的生存,才可以援引第11条根本安全利益例外,有的仲裁庭则认为,阿根廷在经济危机发生的一段时期内所采取的措施是维护其公共秩序和基本安全利益所必要的,因此并不构成违反条约义务。此外,此种根本安全例外与习惯国际法上危急情况(necessity)之间的关系与适用顺序也存在争议。[78]

新一代IIA一般都规定了投资保护义务的各种例外、保留和限制,包括具体例外和一般例外。具体例外主要包括税收措施例外、收支平衡和临时保障措施例外、金融审慎措施例外、根本安全例外等。

关于税收措施例外,IIA一般将国内税收措施(除了征收条款仍然适用于国内法上的税收措施之外)和国际税收协定排除在投资条约适用范围之外。例如,2012年中国和加拿大BIT第14条规定:"(1)除本条规定外,本协定的其他任何规定不适用于税收措施。(2)本协定的任何规定不得影响缔约方在任何税收协定项下的权利与义务。如果本协定的规定与任何此类协定出现不一致,在不一致的范围内则应以该税收协定为准。(3)如披露某些信息将违反一缔约方有关保护纳税人税收事务信息的法律规定,本协定的任何规定不得被理解为要求该缔约方提供或允

---

[78] 参见余劲松主编:《国际投资法》,法律出版社2022年版,第223~226页。

许获得此信息。(4)第10条的相关规定应适用于税收措施。"

关于收支平衡和临时保障措施例外，主要是允许缔约国为了应对严重收支失衡或严重宏观经济困境而采取或维持限制措施。例如，2015年日本和蒙古经济伙伴关系协定(EPA)第10.14条(临时保障措施)规定，一缔约方在以下情形下可以就跨境资本交易和与投资有关的支付及转移采取或维持限制措施：在严重收支平衡和外部金融困境或威胁的情况下；在资本流动引起或威胁引起严重宏观经济尤其货币与汇率政策困境的例外情形下。该条还进一步规定了对于这些限制措施的非歧视性、必要性、临时性和通知义务等限制条件。

关于金融审慎措施例外，许多IIA都规定投资条约义务不排除缔约国采取金融审慎措施的权利。例如，2015年日本和蒙古EPA第10.15条(审慎措施)规定，尽管有本章(投资)的规定，一缔约方不应被阻止出于审慎理由而采取或维持与金融服务有关的措施，包括保护投资者、存款人、投保人或者金融服务企业对其承担信义义务的人的措施，或者确保其金融体系完整和稳定的措施。

关于根本安全例外，许多条约明确规定投资条约义务不阻止缔约国采取其认为必要的维护其根本安全利益的措施，有的条约甚至明确将根本安全例外措施排除在ISD仲裁管辖范围之外。2012年中国、日本和韩国投资协定第18条规定，各缔约方均可采取以下任何措施：被认为是保护该缔约方的实质安全利益的(在该缔约方或国际关系出现战争、武装冲突或其他紧急情况时采取；或涉及落实关于不扩散武器的国家政策或国际协定)；履行其在联合国宪章项下的维护国际和平与安全的义务。

关于一般例外，许多IIA借鉴了GATT第20条的规定，在投资条约中规定了此类一般例外。例如，2012年中国和加拿大BIT第33条(一般例外)第2项规定，只要相关措施不以武断或不合理之方式适用，或不构成对国际贸易或投资之变相限制，本协定中任何规定均不得被理解为阻止缔约方采取或维持下述措施，包括：(1)确保遵守与本协定条款无不一致的法律法规所必要的措施；(2)保护人类、动物或植物生命或健康所必要的措施；(3)与保护有生命或无生命的可耗尽自然资源相关的措施，如果此类措施与限制国内生产或消费的措施同时有效实施。不过，仲裁实践却认为，即使符合一般例外条款的要求，也不能排除东道国的损害赔偿责任。[79]

(十六)机构与管理条款

早期国际投资协定不规定或者只规定非常简单的机构与管理条款。例如，1985年中国和荷兰BIT规定，缔约任何一方可向缔约另一方建议就任何影响本协

---

[79] See e.g., Eco Oro Minerals Corp. v. Republic of Colombia, ICSID Case No. ARB/16/41, Decision on Jurisdiction, Liability and Directions on Quantum, September 9, 2021, paras. 824–837.

定实施的事宜进行磋商,缔约另一方应对此种磋商给予善意的考虑并提供充分的机会。

新一代 IIA 一般都规定了比较详细的机构与管理条款,以便对 IIA 的实施进行管理和监督。此类条款的主要内容包括:监督和评审本协定的实施;进一步谈判加强投资合作或投资自由化;对协定有关条款作出对仲裁庭有约束力的解释;探讨进一步建立上诉机制的问题;解决与本协定实施有关的其他问题。例如,2012 年中国和加拿大 BIT 规定,为如下目的,缔约双方的代表可召开会议:审议本协定的实施情况;审议本协定的解释或适用;交换法律信息;处理因投资引起的争议;研究与便利或鼓励投资相关的其他事项。除根据本条进行磋商外,缔约双方可采取双方共同决定的任何行动,包括制定与采用补充 BIT 第 3 部分中适用的仲裁规则,以及发布有约束力的对本协定的解释。

(十七)投资争端解决

国际投资争端主要分为两类,一类是外国投资者与东道国之间的投资争端,主要包括投资合同争端、投资授权争端和投资条约争端,另一类是东道国与母国之间的投资争端,主要包括作为国际投资协定缔约国之间的条约解释和适用争端以及母国行使外交保护权而与东道国之间产生的争端。

国际投资协定几乎普遍规定了投资者与国家间投资争端(ISD)解决程序尤其是国际仲裁,因此,缔约国之间一般极少因单纯的条约解释和适用争端而诉诸国家间争端(SSD)解决机制,一般都是通过 ISD 仲裁庭在具体投资争议案件中解释和适用条约。例如,在 Lucchetti v. Peru 案中,智利投资者依据秘鲁和智利 BIT 提起 ISD 仲裁请求,而秘鲁认为该案争议发生在该 BIT 生效之前因此不属于该 BIT 适用范围,智利和秘鲁没有就此条约适用的解释问题达成协议,于是秘鲁对智利就条约解释问题提起 SSD 仲裁请求,并请求 SSD 仲裁庭中止 ISDS 仲裁程序,但 SSD 仲裁庭拒绝了秘鲁的请求。在 Chevron v. Ecuador 案中,厄瓜多尔不满该案 ISD 仲裁庭对于美国和厄瓜多尔 BIT 中"有效救济手段"条款的解释,欲与美国达成解释协议,但美国拒绝作出回应,于是,厄瓜多尔提请设立了厄瓜多尔诉美国的 SSD 仲裁庭,美国抗辩认为双方没有具体争议,仲裁庭裁决认为,双方没有具有实际后果的具体争议,而且,美国没有积极反对厄瓜多尔的解释意味着双方没有解释争议,于是驳回了厄瓜多尔的请求。

Sanum 公司权裁案

2013 年 8 月 14 日,澳门的 Sanum 公司依据《中华人民共和国政府与老挝人民民主共和国政府关于鼓励和相互保护投资协定》将老挝政府告上荷兰海牙常设仲裁院。Sanum 公司认为,老挝政府吊销其经营许可证等行为违反了公平公

> 正待遇条款、征收条款、最惠国待遇条款,且构成对资本和利润转移的限制。该案仲裁地点设于新加坡,仲裁程序适用 2010 年版《UNCITRAL 仲裁规则》。2013 年 12 月 13 日,仲裁庭做出管辖权裁决,认为 Sanum 公司属于上述 BIT 项下合格投资者,因此 BIT 可适用于包括 Sanum 公司在内的澳门投资者。2014 年 1 月 10 日,老挝政府依据新加坡国际仲裁法向新加坡高等法院请求撤销 Sanum 案仲裁庭的上述管辖权裁决,其主要证据为 2014 年 1 月 7 日老挝外交部致中国驻老挝首都万象大使馆的函件和一份注明日期为 2014 年 1 月 9 日中国驻万象大使馆的回函。在回函中,中国驻万象大使馆明确表示"《中老 BIT》不适用于澳门特别行政区,除非中老双方将来另行做出安排"。2015 年 1 月,新加坡高等法院做出一审裁定,撤销 Sanum 案仲裁庭的管辖权裁决,认为上述 BIT 不适用于澳门特别行政区。

投资者与东道国之间的投资争端(ISD)是最主要的国际投资争端。ISD 的解决方式主要包括外国投资者与东道国之间的磋商和谈判、东道国当地救济、外国法院诉讼、投资者母国外交保护、投资者与东道国间国际仲裁。此外,欧盟提出并在与越南之间的自由贸易协定和与加拿大之间的全面经济贸易协定之中规定,设立常设国际投资法院及其常设上诉机构解决投资者与东道国间投资争端,从而取代了投资者与国家间国际仲裁。东道国当地救济可能因为东道国法制不健全、司法不独立或者偏袒东道国政府而不利于充分有效保护外国投资者权益。投资者母国外交保护可能因为母国滥用外交保护而损害东道国利益,或者因为母国不愿行使外交保护而不利于保护外国投资者。拉美国家曾经提出卡尔沃主义,并在国内法、合同或条约中订入卡尔沃条款,主张外国投资者与东道国之间的争端只能适用东道国国内法而不能适用国际法,只能通过东道国当地救济,而不能通过国际仲裁或母国外交保护救济,外国投资者必须放弃寻求母国外交保护。关于外国投资者通过卡尔沃条款放弃母国外交保护的效力,一般认为,外交保护是母国在国际法上的权利,外国投资者无权放弃母国的外交保护权,而只能放弃其自己寻求母国外交保护的请求权。外国法院诉讼一般只限于解决征收或国有化财产的追索诉讼,而且面临着国家及其财产管辖豁免等障碍,也不能充分有效保护外国投资者权益。根据 ICSID 公约和国际投资协定,投资者与国家间投资争端的解决方式主要是磋商和谈判、国际仲裁。ICSID 和 IIA 相对排除了东道国当地救济,即除非东道国在 IIA 中保留了东道国当地救济或者用尽当地救济,或者投资者与东道国在投资合同中约定了当地救济,否则,就排除了东道国当地救济。ICSID 和 IIA 严格限制了母国外交保护,即母国不得对东道国提起外交保护,除非东道国不遵守终局有效的 ISD 仲裁裁决。

目前,大多数 ISD 在磋商谈判没有得到解决的情况下都是基于合同约定、国内法、IIA 等提交 ICSID 公约或 ICSID 增设便利规则、UNCITRAL 仲裁规则或者其他常设仲裁机构及其仲裁规则提交国际仲裁解决。ICSID 公约、IIA 以及有关的仲裁规则构成了 ISD 仲裁程序的主要法律依据。ICSID 公约是世界银行主持起草的,该公约于 1965 年 3 月 18 日由世界银行执行董事会通过,并于 1966 年 10 月 14 日生效。截至 2024 年 9 月,ICSID 公约的签署国和当事国有 165 个,生效国 158 个。我国于 1992 年 7 月 1 日批准加了 ICSID 公约,该公约于 1993 年 2 月 6 日对我国生效。

1. ISD 的解决方式

关于 ISD 的解决方式,ICSID 公约相对排除了东道国当地救济,并严格限制了母国外交保护。ICSID 公约第 26 条规定,除非另有规定,双方同意根据本公约交付仲裁,应视为同意排除任何其他救济方法而交付上述仲裁,缔约国可以要求以用尽该国行政或司法救济作为其同意根据本公约交付仲裁的条件。这意味着,东道国可以要求用尽当地行政或司法救济作为同意 ICSID 公约仲裁的条件,否则,就排除了东道国当地救济。ICSID 公约第 27 条规定,缔约国对于其国民和另一缔约国根据本公约已同意交付或已交付仲裁的争端,不得给予外交保护或提出国际要求,除非该另一缔约国未能遵守和履行对此项争端所作出的裁决;在第一款中,外交保护不应包括纯粹为了促进争端的解决而进行的非正式的外交上的交往。

IIA 一般都规定,ISD 当事方应首先通过磋商和谈判解决争端,只有磋商谈判未能解决争端,ISD 当事方才可以进一步寻求其他解决方式。多数 IIA 都规定了 ISD 当事方的强制磋商谈判期限,只有在该期限内未能磋商谈判解决争端,才可以寻求其他解决方式。例如,2012 年中国、日本和韩国投资协定规定,任何投资争议应尽可能通过作为投资争议当事方的投资者(以下称"争议投资者")与作为投资争议当事方的缔约方(以下称"争议缔约方")之间通过友好协商解决。磋商谈判解决期限为争议投资者将书面协商请求递交至争议缔约方之日起四个月内。

如果磋商未能解决争端,则要看 IIA 是否规定了首先诉诸东道国当地救济或者首先用尽东道国当地救济。有的 IIA 规定,争议投资者可以(而非必须)将争议提交东道国当地救济(而非用尽当地救济)。有的 IIA 规定,即时争议投资者已经诉诸东道国当地救济,但只要争议投资者放弃继续进行东道国当地救济程序,就可以将投资争端提交 IIA 规定的国际仲裁。有的 IIA 规定,争议投资者应首先诉诸东道国当地行政复议,只有在当地行政复议结束之后,才可以提交 IIA 规定的国际仲裁。有的 IIA 规定,争议投资者必须首先用尽东道国当地救济之后,才可以提交 IIA 规定的国际仲裁。还有的 IIA 规定,争议投资者可以在东道国当地救济和 IIA 规定的一种或多种国际仲裁之间做出排他的选择,即就同一争端而言,争议投资者选择了一种救济途径,就不得再选择其他救济途径。这就是所谓的"岔路口条款"。但是,在仲裁实践中,仲裁庭经常对"同一争端"作出严格解释,即只有当事方相同且诉因相同,才适用"岔路口条款"。因此,如果在国内法院提起的是合同请求,而在国际仲裁提起的是条约请求,那么,即使争议投资者已经选择了国内法院诉讼,也仍然可以选择国际仲裁,因为二者不是相同的争议。例如,在 CMS 诉阿根廷案中,阿根廷主张,SMC 的阿根廷子公司 TGN 寻求了当地司法和行政救济,因此根据岔路口条款就不能再寻求 ISD 仲裁,但是,仲裁庭认为,在阿根廷提起诉讼的是 TGN 而不是 CMS,而且国内程序的标的是合同争议,而 ISD 仲裁的标的是条约争议,因此不能启动岔路口条款,不能阻止 CMS 提起 ISD 仲裁请求。[80]

2. ISD 仲裁庭的管辖权

ICSID 公约规定了 ICSID 仲裁的管辖权。ICSID 公约第 25 条规定:"一、中心的管辖适用于缔约国(或缔约国向中心指定的该国的任何组成部分或机构)和另一缔约国国民之间直接因投资而产生并经双方书面同意提交给中心的任何法律争端。当双方表示同意后,任何一方不得单方面撤销其同意。二、'另一缔约国国民'系指:(一)在双方同意将争端交付调解或仲裁之日以及根据第二十八条第二款或第三十六条第三款登记请求之日,具有作为争端一方的国家以外的某一缔约国国籍的任何自然人,但不包括在上述任一日期也具有作为争端一方的缔约国国籍的任何人;(二)在争端双方同意将争端交付调解或仲裁之日,具有作为争端一方的国家以外的某一缔约国国籍的任何法人,以及在上述日期具有作为争端一方缔约国国籍的任何法人,而该法人因受外国控制,双方同意为了本公约的目的,应看作是另一缔约国国民。三、某一缔约国的组成部分或机构表示的同意,须经该缔约国批准,除非该缔约国通知中心不需要予以批准。四、任何缔约国可以在批准、接受或核准本公约时,或在此后任何时候,把它将考虑或不考虑提交给中心管辖的一类或几类争端通知中心。秘书长应立即将此项通知转送给缔约国。此项通知不构成第一款所要求的同意。"

据此,ICSID 中心管辖权包括三个要件,即主体要件、客体要件和主观要件。在主体要件方面,中心管辖的是一缔约国(或缔约国向中心指定的该国的任何组成部分或机构)和另一缔约国国民之间的争端。另一缔约国国民可以是自然人,也可以是法人。许多 IIA 规定,另一缔约国国民也可以是法人以外的非法人企业和其他组织。此外,有的 IIA 规定,受保护的投资者包括具有缔约东道国国籍但为另一缔约方国民或法人所控制的法人,在这种情况下,既然 IIA 已经做出了明确规定,就无须再经过争端双方同意,而应直接将该外国控制的法人看作另一缔约国国

---

[80] CMS Gas Transmission Company v. The Republic of Argentina, ICSID Case No. ARB/01/8, Decision of the Tribunal on Objections to Jurisdiction, 17 Jul. 2003.

民。在客体要件方面,中心管辖的必须是直接因投资而引起的法律争端。所谓法律争端,就是指法律权利或者义务的存在或其范围,或者违反法律义务而应付赔偿的性质和范围等方面的争端,而不是单纯事实性质的争端。所谓直接因投资而引起的,则是指直接因为构成整个投资活动内在组成部分的交易或活动而引起的,其中,投资一般被理解为必须具有某些特征,例如,包含了投资者在东道国的实质投入、持续一定期限、承担风险因素、对于东道国发展的意义等。但是,究竟必须具有哪些特征,仲裁实践存在一定分歧。此外,有的仲裁庭认为,既然 IIA 已经规定了投资的定义并列举了投资的种类,那么,被列入投资定义和种类的资产、权利、利益或交易就无需再符合 ICSID 公约第 25 条的"投资"要求,但也有的仲裁庭认为,即使 IIA 规定了投资定义和种类,仍然必须同时符合 ICSID 公约第 25 条的"投资"要求,才可以受到 ICSID 公约和中心仲裁管辖。在主观要件方面,必须是争端双方书面同意提交 ICSID 仲裁,而且一旦同意就不得再单方面撤销同意。不过,一缔约国批准和加入 ICSID 公约本身不够成同意。在实践中,除了东道国和投资者在投资争端发生之前或之后特别约定提交 ICSID 仲裁之外,还有其他多种双方书面同意提交 ICSID 仲裁的形式。其中,东道国的书面同意形式包括:东道国国内立法、特许令、国家契约仲裁条款或者 IIA 仲裁条款。缔约东道国在 IIA 仲裁条款中所作的同意一般都是事先的一揽子式的同意,也就是说,一旦投资者与东道国之间发生投资争端,那么,就只需投资者提出符合条件的书面仲裁请求即可,因为东道国已经通过 IIA 作出了事先一揽子式的书面同意。投资者的书面同意形式包括:接受 ICSID 公约仲裁的书面文件、国家契约的仲裁条款、依据 ICSID 公约或者 IIA 向 ICSID 提起书面仲裁请求。至于同意 ICSID 仲裁管辖的范围,可以在国家契约(投资合同)的仲裁条款中约定,也可以在投资授权或者 IIA 中作出规定。IIA 关于投资争端仲裁管辖的范围的规定有多种形式,例如"任何投资争议"、"投资条约争议"、"征收补偿数额争议"、"投资合同争议、投资授权争议和投资条约争议"与投资条约特定条款的争议,等等。

3. ISD 仲裁适用的法律

ICSID 公约和 IIA 都规定了 ISD 仲裁适用的法律。ICSID 公约第 42 条规定:"一、仲裁庭应依照双方可能同意的法律规则对争端作出裁决。如无此种协议,仲裁庭应适用作为争端一方的缔约国的法律(包括其冲突法规则)以及可能适用的国际法规则。二、仲裁庭不得借口法律无明文规定或含义不清而暂不作出裁决。三、第一款和第二款的规定不得损害仲裁庭在双方同意时按公允及善良原则对争端作出裁决的权力。"IIA 的表述一般也都与此类似。

根据仲裁实践,在上述适用的法律之中,东道国国内法和国际法之间的关系一般是:国际法是对于国内法的补充和矫正,即如果国内法没有规定,适用国际法补充国内法,如果国内法违反国际法,适用国际法矫正国内法。

4. ISD 仲裁裁决的撤销

基于 ICSID 公约的仲裁裁决只能提交依据 ICSID 公约设立的专门委员会并且根据 ICSID 公约规定的理由申请撤销。ICSID 公约规定了裁决撤销的理由。ICSID 公约第 52 条规定:"一、任何一方可以根据下列一个或几个理由,向秘书长提出书面申请,要求撤销裁决:(一)仲裁庭的组成不适当;(二)仲裁庭显然超越其权力;(三)仲裁庭的一个成员有受贿行为;(四)有严重的背离基本的程序规则的情况;(五)裁决未陈述其所依据的理由。"ICSID 公约也规定了暂停执行裁决的条件,即委员会如认为情况有此需要,可以在作出决定前,停止执行裁决。如果申请人在申请书中要求停止执行裁决,则应暂时停止执行,直到委员会对该要求作出决定为止。此外,ICSID 公约还规定,如果裁决被取消,则经任何一方的请求,应将争端提交给新仲裁庭重新仲裁。

在 CMS 诉阿根廷案中,基于 ICSID 公约设立的专门委员会认为,在解释和适用美国与阿根廷 BIT 第 11 条安全例外条款时,仲裁庭没有区分该 BIT 安全例外条款所必要的条件与习惯国际法中危急情况所必要的条件之间的不同,而且没有优先适用该 BIT 安全例外条款而优先适用了习惯国际法中的危急情况,尽管如此,仲裁庭并不构成明显逾越权限,因此,不能撤销裁决。[81] 但是,Sempra 诉阿根廷案和 Enron 诉阿根廷案的两个专门委员会则认定,该两个仲裁庭没有适用美国与阿根廷 BIT 第 11 条安全例外条款,因此构成了明显逾越权限,因此分别全部和部分撤销了该两个仲裁裁决。[82]

如果不是基于 ICSID 公约的 ISD 仲裁裁决,而是依据 ICSID 公约以外的其他仲裁规则(例如 UNCITRAL 仲裁规则、ICSID 增设便利规则等)作出的裁决,那么,一般是向仲裁地所在国家有管辖权的法院并依据该国关于撤销仲裁裁决的法律申请撤销。

在 Metalclad Corporation v. The United Mexican States 案中,基于 UNCITRAL 仲裁规则设立的仲裁庭裁决墨西哥违反了 NAFTA 第 1105 条,仲裁庭结合 NAFTA 第 102(1)条认定,第 1105 条包含了透明度义务,而墨西哥没有提供透明的、可预测的商业计划和投资框架,因此违反了透明度义务。墨西哥依据加拿大《国际商事仲裁法》,向仲裁地加拿大不列颠哥伦比亚最高法院申请撤销裁决,该法院认

---

[81] CMS Gas Transmission Company v. The Republic of Argentina, ICSID Case No. ARB/01/8, Decision of the ad hoc Committee on the Application for Annulment of the Argentine Republic, 25 Sep. 2007.

[82] Sempra Energy International v. The Argentine Republic, ICSID Case No. ARB/02/16, Decision on the Argentine Republic's Application for Annulment of the Award, 29 Jun. 2010; Enron Corporation and Ponderosa Assets, L. P. v. Argentine Republic, ICSID Case No. ARB/01/3, Decision on the Application for Annulment of the Argentine Republic, 30 Jul. 2010.

定，NAFTA 第 102(1) 条规定的透明度原则不是整个 NAFTA 所有章节的目标，第 11 章并不包含透明度义务，因此，仲裁庭错误适用了本不属于第 11 章的义务，而仲裁庭本应仲裁属于第 11 章的义务，因此仲裁庭构成了越权，进而，仲裁庭基于违反透明度义务认定墨西哥违反了 NAFTA 第 1110 条而构成了间接征收，也构成了越权仲裁，就此部分撤销仲裁裁决。但是，仲裁庭附带认定生态法令的颁布构成了违反第 1110 条的征收的理由是成立的，因此，不能全部撤销仲裁裁决。[83]

5. ISD 仲裁裁决的承认与执行

ICSID 公约规定了 ICSID 公约下仲裁裁决的承认与执行。ICSID 公约第 53 条规定："一、裁决对双方有约束力。不得进行任何上诉或采取任何其他除本公约规定外的补救办法。除依照本公约有关规定予以停止执行的情况外，每一方应遵守和履行裁决的规定。……"

其第 54 条规定："一、每一缔约国应承认依照本公约作出的裁决具有约束力，并在其领土内履行该裁决所课予的金钱义务，如同该裁决是该国法院的终局判决一样。二、要求在一缔约国领土内予以承认或执行的一方，应向该缔约国为此目的而指定的主管法院或其他机构提供经秘书长核证无误的该裁决的副本一份。三、裁决的执行应受要求在其领土内执行的国家关于执行判决的现行法律的管辖。"

IIA 一般也都对仲裁裁决的终局效力作出了类似规定。例如，2012 年中国、日本和韩国投资协定规定，"仲裁庭作出的裁决应当是终局的，而且对于投资争端的当事双方具有约束力。该裁决的执行应依据寻求裁决被执行国家领土内关于裁决执行的有效的、适用的法律法规进行"。

6. 我国关于 ISD 仲裁的条约实践

我国 IIA 一般都规定投资者与国家间投资争端的解决方式包括协商和谈判、东道国当地救济和国际仲裁。我国早期的 BIT 只同意将投资征收补偿数额争议提交条约仲裁解决。我国在加入 ICSID 公约时也曾通知 ICSID，中国政府仅考虑将产生于征收或国有化有关补偿的争议提交 ICSID 管辖。近年来，我国 IIA 一般规定，投资者首先必须诉诸或者用尽东道国行政复议程序，投资者应在在东道国法院诉讼和国际仲裁之间作出排他性的选择。此外，我国 IIA 规定可以提交仲裁的事项不再限于征用或国有化的补偿争议，而是就投资产生的任何争议，或者违反本投资条约而对缔约另一方投资者的投资造成或导致损害和损失的争议。

(十八) 多边投资担保

20 世纪 40 年代以来，世界银行、其他国际组织、民间团体或私人就提出了建

---

[83] Metalclad Corporation v. The United Mexican States, ICSID Case No. ARB (AF)/97/1, Award, August 30, 2000; The United Mexican States v. Metalclad Corporation, 2001 BCSC 664.

立国际投资政治风险担保机构的各种设想，但因发达国家和发展中国家在出资、代位求偿权、国际担保机构与东道国争端解决、机构投票权分配等问题上的分歧，而没有达成协议。20世纪80年代初，许多发展中国家面临严重的外债危机，继续鼓励、促进、吸收和利用外国直接投资，而许多发展中国家又存在征收、国有化等诸多政治风险，发达国家虽有母国海外投资保险制度，但存在许多局限。在这种背景下，1984年世界银行重新制定了《多边投资担保机构公约》，并且经过磋商和修订而于1985年10月在世界银行汉城年会上正式通过了《多边投资担保机构公约》（又称汉城公约或MIGA公约）。1988年4月12日，MIGA公约正式生效，多边投资担保机构（简称MIGA）组建成立，MIGA于1989年6月正式营业。截至2023年10月，MIGA公约成员国已达182个。中国于1988年4月28日签署了MIGA公约，并于同年4月30日批准了该公约。

1. MIGA的法律地位、组织机构、资本结构和决策机制

MIGA是一个政府间国际组织，是世界银行集团的第五个成员。MIGA的目标是鼓励在其成员国之间、尤其是向发展中国家成员国融通生产性投资，以补充国际复兴开发银行、国际金融公司和其他国际开发金融机构的活动。为达到这些目标，机构应：在一成员国从其他成员国得到投资时，对投资的非商业性风险予以担保，包括再保和分保；开展合适的辅助性活动，以促进向发展中国家成员国和在发展中国家成员国间的投资流动；并且为推进其目标，行使其他必要和适宜的附带权力。MIGA的业务包括投资担保业务和投资促进业务，其中以投资担保为主。

MIGA拥有完全的法人地位，特别是有权签订合同，取得并处理不动产和动产，以及进行法律诉讼。MIGA在各成员国领土内享有为完成其职能所需要的在法律程序、资产、档案和通信、税收、机构官员等方面豁免和特权。

MIGA设理事会、董事会、总裁和职员。理事会是MIGA的权力机构，理事会由每一成员国按其自行确定的方式指派的理事及副理事各一人组成。副理事在理事缺席时行使投票权。理事会应推选一名理事为主席。董事会负责机构的一般业务，董事会应由不少于12名董事组成。世界银行行长为董事会的当然主席，除在双方票数相等时得投一决定票外，无投票权。总裁在董事会的监督下，处理机构的日常事务，总裁由董事会主席提名，由董事会任命。

MIGA的法定资本为10亿特别提款权，分为10万股，每股票面价值为1万特别提款权，供成员国认缴。中国在MIGA中认缴的股份为3138股，位居第六。MIGA实行加权表决制，每股一票表决权。MIGA将成员国分为两类，一类是发达国家，另一类是发展中国家。每一成员国拥有177基本票，在此基础上，每个成员国自愿认缴股份。根据MIGA的股权及投票权分配设计，发达国家和发展中国家的投票权基本持平。

2. MIGA 的投资担保业务

MIGA 公约及其业务规则对于 MIGA 投资担保的投资者、投资、险别、东道国、代位求偿权等都做了详细的规定。

(1) 合格的投资者。合格的投资者是指有资格取得 MIGA 担保的自然人和法人。合格的自然人投资者必须是东道国以外某个成员国的国民,如果投资者具有一个以上国籍,则成员国国籍优先于非成员国国籍,且东道国国籍优先于任何其他成员国国籍。合格的法人投资者必须是在东道国以外某一成员国注册并在该成员国设有主要业务点,或其多数资本为东道国以外一个或几个成员国或这些成员国国民所有的法人,且该法人私营或非私营均可,但均须按商业规范经营。根据投资者和东道国的联合申请,董事会经特别多数票通过,可将合格的投资者扩大到东道国的自然人,或在东道国注册的法人,或其多数资本为东道国国所有的法人,但是,其所投资产应来自东道国境外。

(2) 合格的投资。合格的投资是指可申请成为 MIGA 担保合同标的投资。合格的投资在投资时间上,必须是投保申请注册之后开始执行的新投资,包括现有投资的更新、扩大或发展以及利润的再投资,或者 MIGA 收到的其他符合条件的证据之后开始实施的投资,具体包括:投资更新、扩建或开发现有投资,则新投资和现有投资都可投保;对现有投资的收购;从现有投资产生的本可汇出东道国的收益;投资者对现有投资和新投资的整合,则新投资和现有投资都可投保;现有投资,但须投资者对其有所改进、增强或作中长期承诺;董事会特别多数批准的其他投资。

合格的投资形式包括股权投资,包括股权持有者为有关企业发放或担保的中长期贷款,以及董事会确定的其他形式的直接投资,且在前述贷款以外的其他贷款,如果它们是对某个已经存在了某种其他形式的直接投资的具体投资或项目的融资或与之有其他联系,则无论该其他形式的投资是否为机构所担保,也无论该其他形式的投资是何时作出的,或者,如果董事会经特别多数票通过,也属于合格的投资。即董事会经特别多数票通过,可将合格的投资扩大到其他任何中长期形式的投资。这些包含了非常广泛的投资类型和投资资产形式:①股权投资包括拥有具有法人资格的公司或其他实体的股份;参与分享东道国境内合营企业的利润及清算所得收益的权利;投资者在东道国境内的非法人分支机构或其他企业中的资产的所有权;有价证券以及直接股权投资,包括合营企业中的少数参与额,债券转换成的优先股,以及被给予同外国直接投资相结合的有价证券的优先权;或者董事会通过的任何其他股权或准股权形式。②股权持有人的贷款是指企业股权所有人对该企业投放的 1 年期以上的贷款;股权投资中的贷款担保是指股权持有人提供的贷款担保,但该贷款期限须在 1 年以上。③非股权直接投资是指通过各种合同安排所进行的投资,非股权直接投资必须具有 1 年以上期限且其报酬主要取决于该投资项目的生产、收益或利润。但是,如果非股权直接投资可以从一个成员国政府或官方出口信贷保险机构获得,则机构不予承保。非股权直接投资包括:产品分成合同;利润分享合同;管理合同;特许专营合同;与许可方在投资项目中的合格投资相联系的许可证协议;工程及采购和建设合同、交钥匙合同以及与之有关的履约保函,但合同方必须承担了在投资项目完成后以规定的效率标准在1年以上期限内履行或经营该投资项目的责任;租赁合同;项目企业对股权投资者或者作出了任何其他合格的非股权直接投资的人发行的附属债券,但其平均偿还期必须在1年期以上;为项目贷款提供的担保,但该贷款必须在1年期以上,且该担保是对该投资项目作出了任何其他合格的非股权直接投资的人所作出的;以及经董事会通过的任何其他形式的非股权直接投资。④股权持有人以外其他人的贷款和类似投资包括:银行、金融机构或其他并非项目企业股权持有人对项目企业所提供的贷款;项目企业股权持有人以外其他人对项目企业贷款提供的担保,但该贷款须在1年期以上;其他形式的债券;其他的金融交易,其商业功能和目标实质上等同于贷款;与机构承保的其他形式的投资有关的掉期和其他对冲交易。前述各种贷款或类似投资必须在1年期以上。董事会经特别多数通过的其他贷款或类似投资可以采取个案通过或者一般授权通过的形式。董事会经特别多数票通过的其他任何中长期形式的投资包括:机构可以将工程及采购和建设合同、交钥匙合同以及与之有关的履约保函作为合格的中长期投资形式,但该投资须在1年期以上;机构也可以将与1年期以上利率和货币风险有关而缔结的掉期和其他对冲交易作为合格的中长期投资形式,但此交易必须与基础投资有关,而无论机构是否对该投资予以承保;以及董事会经特别多数通过的任何其他形式的中长期投资。董事会经特别多数通过的此类投资可以采取个案通过或者一般授权通过的形式。

投资的资产形式可以是公约规定的可自由使用货币或在作出承保决定时可自由兑换的任何其他货币,也可以是向投资项目投入的任何具有货币价值的有形或无形财产、合同权利或者其他资产,如提供机器、专利、工艺流程、技术、技术服务、管理技巧、商标以及销售渠道等。

合格的投资还必须符合下列标准:投资是经济上合理的,并且对东道国的发展有贡献的;遵守东道国的法律法规;与东道国宣布的发展目标和重点相一致;东道国对该投资提供公平公正待遇和法律保护。

(3)合格的东道国。MIGA只对在发展中国家成员国境内所作的投资予以担保。在东道国政府同意机构就指定的承保风险予以担保之前,机构不得缔结任何担保合同。但若东道国在合理的期限内未提出反对意见,也可视为同意。

(4)承保的险别。MIGA为合格的投资因货币汇兑、征收和类似措施、政府违约、战争和内乱以及其他符合条件的一种或几种风险而产生的损失提供担保。

货币汇兑险是指东道国政府采取新的措施,限制其货币兑换成可自由使用货币或被保险人可接受的另一种货币,汇出东道国境外,包括东道国政府未能在合理的时间内对该被保险人提出的此类汇兑申请作出行动。

征收和类似措施险是指东道国政府采取的任何立法或行政措施,或懈怠行为,实际上剥夺了被保险人对其投资的所有权或控制权,或其应从该投资中得到的大量收益。但政府为管理其境内的经济活动而通常采取的普遍适用的非歧视性措施不在此列。征收或类似措施包括国有化、没收、查封、夺取、扣押和冻结资产,也包括违反合同的措施。"任何立法或行政措施"包括行政措施,但不包括司法机关在行使其职能时所采取的措施。政府经济管制措施包括善意实施的税收、关税、价格管制、环境和劳动立法以及保护公共安全的措施,除非这些措施是歧视投资者的或者旨在达到征收效果的。

政府违约险是指东道国政府不履行或违反与被保险人签订的合同,并且被保险人无法求助于司法或仲裁机关对其提出的有关诉讼作出裁决,或该司法或仲裁机关未能在担保合同根据机构的条例规定的合理期限内(从投资者发起争端解决程序到裁判机构作出最后裁决之间不少于两年)作出裁决,或虽有这样的裁决但未能执行。东道国政府的违约行为有时也可能构成货币汇兑险和征收或类似措施险,对此,投资者可以依任何险种提出请求。

战争和内乱险是指东道国境内任何地区的任何军事行动或内乱。战争包括不同国家间的战争和一国的内战,无论是否宣战。内乱通常指直接针对政府的、为推翻该政府或将该政府驱逐出特定地区的有组织的暴力活动,包括革命、暴乱、叛乱和军事政变。内乱必须主要是由追求广泛的政治或思想目标的集团所引起或实施的。为促进工人、学生或其他特别群体的利益所采取的行为以及具体针对投保人的绑架或类似行为,不能视为内乱,但如果董事会认定是由政治动机驱使的,也可以承保。骚乱(即多人纠集在一起采取蔑视合法政府的暴力行动)、民众骚乱(即具有骚乱的所有特征,但范围更广、持续时间更长又尚未达到革命、叛乱或暴动的程度的事件)、恐怖(即恐怖和蓄意破坏事件)也可以作为内乱予以承保。战争或内乱不必然发生在东道国境内,只要侵害了投资资产或者侵扰了投资运营,例如,邻国的战争或内乱损害了位于东道国边境的投资资产,或者,导致投资运营赖以为基础的运输被中断。战争险非东道国政府所能控制,东道国政府对此一般不负责任,MIGA 支付赔偿后,一般不能向东道国政府求偿。

董事会经特别多数票通过,可将本公约的担保范围扩大到前述风险以外的其他非商业性风险。目前,此类其他非商业性风险包括:主权金融债务违约,即政府和国有企业不履行金融支付债务险,即若主权国家及其下属机构、国有企业不履行到期的、无条件的、不受制于支付以外的任何抗辩的金融支付债务或担保而给投资者造成的损失,在此种情形下,不需要投资者取得仲裁裁决;特别指向投资者的恐怖行动或者绑架;不履行双边投资条约仲裁裁决险,即东道国政府不履行基于双边投资条约设立的争端解决机制而对东道国政府作出的具体金钱数额的终局裁决而给投资造成的损失;国有企业或公共当局金融违约险。

但是,基于以下情形产生的损失被排除在机构承保风险之外:投保人认可或负有责任的资本输入国政府的任何行为或疏忽导致的损失;在 MIGA 签订保险合同前,资本输入国政府的任何行为或疏忽或其他任何事件已经发生并导致了损失;任何情况下发生的货币贬值或定值的降低。

(5)担保合同、索赔的支付和代位求偿权。担保合同是 MIGA 与投保人之间订立的规定双方权利和义务的保险合同。担保合同应详细规定承保的范围、赔偿的损失、担保期限、合同的终止和调整、担保数额及货币、备用担保、投保人的陈述和保证及责任、争议与可适用的法律、担保费和索赔等事项。担保期限一般不应少于3年和不应多于15年。担保数额由承保人与投保人约定,但不得超过最高担保额。保险费根据担保数额的一定百分比计算。担保合同应在董事会指导下由总裁批准。每一担保合同的担保条件应由机构根据董事会发布的条例和规定予以确定,但机构不得担保承保投资损失的全额。

总裁在董事会指导下,应根据担保合同和董事会制定的政策,决定对被保险人索赔的支付。担保合同应要求被保险人在机构支付索赔之前,寻求在当时条件下合适的、按东道国法律可随时利用的行政补救办法。担保合同可要求在引起索赔的事件发生与索赔的支付之间要有一段合理的期限间隔。

在对被保险人支付或同意支付赔偿后,机构应代位取得被保险人对东道国和其他债务人所拥有的有关承保投资的权利或索赔权。担保合同应包括关于代位的条款。对于机构的代位求偿权利,全体成员国应予承认。东道国对于机构作为代位人所获得的东道国货币,在其使用和兑换方面给予本机构的待遇应和原被保险人取得这种资金时可得到的待遇一样。在任何情况下,机构均可将这笔资金用于支付其行政开支和其他费用,如该货币不是可自由使用的,机构还应设法就该货币的其他使用与东道国作出安排。

(6)机构与成员国之间的争端解决。机构与一成员国或与该成员国中一机构之间、机构与已停止为成员国的国家(或该国的机构)之间的任何争端,以及有关机构作为投资者代位人拥有债权的争端,除机构已与成员国另行达成争端解决协议外,应按以下程序解决:首先,争端各方在寻求调解和仲裁之前,应致力于通过谈判解决这些争端。如果争端各方在要求谈判之日起 120 天内未能达成协议,则这种谈判可被视为已竭尽所能。其次,如果通过谈判未能解决争端,任何一方均可将争端提交仲裁,除非双方同意决定首先采用调解程序解决。除非争端双方另有协议,调解人自其任命之日起 180 天内,应向双方提交一份报告,载明其努力的结果,指出双方争议的问题,并提出其解决争端的建议。参加调解的任何一方无权要求仲裁,除非调解人未能在规定的期限内提交其报告,或争端双方未能在收到报告后 60 天内接受其中所含全部建议,或争端双方就调解人的报告互相交换意见后未能收到该报告的60天内就所有有争议的问题达成协议,或一方未能按规定对该报告发表意见。最后,如果争端各方采用仲裁解决争端,应先由要求仲裁的一方(原告)向争端的另一方和多方(一名或若干名被告)发出通知书,该通知书应具体说明争端的性质、所要求的解决办法,以及原告指定的仲裁人的姓名。除非争端双方另有协议,仲裁庭应依照 ICSID 公约所适用的仲裁规则,确定其程序。仲裁庭应适用 MIGA 公约条款、争端双方之间的有关协议、MIGA 的公约附则和规定、可适用的国际法规则、有关成员国的国内法以及投资合同中可适用的条款。在不违反公约条款的前提下,经机构和有关成员国同意,仲裁庭可以按照公允及善良原则对争端作出裁决。仲裁庭不得因法律无明文规定或含义不清而作出"案情不明、不予裁决"的决定。仲裁庭的裁决为最终裁决,对当事双方具有约束力,且不得上诉、被撤销或修改。每个成员国均应承认,仲裁庭的裁决在该国领土内与该成员国的法院所作的最终裁决具有同样约束力并予以执行。在执行该裁决中应遵循有关国家关于实施判决的现行法律,不应违反有关免予执行的现行法律。

3. MIGA 对于国际投资秩序的影响

在实践中,MIGA 是发达国家和发展中国家相互妥协和平衡的产物,对于促进外国直接投资发挥了重要作用。

(1) MIGA 弥补了资本输出国单边海外投资保险制的局限。各国海外投资保险机构受本国法律制度和对外政策的制约,投保人或投保公司的股东国籍受到限制,在多国投资者投资于同一项目时可能产生投保人"不适格"问题,单边投保额存在一定限度,而且有些资本输出国还没有建立海外投资保险制。MIGA 的多边投资担保制弥补了上述缺陷。

(2) 作为东道国的发展中国家在一定程度上自我限制了其在外国投资担保问题上的主权。这种主权自我限制体现为:承认 MIGA 与外国投资者之间的担保合同在一定条件下对东道国具有法律拘束力;承认 MIGA 对东道国的代位求偿权;承认 MIGA 与东道国之间的争端提交国际仲裁而不是诉诸东道国法院解决;承认 MIGA 与东道国之间争端解决仲裁庭适用 MIGA 公约、可适用的国际法和东道国国内法而非排他适用东道国国内法;承认国际仲裁裁决具有终局法律约束力,应像 MIGA 成员国国内法院终局判决那样得到执行。

(3) MIGA 的发达成员国同意敦促投资者尊重东道国的政治和经济主权和遵守东道国法律。这主要表现在:除非获得东道国同意,MIGA 不得签订任何担保合同;MIGA 承保的合格投资必须符合东道国法律和法规;MIGA 承保的合格投资应有利于东道国的经济发展;MIGA 不承保任何因投保人认可或负有责任的东道国政府的任何作为或不作为所造成的损失;禁止 MIGA 与任何成员国从事反对其他成员国尤其发展中国家的政治活动。

(4) MIGA 赋予每个吸引利用外国投资的发展中国家以双重身份。发展中国家既是外国投资的东道国,又是分担 MIGA 承保风险的股东,因此,一旦在东道国内发生了 MIGA 承保范围内的风险损失,作为东道国的发展中国家将承担赔偿责任,而作为 MIGA 股东则应就其认缴的股份比例承担理赔责任,且还要面临 MIGA 其他成员国的集体压力,这就增强了对东道国的约束力,也增强了对投资者的政治风险预防作用。

──── **练习题** ────

1. 试述国际投资法的渊源和体系。
2. 试述外国投资准入管制的体系和内容。
3. 试述外国投资运营管制的体系和内容。
4. 试述母国海外投资保险制度的主要内容。
5. 论述国际投资协定的主要内容和发展趋势。
6. 论述外投资国家安全审查的主要内容和发展趋势。
7. 试述 ICSID 公约的主要内容。
8. 试述 MIGA 公约的主要内容。
9. 探讨投资者与国家间争端(ISD)投资条约仲裁的利弊与改革。

──── **拓展阅读** ────

1. 余劲松:《国际投资法》(第六版),法律出版社 2022 年版。
2. [德]鲁道夫·多尔查、[奥]克里斯托弗·朔伊尔:《国际投资法原则》(第二版),祁欢、施进译,中国政法大学出版社 2014 年版。
3. [瑞士]克里斯塔·纳达尔夫卡伦·舍费尔:《国际投资法:文本、案例及资料》(第三版),张正怡等译,上海社会科学院出版社 2021 年版。
4. M. Sornarajah, *The International Law on Foreign Investment*, 5th Edition, Cambridge University Press, 2021.
5. Rudolf Dolzer, Ursula Kriebaum and Christoph Schreuer, *Principles of International Investment Law*, 3rd Edition, Oxford University Press, 2022.
6. David Collins, *An Introduction to International Investment Law*, 2nd Edition, Cambridge University Press, 2023.
7. Gus Van Harten, *Investment Treaty Arbitration and Public Law*, Oxford University Press, 2008.

8. Jonathan Bonnitcha, Lauge N. Skovgaard Poulsen and Michael Waibel, *The Political Economy of the Investment Treaty Regime*, Oxford University Press, 2017.
9. Wolfgang Alschner, *Investment Arbitration and State – Driven Reform：NewTreaties, Old Outcomes*, Oxford University Press, 2022.

第七章 国际知识产权法

在经济全球化过程中,世界各国以先进的通信技术为依托,通过更紧密的商品、服务、资本、劳动力的流通加速经济一体化的发展,同时进一步促进了思想的国际流动和文化共享。由此,知识经济成为了全球化的一个重要特征。知识经济是以知识为基础的经济,它是以现代科学技术为核心建立在知识的生产、存储、分配和使用之上的经济。具体而言,知识经济的核心部分是生物技术、数字化或计算机技术和通信技术,它们利用知识带来革命性创新和财富创造。随着知识经济全球化的发展,它更多地要求对跨越国界的知识产权提供保护。于是,国际知识产权法应运而生了。国际知识产权法具有主体多元、客体多样、内容丰富、渊源复杂、约束力渐强等特征。[1]本章将对知识产权国际保护的主要公约进行论述,同时对知识产权国际贸易、知识产权国际争端解决机制进行介绍,进一步拓展国际知识产权法的知识领域。

第一节 概 述

一、国际知识产权法的概念

国际知识产权法与国际经济法、国际私法有着密不可分的联系。从国际经济法角度上说,国际知识产权法是国际技术贸易的一种规则。从国际私法看来,国际知识产权法是国家之间有关知识产权法律冲突的协调。此外,国际知识产权法还涉及各国涉外知识产权法的法律规则、知识产权国际争议的解决等方面。因此,国际知识产权法可以定义为:国际知识产权法是以多边国际公约为基本形式,以知识产权国际保护制度为主要内容,兼有知识产权国际贸易制度、知识产权国际争议解决制度、知识产权涉外法律制度,通过对各国知识产权法律进行协调形成的相对统一的国际法律制度。[2]

二、国际知识产权法的发展阶段

知识产权起源于封建特权,是由君主个人、或封建国家、或代表君主的地方官授予发明人的一种垄断性权利。这种最初的特权并非如表面上那般是一种经济上

---

[1] 参见王肃、李尊然主编:《国际知识产权法》,武汉大学出版社2012年版,第1页。
[2] 参见王肃、李尊然主编:《国际知识产权法》,武汉大学出版社2012年版,第5页。

的垄断权,实际上这种特权的性质要复杂得多,且更倾向于一种政治性的垄断。中世纪的欧洲,封建行会的力量异常强大,其实际权力已经超出经济组织的范畴,而具有浓厚的政治色彩,主要表现为对内的强制性管理监督权、处罚权以及对外的就业垄断权等。由于封建行会内部制定了较为森严的规章制度,无论是会员的身份、等级还是行业技术的传授都受到了种种严格的限制,从而将业内与业外人为地区分开来,彼此壁垒森严,封建行会也因此达到其限制竞争的目的。然而,行会的内部分化比较频繁,行会之间亦冲突不断;为了划分各自的"势力范围"从而平息纠纷,于是特许权(知识产权的最初形式)作为"国王与行会之间的契约"出现了。因为其执行倚仗了行政权力的强制统制,这种早期的特权具有行政权与垄断权合二为一的特征,如英国早期的书商行会。1557年,英国女王玛丽一世为了控制异端言论的传播,与书商行会达成协议,授予其图书印刷的垄断特权,书商行会以外的任何人不得在英格兰境内印刷销售图书。另外,书商行会还拥有搜查、查封的权力,可以对任何图书予以搜查,同时对违反法律或法令的图书予以查封、焚毁。书商行会甚至还有处理内部事务的法院,受理行会内部的争议。

随着行会数量的成倍增加和其财富的增长,它们逐渐摆脱了政府的控制,与政府一样变成了寡头的组织。[3] 同时,封建行会的高度封闭性日益成为了阻碍技术进步的桎梏,并且这种影响随着封建经济向商品经济的逐步转化而日益严重。为了摆脱封建行会对技术信息的高度控制,国王开始向作者、发明人授予专有特权。"这时候的知识产权虽然是一种垄断权,不过只是国王的特许,使接受特许者可以不受行会规定的限制,而不是授予进行某种活动的独占权那种意义的真正的垄断权。"[4]国王通过对政治权力的滥用再一次将专利的垄断性极端化。因此,对王权加以限制的迫切要求,推动了早期反垄断法规的出台。到了19世纪,随着西方工业革命对君主强制命令的废除、自由贸易理论以及技术和通信的发展,时代要求对个人财产给予前所未有的私法保护,也正是在这个时候,公法体制下的知识特权逐渐完全转化为私法体制下的民事权利,[5]同时,知识产权的垄断性也由政治意义上的特权垄断转化为法律意义上的创新垄断。

(一)产生阶段:《巴黎公约》和《伯尔尼公约》的签订

19世纪正是自由贸易的鼎盛时期,重商主义理念得到了前所未有的发展。这时的知识产权制度主要是作为国家满足自身经济发展需要的一种手段,是否授予

---

[3] 参见[美]詹姆斯·W. 汤普逊:《中世纪晚期欧洲经济社会史》,徐家玲等译,商务印书馆1996年版,第542页;[美]汤普逊:《中世纪经济社会史(300—1300年)》,耿淡如译,商务印书馆1997年版,第342页。

[4] 汤宗舜、文希凯:《专利法》,人民法院出版社1990年版,第5页。

[5] 参见冯洁菡:《公共健康危机与WTO知识产权制度的改革——以TRIPS协议为中心》,武汉大学出版社2005年版,第6页。

知识产权更多地取决于本国经济发展的不同阶段所作出的相应调整。比如，当时许多国家仅仅对药品的生产方法授予专利权，而对药品产品不提供保护。然而，随着各国之间贸易壁垒的逐步消除，世界性贸易的前潮已至，对知识产权的国际性保护也正式提上了日程。经过几年的协商，很多国家分别在1883年、1886年签署了《保护工业产权巴黎公约》(Paris Convention for the Protection of Industrial Property, 简称《巴黎公约》, Paris Convention)和《保护文学和艺术作品伯尔尼公约》(Berne Convention for the Protection of Literary and Artistic Works, 简称《伯尔尼公约》, Berne Convention)。《巴黎公约》和《伯尔尼公约》仅仅规定了知识产权保护的最低标准，并且这些最低标准非常有限，因为它意识到不同发展水平国家之间的内在差异性。另外，《巴黎公约》和《伯尔尼公约》对知识产权保护的范围以及知识产权的保护期限并没有作出强制性的规定，事实上承认各成员具有相对自由的立法弹性。

(二) 发展阶段：世界知识产权组织的建立

《巴黎公约》和《伯尔尼公约》生效后，各缔约国根据公约的规定组成了巴黎联盟和伯尔尼联盟，并建立了各自的行政机构——国际局，置于瑞士联邦政府监督之下。工业产权和版权则分别由两个联盟的国际局进行管辖。1893年，瑞士联邦政府将两个国际局合并，改名为"保护知识产权联合国际局"。1960年，保护知识产权联合国际局局长雅克·西凯坦提出对联合国际局的行政机构进行改组的设想。随后，1967年7月14日，在瑞典的斯德哥尔摩召开了外交会议，签订了《成立世界知识产权组织公约》，1970年起生效。1970年4月26日，世界知识产权组织(World Intellectual Property Organization, WIPO)宣告成立。WIPO设立了"知识产权国际局"，取代原先的联合国际局，作为该组织的秘书处。1974年，WIPO成为联合国的专门机构之一。

WIPO的成立标志着知识产权国际保护体系的形成。作为联合国的一个专门机构，WIPO是各成员国讨论建立并统一知识产权保护规则和做法的论坛。WIPO管理着25项多边条约，还提供全球商标、工业设计、原产地名称注册体系，以及全球专利申请体系等服务。多数工业化国家的知识产权保护制度都有数百年的历史，而很多新成立的国家和发展中国家仍然处在建立其专利、商标和版权法律框架及制度的过程中。随着贸易全球化的加剧和技术创新的快速变化，WIPO通过条约谈判、注册、执法、法律及技术援助以及各种培训，在推动这些新制度的发展中发挥着关键的作用。

(三) 成熟阶段：《与贸易有关的知识产权协议》的签订

在20世纪90年代，为了迫使发展中国家达到特定的知识产权要求，发达国家采取双边甚至多边措施对发展中国家施以威胁。美国的特别301条款(Special 301)便是发达国家干涉行径的典型体现。特别301条款是美国1988年《综合贸易与竞争法》中有关知识产权保护的一个条款,该条款的核心是以双边谈判和贸易制裁的方式迫使其他国家或地区保护美国的知识产权,准许美国的知识产权进入其市场。美国通过发起"特别 301 条款"的调查,并以贸易制裁相威胁,迫使印度、中国等发展中国家签订了远远脱离本国实际的高标准的双边知识产权协议。1994 年 4 月,参与乌拉圭回合谈判的国家签订了《与贸易有关的知识产权协议》(Trade – Related Aspects of Intellectual Property Rights,以下简称为 TRIPS 协议或 TRIPS 协定),乌拉圭回合中将知识产权的保护纳入谈判的范围之内以及最后 TRIPS 协议的达成可以说都是以美国为首的发达国家幕后操纵的结果。

在 TRIPS 协议产生之前,《巴黎公约》《伯尔尼公约》等国际知识产权公约尊重各国的立法弹性,对于某一客体是否授予知识产权以及知识产权专有权利的范围由各国自主决定。此外,各缔约国对公约的条款可以保留,如我国于 1985 年 3 月 19 日加入《巴黎公约》,同时声明对《巴黎公约》第 28 条第 1 款予以保留,不受该款约束。另外,各国际知识产权公约的保护范围十分有限,鉴于各国经济、政治、社会、文化发展程度的不同,对知识产权的保护水平也存在差异,甚至个别国际公约并未生效,如《关于集成电路的知识产权华盛顿公约》(Treaty on Intellectual Property in Respect of Integrated Circuits)。然而,TRIPS 协议不仅在其序言中确认了"知识产权是私权",而且第一次将知识产权与贸易结合在一起,将作为国际贸易体系首要原则的最惠国待遇原则引入知识产权公约,成为各缔约方必须履行的基本义务。同时,将知识产权的保护客体延伸到专利、商标、外观设计、版权、地理标志、集成电路布图设计、未披露信息七个方面,并采取"一揽子"的方式将知识产权的保护标准提高到空前的高度,各成员须按照 TRIPS 协议的"最低标准"提供知识产权保护。特别是专利,在乌拉圭回合谈判之始,发达国家与发展中国家以及发展中国家之间就为何要保护专利存在很大的争议,然而谈判结果却恰恰相反,专利的保护范围、保护内容和保护期限得到空前的扩大,原本在大多数发展国家不受保护的药品、化学制品也必须给予专利授权。此外,知识产权纠纷直接适用 WTO 争端解决机制,并通过反向协商一致、交叉报复等制度的实施增强了争端解决机制的强制性、可执行性和约束力。

(四) 更新阶段:双边、诸边、区域自由贸易协定的大量签订

TRIPS 协议签订之后,发达国家与发展中国家之间仍然在诸多议题上无法达成一致,多哈回合的谈判停滞不前。这已无法充分满足发达国家特别是美国对知识产权保护的发展需要,从而导致知识产权谈判从多边框架向双边、诸边、区域框架的转移与扩张。至 2023 年年底,全球签订的区域自由贸易协定达 591 个,数量仍在呈现不断上升的趋势。2008 年 6 月,美国、日本等 13 个国家正式进行《反假冒贸易协议》(Anti – Counterfeiting Trade Agreement, ACTA) 的谈判,历经 11 轮秘密谈判并于 2011 年 10 月在日本东京正式签署ACTA。ACTA 是在 TRIPS 协议的基

础上以知识产权实施为主线的诸边协议,包含知识产权实施的法律框架、知识产权实施事务、国际合作等六部分内容,特别对民事执法、边境措施和刑事执法作出了更为细致的规定,为知识产权提供更高层次的保护。但是,由于 ACTA 采取秘密谈判的形式以及其中某些条款侵犯了公民自由权利而遭到了欧洲民众的大规模抵制,2013 年 7 月欧盟以 478 票反对、39 票支持、165 票弃权的结果对 ACTA 予以否决。ACTA 目前仍处于搁浅状态。

2002 年,新西兰、智利和新加坡在墨西哥 APEC 峰会上就建立自由贸易协定进行谈判,文莱于 2005 年 4 月加入谈判并最终签署协定。2005 年 7 月,智利、新西兰、新加坡三国签署了《跨太平洋战略经济伙伴关系协定》,同年 8 月文莱作为创始成员签署该协定。由于该协定的初始成员国为四个,故又称为"P4 协定"。2008 年,美国、秘鲁、越南和澳大利亚相继宣布加入谈判,实现了由"P4"向"P8"的转变。2010 年 3 月 15 日,智利、新西兰、新加坡、文莱四国与美国、秘鲁、越南及澳大利亚在澳大利亚墨尔本举行首轮谈判。此次谈判将涉及关税、非关税贸易壁垒、电子商务、服务和知识产权等议题。2010 年 10 月,马来西亚加入并签署相关协定。2012 年 10 月 8 日,墨西哥经济部宣布,墨西哥已完成相关手续,正式成为该协定的第十个成员国。次日,加拿大正式加入。2013 年 3 月 15 日,日本正式宣布加入谈判。2015 年 10 月 5 日,美国、日本、澳大利亚等 12 个国家经历了 20 余轮谈判,最终达成基本协定,形成《跨太平洋伙伴关系协定》(Trans-Pacific Partnership Agreement, TPP)的最终文本。2016 年 2 月 4 日,12 个成员国代表在新西兰奥克兰正式签署 TPP。2017 年 1 月 20 日,美国新任总统特朗普就职当天宣布退出 TPP。同年 1 月 23 日,特朗普在白宫签署行政命令,标志美国正式退出 TPP。2017 年 11 月 11 日,除美国外的 11 国表示将继续推进 TPP,并重命名为 CPTPP,即"全面而进步的 TPP"(Comprehensive Progressive Trans-Pacific Partnership)。TPP 是以 WTO 规则和 TRIPS 协议为基础,通过对美国、欧盟等发达国家以往签订的自由贸易协议中相关条款的整合,从实体和程序上突破了原有的保护规则,呈现出提升与扩张之势。TPP 第 18 章是关于知识产权的规定,由 83 个条款和 6 个附件组成,涉及商标、地理标志、专利和未披露的试验或其他数据、工业品外观设计、版权和相关权利、执法等内容。与其他双边、区域贸易谈判相比,TPP 的知识产权保护标准是迄今为止最高的。2020 年 11 月 15 日,由东盟十国发起,以东盟十国、中国、日本、韩国、澳大利亚、新西兰为成员的《区域全面经济伙伴关系协定》(Regional Comprehensive Economic Partnership, RCEP)正式签署。RCEP 第 11 章为知识产权章,包含 14 节共 83 个条款和特定缔约方过渡期、技术援助请求清单等两个附件,是 RCEP 内容最多、篇幅最长的章节。相较于 TRIPS,RCEP 知识产权章节更多体现出推动合作共赢、扩展保护、范围、建立稳健制度、关注新兴业态等特点,在充分尊重区域内不同成员发展水平的基础上,为促进本区域内知识产权保护提供了平衡、包容的方案。我们不难发现,知识产权保护标准通过双边——多边谈判的迂回转换在不断提高。这种以"棘轮效应"为特征的国际知识产权立法已成为当前知识产权法律发展的典型标志。

第二节 知识产权国际保护的主要公约

《保护工业产权巴黎公约》《保护文学艺术作品伯尔尼公约》《成立世界知识产权组织公约》《与贸易有关的知识产权协定》是国际知识产权法不同发展阶段中具有标志性意义的国际公约。本节将通过对上述国际公约主要内容的说明,从而展现国际知识产权法在不同发展阶段的特点。

一、《保护工业产权巴黎公约》

1873 年,奥匈帝国政府邀请世界其他国家参加在维也纳举办的万国博览会,当时奥地利法律规定外国发明人在专利权授予后一年以内必须在该国境内实施该发明,因此外国发明人认为该规定对其发明无法提供充分的法律保护而不愿意参加万国博览会。于是,奥地利通过了一项特别法律,对所有参加博览会的发明、商标和工业品外观设计提供临时保护,并于同年在维也纳召开了专利改革会议,会上通过了几项决议,提出一些专利制度的原则,并且要求各国政府积极倡导专利保护,促进专利保护的国际协调。维也纳大会以后,一些欧洲国家于 1878 年在巴黎召开了有关工业产权的国际性会议。与会代表决定请求各国政府召集一次正式的国际会议,解决在工业产权领域的统一立法问题。会后,法国准备了一份提议建立保护工业产权国际联盟的最终草案,供其他国家进行讨论并修改。1880 年,有关欧洲国家再次召集会议,通过了草案。1883 年 3 月,各国在巴黎召开外交会议,比利时、法国、巴西、萨尔瓦多、意大利等 11 个国家通过并签署了《巴黎公约》,1884 年 6 月英国、突尼斯、厄瓜多尔等国家加入,1884 年 7 月 7 日公约正式生效。同时,根据《巴黎公约》的规定,所有缔约国共同组成保护工业产权联盟,即巴黎联盟。至 2013 年,《巴黎公约》的缔约国已经达到 175 个,包括中国在内的世界上大部分国家都加入了公约。

自从 1883 年签署以来,《巴黎公约》多次被修订。从 1900 年的布鲁塞尔会议开始以来的每次修订会议,均形成新的文本,分别是 1900 年的布鲁塞尔文本、1911 年的华盛顿文本、1925 年的海牙文本、1934 年的伦敦文本、1958 年的里斯本文本、1967 年的斯德哥尔摩文本。其中,布鲁塞尔文本和华盛顿文本已经失效,极少数国家适用海牙文本、伦敦文本和里斯本文本,绝大多数国家都适用 1967 年的斯德哥尔摩文本。

《巴黎公约》共 30 条,其中第 1 条至第 12 条为公约的实质性条款,规定了公约的基本原则和最低保护标准;第 13 条至第 16 条为公约的行政性条款,规定了巴黎联盟的组织机构、职权范围、议事规则、财政预算和会费分配原则等;第 17 条至第 30 条为公约的最后条款,规定了公约的修正、批准、加入、生效、适用、争议解决等问题。

(一)保护范围

《巴黎公约》第 1 条第 2 款明确了公约的保护范围,即"工业产权的保护对象有专利、实用新型、工业品外观设计、商标、服务标记、厂商名称、货源标记或原产地名称和制止不正当竞争"。同时,《巴黎公约》第 1 条第 3 款对工业产权做出了界定:"工业产权应作最广义的理解,它不仅应适用于工业和商业本身,而且也应同样适用于农业和采掘业,适用于一切制成品或天然产品,例如:酒类、谷物、烟叶、水果、牲畜、矿产品、矿泉水、啤酒、花卉和谷类的粉。"

(二)国民待遇原则

国民待遇原则是《巴黎公约》的基石。在包括知识产权国际保护的国际经济法诸领域内,《巴黎公约》是最先引入该原则的国际多边条约。在酝酿制定《巴黎公约》时,曾有提议,通过强制性的统一实体法或选择性的法律冲突法,解决因工业产权保护的地域性而产生的各国法律差异问题,但是,缔约国最终采纳了国民待遇原则。[6] 根据《巴黎公约》第 2 条第 1 款规定:"本联盟任何国家的国民,在保护工业产权方面,在本联盟所有其他国家内应享有各该国法律现在授予或今后可能授予各该国国民的各种利益;一切都不应损害本公约特别规定的权利。因此,他们应和各该国国民享有同样的保护,对侵犯他们的权利享有同样的法律上的救济手段,但是以他们遵守对各该国国民规定的条件和手续为限。"也就是说,《巴黎公约》各缔约国负有义务,使其他缔约国国民在该国享受与本国国民同样的待遇。

(三)优先权原则

《巴黎公约》第 4 条规定:"已经在本联盟的一个国家正式提出专利、实用新型注册、外观设计注册或商标注册的申请的任何人,或其权利继承人,为了在其他国家提出申请,在一定期间内应享有优先权。"也就是说,申请人在巴黎联盟的任何一个国家首次提出正式的申请后,在一定期限内就同一主题向其他国家提出申请,可以要求享有其在先申请的优先权,即以其第一次提出申请的日期作为申请日。另外,优先权是具有时间限制的,其中发明专利和实用新型为 12 个月,外观设计和商标为 6 个月。

(四)专利权、商标权独立性原则

《巴黎公约》第 4 条规定:"本联盟国家的国民向本联盟各国申请的专利,与在

---

[6] 参见张乃根:《国际贸易的知识产权法》,复旦大学出版社 2007 年版,第 60 页。

其他国家,不论是否本联盟的成员国,就同一发明所取得的专利是互相独立的。"另外,《巴黎公约》第6条规定:"在本联盟一个国家正式注册的商标,与在联盟其他国家注册的商标,包括在原属国注册的商标在内,应认为是互相独立的。"简言之,同一专利或商标在不同缔约国所受到的保护是相互独立的。

(五)强制许可

《巴黎公约》第5条规定了强制许可制度。各成员国可以采取立法措施规定授予强制许可,以防止专利权人的权利被滥用,但是具有一定的限制条件,即只有在专利权人自提出专利权申请之日起,满4年或自被批准专利权之日起,满3年未实施专利,而又提不出正当理由时,专利授予国才可以采取强制许可。而且此种强制许可是非独占性的和非转让性的,除了被许可人外,专利权人仍然可以自己使用、制造、销售专利产品,同时被许可人不得转让强制许可。

(六)保护驰名商标

根据《巴黎公约》第6条之二的规定,不论驰名商标本身是否取得商标注册,各成员国都应禁止他人使用相同或类似于驰名商标的商标,拒绝与驰名商标相同或类似的商标。

(七)临时保护

各成员国应按其本国法律,对在公约成员国领域内官方举办的或官方认可的国际展览会上,展出的产品中所包含的发明和展出产品的商标,提供临时法律保护,例如,可以规定对展出物品的申请授予优先权,或展出一定期限内不丧失发明创造的新颖性。

二、《保护文学艺术作品伯尔尼公约》

19世纪,法国涌现出许多文学家和艺术家,他们的作品深受人民的喜爱并流传到世界各地,但由于无法得到国外法律的保护,盗版情况很严重。1878年,维克多·雨果等著名文学家在巴黎成立了国际文学协会,旨在提倡签订保护文学艺术作品的国际性公约。1883年该协会将一份经过多次讨论的国际公约草案交给瑞士政府,由瑞士政府分送给各国政府研究讨论。经过1884年、1885年两次外交会议的修改后,瑞士政府于1886年9月9日在伯尔尼举行的外交会议上通过了《保护文学和艺术作品伯尔尼公约》(以下简称《伯尔尼公约》)。《伯尔尼公约》于1887年12月生效,是世界上第一个国际版权公约,所有公约缔约国组成了伯尔尼联盟。

《伯尔尼公约》分为正文和附件两部分,其中正文共28条,第1条至第21条为实体性条款,第22条至第28条为行政性条款,附件则为关于发展中国家的特别条款,它规定发展中国家出于教育和科学研究的需要,可以在公约规定的限制范围内,按照公约规定的程序,发放翻译或复制有版权作品的强制许可证。这是在1971年修订公约时因发展中国家强烈要求而增加的。

(一)"文学和艺术作品"的含义

根据《伯尔尼公约》第 2 条规定,"文学和艺术作品"包括文学、科学和艺术领域内的一切成果,不论其表现形式或方式如何,诸如书籍、小册子和其他文学作品;讲课、演讲、讲道和其他同类性质作品;戏剧或音乐戏剧作品;舞蹈艺术作品和哑剧;配词或未配词的乐曲;电影作品和以类似摄制电影的方法表现的作品;图画、油画、建筑、雕塑、雕刻和版画作品;摄影作品及和以类似摄影的方法表现的作品;实用美术作品;与地理、地形、建筑或科学有关的插图、地图、设计图、草图和立体作品。

(二) 国民待遇原则

根据《伯尔尼公约》第 5 条第 1 款规定:"就享有本公约保护的作品而论,作者在作品起源国以外的本同盟各成员国中享有各该国法律现在给予和今后可能给予其国民的权利,以及本公约特别授予的权利。"

"起源国"是适用国民待遇原则的重要参考因素。《伯尔尼公约》规定,起源国的保护由该国法律规定。如作者不是起源国的国民,但其作品受公约保护,该作者在该国仍享有同本国作者相同的权利。"起源国"的确定原则是:(1)对于首次在本同盟某一成员国出版的作品,以该国家为起源国;对于在分别给予不同保护期的几个本同盟成员国同时出版的作品,以立法给予最短保护期的国家为起源国;(2)对于同时在非本同盟成员国和本同盟成员国出版的作品,以后者为起源国;(3)对于未出版的作品或首次在非本同盟成员国出版而未同时在本同盟成员国出版的作品,以作者为其国民的本同盟成员国为起源国。因此,根据公约的规定,只要作者为伯尔尼联盟任何成员国的国民,或者在某一成员国内有惯常住所,或者其作品在某一成员国内首次出版,都可以在公约所有成员国内享有法律保护。

(三) 自动保护原则

根据《伯尔尼公约》第 5 条第 2 款规定,受保护作品的作者,在公约成员国内,自动享有成员国法律给予其国民的任何权利和依公约规定特别授予的权利,不需要履行任何手续。也就是说,作者完成作品之时自动享有版权。

(四) 版权独立原则

根据《伯尔尼公约》第 5 条第 2 款规定,作者所享受的权利以及权利保护的程度,应独立于该作品起源国,而均由提供保护的国家法律予以规定。

(五) 作者的经济权利和精神权利

《伯尔尼公约》明确地规定了作者的经济权利和精神权利。作者的经济权利主要包括复制权、翻译权、表演权、广播权、朗诵权、改编权和制片权。

1. 复制权。《伯尔尼公约》第 9 条第 1 款规定,受本公约保护的文学艺术作品的作者,享有授权以任何方式和采取任何形式复制这些作品的专有权利。

2. 翻译权。《伯尔尼公约》第 8 条规定,受本公约保护的文学艺术作品的作者,在对原作享有权利的整个保护期内,享有翻译和授权翻译其作品的专有权利。

3. 表演权。《伯尔尼公约》第 11 条规定,戏剧作品、音乐戏剧作品和音乐作品的作者享有下列专有权利:授权公开表演和演奏其作品,包括用各种手段和方式公开表演和演奏;授权用各种手段公开播送其作品的表演和演奏。

4. 广播权。《伯尔尼公约》第 11 条之二规定,文学艺术作品的作者享有下列专有权利:授权广播其作品或以任何其他无线传送符号、声音或图像的方法向公众传播其作品;授权由原广播机构以外的另一机构通过有线传播或转播的方式向公众传播广播的作品;授权通过扩音器或其他任何传送符号、声音或图像的类似工具向公众传播广播的作品。

5. 朗诵权。《伯尔尼公约》第 11 条之三规定,文学作品的作者享有下列专有权利:授权公开朗诵其作品,包括用各种手段或方式公开朗诵;授权用各种手段公开播送其作品的朗诵。

6. 改编权。《伯尔尼公约》第 12 条规定,文学艺术作品的作者享有授权对其作品进行改编、音乐改编和其他变动的专有权利。

7. 制片权。《伯尔尼公约》第 14 条规定,文学艺术作品的作者享有下列专有权利:授权将这类作品改编和复制成电影以及发行经过如此改编或复制的作品;授权公开表演、演奏以及向公众有线传播经过如此改编或复制的作品。根据文学或艺术作品制作的电影作品以任何其他艺术形式改编,在不妨碍电影作品作者授权的情况下,仍须经原作作者授权。

作者的精神权利主要包括署名权和维护作品完整权。根据《伯尔尼公约》第 6 条之二的规定,不受作者经济权利的影响,甚至在上述经济权利转让之后,作者仍保有要求其作品作者身份的权利,并有权反对对其作品的任何有损其声誉的歪曲、割裂或其他更改,或其他损害行为。同时,作者的精神权利在其死后应至少保留到作者经济权利期满为止,并由被要求给予保护的国家本国法所授权的人或机构行使之。但在批准或加入本公约文本时其法律中未包括有保证在作者死后保护以上精神权利的各国,有权规定对这些权利中某些权利在作者死后不予保留。

(六)保护期限

《伯尔尼公约》给予保护的期限主要为作者有生之年及其死后 50 年内。同时,针对不同情况作出不同规定:

1. 电影作品。成员国有权规定保护期在作者同意下自作品公之于众后 50 年期满,如自作品完成后 50 年内尚未公之于众,则自作品完成后 50 年期满。

2. 不具名作品和假名作品。自其合法公之于众之日起五十年内有效。但根据作者采用的假名可以毫无疑问地确定作者身份时,该保护期则为作者有生之年及其死后 50 年内。如不具名作品或假名作品的作者在上述期间内公开其身份,所适用的保护期与前述相同。成员国没有义务保护有充分理由推定其作者已死去 50

年的不具名作品或假名作品。

3. 摄影作品和作为艺术作品保护的实用艺术作品的保护期限由本同盟各成员国的法律规定；但这一期限不应少于自该作品完成之后算起的 25 年。

4. 作者死后的保护期和以上所规定的期限从其死亡或上述各款提及事件发生之时开始，但这种期限应从死亡或所述事件发生之后次年的 1 月 1 日开始计算。

5. 成员国有权规定更长的保护期。

（七）合理使用

关于合理使用，《伯尔尼公约》的规定主要有：

1. 从一部合法公之于众的作品中摘出引文，包括以报刊提要形式引用报纸期刊的文章，只要符合合理使用，在为达到目的的正当需要范围内，就属合法。

2. 可以合法地通过出版物、无线电广播或录音录像使用文学艺术作品作为教学的解说的权利，只要是在为达到目的的正当需要范围内使用，并符合合理作用。

3. 摘引和使用应说明出处，如原出处有作者姓名，也应同时说明。

4. 允许通过报刊、广播或对公众有线传播，复制发表在报纸、期刊上的讨论经济、政治或宗教的时事性文章，或具有同样性质的已经广播的作品，但以对这种复制、广播或有线传播并未明确予以保留的为限。然而，均应明确说明出处；对违反这一义务的法律责任由被要求给予保护的国家的法律确定。

5. 在用摄影或电影手段，或通过广播或对公众有线传播报道时事新闻时，在事件过程中看到或听到的文学艺术作品在为报道目的正当需要范围内予以复制和公之于众的条件，也由本同盟各成员国的法律规定。

三、《成立世界知识产权组织公约》

（一）知识产权的含义

知识产权包括：关于文学、艺术和科学作品的权利；关于表演家的演出、录音和广播的权利；关于人们在一切领域的发明的权利；关于科学发现的权利；关于工业设计的权利；关于商标、服务商标、厂商名称和标记的权利；关于制止不正当竞争的权利；以及在工业、科学、文学或艺术领域里的一切来自知识活动的权利。

（二）公约的宗旨和职能

通过建立世界知识产权组织加强各国间的合作，并与其他国际组织进行协作，以促进在世界范围内保护知识产权，同时保证各知识产权同盟间的行政合作。

（三）建立世界知识产权组织

1. 宗旨

（1）通过国家之间的合作并在适当情况下与其他国际组织配合，促进世界范围内的知识产权保护；

（2）保证各联盟之间的行政合作。

2. 职责

(1) 促进旨在便利全世界对知识产权的有效保护和协调各国在该领域内立法的措施的发展;

(2) 执行巴黎联盟、与该联盟有联系的各专门联盟以及伯尔尼联盟的行政任务;

(3) 可以同意担任或参加任何其他旨在促进保护知识产权的国际协定的行政事务;

(4) 鼓励缔结旨在促进保护知识产权的国际协定;

(5) 对于在知识产权领域内请求法律—技术援助的国家给予合作;

(6) 收集并传播有关保护知识产权的情报,从事并促进该领域内的研究,并公布这些研究的成果;

(7) 维持有助于知识产权国际保护的服务机构,在适当情况下,提供这方面的注册以及有关注册的公开资料。

3. 组织机构

WIPO 的组织机构包括:成员国大会、成员国会议、协调委员会和国际局。

(1) 成员国大会。成员国大会是 WIPO 特有的决策机构,由参加《建立世界知识产权组织公约》的巴黎联盟和伯尔尼联盟的成员国组成,其主要职责是协调各联盟的行政事务。

(2) 成员国会议。成员国会议是由参加《建立世界知识产权组织公约》的所有成员国组成,不受联盟成员国的限制。成员国会议是 WIPO 的权力机关,具有以下主要职权:讨论知识产权方面普遍关心的事项,并且得在尊重各联盟权限和自主的条件下就这些事项通过建议;通过本会议的三年预算;在本会议预算的限度内,制定三年法律——技术援助计划;通过对《建立世界知识产权组织公约》的修订案;决定应允许哪些非本组织成员国、哪些政府间组织和非政府国际组织可作为观察员参加其会议;行使其他适合于《建立世界知识产权组织公约》的职权。

(3) 协调委员会。协调委员会是成员国大会和成员国会议例会闭会期间的执行机构,由担任巴黎联盟执行委员会委员或伯尔尼联盟执行委员会委员或兼任两执行委员会委员的公约当事国组成。协调委员会的成员在人事方面有较大的权力,如总干事的候选人必须经协调委员会推荐方可在大会上选举。

(4) 国际局。国际局是 WIPO 的秘书处,设在日内瓦,工作人员来自 90 多个国家,包括来自知识产权法律与实践各个领域的专家,以及公共政策、经济学、行政和信息技术方面的专业人员。秘书处各部门分别负责协调成员国的各次会议并落实其决定、管理各个国际知识产权注册体系、发展并执行旨在实现 WIPO 目标的各项计划以及向成员国提供知识产权专业领域的各种援助。

WIPO 管理的 25 项多边条约

■ **知识产权保护条约**

这一类条约对各国知识产权保护规定了国际议定的基本标准。

- 《视听表演北京条约》
- 《保护文学和艺术作品伯尔尼公约》
- 《发送卫星传输节目信号布鲁塞尔公约》
- 《制止商品来源虚假或欺骗性标记马德里协定》
- 《关于为盲人、视力障碍者或其他印刷品阅读障碍者获得已出版作品提供便利的马拉喀什条约》
- 《保护工业产权巴黎公约》
- 《保护奥林匹克会徽内罗毕条约》
- 《专利法条约》
- 《保护录音制品制作者禁止未经许可复制其录音制品日内瓦条约》
- 《保护表演者、音像制品制作者和广播组织罗马公约》
- 《商标法新加坡条约》
- 《商标法条约》
- 《关于集成电路的知识产权华盛顿条约》
- 《世界知识产权组织版权条约》
- 《世界知识产权组织表演和录音制品条约》

■ **全球保护体系条约**

本类条约确保一项国际注册或国际申请将在任何相关的签署国内具有效力。世界知识产权组织根据这些条约提供的服务，简化了提交单一申请或在寻求对某一知识产权给予保护的所有国家提交申请的手续并减少了相应的费用。

- 《工业品外观设计国际保存海牙协定》
- 《国际承认用于专利程序的微生物保存布达佩斯条约》
- 《保护原产地名称及其国际注册里斯本协定》
- 《商标国际注册马德里协定》
- 《商标国际注册马德里协定有关议定书》
- 《专利合作条约》

■ **分类条约**

本类条约创建了分类体系，该体系将有关发明、商标和工业品外观设计的信息编排为便于检索的索引式可管理的结构。

- 《建立工业品外观设计国际分类洛迦诺协定》

- 《商标注册用商品和服务国际分类尼斯协定》
- 《国际专利分类斯特拉斯堡协定》
- 《建立商标图形要素国际分类维也纳协定》

WIPO 管理的四大全球服务体系

■ **国际专利保护——《专利合作条约》(PCT)体系**

发明人和申请人只要向一个专利局提交一份国际申请,PCT 体系就可使他们在一大批国家寻求获得专利保护。通过 PCT 提交和处理专利申请:

- 可使世界近在咫尺;
- 延缓缴纳与国际专利保护相关的主要费用;
- 提供有关发明潜在可专利性的有价值的信息;
- 借助于 WIPO 电子申请软件使程序安全可靠、简单易行。

■ **国际商标注册(马德里体系)**

马德里体系为商标所有人通过向一个国家商标局或地区商标局提交一份申请,提供了在众多国家保护商标的可能性。通过马德里体系进行国际商标注册:

- 无须在不同的商标局提交多项申请;
- 涵盖了全世界 80 多个国家;
- 为商标的管理提供了便利,因为通过单一程序步骤,可对变更或续展进行登记。

■ **国际外观设计注册(海牙体系)**

海牙体系可使申请人通过最简化的程序和最低费用,在众多国家注册工业品外观设计。选择海牙体系对工业品外观设计进行国际保护:

- 无须在不同的主管局提交多件注册申请;
- 可使申请人使用一份表格就能注册 100 件工业品外观设计;
- 为已注册的工业品外观设计的管理提供便利,因为通过单一程序步骤,可对变更或续展进行登记。

■ **原产地名称国际注册(里斯本体系)**

里斯本体系为通过单一的注册程序进行原产地名称的国际保护提供了便利。里斯本体系:

- 无须在不同的主管局提交多项注册申请;
- 涵盖了非洲、亚洲、欧洲和拉丁美洲的 24 个国家。

四、《与贸易有关的知识产权协定》

(一)概述

TRIPS 协定全文共 73 条,分为 6 个部分。第 1 部分是"总则和基本原则",包括第 1 条至第 8 条;第 2 部分是"关于知识产权效力、范围和使用的标准",包括第 9 条至第 40 条,主要涉及版权和相关权利、商标、地理标志、工业设计、专利、集成电路布图设计、对未披露信息的保护以及对协议许可中限制竞争行为的控制;第 3 部分是"知识产权的实施",包括第 41 条至第 61 条,主要包括一般义务、民事和行政诉讼程序及救济、临时措施、与边境措施有关的特殊要求和刑事诉讼程序;第 4 部分是"知识产权的取得和维持及当事方之间的相关程序",仅有第 62 条;第 5 部分是"争端的防止和解决",包括第 63 条和第 64 条;第 6 部分是"过渡性安排",包括第 65 条至第 67 条;第 7 部分是"机构安排;最后条款",包括第 68 条至第 73 条的内容。

(二)基本原则

1. 国民待遇原则。TRIPS 协定第 3 条规定,本协定成员在知识产权保护方面,给予本国国民的待遇。

2. 最惠国待遇原则。TRIPS 协定第 4 条规定,关于知识产权的保护,一个成员给予任何其他成员或者国家的国民的任何利益、优惠、特权或豁免应当立即无条件地给予所有其他成员的国民。但是,如国民待遇一样,由世界知识产权组织主持缔结的多边协定中有关获得或者维持知识产权的程序,不适用该原则。

3. 最低保护标准原则。TRIPS 协定第 1 条关于义务和范围中指出,"各成员确保本协定的效力"。这就要求成员应当有义务确保协定确定的知识产权保护的标准。对于超过本协定标准的保护,规定各成员可以但没有义务在其法律中实施比本协定要求更广泛的保护,只要这类保护不违反本协定的规定。

(三)知识产权保护标准

1. 版权及邻接权

(1)遵守《伯尔尼公约》的实体规定。根据 TRIPS 协定第 9 条第 1 款的规定,各成员应遵守《伯尔尼公约》(1971)第 1 条至第 21 条及其附录的规定。

(2)排除了作者精神权利的保护。TRIPS 协定第 9 条第 1 款同时规定,对于《伯尔尼公约》第 6 条之二(关于精神权利的规定)授予或派生的权利,各成员在本协定下不享有权利或义务。

(3)对计算机程序和数据汇编按文学作品给予版权保护。根据 TRIPS 协定第 10 条的规定,计算机程序,无论是源代码还是目标代码,应作为《伯尔尼公约》(1971)下的文字作品给予保护。此外,数据汇编或其他材料,无论机器可读还是其他形式,只要对于其内容的选取或编排而构成智力创作,即应作为智力创作加以保护。但该保护不延伸至数据或资料本身,并不得损害存在于数据或资料本身的任何版权。

(4) 计算机程序与影视作品的作者及其继承者,可以授权或禁止公众出租其原始的或复制的版权作品。

(5) 规定了邻接权。TRIPS 协定第 14 条规定了对表演者、录音制品(唱片)制作者和广播组织的保护,主要包括:①就将其表演固定在录音制品上而言,表演者应有权阻止下列未经其授权的行为:固定其未固定的表演和复制此种固定品。表演者还应有权阻止下列未经其授权的行为:将其现场表演向大众进行无线广播和传播。②录音制品制作者应享有准许或禁止直接或间接复制其录音制品的权利。③广播组织应有权禁止下列未经其授权的行为:固定、复制固定品、以无线方式转播以及将其电视广播向公众传播。如果有成员未授予广播组织这种权利,则应在符合《伯尔尼公约》(1971)规定的前提下,赋予广播内容的版权所有人以阻止上述行为的权利。

(6) 版权的保护期限为 50 年。除摄影作品或实用艺术作品外,如果一作品的保护期限不以自然人的寿命为基础计算,则该期限自作品准予出版的那一公历年年底起不得少于 50 年,或者,如果作品在创作后 50 年内未得授权出版,则自创作的那一公历年年底起不得少于 50 年。

2. 专利

(1) 明确了可以获得专利的主题。专利可授予所有技术领域的任何发明,无论是产品还是方法,只要它们具有新颖性、包含发明性步骤并可供工业应用。

(2) 以列举的方式规定了不授予专利的客体。各成员可拒绝对某些发明授予专利权,如在其领土内阻止对这些发明的商业利用是维护保护公共秩序或道德,包括保护人类、动物或植物的生命或健康或避免对环境造成严重损害所必需的,只要此种拒绝授予并非仅因为此种利用为其法律所禁止。此外,各成员还可以拒绝对下列内容授予专利权:第一是人类或动物的诊断、治疗和外科手术方法;第二是除微生物外的植物和动物,以及除非生物和微生物外的生产植物和动物的主要生物方法。

> **哈佛鼠案**
>
> 1988 年美国授予世界上第一例转基因动物专利——"哈佛鼠"专利。"哈佛鼠"是哈佛大学两位科学家在 20 世纪 80 年代通过转基因技术培育出来的一种老鼠。由于该老鼠易患癌症,因此具有重大的科学和医学研究价值。美国的做法对其他国家产生深刻影响。日本于 1993 年在其《专利审查指南》中也规定可以对动物授予专利。欧盟本来对转基因动物不进行专利保护,在美国就"哈佛鼠"向欧盟提出专利申请之后,欧盟内部经过激烈讨论,最终于 1992 年通过对

"动物品种"作狭义解释,才对"哈佛鼠"授予了专利,并将这种解释方法写进之后的第98/44号指令中。

南非药品案

1997年9月南非总理签署了《药物和相关产品管理修正案》。该法案提供一种机制使药品代理商生产更便宜且更现实可用的药品提供给南非的穷人和艾滋病感染者来解决南非的艾滋病问题。特别是,该法案第15条第C款授予南非卫生部长在特定情况下签发强制许可证,允许本国的药品生产商生产相关药品,并向本国市场供应。同时,允许药品的平行进口,从专利权人以外的第三人进口与专利药品相同的药品。值得注意的是,只要符合相关条件,卫生部长就可以根据该法案增加任何药品的可利用性以用来解决任何情况。该法案很快受到了来自西方政府和药品生产商的严厉指责,特别是美国贸易代表宣称该法案潜在地侵犯了TRIPS协定,而且由于该法案危害到了美国的药品利益从而降低了美国的财政收入,1998年美国贸易代表将南非列入其"特别301条款"的观察名单,以实施制裁相威胁。同时,主要由西方制药公司在当地的专利实施者组成的南非医药生产者协会和41个跨国公司很快向南非比勒陀利亚高级法院就该法案的合法性提起了诉讼。跨国公司的这一举动立刻引起了国际社会的强烈抗议,最后迫于国际社会舆论的压力,这些公司于2001年4月撤回起诉,并自发地降低了药品的价格。

强制许可是TRIPS协定争议最大的问题之一。2000年,联合国人权促进保护小组委员会通过的《知识产权与人权》的决议中建议世界知识产权组织、世界卫生组织、联合国发展计划、联合国贸发会议、联合国环境规划署和其他相关的联合国机构继续深入地分析TRIPS协定对人权所产生的影响,包括对其人权含义的考量,同时期望WTO能够就此问题达成协议。对此,WTO很快作出了回应。为了解决药品专利引发的公共健康、人权问题,2001年WTO第四次部长级会议通过了《关于TRIPS协定与公共健康的多哈宣言》(以下简称《多哈宣言》)。《多哈宣言》主要明确了以下几个问题:①承认了各成员采取措施以保护公共健康是不可减损的权利;②明确了TRIPS协定中可以用于保护公共健康、对抗知识产权专有权利的弹性条款;③认识到最不发达国家因医药产业生产能力不足或无生产能力的原因而无法有效使用强制许可措施的现状,并责成TRIPS理事会探求该问题的解决办法,在2002年年底之前向总理事会报告;④将最不发达国家在医药产品方面履行TRIPS协定有关义务的过渡期延长至2016年;⑤重申了根据TRIPS协定第66

条第 2 款,发达国家成员应激励其企业和机构促进和鼓励向最不发达国家转让技术的承诺。[7]《多哈宣言》虽然在一定程度上对公共健康权优于私人财产权这一结论加以澄清,并认识到发展中国家和最不发达国家对获得药品的迫切需要并试图寻求解决办法,然而《多哈宣言》仅仅具有声明的性质,缺乏法律意义的强制性,因此,实际上对 WTO 成员并无约束力可言。

为了给处于面临公共健康危机却无法有效获得基本药品困境下,并且在药品领域无生产能力或无充分生产能力的发展中国家和最不发达国家提供一个根本的解决方案,2003 年 WTO 总理事会通过了《关于实施 TRIPS 协定与公共健康的多哈宣言第六段的决议》(以下简称《总理事会决议》)。该决议主要特点是通过对强制许可适用的药品范围、疾病范围、进口成员方和出口成员方资格以及强制许可实施的方式与条件的限定对 TRIPS 协定第 31 条第(f)项下的强制许可的专利药品出口问题加以明确。以至于有的学者认为,"对于 WTO 来说,这是一项历史性的决议,关乎经济和社会的最后一个症结得以解决,贫穷国家能够充分应用 WTO 框架下知识产权规则的灵活性解决国内危及人民生命健康的疾病问题"[8]。然而,该协定对于贫困国家的公共健康问题的解决并非彻底,其严苛的条件限制以及烦琐的操作程序使强制许可实际的实施效果大打折扣。因此,到目前为止,没有任何一个国家通知 TRIPS 理事会作为进口成员方或出口成员方准备适用该协定实施强制许可。2005 年 12 月 WTO 总理事会通过《修改〈与贸易有关的知识产权协定〉议定书》,规定了在符合有关条件的前提下,各成员可以授予其企业生产并出口特定专利药品的强制许可,突破了原 TRIPS 协定关于强制许可的使用应主要为供应国内市场的规定。

(3)专利的保护期限为自申请之日起不得少于 20 年。

加拿大专利保护期限案

1999 年 5 月 6 日,美国就加拿大《专利法》第 45 条未能按 TRIPS 协定的要求为专利权提供最低保护期的问题,要求与加拿大进行磋商。双方经磋商未果。1999 年 6 月 15 日,美国向 DSB 提出申请,要求成立专家组。美国诉称,加拿大《专利法》对 1989 年 10 月 1 日之前提交申请的专利仅给予 17 年的保护期限,违反了 TRIPS 协定第 33 条、第 65 条和第 70 条的规定。1999 年 9 月,DSB 受理此案,成立了专家组。1999 年 10 月 22 日,美国向 DSB 提出申请,要求按照《关于

---

[7] 参见冯洁菡:《公共健康危机与 WTO 知识产权制度的改革——以 TRIPS 协议为中心》,武汉大学出版社 2005 年版,第 80~82 页。

[8] 参见世界贸易组织官方网站 http://www.wto.org。

争端解决规则与程序的谅解》第 49 条的规定加速对本案的审理。2000 年 10 月 12 日,DSB 通过了专家组报告,建议加拿大立即修改专利法,使之与 TRIPS 协定的规定相一致。加拿大对专家组的报告不服,上诉至 WTO 上诉机构。上诉机构审理后仍建议加拿大修改专利法。2001 年 7 月 24 日加拿大通知 DSB 其已执行了 DSB 裁决,修改其《专利法》以符合 TRIPS 协定的规定。

3. 商标

(1) 遵守《巴黎公约》有关商标的实体性规定,提出有效商标的法律定义,明确保护服务商标。

根据 TRIPS 协定的规定,能够将一企业的商品或者服务与其他企业的商品或者服务区别开来的任何标记或标记组合,均能够构成商标。这类标记,特别是单词,包括人名、字母、数字、图案的成分、颜色的组合,以及任何此类标记的组合,均应符合注册为商标的条件。

(2) 明确注册商标专用权的范围。注册商标的所有权人享有专有权,以阻止所有第三方未经许可在贸易活动中使用与注册商标相同或类似的标记去标示相同或类似的商品或服务,以造成混淆的可能。

(3) 扩展了对驰名商标的保护。TRIPS 协定对驰名商标的认定做了原则性规定,即在确定商标是否驰名时,应当考虑相关公众对该商标的了解程度,包括在该成员中因促销该商标而获得的了解程度。同时,将《巴黎公约》的特殊保护延及服务商标,并将驰名商标的保护范围扩大到禁止在不类似的商品或服务上使用与驰名商标相同或相似的标识。

Hisense 商标案

1992 年,海信集团创设了"海信/Hisense"商业标志,并获得注册,同年正是作为商标和商号使用。1999 年 1 月 5 日,被国家工商总局商标局正式认定为驰名商标。1999 年 1 月 11 日,博世西门子公司在德国家电产品上注册了"Hisense"商标,并于 1999 年 2 月 25 日获得注册。2002 年年底,海信集团与博世西门子公司就此商标抢注和转让问题进行磋商。2003 年海信集团在德国科隆展览会上使用了"Hisense"商标。2004 年 10 月,博世西门子公司在德国起诉海信集团。2004 年 12 月 3 日,海信集团提出反诉,要求依法撤销博世西门子公司注册的"Hisense"商标。2005 年 3 月 9 日,双方达成和解协定。博世西门子公司同意将其在德国及其欧盟等所有地区注册的"Hisense"商标一并转给海信集团,同时撤销对海信集团的商标诉讼,海信集团向博世西门子公司支付不超过

50万欧元的转让费。[9]

> 根据《巴黎公约》第6条之二的规定,自注册之日起至少五年的期间内,应允许提出取消这种商标的请求。对于依恶意取得注册或使用的商标提出取消注册或禁止使用的请求,不应规定时间限制。从该案中看出,"Hisense"商标是1999年2月获得注册,2004年12月海信集团才提出撤销该商标的请求,已经超出五年的规定期限。但是对于恶意抢注不受时间限制,这就要界定博世西门子的行为是否构成恶意抢注。根据TRIPS协定第16条的规定,在决定商标是否驰名时,应当考虑商标在相关公众中的知悉程度,包括因商标的宣传而在有关成员中取得的知名度。事实上,海信集团的销售与宣传在欧洲(包括德国)并未达到TRIPS协定的要求,因此举证难度很大。

4. 地理标志

(1)界定了地理标志的内涵。地理标志指识别一货物来源于一成员领土或该领土内一地区或地方的标志,该货物的特定质量、声誉或其他特性主要归因于其地理来源。

(2)规定了禁止不正当使用地理标志的内容。各成员应该采取法律手段,保护利害关系方的利益,防止在货物标志或说明中使用任何手段标明或者暗示所涉货物来源于真实原产地之外的地理地域,从而在该货物的地理来源方面使公众产生误解。同时,防止构成《巴黎公约》第10条之二规定的不正当竞争。此外,禁止将虚假的或误导公众的地理标志作为商标使用或申请注册商标。

(3)增加了对葡萄酒和白酒地理标志的特殊保护。首先,各成员应该为利害关系方提供法律手段,防止将识别葡萄酒或白酒的地理标志用于并非来源于所涉地理标志所标明地方的葡萄酒或白酒。其次,如果某葡萄酒或白酒的商标中包含用于识别该葡萄酒或白酒的地理标志,在国内立法允许的情况下,成员应依职权驳回该商标注册申请或撤销已注册的商标,或根据利益关系方的请求拒绝该商标注册或宣告注册无效。最后,建议建立葡萄酒地理标志通知和注册的多边体系。

5. 工业品外观设计

(1)明确了工业品外观设计的保护范围。各成员应该对具有独创性和新颖性的工业品外观设计给予保护。如果一外观设计与已知的外观设计或者已知外观设计特征的组合相比没有显著的区别,则由各成员决定是否提供保护。

---

[9] 案例摘自王肃、李尊然主编:《国际知识产权法》,武汉大学出版社2012年版,第112~113页。

(2)对纺织品设计作出了专门规定。各成员应保证为获得对纺织品设计的保护而规定的要求,特别是有关任何费用、审查或公布的要求,不得无理损害寻求和获得此种保护的机会。

(3)工业品外观设计的最低保护期限为 10 年。

6. 集成电路布图设计

(1)明确了集成电路布图设计的保护范围。任何人未经权利人授权,不得为了商业目的而进口、销售或为了商业目的供应受到保护的布图设计、含有受保护的布图设计的集成电路、或含有此集成电路的物品。

(2)规定了善意取得制度。如果行为人在取得集成电路或植入此集成电路的物品时,不知道而且也没有正当的理由应该知道已植入非法复制的布图设计,则各成员不得认定其为非法。但是,在收到权利人的通知后继续侵权的,行为人有义务向权利人支付合理的许可费。

(3)确立了强制许可制度。有关集成电路布图设计的任何非自愿许可、或者未经权利持有人授权而被政府或为政府而使用的情况同样适用于专利强制许可的条件。

(4)集成电路布图设计的保护期限为 10 年。

7. 未披露信息(商业秘密)

(1)强调了《巴黎公约》的基础地位。根据《巴黎公约》第 10 条之二所有关于反不正当竞争的规定,各成员应该对未披露信息提供知识产权保护。

(2)归纳了未披露信息的构成要件。根据 TRIPS 协定的规定,自然人和法人应有可能防止其合法控制的信息在未经其同意的情况下以违反诚实商业行为的方式向他人透露,或被他人取得或使用,只要此类信息:①属秘密,即作为一个整体或就其各部分的精确排列和组合而言,该信息尚不为通常处理所涉信息范围的人所普遍知道,或不易被他们获取;②因属秘密而具有商业价值;③由该信息的合法控制人,在此种情况下采取合理的步骤以保持其秘密性质。

(3)专门规定了向政府或政府的代理机构提交的医用或农用化工产品相关数据的保护。如果各成员要求,作为批准销售使用新型化学个体制造的药品或农业化学物质产品的条件,需提交通过巨大努力取得的、未披露的试验数据或其他数据,则应保护该数据,以防止不正当的商业使用。此外,各成员应保护这些数据不被披露,除非属于为保护公众所必需,或者除非采取措施以保证使该数据不被用在不正当的商业使用中。

第三节 知识产权国际贸易制度

与国际货物贸易相比,知识产权国际贸易产生较晚,其发展经历了从国际技术转让——国际技术贸易——国际知识产权贸易的过程。知识产权国际贸易领域尚未有生效的具有法律约束力的国际规则,普遍存在的是各国国内调整的涉外知识产权贸易法律。[10]

一、知识产权国际贸易的概念

知识产权国际贸易,简单而言,就是跨越国界的知识产权贸易。具体地说,是指一国的知识产权的专有权人或其授权的人,将其专有或者持有的生产、经营方面的知识产权,有偿地让与另一国的受让人。

知识产权国际贸易是跨越国界的贸易,具有国际性,因此"国际性"的界定是确定知识产权国际贸易的关键评价标准。实践中对于"国际性"的界定,通常是以交易当事人的营业地是否处于不同国家作为考虑因素,即营业地不在同一个国家的自然人,或设立于不同国家的法人,他们之间的知识产权贸易就是知识产权国际贸易。同时,也有些国家以当事人是否具有不同的国籍作为判定"国际性"的标准,即属于不同国籍的法人或者自然人之间的知识产权贸易就是知识产权国际贸易。

二、知识产权国际贸易的分类

知识产权国际贸易一般分为直接的知识产权国际贸易和间接的知识产权国际贸易。[11]

(一)直接的知识产权国际贸易

直接的知识产权国际贸易是指仅仅跨越国界的转移知识产权本身,如专利、商标、版权等,并不伴随其他标的物的转移。国际许可协议所进行的国际许可贸易是比较典型的直接的知识产权国际贸易方式。

(二)间接的知识产权国际贸易

间接的知识产权国际贸易是指在跨越国界转移知识产权的同时,伴随着标的的转移,如商品或者行为等。间接的知识产权国际贸易通常有含有技术转让内容的设备买卖、含有技术转让内容的对外直接投资、补偿贸易、特许经营、国际工程承包等几种形式。

---

[10] 参见王肃、李尊然主编:《国际知识产权法》,武汉大学出版社2012年版,第230页。
[11] 参见王肃、李尊然主编:《国际知识产权法》,武汉大学出版社2012年版,第231~232页。

三、联合国《国际技术转让行动守则草案》

（一）产生背景

20世纪60年代以来，随着科学技术在经济发展中的地位日趋重要，商业性的国际技术转让发展也更为迅猛。在国际缺乏统一调整国际技术转让的行为规则的背景下，发达国家常常凭借其经济、技术优势，对发展中国家施加种种不合理的限制条件，在技术交易中损害发展中国家的利益。于是在广大发展中国家的强烈要求下，联合国贸易和发展会议决定将技术转让这一议题作为优先项目进行专门审议。1974年5月联合国大会第6届特别会议通过决议，要求"制定一项符合发展中国家普遍要求和条件的关于技术转让的国际行动守则"。1975年9月，联大第7届特别会议又通过了关于发展和经济合作的第3362号决议，除了重申上述要求之外，还正式授权由贸发会主持守则的起草工作。[12]

自1976年11月至1978年7月，由贸发会组织的政府间国际技术转让行动守则专家组在日内瓦共举行了6次会议，专门讨论和拟订草案。1978年10月16日，根据第32届联大通过的第32/188号决议，联合国国际技术转让行动守则会议在日内瓦举行。之后从1978年10月至1985年6月，联合国守则谈判会议共举行了6次会议，经过与会各国的多方努力，终于对序言、第2章、第3章、第5章、第6章、第7章以及第1章、第8章的大部分条文达成了协议。但是在一些重要问题上出现了严重对立的局面，最终导致谈判破裂。[13]

（二）主要内容

1. 序言。《国际技术转让行动守则草案》（以下简称《守则草案》）在序言中明确表明了守则对发展中国家利益的维护：（1）重申了科学技术对一切国家的社会经济发展特别是发展中国家的加快发展所起的根本作用。（2）承认促进技术的正常转让与发展以加强一切国家，尤其是发展中国家的科学技术能力的必要性。

2. 定义和适用范围。根据《守则草案》，技术转让的"当事人"是指任何公法或私法意义上的自然人或法人，如公司包括股份有限公司，有限公司和其他公司、商号、合伙及其他组织，或由它们组成的任何联合，不论它们是由国家、政府机构、法人或个人建立、所有或控制；不论它们在何处经营；也不论它们是从事通常视为商业性质的国际技术转让的交易的国家、政府机构、国际组织、地区及其地区组织。此外，"当事人"还包括公司的分公司、子公司和附属公司、合营企业或其他法律实体，不论它们之间的经济关系和其他关系如何。"受方"是指在一项技术转让中获得使用或利用的许可，购买或者以其他方式获得一项财产或非财产性质的技术，以及或者与此相关的权利的当事人。"供方"是指在一项技术转让中许可、出售、转

---

[12] 参见王肃、李尊然主编：《国际知识产权法》，武汉大学出版社2012年版，第233页。
[13] 参见王肃、李尊然主编：《国际知识产权法》，武汉大学出版社2012年版，第233～234页。

让或以其他方式提供一项财产或非财产的技术以及或者与此相关的权利的当事人。

"技术转让"是指制造某件产品、应用某种制作方法或提供某项服务的系统知识的转让。仅涉及货物销售或租赁的交易不在此列。主要包括:(1)一切形式的工业产权的让与、出售和许可。商标、服务标记和商号当其非技术转让之一部分时,不在此列;(2)提供可行性报告、计划书、设计图、模型、说明书、指南、配方、基本的或具体的工程设计、技术规范和培训设备以及提供技术咨询和技术管理人员的服务及员工培训等技术知识和专家知识;(3)提供工厂设备的安装、操作及运行所必需的技术知识和交钥匙工程;(4)提供获取、安装及使用已经以购买、租赁或其他方式取得的机器、设备、中间产品(半成品)和/或原材料所必需的技术知识;(5)提供工业与技术合作协议的技术内容。

3. 目标和原则。《守则草案》的目标是:(1)制定普遍公平的标准,作为技术转让交易当事人间及有关各国政府间关系的基础,同时考虑到他们的合法利益,并对发展中国家实现经济和社会的发展目标的特殊需要给予应有的承认。(2)促进当事人间及其政府间的相互信任。(3)鼓励交易各方当事人应在谈判地位均等、任何一方不滥用其优势地位的条件下进行技术转让交易,尤其在涉及发展中国家的技术转让交易时更应如此,以便达成彼此满意的协议。(4)便利和促进技术情报、特别是关于替换技术的情报的国际流通,作为一切国家,尤其是发展中国家,评价、选择、修改、发展和利用技术的前提条件。(5)便利和促进财产及非财产性技术的国际流通,以加强一切国家,尤其是发展中国家的科学技术力量的稳固增长,增加它们在世界生产和贸易中的参与。(6)增进技术对识别和解决一切国家,尤其是发展中国家中社会经济问题的作用,包括发展国民经济基本因素的作用。(7)通过制定国际准则,便利国内有关技术转让的政策、法律和法规的制定、通过及执行。(8)促使在涉及技术转让各种不同因素,例如就技术交易进行技术上,机构设置上和财务上的估价所需要的情报方面的分项工作做出适当安排,这样可以避免作出不适当或不必要的一揽子安排。(9)具体规定技术转让交易当事人应该避免做的限制性(商业)措施。(10)列出技术转让交易当事人应该承担的一些适当的责任和义务,并且考虑到它们的合法利益及谈判地位的差异。

《守则草案》的原则是:(1)行为守则普遍适用于技术转让领域。(2)各国有权以符合其国际义务的方式并考虑到所有有关当事人的合法利益,采取一切适当措施便利及规范技术转让,鼓励相互一致,公平合理的前提和条件下的技术转让。(3)便利和规范技术转让交易,应当承认国家主权和政治独立(包括对外政策和国家安全的要求)原则以及国家主权平等的原则。(4)各国应当就国际技术转让进行合作以推动整个世界,尤其是发展中国家经济增长。这种合作应无碍于政治、经济和社会制度的任何差异,此为维护国际和平与安全、促进国际经济的稳定和进步、增进各国的共同福利和摒弃基于上述差异的歧视行为的国际合作重要因素。对本守则绝不可作与联合国宪章的规定及遵奉此规定采取的行动有损害或相背离的解释。在技术转让中理应按照本守则的有关规定给予发展中国家以特殊待遇。(5)技术转让交易当事人各自的责任与非作为当事人的政府各自的责任之间,应当明确区分。(6)技术供方和受方的共同利益应不断增长,以维持和促进国际技术流通。(7)便利和增加在相互一致、公平合理前提和条件下取得技术的机会,这是技术转让和发展过程中的根本要素,对发展中国家尤为如此。(8)承认对依国内法授予的工业产权权利的保护。(9)技术供方在技术受让国从事经营活动时,应当尊重该国的主权和法律,适当考虑到该国声明的发展政策和优先项目,并努力对受让国的发展提供实质性帮助。双方当事人在相互接受的前提条件下谈判、签订和履行技术转让协议的自由,应基于对上述原则及本守则规定的其他原则的尊重。

4. 技术转让交易的国内法规。《守则草案》这部分主要包括三方面内容:一是各国在通过技术转让方面的法律、法规、规定和政策以及依形势变迁而对其进行必要的修改时有权采取的措施。二是各国采取的措施,包括主管行政部门的决定,应当遵循法律程序和本守则原则、目标。三是采用立法方式保护工业产权的每个国家应当考虑到该国经济和社会发展的需要,并应当保证有效保护依其国内法律授予的工业产权权利及其国内法承认的其他有关权利。

5. 当事人的责任和义务。《守则草案》对当事人的责任和义务的规定主要包括两个方面:一是在合同谈判阶段,各方当事人应在技术上、商业上实际可行的范围内考虑对方当事人的要求,如利用当地可取得的资源、提供技术服务、公开情报等。二是在合同有效期间,要求配合当事人所在各国特别是技术受让国的经济和社会发展目标,应当遵循公平和诚实的商业做法。

6. 对发展中国家的特别待遇。《守则草案》对发展中国家的特别待遇有以下几项规定:(1)发达国家政府应直接地或通过合适的国际组织采取适当措施,便利和鼓励发展中国家建立并加强其科学技术能力,协助并与其合作努力实现其经济和社会目标。(2)发达国家的政府应直接或通过合适的国际组织将协助推动向发展中国家的转让技术作为其发展援助和合作计划的一部分。(3)发达国家政府应当依照国内政策、法律和规章采取措施,鼓励并尽力推动各该国的企业和组织,单独或与发展中国家的企业和组织合作。(4)给予发展中国家的特别待遇应当配合针对其经济和社会发展相应阶段的经济和社会目标,并要特别注意最不发达国家的特殊问题和条件。

7. 国际合作。《守则草案》规定,各国政府、政府间组织及联合国系统的组织和机构包括本守则规定的国际常设机构之间进行适当的国际合作从而实现加强一切国家技术力量的国际技术广泛流通的目标。

8. 国际常设机构。本部分主要规定了常设安排、国际常设机构的职能、修订程序、秘书处等内容。

(三)存在的争议

1. 守则的约束力。关于守则的约束力，发展中国家认为守则应当具有国际法的约束力，即属国际法对缔约国有正式约束力。同时转让人应负有义务，以合理价格转让技术，不论其是否愿意。然而发达国家从守则起草一开始就认为，该守则应该是具有指导性质的行为准则，技术转让本身是当事人之间的协议关系，协议内容取决于双方合意。[14]

2. 母子公司关系问题。关于守则的适用范围，各国目前已经达成协议的是将"跨越国境"作为守则适用的基本标准，但是在"母子公司关系"问题上，发展中国家与发达国家之间还存在很大的分歧。分歧的焦点是：当事人双方定居于或设立于同一国家，但其中至少一方为外国实体的分公司、子公司、附属公司或在其他方式下直接或间接地由外国实体所控制，而供方又未在技术受让方国家发展受让的技术，或当它作为转让外国拥有的技术的中间人时，彼此之间的技术转让是否为国际技术转让，是否适用守则。对此，发展中国家持肯定态度，其目的是防止真正的技术转让方利用其设立于技术受让方国家的附属公司实施转让行为，从而规避受让方国家调整涉外技术转让的法律法规。而发达国家则以上述情况不符合"跨越国境"的基本标准为由否认其为国际技术转让，不适用守则。[15]

3. 限制性商业做法。《守则草案》第4章关于管制限制性商业行为的问题作为守则所有章节中最重要的内容之一，是历次谈判的焦点。谈判各国代表在限制性条款的含义和评定标准上存在着严重的矛盾和分歧。矛盾的焦点在于：发展中国家特别强调要取消所有对受让国的经济和社会发展不公平的并有害的限制性条款，通过国际统一立法以便加强对限制性条款的广泛管制，不管其是否为反竞争的；而发达国家仍坚持自由竞争标准，并企图使之适用于国际立法，迫使发展中国家接受，从而限制守则对限制性条款的调整作用，继续维护其在国际经济贸易中的垄断地位。[16]

4. 法律适用。关于法律适用问题，发展中国家认为，虽然作为商业交易，技术转让本质上属于合同范畴，但是西方传统的合同自由原则不能与公共秩序的原则相抵触。换言之，技术转让的所在国政府可以通过法律适用调整技术转让的法律关系。而发达国家认为，作为一种合同关系，技术转让的当事人可以决定所适用的

---

[14] 参见张乃根：《国际贸易的知识产权法》，复旦大学出版社2007年版，第262页。
[15] 参见王肃、李尊然主编：《国际知识产权法》，武汉大学出版社2012年版，第237~238页。
[16] 参见王肃、李尊然主编：《国际知识产权法》，武汉大学出版社2012年版，第238页。

法律。这样转让人就可能规避受让人所在国的法律调整。[17]

四、国际许可协议

(一)国际许可协议的概念

国际许可协议是指一国的知识产权让与人(许可人)将其知识产权的使用权在一定条件下授予另一国的知识产权受让人(被许可人),并由受让人支付使用费的合同。

(二)国际许可协议的种类

1. 根据许可协议的标的不同,分为专利许可协议、商标许可协议、版权许可协议、专有技术许可协议和混合许可协议。在国际许可贸易中,以专利技术使用权和专有技术使用权同时作为转让标的的情形占较大的比重。

2. 根据许可人对被许可人所受让的知识产权的使用权的限定,分为独占许可协议、排他许可协议和普通许可协议:

(1)独占许可协议是指被许可人在一定地域内对被许可的知识产权享有独占性的使用权,许可人既不得再许可任何第三方在该地域内利用该项知识产权制造或销售产品,自己也不能在该地域内使用该项知识产权。

(2)排他许可协议,又称独家许可协议,是指被许可人在一定地域内对被许可的知识产权享有独占性的使用权,许可人不得再许可任何第三方在该地域内利用该项知识产权制造或销售产品,但许可人自己仍有权在该地域内使用该项知识产权。

(3)普通许可协议,又称非独占许可协议,是指许可人在规定的范围内允许被许可人使用协议中的知识产权,但是在该上述地域内许可人仍保留使用该项知识产权的权利,还可以许可第三方使用该项知识产权。

上述三种许可协议中,许可人的权利依次增大,被许可人的权利依次减小。与此相对应的,许可协议的使用费也有所不同。一般而言,独占许可协议的使用费最高,排他许可协议次之,而普通许可协议的使用费通常较低。

3. 此外,还有交叉许可协议和分许可协议两种特殊类型的许可协议。交叉许可协议是指知识产权交易的双方互为许可人和被许可人,彼此授予不同知识产权的使用权。分许可协议,又称从属许可协议,是指在许可人明确授权的情况下,被许可人将其从许可人获得的知识产权使用权再许可给第三方使用。

(三)国际许可协议的基本条款

1. 序文。序文是国际许可协议的开头部分,它主要包括合同的名称、合同当事人的名称、法定地址、合同签订的时间、地点以及鉴于条款。

---

[17] 参见张乃根:《国际贸易的知识产权法》,复旦大学出版社2007年版,第263页。

2. 定义条款。由于合同的当事人分处于不同的国家,使用不同的语言,具有不同的文化和法律背景,因此对国际许可协议中较为重要的,并且双方可能有不同理解或法律有不同解释的名词术语应明确规定其定义,如专有技术、改进、合同产品、关联公司、子公司等。对这些关键性词语的定义作出明确规定,不仅有利于双方准确地履行协议,而且一旦产生纠纷,也有利于争议的解决。

3. 合同范围条款。合同范围条款是国际许可协议的中心内容,该条款规定许可人把什么样的知识产权转让给被许可人,以及被许可人在什么范围内对该项知识产权享有制造和销售的权利。该条款主要包括被许可知识产权的名称、规格和型号;产品的种类和质量;主要的经济技术指标;许可方提供的设计图纸和数据、生产工艺的资料和说明;技术使用的时间和地域范围等。

4. 计价与支付条款。计价与支付条款也是国际许可协议的核心条款。国际许可协议的计价方法一般有三种:统包价格、提成价格和入门费加提成。统包价格是指交易双方根据具体项目的费用协商确定一个固定的价格,被许可方一次性支付或分期支付给许可方。采用统包价格对被许可方的风险比较大,因此实践中较少使用。提成价格是指被许可方使用许可方的技术并制造出产品之后,根据许可合同的约定,依照产品产量、销售价格或销售利润提取一定比例的费用支付给许可方。与统包价格相比,提成价格对于被许可人而言,投资风险比较小。入门费加提成是指被许可人与许可人约定,在合同订立后或在被许可人收到许可人的技术资料后的一定时间内,被许可人先向许可人支付一笔约定的金额(即入门费),然后再按照约定的比例向许可人支付提成费。这种计价方法对双方都比较合理,因此是国际许可贸易中最常用的方法。支付条款一般包括支付货币、汇款方式、付款单据、结算银行、支付时间、支付地点等。

5. 技术资料的交付。技术资料的交付是知识产权转让的具体表现形式之一,因此要在合同中对技术资料的份数、交付时间、交付条件、风险分担、包装、使用的文字等事项加以明确规定。

6. 技术改进和创新条款。在国际许可协议的有效期内,无论是许可人还是被许可人,对于相关技术都有可能改进和创新,随即就产生一个新问题——在原有技术基础上所作出的改进和创新对双方权利义务关系的影响。技术改进和创新条款就是规定是否允许改进和创新,以及改进和创新后的技术归谁所有。实践中,许可人一般不允许被许可人改进其原有技术,或者在许可协议中规定改进后的技术归许可人所有。

7. 技术服务条款。在国际许可协议中,要对技术转让过程中所需要的技术培训、设计和工程服务、管理服务、计划研究与发展服务以及销售和商业服务等事项作出明确规定。因此技术服务条款主要包括许可人所派技术人员的性质及人数、担任的任务及工作量、服务时间、工作和生活条件、费用的划分和支付等。

8. 验收条款。验收主要是指对合同产品的验收,如果验收合格,即证明许可人所提供的的技术资料、技术培训和技术服务等符合合同的要求,否则要涉及相应的补救措施。因此,验收条款一般包括需要验收的产品、验收标准、验收时间、验收地点、参加验收的人员等。

9. 保密条款。保密条款在以专有技术为标的的国际许可协议中尤为重要,因为专有技术不受专利法保护,没有法定的独占性,其本身的价值取决于知晓该项技术的人员的范围。因此,双方应该在该条款中约定需要保密的技术的范围、保密措施、保密期限以及泄密责任等。

10. 税收条款。由于知识产权许可行为所发生的税费缴纳问题,通常由该条款作出约定。许可人从被许可人那里获得的许可费,应该按照其所在国的税法的规定纳税。

11. 违约及违约补救条款。国际许可协议当事人对一方不履行合同时所应承担的违约责任一般在该条款中作出约定。违约救济方法一般包括:实际履行、损害赔偿、解除合同等。

12. 争议解决与法律适用条款。双方当事人在合同中约定解决争议的方法,一般包括协商、调解、仲裁和司法诉讼。关于国际许可协议的准据法的确定,一般适用当事人意思自治原则和最密切联系原则。

13. 其他条款。一般包括合同的有效期、生效日期、合同的终止以及其他双方当事人认为必须加以约定的条款。

五、国际特许经营

(一) 国际特许经营的概念

国际特许经营是指一国的特许人将与其经营的商品和服务相关的知识产权和其他技术的使用权,有偿地转让给另一国的受许人,受许人在合同约定的范围内使用与特许人相同的商标、商品,经营相同的商品和服务。

(二) 国际特许经营的特征

1. 国际特许经营是一种双务有偿的合同关系。转让知识产权和其他技术的一方通常称为特许人,而接受知识产权和其他技术的一方称为受许人。根据国际特许经营合同,特许人应准许受许人使用其商标、商号、专利或非专利技术、经营管理技巧,并有权收取受许人交纳的特许费;相应地,受许人有权从特许人那里获得商标、商号、技术的使用权,同时有义务交纳特许费。

2. 国际特许经营合同的标的是商标、商号、专利或非专利技术、经营管理技巧的使用权。国际特许经营主要发生在商业领域,实践中涉及商标、商号和专有技术的使用权转让比较多。

3. 特许人和受许人在经营方面具有高度的同一性。由于受许人通过国际特许协议获得了特许人的商标、商号及相关技术的使用权,所以他可以经营与特许人相同的商品和服务。为了保证自己的商誉不受影响,特许人不允许受许人经营其他的商品和服务,又要对受许人所经营的商品和服务的质量加以监督。

4. 特许人和受许人在法律上和经济上具有独立性。尽管特许人与受许人使用同一商标、商号,经营相同种类的商品,提供相同的服务,甚至店面的装潢都如出一辙,但是两个企业不是由一个企业主经营的,受许人的企业不是特许人企业的分支机构或子公司,各个受许人之间也互不隶属,都是独立经营、自负盈亏的企业。

(三) 国际特许经营的分类

1. 根据特许内容的不同,国际特许经营分为商品商标特许经营和经营模式特许经营。商品商标特许经营是指特许人允许受许人使用其商标、商号,并向其传授一定的市场信息或销售经验。经营模式特许经营是指特许人不仅允许受许人使用其商标、商号和服务标志,同时还向受许人传授商品的加工、配置和处理等方面的专门知识和经验以及经营模式等。

2. 根据特许权授予方式不同,国际特许经营分为一般特许经营、分区特许经营、发展特许经营和复合特许经营。一般特许经营是最常见的特许经营形式,特许人向受许人授予产品、商标、店名、经营模式等特许权,受许人使用这些特许权进行经营,并为此支付一定费用。分区特许经营又称为委托特许经营,是指特许人把自己的产品、商标、店名、经营模式等特许权出售给一定区域的代理人,由该代理人代表特许人向其所负责地区内的加盟申请者授予特许权,并为受许人提供指导、培训、咨询、监督和支持,而代理人自己并不直接经营。发展特许经营是指受许人在向特许人购买了特许经营权的同时,也购买了在一个区域内再建若干家分部的特许权。受许人有了此权利,就可以在该地区内根据本部经营发展的需要再建立若干家分部,而不必向特许人重新申请。复合特许经营是指特许人将一定区域内的独占特许权授予受许人,受许人在该地区内可以独自经营,也可以再次授权给下一个受许人经营特许业务。[18]

(四) 国际特许经营合同的主要条款

1. 特许经营权条款。主要包括特许经营权的内容、授权的地域、授权的时间、授权的形式(是否具有独占性)、权利的限制等。

2. 培训和其他服务条款。主要包括培训的时间、地点、语言、内容以及费用等。同时,双方还在合同中约定对培训后期的其他服务的内容。

3. 特许经营费条款。特许经营费通常包括加盟费、使用费和其他费用。加盟费,也称入门费,是指合同签订之初受许人为获得特许经营权而向特许人支付的一次性费用。使用费是指受许人在使用特许权过程中按一定标准或比例向特许人定期支付的费用。其他费用一般是指受许人根据合同约定,为从特许人处获得相应

---

[18] 参见王肃、李尊然主编:《国际知识产权法》,武汉大学出版社2012年版,第260页。

的货物或者服务供给而承担的费用支付义务。[19]

4.其他条款。包括特许人和受许人的其他权利义务、违约救济、合同的终止、合同的转让等。

第四节 知识产权国际争端解决机制

当前知识产权国际争端解决机制主要包括 WIPO 体制下知识产权争端解决机制和 WTO 体制下知识产权争端解决机制。前者通过 WIPO 仲裁与调解中心主要解决私人间的知识产权争议,后者则通过 WTO 争端解决机构处理各成员方之间(主要是国家之间)的知识产权争端。

一、WIPO 体制下知识产权争端解决机制

1993 年 9 月,WIPO 大会决定建立仲裁与调解中心(以下简称 WIPO 中心)。1994 年 10 月 WIPO 中心正式对外服务,总部设在瑞士日内瓦,通过法院外争议解决方法(ADR)解决知识产权及相关争议。目前 WIPO 中心是专门提供知识产权方面的法院外争议解决服务的唯一国际机构。WIPO 调解或仲裁条款可广泛见于一系列涉及知识产权的合同中,尤其是地处不同司法管辖地的当事人签订的合同。[20]

WIPO 管理下的争端解决程序主要包括:调解、仲裁、快速仲裁、调解与仲裁相结合和域名争议解决程序。针对不同的争议解决程序,WIPO 中心分别制定了《WIPO 调解规则》《WIPO 仲裁规则》《WIPO 快速仲裁规则》等。除此之外,WIPO 中心还为当事人提供关于解决知识产权争议的咨询意见。

(一)WIPO 体制下知识产权仲裁程序

1.概述。WIPO 仲裁程序主要包括一般仲裁程序、快速仲裁程序和调解与仲裁相结合程序。这些程序的具体内容主要通过《WIPO 仲裁规则》和《WIPO 快速仲裁规则》加以规定。《WIPO 仲裁规则》是 1994 年 10 月 1 日生效,经过 2002 年、2014 年的修改,最新规则于 2014 年 6 月 1 日生效。一共包括 8 章,共 78 条,内容涉及总则、仲裁的提出、仲裁庭的组成与成立、仲裁的进行、裁决与其他决定、费用、保密以及其他规定。

2.《WIPO 仲裁规则》的适用范围。《WIPO 仲裁规则》第 1 条规定,仲裁协议是指合同中规定将争议提交仲裁的条款,或者规定将某争议提交仲裁的独立仲裁

---

[19] 参见左海聪主编:《国际商法》,法律出版社 2013 年版,第 400 页。
[20] 参见刘晓红、李晓玲主编:《知识产权国际纠纷的非诉讼解决研究》,法律出版社 2010 年版,第 58 页。

协议。此外第 2 条规定在仲裁协议规定某类或某项争议应根据世界知识产权组织仲裁规则提交仲裁时,该规则即被视为该仲裁协议的一个组成部分,于仲裁协议签字之日起生效,任何该类争议和该项争议均应根据该规则交由仲裁解决,当事人可以在仲裁协议中或在此之后对该仲裁规则进行修改。由此可以看出,《WIPO 仲裁规则》的适用主要取决于双方当事人的合意,同时双方当事人在仲裁协议中规定依据《WIPO 仲裁规则》进行仲裁的话,则《WIPO 仲裁规则》就成为仲裁协议的一部分。

此外,《WIPO 仲裁规则》第 3 条规定,双方当事人选择适用《WIPO 仲裁规则》,这些规则不能与当事人适用法律的规定相冲突,一旦发生冲突,则适用法律的规定优先。

3. 仲裁的提起。请求仲裁的一方当事人应以书面形式提起仲裁。请求书的内容包括:(1)该争议应根据 WIPO 仲裁规则提交仲裁的要求;(2)双方当事人及其代表的姓名、地址、电话、传真、电子邮箱及其他通信信息;(3)仲裁协议副本及任何可适用的法律选择条款;(4)纠纷的性质、情况等简要说明;(5)争端解决的具体说明;(6)仲裁员的提名。此外,对方当事人在收到请求书后的 30 日内,向 WIPO 争端与调解中心递交答辩书。答辩书可对请求书内容提出评论、反请求或异议。

4. 仲裁庭的组成。首先,仲裁庭人数由双方当事人协议决定。如果当事人不能达成协议,仲裁庭应由一名仲裁员组成,除非该中心根据情况需要,决定由三名仲裁员组成。其次,仲裁庭未能在双方约定的时间内或在双方没有约定的情况下组建,由 WIPO 中心在仲裁提出后 45 日内组建。

对于独任仲裁员的指定,由双方当事人在约定期限内决定,如果没有在该期限内指定仲裁员,则由 WIPO 中心在仲裁提出 30 日内指定仲裁员。对于三名仲裁员的指定,在三名仲裁员是被任命的,当事人没有约定的组成程序时,由请求人在其仲裁请求书中指定一名仲裁员,答辩人应在收到仲裁申请书之日起 30 日内指定第二位仲裁员。双方在第二位仲裁员被指定后的 20 日内,指定第三位仲裁员作为首席仲裁员。

关于仲裁员的国籍,首先尊重双方当事人的意愿。如果当事人未能就独任或首席仲裁员的国籍达成一致,该仲裁员的国籍应为第三国。此外,为了保证仲裁的公正性,《WIPO 仲裁规则》规定每名仲裁员须在接受任命前向当事人、WIPO 中心及任何已被任命的其他仲裁人,披露与公正性、独立性有关的情况,或者书面保证无任何影响公正性与独立性的情况。此外,在仲裁过程中出现任何新的可能会影响仲裁员的公正性或独立性的情况,仲裁员应当及时向当事人、中心和其他仲裁员披露。

5. 仲裁的过程。根据《WIPO 仲裁规则》的规定,除非仲裁请求书中已附有请求陈述,请求人应在收到仲裁庭已组建的通知后 30 日内,向仲裁庭和另一方当事人递交请求陈述。另一方当事人应在收到该陈述请求或在收到仲裁庭已经组建的通知后 30 日内,向请求人和仲裁庭递交答辩陈述。仲裁庭可以应任何一方当事人的要求开庭,或自行决定开庭,听取证人证言以及双方当事人口头辩论。如果不开庭的话,仲裁庭将根据文件进行书面审理。在仲裁过程中,仲裁庭可以作出初步裁决、程序性裁决、部分裁决或最后裁决。裁决应以书面形式作出,写明日期和仲裁地点。裁决书应当附具裁决所依据的理由。但当事人约定不必附具理由且仲裁适用的法律不要求者除外。裁决书应由仲裁员签字。仲裁书原本应由 WIPO 中心正式送交各方当事人。裁决自 WIPO 中心向当事人送达裁决之日起生效。

(二) WIPO 体制下知识产权调解程序

除仲裁之外,WIPO 中心还为当事人的知识产权争议提供调解服务,主要包括:协助当事人选择和指定调解人;经与当事人协商,确定调解人和调解人的费用;取得当事人调解费用的押金,从押金中支付调解人的费用和任何其他可能需要的支持服务或设施的费用,管理调解程序的财政事务;如调解在日内瓦进行,免费提供会议室和休息室,如调解在日内瓦以外的地方举行,则协助当事人组织适当的会议场所;协助当事人组织可能需要的任何其他支持服务,如翻译或秘书服务。[21]

1. 适用范围。《WIPO 调解规则》没有明确限制提交 WIPO 中心进行调解的争议范围。依据《WIPO 调解规则》指定的调解人有权处理有关任何争议的任何问题。当事人可以自由决定什么样的事项适合提交 WIPO 调解。《WIPO 调解规则》不限制当事人提交 WIPO 调解的争议类型。一些争议,如涉及蓄意和恶意假冒商标或盗版的争议需要当事人双方的合作,不适合调解解决;如果当事人一方或双方的目的是就争议获得中立的评价,或确立可供今后援引的先例等,也不适合调解解决。[22]

WIPO 中心擅长的是对知识产权争议提供调解服务,即有关知识产权的纠纷或涉及知识产权利用的商业交易和关系,如有关专利、专有技术的合同、商标许可证、特许权、计算机合同、多媒体合同、分销合同、研发合同、技术型雇用合同、涉及重大知识产权财产的并购和出版、音乐和电影合同等。[23]

2. 调解的启动。一旦争议发生,双方当事人事前或事后签订了调解协议,并以书面的形式向中心提交《调解申请书》,调解程序正式启动。调解协议指当事人之前签署的将已发生的或者将来可能发生的所有争议或某些争议提交调解解决的协议。调解协议可以是合同中的一个条款,也可以是一个单独的合同。《调解申请书》主要包括争议双方当事人的联系信息、申请调解一方当事人的代理人的联系

---

[21] See WIPO Arbitration and Mediation Center, *Guide to WIPO Mediation*, p. 15.
[22] Ibid. , p. 6.
[23] Ibid. , p. 17.

信息、调解协议的副本和争议性质的简要陈述等内容。

3. 调解人的指定。WIPO 中心允许双方当事人对调解人的人选达成协议,无法达成协议的话,将由 WIPO 中心与双方当事人协商后指定调解人。

4. 调解的进行。WIPO 中心允许当事人自行决定调解的方式,如果双方当事人没有就调解程序达成协议的话,则适用《WIPO 调解规则》的规定。

《WIPO 调解规则》要求当事人善意地与调解人合作,尽可能地推动调解程序的进行。调解人可以自由地与一方当事人单独会面和通信。对于在单独会面和通信中获得的信息,未经提供信息一方当事人的明确授权,不得向另一方披露。调解人可以在调解进行的任何阶段要求当事人提供其认为有用的附加信息或资料。争议任何一方也可以在任何时候提交保密的书面信息或资料,只有调解人能够阅读该信息或资料,且未经提供方的书面授权,调解人不得向另外一方当事人披露。

5. 调解程序的终止。调解程序的终止一般包括以下几种情况:(1) 当事人签署了调解协议;(2) 调解人依其判断,决定即便作出进一步努力也不可能通过调解解决争议;(3) 当事人一方在参加当事人各方与调解人的首次会议后至签署和解协议前的任何时间,书面宣布终止调解。

二、WTO 体制下知识产权争端解决机制

(一)WTO 体制下知识产权争端的类型

WTO 体制下有关知识产权的争端主要有与贸易有关的关于版权和邻接权的争端、与贸易有关的关于商标权的争端、与贸易有关的关于地理标志的争端、与贸易有关的关于外观设计的争端、与贸易有关的关于专利的争端、与贸易有关的关于集成电路布图设计的争端、与贸易有关的关于未披露信息的争端以及许可协议中限制竞争行为的争端等。

(二)TRIPS 协定关于知识产权争端解决的规定

TRIPS 协定关于争端解决的规定主要是第 5 部分第 64 条。TRIPS 协定项下的磋商和争端解决适用于《关于争端解决规则和程序的谅解》细化和实施的 1994 年 GATT 第 22 条和第 23 条的规定。自《WTO 协定》生效之日起 5 年内,1994 年 GATT 第 23 条第 1 款第(2)项和第(3)项不得适用 TRIPS 协定项下的争端解决。另外,1994 年 GATT 第 23 条第 1 款第(2)项和第(3)项的范围和争端解决方法,由知识产权理事会提出,提交部长级会议批准。由此可以看出,TRIPS 协定并未规定特别的争端解决程序,而是适用于《关于争端解决规则和程序的谅解》中规定的相关程序。其中,1994 年 GATT 第 22 条和第 23 条是核心内容。根据 1994 年 GATT 第 22 条和第 23 条的规定,争议的双方当事人应首先通过磋商的方式解决争议;如果磋商未成,争议各方可以自愿采取斡旋、调停或调解等程序。如果争议各方一致认为斡旋、调停或调解尚不能解决争议,申诉方可援引 GATT 第 23 条第 2 款的规定,请求设立专家组对争议进行审理。此外,TRIPS 协定还对 1994 年 GATT 第 23

条第 1 款第(2)项和第(3)项的非违反之诉和情势之诉作出规定。

(三)WTO 体制下知识产权争端解决程序

1. 磋商。磋商是解决 WTO 成员方间贸易争议的主要方法,每一成员方对于另一成员方就影响有关协定运作的措施而作出的任何陈述均有义务给予同情的考虑并提供充分的磋商机会。磋商程序是首要的和必经的程序。

接到磋商申请的成员方自收到申请之日起 10 日内作出答复,并在 30 日内进行磋商。如果在要求磋商的 60 日内为解决争端,请求磋商的成员方可直接向 WTO 争端解决机构(DSB)请求设立专家组。

2. 调解。与协商程序不同,调解是经争议各方当事人同意而自愿选择的程序,可由争议的任何一方在任何时候提出请求,也可以在任何时候中止调解。调解一旦中止,提出解决争端的一方可请求设立专家组。

3. 专家组程序。如果磋商或调解失败,提出争端解决的一方可向 DSB 提交设立专家组的请求。若一当事方提出设立专家组的请求,则最迟应在将此请求首次列入 DSB 正式议程的会议之后的下一次会议上成立专家组,除非一致决定不设立。

专家组应由合格的政府和/或非政府人士组成,包括曾经在专家组任职或代表当事方在专家组出庭,或担任过 WTO 成员方或 1947 年 GATT 缔约方代表、或在 WTO/GATT 的某个理事会或委员会任职,或在秘书处工作过,或为教授,讲授或出版过国际贸易法或政策的课程或著作,或曾经担任过成员方的高级贸易政策官员。除非当事方商定专家组由 5 人组成,专家组应由 3 名专家组成,在决定设立专家组设立之日起 10 日内组成,并通知各成员方。

专家组的职能是帮助 DSB 负责某一争端的解决。因此,专家组应对其所要处理的问题作出客观的评估,包括对该案件的各项事实,各有关协定的适用性及与各有关协定的一致性作出客观的评估。专家组应提出其他将有助于争端解决机构制定各项建议或作出各有关协定所规定的各项裁决的调查材料,专家组应定期地与争端各当事方进行磋商,并给予其足够的机会找到双方满意的解决办法。为使专家组程序效率更高,专家组的审理期限一般为 6 个月,紧急情况下为 3 个月,最长不得超过 9 个月。

为了给各成员方提供足够的时间来考虑专家组的各项报告,DSB 应在最后报告向各成员方发布 20 日之后,才能考虑是否采纳。各成员方可以对专家组报告提出异议,并提交解释其异议的书面理由,以供传阅。争端各当事方享有全面参与 DSB 讨论专家组报告的权利,其所提的各项意见应全部记录在案。在将专家组报告分发给各成员方后的 60 日内,DSB 应决定采纳,除非某一当事方向 DSB 正式通报其上诉的决定,或者 DSB 一致决定不予采纳该报告。

4. 上诉机构的审查程序。争端当事方可以对专家组的报告提起上诉,对此案件享有实质利益的第三方可以向上诉机构提出书面陈述,并在上诉机构审理时表达其意见。上诉机构由 7 名成员组成,其中 3 人组成上诉庭审理专家组报告。与专家组不同,上诉机构仅审理专家组报告中涉及的法律问题和专家组作出的法律解释,并有权确认、维持或否决专家组报告。上诉机构的审理期限为 60 日,最多不超过 90 日。

5. 补偿或中止减让关税。当专家组或上诉机构的建议或报告未能被 DSB 采纳时,在自愿的基础上,争议各方可就补偿达成协议。如果有关成员方未能在合理期限内实施 DSB 建议或裁定,该成员方,如经请求,应在不迟于合理期限结束时与申诉方进行谈判,力求达成双方均能接受的补偿措施。如果合理期限结束后的 20 天内未达成满意的补偿协议,申诉方可请求 DSB 授权其中止履行对另一方的减让或其他义务。

美国诉中国影响知识产权保护和实施措施的争端解决案[24]

1. 基本案情

2007 年 4 月 9 日,美国贸易代表在华盛顿宣布将就中国的知识产权实施和文化产品市场准入问题,启动 WTO 争端解决程序。2007 年 4 月 10 日,美国政府正式向 WTO 争端解决机构(DSB)提出要求与中国政府就此进行磋商。2007 年 9 月 25 日,WTO 争端解决机构应美国请求,成立专家组。2008 年 1 月 30 日和 3 月 12 日,美国与中国先后向该专家组递交了第一份书面陈述。2008 年 4 月 14 日至 16 日,该专家组举行第一次实质性会议听取了中美双方的口头陈述。2009 年 3 月 20 日,DSB 通过了专家组报告。2009 年 7 月 3 日,WTO 争端解决机构宣布中美双方已于 6 月 29 日同意知识产权争端案的合理执行期为 12 个月,自 2009 年 3 月 20 日 DSB 通过该案专家组报告之日起算至 2010 年 3 月 20 日。

2. 争议焦点

(1) 中国惩治盗版和假冒注册商标商品的刑罚门槛,违反了 TRIPS 协定第 41 条第 1 款和第 61 条。

在本案中,美国认为中国最高人民法院和最高人民检察院 2004 年 11 月 24 日就适用 1997 年修改后我国刑法关于侵犯知识产权罪的司法解释中规定的惩治盗版和假冒注册商标商品的刑罚门槛过高。美国贸易代表指出,这实质上是为在中国批发、销售盗版和假冒注册商标商品提供了"避风港"。美国特别针对

---

[24] 参见张乃根:《中美知识产权案研究》,载《世界贸易组织动态与研究》2007 年第 7 期。

该司法解释第5条第2款规定对盗版的刑罚起点为非法复制1000张(份),并以两高院于2007年4月5日修改该条款,将该起点降低至500张(份)的司法解释为例,认为中国政府已认识到该刑罚门槛存在问题,否则不会作出该修改。但是,美国认为,这还不足以从根本上解决在中国的严重盗版问题,因为盗版者将以该刑罚起点为"避风港",只要不超过该起点,就可放心地复制、销售盗版。美国认为,该刑罚起点之下的盗版行为,以及非法经营数额或违法所得数额起点之下的假冒注册商标商品行为,仍构成TRIPS协定第61条规定应予以刑罚惩治的"商业规模"行为,因此,对此类盗版和假冒注册商标商品行为不给予刑罚惩治,与中国政府应履行TRIPS协定第41条第1款项下义务不符。中方则认为,第61条第一句项下义务仅限于WTO各成员将刑事程序和刑罚适用于"具有商业规模的故意假冒商标和盗版案件",而"商业规模"含有较大数量的意义。因此,中国在自己的刑事法律制度下,现行适用于"商业规模"故意假冒商标和盗版案件的较大数量或金额的有关限定,完全符合第61条第一句项下义务。

(2)关于中国海关处置没收侵犯知识产权货物的规则,违反了TRIPS协定第46条和第59条。

美国在请求磋商中指出,根据中国2004年3月1日起施行的《知识产权海关保护条例》第27条第3款与《海关实施办法》第30条,被没收的侵犯知识产权货物无法用于社会公益事业且知识产权权利人无收购意愿的,海关可以在消除侵权特征后依法拍卖;侵权特征无法消除的,海关应当予以销毁。美国认为,允许将消除假冒商标后货物拍卖而进入商业渠道,与中国政府应履行TRIPS协定第46条和第59条项下的义务不符。

(3)关于中国对涉及版权保护的文化产品市场准入问题,违反了TRIPS协定第3条第1款、第9条第1款和第14条以及《伯尔尼公约》第5条第1款、第2款和第17条。

美国在请求对涉及版权保护的文化产品市场准入的磋商中指出,根据中国加入WTO议定书的承诺,在入世后三年内完全开放贸易权,但是,中国政府关于电影制品产业管理条例等十项文化产业的行政法规或规章未完全开放对文化产品的贸易权,外国个人或企业(包括未在中国投资或注册)得到的待遇低于中国企业的国民待遇,因而与该议定书第五段第一项下义务不符。美国还认为,中国政府未履行该议定书关于批发服务的承诺以及视听服务领域的特别承诺开放表。尽管在美国在请求对涉及版权保护的文化产品市场准入的磋商中,未提及有关版权保护问题,但是,在涉及中国知识产权保护和实施的某些措施的磋商请求中,指控在中国政府对文化产品经审查允许进入市场前,该产品在待审查期间不能得到版权保护,因而与TRIPS协定第9条第1款所纳入的《伯尔尼公约》第

5条第1款、第2款项下保护版权作品的义务不符。

中方认为，首先，根据中国《著作权法》的规定，著作权自作品完成之日起产生，因此中国对著作权的保护与出版发行无关，中国对著作权的保护不以履行任何手续为条件，这完全符合《伯尔尼公约》的义务。其次，根据 TRIPS 协定的规定，缔约方应执行本协定的规定。缔约方可以在其国内法中规定比本协定所要求的更为广泛的保护，其条件是这样的保护不得违反本协定的规定，但缔约方没有义务一定要这样做。缔约方享有以适宜的方式，在其本国的法律体制和实践中执行本协定规定的自由。因此，中国享有对作品进行内容审查的权力，此权力的行使与著作权保护无关。

3. 裁定结果

(1) 中国《著作权法》第4条第1款违反了 TRIPS 协定第9条第1款及该条款所纳入的《伯尔尼公约》第5条第1款，同时违反 TRIPS 协定第41条第1款。

(2) TRIPS 协定第59条不适用于该案系争的中国海关措施，如果这些措施是针对出口货物；驳回美国关于中国海关措施违反 TRIPS 协定第59条以及相关的该协定第46条第一句规定原则的指控，但是，该海关措施违反 TRIPS 协定第59条以及相关的该协定第46条第四句规定的原则。

(3) 驳回美国关于中国的刑事门槛违反 TRIPS 协定第61条第一句项下义务的指控。

———— 练习题 ————

1. 简述《巴黎公约》的主要规定。
2. 简述《伯尔尼公约》关于作者权利的规定以及与 TRIPS 协定的不同。
3. 根据 TRIPS 协定的规定，不授予专利权的客体有哪些？
4. 简述国际许可协议的分类。
5. 简述国际特许经营的特点。
6. 试比较 WIPO 知识产权争端解决机制与 WTO 知识产权争端解决机制的不同。

———— 拓展阅读 ————

1. 国家知识产权培训（湖北）基地主编：《国际贸易中的知识产权保护》，知识产权出版社

2014年版。
2. 薛虹:《十字路口的国际知识产权法》,法律出版社2012年版。
3. 杨巧主编:《知识产权国际保护》,北京大学出版社2015年版。
4. 张乃根:《国际贸易相关知识产权法》,上海人民出版社2016年版。
5. [美]弗雷德里克·M.阿伯特、[瑞士]托马斯·科蒂尔、[澳]弗朗西斯·高锐:《世界经济一体化进程中的国际知识产权法》,王清译,商务印书馆2014年版。
6. Abbott, Frederick, Thomas Cottier and Francis Gurry, *International Intellectual Property in an Integrated World Economy*, Wolters Kluwer Law & Business, 2015.
7. Chow, Daniel and Edward Lee, *International Intellectual Property: Problems, Cases and Materials*, West Academic Publishing, 2012.
8. Frankel, Susy and Daniel J. Gervais, *Advanced Introduction to International Intellectual Property* Edward Elgar, 2016.
9. Goldstein, Paul and Marketa Trimble Landova, *International Intellectual Property Law, Cases and Materials*, Foundation Press, 2015.
10. Lester, S. and B. Mercurio, *World Trade Law: Text, Materials and Commentary*, Hart, 2008.
11. Trebilcock, M. J. and R. Howse, *The Regulation of International Trade*, Routledge, 2005.

第八章 世界贸易组织法

作为全球最重要的政府间国际经济组织之一,世界贸易组织(World Trade Organization, WTO)正式成立于1995年1月1日,其目标在于突破其前身关贸总协定仅涵盖货物贸易的局限性,建立完整的,包括货物、服务、与贸易有关的投资及知识产权等内容在内的更加广阔的多边贸易体系。成立以来,在消除贸易壁垒、实现世界贸易自由化方面成就显著,尤其是成员不断增加。截至2018年1月1日,WTO共有164个成员。其中128个国家为关贸总协定成员,以初始会员国身份加入了WTO。其余成员是在WTO成立后以"入世谈判"的方式先后成为了WTO成员国。中国和俄罗斯先后入世,使之更加名副其实。WTO成立后于2001年11月举行的多哈部长会议启动了新一轮多边贸易谈判(多哈回合,又称多哈发展议程),尽管2013年年末《巴厘一揽子协定》实现了多哈回合的早期收获(贸易便利化、农业、特殊与区别待遇以及最不发达成员),但仍有相当多重要问题未得到根本解决,多哈回合谈判的未来依然任重道远。与此同时,区域贸易安排急剧增加,尤其是美国参与推动的《跨太平洋伙伴关系协定》(Trans-Pacific Partnership Agreement, TPP, 后来美国退出)谈判和"跨大西洋贸易投资关系"(Transatlantic Trade and Investment Partnership, TTIP)谈判,以及中国主导的"一带一路"倡议。未来的WTO多边贸易体制必将长期与区域体系协调共存。中国于2001年12月11日正式加入WTO,积极参与多边经济交往体系和世界贸易规则的构建。同时,中国还以此为契机,积极推进国内经济、金融体制改革。因此,本章的内容,不仅包括WTO各项协定的具体规则,还将包括中国在入世过程中所作出的特别承诺,以及中国参与WTO争端解决的具体历程。

随着逆全球化潮流的推动,WTO的争端解决机制受到了严重的冲击。但是,WTO的基本规则构成了国际贸易的核心纪律,成为后续各种国际经贸机制的参照尺度,所以,该法律和程序规则构成了国际经济法的重要组成部分。

第一节 从关税及贸易总协定到世界贸易组织

一、关贸总协定的产生

WTO的前身是1947年签署的《关税与贸易总协定》(General Agreement on Tariffs and Trade, GATT)。GATT的签订,是"二战"后推进世界和平的产物之一。

"二战"过后,战胜国纷纷对战争爆发的原因进行反思,并逐渐意识到国际合作的重要性。因此,在政治领域,联合国得以成立;而在经济领域,最突出的表现就是 GATT、世界银行和国际货币基金组织的形成。

实际上,第二次世界大战尚未结束,一些国家就开始酝酿重建国际经贸秩序,其中美国对此尤为热衷。事实上,实现贸易自由化,也是美国一直以来的目标。在"二战"前,美国的工业生产就已经居于世界首位,高关税对其经济扩张显然不利。因此,1934 年,罗斯福在实行"新政"时就通过了《互惠贸易协定法》,并根据该法与许多国家签订了贸易协定。大战期间,美国就在盟国中呼吁在战后建立国际贸易组织。"二战"后,为了恢复世界经济,美国、英国等 44 个国家的代表于 1944 年 7 月在美国新罕布什尔州的布雷顿森林召开了联合国货币与金融会议(通常称为"布雷顿森林会议")。该会议分别成立国际货币基金组织(IMF)和国际复兴开发银行(IBRD)。

1946 年 2 月,美国提议召开国际贸易与就业会议,邀请了包括当时的中国政府在内的 19 个国家共同组建成立国际贸易组织筹备委员会,起草该组织宪章,并拟举行世界范围内的关税减让谈判。1947 年 4 月,在日内瓦举行的筹备委员会第二次会议上,通过了《国际贸易组织宪章》草案。1947 年 10 月,在哈瓦那举行的联合国贸易与就业会议上,审议并通过了《国际贸易组织宪章》(ITO Charter),这就是通常所称的《哈瓦那宪章》。其所包括的内容相当广泛。参加会议的各国代表认为,虽然该宪章还有待于各国立法机关批准加入,但是他们仍然可以先就相互减让关税问题进行谈判。为了尽快解决关税减让问题,参加会议的 23 个国家政府同意在国际贸易组织成立以前,先就关税减让和其他贸易限制等事项进行谈判。这一轮谈判是关税与贸易总协定的第一轮谈判。在谈判的基础上,有关国家达成了有关协议。此后,会议将这些协议同《国际贸易组织宪章》中有关贸易政策的内容一并构成单一协定,即《关税及贸易总协定》,作为一项过渡性的临时协议,以处理第二次世界大战后亟须解决的各国在关税及贸易方面的问题。

1947 年 10 月 30 日,23 个国家在日内瓦签署了该协定,并于 1948 年 1 月 1 日起临时适用生效。当时在临时适用议定书上签字的 23 个国家被称为创始缔约方。总协定原来只是根据"临时适用议定书"而临时生效的,一旦各国政府批准,《国际贸易组织宪章》即被取代,并正式建立起国际贸易组织。然而,该宪章在交由各缔约方国内法律批准时遇到阻碍,特别是当时极力主张贸易自由化的美国没有批准该宪章,当 1950 年美国国会拒绝通过该宪章之后,ITO 实际上就胎死腹中了。于是,关贸总协定(GATT)作为"临时适用"的调整多边贸易关系的协定一直适用了 47 年之久,并在此期间担负起管理、监督和发展多边国际贸易体系的职能,演变为一个事实上的国际组织。尽管从来没有取得正式国际组织的法律地位,但是,从 1948 年到 1994 年的 47 年间,它一直充当着世界贸易主要规则制定者和主要谈判组织者的角色,在促使各国关税减让、消除贸易障碍方面作出了巨大的贡献。

二、关贸总协定的演变

47年间,关贸总协定随着其功能的不断增强,从一份临时协定扩展到世界贸易规则的制定:

首先,关贸总协定的组织结构不断得到完善。由于关贸总协定最初仅作为一项临时性的多边贸易协定存在,并未在制度上被设计为一个国际组织,因此关贸总协定中关于组织机构设置的规定几乎为零,这给它的活动带来许多困难和不便,从而迫使它在实践中得到补充和发展,逐步演变为一个事实上的国际组织。经过几十年的发展,它已形成了缔约方全体、缔约方代表理事会、各种委员会、18国咨询小组、秘书处与总干事等一整套组织机构。

其次,法律条文逐步修正,子协定也得到了大量补充。关贸总协定几经修正、增补,历经8轮贸易谈判,已发展成一套系统的国际贸易法典。作为国际协定,关贸总协定依据《临时适用议定书》于1948年1月1日临时生效,在缔约方间具有法律效力。随着缔约方的增加,关贸总协定作为国际协定的范围需要从狭义和广义两个方面进行界定。狭义的关贸总协定是指最早由23个缔约方签字,于1948年临时生效的协定文本、解释性说明、附件和临时适用议定书,以及临时生效后历次的修改补充。广义的关贸总协定是指关贸总协定体系,表示由180多项国际多边贸易协定及其他法律文件构成的一个多边贸易体系;除狭义的内容外,这个体系还包括:(1)进一步阐述关贸总协定条款的一些单独协议;(2)缔约方大会决议,各委员会决定;(3)缔约方加入时签署的几百份协议、关税减让表等。另外,有关新缔约方接纳的议定书、每轮谈判达成的各项子协定及关税减让表,都是关贸总协定的组成部分。

最后,"谈判"是关贸总协定活动的中心内容,也是其演变的主要形式。在关贸总协定存续的近半个世纪的时间里,关贸总协定共组织了八轮缔约方之间的多边贸易谈判,一轮谈判通常被称为一个"回合"(Round)。这里需要特别说明的是第一轮谈判和第八轮谈判,第一轮谈判实际上是指1947年4月至10月在设立国际贸易组织的筹备会议上就关税等进行的谈判,虽然当时关贸总协定尚未产生,但是,鉴于该次谈判的重要性一般将其列为关贸总协定下的第一轮谈判。第八轮谈判是指持续八年的乌拉圭回合谈判,由于该回合直接导致取代关贸总协定的WTO的设立,所以在关贸总协定和WTO之间具有衔接性。谈判议题在八个回合中呈逐步扩张的趋势,前五轮谈判主要集中在关税减让问题上,从第六轮谈判开始涉及非关税措施领域,在第八轮谈判即乌拉圭回合更是从传统的货物贸易扩展到服务贸易、投资、知识产权保护等新的领域。

三、关贸总协定的宗旨及内容

关贸总协定的宗旨,是通过彼此削减关税及其他贸易壁垒,消除国际贸易中的歧视待遇,以充分利用世界资源,扩大商品生产和交换,保证充分就业,增加实际收入和有效需求,提高生活水平。为实现这一宗旨,关贸总协定作出了一系列规定。最初的关贸总协定由3个部分共35个条文组成,肯尼迪回合期间,缔约方同意增补第4部分贸易与发展的条款,增补后的关贸总协定共有4个部分38个条文:第1部分包括两个条文,规定了最惠国待遇和关税减让义务。第2部分包括第3条到第23条共21个条文,主要规定了国民待遇、倾销和反补贴、海关估价、原产地标志、透明度、一般取消数量限制、国营贸易企业、保障措施、例外条款、争端解决机制等重要的原则、制度。第3部分包括第24条到第35条共12个条款。除适用范围、决策机制、减让的修改、停止或撤销外,主要是程序性条款,如GATT的接受、生效、登记、修正、退出、加入等。第4部分包括第36条、第37条、第38条。第4部分是东京回合谈判的产物,主要规定了一些对发展中国家的特殊安排。

四、关贸总协定的成就及局限性

首先,最值得肯定的是,关贸总协定为各缔约方规定了一套处理他们之间贸易关系的原则、规则、制度。关贸总协定作为"二战"后建立的第一个多边贸易体制,确立了缔约方在国际贸易关系中必须遵循的若干基本原则,包括最惠国待遇原则、国民待遇原则、一般取消数量限制原则、透明度原则、给予发展中国家优惠待遇原则等,这些原则构成促进全球贸易自由化的基础。在这些原则基础上,关贸总协定通过八轮多边贸易谈判达成了一系列多边协议,通过这些多边协议逐步完善了许多部门法律制度,诸如反倾销制度、补贴与反补贴制度、技术性贸易壁垒制度、海关估价制度、进口许可证制度等。这些原则与制度构成关贸总协定全体缔约方或者各个守则缔约方在国际贸易领域的基本行为准则,极大地促进了国际贸易的发展。

其次,关贸总协定促进了战后国际贸易的发展。关贸总协定最突出的贡献是,大幅度降低了关税。通过八轮谈判,发达国家的平均关税逐步从40%降至3%左右,发展中国家和地区的平均关税降至11%左右。这无疑促进了国际贸易的兴盛。同时,关贸总协定还削减了大量的非关税壁垒。为保证缔约方因关税减让而获得的好处不被非关税壁垒所抵销,关贸总协定自肯尼迪回合开始,就非关税壁垒进行谈判,先后达成了补贴与反补贴守则、保障措施守则等规则。这些多边贸易谈判对于不断削减以至废除贸易障碍,最终确立开放、平等和自由的竞争市场,进而推动国际贸易的增长,起到了重要的作用。

再次,关贸总协定对其缔约方的贸易政策和有关国内法都产生了广泛和深远的影响。缔约方的经济贸易战略和发展目标,需符合关贸总协定的要求,并受到关贸总协定的审查和监督,否则会受到关贸总协定和缔约他方的制裁或报复。因此,缔约方有义务制定或修订国内法,使之符合其参加的条约的规定。这样,缔约方的经济主权和立法主权主动或被动地受到了限制,并且随着多边组织管辖范围的日益扩大而受到日益增多的限制。这些限制固然引发了一些缔约方国内的不满,但不可否认的是,其有效促进了国内贸易壁垒的破除。

最后,关贸总协定为缔约方之间协调贸易政策和解决有关争端提供了便利场所。现实世界是一个国家林立的世界,各国政治体制不同,社会发展程度不一,人口、资源条件、经济结构各异,使各国的有关政策和法律千差万别。因此,通过谈判求同存异,无疑会促进国际经济合作和关贸总协定的良好运作,八轮多边贸易谈判的组织即是一个很好的例证。通过提供谈判的场所,关贸总协定在协调缔约方之间的贸易关系、促进缔约方就贸易问题进行及时磋商等方面发挥了重要的作用。举例来讲,目前补贴与反补贴规则当中关于补贴专向性问题的规定,就是在谈判过程当中达成一致的。与此同时,关贸总协定下的争端解决机制为缔约方之间的贸易纠纷提供了协商、调解、仲裁的解决途径,可以在一定程度上缓和或者平息缔约方之间的矛盾。

在肯定关贸总协定所取得成就的同时,也应当意识到其局限性:

首先,关贸总协定存在法律规则统一性不足的问题。由于关贸总协定是各缔约方之间第一次进行多边贸易关系协调的产物,其法律规则在很多方面呈现出统一性不足的问题。最为典型的例证,就是其中包含了"祖父条款"。《临时适用议定书》第1条第2款规定"在不违背现行国内立法的条件下,最大限度地适用关贸总协定第二部分",这实际上表明关贸总协定第二部分的法律效力低于各国国内立法,进而导致规定了大部分实质内容的关贸总协定第二部分在不同缔约方得不到一致的遵守。此外,"东京回合守则"问题也较为突出。由于东京回合下达成的9项协议只要求各缔约方选择性签署,而且签署缔约方对这些守则的适用可以背离最惠国待遇原则,这就导致各个守则的签署缔约方与非签署缔约方之间权利义务的差异,也不利于关贸总协定法律规则的统一适用。

其次,关贸总协定虽然具有了一定的组织机制与争端解决机制,但其制度设计仍然不够完备。基于关贸总协定产生的"偶然性",其一直没有取得正式国际组织的法律地位,这在一定程度上限制了其功能的发挥。在组织机制方面,关贸总协定本身没有确定缔约方大会的权力,秘书处也一直以国际贸易组织临时委员会的名义行事;其"协商一致"的决策程序往往难以协调发达缔约方与发展中缔约方的利益。关贸总协定的争端解决机制,一方面由于"完全一致"的报告通过制度而显得不够"效率";另一方面由于东京回合下达成的有关协议含有各自的争端解决机制,关贸总协定下的争端解决程序也出现"分割化"问题。

最后,关贸总协定的适用范围较为有限。关贸总协定的适用范围仅仅局限于货物贸易,且货物贸易中的农产品、纺织品等产品长期游离于关贸总协定的法律框架之外。同时,尽管服务贸易与知识产权贸易在国际贸易中所占比重逐步增大,但其仍然完全不受关贸总协定调整。这些都表明,关贸总协定的适用范围已经不能适应国际贸易发展的需要。新规则的产生已经呼之欲出。

五、乌拉圭回合谈判的历程与主要成果

1986年9月15日,GATT缔约方部长会议在乌拉圭埃斯特角城召开,GATT第八轮谈判即乌拉圭回合谈判正式拉开序幕。此谈判也是GATT与WTO重要的连结点。乌拉圭回合历时最长、参加者最多、议题最广泛,其成果也最为丰硕。

具体来讲,乌拉圭回合谈判原计划用4年时间完成各项议题的谈判任务,但因各谈判方对一些议题存在分歧,尤其是在农产品贸易谈判中,美国、欧共体和"凯恩斯集团"争执不休,致使谈判不能如期结束。直到1993年12月15日,美国与欧共体达成协议,谈判才终于宣告结束。其参加者数量也居于历次谈判首位。此前的东京回合谈判只有99个参加国和地区,而乌拉圭回合谈判共有125个参加国和地区。此次谈判共涉及15个议题:关税、非关税壁垒、热带产品、自然资源产品、农产品贸易、纺织品和服装贸易、关贸总协定条款、保障条款、多边贸易谈判协议和安排、补贴和反补贴、关贸总协定体制的作用、争端解决、与贸易有关的投资措施、与贸易有关的知识产权包括冒牌货贸易问题、服务贸易。其中与贸易有关的投资措施、知识产权和服务贸易3个议题,是前所未有的新议题。从这些议题也可以看出,谈判重心较之于前几次谈判已经发生了转移。前几轮谈判基本上以关税减让为主,只有肯尼迪回合、东京回合涉及非关税措施和关贸总协定体制的作用等问题。在乌拉圭回合谈判中,以非关税壁垒、3个新议题和关贸总协定体制的作用等议题为重心。

此次长达8年的谈判,成果较之于历次谈判而言也是最为丰硕的,共达成具体协议、附件、决定和谅解60项,形成550页的最后文件,并附有2.25万页各国关税减让表和服务贸易承诺清单,在很多方面都创新了国际贸易体制。谈判的结果基本上采取"一揽子方式"接受。

乌拉圭回合谈判达成的所有多边协议,除了《政府采购协议》等4项政府参与性较强的协定外,其余的均要求各缔约国一揽子接受。具体来讲,乌拉圭回合取得的主要成果共包含如下内容:

第一,改善了货物贸易法律制度。货物贸易是乌拉圭回合之前关贸总协定的主要调整范围,乌拉圭回合一方面规定继续分阶段按比例削减关税;另一方面在非关税措施领域进一步完善了东京回合守则下的各项协议,并增加了《装运前检验协议》和《原产地规则协议》等协议。此外,乌拉圭回合还达成了6项对关贸总协定文本相关条款进行解释的谅解。

第二,扩大了管辖范围。扩大管辖范围是乌拉圭回合取得的最为显著的成果之一。一方面,乌拉圭回合把长期游离于关贸总协定之外的农产品、纺织品与服装等产品纳入多边货物贸易规则体制中。另一方面,乌拉圭回合从传统的货物贸易领域扩展到服务贸易、与贸易有关的知识产权以及与贸易有关的投资等领域。

第三,强化了多边贸易法律体制的统一性。与东京回合下达成的9项守则允

许缔约方自由加入相比,乌拉圭回合要求对除诸边贸易协定以外的所有多边贸易协定各成员方必须一揽子接受并一体遵守,这极大地增强了多边贸易体制的统一性和约束力。

第四,健全了管理多边贸易的机构体制。乌拉圭回合建立了世界贸易组织,其对前身关贸总协定的完善突出体现在争端解决机制的健全和贸易政策评审机构的建立上,这些可以促进争议的解决以及基本框架协议的贯彻落实。

六、世界贸易组织的产生

GATT 最初为美国所倡议,但世界贸易组织的产生,却是欧共体首先提出的倡议。在 1990 年初,欧共体首先提出建立一个多边贸易组织的倡议,这个倡议后来得到美国、加拿大等国的支持。缔约各方在 1990 年 12 月召开的布鲁塞尔会议上作出正式决定,同意就多边贸易组织进行协商。经过一年的紧张谈判,1991 年 12 月形成了一份关于建立多边贸易组织协定的草案。该草案作为"邓克尔文本"的一部分,成为进一步谈判的基础。1993 年 12 月 15 日,根据美国的动议,把"多边贸易组织"改为"世界贸易组织"(World Trade Organization,WTO)。1994 年 4 月 15 日,在摩洛哥马拉喀什举行了乌拉圭回合谈判最后一次会议,125 个国家和地区的政府和欧共体代表签署了最后文件和《建立 WTO 协定》,历时 7 年半的乌拉圭回合谈判正式结束。最后文件经各国提交立法机关批准后,已按预定时间表于 1995 年 1 月 1 日生效,WTO 也于同日宣告成立。如图 8 – 1,为 WTO 的标志。

图 8 – 1　世界贸易组织的标志

第二节　WTO 的法律制度框架

一、WTO 的法律框架

(一)概述

乌拉圭回合通过的最后文件构成了世界贸易组织的法律框架的基础,特别是其中的《建立世界贸易组织的马拉喀什协定》(以下简称《世界贸易组织协定》或《WTO 协定》)及其 4 个附件构成了世界贸易组织法律框架的主体。在 WTO 的官方网站,对于 WTO 法律框架的主体文件结构进行了如图 8 – 2 描述:

Umbrella	AGREEMENT ESTABLISHING WTO		
	Goods	Services	Intellectual property
Basic principles	GATT	GATS	TRIPS
Additional details	Other goods agreements and annexes	Services annexes	
Market access commitments	Countries' schedules of commitments	Countries' schedules of commitments(and MFN exemptions)	
Dispute settlement	DISPUTE SETTLEMENT		
Transparency	TRADE POLICY REVIEWS		

图 8 – 2　WTO 法律框架

资料来源：https://www.wto.org/english/thewto_e/whatis_e/tif_e/agrm1_e.htm。

此图中译如下：

伞状结构	《建立世界贸易组织的马拉喀什协定》		
	货物	服务	知识产权
基本规则	GATT(关贸总协定)	GATS(《服务贸易总协定》)	《与贸易有关的知识产权协定》
其他协定	其他货物贸易协定与附件	与服务贸易相关的附件	
市场准入承诺	各国的承诺	各国的承诺(以及最惠国待遇例外)	
争端解决	《争端解决规则和程序谅解》		
透明度	贸易政策审议		

从图 8-2 能够看出,关贸总协定仅仅是 WTO 法律体系当中较小的一部分。WTO 不论在广度和深度上都远远高于关贸总协定。

鉴于世界贸易组织的不断发展,世界贸易组织的法律框架还应当包括:(1)世界贸易组织成立以来历次部长大会通过的部长宣言;(2)世界贸易组织新成员的加入议定书;(3)世界贸易组织成立后达成的新的关税减让表和服务贸易承诺清单;(4)其他随着世界贸易组织的发展而产生的新的法律文件。此外,世界贸易组织的各理事会和委员会等机构通过的决议以及争端解决机构通过的争端解决报告,尽管对这些文件的法律效力仍然存在争议,但是,其仍然构成解释世界贸易组织法律规则十分重要的渊源之一。

乌拉圭回合通过的最后文件包括约 60 项具体协议、附件、决定和谅解,主要分为如下几个部分:(1)《乌拉圭回合多边贸易谈判结果最后文件》;(2)《建立世界贸易组织的马拉喀什协定》及其 4 个附件;(3)乌拉圭回合部长级会议通过的宣言和决定,主要是对多边贸易协定中涉及的细节问题作出补充规定;(4)各国关税减让表和服务贸易承诺清单。

鉴于《世界贸易组织协定》及其 4 个附件构成世界贸易组织法律框架的主体,下面进行重点介绍。

(二)《WTO 协定》

《WTO 协定》是世界贸易组织的总章程、基本法,位于乌拉圭回合最后文件各项协定之首,包括序言、15 条正文以及 4 个附件。序言以及正文构成《WTO 协定》本身,主要规定了世界贸易组织的宗旨、范围、职能、组织结构、成员制度、法律地位、决策机制和一些程序性法律问题。4 个附件规定了世界贸易组织法律框架的实质性内容。

具体内容简述如下:

1. 序言:阐述世界贸易组织的宗旨,即提高生活水平,保障充分就业,保障实际收入和有效需求的大幅度稳定增长,扩大货物、服务的生产和贸易;坚持走可持续发展之路,最合理地利用世界资源,寻求对环境的保护;确保发展中国家,尤其是最不发达国家,能够在国际贸易增长中获得与其经济发展水平相应的份额;建立一个完整的、更具有活力的和永久性的多边贸易体制。

2. 正文:

(1)第 1 条:为实现宗旨而建立世界贸易组织。

(2)第 2 条:世界贸易组织的管辖范围。规定附件一、附件二、附件三作为协定不可分割的组成部分,各成员必须一揽子接受;附件四作为诸边贸易协定,各成员方可以选择参加。

(3)第 3 条:世界贸易组织的职能。包括执行、管理、运作本协定以及世界贸易组织框架下的其他多边贸易协定;为成员方之间的谈判提供场所;处理国际贸易争端;进行贸易政策评审;与国际货币基金组织和世界银行等其他国际组织进行合作。

(4)第4条:世界贸易组织的组织机构,包括部长级会议、总理事会、各理事会和相关委员会。

(5)第5条:与其他组织的关系。授权总理事会对与其他组织的协商与合作作出安排。

(6)第6条:设立秘书处。秘书处由总干事领导。

(7)第7条:预算以及费用的分摊。

(8)第8条:世界贸易组织的法律地位。世界贸易组织具有法律人格,各成员方要赋予其执行职能所必需的法律能力以及必要的特权和豁免。

(9)第9条:世界贸易组织的决策机制。

(10)第10条:协定本身的修改程序。

(11)第11条:创始成员的地位。

(12)第12条:申请加入世界贸易组织的条件和程序。

(13)第13条:成员之间互不适用世界贸易组织各协定的条件和程序。

(14)第14条:协定的接受、生效和保存。

(15)第15条:成员的退出程序。

3.附件包括:附件一:货物贸易、服务贸易、知识产权贸易多边协定。附件二:关于争端解决规则与程序的谅解。附件三:贸易政策评审机制。附件四:诸边贸易协定。

(三)《WTO协定》的附件

如前文所述,《WTO协定》共有4个附件,其中最为重要的附件一又包括三部分,即附件一A、附件一B、附件一C;所以这里分六部分对《世界贸易组织协定》的附件进行介绍。

1.附件一A:货物贸易多边协定

货物贸易是世界贸易组织的前身关贸总协定一直以来调整的传统部门,也是世界贸易组织多边贸易法律体制的基础。作为《WTO协定》附件一A的货物贸易多边协定包括13个协议,分别是:

(1)1994年《关税与贸易总协定》(GATT 1994);

(2)《农产品协议》;

(3)《实施卫生与植物卫生措施协议》;

(4)《纺织品与服装协议》;

(5)《技术性贸易壁垒协议》;

(6)《与贸易有关的投资措施协议》;

(7)《反倾销协议》;

(8)《海关估价协议》;
(9)《装运前检验协议》;
(10)《原产地规则协议》;
(11)《进口许可证程序协议》;
(12)《补贴与反补贴措施协议》;
(13)《保障措施协议》。

2. 附件一 B:服务贸易多边协定

世界贸易组织第一次把服务贸易纳入多边贸易法律体制的调整范围之内,其关于服务贸易的规定主要包括《服务贸易总协定》(General Agreement on Trade in Services, GATS)及其附件,具体包括:

(1)《服务贸易总协定》;
(2)《服务贸易总协定第二议定书》(金融服务);
(3)《服务贸易总协定第三议定书》(自然人流动);
(4)《服务贸易总协定第四议定书》(基础电信);
(5)《服务贸易总协定第五议定书》(金融服务)。

3. 附件一 C:与贸易有关的知识产权协定(Agreement on Trade - related Aspects of Intellectual Property Rights, TRIPs 协定)

世界贸易组织与贸易有关的知识产权法律制度集中规定在《与贸易有关的知识产权协定》中,该协定设定了对版权、商标、地理标志、工业设计、专利、集成电路布图设计、未披露的信息等知识产权保护的最低国际标准,制定了保护的基本原则,规定了知识产权的范围、保护以及争端解决等诸多方面的法律问题。

4. 附件二:《关于争端解决规则与程序的谅解》(Understanding on Rules and Procedures Governing the Settlement of Disputes, DSU)

《关于争端解决规则与程序的谅解》规定了世界贸易组织争端解决机制所应遵循的基本规则,其中的争端解决程序成为世界贸易组织争端解决的普通程序。

5. 附件三:贸易政策评审机制(Trade Policy Review Mechanism, TPRM)

贸易政策评审机制在协定中集中规定了贸易政策评审的目标、审议机构、审议范围、审议程序等方面的法律制度。

6. 诸边贸易协定(Plurilateral Trade Agreement)

诸边贸易协定构成《世界贸易组织协定》的附件四,包括《民用航空器贸易协议》、《政府采购协议》、《国际奶制品协议》和《国际牛肉协议》。其中,《国际奶制品协议》和《国际牛肉协议》已于 1997 年 12 月 31 日终止。

诸边贸易协定不属于世界贸易组织一揽子协议的范围,世界贸易组织的成员可以自愿选择是否参加。

(四)WTO 法律框架的特点

尽管世界贸易组织的法律框架几乎涉及国际贸易的所有领域,但从总体上来看,其具有相当程度的统一性。这种统一性主要体现在如下几个方面:首先,规则之间具有基本原则的一致性,基于《世界贸易组织协定》,货物贸易、服务贸易、与贸易有关的知识产权等各个领域的法律文件都遵循一定的基本原则,包括最惠国待遇原则、国民待遇原则、透明度原则等。其次,管理机构的协调性,不同领域的协定基本上都设立了专门负责管理的理事会或者委员会,这些机构之间都有一定的隶属关系,从而确保管理机构的协调性。最后,争端解决机制的统一性,世界贸易组织体系下发生的争端都被纳入其争端解决机制中进行解决。

当不同法律文件的规定存在冲突时,基本的调整规则是:首先,《WTO 协定》与其他多边贸易协定的规定存在冲突时,前者优先适用。其次,1994 年《关税与贸易总协定》与其他货物贸易多边协定不符时,后者优先适用。最后,普通争端解决程序与《关于争端解决规则与程序的谅解》附录二中规定的特殊争端解决程序存在差异时,特殊程序优先适用。

二、WTO 的宗旨

《建立 WTO 协定》的序言当中,明确阐明了世贸组织的宗旨:"在发展贸易和经济关系方面,提高生活水平,保障充分就业,保证实际收入和有效需求的大幅度持续增长;扩大货物和服务的生产与贸易;同时按照可持续发展的目的,合理地利用世界资源,寻求对环境的维护;确保发展中国家尤其是最不发达国家能获得与它们经济发展所需要的国际贸易份额的增长;建立一个统一的、更可行的和永久性的多边贸易体制,以实现包括 GATT 1947 在内乌拉圭回合多边贸易谈判的全部成果。"

由前述文本可知,WTO 的宗旨与 GATT 是基本一致的,但又有所创新和发展:

首先,GATT 并未提及服务贸易,而 WTO 的管辖范围扩大到服务贸易并将扩大服务的生产和贸易作为宗旨之一;

其次,GATT 序言规定"实现世界资源的充分利用",而 WTO 强调依可持续发展的目标,对世界资源进行最佳利用并寻求保护和维护环境。从"充分"到"最佳",其含义的改变不言而喻;

再次,特别强调了保证发展中国家的国际贸易和经济的发展;

最后,强调完善和强化多边贸易体制,使其具有"统一、更可行和永久性"三个特点。强调"统一",就是要避免 GATT 时期的规则巴尔干化状态;强调"永久性",就是要通过建立常设的有坚实法律基础的国际组织来克服 GATT 临时适用的弊端;强调"更可行",就是要通过更加系统和明确的规则和更加强化的监督机制和运行机制使新的多边贸易体制更为切实可行。

三、WTO 的职能与组织机构

(一) 职能

有关 WTO 的职能的规定散见于乌拉圭回合的各项协定和决议中。最主要的条款是《WTO 协定》的第 3 条。世界贸易组织的主要职能包括：

1. 便利《WTO 协定》和多边贸易协定的实施、管理和运用，努力实现各项协定、协议的目标，还应为诸边贸易协定提供实施、管理和运用的体制。

乌拉圭回合通过的《WTO 协定》和各项多边贸易协定构成了国际贸易制度和秩序的基本法律框架，是各成员在进行国际贸易活动中必须遵循的国际贸易法律文件。促进这些法律文件的切实执行、统一的管理和有条不紊的运作，以及不断推动其各项既定目标逐步的实现，就成为 WTO 首要职能。

2. 为各成员提供处理各协定、协议有关事务的谈判场所，并为世界贸易组织发动多边贸易谈判提供场所、提供谈判准备和框架草案。

多边贸易关系谈判是由多个成员同时对彼此相关的各种贸易问题所举行的洽商。与双边贸易谈判不同，由于多边贸易谈判同时有许多成员参与，各方意见纷纭，通常要拖延较长的时间。但是一旦达成协议，其成就也较双边谈判更为广泛，更能促进全球贸易的自由化。迄今为止，成员间的多边贸易关系谈判主要有两种模式：一种是为现行协定的具体实施而举行的谈判；另一种是旨在制定新的协定而举行的进一步谈判。

3. 管理《WTO 协定》附件二所列《关于争端解决规则与程序的谅解》。

《关于争端解决规则与程序的谅解》的签订及 WTO 争端解决职能的确立，建立了一个比较合理的多边贸易争端解决制度，对多边贸易体制的深入发展起着提供安全保障和行为预测的重要作用。这是因为，WTO 扭转了原来 GATT 1947 争端解决机制的软弱和分散状态，建立了争端解决的统一运作和管理机制。长期以来，除了 GATT 1947 第 22 条和第 23 条的争端解决程序外，反倾销协定、补贴和反补贴措施协定等东京回合制定的各项守则也都规定了各自独立的争端解决程序，并相应设置了争端解决机构。WTO 的争端解决机制不仅统一适用于货物贸易领域，同时也统一适用于服务贸易、知识产权等货物贸易以外的新领域。

4. 管理《WTO 协定》附件三规定的贸易政策评审机制。

WTO 设立贸易政策评审机构来负责贸易政策评审，所有成员的贸易政策和惯例均须接受定期的审议。成员接受贸易政策评审机制评审的频率取决于成员对多边贸易体制的影响程度，而对多边贸易体制影响的大小又取决于该成员在某一代表性时期内在世界贸易总量中所占份额的大小。成员占世界贸易的份额越大，接受评审的次数就越多。一般而言，在世界贸易的前四位成员每 2 年审查一次，对位列第 5 位到第 20 位的 16 个成员每 4 年审查一次，对第 20 位以外的其他成员则每 6 年审查一次，对于最不发达国家成员可以确定一个更长的审查周期。贸易政策评审机制的设立,有助于增加多边贸易体制的透明度,督促 WTO 成员履行 WTO 项下的义务,减少或避免贸易争端。

5.以适当的方式与国际货币基金组织和世界银行等进行合作,以取得全球经济政策的一致性。

如图 8-3,可见 WTO 的主要职能。

> Functions:
> • Administering WTO trade agreements
> • Forum for trade negotiations
> • Handling trade disputes
> • Monitoring national trade policies
> • Technical assistance and training for developing countries
> • Cooperation with other international organizations

图 8-3　WTO 官方网站对于 WTO 功能的概括

图片来源:https://www.wto.org/english/thewto_e/whatis_e/who_we_are_e.htm。

(二)组织机构

根据《建立 WTO 协定》第 4 条的规定,世贸组织的机构主要包括部长级会议、总理事会、专门委员会和秘书处。

部长级会议由所有成员的代表组成,至少每两年召开一次会议,是 WTO 最高权力机构,履行世贸组织的职能,有权对多边贸易协定的所有事项作出决定。迄今为止,WTO 已举行了九次部长级会议。首次部长级会议于 1996 年 12 月在新加坡召开,来自 128 个成员的 2300 多名代表参加了会议;这次会议讨论的问题众多,其中主要的问题有:劳工标准、电子商务、农业投资、竞争、通信、金融、政府采购透明度和贸易便利化等;大会通过了《新加坡部长级会议宣言》和《信息技术协定》。会议决定第二次部长级会议于 1998 年在日内瓦举行。第三次部长级会议于 1999 年 11 月 30 日在美国西雅图召开,本次会议设置的主要议题有:农产品贸易多边谈判、服务贸易谈判、对已有协定执行情况的审核和关于"千年回合"新议题的设置等。由于成员对这四个议题特别是新议题即环境保护和制定劳工标准的议题无法达成一致,最后西雅图会议无果而终。

第四次部长级会议于 2001 年 11 月在卡塔尔多哈举行。多哈会议是一次富有重大成果的部长级会议,会议通过了多哈发展议程,决定启动新一轮贸易谈判;通过了《TRIPS 协定与公共健康多哈宣言》;表决通过中国加入 WTO。

第五次部长级会议于 2003 年 9 月在墨西哥坎昆举行,由于谈判各方在核心问题即农业问题与新加坡议题上不能达成一致,坎昆会议无果而终,使多哈发展会议议程谈判进程遭受重大打击。

第六次部长级会议于 2005 年 12 月在香港召开,发达成员同意在 2013 年取消农产品出口补贴,而发展中成员接受在非农产品市场准入上采取瑞士公式作为依据。

第七次部长级会议于 2009 年 12 月在日内瓦召开,会议围绕"世界贸易组织、多边贸易体系和当前全球经济形势"这个主题回顾和审议了世贸组织的工作,未能为推动多哈回合谈判取得明显进展。

2013 年 12 月,WTO 第九届部长级会议在印尼巴厘岛落下帷幕,发表了《巴厘部长宣言》。此次会议在最后时刻达成了 WTO 成立 18 年、多哈回合谈判启动 12 年以来的第一份全球多边贸易协定——"巴厘一揽子协定"。这标志着多哈回合贸易谈判 12 年僵局获得了历史性突破。

2024 年 2 月,WTO 第十三届部长级会议在阿布扎比举行,科摩罗、东帝汶加入了 WTO,对于扶持最不发达国家、减少技术性贸易壁垒进行了有效的谈判,并对争端解决机制的改革做出了新的部署。

总理事会是世界贸易组织的常设决策机构,在部长级会议休会期间执行部长会议的各项职能。总理事会也由所有成员代表组成,在它认为适当的时候召开会议。它的主要职能包括:履行设立争端解决机构的职责;履行设立贸易政策审议机构的职责;指导下设三个专门理事会,即货物贸易理事会、服务贸易理事会和与贸易有关的知识产权理事会的工作。这三个专门理事会分别负责监督相对应的协定的执行情况。这些理事会的成员也是从全体成员代表中产生。

总理事会下还设有五个专门委员会,负责处理三个理事会的共性事务及其他事务,对总理事会负责,各委员会的成员从所有成员的代表中产生。专门委员会包括:贸易与发展委员会(负责与发展中国家特别是最不发达国家有关的事务)、贸易与环境委员会、国际收支限制委员会(负责在一成员根据《1994 年关贸总协定》第 12 条和第 18 条为解决其收支平衡困难而采取贸易限制措施时,协调该成员与其他成员之间的关系)、区域贸易协议委员会(负责审查区域贸易协议,并考察这类协议对于多边贸易体制的影响)以及预算、财务与行政委员会(负责世界贸易组织财政和预算方面的事务)。此外,根据《民用航空器贸易协议》和《政府采购协议》的规定,世贸组织还设立了民用航空器贸易委员会和政府采购委员会,负责监督实施相应的诸边贸易协议。

秘书处是世界贸易组织的日常办事机构,负责秘书事宜,由总干事领导。总干事的人选由部长会议任命,其权力、职责、服务条件和任期也由部长会议决定。秘书处的其他工作人员由总干事任命,并根据部长会议的规定确定他们的职责和服务条件。总干事及秘书处工作人员的职责具有完全的国际性,其工作并不代表任何国家的利益。

四、WTO作为国际组织的法律地位

《建立WTO的协定》通过第8条的规定,赋予世界贸易组织完全的法律人格,使之与国际货币基金组织、世界银行一样,具有了国际法的主体资格。这种法律地位主要体现在以下三个方面:首先,世界贸易组织具有法人资格、拥有自己的财产,具有权利能力和行为能力。它享有各成员赋予它的权利。其次,根据成员的授权,世界贸易组织及其官员、各成员方代表在履行职能时享有特权和豁免。这些特权和豁免应与1947年11月21日联合国大会通过的《专门机构特权和豁免公约》所规定的特权与豁免相同。具体包括:任何形式的法律程序豁免(包括不受起诉、不被逮捕等)、财产豁免、所有的直接税、关税豁免以及公务用品和出版物的进出口限制豁免等。最后,世界贸易组织可以订立一个建立总部的协议,根据协议建立总部,负责日常业务的管理,以及与其他国际组织进行协商与合作。

五、成员资格和决策机制

(一)成员的加入

根据《建立WTO协定》,WTO成员可以是主权国家,也可以是国际组织(如欧共体)和单独关税区(如香港和澳门)。截至2024年7月1日,WTO有成员166个。

WTO的成员分创始成员和加入成员。其中,根据《建立世界贸易组织协定》第11条的规定,成为世界贸易组织创始成员应符合以下条件:(1)在世界贸易组织成立时已是1947年关贸总协定的缔约方;(2)在规定的期限内(世界贸易组织成立后两年内)完成接受世界贸易组织有关协议的程序;(3)按各多边货物贸易协议规定作出减让承诺表,并附于《1994年关贸总协定》之后;(4)按《服务贸易总协定》规定,作出具体的市场准入承诺表,并附于协定之后。按照上述条件规定,到1996年12月31日的截止日期,WTO共有128个创始成员。

WTO成立后方才加入的成员,被称为加入成员。加入成员应首先向世界贸易组织提出加入申请。根据《建立世界贸易组织协定》第12条的规定,申请加入世界贸易组织的主体包括两种:一是主权国家;二是单独关税区,即在对外商务及世界贸易组织规则规定的其他事项的处理方面拥有完全自主权的地区。申请加入的步骤包括达成加入议定书和表决通过。

这一过程可分为以下几个阶段:

(1)提出申请。申请加入世界贸易组织的国家或单独关税区,应首先向世界贸易组织提出正式申请。在提出申请的同时,应递交有关其对外贸易政策的备忘录。

(2) 贸易政策的审议。世界贸易组织接受加入的申请后,将成立专门的工作组对其贸易政策进行审议。在审议中,如对其备忘录内容有疑问,申请者应进行解释。在审议期间,如申请者的对外贸易政策发生了重大变化,应作出补充说明。

(3) 双边协议。世界贸易组织各成员可提出要求与申请者进行双边谈判,双方就履行世界贸易组织的各项协议作出承诺,达成双边协议。根据世界贸易组织的非歧视原则,申请者在这些协议中所作承诺将同时适用于其他成员。因此,事实上,希望加入WTO的国家,并不需要与每一个成员单独展开谈判。一些国家很可能会选择"搭便车",即直接接受美国、欧盟等已经取得的谈判成果。

(4) 订立加入议定书。在完成双边谈判以及贸易政策的审议后,工作组将进行最终加入议定书的制作阶段。

(5) 工作组将工作报告、加入议定书和减让表等文件提交部长会议或总理事会审议。

(6) 在部长会议上由2/3成员方表决通过。

(二) 成员的退出

根据《建立世界贸易组织协定》第15条的规定,任何成员可自愿退出世界贸易组织。对其退出没有实体条件的约束,但应符合程序条件,即成员的退出在世界贸易组织总干事收到退出的书面通知之日起6个月期满时方能生效。

(三) WTO的决策程序

1. 决策原则

根据WTO协定第9条第1款的规定,WTO的决策程序总体上仍沿用1947年关贸总协定的协商一致的原则。但就某些特定事项如接纳新成员、豁免某一成员义务、修改WTO协定条款、解决争端程序等方面的决议,应以投票表决的方式来决定。

协商一致是指出席会议的成员对拟通过的决议不正式表示反对,就视为同意。其中,保持沉默、弃权或进行一般的评论等都不能构成反对意见。除非世界贸易组织管辖的协定、协议另有规定,所有规则的制定应采取协商一致通过的方法。但当协商一致不能作出决定时,该议题应由所有成员投票表决。除另有规定外,部长会议和总理事会的决定应以多数票的表决通过。在投票表决时,每一成员具有一票表决权,其中欧盟的表决权数与其成员国中已经是世界贸易组织的成员的数目相同。

2. 投票多数通过

应由成员3/4的多数通过的事项共包含如下内容:(1)部长级会议和总理事会对世界贸易组织管辖的协定、协议的解释。(2)部长会议决定免除某一成员根据世界贸易组织规则规定应履行的义务。

应由成员2/3的多数通过的事项共包含如下内容：(1)世界贸易组织规则的修正，但是，对于某些特殊条款的修改，必须经全体成员接受方能生效；(2)接受新成员的决定。

3. 规则修改程序

根据《建立世界贸易组织协定》第10条的规定，世界贸易组织规则的修改应遵循以下程序规定：

(1)任何成员均可主动向部长会议提出修改《建立世界贸易组织协定》或其附件一所列多边贸易协议条款的建议。此外，总理事会下设的三个专门理事会也可向部长会议提出修改附件一中由他们监督其运行的多边贸易协议条款的建议。

(2)部长会议在接受上述建议后90天内决定是否将该修改建议提请成员接受。这一决定应协商一致通过。如果未达成一致，部长会议应根据成员2/3多数意见决定是否将修改建议案提请成员接受。

(3)对下述条款的修改，必须经全体成员接受方能生效：《建立世界贸易组织协定》有关规则的制定和修改的规定(第9条、第10条)；《1994年关贸总协定》第1条(最惠国待遇)和第2条(关税减让)；《服务贸易总协定》第2条第1款(最惠国待遇)；《与贸易有关的知识产权协议》第4条(最惠国待遇)。

(4)对《建立世界贸易组织协定》及其附件一A和附件一C多边贸易协议各条款的修改，如果其性质属于改变成员的权利义务的，应在2/3成员接受后对已接受的成员生效，对其他成员则在其表示接受时生效；如果上述修改属于不改变成员的权利义务的，则在2/3成员接受后对所有成员生效。

(5)对《服务贸易总协定》第1、2、3部分及各自附录的修改，应在2/3成员接受后对已接受修改的成员生效，对其他成员则在其表示接受修改时生效；对《服务贸易总协定》第4、5、6部分及各自附录的修改，应在2/3成员接受后对所有成员生效。

(6)接受上述修改的成员应在部长会议规定的接受期间内将接受文书交由总干事保存。

(7)任何成员可主动向部长会议提出修改《关于争端解决规则与程序的谅解》和《贸易政策审议机制》的条款。对其修改应由部长会议全体一致通过后作出。

(8)对于仅适用于部分成员的诸边贸易协议，应其全体成员的请求，部长会议可经全体一致同意，将该协议从《建立世界贸易组织协定》附件四中删除；也可应某一新的诸边协议全体成员请求，将该协议增列于附件四中。

虽然WTO协商一致的决策程序体现了国家主权平等和民主协商原则，体现了在互惠基础上的合作与妥协、求同与存异，但目前它的弊端逐步凸显出来。按照结构现实主义的观点，国际组织当中的权力分配，是与国际关系当中的权力分配相一致的。因此,任何国际组织都不可能实现"一国一票"的绝对平等。在一个国际组织当中,如果其决策机制可以用来阻碍其中的大国成员按其意志行事,则该国际组织势必无法维系,这些大国必然会选择另起炉灶。GATT/WTO 体系之所以在早期选择按照共识原则和一揽子协议行事,原因在于大国(美国、欧盟、日本等)可以控制整个谈判,包括设定议题、讨价还价直至最终达成协议。可以说,早期大国愿意在 GATT/WTO 体系下采用共识原则其实是一种制度化的伪善,用来增强结果的合法性。[1] 后来,随着成员的日渐增多,特别是新兴经济体参与 WTO 决策能力的增强,原来的大国已经无法完全主导 WTO 的决策程序,[2]因此他们必然提出要修改该决策机制。WTO 西雅图第三次部长级会议、坎昆第四次部长级会议的失败,以及多哈回合谈判的久拖不决,已经清楚表明了 WTO 谈判实践和决策机制与成员利益结构的复杂性并不十分适应,以共识原则与一揽子协议为基础的决策机制已到了必须改革的程度。

第三节 GATT 1994 的主要内容

一、总协定的文件组成

《1947 年关税与贸易总协定》是 WTO 法律体系的核心和基石,它继续在世界贸易组织中生效,其基本规定仍规范着国际货物贸易。它由简短的前言、正文和 9 个附件组成,其中正文分为 4 个部分,共有 38 条。

1. 第 1 部分包括两个条文。第 1 条"一般最惠国待遇",第 2 条"减让表"。减让表本身也构成协定的一部分。

2. 第 2 部分包括第 3 条到第 23 条共 21 个条文。主要规定了国民待遇、倾销和反补贴、海关估价、原产地标志、透明度、一般取消数量限制、国营贸易企业、保障措施、例外条款、争端解决机制等重要的原则、制度。

3. 第 3 部分包括第 24 条到第 35 条,共 12 个条文。除了适用范围、GATT 的决策机制、减让的修改、停止或撤销外,主要是程序性条款,如 GATT 的接受、生效、登记、修正、退出、加入等。

4. 第 4 部分包括第 36 条、第 37 条、第 38 条。第 4 部分是东京回合谈判的产

---

[1] Richard H. Steinberg, "In the shadow of Law or Power? Consensus – Based Bargaining and Outcomes in the GATT/WTO", *International Organization*, 2, 2002, p. 341.

[2] 当然,尽管大国依然可以行使共识原则所潜在赋予他们的否决权,但在当今的多极世界中,阻碍决策需要付出高昂的政治代价,因此,单个国家行使这种否决权已经不是一个具有吸引力的选择,更多的国家通过组成联盟来行事。参见 Tomas Cottier, A Two – tier Approach to WTO Decision Making, NCCR Trade Regulation, Working paper No. 2009/06。

物,主要规定了一些对发展中国家的特殊安排。

二、1994 年《关贸总协定》的主要内容

(一)最惠国待遇原则

1. 最惠国待遇原则的含义

最惠国待遇(most favored national treatment,MFN)原则是国际贸易往来极为重要的基本原则之一,是指一成员给予另一国(不管该国是否是 WTO 成员)在货物贸易领域的优惠待遇或其他与贸易有关的好处,应立即和无条件地永久给予所有 WTO 成员的同类产品。最惠国待遇要求一成员应当平等地对待其他任何成员,不在其他成员之间采取歧视待遇。

WTO 建立以后,最惠国待遇原则的适用范围大大扩展。除了与货物贸易相关的关贸总协定、反倾销协议、反补贴协议、海关估价协议和与贸易有关的投资措施协议外,最惠国待遇原则也是服务贸易和与贸易有关的知识产权保护的基本原则。

2. 最惠国待遇原则的内容及特点

GATT 1994 在第 1 条第 1 款规定:"在对进口或出口货物征收的关税和费用方面或与进口或出口有关的关税和费用方面;对进口或出口货物的国际支付转移所征收的关税和费用方面;在征收上述关税和费用的方法方面;在与进口和出口相联系的全部规章手续方面;以及在《关贸总协定》第 3 条第 2 款和第 4 款所述事项方面,任何缔约方给予原产于或运往任何其他国家任何产品的利益、优惠、特权或豁免应立即无条件地给予原产于或运往任何其他缔约方境内的同类产品。"该款对最惠国待遇作了一个完整表述,规定了最惠国待遇的适用范围。

GATT 1994 的最惠国待遇原则具有以下特征:

(1)多边化。WTO 一成员提供给其他国家的各种优惠措施应该同样给予所有 WTO 成员。GATT 1994 使用了"任何其他国家"(any other country)一词,这里的"任何其他国家"不仅指 WTO 的任何成员之间相互给予的各种优惠待遇应立即地、无条件地给予其他成员,而且也包括 WTO 任何一个成员已经给予或将要给予非成员的各种优惠待遇也应立即无条件地给予 WTO 的其他成员。"任何其他国家"这一规定使得 WTO 成员享受的最惠国待遇可以因一部分成员通过双边贸易协议向非成员提供最惠国待遇而呈现扩大的趋势。它突破了传统的双边互惠形式,以多边、无条件的互惠为基础。每一成员无须同所有其他成员一一谈判并签订双边条约,从而有效地避免了重复双边谈判的繁琐程序,大大提高了程序效能,有助于市场普遍开放。举例来讲,中国加入 WTO 最直接的好处之一,就是避免了入世以前,美国每年一次就是否给予中国最惠国待遇问题展开年度审议。

(2)无条件性。有条件的最惠国待遇是指受惠国若想要享受给惠国现在或将来给予任一第三国的各种优惠或特权,受惠国必须提供"相应的补偿"回报给惠国,否则不能享受优惠待遇。而 WTO 下的最惠国待遇是"无条件适用"的,即成员

给予第三方的优惠应该是立即、无限制、自动地适用另一成员。成员给予另一成员的最惠国待遇不能要求另一方承担相应的义务或满足一定的条件或提供相应的补偿。例如 A 国、B 国和 C 国均为世界贸易组织成员,当 A 国把从 B 国进口的山地自行车关税从 25% 降至 15% 时,下降后的这个 15% 的税率同样要适用于从 C 国等其他世界贸易组织成员进口的山地自行车。

(3)互惠性。最惠国待遇是贸易条约成员之间相互给予的,不是单方面提供或享受的。在一成员享受其他成员给予的最惠国待遇的同时,也要向其他成员提供相应的最惠国待遇。因而对于任何一个成员,最惠国待遇既是一种权利,也是一种义务。

(4)同一性。在将给第三方的某种优惠,自动转给其他成员时,受惠标的也必须和第三方的标的相同。当 A 国给从 B 国进口的拖拉机以关税优惠,则自动适用于 C 国等其他成员的只限于拖拉机,而不能是其他产品。不过,需要说明的是,最惠国待遇该款适用于各成员的"同类产品"(the like product),但 GATT 1994 并未明确"同类产品"的含义。因而在条约实际履行过程中产生了一定争议。

最后,需要说明的是,最惠国待遇的适用对象,必须是"原产于或运往"其他成员的产品,其中对"原产于"的认定应当根据相应的原产地规则判断。原产于成员境内生产或加工的产品,即使经非成员转口到另一成员境内,仍然享受最惠国待遇。

3. 最惠国待遇原则的例外

GATT 1994 规定了基本原则的同时,在特别情况下允许各成员在一定程度上背离 GATT 的基本原则。GATT 1994 对最惠国待遇原则的例外有以下几方面:

(1)一般例外

GATT 1994 第 20 条规定了一般例外。在符合 GATT 一般例外的前提下,成员可根据本国公共利益采取例外措施,免除违反 GATT 其他条款的法律责任。该条款"序言"当中要求,一个成员希望获得免责的措施,必须"不得在成员之间构成任意或不合理的歧视",同时不得对国际贸易造成隐性的限制。满足此种条件的例外措施共包括如下十项内容:①为保护公共道德所必需的措施;②为保护人类、动植物的生命或健康所必需的措施;③与黄金或白银进出口有关的措施;④为实施与本协定不相抵触的法律法规而采取的必要措施,如海关法令等;⑤与监狱劳动产品有关的措施;⑥为保护具有艺术、历史或考古价值的文物所采取的措施;⑦关于保护可用尽的自然资源有关的措施;⑧为履行任何政府间商品协定项下义务而实施的措施;⑨出于稳定目的,政府为保证国内加工产业所需而限制特定原料出口的措施,但该措施不能用于国内产业保护;⑩在普遍或局部供应短缺的情况下,为获取或分配产品所必需的措施。一般例外是适用于整个 GATT 规则的例外,也包括对其他基本原则的例外。这些例外当中,较为常用的是第 2 款和第 7 款例外。

(2) 安全例外

GATT 1994 第 21 条规定，各成员采取的有关国家安全利益的措施应作为例外。这些措施包括有关国家安全信息的保护，与国防利益有关的货物贸易及战时行为，根据《联合国宪章》维护国际和平与安全的义务而采取的行动。根据安全例外条款，当一国的国家安全受到威胁时，可不履行世界贸易组织最惠国待遇的义务。不过，此条款在实际执行过程当中也引发了一系列争议。毕竟，"国家安全"究竟包括什么，任何国家的国内法都不可能进行穷尽性列举。因此，WTO 同样不可能对此给出明确的定义。这就很容易导致贸易问题政治化的后果，即一国可能把政治立场与贸易制裁措施相结合，从而影响国际贸易的正常进行。

同时，需要说明的是，从文本表述上看，GATT 第 21 条例外与第 20 条例外相比，存在一个很大的差异。如下是第 21 条例外前两款的措辞："本协定不得解释为：（a）要求任何缔约方提供其根据国家基本安全利益认为不能公布的资料；或（b）阻止任何缔约方为保护国家基本安全利益对有关下列事项采取其认为必须采取的任何行动。"

"其认为"这种表述意味着，关于某一事项是否违反了一方的基本安全利益，是该国有权自行决定的。别国无权对此进行质疑。此条款也被称作"自裁决条款"。与之相比，GATT 第 20 条例外则并无此种表述，因此，他国完全可以质疑，一种措施是否服务于保护人类或动植物健康，是否属于"必需"的措施。此种制度设计，固然是由于 WTO 必须尊重成员国的主权与安全；但同时也意味着，如果一方希望将安全例外作为贸易壁垒的合法性来源，别国有权寻求的法律救济也是相当有限的。

(3) 边境贸易、关税同盟和自由贸易区例外

根据 GATT 1994 第 24 条的规定，最惠国待遇原则不适用于任何缔约一方为便利边境贸易所提供的或将来要提供的权利和优惠；结成关税同盟和自由贸易区的国家之间在关税方面的特殊待遇、其他特别优惠和豁免不给予区域外的国家。这就意味着，WTO 提供的仅仅是大范围的互惠，但并不妨碍成员在小范围内安排更加互惠的内容。此种状况一方面是为了适应国际经济法多边化与区域化共存的现状，另一方面也体现了 WTO 对贸易合作的鼓励。关税同盟和自由贸易区是区域经济一体化的表现形式。实践证明，区域贸易集团有利于加强成员的谈判力量，有利于抑制其他集团或经济大国的贸易保护主义，是多边贸易体制的有利补充。区域安排使成员之间贸易所适用的更低或免税的税率并不需要扩展至关贸总协定的其他成员。

(4) 对发展中成员的特殊待遇

为促进发展中成员经济发展，WTO 允许对发展中成员实行差别和更优惠待遇，从而达成实质平等。WTO 本身并未对"发展中成员"一词给出明确的定义。

各方通常会在加入 WTO 时自行界定其身份。中国在入世谈判当中,也有发达国家曾提出,中国应当以发达成员的身份加入 WTO。但中国最终仍然坚持以发展中成员的身份"入世"。因此,中国在 WTO 项下同样能够享有对发展中成员的特殊待遇。

GATT 1994 第 18 条特别规定了发展中成员关税再谈判与实施数量限制的权利。GATT 第 4 部分和"授权条款"要求发达成员对发展中成员减少或取消关税,实行普惠制关税优惠;优先降低和消除与发展中成员出口相关的初级产品和加工品的贸易壁垒、财政措施;在采取某项贸易措施时应注意发展中成员利益。GATT 第 4 部分仅具有建议性,不具有强制性约束力,因而不能强制施行。发达成员也并无义务必须授予发展中成员何种优惠。发达成员甚至有权设定一系列条件(如必须接受核心人权标准),并规定必须达到此条件的发展中成员才可以获得普惠制待遇。不过,从实施效果来看,以普惠制为代表的特殊待遇,的确让包括中国在内的一系列发展中成员因而受益。

需说明的是,WTO 规则项下还有另外一个概念:最不发达成员。此概念的界定是与联合国的界定方式相同的。截至 2014 年 7 月 1 日,45 个最不发达国家当中的 35 个已经成为了 WTO 成员。这些国家在 WTO 规则项下能够享有较之于一般的发展中成员更加优惠的待遇。

(二)国民待遇原则

1. 国民待遇原则的含义

国民待遇原则(national treatment)是指在 WTO 体制下对其他成员在货物贸易、服务贸易等领域提供的待遇,不低于对本国相同产品、服务等提供的待遇。它与最惠国待遇共同构成 WTO 非歧视原则。与最惠国待遇不同,国民待遇是为了保证外国产品、服务等在本国市场中取得与本国的产品、服务相同的地位、条件和待遇,防止本国利用国内有关法律、法规实行歧视待遇,造成不平等竞争的情况。国民待遇的宗旨与目的是禁止通过国内税收和国内管制政策以保护国内生产。

国民待遇原则的适用已扩展到国际贸易的各方面。在货物贸易领域,国民待遇集中表现在 GATT 1994 第 3 条,在《与贸易有关的投资措施协议》(以下简称《TRIMs 协议》)第 2 条与其他协议也有体现。同时,《服务贸易总协定》第 17 条,《与贸易有关的知识产权协定》第 3 条,《政府采购协议》(GPA)第 3 条等也包含了国民待遇的内容,上述条文一起构成了 WTO 的国民待遇条款体系。

2. 国民待遇原则的内容

在货物贸易领域,GATT 1994 全面接受了原关贸总协定下的国民待遇条款,但其适用范围、解释和执行已经发生了明显的变化。在 WTO 框架下,国民待遇条款不仅适用于关贸总协定,还适用于农产品贸易、纺织品贸易、卫生与植物检疫、进口许可证程序、海关估价等诸多方面。

GATT 1994 第 3 条是"国内税与国内规章的国民待遇"条款。根据该条的规定,每一成员对来自任何一个其他成员的进口商品所直接或间接征收的国内税或其他国内收费均不得高于其本国的同类产品;在进口商品从通过海关进入进口方境内至该商品被消费期间经过的销售、推销、购买、运输、分配或使用的法令、条例和规章方面,所享受的待遇应不低于相同的国内商品所享受的待遇。GATT 订入该国民待遇条款的目的,是防止政府实行保护主义,干预进口货物,保证各成员享受关税减让带来的利益,并保障进口商品与国内同类商品获得同等的竞争条件。GATT 1994 第 3 条第 1 款、第 2 款和第 4 款构成了国民待遇原则的核心内容。GATT 国民待遇条款具体适用于如下三个方面:

(1)对于国内税收和各项费用。按照第 3 条国民待遇条款的规定,各成员政府在对进口商品的征税和收费方面,都必须将适用于国内同类商品的税种、税率、征收方法、征收程序和减免税优惠等同样适用于进口商品。国内税收是指政府对进口商品征收营业税、增值税、消费税及各种附加税等;其他各项费用是指处于流通过程中的进口商品应承担的仓储费、运费和保险费及有关服务费用。国民待遇针对的是进口方国内措施,而非海关措施或关税。凡对进口商品设置了更高的税率或收费标准,或更烦琐的征收程序,或更为不便的征收方法等,都会提高进口的成本,使其与国内同类商品处于不同等的地位上,导致不公平的竞争。

判断一种行为是否违反了国民待遇原则,只需从行为本身的性质分析即可。涉案措施的经济效应在所不论。例如,在美国——关于酒精与麦芽饮品的国内税收案当中,[3] 美国产的某些啤酒可以获得增值税减免,但进口啤酒与其他国内啤酒均无权获得此种减免。在庭审过程当中,美国曾提出,即便是美国产的啤酒,也仅是其中的 1.5% 有权获得税收减免,实际获得减免的总量不超过 1%。但专家小组仍然认为,只要行为本身在国产啤酒与进口啤酒之间造成了歧视,就会违反国民待遇原则。歧视的经济效果如何,对涉案措施的定性并无影响。在 WTO 项下的其他规则当中,一种贸易措施即便是违法的,也可能由于其经济效果过于微小而免于追责。例如,下文提及的反补贴调查当中,"微量"补贴即便违反了补贴与反补贴规则,也仍然可以免于课征反补贴税。

需要说明的是,认定国产和进口产品是否处于"不同等的地位"并不是将进口商品作为一个整体看待。只要其中一部分进口商品受到了歧视性对待,即便其他进口商品得到了更加优惠的待遇,也同样违反了国民待遇原则。例如,某国对国产的葡萄酒统一征收 12% 的国内税,但对进口葡萄酒按照产地不同分别征收 15% 和 10% 的税率。即使进口葡萄酒的加权平均税率低于国产葡萄酒,但这同样违反了

---

[3] United States – Measures Affecting Alcoholic and Malt Beverages, Report of the Panel adopted on 19 June 1992. (DS23/R – 39S/206)

国民待遇原则。

(2) 在国内产品和进口产品具有直接竞争或可替代竞争关系时,不能以保护国内生产的方式对两者征收不同的国内税或国内费用。判断成员某一措施是否违反了第3条第1款第2句,需要考察三个条件:被征收国内税费的进口产品与国内产品虽不是相同产品,但构成直接竞争或替代产品;对进口产品与国内产品没有相同征税;不相同征税为国内生产提供了保护。

当进口产品与国产产品不能构成相同产品时,接下来就要分析该两种产品是否构成直接竞争或替代产品。在日本酒类税案中,上诉机构认为,除考虑产品物理特性、最终用途、消费者偏好和习惯、关税分类外,还要考虑两种产品在相关市场中的竞争情况。

在智利酒类税案中,专家组进一步提出了产品是否"直接竞争或可替代"的参考标准:替代性和竞争性,是指两种产品虽在某些方面不尽相同,但该两种产品却能满足特定经济主体的相同或类似需求。由此可见,产品的最终用途的替代性是判断该概念的重要指标,下述因素可作为产品的最终用途具有替代性的证据:消费者视产品为满足某一特定需求的替代品的倾向;产品推销策略的性质和内容表明它们为争取某一市场的部分潜在消费者的支出在相互竞争;与其他商品享有共同的经销渠道。

直接竞争或替代产品概念的引入,表明了 WTO 体系国民待遇原则的严密。此概念能够防止成员政府借口进口产品与国内产品的不同,而对实际上有直接竞争关系的进口产品实施歧视待遇。假设成员 A 生产苹果而不生产香蕉,成员 B 生产香蕉而不生产苹果。成员 A 对香蕉进口关税为零,但对香蕉征收很高的国内消费税,不管香蕉是进口还是国产,苹果则无消费税。成员 A 的做法客观上对国内苹果生产提高了保护,但由于苹果与香蕉毕竟不是相同产品,如果没有直接竞争或替代产品概念的引入,成员 A 就有可能规避国民待遇的规定。

(3) 对影响产品的销售和使用的国内规章的国民待遇要求。

GATT 1994 第3条第4款具体规定了国内规章方面的国民待遇问题:"一成员领土的产品输入另一成员领土时,在有关影响产品的国内销售、许诺销售、购买、运输、分销或使用的全部法令、条例和规定方面,所享受的待遇不应低于相同的国内产品所享有的待遇。"该条款的目的是保障进口产品在进口国的经销过程中免遭政府管理措施的歧视待遇。与国内税费相比,国内管理措施对国际贸易的影响更为复杂、更为隐蔽。判断成员某一措施是否违反了第3条第4款,需要考察三个条件:该措施系"影响产品国内销售和使用的法律、条例或规定";进口产品与国内产品是相同产品;给予进口产品的待遇低于给予国内相同产品的待遇。

(三) 一般禁止数量限制原则

一般禁止数量限制原则是 GATT 1994 的一个基本条款,此原则的英文名称为

"Rule of General Crimination of Quantitative Restrictions",其中文表述系英文名称直译,是指各成员实施规则允许的贸易保护措施时,禁止实行数量限制,消除形形色色的非关税壁垒,并增强各国贸易政策的透明度,消除歧视性待遇,促进国际贸易公平、公正地进行。

数量限制是非关税壁垒的主要形式,是指一国或地区在一定期限内规定某种商品进出口数量的行政措施。它的具体表现方式主要有配额、进出口许可证、自动出口限制、数量性外汇管制等。数量限制是国际贸易中一种十分迅速有效的限制进出口的措施。GATT 1994 对关税情有独钟,而对数量限制则严加禁止,是由于数量限制作为一种行政措施,缺乏透明度,在客观上限制了国际贸易的顺利进行,容易导致贸易保护主义的滥用。

GATT 1994 中与数量限制有关的条款为第 11 条、第 12 条、第 14 条、第 15 条、第 18 条和第 19 条。其中第 11 条和第 13 条是核心条款。

1. 一般禁止数量限制

GATT 1994 第 11 条第 1 款规定:"任何成员除征收关税或其他税费外,不得设立或维持配额、进口许可证或其他措施或禁止其他成员领土的产品的输入,或者禁止或限制向其他成员领土输出或销售出口产品。"从措辞上可以看出,此处禁止的数量限制,不仅包括进口数量限制,也包括出口数量限制。

2. 非歧视性地使用数量限制

各成员在确需实行数量限制时,必须遵守非歧视性原则。GATT 1994 第 13 条第 1 款规定:"除非对所有第三方的相同产品的输入或对相同产品向所有第三方的输入予以禁止或限制以外,任何成员不得限制或禁止另一成员领土的产品的输入,也不得禁止或限制产品向另一成员领土输出。"此条的核心内容即要求不得以歧视的方式实行数量限制。

3. 依照 GATT 1994 的规定和要求实施数量限制

GATT 1994 第 13 条第 2 款规定:"各成员对任何产品实施进口限制时,应旨在使这种产品的贸易分配尽可能与如果没有这种限制时其他成员预期可能得到的份额相接近。"为达到上述目的,第 2 款具体规定了一些规则,各成员必须严格按照这些规则和要求实施数量限制:

(1) 如有可能,应采用全球配额,即不对特定国家或公司分配具体数量;
(2) 如不能采用配额办法,可采用无配额的进口许可证或进口凭证方式;
(3) 如采用许可证要求,不应确定具体的国家或货源,即许可证是全球的;
(4) 如果配额是在各成员间进行分配,实施限制的成员应就配额分配方案与有关方达成协议。如不能达成协议,有关成员应在考虑各种特殊因素的情况下,根据前一有代表性的时期供应产品的成员在扩大这种产品进口总量或进口总值中所占的比例,将配额分配给与供应该产品有利害关系的成员。

（四）透明度原则

1.透明度原则的含义

透明度原则是指任何成员对本方制定、实施和修改的与国际贸易有关的法律法规、司法判决、行政决定以及贸易政策都应当以适当的方式予以及时公布，使其他成员能够及时了解相关信息。

透明度原则可以确保相关政策法规的可预见性和稳定性，保证稳定的贸易环境，降低国际贸易的政策风险，防止通过隐蔽手段采取贸易保护措施；同时，更有助于实现对各成员的贸易政策法规的相互监督，对某一成员不合理的贸易措施提出意见，并可以通过磋商和争端解决程序及时进行纠正，保证各成员的贸易政策法规符合WTO各项协议规定。透明度原则是自由贸易和公平竞争不可或缺的先决条件。

2.透明度原则的内容

在货物贸易领域中，透明度原则主要体现在 GATT 1994 第 10 条关于"贸易规则的公布和实施"。该条第 1 款规定，任何成员实行的，有关海关对产品的定价或分类，有关关税、税收或其他费用的征收率，有关对货物进出口以及国际支付转移的条件、限制与禁止，以及影响进出口产品的销售、分配、运输、保险、仓储、检验、展览、加工、配料或其他作用的法律、规章、普遍适用的司法判例和行政决定应迅速予以公布，以使各国政府能熟悉它们。任何成员政府或政府机构与另一缔约政府或政府部门之间缔结的有关国际贸易政策的现行生效的协议，也应当公布。

在时间上，成员应迅速公布有关措施，在正式公布之前，任何成员采取的相关措施，不得实施。同时，GATT 1994 要求成员应完善有关程序，如保持或尽快设立司法、仲裁的或行政法庭或者程序，以便统一、公正、合理地实施各项法律制度。

WTO 建立后，透明度原则不仅适用于货物贸易的各个领域，也扩展到了服务贸易以及知识产权领域。为提高透明度，WTO 建立了贸易政策评审制度，所有成员的贸易政策都应定期接受审查和监督，促使成员的贸易政策符合 WTO 规则。WTO 针对各方发布的贸易政策评审报告严格来讲不具法律强制力，更不会要求成员必须就其中问题进行改正；然而，对问题进行公示，将有助于贸易伙伴对此进行评价与风险规避。

3.透明度原则的例外

GATT 1994 第 10 条第 1 款规定，不要求任何成员公开会妨碍执法，或者违背其社会公共利益，或者会损害公私企业合法商业利益的机密信息。但对"妨碍执法""公共利益""合法商业利益"的含义和界定，协定并没有明确的条文。

（五）公平贸易原则

1.公平贸易原则的含义

公平贸易原则是指各成员和出口经营者不得采取不公正的贸易手段扭曲国际

贸易市场正常的竞争秩序。WTO致力于建立和维护公平的国际贸易环境,纠正不公平贸易行为,促进国际贸易顺利进行。维护贸易公平不仅是成员政府的义务,贸易商也必须公平交易,防止不正当竞争。

2. 公平贸易原则的内容

GATT 1994始终贯彻了追求公平贸易的精神,实施国民待遇和最惠国待遇,逐步进行关税减让,限制非关税贸易壁垒,保障国内外产品及不同外国的产品平等的竞争地位等都属于公平贸易原则,并在其他贸易多边协定中也有体现。

倾销与补贴是典型的不公平贸易行为。倾销是指进口产品以低于其正常市场价值进入另一方市场,以击败竞争对手,夺取进口方市场。补贴是指一方政府或任何公共机构对特定产品或企业提供财政资助或价格支持,以直接或间接增加产品竞争优势。这两种行为都会给进口方同类产业造成实质损害或实质损害威胁,或给同类产业的建立造成实质阻碍,使同类产品处于不平等竞争地位,扰乱国际贸易秩序,损害贸易各方的利益。根据公平原则,当进口方认定倾销或补贴行为成立时,可以采取反倾销或反补贴措施,以维护本方正当利益。《反倾销协议》与《补贴与反补贴措施协议》为规范进口方反倾销与反补贴行为,对倾销与补贴的认定和程序作出了严格的规定。

纺织品与服装和农产品贸易,长期游离于多边贸易体制之外,乌拉圭回合谈判经过各方努力,达成了《纺织品与服装协议》和《农产品协议》,把这两类重要产品贸易纳入多边贸易体制的约束之中,以逐步实现公平竞争。具体来讲,《纺织品与服装协议》分四个阶段逐步取消配额限制,并于2005年1月1日取消全部配额,最终纳入多边贸易规则。该协议已在2005年1月1日废止,世界纺织品与服装贸易应当符合GATT 1994的规定,实现贸易自由。《农产品协议》的目标是建立一个公平的、以市场为导向的农产品贸易体制。该协议要求取消非关税措施,并大幅度削减农产品关税,限制和削减对农产品的国内支持和出口补贴,防止农产品贸易市场的限制和扭曲。

第四节　WTO贸易救济制度——反倾销法律制度

国际贸易救济措施是指对影响国际贸易的行为所采取的减轻或消除其影响的措施。国际贸易救济措施是维护国际贸易正常秩序的重要手段,是法律允许的救济措施。国际贸易救济措施主要包括反倾销、反补贴和保障措施三种,被简称为"两反一保"。虽然这三种贸易救济措施不是同时产生的,但在当今国际贸易中都具有重要作用。

长期以来,倾销一直是国际贸易中的突出问题,在三种主要的国际贸易救济措施中反倾销措施是被采用最多的救济措施。

一、反倾销法的概念及其形成与发展

倾销(dumping)是指出口商将产品以低于正常价值的价格出口到另一国市场的行为。产品倾销在国际贸易中存在已久，进口国一般都会对倾销行为采取限制措施，即反倾销措施。这是因为，在进口国看来，倾销行为存在低价掠夺市场的企图。即倾销行为能够有效占领目标国市场，打击目标国同类产业，使之丧失市场竞争力。而此种短期的低价也是难以为继的。在占领市场后，倾销商往往会提高商品价格，目标国消费者的利益也会因而遭受损害。

一般来说，倾销具有以下四个方面的特征：第一，倾销在形式上表现为出口商以不正常的低价向另一国市场出口商品。第二，倾销产品价格的形成往往是人为的。如一国出口商自行压低其产品在进口国市场上的价格，以非正常的价格，甚至是低于生产成本的价格在进口国市场上销售其产品。此种"非正常价格"，通常是以出口国正常市场状况当中的价格为基准。第三，倾销往往以扩大出口、争夺国外市场为主要动机和目的。虽然当今国际贸易中的倾销目的多元化，销售过剩商品、赚取外汇等都可能成为倾销的目的，但出口商通过低价销售来争夺进口国市场仍是倾销的主要目的。第四，倾销的实质是不公平贸易行为，这也是各国采取反倾销措施的原因。

反倾销(anti-dumping)是指在进口产品以低于其正常价值的方式进入一国市场，并对该国已经建立的国内产业造成实质损害或者产生实质损害威胁，或者对该国建立国内产业造成实质阻碍的情况下，该国采取的应对措施，包括临时措施、价格承诺和征收反倾销税。

一般认为，反倾销措施具有双刃剑的作用。一方面，在非保护主义的限度内，反倾销法可以发挥它维护各国正当贸易利益、促进国际贸易正常发展的积极作用。另一方面，反倾销法实质上是通过对外国不公平竞争的限制，以实现对本国的保护措施，但如果背离国际反倾销法的原则或利用其某些弹性的规定而滥用反倾销法，使它在限制进口方面成为更加有效的非关税壁垒，就会阻碍各国贸易的正常发展。

反倾销法是进口国为了本国利益对倾销行为进行限制和调整的法律规范的总称。随着国际贸易的发展，倾销对各国经济造成的损害日益引起关注，世界各国立法者开始通过单方面立法的方式抵制倾销。世界上最早的反倾销法是加拿大1904年的《海关关税法》，其中第19条规定对于出口加拿大的价格低于出口国公平市场价格的产品征收反倾销税。此后，新西兰、澳大利亚、英国、美国、日本等国先后制定了反倾销法。但此时的反倾销法一直限于国内法的范畴，作用有限。第二次世界大战后，随着国际贸易的进一步发展，反倾销国内法也得到了发展。为了将反倾销措施限制在合理范围与程度之内，贸易大国开始谋求将反倾销措施纳入国际法律规范，各国开始寻求反倾销法的国际化。

1947年《关税与贸易总协定》的达成为反倾销法的发展提供了国际化框架,使反倾销法步入新的阶段。1948年1月1日开始适用的GATT 1947的第6条是有关反倾销税与反补贴税的规定,根据该条规定,一缔约方为了抵消或防止倾销,可以对另一缔约方在其境内倾销的商品征收不超过倾销幅度的反倾销税。虽然GATT 1947中对反倾销作出了一般性规定,包括倾销的概念和构成要件等,但是,并没有对采取反倾销措施的程序等具体问题作出规定,使得该条文的内容不能在各成员方得到统一的、有效的执行。各国在GATT时代进行的反倾销行为,仍然是以本国法律为准。由于当时关税与贸易总协定关注的主要问题是关税减让,反倾销制度并未出现在1949年到1961年的多次谈判中。

面对具体适用GATT第6条的种种难题,肯尼迪回合和东京回合都把反倾销立法列入议题,先后拟定了两个《执行关贸总协定第6条的协议》。这两个协议的法律地位比较奇特。从内容上讲,它们解释并发展了GATT第6条的规则;然而,从形式上讲,只有少数十余个GATT缔约方签字,成为协议的缔约方。因此,从国际条约法的角度分析,这两个协议是独立于GATT的,只对其签字国有约束力。

在继承前两个协议的基础上,乌拉圭回合制定的《执行1994年关贸总协定第6条的协议》,即"乌拉圭回合反倾销协议",在下述五个方面对前两个协议作了较大的改动:(1)强化了程序规则,增加了在执法各环节上的透明度,以抑制或监督执法当局使用酌情处理权,防止滥用;(2)细化了成本计算和价格比较的规则;(3)增设了"公共利益"条款;(4)减低税额,鼓励实行轻税原则;(5)乌拉圭回合谈判成果作为一揽子协议,将《反倾销协议》收入《货物贸易多边协定》,成为所有WTO成员均需遵守的法律规范,从而结束了前两个协议在条约法上的尴尬处境。

以下介绍"乌拉圭回合反倾销协议"对反倾销实体法和程序法的规定。

二、倾销幅度的确定

如前所述,倾销的核心在于产品以低于正常价值的价格出口到另一国市场,因此,倾销如何认定,是进行反倾销调查的首要任务,也是反倾销法历史发展进程中争论最多也是最具技术性的领域。从定义上看,倾销的认定,需要比较出口价格与正常价值。二者的确定方式也就成为了倾销认定的核心。

(一)出口价格

出口价格是指出口商将产品出售给进口商的价格(可能是FOB、CFR或CIF价格,但一般应为到岸价)。由于交易错综复杂,出口价格有不同的确定方法。《反倾销协议》确定出口价格有两种方法:

1.出口价格

按GATT第6条和《反倾销协议》第2.1条规定,在正常贸易中,一方向另一方出口的某一产品的价格,即为出口价格。此价格又可理解为"实际交易价格"。

2. 推定出口价格(constructed export price)

适用推定出口价格有两种情况:(1)没有出口价格;(2)采用实际出口价格不可靠(如出口商与进口商之间有关联关系或有补偿协议)。

如果存在上述两种情况,推定的出口价格为进口产品第一次转售给独立买主的价格。如果产品没有转售给独立买主,或没有按货物进口时的状态进行转售,则以合理的方法确定出口价格。

例如,某日本出口商将产品销给其设在欧盟的子公司,如果成品由该子公司直接转售,则成品的推定出口价格应为转售价。如果出口的产品为半成品,由子公司加工组装成成品后销售,欧盟对半成品价格的确定,可以是以成品销售价减去子公司在转售成品时的费用和利润,再减去所有加工组装的成本费用。最后得到的数值,就是推定的半成品出口的应有价格。

采用推定出口价格情况下,对于进口与转售之间发生的所有成本及合理的利润应予扣除。这些扣除通常包括:(1)通常的运输、保险、搬运、装载和附属成本;(2)由于产品的进口或销售在进口方应支付的海关税和其他税赋;(3)合理幅度的管理费用和利润以及通常已支付或同意支付的佣金。

(二) 正常价值

正常价值与出口价格相比较后,才可以得出是否存在倾销及倾销的幅度。所以,正常价值是作认定比较的基线。此基线越高,计算出的倾销幅度也越高。因此,正常价值的计算方式,也成为了一些国家借以实施贸易保护的手段之一。相当一部分 WTO 争端,也同样是基于正常价值的计算展开。

GATT 第 6 条及《反倾销协议》规定的确定正常价值的方法有三种:一是"同类产品在出口方用于国内消费时在正常贸易过程中的可比价格",即出口方国内市场价格;二是"同类产品在正常贸易过程中向第三方出口的可比价格",即向第三方出口价格;三是"产品在原产国的生产成本加合理的销售费用和利润",即结构价格。

1. 国内售价法

国内售价法是确定受诉倾销产品正常价值的首选方法,因为它最接近于"倾销是不同市场上的价格歧视"这一本意。只有在"不存在出口方国内市场价格"的情况下,方可考虑使用其他两种方法。适用国内售价法,必须符合下列条件:

(1)用于比较的国内售价,必须是与出口产品相同或同类的产品的销售价格。如果出口方的出口产品仅供出口或与在其国内内销的产品在规格、型号、包装、质量等方面存在显著差异,则此时内销产品不能被认为是出口产品的同类产品。反倾销协议对同类产品的定义是:"同样(identical)的产品,即在所有方面都跟该产品相同,或者在缺乏这样一种产品时,指那种虽然在所有方面与其不尽相同,但具有与该产品非常类似的特征的其他产品。"

(2)这种价格是具有代表性的价格,能够与受诉产品的出口价格进行适当的比较。"有代表性"的销售指能代表某一产品一定时期销售价格的销售。商业上鉴定某一价格是否具有代表性,主要是从销售量和销售季节来考察。数量太少的销售或淡季的销售,其销售价格一般都被认为不是具代表性的价格。依协议的规定,如果同类产品在出口方国内市场的销售量占受诉倾销产品在进口方市场销售量的5%或5%以上,通常应当认为是确定正常价值的足够数量,如果有证据表明较低比例的国内销售仍具有足够的数量进行适当比较,则该较低比例亦应被接受。如果某些产品是专门用于出口的,在生产方国内由于风俗、消费者偏好等原因销售极少,那么,即便存在国内销售价格,此价格也无法应用。举例来讲,在美国诉中国的"白羽肉鸡双反案"当中,美国出口至中国的产品包含鸡爪等在中国市场广泛销售、但在美国销量极少的产品。美国主张的"国内市场价格"因而不具代表性,不能应用于中国政府进行的反倾销调查当中。[4]

(3)出口方国内市场同类产品的销售是在正常贸易过程中发生的。所谓"正常贸易过程"强调的是自由的不受限制的市场条件发生作用的情况,以下情况被视为非正常交易过程:

①低于成本销售。低于成本销售问题在反倾销历史上是一个引起关注的问题,也日益成为反倾销调查的一个重要因素。《反倾销协议》第2.2.1款明确规定:"在出口方国内市场上同类产品的销售,或者向一个第三方销售,如果其价格低于每单位(固定的和可变的)生产成本加上行政管理费、销售费和一般费用,因价格原因,其销售可作为不是在'正常贸易过程'中进行。只有调查当局确定该项销售的绝大部分是在较长期间内作出的,以及该项销售的价格未能在一段合理的期间内收回其全部成本,则在确定正常价值时可不予考虑。如果在销售时,其价格低于单位成本,但高于调查期间的加权平均单位成本,则该价格应被认为在一段合理的期间内收回了成本。较长期间通常为1年,但无论如何,不应少于6个月。如果调查当局确定该交易的加权平均销售价格低于加权平均单位成本时,而且低于单位成本的销售量不少于用以确定该项正常价值的交易量的20%时,则低于单位成本的销售是在大量进行。"

此规则可以进一步拆解为如下几方面:第一,原则上讲,可以用于反倾销正常价值计算的国内售价,不得低于此产品成本。即如果某生产商在国内和国外两个市场均选择低于成本价销售,即便国外售价高于国内售价,也仍然有可能被认定为倾销。第二,"低于成本"的计算,并不要求每一个产品的售价都必须高于成本。生产商完全可以在特定时段选择亏本销售以扩大产品知名度、或亏本销售以处理

---

[4] China – Anti – Dumping and Countervailing Duty Measures on Broiler Products from the United States, WT/DS427/R.

存货。只要此种亏本销售时限较短、且该商品总销售额足以弥补亏损,此种销售仍然可以用于计算国内售价。

②向关联方的销售。向关联方的销售主要有两种,一种是买卖双方之间有关联关系(如同属于一个集团旗下),另一种是买卖双方之间存在着补偿协议(如相互折价提供产品),除非能证明价格没有受到上述关联关系的影响,否则销售将被认为是非正常贸易过程中的销售而不采用。

综上,如果出现以下情况:(1)不是在正常贸易过程中销售;(2)出口商在国内不销售被诉产品;(3)虽销售但其销售不具代表性;(4)某些型号的销售不具代表性,则该生产商实际的国内售价将不被采用,但此时可以采用其他被调查生产商的加权平均国内售价作为该生产商的正常价值,而无须计算该生产商的结构价格或向第三国出口价格。

需要注意的是,上述方法仅适用于对市场经济国家产品的正常价值的确定。GATT 1994 附件 9 关于第 6 条第 1 款第 2 项的规定从原则上肯定了非市场经济国家产品的国内价格不能作为与出口价格相比较的基础,即不能用非市场经济国家的产品价格来确定倾销争议产品的正常价值。其原因在于,非市场经济国家国内往往不具有有效的市场,各生产要素价格因而是扭曲的。企业使用扭曲的生产要素价格所计算出的成本、最终为产品确定的价格,都不能反映真实的市场规律。非市场经济国家出口产品正常价值的确定一般通过替代价格、结构价格或相似产品在进口方的市场价格来确定。

2. 向第三方出口价格法

在不能适用出口方国内售价法的情况下,可以采用向第三方出口价格或结构价格来确定受诉倾销产品的正常价值。在用向第三方出口价格法确定正常价值时,究竟应采用出口方向哪一方(第三方的选择)出口同类产品的价格,《反倾销协议》没有明确的要求,只是泛泛地指出,这种价格虽然"可能是最高的出口价格,但必须是一种具有代表性的价格"。

从各国的反倾销实践看,向第三方出口价格法很少被采用,原因是:既然受诉产品在进口方市场倾销,它同样也可能在第三方市场倾销,所以,以第三方价格来计算正常价值很可能会得不出构成倾销的结论。此外,出口商对第三方的销售还可能是售给有关联的进口商,其售价将被认为不可靠。

3. 结构价格

结构价格又可称为推定价格,是指倾销争议产品原产方的生产成本加上合理的销售费、管理费和其他费用及利润所形成的价格。采用结构价格来确定正常价值的情况与采用第三方市场的可比价格的情况相同。结构价格的计算是反倾销调查机构依公平原则自由裁量的结果,是对产品的成本、费用和利润的估算。因此,WTO《反倾销协定》为了防止进口方调查机构影响调查结果,对结构价格中产品的生产成本、费用和利润的计算作出了较为详细的规定,如 WTO《反倾销协定》第 2 条第 2 款第 2 项的规定。上文所提及的"白羽肉鸡双反案"当中,美国出口至中国的产品价格最终就是以结构价格进行计算。即通过计算肉鸡在美国的饲养成本并将此成本分派至出口到中国的产品部位,最终模拟出应有的价格。此计算方式也最终被 WTO 认可。[5]

以上各种计算正常价值的方式,可能综合应用于一起案例。以美国—挪威大西洋鲑鱼征收反倾销税案为例,[6]根据大西洋鲑鱼公平贸易联合会提出的调查申请,美国商务部对挪威出口的大西洋鲑鱼发起反倾销调查,1991 年 4 月 12 日,美国商务部和美国国际贸易委员会分别对挪威进口的大西洋鲑鱼作出肯定的倾销裁定和终局的肯定的损害裁定后,美国对挪威出口的大西洋鲑鱼征收反倾销税。挪威认为美国在计算正常价值时,违反了《反倾销守则》第 2 条第 4 款的规定;在进行正常价值与出口价格的比较时,违反了《反倾销守则》第 2 条第 6 款的规定。GATT 专家组在审理过程中对倾销的存在、损害的存在和两者间的因果关系进行了细致的分析。在倾销的确定中,挪威和美国对正常价值的确定方法、正常价值的具体计算以及正常价值和出口价格的比较等问题上都存在争议。

在确定正常价值的问题上,挪威认为,美国商务部没有依据挪威向第三方的出口价格进行确定,而采用的是推定的正常价值即结构价格,违反了《反倾销守则》的规定。美国提出,由于被调查的出口商在国内市场的销售量太少,不能以国内市场的销售价格来确定正常价值,同时,挪威提供的向欧共体的出口价格低于成本,所以美国商务部在调查中适用结构价格来确定产品的价值。确定正常价值的法律规定是《反倾销守则》第 2 条,根据其内容,在确定正常价值时应首先采用出口方国内市场的可比价格,在不能使用此方法的情况下可以采用第三方市场上的可比价格或结构价格的方法来确定。专家组认为在正常价值确定的第三方市场上的可比价格或结构价格的方法之间并没有优先次序,美国可以使用结构价格来确定产品的正常价值,不违反《反倾销守则》的规定。

此案比较直观地说明了几种确定正常价值的方法及适用条件。可以看出,出口方国内市场价格是反倾销调查中确定正常价值的一般方法,但是,在出口方的市场价格没有可比性、不能代表产品的正常价值时,该方法就不能适用,需要采用第三方市场可比价格或结构价格的方法来确定正常价值。与出口方市场价格的优先

---

[5] China – Anti – Dumping and Countervailing Duty Measures on Broiler Products from the United States, WT/DS427/R.
[6] United States – Imposition of Anti – Dumping Duties on Imports of Fresh and Chilled Atlantic Salmon from Norway, Report of the Panel adopted by the Committee on Anti – Dumping Practices on 27 April 1994, ADP/87.

适用不同,这两种确定正常价值的方法之间并没有优先次序,进口方反倾销调查当局可以采用任意一种方法。

4. 替代国价格

在西方国家的反倾销法中,对市场经济国家与非市场经济国家区别对待。所谓"非市场经济国家",通常是指实行公有制和计划经济,企业的生产、销售活动和产品价格由政府决定,货币不能自由兑换的国家。在 GATT 第 6 条当中,有一条解释条款主要针对非市场经济国家:"如果出口方国家完全或在实质上垄断贸易,并由国家制定国内价格,则在按照第 1 款进行价格比较时将会出现困难,此时进口方会发现与这样的一个国家的国内售价进行比较可能是不合适的。"该解释条款虽然指明了在确定非市场经济国家的国内价格与成本时存在困难,但并没给出在这种情况下该如何确定正常价值,在这方面因而缺乏国际法律规范。

替代国的方法是美国在肯尼迪回合谈判结束后首次实施的,关贸总协定的许多缔约方随后陆续采用,在西方国家的反倾销立法和司法实践中形成了一套专门针对非市场经济国家出口产品的特殊规定、判例和做法。

对非市场经济国家确定正常价值,首先要选择替代国(surrogate country,也有的国家称 analogous country,即类比国),欧盟一般会选用一个国内价格和生产成本与世界平均水平差不多的国家作为替代国,美国则选择与该非市场经济国家经济发展相当的市场经济国作为替代国,首先考虑人均国民生产总值的接近程度。选定了替代国之后,就从替代国调查确定正常价值所需的销售价格、成本数据或要素价格等数据,受诉的非市场经济国家的相关数据则不予采用。替代国制度所选取的固然是除出口方与进口方之外的第三方价格,但其与"出口至第三方价格"的区别在于,所谓"出口至第三方价格",仍然是产品出口方本身的销售价。而替代国价格,采用的则是某一产品在第三方国内市场的价格。该价格可能高于或低于上述"出口至第三方价格"。

替代国制度的本质,是对某产品正常价值的一种模拟。而此种模拟方式的不合理性,至少表现在以下几个方面:

首先,替代国制度武断地将一个与受控倾销的非市场经济国家毫无关系的市场经济国家的价格或生产要素成本价格,作为确定自该非市场经济国家进口受诉倾销产品正常价值的依据,所计算出的替代国价格往往严重地脱离了非市场经济国家价格构成的实际情况,结果通常都大大高估了实际的正常价值,对非市场经济国家是很不公正的。毕竟,即便是经济发展水平相似的国家,也不可能对同一产品产生完全相同的市场价。同一消费品(如可口可乐)在欧洲各国价格存在相当的差异就是证明。更何况,两国经济发展水平类似,并不代表其资源禀赋类似。以一国价格取代另一国明显具有比较优势的产品的价格,这显然是不公平的。

其次,替代国制度缺少可预见性。所谓倾销,是将产品正常价值与出口价格进行比较而确定的。因此,为避免被认定为倾销,出口商至少可以通过提高产品价格的方式规避风险。然而,替代国是在反倾销程序开始以后才选定的,非市场经济国家的出口商事先并不知道在将来可能遭受的反倾销调查中所选择的替代国究竟是哪个国家。因此,非市场经济国家的出口商在进行交易之前就无法进行合理的价格分析,无法采取避免遭受倾销的预防措施。

最后,替代国的选择没有严格的标准,能否取得充分的、可靠的价格资料实际上成为选择替代国时考虑的最重要的因素之一,这就使得替代国制度在实施中具有极大的随意性。以往的案例说明,选定的替代国不同,对案件的结果常常有着决定性的影响。案件的处理结果"靠运气而定"显然违反了法律的公正性和客观性。

(三)正常价值和出口价格之间的比较

将正常价值和出口价格之间进行比较的目的在于最终确定进口产品是否存在倾销及倾销幅度的大小。在确定了正常价值和出口价格后并不能简单地将两者相比较就得出倾销是否存在的结论,正常价值和出口价格的比较要符合一定的规则,以消除国内市场与国际市场的差异等因素所带来的影响。一般来说,应按照以下原则进行比较:

首先,应该是在相同贸易水平上相比较。正常价值和出口价格应该在同一贸易层次上,通常为相同时间段的出厂价水平上的比较。

其次,对影响价格的相关因素应当作出调整。调查机构应该根据案件情况对产品的销售条件和条款、税收、贸易水平、销售数量和物理特征等因素加以考虑并作出相应的调整。

另外,需要注意的是,在价格比较涉及货币换算时应当适用销售之日的汇率。

根据WTO《反倾销协定》第2条第4款的规定,比较正常价值和出口价格的方法有:(1)产品的加权平均正常价值与全部可比出口交易的加权平均价格之间进行比较;(2)逐笔比较产品的正常价值和出口价格,不计算加权平均正常价值和加权平均出口价格;(3)产品的加权平均正常价值与出口价格逐笔比较,即计算正常价值的加权平均值而不计算出口价格的加权平均值。

倾销争议产品的正常价值和出口价格之间的差额即是倾销幅度,采用不同的方法对倾销幅度的计算会产生影响,实践中第一种方法是计算倾销幅度的常用方法。

三、倾销造成损害的认定

(一)国内产业

在反倾销案件中,有权提起申请要求获得反倾销法保护的是遭受倾销进口产品"损害"的进口国生产同类产品的"国内产业"(domestic industry)。那么,什么是"国内产业"?其范围如何界定?什么样的同类产品生产商才能构成反倾销法意义上的"国内产业"?

《反倾销协议》对"国内产业"的定义是："生产同类产品的国内生产商总体或者合计产量占国内该类产品总产量中的一个较大部分的国内生产商。"所谓"较大部分"，并不要求"国内产业"必须是指合计产量占国内该类产品总量50%或50%以上的生产商，但在一般情况下至少应当占国内同类产品总产量的25%。协议在对"国内产业"作出定义的同时，又规定了两种例外情况：

(1)关联当事方例外。当国内生产商与国外出口商或本国进口商有关联，或者其本身就是所称倾销产品的进口商时，作为"关联当事方"的国内生产商应排除在国内产业的范围之外。此处的国内产业应当指除关联当事方之外的其余的生产商。

(2)地区产业例外。依协议的规定，在能够将进口国领土划分成两个或两个以上的具有竞争性的市场的例外情况下，在调查"损害"时，可以将每个市场的生产商看成是一个独立的国内产业，即，把"国内产业"的地理范围限制在某一市场所在该国领土的特定部分，即特定的地区。但是，这样做必须符合两个条件：①就该地区的生产商而言，它们所生产的全部或几乎全部产品都在该地区市场上销售；②就该地区的市场而言，它所需求的商品"在很大程度上不是由该地区以外的国内生产商"供应的，而是由该地区的生产商供应的。条件一要求该特定地区生产商基本不将产品外销；条件二要求该特定地区也基本不接受外来产品。两个条件共同证明了此"特定地区市场"的封闭性。只有此种情况成立，此种"特定地区市场"才可以小于一国领土。

(二)损害的确定

反倾销法中的损害可以分为三种类型：(1)实质性损害；(2)实质性损害威胁；(3)对某一国内产业新建的实质性妨碍。以下分别介绍这三种损害的认定标准。

1.实质性损害

实质性损害的认定应基于对以下三个方面因素的客观审查：倾销进口产品的数量；倾销进口产品对进口方市场同类产品价格的影响；倾销进口产品对进口方同类产品生产商的影响。

《反倾销协议》规定在调查这种影响时，应对一切可能会影响进口方产业状况的经济因素和指标进行评价。这些因素和指标包括：产量、销售额、市场份额、利润、生产率、投资收益和生产能力利用率的实际或潜在的下降；影响国内价格的因素；对资金流动、库存、就业、工资增长、提高资本或投资能力的实际或潜在的影响。对这些因素的调查，应当尽可能包括4年到5年的调查期间。《反倾销协议》规定上述所列的因素对认定实质性损害只具有指导性的意义，其中任何一个或几个因素都不一定能导致最终的结论。另外，根据专家组在裁决中的意见，上述所列举的因素虽不应认为是穷尽的，但对于这些因素调查当局必须全部考虑。

2. 实质性损害威胁

所谓实质性损害威胁(threat of material injury),是指实际的实质性损害尚未发生,但如果倾销产品继续进口,则在不久的将来将有发生实质性损害的趋势或极大的可能性。因此,在这种情况下,征收反倾销税的目的不是纠正倾销对进口方产业已实际发生的实质性损害,而是防止实质性损害的可能发生。由于在作出裁定时,实质性损害并未实际发生,进口方当局就更有可能基于贸易保护主义的需要仅仅依据主观的推测对倾销进口产品采取行动。为了避免这种滥用反倾销措施的现象,《反倾销协议》规定,认定构成实质性损害威胁不应根据推断、推测或遥远的可能性,而应当以事实为基础,可能引起实际的实质性损害发生的事实必须是可以预见的和即将来临的。同时,《反倾销协议》规定,调查当局在作出关于实质性损害威胁存在的裁定时,应特别考虑下述因素:

(1)倾销的进口产品以极大增长比例进入进口方国内市场,表明由此引起进口巨大增加的可能性;

(2)出口商能充分自由处置迫近的大量增长的情况,表明存在着倾销产品向进口成员市场出口大量增长的可能性,此时需考虑其他出口市场吸收另外出口产品的能力;

(3)进口产品是否会对国内价格带来重大的压抑或抑制性影响,以及可能会增加进一步进口的需求;

(4)受调查产品的库存情况。

协议特别强调,单单这些因素中的一个因素不能必然地起到决定性的指导作用,但全部被考虑的因素必须导致得出结论,即进一步倾销进口产品的情况迫在眉睫,实质性损害将会发生,除非采取保护性措施。协议规定在涉及倾销的进口产品造成损害威胁时,适用反倾销措施应特别小心地加以考虑和作出决定。

3. 实质性妨碍

与实质性损害和实质性损害威胁不同,协议对"实质性妨碍"的含义无具体的规定,反倾销实践中应用实质性妨碍确定损害的情况很少。倾销进口产品在什么样的情况下可能会被认为是实质性地阻碍了进口方某一国内产业的新建,主要取决于该国内产业在计划、筹备和新建过程中所处的阶段。

四、因果关系

最后需要证明的是,上述倾销与损害之间存在着因果关系,即证明进口方国内产业的损害是由于进口产品的倾销造成的。《反倾销协议》规定:倾销进口产品引起的本协议所指的损害必须得到事实证明倾销进口产品与对国内产业损害之间存在因果关系应以审查调查当局得到的所有有关证据为依据。调查当局还应审查除倾销进口产品外的、同时正在损害国内产业的其他已知因素,且这些其他因素造成的损害不得归因于倾销进口产品。协议列举的应予考虑的其他因素如:以非倾销价格销售的进口产品的数量和价格;需求的减少和消费模式的变化;科技的发展;国外生产商与本国生产商之间的竞争和贸易限制做法;国内生产商的出口表现和生产能力。但是,有关当局在决定损害与倾销的因果关系时,并不一定要估计倾销的进口产品是造成损害的主要原因,而是只要证明倾销进口产品是造成损害的一个原因,即可认为它们之间存在因果关系。如果其他因素也导致了国内产业的损害,则这种损害不应归咎于倾销进口产品。反倾销税应适当低于倾销幅度,以扣除其他因素对此带来的影响。

五、反倾销调查规则

为了防止进口方滥用反倾销措施,阻碍国际贸易的正常发展,进口方反倾销调查主管部门在进行反倾销调查时要符合 WTO《反倾销协定》的要求。反倾销调查规则包括反倾销调查程序、反倾销调查方式和证据等。

(一)反倾销调查程序

根据 WTO《反倾销协定》和各国反倾销法的规定,反倾销调查程序一般包括:立案、反倾销调查、初步裁决、最终裁决、行政复审和司法审查。

1. 立案。反倾销调查立案分依申请立案和调查机关主动立案两种。一般情况下,反倾销调查立案的依据是申请人的书面申请。根据 WTO《反倾销协定》第 5 条的规定,合格申请人应该具有代表性,应占表明支持或反对立案申请所有生产者总产量的 50% 以上,且其支持者的总产量不低于国内同类产品总产量的 25%。立案申请必须包括如下内容:倾销的指控、损害的事实以及因果关系的阐明。根据 WTO《反倾销协定》第 5 条第 6 款的规定,进口方有关当局在对倾销、损害及两者间的因果关系有充分的证据时也可以主动开展反倾销调查。

立案后,在发动反倾销调查之前,进口方有关当局应立即发布立案公告,并通知有关成员方政府。

2. 反倾销调查。在收到申请人的书面申请后,进口方反倾销调查当局应该在规定的期限内决定受理与否。在决定立案后,进口方反倾销调查当局应当对倾销、损害以及两者间的因果关系进行调查。如果在调查中没有发现倾销、损害或两者间因果关系的存在,或者倾销幅度或倾销数量可忽略不计,调查当局应当立即终止调查。一般情况下反倾销调查应在 1 年内结束,最长不得超过 18 个月。

值得注意的是,一个案件中的对倾销和损害的反倾销调查应当局限在一定期间范围内,这样才能得出对倾销和损害的合理确定。但遗憾的是,WTO《反倾销协定》并没有倾销调查期和损害调查期的规定,这是反倾销调查规则中需要完善的地方。

3. 初步裁决。反倾销调查当局在进行适当的调查后,可以作出初步裁决,初裁是反倾销调查的初步结论,如果初步裁定存在倾销和损害,可以采取临时反倾销措施或实施价格承诺;如果初步裁定不存在倾销和损害,则应终止反倾销调查。即初裁结果有三种:(1)缺少认定倾销或损害存在的证据,终止调查;(2)在调查过程中申请人撤回申请,调查终止;(3)经初步调查表明存在倾销并对国内产业造成损害时,可以采取临时反倾销措施。

4.最终裁决。反倾销调查当局在肯定性初步裁定的基础上,继续对申请人提出的反倾销指控作进一步调查后作出的最后结论,即通过对有关事实和证据的进一步的调查和核实而作出的最终裁决。如果最终裁决是肯定的,进口方将对倾销产品采取反倾销措施;如果最终裁决是否定的(无论是对倾销的最终裁定还是对损害的最终裁定),将导致案件以不采取反倾销措施的形式结束。无论最终裁定是肯定的还是否定的,都将导致反倾销调查程序的结束。

5.行政复审。一般情况下,采取反倾销的期限是5年。在此期间内,与该案有利害关系的当事人可以提出行政复审的要求。反倾销调查当局在审查当事人提供的资料后决定是否进行复审。如果认为有必要,也可以主动发起复审,以确定是否提前结束征收反倾销税。行政复审有多种形式,包括年度复审、中期复审和日落复审等。

6.司法审查。《反倾销协定》第13条规定了司法审查的内容,即:为了能够迅速对最终裁决和本《协定》第11条规定的有关行政复审决定的行政行为进行审查,对最终裁决或行政复审决定的正确性进行司法审查。每个在国内立法中规定了反倾销措施的成员国,都应当设有司法的、仲裁的或行政裁判所进行司法审查。该机构或者程序应当独立于对有争议的裁决或者复审负责的主管机构。WTO要求各成员方都须具有司法审查机关,以保护当事人的合法权益。

(二)反倾销调查方式和证据

反倾销调查方式包括问卷调查和实地核查。进行实地核查要经被调查国政府同意。反倾销调查证据来源于利害关系方、问卷调查等。调查机关主动或经利害关系方申请也可以召开听证会来搜集证据。特别需要注意的是,反倾销调查的BIA(best information available,最佳可获得信息条款)规则,即调查机关可以根据掌握的所有最佳资料作出裁决。而此处的"最佳资料",很可能是在被调查方不配合的情况下,由申请人提交的证据。此种证据显然是对被调查方不利的。因此,被调查企业如被选中进行实地核查或参加问卷调查,完全拒绝配合往往是对企业不利的。

六、反倾销救济措施

反倾销措施一般可分为三种:临时反倾销措施、价格承诺和反倾销税。

(一)临时反倾销措施

当反倾销调查初步认定倾销和损害存在时,进口方调查当局为了阻止损害的继续发生,可以在初裁时根据倾销幅度采取临时反倾销措施。临时反倾销措施包括临时反倾销税、现金保证金和保函三种形式。不管采取哪一种措施,其数额不得高于预计的倾销幅度。根据 WTO《反倾销协定》的规定，采取临时反倾销措施不能早于反倾销调查正式立案之日起 60 日，即临时反倾销措施在反倾销案件正式发起调查之日起的 60 日后才能采取，且临时反倾销措施的实施期限一般不得超过 4 个月，最长不超过 9 个月。

(二) 价格承诺

当进口方反倾销调查当局初裁认定存在倾销、产业损害和两者间的因果关系存在时，如果出口商主动承诺提高有关产品的出口价格或停止以倾销价格出口，并且得到进口方反倾销调查当局的同意，那么反倾销调查程序可以暂行中止或终止。进口方反倾销调查当局可以与出口商达成协议，提高进口产品的价格，以消除进口产品对国内产品的影响。价格承诺可以是出口商向调查当局申请，也可以是由进口方调查当局主动提出价格承诺的建议，但不能强迫出口商达成价格承诺协议。实施价格承诺后反倾销调查中止，但若出口商不履行承诺，进口方反倾销调查当局可以重启反倾销调查并采取临时反倾销措施，甚至可以征收追溯性反倾销税。较之于被课征反倾销税，价格承诺虽然同样会降低产品的竞争力，但毕竟能够增加出口商的收入。因此，出口商往往会在调查过程中主动与调查机关开展协商，争取获得价格承诺。

(三) 反倾销税

反倾销税是反倾销调查最终裁定存在倾销、对进口方国内产业造成损害并且两者之间存在因果关系后，由进口方政府向进口商征收的特别关税。

反倾销税的税率应依据倾销幅度确定，不得高于倾销幅度。反倾销税的课征需满足如下条件：对倾销产品征税不得存在歧视行为；反倾销税的征税机关不是反倾销调查机关，而是进口方政府或其他有权机构；反倾销税的纳税人是进口商，出口商不得直接或间接替进口商承担反倾销税；反倾销税的征税对象是裁定生效之后的进口产品，一般不会溯及征收；除非进口方当局通过行政复审决定继续征收反倾销税，否则反倾销税的征收不超过决定征收反倾销税之日起 5 年，即通常所说的"日落条款"(sunset articles)。

反倾销税通常不会溯及征收，但是，为了防止进口商在终裁作出前大量进口倾销产品，损害进口方国内相关产业，在一定情况下反倾销税可以溯及征收。根据WTO《反倾销协定》的规定，若倾销对进口方国内产业造成实质损害或实质损害威胁，在已经采取临时反倾销措施的情况下可以将反倾销税追溯到采取临时措施之日征收；在符合 WTO《反倾销协定》特别规定的情况下，反倾销税还可以对采取临时反倾销措施之前 90 日内的进口产品溯及征收。

第五节　WTO 贸易救济制度——反补贴法律制度

反倾销与反补贴同属 WTO 项下的贸易救济制度,但对二者进行规制的 WTO 协定在名称上显然不同。与反倾销相关的协定是《反倾销协定》,但与反补贴相关的协定则名为《补贴与反补贴措施协定》。从名称即可看出,补贴实际上是一个中性的概念。并非所有的补贴行为都会导致反补贴措施。其中一部分补贴行为是完全合法的。事实上,补贴是政府推行国家社会经济政策的重要手段,以实现在经济、社会等方面的战略目标。补贴有多种形式,仅有其中的某些形式才会影响国际贸易的正常流向,影响国际贸易的健康发展。因此,本节的阐释,首先需从补贴本身的合法性界定开始。

一、补贴

(一)补贴的概念

补贴在不同的语境下含义不尽相同,虽然没有统一的定义,但就本质来讲,补贴是国家对经济自由的干预。

GATT 和 WTO 都对补贴作出了规定,现行关于补贴的主要法律文件是乌拉圭回合通过的《补贴与反补贴措施协定》(Agreement on Subsidies and Countervailing Measures,以下简称《SCM 协定》)。根据《SCM 协定》的规定,补贴是指成员方政府或位于其境内的任何公共机构提供的财政资助或任何形式的收入或价格支持,以使相关主体因此受惠的行为。由此可以看出,并不是所有的补贴都会遭遇反补贴措施,反补贴措施针对的是符合一定条件的补贴。

(二)补贴的特征

《SCM 协定》规定的补贴一般有如下特征:

1. 补贴是政府行为。提供补贴的主体是政府,但这里的政府是广义的概念,包括中央政府和地方政府,包括公共机构,也包括政府干预或控制的私人机构。此处需要说明的是,判断一个机构是否属于公共机构,并不在于此机构的所有权与控制权是否属于国家,而在于其是否拥有了政府权威。在中国诉美国双反措施案当中,上诉机构认为,《SCM 协定》第 1.1 条(a)款第(1)项的措辞表明,该条款中能够用"政府"(government)一词指代"政府"与"公共机构",除立法技术所需之外,同时也意味着,这两种机构必然在性质上存在相似或者重叠,才能在该条款中得到相同的对待。[7] 而这一相似性则表现在,政府和公共机构的核心共同点在于行使政府

---

[7] United States – Definitive Anti – dumping and Countervailing Duties on Certain Products From China, Report of the Appellate Body, para. 288.

职能,或者说,是享有并行使此种职能的权威。[8] 因此,国有企业如仅仅进行商事经营活动,则不构成公共机构。国有企业向下游提供货物,同样不必然构成对下游产业的补贴。此结论对中国而言无疑具有积极意义。

2. 补贴是一种财政行为。补贴是政府对经济自由的干预,不论是以何种形式出现,补贴都是一种财政行为。因此,补贴必须存在积极的财政支出。

3. 补贴是使被补贴方受益的行为。一般来说,对补贴的判断要考虑其效果,接受财政资助或收入、接受价格支持方获益是补贴的特征。《SCM 协定》也对此作出了规定。不过,需要注意的是,"受益"必须是与"财政行为"这一要件结合分析。企业完全可以因政府行为而直接受益,但此种利益如果并不来源于政府支出,则并不构成补贴。对此问题最典型的判例,就是 WTO 关于"出口限制补贴"的裁决。出口限制补贴,是美国商务部在裁决中认定的一种补贴形式,即在反补贴调查中,将被调查国政府对某种产品(通常是原材料)的出口限制措施,视为对使用该种产品的下游产业的补贴,并因而对这些产品征收反补贴税。在 WTO 的历次诉讼中,此种做法被裁定为违反 SCM 协定,争端解决机构也明确对此给予了否定:《SCM 协定》第 1.1 条强调财政资助这一要件,原因恰恰在于不得将任何授予利益的行为均视为补贴。而判定某种行为是否造成财政资助,标准在于是否存在积极的政府行为。"如果仅凭结果而非行为的性质就确定某种政府行为构成财政资助,那么,就等于将这一要件排除出《SCM 协定》了。"[9]

4. 补贴具有专向性。补贴的专向性是指成员方向其辖区内特定产业或企业提供的补贴,只有具有专向性的补贴才受《SCM 协定》约束。此要件意在将政府无差别的财政投入排除出 SCM 协定的约束范围。如,政府投资于高速公路建设,固然会导致沿线企业物流成本下降,但这显然并未针对某些特定产业进行。不过,对于专向性的认定,目前仍然存在一个问题:在某种产品为政府专营专卖的情况下,一些国家会将主要使用该产品的下游产业划归同一产业,并因而认定政府提供此产品存在专向性。此种"专营"通常出现在政府拥有某种资源的情况下。例如,在美国软木案当中,相当一部分立木(未砍伐的树木)所有权为加拿大政府所有。美国在反补贴调查当中,因而将使用立木的全部产业划归同一产业,并认为加拿大政府提供立木的行为存在专向性。此种认定方式已得到了 WTO 争端解决机构的认可。[10]

---

[8] United States – Definitive Anti – dumping and Countervailing Duties on Certain Products From China, Report of the Appellate Body, WT/DS379/AB/R, para. 290.

[9] US – Exports Restraints, Panel Report, para. 8. 38.

[10] United States – Final Countervailing Duty Determination With Respect To Certain Softwood Lumber From Canada, Report of the Panel, WT/DS257/R. , para. 7. 117.

(三) WTO 框架下补贴的法律分类

补贴有不同的形式，以不同的标准可以对补贴作不同的分类，如补贴可分为一般补贴和出口补贴，也可以分为直接补贴和间接补贴。在 WTO 的《SCM 协定》当中，补贴可分为禁止性补贴、可诉补贴和不可诉补贴。

1. 禁止性补贴。禁止性补贴又称红灯补贴，是指成员方不得实施或维持的补贴。禁止性补贴是严重扭曲国际贸易的专向性补贴，《SCM 协定》将出口补贴和进口替代补贴明确列为禁止性补贴。

出口补贴是指以出口实绩为条件而提供的补贴，此种补贴会影响本国产品的价格，进而影响其在国际贸易中的竞争力。只要法律明确规定出口实绩是补贴的条件或条件之一，这种补贴即为禁止性补贴，即使法律中没有明确规定，以出口实绩作为给予补贴的事实要件的补贴也是禁止性补贴。《SCM 协定》的附件 1 中列举了 12 种禁止使用的出口补贴。

进口替代补贴是指以使用国产货物为条件而提供的补贴，此种补贴会使外国产品在竞争中处于劣势地位。进口替代补贴既可以给予使用国产货物的生产商，也可以给予使用者或消费者。

2. 可诉补贴。可诉补贴又称黄灯补贴，是指对其他成员方造成消极影响的专项补贴，但不被一律禁止。可诉补贴是 WTO 成员之间妥协的结果，是实行国内政策和维护国际贸易秩序相制衡的结果。各成员可以在一定范围内提供可诉补贴，但若该补贴损害另一成员的国内产业，使其他成员利益受损或严重侵害另一成员的利益，则受损害的成员可以采取反补贴措施并向 WTO 争端解决机构申诉。

3. 不可诉补贴。不可诉补贴又称绿灯补贴，是指成员提供的对国际贸易影响小而不被禁止也不能提交争端解决机构的补贴。不可诉补贴包括两种：一种是不具有专向性的补贴；另一种是虽具有专向性，但是用于科研、落后地区及环保的补贴。《SCM 协定》第 31 条规定了不可诉补贴 5 年的适用时间。所以，不可诉补贴已于 1999 年 12 月 31 日到期。

二、反补贴

(一) 国际反补贴立法概况

由于补贴的大量存在及其对国际贸易的消极影响，各国纷纷制定有关反补贴的法律规范，对享受补贴的外国产品采取反补贴措施，以避免和消除补贴对本国产业的损害。不过，WTO 规则在此起到了重要的引导作用。各国的反补贴立法在细节上或许有所差异，但框架与主要条款基本与 WTO 规则相一致。

GATT 1947 第 6 条是关于反补贴措施的，其中规定了反补贴税，指为抵消对制造、生产或出口所直接或间接给予的任何津贴或补贴的效果而征收的一种特别税，并引入了损害标准和代表第三方发起反补贴行动的内容。遗憾的是，GATT 1947 对于补贴与反补贴的规定只是原则性的，并没有对具体操作提供详细的规则。

1955 年第九次缔约方大会对 GATT 1947 进行了修改,引入了初级产品的概念,但遭到发展中缔约方的抵制,最终只在少数发达缔约方之间适用。肯尼迪回合《关于实施 GATT 第 6 条的协定》只涉及反倾销问题,对补贴及反补贴问题没有规定。在东京回合中,反补贴问题取得重大进展。《关于解释与适用 GATT 第 6 条、第 16 条和第 23 条的协定》(以下简称《补贴守则》)对补贴的分类、反补贴措施等问题作出了进一步规定,但是,GATT 的 128 个缔约方中只有 24 个缔约方签署并批准了这一守则,使《补贴守则》的适用受到了限制。

补贴与反补贴是乌拉圭回合谈判的议题之一,通过该回合的谈判,各成员于 1994 年签署了以《补贴守则》为基础的《补贴与反补贴措施协定》。《SCM 协定》是 WTO 一揽子协议之一,对所有成员具有约束力,对世界各国有普遍指导意义,是反补贴的重要法律文件。

(二)对补贴的救济

《SCM 协定》规定了对补贴的双轨制救济,即成员政府可向 WTO 提出申诉,通过 WTO 争端解决机制得到救济或由国内产业或成员政府启动反补贴调查程序,通过国内程序得到救济。

1. WTO 体系下的救济。根据《SCM 协定》第 4 条和第 7 条的规定,成员有理由相信另一成员方实施了禁止性补贴或可诉补贴的,可以向该成员提出磋商的要求,若双方未能在磋商中达成协议,任何一方可将该争议提交 WTO 争端解决机构解决。关于 WTO 争端解决的具体程序,本章随后还将更详细地阐述。

2. 国内程序下的救济。对补贴的救济也可以通过国内反补贴调查来实现。反补贴调查由国内产业或代表国内产业的主体发起,也可以由主管机关依职权发起。在发起调查之前和整个调查过程中,调查机关可与接受调查的成员进行磋商,以达成双方满意的解决办法。反补贴调查的内容包括:补贴及其金额;损害;接受补贴的进口产品与损害之间的因果关系。反补贴调查应在 1 年内结束,最长不能超过 18 个月。

反补贴调查后可采取的反补贴措施包括临时措施、承诺和征收反补贴税三种。

(1)临时措施。临时措施是在反补贴初步调查结果表明补贴的事实和损害存在时,为阻止损害的继续发生,有关当局可以采取的临时反补贴措施。临时措施的形式包括临时反补贴税、现金保证金和保函三种形式。

适用临时措施的条件有:已经发起调查且自发起调查之日起满 60 天;已给予利害关系成员和利害关系方提交信息和提出意见的充分机会;已作出存在补贴和对国内产业造成损害的初步肯定裁定;采取临时措施对防止调查期间损害的产生是必要的。临时措施在反补贴调查正式立案起 60 天后才能实施,期限不得超过 4 个月。

(2)承诺。承诺是指出口方政府或企业为了避免缴纳反补贴税,在进口方当局作出肯定的初步裁决后,自愿承诺取消或限制补贴,或提高出口产品的价格以消除补贴的损害后果。对于出口方政府或企业的承诺,进口方有关当局可以决定是否接受,其接受承诺的结果是调查程序的中止或终止,不再采取临时措施或征收反补贴税。

(3) 征收反补贴税。反补贴税是指对在生产、加工、运输和销售过程中,直接或间接地接受任何补贴的外国进口商品所征收的一种进口附加税。即在反补贴调查就补贴的存在和金额,以及补贴进口产品造成的损害作出最终裁定之后,进口方政府可对补贴产品征收的特别关税。反补贴税不得超过补贴的金额,其征收的期限应以抵销补贴造成的损害所必需的时间为准,但最长不得超过5年。

3. 反倾销措施与反补贴措施的异同。《SCM协定》第5部分规定的反补贴措施,包括调查的发起与进行、证据、损害的确定、国内产业、行政复审与司法审查等规定,与《反倾销协定》基本相同。与反倾销措施的规定相似,反补贴措施也有行政复审和司法审查的规定。反补贴行政复审有两种形式,具体规定在《SCM协定》第21条的第2款和第3款中。根据其规定,在征收反补贴税或实施承诺过程中,应确定继续反补贴措施是否有必要;在决定终止征收反补贴税前应确定反补贴税的终止是否可能导致补贴和损害的继续或再度发生。反补贴的司法审查是指国内立法中包含反补贴措施规定的每一成员,应设有独立于负责所涉裁定或审查的主管机关的司法、仲裁或行政机关和相关程序,以审查与裁决与反补贴税和承诺的期限和复审有关的行政行为。

但是,两者也有一定的差异:(1)在反补贴调查程序中规定了邀请磋商程序。(2)对微量例外的标准规定不同。反补贴调查中,只有补贴低于总价金额的1%,才能被视为微量,对发展中国家成员使用的比例高一些,即低于2%。(3)对忽略不计的标准规定不同。反补贴调查中,针对发展中国家成员,补贴产品占进口量低于总进口量的4%可忽略不计,除非比例低于4%的几个发展中成员的进口合计比例超过9%。(4)价格承诺方式不同。反补贴调查中的价格承诺方式有两种:一是出口商同意修改其价格以消除补贴影响;二是出口方政府同意取消或限制补贴,或采取其他能消除补贴影响的措施。

由于补贴在发展中成员的经济发展计划中发挥重要作用,《SCM协定》第27条规定了对发展中成员的特殊和差别待遇,主要体现在更长时间的过渡期和对某些具体规则的修改上,如不适用第6.1条严重侵害的推定、微量补贴的规则。

第六节　WTO 贸易救济制度——保障措施法律制度

一、保障措施与多边贸易体制

保障措施是指 WTO 成员在进口激增并对其国内相关产业造成严重损害或严重损害威胁时,采取的进口限制措施。保障措施是国际贸易协定中常见的一种条款,其目的在于使缔约方在特殊情况下免除其承诺的义务或协定所规定的行为规则,从而对因履行协定所造成的严重损害进行补救或避免严重损害可能产生的后果。

GATT 1994 第 19 条通常被称为"保障条款"(safeguard clause)。该条认为在特定紧急情况下允许任何一个缔约方为保障本国经济利益而解除 GATT 1994 项下的义务。保障措施在性质上不同于反倾销措施和反补贴措施,反倾销和反补贴措施针对的是不公平贸易行为,而保障措施针对的是公平贸易条件下的进口产品。既然保障措施针对的是公平贸易行为,以推动自由贸易为己任的 CATT 1994 规定保障措施的原因是什么呢?目前,主要有两种理论——经济结构调整理论和政治实用主义理论为此提供合法性依据。

经济调整理论(economic - adjustment)认为,进口特别是近期进口的增加,对进口方而言会使某些利益集团受到损失,尽管从长期或总体上看,进口有利于进口方的福利。国内进口竞争企业将不得不通过改善其竞争力(生产能力、价格、质量等),或者将进口竞争性企业资源转移到其他产品的生产企业,这个过程称为经济结构调整过程。这个经济结构调整过程通常被认为是暂时的,在短期内减少进口竞争的压力有利于国内竞争性产业采取必要的调整措施。

政治实用主义认为,从政治角度看,国内生产者比消费者更容易影响政府:在进口中,有重要利害关系的一方是外国厂商或出口商,然而,它们在进口国并不具有投票权,因而对进口国的决策程序几乎没有什么影响。因此,主张自由贸易的政治家认为,从政治实用角度出发,最好还是在特定的情况下允许实施暂时的和有限度的进口壁垒,这不仅有利于减轻经济结构调整的压力,还有利于减轻国内担心参与国际贸易自由化而强烈要求全面禁止进口的压力。

GATT 1947 规定保障条款是十分必要的,因为任何法律体系如果不做出一些在某种情况下可以放宽约束的规定,都无法使不变的法律规则达到调整千变万化的社会生活的目的,更何况,GATT 1947 调整的是纷繁复杂而又十分敏感的国际贸易法律体系。只有规定必要的例外,才能使各国政府在接受自由贸易政策的同时最大限度地做出关税减让以及市场准入,因此,保障条款作为 GATT 1947 推进的自由贸易"安全阀",有助于保持 GATT 1947 的有效性和多边性。

GATT 1947 最初的有关保障条款的规定,相对模糊,只是大体上为保障机制确定了一个框架,致使这一原本期望发挥"安全阀"作用并使 GATT 1947 体制稳定运转的条款,却因其固有的宽松性导致缔约方可能滥用,此外,因援引保障措施面临磋商和补偿方面的诸多限制,20 世纪 70 年代以来出现大量逃避 GATT 1947 多边纪律约束的"灰色区域措施"(gray area measures),如选择性保障措施、自愿出口限制、有秩序地销售安排等严重威胁着 GATT 1947 基本原则和宗旨的措施。

为了制止缔约方滥用或变相滥用保障条款,防止灰色区域措施的蔓延,对此的制度健全势在必行。但是在东京回合谈判期间未能就此达成协议,乌拉圭回合一开始就将保障措施问题列为谈判的议题。经过几年的艰苦谈判,终于达成了一项《保障措施协定》(Agreement on Safeguards)。正如该协定序言所指出的,保障措施协定的目的在于:(1)澄清和加强 GATT 1994 的各项纪律,特别是第 19 条的各项规定;(2)重新确立对保障措施的多边控制,并取消逃避此等控制的各种灰色区域措施。

WTO《保障措施协议》是建立在 GATT 保障条款的基础之上的,是对其原有规定的发展与扩充,并非以新的协议直接取代 GATT 第 19 条。1997 年 3 月 7 日韩国政府对进口去脂奶粉制剂实施最终保障措施,1997 年 9 月 13 日阿根廷对进口鞋类实施最终保障措施。这两个保障措施于 1998 年分别被欧盟提交到 WTO 争端解决机构进行裁决。两个案件经过专家组和上诉机构的审议并经 DSB 最终确认,被诉方都被裁定违反了 WTO《保障措施协议》。根据上诉机构的裁决报告,可以看出 GATT 第 19 条和协议一样具有相同的完全的法律效力,它们共同构成了成员的累积义务,只有当协议和 GATT 第 19 条的所有规定都得到满足时,一成员才可以适用保障措施。

二、保障措施适用的条件与程序

《保障措施协议》由 14 个条款和 1 个附件组成。主要内容包括:实施保障措施的条件、保障措施调查、严重损害或损害威胁的确定、保障措施的实施、临时保障措施、保障措施的期限和审议、补偿谈判与报复、对发展中成员的特殊待遇、禁止"灰色区域"措施、通知和磋商、多边监督及争端解决等内容。以下就其主要内容作简要介绍。

(一)实施保障措施的条件

根据 GATT 第 19 条和《保障措施协议》的第 2 条、第 4 条的规定,一成员实施保障措施首先必须符合下列条件:

1. 有关产品的进口大量增加。所谓"大量增加"是指与进口方生产相比,因此不仅包括进口数量"绝对增加",而且包括"相对增加"。所谓绝对增加是指进口产品的数量在绝对值上增加;而相对增加是指即使产品数量在绝对值上保持不变或略有下降,只要国内相同产品产量大幅度下降,进口相对于总产量所占的比例仍然会大量增加。此种增加就是"相对增加"。正如著名的国际贸易法专家约翰·杰克逊所指出的,"相对增加"概念在保障条款中似乎不尽合理,因为在这种情况下并没有发生进口的实际增加,而是将国内市场调整的包袱转移到外国产品身上。对于"增加"如何判断,在阿根廷鞋业案中,WTO 上诉机构指出,不仅要证明数量上的增加,同时要证明这种绝对或相对的进口增加是足以对国内产业造成严重损害或威胁的增加。同时,结合协议文本和 GATT 第 19 条采用语法上的进行时时态对产品的"正在进口"所进行的描述可知:仅表明 1997 年的进口比上一年或过去某一阶段增加是不足够的,必须证明进口增加是足够近期的、足够突然的、足够急剧的和足够明显的(recent enough, sudden enough, sharp enough, significant enough),并且在量和质两个方面都给国内产业造成严重损害或威胁。[11]

2. 对国内产业造成严重损害或严重损害威胁。"严重损害"(serious injury)应理解为对某一成员国内产业"重大的全面损害"(significant overall impairment);关于损害的评估,协议规定了比反倾销更为严格的条件,即保障措施基于的严重损害必须是国内产业状况的重大全面减损,而不仅仅是反倾销法上的实质损害。而"严重损害威胁"则是指严重损害是"明显迫近的"(clearly imminent),确定严重损害威胁必须基于事实,不能基于断言、推测或极小的可能性。

为更准确把握损害的判断,协议进一步规定,调查当局应全面评估客观的以及可以量化的所有相关因素,特别是进口量的绝对或相对增加,增加的进口产品在国内市场的占有份额,国内产业在销售水平、总产量、生产能力、利用率、利润与亏损及就业等方面的变化。在阿根廷鞋业案中,关于严重损害的判断问题,WTO 上诉机构指出应当严格遵守《保障措施协议》第 4.2(a)条的规定,对该条所列举的包括进口增加的比率和数量,进口增加所占的国内市场份额,国内产业的销售水平、产量、生产率、设备利用率、利润和亏损、就业变化等因素及其他相关因素进行客观和可量化的评估。更重要的是,还应当考虑第 4.1(a)条对严重损害的明确定义,即国内产业状况是否出现重大全面减损。显然,上诉机构认为逐一地、机械地评估第 4.2(a)条所列举的因素无法适应每个案件的具体情况,必须结合协议关于严重损害的定义,进行综合分析,才能对严重损害是否存在作出判断。

3. 客观证据表明,进口增加与国内产业损害有着因果关系。从理论上讲,保障措施中的国内产业损害标准应高于反倾销与反补贴中的国内产业损害标准,因为前者是公平贸易而产生的损害,而后者是因为不公平贸易所产生的损害。但是,在实际操作中,对保障措施中国内产业损害标准的认定仍然具有很大的随意性。在阿根廷鞋业案中,关于因果关系问题,WTO 上诉机构的裁决表明在分析因果关系时,调查当局仅仅对进口增长和损害因素进行简单列举并直接陈述结论是不够的,

---

[11] Appellate Body Report, Argentina — Footwear (EC), para.131.

必须对其所调查的事实和论据是如何导致最终裁定的推理过程进行解释,并指出分析进口(进口数量和市场份额的变化)与损害因素间的相互关系是进行推理的核心,也是因果分析和裁定的中心。这一判断意味着,如果因果关系存在,正常情况下进口的增加应与相关的损害因素的下降相一致。此外,上诉机构认为调查当局还应当按照协议的规定分析、解释和充分评估进口之外的因素是否正在同时对国内产业造成损害,并不应当将进口以外的因素对国内产业造成的影响归因为进口增长,以此保证最终确定的因果关系建立在公平和客观的基础上。

（二）保障措施实施的期限

保障措施的实施一般不超过4年;特殊情况下,经有关当局决定,可以延长,但是最长只能延至8年。对同一产品实施两次保障措施之间应有一段不适用的间隔期。一般情况下间隔期应不短于第一次保障措施的实施期;无论如何,间隔期不得少于2年。

（三）保障措施实施的形式

关于保障措施的实施,可以采取提高关税、数量限制和关税配额等形式。WTO《保障措施协议》规定:一成员应仅在防止或补救严重损害和提供产业调整所必需的限度内实施保障措施。如果使用数量限制,则该措施不得使进口量减少至低于最近一段时间的水平,该水平应为可获得统计数字的、最近3个代表年份的平均进口,除非提出明确的正当理由表明为防止或补救严重损害而有必要采用不同的水平。

（四）实施保障措施的程序

在体现透明度原则的基础上,协议规定了保障措施的调查必须遵循的程序和调查的条件,对如何证明受到进口产品损害或损害威胁的程序以及如何给予关于利害关系方合理参与机会也作出详细的规定。这些与反倾销反补贴基本相似。以下简要介绍协议规定的调查、通知和磋商的程序。

1. 调查。保障措施的调查必须按照事先已经确定的程序进行,而且必须符合GATT第10条关于透明度的要求。协议并没有详细规定调查的每一个环节,但要求发起调查的成员的调查机构应向所有利害关系方作出适当的公告,给进口商、出口商以及利害关系方提供陈述意见和抗辩的适当机会(如举行公开听证会等方式),而且必须特别注意各方对保障措施的采取是否符合公众利益的看法,调查结束后,调查机构必须公布调查报告,列明经调查后认定的相关事实和法律结论。

2. 通知。协议规定,实施保障措施的成员应将下列事项立即通知保障措施委员会:(1)严重损害、损害威胁及其原因发起的调查;(2)对进口增长造成严重损害或严重损害威胁所作的裁决;(3)对采取或延长保障措施作出的决定。在作出后两项的裁决时,拟实施保障措施的成员应向保障措施委员会提供全部相关资料。

货物贸易理事会或保障措施委员会可以要求准备采取保障措施的成员提供其

认为必要的补充资料。此外,拟实施保障措施的成员还应将其拟采取的具体措施在该措施生效之前通知保障措施委员会。协议的这些规定充分体现了 WTO 的透明度原则。不过作为例外,协议并不要求成员披露任何将阻碍法律实施或违反公共利益,或影响任何公有或私有企业合法商业利益的机密资料。

3. 磋商。由于采取保障措施会影响到有关成员根据 WTO 相关协议所应享有的利益,因此,协议规定采取或延长保障措施的成员应给有利害关系的成员提供寻求事先磋商的充分机会。这种磋商可能针对调查中所涉及的问题,也可以是针对拟采取的具体保障措施,还可以谈贸易补偿问题。协议鼓励成员通过充分磋商达成谅解。从另一个角度讲,经过磋商,其他成员可以了解到更多关于调查或最终措施的信息,有利于进一步提高透明度。成员之间磋商的结果应及时通知货物贸易理事会。

三、保障措施实施的纪律

根据《保障措施协议》,实施保障措施必须符合以下原则:

(一)非歧视实施原则

实施保障措施的非歧视原则指的是:在某一 WTO 成员采取保障措施时,必须要针对全球范围内的进口一视同仁地采取措施,不能区分国别,不能对某一个或某几个成员加以歧视。换言之,保障措施必须具有非选择性。与之相对比,反倾销与反补贴调查则是针对一个或几个国家的产品进行的,一般不会出现无差别地针对全球范围内的全部进口产品实施。

(二)补偿原则与报复原则

采取保障措施的成员必须与受到保障措施的出口成员进行磋商,就补偿事宜达成协议。如果无法达成协议,则受到保障措施影响的成员有权以撤回关税减让或中止其他义务的方式实施报复措施。但是根据《保障措施协议》的规定,如果进口成员是基于绝对进口数量的增加而采取措施,则受此影响的成员在 3 年之内不得实施报复措施。

(三)逐步递减原则

某一 WTO 成员在采取保障措施时,必须对保障措施的限制程度作出逐步放宽的安排。

(四)差别待遇原则

某一 WTO 成员在采取保障措施时,必须对某一发展中国家的出口产品给予特别待遇和优惠待遇。具体而言,当原产于某一发展中国家的某一产品进口量不足进口国该种产品进口总量的 3% 时,就不得对该发展中国家出口产品适用保障措施。

四、《中国入世议定书》当中的特别保障措施综述

在《中国入世议定书》第 16 条当中,还规定了一种特殊的保障措施——仅适

用于中国的、较之于一般性保障措施更不利于中国的措施。其中第16条第1款规定："如原产于中国的产品在进口至任何 WTO 成员领土时,其增长的数量或所依据的条件对生产同类产品或直接竞争产品的国内生产者造成或威胁造成市场扰乱,则受此影响的 WTO 成员可请求与中国进行磋商,以期寻求双方满意的解决办法,包括受影响的成员是否应根据《保障措施协定》采取措施。"此种保障措施在学理上一般被称为特别保障措施。其特别之处体现在如下两方面：

一方面,实施特别保障措施的条件,是原产于中国的产品"进口快速增长……从而构成对生产同类产品或直接竞争产品的国内产业造成实质损害或实质损害威胁的一个重要原因"。此处的"实质损害或实质损害威胁",在程度上低于一般保障措施所需达到的"对国内产业造成严重损害或严重损害威胁"。

另一方面,第16条第6款规定："如一措施是由于进口水平的相对增长而采取的,而且如该项措施持续有效的期限超过2年,则中国有权针对实施该措施的 WTO 成员的贸易暂停实施 GATT 1994 项下实质相当的减让或义务。但是,如一措施是由于进口的绝对增长而采取的,而且如该措施持续有效的期限超过3年,则中国有权针对实施该措施的 WTO 成员的贸易暂停实施 GATT 1994 项下实质相当的减让或义务。"这就意味着,中国必须等待2~3年,才有权对保障措施的实施国进行报复。而对于一般保障措施而言,相对方有权在保障措施实施生效后的任何时间采取报复措施,而无须进行任何等待。

由于此条款的有效期为12年,因此,此条款已经在2013年12月11日后失效。对中国而言,目前在《保障措施协议》项下的权利与其他 WTO 成员并无差异。

第七节 《服务贸易总协定》

一、国际服务贸易概述

WTO 较之于 GATT 的一大进步,就是将服务贸易纳入多边贸易规则的调控范围。服务贸易与货物贸易最大的区别,是交易的对象本身是无形的。服务是活的劳动,它是由服务提供者凭借体力、智力和技能,借助一定的工具、设施和手段,在服务接受者参与下完成某种活动,以直接满足其需要的过程。这与制造产品,最终凝结在产品中的物化劳动有实质区别。货物交易是实物交易,其价值和归属都是确定的和透明的。服务交易本质是无形利益的授予。许多服务是无形的,像数据处理、旅游、诊疗、娱乐、法律咨询等服务,就其纯粹的形态看,这类服务提供不涉及实物,对于服务的支付也不伴随相应的实物的交付。

不过,一些服务涉及实物、存在实物载体,因而也会与货物贸易发生交叠。其中一类是无形的服务并入实物,以实物为依托或媒介。比如,娱乐服务或咨询服务可能涉及软盘或光盘磁带的提供。后者涉及报告资料的提供,服务价值包含在这类实物中,而实物本身有较少价值。由于涉及实物的交付,这类服务也受货物贸易规则管辖。又如 GATT 第 4 条就规范电影片的国际交易。另一类是无形服务依附于实物交易,如汽车消音器和空调的安装服务,电站的建设服务。此类服务中实物交易有独立价值,但购买者支付的价值中也包含服务价值,只要这类实物是跨境交付就属于国际货物贸易,但电站建设属于投资活动。

国际服务贸易是各种类型服务的跨国交易,GATT 秘书处曾列出 150 多种当今国际服务贸易,WTO 秘书处提供以下 12 类服务部门和分部门,这也是国家具体承诺表中的部门划分:(1)商业服务(包括法律、会计师等职业服务、计算机有关的服务、研发服务、租赁服务等分部门);(2)通信服务(包括邮递、电信、视听传播等分部门);(3)建筑及相关工程师服务;(4)分销服务(批发、零售、佣金代理等);(5)教育服务(包括小学、中学、大学各类教育);(6)环境服务(污水处理、垃圾处理等);(7)金融服务(保险、银行及其他金融服务);(8)健康和相关的社会服务(医院及其他的健康服务);(9)旅游或与之相关的服务(酒店、餐饮、旅行社服务);(10)健身、文化、体育服务(包括图书馆、剧院、马戏团、博物馆等服务);(11)运输服务(海运、内河运输、空运、公路运输、铁路运输、管道运输);(12)其他服务。以上是按部门划分的国际服务贸易类别。

国际服务贸易同传统的货物贸易相比有许多独特之处。这直接导致对服务贸易统计、监督、管理方式都会发生变化,也给国际服务贸易市场准入带来以下新问题:

第一,服务贸易是无形的,不可储存的,服务提供者与接受者以某种活动的方式完成服务交换过程,有的在瞬间完成;许多服务产品具有公共产品性质,服务提供者提供一项服务可同时为许多人享用,这使各国很难统计出真实的服务交易量。

第二,服务贸易具有人身性,虽然服务提供受一定设施、工具手段影响,但大多数服务是在服务提供者和接受者的互动沟通中完成,服务产品状况更多取决于服务提供者的素质,对服务贸易的调整包括对服务提供者的调整。

第三,服务贸易具有非单一性,服务提供者所处自然、人文和社会环境,由此牵涉更广泛的国家和社会政策问题,如商业存在涉及开业权、外国直接投资政策,人员流动涉及移民政策,教育文化交流服务涉及道德意识形态政策,这使服务贸易的监督管理更为复杂。

第四,某些服务贸易的发生不需要跨越国境,不能通过边境措施来管制,而主要依靠国家政策、法规、行政措施来管理。管理对象包括提供服务的活动、服务设施机构、服务提供者等各方面。服务贸易的市场准入不是关税问题,而是国家政策、法规措施的限制问题,即能否允许外国服务业进入本国服务市场,能否给予他们国民待遇和最惠国待遇。由于放宽某些服务业限制直接影响国家安全、主权、国家经济的宏观调控,因此服务业市场准入面临更多的困难。

为维护本国经济利益,各国不同程度地实行限制外国服务业进入的政策、法律和做法。对外国服务提供的市场准入限制,可以包含如下内容:

(1)禁止或限制外国服务提供者提供服务(通过许可、授权或要求其为行业协会成员的方式);

(2)禁止或限制服务接受者使用外国提供的服务;

(3)禁止或限制外国服务业直接投资,包括当地股权要求、资本转移限制、外汇限制;

(4)禁止或限制外国服务提供者在东道国建立永久性商业存在;

(5)禁止或限制外国服务提供者进入或暂时进入东道国;

(6)禁止或限制外国服务提供者进入电信、交通、银行、销售渠道、证券市场等公共服务网络;

(7)要求服务提供者为东道国居民或在东道国有商业存在;

(8)禁止或限制提供服务必需的物资进口。

即便允许外国服务提供者进入本国,主权国家还可以在经营过程当中对外国投资者施加限制。具体来讲,可能在如下方面设置法律障碍,对外国服务提供者进行歧视:

(1)经营歧视,包括禁止或限制在东道国获得固定资产;进入公共服务网络高难度、高消费;限制进入职业协会;许可审批的障碍;禁止和限制分销以及交易他的服务。

(2)资金歧视,包括对于收入等高赋税;限制获得补贴、贷款或贷款担保;限制获得保险。

(3)数量限制,限制服务提供者的数量,包括雇员数量;限制服务交易额、资产额以及服务交易的总量。

(4)实绩要求的歧视,包括出口水平、当地含量、强制性技术转让以及培训要求。

即便不在法律上专门设置障碍,主权国家也可以在如下方面给予外国服务提供者事实上的歧视待遇,如:要求在东道国采用特殊的公司形式;禁止或限制使用母国或东道国的专业职称;禁止或限制使用母国的名称;禁止或限制雇用母国国民;要求大多数董事成员为东道国国民;对外国服务提供者普遍施加非歧视性的实绩要求;要求外国服务提供者必须拥有本国的资格证书;等等。

二、《服务贸易总协定》的基本内容

服务贸易出口国主要是发达国家。对服务贸易的各种限制对以美国为首的发达国家造成了严重威胁,尤其是高技术性服务出口更是如此。早在关贸总协定东京回合谈判中,美国就开始推动把服务贸易纳入多边贸易谈判的范畴。由于原关贸总协定不调整服务贸易,美国主张进行服务贸易的多边谈判,实现服务贸易的自由化,并得到了欧盟、日本的支持。大部分发展中成员对此持反对意见,但迫于压力逐渐改变了态度。1986年9月部长级会议上,服务贸易被正式列为乌拉圭回合的谈判议题。

乌拉圭回合达成的《服务贸易总协定》(General Agreement on Trade in Services, GATS),是与GATT 1994平行的管理国际服务贸易的规则。它由三部分组成:第1部分是框架协议,有39个条文,规定了GATS的适用范围和基本权利义务;第2部分是成员服务贸易承诺清单,规定了成员承诺开放的服务业部门、承担的关于国民待遇和市场准入的义务及限制条件,对成员有法律约束力;第3部分是框架协议的8个附件,规定了某些重要的服务部门的多边规则。

(一)适用范围

GATS适用于各成员影响服务贸易所采取的措施。根据服务提供的方式,将服务贸易分为四种类型:

1.跨境交付,指服务提供者在一成员境内向另一成员境内的消费者提供服务,没有人员流动。例如利用计算机及网络的数据传输、咨询服务等。

2.境外消费,指服务提供者在境内向来自另一成员的消费者提供服务。如消费者到外国旅游、就医,本国银行向外国人提供金融服务等。

3.商业存在,指服务提供者在境外设立商业实体,为该境内消费者提供服务。如在外国设立银行、咨询公司、电信服务公司或其分支机构。

4.自然人流动,指一国自然人到另一国境内,单独或受雇于他人向该国消费者提供服务。如律师、会计师、医生等工作者到外国就职提供服务。

(二)一般原则和义务

1.最惠国待遇原则

GATS第2条第1款规定,在本协定所涉及的任何措施方面,每一成员给予任何其他成员服务和服务提供者的优惠待遇,应立即和无条件地给予任何其他成员相同服务和服务提供者。但是,WTO成员如果已经根据第2条第2款以及《关于第2条例外的附件》援引了最惠国待遇的例外,就可以保留与最惠国待遇原则不一致的措施。另外,与GATT 1994相似,GATS中也有一般例外、安全例外、区域贸易集团成员之间的安排例外。

在GATS项下,最惠国待遇表现出如下特点:第一,GATS项下的最惠国待遇不仅适用于服务产品,而且也适用于服务的提供者,这是因为服务和服务的提供者是不可分的;而GATT项下的最惠国待遇是不及于产品的提供者的。第二,GATS项下的最惠国待遇属于普遍义务,适用服务贸易的各个部门,而不论成员是否开放这些服务贸易部门。与GATT不同,GATS项下并不存在"一般禁止数量限制"条款。前文所介绍的12类服务部门,WTO成员可以有选择的开放。但不论某一部门开放与否,对于其他成员的态度都必须一致。第三,GATS项下的最惠国待遇以

"任何其他国家"的服务和服务提供者的待遇为参照标准,应理解为既包括 WTO 成员,也包括非 WTO 成员,不允许对来自不同国家的服务和服务提供者予以区别对待。第四,允许成员对最惠国待遇提出保留。

2. 透明度原则

GATS 第 3 条规定成员应当公布涉及或影响 GATS 实施的法律、法规和措施,每年向服务贸易理事会报告新采取的或修改的措施,并及时通知其他成员。每一成员应设立咨询点,回答其他成员的请求及询问,但不要求成员公开有关公共利益及商业利益的保密资料。

3. 国民待遇原则

GATS 第 17 条第 1 款规定,在列入其承诺表的部门中,在遵照其中所列条件和限制的前提下,每个成员在所有影响服务提供的措施方面,在优惠上给予任何其他成员的服务和服务提供者的待遇不得低于其给予本国相同服务和服务提供者的待遇。

在 GATS 项下,国民待遇原则体现出如下特点:

首先,GATS 规定的国民待遇属于具体承诺的义务,即 GATS 对国民待遇的适用非常宽松,允许成员在其承诺计划安排表中对国民待遇具体适用于哪些部门和不适用于哪些部门作出承诺。这样可以使分歧较小的国家早日达成协议。但这种承诺一旦作出,任一成员须给予其他成员的服务和服务提供者不低于本国相同服务和服务提供者的待遇。

其次,GATS 规定的国民待遇不仅适用于服务,而且还适用于服务提供者。这是与 GATS 项下的最惠国待遇相一致的。

最后,GATS 规定的国民待遇标准是事实上的,而非形式上的。GATS 出于服务贸易的特殊性,采用了"不低于"标准,而没有采纳 GATT 1994 第 3 条要求的"相同待遇"标准,只要实际执行效果能够达到竞争条件水平即可,它不妨碍在实际中给予较之更优厚的待遇。国民待遇原则在服务贸易中仅适用于那些作出承诺的服务部门,而在货物贸易中却适用于所有的货物。对货物的国民待遇一国不难做到,因为一国可以通过进口关税、数量限制以及其他边境措施对外国货物进入本国市场加以限制,在准入阶段对外国货物进行限制,但在准入后不对其进行限制。即对货物实行国民待遇,并不妨碍 WTO 成员对本国货物生产者进行保护。相反,在服务贸易领域,对于服务的外国提供者如果获得了国民待遇,意味着其在事实上享受了完全自由的市场准入,而所有国内服务提供者则不能从本国管理中取得任何的优势。

4. 市场准入

根据 GATS 第 16 条规定,在市场准入方面,每个成员给予其他任何成员的服务和服务提供者的待遇,不得低于其承诺表中所同意和明确的规定、限制和条件。GATT 调整下的货物贸易市场准入是自动的,不需要谈判取得,需要谈判的是市场准入的条件,如关税水平、非关税措施等。而国际服务贸易的市场准入需要成员谈判来决定开放何种服务部门。GATS 列举了影响市场准入的措施的六种形式。这些措施除非在减让表中有明确列明,否则不得采用。这六种形式包括了在一国减让表中应列明的市场准入限制的所有方面。它们是:对服务提供者数量的限制;对服务交易或资产总值的限制;对服务业务总数或服务产出总量的限制;对特定服务部门或服务提供者可以雇用的人数的限制;限制或要求通过特定类型的法律实体或合营企业形式才能提供服务的措施;对外国资本参与的比例限制,或对外国资本投资总额的限制。

各成员关于市场准入与国民待遇的承诺是 GATS 的核心内容,体现在成员经谈判达成的服务贸易具体承诺表,简称"服务贸易减让表"。服务贸易减让表与货物贸易领域的关税减让表类似,构成了各成员在具体服务部门的减让,对减让方具有约束力。承诺表涵盖了所有的服务贸易部门,并且列明部门下的各分部门。成员对每一个部门的市场准入和国民待遇作出承诺,并按照四种服务提供方式作出区分。各成员的承诺分为无限制、有条件限制和不作承诺三种。无限制承诺表明成员遵守市场准入和国民待遇要求,不采取任何限制;有条件限制承诺指成员应详细列明对市场准入与国民待遇的保留条件,不能采取其他限制条件;不作承诺表明成员可以保留原有的限制措施,也可以采取新的限制措施。成员在承诺表生效满 3 年后可进行修改和撤销,但应当通知服务贸易理事会,并且对受此影响的成员给予必要的补偿。

表 8-1 来源于中国入世议定书附件 9:服务贸易具体承诺减让表的第 2 条最惠国待遇豁免清单。其中包含了对外资的国民待遇限制和市场准入限制。从表中可知,这两种限制均依服务的提供方式不同而有所差异。

表 8-1 中国入世议定书中的服务贸易承诺(节选)

服务提供方式:	(1)跨境支付	(2)境外消费	(3)商业存在	(4)自然人流动

部门或分部门	市场准入限制	国民待遇限制	其他承诺
	外国律师事务所的代表应为执业律师,为 WTO 成员的律师协会或律师公会的会员,且在中国境外执业不少于 2 年。首席代表应为 WTO 成员的律师事务所的合资伙伴或相同职位人员(如有限责任公司律师事务所的成员),且在中国境外执业不少于 3 年。		

续表

b. 会计、审计和簿记服务（CPC862）	(1) 没有限制。 (2) 没有限制。 (3) 合伙或有限责任会计师事务所只限于中国主管机关批准的注册会计师。 (4) 除水平承诺中内容外,不作承诺。	(1) 没有限制。 (2) 没有限制。 (3) 没有限制。 (4) 除水平承诺中内容外,不作承诺。	—允许外国会计师事务所与中国会计师事务所结成联合所,并与其在其他WTO成员中的联合所订立合作合同。 —自加入WTO时起,在对通过中国国家注册会计师资格考试的外国人发放执业许可方面,应给予国民待遇。 —申请人将在不迟于提出申诉后30天以书面形式被告知结果。 —现有中外合作会计师事务所不仅限于中国主管机关批准的注册会计师。 —提供CPC 862中所列服务的会计师事务所可以从事税收和管理咨询服务。它们不受在CPC 865和8630中关于设立形式的要求的约束。

5. 其他方面

GATS承认各成员政府对服务贸易的管理权,允许成员实施有关的国内规定和措施,但有关措施应当保证对承诺义务的履行,不能构成对服务贸易的不必要障碍。GATS允许成员建立和维持国家垄断服务,但不得采取与最惠国待遇要求与透明度要求不一致的行为,不能滥用垄断地位妨碍竞争。

GATS还规定了保障措施、政府采购与补贴、相互承认学历与资格、对发展中成员的特殊待遇、争端解决等方面的内容。

三、GATS新的谈判议题

在乌拉圭谈判结束时,谈判各方同意在服务贸易领域继续就自然人流动、航运服务、基础电信和金融服务四个领域继续进行谈判,以期在这些领域实现更高的市场准入的水平。因此,1993 年 12 月 15 日,贸易谈判委员会通过了《关于自然人流动问题谈判的决定》、《关于金融服务的决定》、《关于海运服务谈判的决定》以及《关于基础电信谈判的决定》四个部长决定。其中,关于金融和基础电信领域的谈判取得了巨大的成功。谈判成果分别被称为"基础电信协议"和"金融服务协议"。

(一)乌拉圭回合之后的谈判

GATS 的《金融服务附件一》与《金融服务附件二》为未来谈判留下机会。两附件的主要内容是将金融服务贸易纳入 GATS 规则,确定了 GATS 对金融服务的调整范围,允许成员采取审慎措施,维护国内金融体系稳定,并对各成员金融服务贸易的承诺作出了时间安排。

1997 年年底,包括美国在内的 70 个 WTO 成员在金融服务贸易第二轮谈判中,对金融服务开放作出承诺,达成了 GATS 第五议定书即《全球金融服务贸易协定》。协定于 1999 年 3 月 1 日生效,对扩大开放金融市场,减少市场准入和国民待遇的限制,促进金融服务贸易的发展起到了关键作用。

关于电信服务,乌拉圭回合各成员仅对增值电信作出了具体承诺。根据《关于基础电信谈判的决定》,基础电信谈判应于 1994 年 5 月开始。1997 年 2 月 15 日谈判结束,69 个 WTO 成员递交了 55 份承诺表,作为 GATS 第四议定书即《全球基础电信协定》,于 1998 年 2 月 5 日生效。该协定所涵盖的电信服务领域包括声讯电话、数据传输、电传、传真、电报、私人线路租赁出售或租赁传输能力、固定和移动式卫星通信系统服务等。协定要求在规定时间内取消电信市场的垄断和封闭,按照不同国家的情况,互相开放基础电信设施和服务的市场。

海上运输服务是乌拉圭回合服务贸易谈判的关键部门,目标是逐步取消一切限制进入海运市场的措施,实现海运全面自由化。在这四个问题的谈判中,海运谈判最终未能在多边达成协议,于 1996 年 6 月中止。2000 年 1 月,作为乌拉圭回合既定议程的服务贸易谈判如期启动,海运谈判纳入了此轮服务贸易谈判的范畴。绝大多数成员建议,谈判的范围除了国际运输、海运辅助服务以及港口服务的准入和使用外,还应考虑涵盖多式联运服务。由于各方分歧较大,目前谈判没有取得直接成果。

2010 年 3 月,服务贸易理事会主席向贸易谈判委员会特别小组提交了谈判盘点报告(Stocktaking Report),指出了服务贸易谈判各方的分歧所在。2011 年年初,服务贸易谈判继续推进。2011 年 4 月,服务贸易理事会主席向贸易谈判委员会提交了报告,阐述了谈判取得的成果与存在的分歧,涉及市场准入、国内法规、GATS 规则等方面的内容。2011 年 12 月,WTO 第八次部长级会议通过了豁免决议,允许 WTO 成员对来自最不发达成员的服务和服务提供者给予优惠待遇,并在电子商务方面延续了以往的部长级会议决议,同意 WTO 成员暂不对跨境电子交易征收关税。被寄予厚望的 2013 年巴厘岛第九次 WTO 部长级会议并未给服务贸易谈判带来福音。即使在稍有成就的电子商务方面，各成员也只是同意不对跨境电子商务征收进口税。应该承认，2000年多边服务贸易谈判开始启动时，各WTO成员雄心勃勃，对谈判前景较为乐观，但后来谈判的整个进程却非常艰难。2008年开始的世界性金融危机为WTO谈判提供了机遇，但更多的是挑战。一方面，各国希望尽快达成协议，结束谈判，促进服务贸易自由化，加快国内经济复苏。另一方面，恶化的经济形势加快了贸易保护主义的蔓延，各国普遍对服务贸易市场开放持审慎态度，反过来又影响各国推动与参加谈判的政治意愿。

（二）多哈回合谈判的主要成果

目前，多哈回合服务贸易谈判仍在进行，主要围绕市场开放与GATS规则议题进行。其中，GATS规则又包括国内法规（domestic regulation）、紧急保障措施、政府采购与服务贸易补贴。经过13年多的艰苦努力，多哈回合服务贸易谈判进展缓慢，成果不多，与当初设定的谈判目标相差甚远。截至2013年12月底，WTO多哈回合服务贸易谈判的成果主要包括：

1. 逐步确立和明确了推进多边服务贸易谈判的内容、方式和目标。2001年3月，WTO服务贸易理事会制定了《服务贸易谈判准则和程序》，确定把所有的服务部门、服务提供模式以及当前的最惠国待遇例外情况等列入谈判内容，决定把"要价—出价"作为谈判的主要方式，辅以复边谈判的方式，并确定推进自由化作为谈判的目标，为谈判指明了方向。

2. 提高了发展中成员参与服务贸易谈判的程度。《服务贸易谈判准则和程序》考虑了发展中成员服务贸易的发展现实，确认逐步自由化、提高发展中成员的参与度、给予单个发展中成员一定程度上的谈判弹性、对最不发达国家给予特殊考虑和不改变GATS的结构或原则等谈判遵循的目的和原则，对发展中成员的小服务贸易提供者的需要给予一定考虑。同时，发展中成员也逐步认识到服务贸易发展与参与规则谈判、维护本身利益的重要性，不少成员参与谈判的积极性有所提高。

3. 在部分服务贸易议题上取得了一些积极进展。第一，市场准入取得一定的进展。一些成员分别提出了要价、最初出价和修改出价。WTO香港部长级会议启动了复边谈判方式，制定了谈判时间表。在谈判进程方面，2006年进行了两轮复边谈判，WTO成员就21个集体要价进行谈判。截至2010年年底，WTO成员共有73份出价，32份修改后出价。第二，在WTO规则方面的谈判议题上取得一些共识。2011年4月21日，服务贸易理事会主席向谈判委员会报告了服务贸易谈判的进展情况，谈判在市场准入和国内法规方面也取得了一定共识。在目前的服务贸易规则议题谈判中，成员国参与国内法规谈判的程度较高，谈判进展速度也较快；关于服务贸易补贴议题，各成员已同意进行补贴的信息交换，后续谈判进程值得观察；对于紧急保障措施，因各成员分歧较大，迄今仍停留在非正式技术性议题的讨论阶段,需有更多努力才能在规则议题谈判中获取进展。第三,在服务贸易提供模式方面有所进步。各成员对跨境交付的自由化达成基本共识,在商业存在和自然人流动方面的立场分歧较大。第四,在发展中成员优惠待遇方面达成共识。2011年日内瓦部长级会议决议允许WTO成员暂时和有条件地背离GATS最惠国待遇原则,为来自最不发达成员的服务或服务提供者予以更加优惠的市场准入机会等。第五,在一些服务部门谈判达成一些共识或协议。在电子商务方面,各成员同意暂时不对跨境电子交易征收关税。在会计服务、空运服务、计算机相关服务、海运服务等议题方面取得一定的积极进展。

(三)WTO框架下服务贸易谈判进展缓慢的原因

WTO体制下的多边服务贸易谈判进展缓慢,成果不多,实质性成果更少。从目前来看,谈判前景不容乐观,可能会持续更长时间,甚至反复发生阶段性停滞。造成WTO服务贸易谈判进程缓慢甚至停滞的因素很多,归结起来主要包括五个方面。

1. 服务贸易谈判的方法不够科学,阻碍了谈判进程。多哈回合谈判采用"一揽子"计划谈判方式,即所有的议题达成协议后完成谈判。这种全体一致的谈判方式适合于WTO成员较少的时候,而目前WTO已经拥有161个成员,且谈判涉及的议题众多,让所有成员就所有议题达成一致几乎不可能。更何况,不同议题的分歧非常容易产生交叉影响,2006年由于农业与非农产品谈判问题上出现僵局,导致所有WTO谈判(包括服务贸易谈判)全部中止就是最好的明证。同时,在服务贸易领域采用"要价—出价"(request - offer)谈判方式,各WTO成员的要价与出价及其修改的意愿、进度与效率直接影响了谈判的进度。

2. 主要WTO成员参与谈判不够积极,没有形成积极推动谈判的合力。由于在谈判议题上与其他成员存在的巨大分歧,美欧等国已经表现出对WTO体制的失望,参与谈判的意愿越来越弱,另起炉灶的意愿增强,可能性加大,进程也逐步加快。

3. 谈判议题过于庞杂,多样化、复杂化的特征日趋明显。由于国际贸易竞争格局的不断变化和各国服务贸易利益的多样化诉求,新的议题不断加入多哈回合谈判,仅是服务贸易就涉及人权、劳工标准、环境、补贴、竞争与反垄断、政府采购、国内规制(法规)、准入前国民待遇等方面的议题,谈判越来越复杂,各成员之间的分歧越来越大。

4. 大国主导谈判的格局难以破除,小国和弱国利益难以得到反映和保障。大国主导的WTO体制没有也不可能在短期内改变,美欧主导了多哈回合服务贸易规则的谈判,成为决定谈判进程的主导力量。多数发展中国家的服务贸易提供能力非常薄弱,在自然人流动等方面的竞争优势与美欧等国的贸易利益发生冲突,难以形成协同的立场。2013年巴厘岛部长级会议期间部分发展中国家表现的不满延长了会期说明了这一问题的严重性和重要性。

5. 发达成员与发展中成员之间的贸易发展水平差异及其导致的贸易利益冲突，使得发展中成员对谈判参与比较少，而发达成员缺乏必要的政治意愿进行实质性的让步以推动谈判。发展中成员更关心的是如何解决货物贸易方面的分歧，而不是服务贸易的进一步自由化问题。纵观这一轮服务贸易谈判的整个历程，可以清楚地看到发达成员与发展中成员之间的利益冲突与博弈。发达成员由于自身在服务贸易领域的优势，强调谈判应实现更高水平的服务贸易自由化，要求各成员减少各种限制性壁垒，进一步完善多边规则，并促进其更加有效地实施。而发展中成员由于本身服务贸易发展水平的限制和换取发达成员在其他领域的让步及融入国际贸易体系的现实需要，在不反对服务贸易自由化的同时，特别强调各成员应尊重和保留对服务贸易进行管理的权利。他们认为，推动服务贸易的进一步自由化必须考虑各成员之间的整体和部门服务贸易的实际发展水平，考虑发展中成员的利益，遵循逐步自由化的原则，在互惠互利以及权利和义务平衡的基础上进行。可以预料，在今后的服务贸易谈判中，发达成员与发展中成员的冲突还会以不同的形式表现出来，影响甚至决定服务贸易谈判的进程。

第八节　WTO争端解决机制

一、WTO争端解决机制的由来

"二战"后，国际贸易争端解决逐步由"实力导向型"向"规则导向型"过渡，其中GATT 1947争端解决机制的发展乃至最终形成的WTO争端解决机制的演变历程，是这一趋势的有力佐证。

（一）GATT框架下的争端解决

1947年GATT建立，其第22条和第23条的规定创立和发展了争端解决机制。GATT的解决争端程序分为两阶段：争端当事方之间必须首先进行磋商，只有在磋商无果或不能解决争议时，才能援引第23条第2款程序将争议提交给GATT缔约方全体。

GATT第22条规定："(1)当一缔约方对影响本协定执行的任何事项向另一缔约方提出要求时，另一缔约方应给予同情的考虑，并应给予适当的机会进行协商。(2)经一缔约方提出请求，缔约方全体对经本条第1款协商但未达成圆满结论的任何事项，可与另一缔约方或另几个缔约方进行协商。"该条规定了缔约方之间进行磋商的权利，如磋商未果，任何一方可将争端提交缔约方全体。

GATT第23条是争端解决的核心条款，内容丰富且复杂，规定了提出磋商请求的条件、多边解决争端的主要程序及授权报复等。第23条分为两款，第1款实际上是磋商程序的规定,即当某一缔约方认为因三种原因之一产生两种结果之一时,它可以向其认为有关的缔约方提出磋商的书面请求或建议。这两种结果是:第一,该缔约方根据本协定直接或间接享有的利益遭到丧失后损害;第二,本协定任何目标的实现受到妨碍。造成这两种结果的原因必须是:(1)另一缔约方违反 GATT 1947 义务或规则的行为;(2)另一缔约方并不违反 GATT 义务或规则的行为;(3)存在其他任何情况,如一缔约方发生的金融危机或大规模失业。第 2 款规定,如有关缔约方在合理期间经磋商尚不能达成满意的调整办法,可以将这一争议提交缔约方全体处理。缔约方全体对此应立即进行研究,并应向它所认为的有关缔约方提出适当建议,或者酌量对此问题作出裁决。对于被诉方不履行缔约方全体作出的建议,第 23 条对申诉方采取报复措施的权利限制较严,只有到情势已经严重到有足够理由采取行动时,缔约方全体才考虑批准相应的制裁措施。

(二) GATT 时期争端解决的缺陷

关贸总协定创立的国家间贸易争端解决机制,其积极意义是显而易见的。然而,此机制仍然存在如下严重缺陷:(1)内容缺乏协调性。GATT 争端解决的一般规则与东京回合达成的 9 个非关税壁垒协议中规定的特殊争端解决规则的冲突问题没有得到解决,从而影响其权威性和有效性。(2)争端解决程序没有明确的时限规定,使得争端解决往往久拖不决。(3)由于奉行"协商一致"原则,专家组裁定的败诉方可借此规则阻止专家组报告的通过,这使得 GATT 争端解决机制的效率大打折扣。(4)胜诉方被授权进行报复时,GATT 没有一个行之有效的程序来量化缔约方贸易所受到的损失,以确定报复的程序。(5)未考虑发展中成员的利益,这些成员往往由于缺乏争端解决机制所需的人力、物力,加上机制本身存在的较多缺陷使得他们对 CATT 的争端解决机制缺乏信心。(6)缺乏专门的争端解决机构,影响了争端解决机制效力的发挥。

(三) WTO 争端解决机制的形成

正是因为 GATT 争端解决机制有着"先天性"的不足,引起很多成员的不满。在这种背景下,乌拉圭回合将争端解决纳入谈判议程,并最终达成了《关于争端解决规则与程序的谅解》(以下简称 DSU),旨在在原 GATT 的基础上建立一个行之有效的争端解决机制,并且能规定保障裁决执行的强有力措施。它由 27 条正文和 4 个附件组成,其基本内容包括适用范围和实施、机构设置及其职能、解决途径、工作程序与规则、裁决的效力和执行、最不发达成员的待遇等,最终建立了 WTO 争端解决机制。

二、WTO 争端解决机制的管辖范围

(一) DSU 管辖的协定类型

DSU 适用于该谅解附件一所列各项协议项下产生的争端解决。这些协议包括:《世界贸易组织协定》;多边贸易协定,具体包括附件一 A、附件一 B 和附件一

C,以及附件2(DSU);诸边贸易协定,即附件4的协议。这些协议统称为相关协议或适用协议。争端解决机制既适用于机构性规则,也适用于权利义务性规则;既适用于实体性规则,也适用于程序性规则(如附件2);既适用于对所有成员有约束力的规则,也适用于少数成员选择适用的规则。各成员就世界贸易组织协定和DSU的权利义务的争端,也适用该争端解决规则与程序。但《世界贸易组织协定》附件3贸易政策审议机制不属于争端解决机制的适用、调整范围。即成员即便对贸易政策审议的结果不满,也不得提交争端解决机制。

DSU除规定了世界贸易组织争端解决的统一的一般规则与程序外,其附件2所列相关协议中明确规定了具体协议项下争端解决的特殊或额外规则和程序。这些特殊或额外规则和程序,仅适用于就各相关协议提起的争端。在特殊或额外规则和程序与DSU的一般规则和程序存在差异时,应以特殊或额外规则和程序为准。但实践中,处理争端的专家组或上诉机构,按照协调一致的原则来处理、适用这些规则。特殊规则和程序,仅适用于相关协议下争端解决的某一方面或某一特定问题,适用于某一局部问题。

(二)DSU管辖案件的性质

从案件的性质区分,DSU管辖案件的范围可分为违反之诉、非违反之诉和其他情形之诉。其中的"其他情形之诉"事实上是为大的经济震荡所设的条款,其初衷是将其适用于如严重的金融危机、通货膨胀、大量失业等情况。从WTO运作至今还没有任何一个国家基于该款提起诉讼。因而本节主要介绍违反之诉与非违反之诉。

1.违反之诉。违反之诉是指一成员针对另一成员因其违反WTO规则的明文规定而向争端解决机构提起的诉讼。提起该类诉讼的类型有两种:一是对方不履行在WTO各协议下的义务;二是对方采取了违反WTO规则的措施。

提起该类诉讼的条件包括存在违反措施的行为和该行为所产生的损害结果,即不仅要证明违法措施的存在,还要证明这种非法行为产生了一定的损害结果。损害结果可以表现为导致另一成员在WTO协定下的直接或间接利益丧失或受损或者阻碍该协定目标的实现。不过,起诉方不需明确证明自己方已经遭受了损害。根据DSU第3条第8款,违反WTO规则的行为被推定为对投诉国利益造成明显或初步损害或丧失。被诉方需负举证责任证明对方不存在利益的丧失或损害。具体来讲,DSU第3条第8款作出了如下规定:"如果存在违反依据某一适用协定承担的义务的情况,则该行动被认为明确或初步构成利益的损害或丧失的情况。这意味着,一般存在这样一个假定,即违反各规则已对该适用协定的其他缔约方成不利影响,且在这种情况下,被控国有权对投诉国的指控予以反驳。"而此种反驳,在WTO争端解决历史上尚未有成功的先例。

关于违反之诉的救济手段主要有三种:(1)如果专家小组或上诉机构认为某

涉案措施不符合 WTO 项下某一协定,则它应建议有关成员使该项措施符合该适用协定,履行 WTO 协议下的义务或者撤销或修改其违反 WTO 规定的措施。(2)如果有关成员没有在合理期限内采取措施,则该成员应根据请求,且在合理期限到期前,与援用争端解决程序的任何一方进行谈判,以达成相互接受的补偿。补偿是自愿性的救济手段,且必须由争端双方以相互接受的方式达成。(3)如在合理期限到期后 20 日内尚未达成相互接受的补偿,援引争端解决程序的任何一方,可以请求争端解决机构授权,中止对有关成员适用依照各适用协定承担的减让或其他义务,即授权申诉方进行贸易报复。此种报复既可以在同一协议项下进行(如 A 国主张 B 国对热轧钢的国内税违反了货物贸易的相关规则,则可以要求对 B 国出口至 A 国的自行车课征高额关税),也可以跨协议进行(例如,A 国主张 B 国对小麦的检验检疫措施违反了《实施动植物卫生检疫措施的协议》,则可以主张中止对 B 国产品的知识产权保护)。这极大地增加了较弱小的国家面对大国的谈判空间。

2. 非违反之诉。所谓非违反之诉,是指一成员对所采取的措施虽不违反 WTO 涵盖协定,但若该项措施导致其他成员在 WTO 涵盖协定项下利益的损害或丧失,或者阻碍了 WTO 目标的实现,则其他成员也可以向争端解决机制对实施该措施的成员提起诉讼。

提起非违反之诉,申诉方必须证明:(1)被诉方采取了某种措施;(2)申诉方利益受到丧失或损害,或者 WTO 目标实现受阻;(3)被诉方的行为是申诉方不能合理预期的。

对于"合理预期"这一要件,在争端解决实践当中常常以关税减让之时为准。例如,在美国诉日本胶卷案中,专家组认为,若申诉方证明被诉方采取的措施在双方达成关税减让之后,则可初步推定申诉方在关税谈判减让时不能合理预期被诉方会采取争议措施;这时被诉方必须提供证明反驳这种推定。澳大利亚化肥案当中也遵循了类似的认定方式。"二战"期间,澳大利亚对进口硫酸铵和硝酸钠提供补贴。在制定关税与贸易总协定、进行关税减让谈判时仍然如此。后来,澳大利亚取消了对硝酸钠的补贴。硝酸钠的主要供应国——智利因而提出了非违反之诉。此案当中,处理争端的工作组裁定,没有证据证明澳大利亚违反了关税与贸易总协定的义务。但工作组同时认为,根据本案的情形,智利出口的硝酸钠享有的竞争条件被破坏,智利在谈判时据关税与贸易总协定的合理预期受损,因而建议争端方考虑适当的方法消除这种竞争不平等。

根据 DSU 第 26 条的规定,尽管非违反之诉中的措施造成了成员利益的丧失或损害,或阻碍了 WTO 目标的实现,但是,由于其未违反 WTO 的相关规定,因此,实施该措施的成员没有义务撤销或修改此类措施,专家组或上诉机构的调整建议并不对争端各方具有约束力。专家组或上诉机构应在此种情况下建议有关成员作出双方满意的调整,而补偿可以作为"双方满意的调整的一部分"而成为争端的最后解决办法。即争端解决机构并不要求被诉方撤销造成损害的有关措施,而是要求被诉方考虑消除损害的各种方法。具体来说,非违反之诉有三种救济措施:一是被诉方主动调整其措施;二是 WTO 授权受到损害的成员对被诉方暂时中止减让义务;三是被诉方主动做出适当的补偿。

尽管非违反之诉是一项非常重要的救济手段,但它的适用不应该过于广泛。事实上,在 GATT 和 WTO 的历史上,绝大多数案件均为违反之诉。WTO 也允许在同一案件中既提起违反之诉也提起非违反之诉。

三、WTO 中参与争端解决的机构

争端解决程序中涉及的机构主要有争端解决机构、上诉机构、非常设的专家组、仲裁员,也包括总理事会、总干事及总干事领导的秘书处。

(一)争端解决机构

争端解决机构负责执行争端解决规则与程序以及有关协议中的磋商和争端解决条款,实质上是负责处理争端的总理事会。《世界贸易组织协定》规定,在审议成员之间的争端和采取必要措施解决争端时,总理事会作为争端解决机构召开会议,因而总理事会实际管理这些规则和程序,行使争端解决机构的职责。争端解决机构有权成立专家组,通过专家组或上诉机构的报告,监督有关措施的执行或授权有关国家进行报复。但争端解决机构有自己的主席,也有权建立必要的程序规则以行使其职权。

争端解决机构在批准设立专家组的申请、通过专家组报告与上诉机构报告、授权报复时,采取所谓的"反向一致同意"原则,即"除非一致不同意,则一致同意"原则,其实质是一票通过或准自动通过。这一做法与关税与贸易总协定框架下的一票否决制是完全相反的。

(二)专家组

专家组是争端解决机构的非常设性机构,专家组的成员可由争端成员双方磋商后从世界贸易组织秘书处存有的专家名单中选定。在双方不能达成一致时,专家组由世界贸易组织总干事任命。专家组协助争端解决机构履行有关职责。专家组应对其审议的事项进行客观的评估,包括案件的事实、有关协议的适用性及争议措施与有关协议的一致性的客观评估,帮助争端解决机构作出裁定和提出建议。

DSU 第 21 条第 5 款规定的执行程序专家组(通常是原专家组),负责裁定被诉方是否采取执行措施、采取的执行措施是否与相关协议的要求相一致。

(三)上诉机构

上诉机构是争端解决机构中的常设机构,它负责对被提起上诉的专家组报告中的法律问题和专家组作出的法律解释进行审查。上诉机构可以维持、变更或推翻专家组的法律裁定和结论。上诉案件由上诉机构 7 名成员中的 3 人组成审判庭

审理。上诉机构定期召开例会讨论政策、做法和程序事项。上诉审查制度,是世界贸易组织争端解决制度的一大特色。它保证了法律规则适用的准确性、统一性、一致性。

由于美国单方面阻挠新上诉机构成员的遴选和任命,WTO 无法填补空缺的上诉机构成员,2019 年 12 月 11 日起,上诉机构因人员不足而无法受理任何新的案件,不能正常动作。

(四)总干事

总干事可依职权提供斡旋、调解或调停,协助各成员解决争端。应争端方的要求,在争端方对专家组的组成达不成一致意见时,总干事可以决定专家组的组成。

(五)秘书处

秘书处的职责,首先包括提供专家组成员名单,并向争端方建议专家组的提名。争端各方将书面陈述提交秘书处,由秘书处转交专家组和其他争端方。秘书处应协助专家组进行工作,尤其是在处理争议事项的法律、历史和程序方面给予协助,并提供秘书和技术支持。其次,在争端解决方面,秘书处还会向发展中国家成员提供额外的法律建议、协议、培训课程,并可以安排法律专家进行协助。

四、WTO 争端解决机构解决争端的程序

DSU 是 WTO 争端解决机构解决争端的法律依据,它系统规定了解决争端的各项程序,可谓是 WTO 体系中的诉讼程序法。根据 DSU 的规定,WTO 争端解决机构解决争端的基本程序包括:磋商、斡旋、调解和调停、专家组、上诉机构审查等。

(一)磋商

磋商(consultation)是 WTO 争端解决程序的首要的强制性阶段,但这仅指申诉方有义务先寻求磋商解决。一方提出磋商请求,被请求方应在收到请求之日起 10 日内作出答复,30 日内开始磋商,否则请求磋商的一方可以直接请求成立专家小组。磋商应该是秘密的,并且不得损害任何一方在以后程序中的权利。自收到磋商请求之日起 60 日内未能通过磋商解决争端的,或当事各方一致认为无法通过磋商解决争端的,可以要求设立专家小组。若情况紧急,如涉及易腐物品,成员应在收到磋商请求之后的 10 日内开始磋商,如自收到磋商请求之后的 20 日内仍无法解决争端的,投诉方可以要求设立专家小组。紧急情况下,当事方、专家小组、上诉机构应最大限度地加速程序。在磋商过程中,成员应对发展中成员方的特殊问题和利益予以特别的关注。

(二)斡旋、调解和调停

斡旋、调解和调停(good offices, conciliation and mediation)是争端当事方自愿选择中立的第三方(如世贸组织总干事)通过协调各方的观点,帮助它们解决争端。争端的任何当事方可以在任何时候要求进行斡旋、调解和调停。这些程序可以随时开始,随时终止。一旦斡旋、调解和调停程序终止,投诉方可以请求设立专家组。如果在收到协商请求后60天内进入了斡旋、调解和调停程序,投诉方必须留出60天的期限,之后才能要求设立专家组,除非当事方一致认为无法通过斡旋、调解和调停解决争端。经当事方同意,在专家组程序中,可以继续进行斡旋、调解和调停。

(三)专家组程序(panel procedures)

1. 专家组的设立、职权和成员

(1)专家组的设立(establishment of panels)。如果申诉方提出了请求,专家组至迟应在该请求被列入争端解决机构议程之后紧接着的会议上设立,除非在该会议上争端解决机构一致同意不设立专家组。鉴于提出请求一方不可能随后反对设立专家组,因此,一经请求,专家组即可设立。这种反向协商一致的规定旨在防止被告阻挠专家组的设立,造成程序上的拖延或僵局。此规定使 WTO 争端解决机制带上了浓厚的国际司法色彩。

(2)专家组的职权(terms of reference of panels)。专家组的职权分标准职权和非标准职权两种。争端当事方自专家组设立之日起20天内未作特别约定的,则专家组拥有标准的职权,即根据有关协定审查当事人提交的事项并作调查结论以协助争端解决机构作出建议或裁决。当事方有特别约定的,专家组则拥有当事方特别约定的非标准的职权。在不违反上述规定的情况下,争端解决机构可以授权其主席与当事方协商拟订专家组的职权。

(3)专家组人员的组成(composition of panels)。专家组应该由资深的政府和/或非政府个人组成,包括曾在专家组任职或曾向专家组陈述案件的人员、GATT 1947 缔约方代表或任何适用协定或其先前协定的理事会或委员会的代表、秘书处人员、曾讲授国际贸易法或政策或在这方面发表过著作的人员,以及曾任一成员高级贸易政策官员的人员。除非争端各方另有约定,否则,争端当事方的公民或在争端中有实质利益的第三方的公民不得在与该争端有关的专家组中任职。秘书处保存有一份具备资格的政府和非政府个人的名单,用于协助选择专家组成员。

专家组由3名成员组成。不过,在专家组设立后10天内,若经争端各方一致同意,专家组也可以由5名成员组成。专家组的组成情况应迅速通知各成员。当争端发生在发展中国家成员与发达国家成员之间时,如发展中国家成员提出请求,专家组至少应该有1名成员来自发展中国家。如在专家组设立之日起20天内,未就专家组的成员达成协议,则总干事应在双方中任何一方请求下,经与DSB主席和有关委员会或理事会主席磋商,在与争端各方磋商后,决定专家组的组成。专家组成员应以其个人身份任职,他们既不是政府代表,也不是任何组织的代表,因而不应接受成员的指示或者影响。

2. 专家组程序

(1) 工作程序(working procedures)。在与争端各方磋商后,专家组应尽可能地在专家组组成及职权范围议定后一周内,决定专家组程序的时间表。在紧急情况下,应尽一切努力加快诉讼程序。在确定专家组程序的时间表时,应该为争端方提供准备陈述的时间。专家组应该明确设定各方提供书面陈述的最后期限。除非专家组在与争端各方磋商后另作决定,否则应遵守下列程序规则:会议不公开,争端各方和利害关系方只有在专家组邀请到场时方可出席;专家组的审议和提交专家组的文件应保密,但争端方可以向公众披露其立场。各成员应将另一成员提交专家组或上诉机构而指定为机密的文件按机密信息对待。如成员提出了请求,争端方应提供一份可对外公布的非机密性的摘要。在第一次实质性会议之前,争端各方应向专家组提交书面陈述,说明案件的事实和论据。第一次实质性会议应首先由起诉方陈述案情,然后由被诉方陈述意见。专家组应书面邀请所有有利害关系的第三方,在专门安排的会议上陈述意见。各方应在第二次实质性会议之前向专家组提交辩驳的书面文本。在第二次实质性会议上,被诉方有权首先发言,随后由起诉方发言。专家组可随时向各方提出问题,要求其作出说明。争端各方和第三方应向专家组提供其口头陈述的书面版本。每一方的口头陈述、辩驳、说明均应在各方在场的情况下作出,书面陈述均应能让各方获得,以保持充分的透明度。

专家组应该以书面报告形式向 DSB 提交调查结果,报告应包括对事实的调查结果、有关规定的适用性及基本理由。如争端各方已找到问题的解决办法,则专家组报告只对案件作简要描述。

专家组进行审查的期限,一般不应超过 6 个月。在紧急案件中,包括涉及易腐货物的案件,专家组应力求在 3 个月内将其报告提交争端各方。如专家组认为不能按时提交其报告,则应书面通知 DSB 迟延的原因和估计提交报告的期限。自专家组设立至报告散发无论如何不应超过 9 个月。

在案件的审理程序当中,还对发展中成员进行了特别安排。在涉及发展中成员所采取措施的磋商过程中,各方可同意延长磋商期限。如期限已过,进行磋商的各方不能同意磋商已经完成时,则 DSB 主席应与各方磋商后,决定是否延长期限及延长的时间。此外,在审查针对发展中成员的起诉时,专家组应该给予发展中成员准备和提交意见的充分时间。如一个或多个争端方为发展中成员,则专家组报告应明确说明以何种形式考虑对发展中成员实行差别和更优惠待遇的规定。专家组可随时应起诉方请求中止工作,但期限不得超过 12 个月。如专家组的工作已中止 12 个月以上,则设立专家组的授权终止。

(2) 寻求信息(seek information)。专家组有权向其认为适当的任何个人或机构寻求信息和技术建议。但是,在专家组向一成员管辖范围内的个人或机构寻求此类信息或建议之前,应通知成员方的主管当局。成员应迅速和全面地答复专家组提出的关于提供必要和适当信息的请求。专家组寻求信息的权利并不仅限于向争议各方寻求信息,还包括向争议各方之外的个人或组织寻求信息。对于争端方所提及的科学或其他技术事项,专家组还可以请求专家审议小组提供书面咨询报告。未经提供信息的个人、机构或成员主管当局的正式授权,专家组不得披露所提到的机密信息。

(3) 保密 (confidentialty)。专家组审议情况应保密。专家组报告应在争端各方不在场的情况下,按照提供的信息和所作的陈述起草。在专家组报告中,专家个人发表的意见是匿名的。

(4) 中期审议 (interim review)。在书面辩驳和口头辩论后,专家组应该向争端各方提交报告草案的描述部分,即事实和论据部分。在专家组设定的期限内,各方可提交其书面意见。在接收书面意见的期限截止后,专家组应该向各方提交一份中期报告 (interim report),中期报告有描述部分、专家组的调查结果和结论。在专家组设定的期限内,一方可书面请求专家组在最终报告散发之前审议中期报告。接到请求后,专家组应该就所涉及的问题,与各方再次召开会议。如在征求意见期间未收到意见,则中期报告应被视为最终报告,并迅速散发给各成员。最终报告中的调查结果应包括中期审议阶段对论点的讨论情况。

(5) 专家组报告的通过 (adoption of panel reports)。为向各成员提供充分的审议时间,在报告散发至各成员 20 天后,DSB 方可审议通过报告。对专家组报告有反对意见的成员应至少在 DSB 会议召开 10 天前,提交解释其反对意见的书面理由。争端各方有权全面参与 DSB 对专家组报告的审议。

除非一争端方正式通知 DSB 其上诉决定,或 DSB 经协商一致决定不通过该报告,否则在专家组报告散发至各成员之日起 60 天内,该报告应在 DSB 会议上通过。如果在此期间未安排 DSB 会议的,则应为通过报告的目的召开会议。如一方已通知其上诉决定,则在上诉完成之前,DSB 将不审议该专家组报告。

3. 专家组程序中的特殊性问题

(1) 第三方参加专家组程序。如果一个成员认为在其他成员提交专家组的事项中有实质利益,并通知了 DSB,就可以申请作为第三方参与案件的审理,并向专家组提交书面陈述,DSU 没有对欲参与专家组程序的第三方通报时限做出规定。但是,根据 DSU 第 8.3 条规定,具有争端各方和第三方的国籍的人士不得作为专家组的成员,因此,如果某成员在其本国人士被任命为审理案件专家组成员之后才向 DSB 通报其有实质利益而欲成为第三方,那么这时就会面临更换专家组成员的困境。因此,为了减少这种风险,秘书处采取非正式的惯例,即在 DSB 决定成立专家组 10 天内不向争端各方推荐专家组成员候选人。在实践中,想要成为第三方的成员可以在设立专家组的 DSB 会议上举牌示意。如果没有参加这次会议或在这次会议上还没有决定是否作为第三方,则可在会后 10 天内要求作为第三方。不过,第三方无须举证证明己方的何种权益会怎样受到此案的影响。

从图 8 - 4 中可知,包括中国在内的一系列国家作为第三方参与了编号为 DS469 一案的 WTO 的争端解决程序。

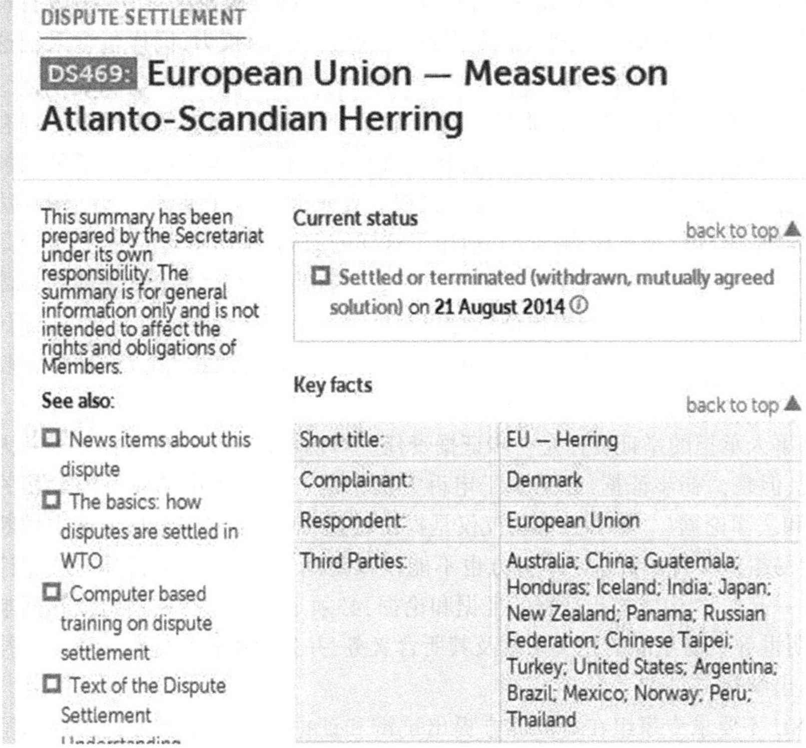

DISPUTE SETTLEMENT

DS469: European Union — Measures on Atlanto-Scandian Herring

This summary has been prepared by the Secretariat under its own responsibility. The summary is for general information only and is not intended to affect the rights and obligations of Members.

See also:

- News items about this dispute
- The basics: how disputes are settled in WTO
- Computer based training on dispute settlement
- Text of the Dispute Settlement Understanding

Current status

back to top ▲

- Settled or terminated (withdrawn, mutually agreed solution) on 21 August 2014

Key facts

back to top ▲

Short title:	EU — Herring
Complainant:	Denmark
Respondent:	European Union
Third Parties:	Australia; China; Guatemala; Honduras; Iceland; India; Japan; New Zealand; Panama; Russian Federation; Chinese Taipei; Turkey; United States; Argentina; Brazil; Mexico; Norway; Peru; Thailand

图 8 - 4　编号为 DS469 的 WTO 争议在 WTO 官方网站的状况截图

图片来源:https://www.wto.org/english/tratop_e/dispu_e/cases_e/ds469_e.htm。

第三方有权收到争端各方向专家组第一次会议提交的书面陈述,包括各方提交的第一次书面陈述和对第一次会议上口头陈述的书面材料;第三方可参加第一次实质性会议期间专门为第三方召开的会议并发表意见,也可以向专家组提交书面陈述。第三方书面陈述的观点能够在专家组报告中得到反映,实践中,专家组报告一般都有专门部分,概述第三方的观点。第三方无权向专家组提起诉请,也不可以对专家组报告提起上诉;但是,如果争端各方(指申诉方和被诉方)上诉,第三方可以参加该上诉而成为第三参诉方。

(2)专家组寻求信息权。上文曾经提及,专家组拥有寻求信息的权力。对“寻求信息”的解释,不仅限于专家组主动要求争议各方以外的个人或者组织提供信息,还包括这些个人或者组织主动向专家组提交信息时,专家组有权考量是否接纳此信息。此解释最初出现在"美国虾龟案"当中。该案专家组拒绝接受环保组织作为"法庭之友"递交的报告,并表示,只有争议各方和第三方有权提交报告。其他主体提交的报告,专家组均应拒绝采纳。不过,上诉机构在对同一问题进行审理时表示,此种解释不免过于刻板。专家组"寻求信息"的权力,同样包含采纳这些环保组织所提交信息的权力。[12]

(3)专家组程序中的举证责任。对于举证责任问题,世界贸易组织的现有规则中并没有作出明确的规定。但上诉机构在"美国羊毛衫案"中树立了争端解决中的举证责任原则。该案认为,仅仅主张权利要求并不等于举证。包括国际法院在内的其他国际审理机构均接受并适用了这样的原则:提出事实的一方,无论是申诉方还是被诉方,承担对该事实的举证责任。举证责任在于提出肯定性的具体要求或抗辩的一方,如果一方提出证据足以证明其主张是真实的,那么,举证责任就会转移到另一方。该方如果不提出足够的证据反驳该推论,就会承担败诉风险。[13]

当事人承担的举证责任是初步证据责任。对初步证据责任的具体要求并无一定之规,但是,"初步证据,必须基于申诉方提出的与其诉求中的每一因素相关的'证据和法律论据'。申诉方不能仅仅是提出证据,而期望专家组从证据中推断与世界贸易组织不符的诉求。申诉方也不能仅仅是断言事实,而不将其与法律论据联系在一起"。"构成初步证据的证据和论据,必须足以指明指控措施及其基本含义,指明世界贸易组织的相关条款及其所含义务,并且对指控措施与该条款不符的依据作出解释。"[14]

DSU 不要求专家组在对被诉方提出抗辩和证据之前对申诉方是否提出了初步证据作出裁定。申诉方是否提出了初步证据,被诉方是否进行了有效的反驳,由专家组在最终裁决时作出裁定。同时,专家组本身的调查权也需受到一定限制。在申诉方没有提出初步证据的情况下,专家组不得依据己方调查权直接作出有利于申诉方的裁决。同时,在争端双方都没有提出某一证据的情况下,专家组不得使用自身持有的证据作为判定被诉方是否违反相关协议的依据。

(4)司法经济原则的适用。司法经济原则指 DSB 专家组并不一定对申诉方提出的所有诉请一一分析并做出裁决结论,而是只分析为解决争端所必须分析的问题。这里的"经济"实际上是"节约"的意思,意指最经济地利用 DSB 的司法资源。

---

[12] United States — Import Prohibition of Certain Shrimp and Shrimp Products, Report of the Appellate Body, paras. 101 – 110.

[13] US – Wool Shirts and Blouses, WT/DS33/AB/R, p. 13.

[14] US – Gambling, WT/DS285/AB/R, pp. 140 – 141.

"司法经济原则"最早出现在上诉机构关于"美国羊毛衫和女童衣进口限制案"的裁决报告中。在该报告中,上诉机构支持了专家组"司法经济"的实践,指出:"专家组只需审理那些为解决该争端所必须处理的诉请。"[15]在"欧共体家禽进口限制案"中,上诉机构除再次确认专家组所拥有的司法经济权利外,还进一步指出:"专家组拥有决定哪些诉请是争端解决机构必须处理的诉请的自由裁量权。"[16]然而,上诉机构这一广泛的授权,导致专家组可能滥用司法经济,对一些必须解决的诉请往往不予裁决,从而引起对这些诉请的上诉。而在上诉过程当中,上诉机构很可能缺乏对这些问题进行审理的事实基础。由于上诉机构本身不得处理事实问题、且无法将案件发回重审,因此,这些问题很可能最终无法解决。

(四)上诉审查程序(appellate review)

1. 上诉机构的权限与职责。

(1)上诉机构的权限。上诉机构审查专家组案件的上诉,对专家组报告涉及的法律问题和专家组所作的法律解释进行审查,可以维持、变更或撤销专家组的法律裁决和结论。这既是上诉机构的职责,也是上诉机构的基本权利。

在推翻专家组裁决的情况下,如果专家组记录中有足够的未争议的事实,为上诉机构对申诉方与被诉方间的争议事项进行分析提供了事实依据,上诉机构也有权在上诉事项之外,对争议措施与相关协议的一致性进行分析。这是解决争端这一根本目的和权利所引申出来的权利。

与专家组的权利相比,上诉机构具有的一个非常重要的权利是制定审查规则的权利。DSU第12条比较详细地规定了专家组程序,DSU附录3特别规定了工作组的工作程序,附录4规定了专家组对专家审议小组的管辖问题。DSU对上诉审议程序的规定则比较简单。但DSU将上诉审议程序的制定授权给上诉机构,第17条第9款规定:"在与争端解决机构主席和总干事磋商后,上诉机构制定(上诉审议的)工作程序,并通知各成员。"上诉机构根据这一授权,制定了长达32项规则的《上诉审查工作程序》。上诉机构在该工作程序中还保留了修改工作程序的权利,上诉机构制定工作程序的权利,使上诉机构在上诉审查程序中具有了较大的灵活性,也使上诉机构获得某些潜在的权利。

《上诉审查工作程序》规定了上诉机构和上诉审判庭的决策与工作方式。协商达成一致意见成为最优先的目标,但在少数案件当中,也会出现审判庭成员之间观点不一致的情况。此种情况下,裁决会根据多数意见作出,但少数意见同样可以载入裁决书当中(如图8-5)。上诉机构成员定期举行例会,讨论政策、做法和程

---

[15] US – Wool Shirts and Blouses, WT/DS33/AB/R, p.18.
[16] Appellate Body Report, European Communities—Measures Affecting the Importation of Certain Poultry Products, WT/DS69/AB/R, p.135.

序事项。这些规定,对上诉机构的作用产生了重大影响,进一步树立了上诉机构的权威。

> 5.190. In light of the above, we uphold the Panel's finding, in paragraph 8.1.a.xvi of its Report[389], that "the United States' use of zeroing when applying the W-T comparison methodology in administrative reviews is inconsistent 'as such' with Article 9.3 of the Anti-Dumping Agreement and Article VI:2 of the GATT 1994".
>
> 5.1.10 Separate opinion of one Appellate Body Member regarding zeroing under the W-T comparison methodology
>
> 5.191. This dissent is limited to whether zeroing is permitted for "pattern transactions". My agreement with the other sections of this Report is subject to my views as expressed in this separate opinion.
>
> 5.192. The second sentence of Article 2.4.2 of the Anti-Dumping Agreement says that "[a] normal value established on a weighted average basis may be compared to *prices of individual export transactions*"[390] if an investigating authority finds the requisite "pattern" and provides the requisite explanation. This text has no qualifier, and it does not specify *how* the investigating authority is to do the comparison between a weighted average normal value and prices of individual export transactions.
>
> 5.193. The second sentence of Article 2.4.2 is an exception and has the function of "unmasking targeted dumping" and addressing it. Since the text of the second sentence does not say how that is to be done, the question before the Appellate Body in this appeal – the first to confront squarely the meaning of the second sentence – should be, what are the limits, if any, that the Anti-Dumping Agreement places on what an investigating authority may do to "unmask" and deal with "targeted dumping".
>
> 5.194. My distinguished colleagues of the majority have developed an interpretation that would allow investigating authorities to base W-T analyses solely on all "pattern transactions", but that would prohibit them from zeroing when doing so. In effect, investigating authorities may confine their

图 8-5 "美国大型家用洗衣机"案的上诉机构报告截图,
其中包含了一份匿名的少数意见

上诉机构可以制定程序规则,且在某些案件中已经确立了 DSU 没有明确规定的规则。例如,有关如何对待法庭之友的问题,审判庭认为,既然上诉机构可以制定自己的工作程序,审判庭可以制定特定上诉的工作程序,当然也可以制定采纳法庭之友的程序,因而上诉审判庭享有是否接受法庭之友的决定权。另外,上诉机构制定工作程序的权利,对争端参与方的权利也产生了一定的影响。例如,上诉机构几次对工作程序的修改,扩大了上诉方和被上诉方之外的参与方的权利。

(2)上诉机构的审查范围。根据 DSU 第 17 条的规定,上诉机构对上诉的专家组案件的审理,应限于专家组报告涉及的法律问题和专家组所作的法律解释。上诉机构可以维持、变更或撤销专家组的法律裁决和结论。因此,尽管专家组和上诉机构的根本职责是相同的,但上诉机构的审查对象与专家组的审查对象是不同的。在专家组程序中,专家组审查争议案件事实、相关协议的适用性、争议措施与相关协议的一致性。专家组审查的对象是被诉方采取的措施,审查这些措施是否符合相关协议的要求。而在上诉审查程序中,上诉机构审查的是专家组报告或者专家组的行为,审查专家组报告中的裁决或解释是否符合相关协议的要求。正因如此,上诉机构可以维持、变更或撤销专家组的法律裁决和结论。只有在个别的情况下，在上诉机构推翻了专家组作出的裁决、专家组记录中的事实允许的情况下，上诉机构才继续专家组没有完成的分析，对被诉方的措施是否违反相关协议作出裁决。

上诉机构与专家组审查对象的不同，决定了两个程序中争端方的努力目标不同。在专家组程序中，申诉方极力证明被诉方的措施违反了相关协议；被诉方极力抗辩其措施没有违反相关协议，或即使违反了相关协议但根据相关条款存在正当性。在上诉机构程序中，上诉方极力证明专家组的某些裁决或解释错误，而被上诉方则极力证明涉案专家组裁决或解释是正确的。不过，也正是由于此种分工不同，导致有些问题一旦在专家组审阶段没有处理完善，在上诉阶段就无法得出结论。在"美国国际贸易委员会对加拿大软木调查21.5程序案"中，在上诉机构推翻了专家组的结论后，上诉方加拿大要求上诉机构完成对相关问题的分析，上诉机构以下述理由拒绝了这一要求："加拿大作为这一要求的提出方，其论证集中于专家组出现的错误，而几乎没有提供可以促使我们（上诉机构）完成这一分析的信息，这一事实不能使我们进行这一工作。"[17]

与专家组职责中明确规定的专家组对案件事实进行评估不同，上诉机构不能审查专家组报告中的事实问题。上诉机构的审查范围仅限于专家组报告涉及的法律问题和专家组的法律解释。但何为法律问题，何为事实问题，二者之间并没有一条明确的、容易识别的界限。

原则上，专家组作为事实的认定者，其对事实的认定不受上诉审查。上诉机构也多次强调了这一点。例如，上诉机构在"欧共体荷尔蒙案"中指出："区别于专家组的法律解释或法律结论的事实认定，原则上，不受上诉机构的审查。"[18]在"欧共体印度床单案"中，上诉机构指出："在审查专家组对证据的评估时，上诉机构不能仅仅依据上诉机构得出与专家组不同的事实裁定而作出专家组与第11条不符的裁定。相反，上诉机构必须相信，专家组作为事实裁判者在评估证据时超出了裁量权限。以前的上诉中也很明显，上诉机构不会轻易干预专家组行使裁量权。"[19]在"韩国酒类税案"中，上诉机构拒绝事后猜测专家组对作为证据提交的某些研究的评价或审查赋予证据的相对重要性。[20] 不过，在个案当中，上诉机构的态度也可能较为模糊。例如，在"欧共体荷尔蒙案"中，上诉机构使用了"原则上"这一术语，对自己的观点进行了限制。上诉机构在该案中同时指出："特定事实或一

---

[17] US – Investigation of the ITC in Softwood Lumber from Canada (Article 21.5), WT/DS277/AB/RW, p.160.

[18] EC – Hormones, WT/DS26/AB/R, p.132.

[19] EC – Bed Linen (Article 21.5), WT /DS141/AB/RW, p.176.

[20] Korean – Alcoholic Beverages, WT/DS75/AB/R, WT/DS84/AB/R, p.161.

组事实与特定条约条款要求的一致性或不符,是一个法律问题。专家组是否对事实进行客观评估,也是一个法律问题。如果对此提起上诉,也属于上诉审查的范围。"[21]

最后,由于上诉机构并不处理事实问题,上诉机构也同样不审查争端方在上诉程序中提出的新证据。即使这些"新证据"是从公共文献中可以获得的文件也同样如此。[22]

2. 上诉审查程序(procedure for appellate review)。上诉程序应由上诉机构经与 DSB 主席和总干事磋商后决定,并告知成员方。上诉机构的程序应保密,上诉机构报告应在争端各方不在场的情况下按照提供的信息和所作的陈述起草,上诉机构报告中由任职于上诉机构的个人发表的意见应匿名。上诉机构可维持、修改或撤销专家组的法律调查结果和结论。

3. 上诉机构报告的通过(adoption of appellate body reports)。DSU 第 17 条规定,在一般情况下,从争端当事方正式通知其上诉决定之日起到上诉机构发送其报告之日止,整个上诉过程不得超过 60 天,特殊情况下,最长不得超过 90 天。而上诉机构报告作成之后,应发送到各成员方,并在 30 天内由争端解决机构通过并应无条件为争端当事方接受,除非争端解决机构协商一致决定不通过该报告。实践中上诉机构报告几乎不可能不通过,这是"反向协商一致"原则的具体体现。

五、WTO 争端解决裁决的执行及其监督

(一)裁决执行程序概述

DSU 建立的争端解决制度,除了建立了国际争端解决的上诉审查程序外,还建立了争端裁决的执行、监督程序。这直接加强了世界贸易组织法的约束力,使世界贸易组织争端解决制度更加完善、更加有效。

DSU 第 21 条"对执行建议和裁决的监督"和第 22 条"补偿和中止减让",都属于裁决执行程序的范畴。第 21 条具体地规定了被诉方对争端解决机构裁决和建议的执行(包括合理期间的确定),以及其他成员对被诉方执行措施的监督。第 22 条则重在规定被诉方没有或不能执行裁决或建议时申诉方可以采取的"报复措施",即中止减让或其他义务,也包括了被诉方可能提供的补偿。第 21 条和第 22 条从两个方面,为被诉方执行争端解决机构的裁决或建议制定了纪律。从图 8-6 可以看出,中国在"中国—原材料"案中对 DSB 裁决的执行。

---

[21] EC – Hormones, WT/DS26/AB/R, p.132.
[22] US – Offset Act (Byrd Amendment), WT/DS217/AB/R, p.222.

Implementation of adopted reports

On 17 January 2013, China and the United States informed the DSB of Agreed Procedures under Articles 21 and 22 of the DSU.

At the DSB meeting on 28 January 2013, China reported that on 28 December 2012, the General Administration of Customs of China had promulgated the 2013 Tariff Implementation Program. On 31 December 2012, the Ministry of Commerce of China and the General Administration of Customs of China had jointly promulgated the 2013 Catalogue of Goods Subject to Export Licensing Administration. According to the notices, the application of export duties and export quotas to certain raw materials had been removed. Both notices had taken effect on 1 January

图 8-6 "中国—原材料"案(DS394)的执行情况报告

图片来源:https://www.wto.org/english/tratop_e/dispu_e/cases_e/ds394_e.htm。

从图 8-6 中可知,中国对此案的执行方式是较为标准的:对上诉机构报告当中认定为违法的出口税和出口配额均进行了废止。

1. 执行建议裁决的期限。DSU 第 21 条第 3 款、第 4 款对成员方执行争端的期限作了规定。在通过专家组或上诉机构报告的 30 天内举行的争端解决机构会议上,相关成员方应通知争端解决机构其执行各项建议和裁决的意向。已经发生法律效力的建议和裁决应该立即执行,如不能立即执行,有关的成员应确定一个合理的履行期限,该合理的时间期限应当是:(1)由有关成员拟议的、经争端解决机构批准的一段时间期限,即由争端解决机构确认一个合理期限;(2)若上述期限未被争端解决机构批准,则在通过各项建议和裁决之后的 45 天内,由争端各当事方一致同意的一段时间期限,即由各方协商一个期限;(3)如果争端各方未在合理期限达成协议,则在通过各项建议和裁决之后的 90 天内经有约束力的仲裁来决定一段时间期限。原则上仲裁员所裁决的合理期限不应超过自专家组或上诉机构报告通过之日起 15 个月。该时间期限可按特殊情况而有所缩短或延长,但全部时间不得超过 18 个月。

2. 替代执行的临时措施——补偿和中止减让。DSU 第 22 条规定,当争端的败诉方不能在合理期限内执行争端解决机构作出的建议或裁决,作为临时措施,可予补偿和中止减让或其他义务。

(1) 补偿。对于败诉方来说,它可以补偿代替执行。根据 DSU 第 22 条的规定,补偿不是一般意义上的金钱赔偿,而是在执行裁决的合理期限届满后,如果败诉方的相关国内措施仍不能修改或取消,因继续实施这些措施而给其他受害方提供的补偿。败诉方应在第 22 条第 3 款所述的合理时间期限届满前与相应成员方协商,以求得双方都能接受的补偿方案;达成补偿方案的时限最迟不得迟于上述合理期限后的 20 天。补偿不具有追溯性,不得溯及补偿方案达成前造成的损害。补偿的方式通常是在这些措施所影响的领域之外的方面给其他成员方更多的贸易机会。如降低其他产品的关税,给予其更多的市场准入的机会等。由于败诉方采取的措施并未因补偿而与 WTO 规则相符,因此,此种补偿仅仅是一种临时措施而非对 WTO 裁决的正式执行。

(2) 中止减让。若在合理时间期限届满后的 20 天内仍未达成令人满意的补偿协议,作为胜诉方的相应成员方即可请求争端解决机构授权中止适用其对各有关协议的减让或其他义务。这就是被称为争端解决机制中的报复(retaliation)措施。在争端解决机制中,报复是指贸易报复,具体表现为胜诉方可以请求争端解决机构中止对败诉方承担的减让或其他义务,目的是使败诉方失去某些贸易利益以维持双方整体上的贸易平衡,强制性地使败诉方失去某些贸易利益,从而维持双方之间的利益平衡。

根据 DSU 第 22 条规定,胜诉方中止减让必须符合以下条件:第一,败诉方未执行争端解决机构通过的建议和裁决,也未向胜诉方提供满意的补偿;第二,在合理执行期限结束 30 天内,胜诉方得到争端执行机构准许中止减让或其他义务的授权,除非争端解决机构协商一致拒绝授权;第三,争端解决机构授权中止减让义务的程度与胜诉方丧失的利益或受到的损害程度相当;第四,相关协定不禁止此类中止。

DSU 第 22 条第 3 款将中止减让分为两类:第一,平行报复(parallel retaliation);第二,交叉报复(cross retaliation)。所谓平行报复,是指胜诉方应首先寻求中止被认定违规或存在利益损害的同类部门的减让或其他义务,"同类部门"随争端设立的领域不同而有不同,主要涉及货物贸易领域、服务贸易领域和与贸易有关的知识产权领域。交叉报复分为两类:一是跨部门报复,是指平行报复不切实际或无效果时,胜诉方可寻求中止同一协定下其他部门的减让和其他义务;二是跨协定报复,是指平行协定和跨部门协定都不切实际或无效果时,胜诉方可寻求中止另一 WTO 协定下的减让或其他义务。交叉报复是乌拉圭回合谈判引入的新措施,为经济实力较弱的发展中国家中止减让措施提供了更大的灵活性。若胜诉方决定实施跨部门报复或跨协定报复,就授权中止减让或其他各项义务提出请求时,应在其请求书中说明理由,并同时向争端解决机构和相关理事会送发该请求书;在实施跨部门报复时,还应向有关的机构送发请求书。

DSU 第 22 条第 6 款规定,若有关成员反对胜诉方提议的中止减让水平,或认为胜诉方没有遵守中止减让的程序,则争端解决机构不得授权报复,此时贸易报复的提议需提交原来审理该案的专家组或 WTO 总干事指定的仲裁员进行仲裁。仲裁机构审查的事项包括中止的水平是否与胜诉方利益的丧失或损害的水平相当,中止的措施是否为相关协议允许,中止减让的各项条件和程序是否得到遵守。仲裁裁定应在合理期限结束后 60 天内作出,这期间胜诉方不得中止减让或其他义务。仲裁裁定有最终效力,当事方必须遵守。

DSU 第 22 条第 8 款规定,减让或其他义务的中止应是临时性的,一旦出现以下任何一种情况,贸易报复措施必须终止:(1)被认定与 WTO 有关协定不一致的措施已被取消;(2)必须履行建议或裁决的败诉方对胜诉方利益丧失或损害提出了解决办法;(3)双方达成了满意的解决办法。

执行程序的规定,既体现了 DSU 第 23 条旨在加强的多边体制,也体现了正当程序要求。执行程序的规定,对被诉方利益是一种保护,被诉方也据此享有正当的程序性权利,诉诸这些规则和程序。甚至在某种意义上,被诉方享有合法的权利穷尽这些程序。被诉方诉诸这些程序,不应视为不善意履约、不善意行事,不应视为故意拖延执行裁决。WTO 争端解决机制所体现出既往不咎的价值取向,严格地说,更多地体现在执行程序中。但这一制度从某种程度上说,在实际效果上可能产生或促成了"屡犯屡改、屡改屡犯"的结果。

(二) 对执行措施的异议程序

DSU 第 21 条第 5 款规定,如果对是否存在执行建议和裁决的措施或执行建议和裁决的措施是否满足各个领域相关协议的要求有分歧,该争端应诉诸这些争端解决程序决定,包括可能时求助原来的专家组。专家组应在此事项提交的 90 天内发布报告。

DSU 第 21 条第 5 款规定了争端方对执行裁决的异议处理程序,通常称为"21.5 专家组程序",以区别于原来的专家组程序。"21.5 专家组程序"中专家组的权限范围,实践中通常适用 DSU 第 7 条规定的标准权限范围,如原争端解决程序一样。但是在实质内容上存在重大区别。原专家组程序中,对构成争议事项的具体争议措施和申诉法律依据要求比较严格,必须指明争议的具体措施。但 DSU 第 21 条第 5 款规定专家组"对是否存在执行措施或执行措施是否符合相关协议的要求"作出确定。这意味着专家组审查的执行措施可能存在也可能不存在,在没有执行措施的情况下则无法指明具体措施;用于确定执行措施与相关协议一致性的,是相关协议,而不限于某一特定的条款。实践中,设立专家组的申请中根本没有提到的、专家组设立后的措施,也可以成为专家组的审查对象。因此,"21.5 专家组程序"中专家组的权限范围，与原专家组的权限范围区别较大。

在职责方面，DSU 第 11 条有关专家组职责的规定，应适用于"21.5 专家组程序"中专家组，实践中争端方并无异议，专家组或上诉机构也无这方面的论述。

(三)报复程度异议程序

如果在合理的期限届满后 20 天内，有关各方仍未达成令人满意的解决办法，或被诉方拒不执行措施，启动争端解决程序的一方可以请求争端解决机构授权中止对各有关协议的减让或其他义务(即通常所说的报复)。被诉方对申诉方拟报复数额或程度有异议的，可以根据 DSU 第 22 条第 6 款的规定，请求仲裁。这就是"22.6 仲裁程序"。可能时，仲裁人应由原解决争端的专家组担任。

中止减让或其他义务的适用对象仅限于合理期限届满后的来自违反义务成员的产品、服务或知识产权。对合理期限届满前申诉方因被诉方的措施而遭受的损失，申诉方不能获得补偿。"根据对 DSU 的一贯解释，DSU 不允许惩罚性补偿。"报复不是目的，而是促使被诉方执行建议或裁决的一种手段。严格意义上报复不符合争端解决机制所追求的目标。正因如此，申诉方拟采取报复措施时，应获得争端解决机构的授权，这一授权表现为"22.6 仲裁程序"中仲裁员作出同意报复并确定报复额的报告。该措施应是临时措施。

中止减让或其他义务应遵循一定的原则和程序。总的原则是，中止减让的部门应与利益受损或丧失的部门是相同部门；当申诉方认为相同部门中止减让或其他义务实际不可行或无效，则可以寻求中止同一协议项下其他部门的减让或其他义务，即跨部门中止减让；如果申诉方认为同一协议项下其他部门的中止减让或其他义务不可行或无效，且情况严重，则可以寻求中止另一有关协议项下的减让或其他义务，即跨协议中止减让。

争端解决机构授权的中止减让或其他义务的程度应等于利益丧失或受损的程度。这一规定既是对争端解决机构的要求，也是对拟采取中止减让或其他义务措施的申诉方的要求，同时也是对仲裁人的要求。仲裁人不得审查中止减让或其他义务的性质，而应确定此类中止的程度是否等于利益丧失或受损的程度。所谓中止减让或其他义务的性质，是指中止减让或其他义务的具体类型，如提高关税、限制数量等。仲裁人还应确定相关协议是否拟采取的中止减让。DSU 第 22 条第 5 款明确规定，如果有关协议禁止此类中止，争端解决机构则不应授权中止减让或其他义务。

仲裁人的主要职责是确定申诉方拟中止减让的程度。中止减让的程度需等于利益丧失或受损程度。在中止减让程度和利益受损程度这两个程度中，利益受损程度是决定性因素，只有在确定了利益受损程度的前提下，才能确定中止减让程度。此处的利益受损，是指被诉方在执行合理期限届满后既不采取执行措施或执行措施不合要求又不提供补偿后对申诉方造成的损失，仲裁人需要确定的是被诉方没有充分执行裁决对申诉方造成的利益丧失或受损。因而,利益丧失或受损程度是一个预期数额。在具体数额的确定上,既无明确规则可循,也无准确公式可用。从某种程度上说,仲裁人对这一程度的裁决,是一种主观性、武断性较强的确定。仲裁人对中止减让或其他义务程度的裁决,是终局裁决,无上诉机会,对争端方都有约束力。

(四)裁决执行的监督机制

DSU 第 21 条第 6 款规定,争端解决机构应保持监督已通过的各项建议或裁决的执行情况。在建议和裁决通过之后,任何成员可在任何时候向争端解决机构提出关于执行各项建议或裁决的问题。在确定合理时间期限后的 6 个月内,执行各项建议或裁决的问题应列入争端解决机构会议的议事日程,并保留在议事日程之内直到该事项解决。有关成员应至少在每次争端解决机构会议召开前 10 天向机构递交一份关于执行这些建议或裁决进展情况的书面报告。

六、对 WTO 争端解决机制的评价

WTO 的争端解决机制是维持 WTO 整体正常运转的支柱。从 GATT 到 WTO,多边贸易体制之所以可以一直持续地壮大和发展,很大程度上是由于存在一套有利于摩擦和争端公平解决的制度。1994 年达成的乌拉圭回合协议中的《关于争端解决规则与程序的谅解》更是克服了以往 GATT 在争端解决方面的弊端,规定了一套详细、可操作性较强的准司法(quasi - judicial)制度。

(一)WTO 争端解决机制的特点

1. 强制性。争端解决机制的强制性,首先体现在管辖的强制性。争端解决机构对成员之间根据相关协议产生争端具有完全的管辖权,成员必须通过该机制解决争端。这与国际法院的选择性管辖权不同。此外,将纠纷提交争端解决机制,也是 WTO 成员对他国施加贸易报复之前所必须经历的强制程序。不经过 WTO 争端解决程序,或 WTO 争端解决程序没有得出结果之前,任何成员不得单方面认定其他成员违反了相关义务,或者自行采取报复措施。

2. 统一性。WTO 争端解决机制,统一适用于 WTO 的协议和规则。以一个统一的制度,代替了原关税与贸易总协定框架下存在的不同争端解决制度。无论是强制性适用规则,还是选择性适用规则;无论是货物贸易规则、服务贸易规则,还是知识产权规则,根据这些规则产生的争端,都根据同一个争端解决制度来解决。这一制度保证多边贸易制度的稳定性和可预见性。

3. 司法性。从理论上说,除磋商程序外,无论是在专家组程序还是在上诉机构程序,专家组或上诉机构都严格按照现有的法律规则来审理争端,审理人员以独立身份审理案件,与其所属国家或政府没有关系,争端方也不能对审理人员施加影响。审理过程遵循争端解决规则与程序,遵循正当程序规则。这些与原关税与贸易总协定框架下争端方以其实力来解决争端截然不同。

4. 自动性。和关税与贸易总协定框架下的争端解决制度不同,WTO 的争端解决程序的启动及进行是自动的。从磋商程序到专家组程序,到上诉机构程序,到执行程序,只要申诉方发起和推动程序的进行,被诉方或其他成员,包括争端解决机构本身,都不能阻止程序的进行。对于专家组或上诉机构作出的争端解决报告,除非争端解决机构一致反对,即被通过,对争端方有约束力。这实质上也是自动的。这就避免了关税与贸易总协定框架下被诉方阻碍程序和阻碍通过专家组报告的情形。

(二) WTO 争端解决机制的成就

WTO 争端解决机制不仅被世贸组织法定为向多边贸易体制提供安全及预见性的一种核心要素,而且被视为"WTO 的最独特贡献",还被普遍视为迄今为止多边贸易谈判史上的一项最大成就和实施与执行 WTO 协议的一种最有力的法律保障手段。因此,WTO 争端解决机制被形象地称为"WTO 皇冠上的明珠"。

1. 鼓励磋商、渐进式解决争端和严格遵循时间表。根据 DSU 规定,争端当事方的双边磋商是 WTO 争端解决的第一步,也是必经之步。即使争端进入专家组程序后,当事方仍可通过双边磋商解决争端。WTO 鼓励争端当事方通过双边磋商达成相互满意的解决方案。当然,这种解决方案不得违反 WTO 的有关规定,也不得损害第三方利益。在磋商未能达成各方满意的解决办法时,争端解决机制的首要目标是确保成员撤销或修改那些被认为与任何相关协议不一致的措施。如该措施暂时未能撤销或修改,应申诉方要求,被诉方应进行补偿谈判,但补偿只能作为一项临时性措施加以援用。在规定时间内未能达成满意的补偿方案,经争端解决机构授权,申诉方可采取报复措施,即在无歧视的基础上中止有关协定的减让和其他义务。迅速解决争端是 WTO 争端解决机制的一项重要原则。严格的时限原则使争端的解决更为快速。为此,争端解决程序的各个环节均被规定了严格的时间表,使受害方能得到及时救济,增强了各成员对多边争端解决机制的信心。

图 8-7 为 WTO 官方网站当中公示的、编号为 DS469 的案件的进展:该案设立了专家组,但争议双方随后经协商达成双方均可接受的解决方式,因而共同通知 WTO 终止争端解决程序。

> **DS469** European Union — Measures on Atlanto-Scandian Herring
> COMPLAINANT: DENMARK
> CONSULTATIONS REQUESTED: 4 NOVEMBER 2013
> CURRENT STATUS: SETTLED OR TERMINATED (WITHDRAWN, MUTUALLY AGREED SOLUTION)

图 8-7 DS469 案执行现状

图片来源:网页截图,https://www.wto.org/english/tratop_e/dispu_e/dispu_status_e.htm。

2. WTO在经济领域确立了对主权国家的强制管辖权。WTO争端解决机制当中,引入"反向协商一致"的决策原则,从而首次确立了争端解决机制对主权国家的强制管辖权。在以往的国际法实践上,由于存在"国家主权平等"这个无法逾越的障碍,绝大部分国际组织,包括国际法院都没能成功地确立对主权国家的强制管辖。国家之间的争议要提交某国际组织解决必须在双方合意的基础上,又称"协议管辖"。在WTO争端解决体制下,由于在是否设立专家组的环节采取"反向协商一致",而提起设立专家组请求的成员方不可能自己否认这项提议,因而实质上是一种自动的强制管辖。这是对原来GATT所坚持的"协商一致"的重大变革,是国际争端解决的重大突破,为主权国家间经贸纠纷的顺利解决提供了前提和保障。

"反向协商一致"原则的建立使WTO争端解决机制更具司法性,并在事实上确立了WTO对争端的强制管辖权;增强了当事各方对争端解决的可预见性;大大提高了争端解决的效率。

3. WTO的争端解决机制具有较高程度的统一性。WTO争端解决机制不仅把GATT的货物贸易领域的各种争端处理程序统一起来,也把服务贸易协定及知识产权协定的争端处理程序统一起来,制定了适用于货物贸易、服务贸易及知识产权等所有领域统一的争端处理程序,范围非常广泛。在DSU中明确了一套统一适用于所有"适用协议"的程序,同时厘清了DSU与适用其他协议中争端解决条款的关系。这种统一的机制对于提高争端解决的效力和加强各争端解决程序之间的协调具有非常积极的意义。

4. WTO争端解决机制创设了独特的报复机制。在成员方不履行专家组或上诉机关裁决或建议的情况下,胜诉方可以中止履行减让或协定下的其他义务。这就避开了国家执行豁免以及判决在败诉方国内的承认与执行。

禁止采取单边贸易措施、允许交叉报复是WTO的一项原则。各成员同意用多边贸易体系而不是单边行动来解决WTO贸易争端,也就是说,在发生贸易争端时要遵守DSU的程序和规则,在未经过多边贸易体制的纠纷解决机制裁判之前,不允许成员方自行判断而采取报复措施,否则就违反了WTO义务。

DSU虽禁止任何未经授权的单边报复性措施,但它规定经争端解决机构授权,利益受到损害的成员可以进行报复。当一方违背WTO有关协议项下的义务时,受害方在争端解决机构的授权下,可以中止被诉方在WTO相关协议项下的减让或其他义务。报复应优先在被裁定违反WTO协定或协议的措施相同领域内进行,即"平行报复";如果平行报复不可行,报复可以在同一协定或协议下跨领域进行,即"跨领域报复";如仍不可行,报复可以跨协定或协议进行,即"跨协议报复"。

5. WTO创设了一套富有效率的"准司法"争端解决模式。从成员方的磋商一直到对裁决执行的监督都有一套较为详细的程序规则。其中对争议的强制管辖、专家组和上诉机构审限的明确限制、裁决的准自动通过体制、争端解决机构对执行建议和裁决的监督以及对不履行裁决成员的报复机制等被认定为是这套制度的创新和其"准司法"性质的表现。外交官们在 WTO 中的行为表现得更像法律工作者,而在专家组和上诉机构的报告中更是广泛采用了国际法当中诸多法律渊源。

6. 争端解决机制的运行具有及时性。GATT 的争端解决机制的又一基本弱点是争端解决进展缓慢,如曾出现过专家组报告在被搁置 5 年后才被理事会通过的情况。WTO 的争端解决机制对解决争端的各个环节都规定了具体的时间限制,与协商解决争端的时限是 2 个月,确定成立专家组到通过专家组的报告的时限是 9 个月,被诉方决定执行专家组或上诉机构的建议或裁决的合理时限是 3 个月、合理执行完成的时限是 12 个月,DSB 决定是否授权申诉方报复被诉方的时限是 1 个月,被诉方提出异议的仲裁时限是 1 个月等。

7. 上诉程序的建立增加了争端解决的公正性和可信赖性。为了防止专家组可能发生的错误,WTO 在争端解决上引入了国内司法的复审机制。上诉机构的主要职能是对专家组的报告在适用法律方面进行复议。上诉机制的引入,可以纠正专家组在适用法律方面可产生的错误,有利于维护 WTO 各协议适用的统一性和 DSB 的权威性。

(三) WTO 争端解决机制面临的问题

虽然世贸组织争端解决机制整体上具有较高合理性,符合当今国际社会多边贸易体制"规则取向"的发展趋势,但其面临的问题也同样不容忽视。

首先,WTO 争端解决机制所面临的不仅仅是贸易问题。与贸易相关的一系列问题,如环境、消费者保护、国家安全,甚至人权政策等均会卷入其中,这直接导致 WTO 争端解决机制同时受到各个方面的冲击。在与贸易有关的环境、人权、竞争和劳工标准等问题上,市民社会团体和人士批评 WTO 裁判机构"故步自封",无视消费者权利、妇女权利、儿童权利甚至动物权益的保护,指责 WTO 争端解决机构裁定违背民主责任(democratic accountability)原则。这些非贸易价值取向如何与贸易自由相协调,是 WTO 争端解决面临的一大难题。

其次,WTO 的准司法机制也引发了各国国内利益集团的不满。尤其是在与国内贸易救济法有关的 WTO 争端中,尽管传统保护主义势力从国内政治方面施加了自下而上的强大压力,但是 WTO 主要发达成员仍然屡战屡败,因而损害了其既得利益,这不仅激起了传统贸易保护政策的既得利益集团的强烈抗议,而且导致其对政府的不满,批评 WTO 争端解决机制脱离成员控制、过于司法化。这是美国通过程序设计拖垮 WTO 上诉机制的深层原因。

复次,从对发展中国家的保护角度来讲,发展中成员批评 WTO 争端解决机制中与发展中成员有关的条款徒有虚名,执行程序和法律救济软弱无力,浪费了本国过多的司法资源。[23] 前文曾提及,WTO 争端解决通常具有一定的时限;但对于较为复杂的案件,WTO 往往会超过审限。一起案件从提起磋商到执行完毕往往旷日持久,对小国、弱国而言往往无法承担相应的开支。例如图 8-8,此图源自 WTO 网站对于 DS353 案的报道。由此图可知,此纠纷从提起磋商请求到最终完成执行之诉,已耗费了将近 12 年的时间。

Key facts	
Short title:	US — Large Civil Aircraft (2nd complaint)
Complainant:	European Communities
Respondent:	United States
Third Parties:	Australia; Brazil; Canada; China; Japan; Korea, Republic of
Agreements cited: (as cited in request for consultations)	Dispute Settlement Understanding: Art. 23 GATT 1994: Art. III:4 Subsidies and Countervailing Measures: Art. 1.1, 2, 3.1, 3.2, 5, 6.3, 32
Request for Consultations received:	27 June 2005
Panel Report circulated:	31 March 2011
Appellate Body Report circulated:	12 March 2012
Article 21.5 Panel Report circulated:	9 June 2017

图 8-8 DS353 案诉讼过程

图片来源:http://www.wto.org/english/tratop_e/dispu_e/cases_e/ds353_e.htm。

再次,反全球化的非政府组织和个人组成的强有力的外部集团,已经不满足提

---

[23] 参见 WTO, *Annual Report* 2005, p.144。

交"法庭之友摘要"等"站在门外"的地位,急切地要参与争端解决过程。

最后,WTO 较高的司法能动性也引发了其自身的合法性问题。从理论上讲,WTO 判例并非 WTO 正式的法律渊源。然而,在实践当中,效率低下的决策程序和迅捷高效的争端解决机制迫使 WTO 裁判机构发挥司法能动,甚至"法官造法",从而引发了裁判合法性的严重问题。[24]

WTO 争端解决机制面临的主要问题与挑战,表明"WTO 皇冠上的明珠"还需要经受全球化浪潮的不断淘洗,法治理想与政治实力的不断碰撞推动着国际贸易争端解决制度的创新。[25] WTO 争端解决机制的改革任重而道远。

第九节 中国入世的特殊问题与涉案情况分析

一、概述

2001 年年底,中国正式加入了 WTO,并因而承担了条约项下的全部权利与义务。然而,与 WTO 的创始成员不同的是,作为后续加入 WTO 的成员,中国在入世过程当中,还承担了一系列"超 WTO 义务"(WTO - plus duty),即创始成员无须承担的额外义务。当然,此种义务并非仅有中国一方承担。其他后续加入 WTO 的成员,也或多或少承担了一些类似的义务。然而,也正是这些额外义务,成了中国在 WTO 涉诉的主要内容。

自 1995 年以来,WTO 已经受理了 500 多起案件(截至 2018 年 1 月,WTO 的案号排至 DS573)。从 2001 年 12 月入世至 2018 年 1 月,中国作为第三方参与 WTO 的争端解决共有 164 个案件,作为当事方参与的案件共计 63 起,其中作为起诉方 20 起,作为被诉方 43 起。[26] 这些被诉案件,多以中国措施不符 WTO 协定的规定或不符《中国入世议定书》的承诺而告终。案件主要涉及政府补贴以及由此波及的其他问题,如最惠国待遇、国民待遇等;中国采取的反倾销、反补贴措施;中国对原材料的出口限制;违反《服务贸易总协定》;外贸经营权承诺;知识产权保护。不过,这并不意味着中国败诉率较之于其他成员偏高。在 WTO 项下,争端解决案件一般都是以被诉方败诉而告终。在并无胜诉把握的情况下,起诉方一般不会贸然提起争端解决之诉。从已发生的被诉案件看,多数案件(两反一保案除外)源于国务院其他部门的经济或产业政策(如集成电路税收案、汽车零部件案、原材

---

[24] 参见 Claude E. Barfiled, Free Trade, *Sovereignty, Democracy: The Future of the World Trade Organization*, The AEI Press, 2001, p. 1。

[25] 参见余敏友:《WTO 争端解决机制:成就与问题》,载《国际贸易法论丛》2008 年第 3 期。

[26] https://www.wto.org/english/tratop_e/dispu_e/dispu_by_country_e.htm。(2017 年 7 月 4 日访问)

料出口案、出版物案、版权案等)。与之相对应,中国主动提起的诉讼案件主要涉及三大贸易救济措施和 SPS 协议,起诉对象多为美国与欧盟,主要针对其对中国出口产品所采取的"两反一保"措施。

鉴于 WTO 一般性贸易规则所引发的案例在法律层面并无特异性,而操作层面的问题(如中国诉美国的"双反"案多以美国"不利可得事实"证据规则为挑战对象)往往不具有代表意义,因此,本节的讲述,将以中国"超 WTO 义务"为重点,结合中国在 WTO 涉诉的案例对此加以详细分析。

二、中国承担的"超 WTO 义务"综述

表 8-2 是《中国入世议定书》当中承担的超 WTO 义务。其中,第 8 项与第 9 项义务曾在中国入世之初被很多发达成员所援用,其对中国实施的贸易救济措施因而较之于对其他 WTO 成员更为严苛。然而,正如表 8-2 中所显示的,这两项条款是附带期限的,目前均已到期。其中,"特殊保障措施"条款到期时间更早,对中国的影响较为有限。但两反调查当中的中国价格计算方法问题,在其 15 年实施期限内已对中国企业造成了相当的危害,且即便此条款已于 2016 年年底到期,其后续影响至今仍然有待观察。对于这些超 WTO 义务的性质与影响,本节将选取中国入世后所涉的 WTO 争议,结合案例详细对此进行分析。

表 8-2 中国入世议定书承担的超 WTO 义务

编号	超 WTO 义务名称	义务内容	义务来源
1	透明度承诺	征求公众对法律法规意见的义务; 答复信息咨询的义务; 提供译文的义务	《中国入世议定书》第 2 条 C 项
2	司法审查	给予受影响的企业或个人上诉的权利	《中国入世议定书》第 2 条 D 项
3	在境内统一实施 WTO 条款	除 GATT 与 GATS 之外,其他 WTO 条文也应在境内统一实施; 建立投诉机制	《中国入世议定书》第 2 条 A 项第 2 款、第 3 款、第 4 款
4	国民待遇	给予外国人在投资方面国民待遇	《中国入世议定书》第 8 条第 2 款
5	投资措施承诺	不得以任何实绩要求作为投资的先决条件; 不得以保护国内产业为目的限制投资	《中国入世议定书》第 7 条第 3 款
6	市场经济承诺	由市场力量控制价格; 不对国有或国家投资企业施加影响; 贸易权承诺	《中国入世议定书》第 5 条、第 6 条、第 9 条第 1 款

续表

编号	超 WTO 义务名称	义务内容	义务来源
7	过渡性审议	贸易政策审议	《中国入世议定书》第 18 条
8	特殊保障措施	对于其他成员对华使用保障措施进行了更加不利于中国的规定；此条款于中国"入世"12 年后失效	《中国入世议定书》第 16 条
9	"两反"调查：中国价格的计算方法	允许其他成员使用"使用不依据与中国国内价格或成本进行严格比较的方法"；其中，有关反倾销的内容已于中国入世 15 年后失效	《中国入世议定书》第 15 条

三、"超 WTO 义务"之一——贸易权承诺涉案综述

所谓的"贸易权承诺"，在我国《入世议定书》第 5.1 条当中进行了如下表述：

"在不损害中国以与符合《WTO 协定》的方式管理贸易的权利的情况下，中国应逐步放宽贸易权的获得及其范围，以便在加入后 3 年内，使所有在中国的企业均有权在中国的全部关税领土内从事所有货物的贸易，但附件 2A 所列依照本议定书继续实行国营贸易的货物除外。此种贸易权应为进口或出口货物的权利。对于所有此类货物，均应根据 GATT 1994 第 3 条，特别是其中第 4 款的规定，在国内销售、许诺销售、购买、运输、分销或使用方面，包括直接接触最终用户方面，给予国民待遇。对于附件 2B 所列货物，中国应根据该附件中所列时间表逐步取消在给予贸易权方面的限制。中国应在过渡期内完成执行这些规定所必需的立法程序。"

因此，中国做出的"贸易权"承诺，实际包含了三个要素：(1)将贸易权赋予中国境内全部企业；(2)企业根据贸易权承诺可以进出口的商品，是除《中国入世议定书》附件 2 中所列商品之外的全部商品；(3)在"入世"3 年内，中国需要完成必要的立法程序以实施上述承诺。其他成员的入世议定书和工作组报告中包含的内容也基本涵盖了这三方面，只不过在"附件"包含的货物种类与实现承诺的时间上存在细节差异。

从字面上看，此条款的含义是相当清晰的。贸易权承诺原本针对的问题，是类似于中国先前的"外贸代理"制度。包括中国在内的一些国家，曾经规定普通企业无法使用自己的名义对外经营。贸易权承诺就是针对此展开，并赋予了所有企业不经外贸代理直接对外经营的权力。不过，对此条款，在美欧诉中国出口限制案当中，美国在诉状当中却对贸易权承诺进行了扩张解释——即企业不但需要享有进出口权，此种权利同样不能受到主权国家通过贸易管制进行的限制，例如规定只有

具有某种资质的企业才能申报出口配额、参与出口投标等。否则,此种贸易管制措施就违反了贸易权承诺。[27] 此案的判决也因而涉及了对"贸易权"内涵的争论。

美国上述主张的问题在于,对"贸易权"一词进行了严格的字面解释,并将其阐释为绝对的、不受限制的权力。前文在对"禁止数量限制"问题进行讲述时曾经提及,主权国家并非完全不得对进出口产品进行数量限制。在符合若干例外条件的情况下,数量限制完全可以是合法的。中国在应诉时就曾主张,只要中国能够证明出口配额制度是符合 WTO 规定的,在执行出口配额的分配时对最低资本与先前经验的要求只要做到内外平等,就同样是符合贸易权承诺的。[28]

然而,对于上述观点差异,WTO 却并未给出明确的答复。此案的专家组仅仅从《中国入世议定书》第 5.1 条的文本出发,认定与文本表述相冲突的任何做法都将构成对该条的违反。[29] 即便出口配额措施本身合法也不例外。这意味着专家组实际上接受了美国对于贸易权承诺的扩张性解释:即便对贸易权的某种限制是另外一种符合 WTO 规定的贸易管制措施的实施结果,此种限制也同样是违法的。专家组报告公布之后,中国对此问题提起了上诉。在上诉阶段,这一问题并未得到澄清。上诉机构裁决,"出口配额的分配方式"合法性问题由于起诉方在诉状提交阶段未能遵守 DSU 第 6.2 条规定,因此专家组的裁决存在程序瑕疵。上诉机构据此否定了专家组在此问题上裁决的法律效力。[30] 由于 WTO 在本案当中规避了此问题的实质审查,且在此后的其他案件当中并未就同一条款进行进一步阐释,因此,这一问题目前仍然处于悬而未决的状态。但由于此条款近年来鲜少被援引,因此,此种未决的状态尚未严重影响我国政府的行政权力。

四、GATT 例外对"超 WTO 义务"的适用

前文曾经提及,GATT 当中包含了一系列例外条款,如"一般例外""安全例外"等。如 WTO 成员国能够满足这些例外的要求,则可以豁免 WTO 条约项下的某些义务。然而,GATT 例外能否适用于 WTO 标准文本以外的其他文本,则是除

---

[27] 具体来讲,在该案当中,美国主张,中国分配焦炭出口配额的方式妨碍了某些企业行使贸易权。在我国商务部发布的《2009 年焦炭出口配额申报条件和申报程序》当中,要求中国企业必须满足如下条件,才有权获得出口配额。其中条件之一,就是在先前年份必须已经出口了一定数额的焦炭。此外,对于流通公司,还必须具有至少 5000 万元人民币的注册资本。中国商务部将委托中国五矿化工进出口商会、中国炼焦行业协会对申请焦炭出口资质的企业进行复核,并将复核合格的企业名单进行公布。因此,不符合相关标准的企业就无权获得出口配额。在中国商务部对 2009 年第二批焦炭出口配额的分配过程中也秉持了这一规则。美国因而认为,这表明中国政府实际上限制了一部分企业无法获得焦炭的出口权。因而有违入世时作出的贸易权承诺。China - Raw Materials, First Written Submission of The United States of America, paras. 280 - 281.
[28] China - Raw Materials, Report of the Panel, paras. 7.663 - 7.664.
[29] China - Raw Materials, Report of the Panel, paras. 7.665 - 7.670.
[30] China - Raw Materials, Reports of the Appellate Body, paras. 218 - 235.

WTO 创始成员以外的其他成员均会面临的问题。这些成员承担的"超 WTO 义务"本身,均来源于 WTO 标准文本以外的其他法律文件。这些文件至多会写明"本文件是 WTO 协定不可或缺的组成部分",但并未标明这些文件中设定的义务,如何与 WTO 文本当中的既存义务协调运作。因此,主权国家可否援引 GATT 例外、豁免在入世议定书当中承担的超 WTO 义务,已经成为了 WTO 争端解决机构必须回答的问题。对中国而言,已有三起案件涉及此问题;但总体来讲,答案并不利于中国。

其中,第一起案例——"中国—汽车零件案"虽然名义上涉及了《中国入世议定书》第 7.2 条与第 7.3 条,但无须讨论这两个条款可否适用 GATT 例外。这是因为,这两个条款在内容上与 GATT 第 3 条是完全重复的,并未给中国施加任何额外的义务。因此,专家组与上诉机构均无须分析 GATT 例外的可适用性问题。[31]

第二起案例——"中国—音像制品案"当中,超 WTO 义务是整个诉讼关注的中心。该案的核心问题是中国作出的贸易权承诺,以及该承诺能否适用 GATT 第 20 条例外。此案上诉机构肯定了 GATT 例外的可适用性。上诉机构认为,《中国入世议定书》第 5.1 条表明,"(此条款)不妨害中国以符合 WTO 协定的方式管理贸易"。因此,此句表明,中国在该条款项下承诺承担的贸易权义务,是与中国根据 WTO 协定享有的管理贸易的权利相辅相成的,并不妨碍中国在 WTO 项下的其他权利。适用 GATT 例外当然属于此种"其他权利"。[32]

第三起案例——"中国—原材料案"共涉及两种超 WTO 义务:贸易权承诺和出口税承诺。前者可以适用 GATT 例外已经得到了证明,因此,此案重点问题在于出口税承诺可否适用 GATT 第 20 条例外。[33] 对此,此案专家组将对比的中心放在了文本比照上,并认为,只有在"入世议定书明确援引了 WTO 协定"的情况下,才需要考虑 GATT 例外的适用问题。同时,援引的方式还必须是明确地提及"GATT 的其他条款",或者,更确切地提及"GATT 第 20 条"。[34] 由于作出了出口税承诺的《中国入世议定》书第 11.3 条并未明确提及 GATT 第 20 条,也并未明确援引 GATT 的其他条款,此案专家组因此认为中国在此无权援引 GATT 例外。[35] 此种分析方式过于拘泥于条约文本,也缺乏法理依据,因而难以自圆其说。

与之相对应的是,上诉机构在此问题上的裁决,秉承了另外一种逻辑。虽然最终结论并无不同,但论证方式更加符合法律的思维方法。具体来讲,上诉机构并没

---

[31] China – Measures Affecting Imports of Automobile Parts, WT/DS342/R, para. 7.295; China – Measures Affecting Imports of Automobile Parts, WT/DS342/AB/R, paras. 3, 7, 113, 198.

[32] China – Publications and Audiovisual Products, Appellate Body Report, para. 223.

[33] China – Raw Materials, Report of the Panel, paras. 7.59 – 7.101.

[34] China – Raw Materials, Report of the Panel, para. 7.124.

[35] China – Raw Materials, Report of the Panel, para. 7.126 – 7.129.

有完全否定专家组的裁决结果,而是同样注意到了《中国入世议定书》第11.3条没有提及 GATT 文本这一事实,并对此进行了如下解读:《中国入世议定书》第11.3条的文本当中并未提及 GATT 条文,是由于该条款本身所涉内容(出口税问题)与 GATT 毫无关联,因而无须提及 GATT 条文。而 GATT 第20条例外仅保护成员国在 GATT 项下的权利。因此,该问题不适用 GATT 例外,根本原因在于条款内容,而非文本如何措辞。[36]

上诉机构的此种推理,是在专家组推理的基础上更进一步。与专家组的文本解释相对比,上诉机构却仅仅将文本分析作为论证的起点,同时,将实体权利本身作为论证的终点。此种推理在法理上显然更加深入,对包括我国在内的新"入世"国家的影响也更大。

五、我国市场经济地位问题的前景预测

《中国入世议定书》第15条关于两反调查当中的中国价格计算方式,是中国入世之初在反倾销正常价值计算问题上作出的重大让步。该条款规定:"在根据 GATT 1994 第6条和《反倾销协定》确定价格可比性时……如受调查的生产者不能明确证明生产该同类产品的产业在制造、生产和销售该产品方面具备市场经济条件,则该 WTO 进口成员可使用不依据与中国国内价格或成本进行严格比较的方法。"

此条款意味着,2016年以前,其他成员反倾销调查机关都有权在调查当中拒绝使用中国国内市场价格作为认定倾销的基准,转而采用替代国价格,推算中国出口产品的"正常价值"。前文曾经提及,反倾销正常价值的确定共包含三种方法,即直接适用国内价格或成本、第三国出口价、结构价格。而对非市场经济国家的反倾销调查,前两种价格一般不会被适用,通常是以替代国价格为基础计算结构价格。[37] 此条款通常也被称为"市场经济待遇"条款,尽管严格来讲,此条款从未明示中国属于非市场经济国家。2016年后,此种歧视性做法都会丧失法律依据。然而,中国能否在此后的反倾销调查当中自动获得与其他市场经济国家同样的待遇,仍然是未知的。这一方面是由于,即便上述条款失效,截至2018年1月,美欧均未以立法的形式正式承认中国的市场经济地位。况且,此条款也并未明确要求他国必须承认我国的市场经济地位。另一方面,即便美欧承认了中国的市场经济地位,WTO 规则项下也仍然允许两反调查国以"特殊市场状况"为由,继续拒绝适用被调查国国内价格计算正常价值。

具体来讲,使用出口国国内销售价格作为正常价值的先决条件是,出口国国内价格是在"正常贸易过程"中作出的。而根据 WTO《反倾销协议》第2.2条:

---

[36] China – Raw Materials, Report of the Panel, paras. 290, 291, 299.
[37] 王中美:《对华反倾销的历史演变与中国的非市场经济地位》,载《世界经济研究》2008年第9期。

"如……由于出口国国内市场的特殊市场情况或销售量较低,不允许对此类销售进行适当比较,则倾销幅度应通过比较同类产品出口至一适当第三方的可比价格确定。"此条款表明,特殊市场情况、销售量较低等一系列情况的发生,都可能导致反倾销调查机关使用结构价格以至于替代国价格计算倾销幅度。销售量较低,是一个客观的标准;而"特殊市场情况",则是各方主观裁量性极强的一项标准,可能泛指任何影响市场成为竞争市场的情形。由于WTO《反倾销协定》并未对其内涵进行规定,因此,对其判定均根据各方国内法进行。[38]

概括地讲,特殊市场情况的规定,是在市场经济国家当中再次区分出"市场经济"大背景下市场调控并不充分的情形。这因而也极有可能成为一些成员拒绝在两反调查中适用中国国内价格计算正常价值的原因。事实上,此种状况已经在澳大利亚对华反倾销过程中出现了。澳大利亚在2005年已经承认了中国市场经济地位,但在2010年铝型材反倾销调查当中,澳大利亚调查机关就已经借口原铝市场存在"特殊市场情况",从而对铝型材的正常价值适用了替代国价格计算方法。[39]澳大利亚调查机关在对中国原铝市场的分析当中表示,该行业存在政府的严重干预。原铝出口需课征30%出口税、且无法获得任何出口退税;但铝制品(包括本案所涉铝型材)在内的出口,则只需缴纳较低的出口税,且会获得相当数额的出口退税。因此,原铝市场存在显著的政府干预,因而构成"特殊市场情况",在计算正常价值时,此项价格应当用伦敦金属交易所价格替代。[40]类似的认定方式,还出现在了2012~2013年的另外三起反倾销调查当中。[41]因此,即便美欧同意正式承认中国的市场经济地位,"特殊市场状况"仍然可能取代《中国入世议定书》第15条,成为替代国价格的合法性来源。由于《入世议定书》第15条失效至今时间并不长,因此,此问题仍然有待于进一步观察。

---

[38] 孙立文:《论世界贸易体制中我国非市场经济地位问题之消解》,载《法学评论》2006年第5期。
[39] Report to the Minister No. 148, Certain Aluminium Extrusions Exported to Australia From the People's Republic of China.
[40] Id, appendix 2, p. 8.
[41] Dumping of Zinc Coated (galvanised) Steel and Aluminium Zinc Coated Steel Exported from the People's Republic of China, the Republic of Korea and Taiwan, Report 190, p. 139 – 146; Statement of Essential Facts No. 177, Certain Hollow Structural Sections Exported from the People's Republic of China, the Republic of Korea, Malaysia, Taiwan and the Kingdom of Thailand, p. 121 – 124; Report to the Minister No. 181, Aluminium Road Wheels Exported From the People's Republic of China, p. 12 – 33.

练习题

一、问答

1. 试述关贸总协定的产生与演变。
2. WTO 的法律框架包括哪些内容？如何认识有关法律文件的效力？
3. 如何评价 WTO 的决策机制？
4. 如何理解 WTO 非歧视待遇原则？
5. 如何评价替代国制度？
6. 补贴的救济途径有哪些？
7. 国际服务贸易有哪些特点与提供方式？
8. GATT 争端解决机制和 WTO 争端解决机制有哪些联系与区别？
9. 如何认识非违法之诉的性质、含义及特点？
10. 与 GATT 争端解决机制的类似程序相比，WTO 争端解决机制中的专家组程序有哪些重要改进？

二、案例分析

请阅读美国和加拿大诉欧盟荷尔蒙牛肉案综述，并回答：

1. 此案共经历了哪些程序？哪些方面体现了 WTO 争端解决机制较之于其他争端解决机制的优越性？
2. 此案的举证责任如何分配？与一般的国内民事诉讼是否有所不同？
3. 此案的法律渊源是什么？除 WTO 规则之外，是否还采用了其他国际法律渊源？
4. 请分析此案当中对于"歧视"问题的阐述，并回答，此案如何体现非歧视原则在 WTO 法律当中的应用？此案当中"司法经济"规则的采用是否科学？
5. 此案的执行程序存在哪些特点？此种执行方式能否完善地保护争端各方利益？
6. 此案当中涉及了哪些贸易之外的价值观碰撞？此问题可否通过 WTO 项下的争端解决机制得到解决？

美国和加拿大诉欧盟荷尔蒙牛肉案[42]

一、案件事实

（一）背景

自 20 世纪 50 年代以来，美欧的一些国家的农民为了促进肉牛的生长，开始

---

[42] European Communities—EC Measures Concerning Meat and Meat Products (Hormones), http://www.wto.org/english/tratop_e/dispu_e/cases_e/ds48_e.htm, March 5, 2008.

将激素直接注射到牛的体内,对此欧盟国家的相关政策各不相同。在1981年,由于一份科研报告声称,食用含有这种激素即荷尔蒙的牛肉会对身体健康造成不良影响,同年7月31日欧盟颁布了《EC第602/81号指令》,禁止对农场牲畜使用具有荷尔蒙作用的药物,同时禁止在欧洲市场上销售注射了这些药物的本地或进口牛肉。禁令中包含两项例外,一是出于治疗牲畜疾病目的而使用激素之情形,二是出于科学研究目的而使用激素之情形。虽然其后欧盟组建工作组判断各种人造以及天然荷尔蒙对人类健康是否有影响,欧盟从1985年至1997年仍然颁布了一系列禁令禁止使用荷尔蒙。[43]

(二)争端发展过程

在GATT时期,美欧曾经就荷尔蒙问题进行过磋商,但是几次磋商都未能解决问题。

1996年1月26日,美国认为欧盟的禁令违反《农产品协定》第4条,GATT 1994第3条、第11条,SPS协议第2条、第3条、第5条,以及TBT协议第2条,提出与欧盟进行磋商。一系列第三方国家要求加入磋商,包括澳大利亚、新西兰以及加拿大。1996年4月25日,美国请求成立专家组,案件编号为WT/DS26。随后加拿大也要求与欧盟磋商,请求成立专家组,案件编号为WT/DS48。1996年11月4日,加拿大与欧盟达成一致,认为WT/DS48与已经组成的WT/DS26的专家组成员应当相同。专家组报告发布后,欧盟提出上诉。1998年2月13日,争端解决机构通过了上诉机构报告和经修改的专家组报告,要求欧盟修改其被上诉机构和专家组确认的违反《SPS协定》的措施。

然而有关荷尔蒙的争端并没有结束,报告通过后,欧盟声称其将执行荷尔蒙案裁决和建议,坚持自己选择适当的执行方式的权利。本案的执行情况是欧盟既没有撤消禁令,也没有如其申辩的那样重新做出风险评估,美国在WTO的授权下采取了报复措施,对欧盟一定价值的货物征收100%关税。对此欧盟请求专家小组裁定美国和加拿大没有通过多边机制,而是单方面认定指令没有执行DSB裁决和建议,继续实施报复违反GATT和DSU有关规定,即案件WT/DS320及WT/DS321。

---

[43] 1985年12月31日,欧盟颁布《EC第88/146号指令》重申禁止使用荷尔蒙。尽管在1987年,一个科学工作组的最终报告认为,人造荷尔蒙在促进动物生长方面是安全的,欧盟理事会仍然在1988年颁布的《EC第146/88号指令》和《EC第299/88号指令》中重复了上述禁令。1997年7月1日,欧盟理事会颁布了《EC第22/1996号指令》,以代替《EC第602/81号指令》、《EC第146/88号指令》和《EC第299/88号指令》,其内容无太大变化。

二、法律争点

(一) 程序方面

在程序方面,主要是举证责任问题。美国认为欧盟应当提供证据,证明使用荷尔蒙存在风险,并且进行了风险评估,而不该由美国证明不存在风险,或者欧盟没有进行风险评估。而欧盟则认为,举证责任应由指控卫生措施违反 SPS 协定的美国来承担,美国应该证明其为了促进生长目的使用的荷尔蒙是安全的。[44]

(二) 实体方面

在实体方面,首先根据 TBT 协议第 1 条第 5 款的规定,[45] TBT 协议对本案不适用。至于 GATT 和 SPS 的关系,由于 SPS 协议是具体的协议,它在 GATT 规定的义务之外为成员方规定了其他具体义务,因此应先分析欧盟的措施是否符合 SPS 协议,再分析是否符合 GATT。具体的争议如下:

1. 欧盟的措施是否违反 SPS 第 3 条的规定

《SPS 协定》第 3 条规定如下:

"(1) 为在尽可能广泛的基础上协调卫生与植物卫生措施,各成员的卫生与植物卫生措施应根据现有的国际标准、指南或建议制定,除非本协定、特别是第 3 款中另有规定。

(2) 符合国际标准、指南或建议的卫生与植物卫生措施,应被视为保护人类、动物或植物的生命或健康所必需的措施,并被视为与本协定和《GATT 1994》的有关规定相一致。

(3) 如存在科学理由,或一成员依照第 5 条第 1 款至第 8 款的有关规定确定动植物卫生的保护水平是适当的,则各成员可采用或维持比根据有关国际标准、指南或建议制定的措施所可能达到的保护水平更高的卫生与植物卫生措施。尽管有以上规定,但是所产生的卫生与植物卫生保护水平与根据国际标准、指南或建议制定的措施所实现的保护水平不同的措施,均不得与本协定中任何其他规定相抵触。"

在该问题上,主要争议在于欧盟的措施是否符合现有的国际标准、指南或建议;欧盟的措施是应当"符合"还是"根据"国际标准,显然后者的范围要比前者更加广泛;是否存在科学理由或者依据第 5 条第 1 款到第 8 条,使得欧盟高标准的措施"高"得合理。

---

[44] WT/DS26/R, para. 3.4.
[45] TBT 协议第 1 条第 5 款规定:"本协议各项规定不适用于《实施卫生与植物卫生措施协议》附录 A 所指的卫生及植物检疫措施。"

2. 欧盟的措施是否符合 SPS 协议第 5 条第 1 款风险评估的要求

第 5 条主要规定了对成员国指定或维持卫生措施的两个方面的要求：一是风险评估，第 5 条的第 1 款到第 3 款概括了成员国在风险评估时应考虑的因素。二是有关成员制定和维持卫生措施是适当的卫生保护水平的确定和适用的有关规定，通常被称为风险管理，主要规定在第 5 条第 4 款到第 6 款。

该问题上的主要争议在于，欧盟实行卫生措施时是否进行了风险评估，卫生措施是否符合基于风险评估的程序性以及实体性要求。

3. 欧盟的措施是否符合 SPS 协议第 5 条第 5 款"适当的保护水平"的要求

SPS 协定第 5 条第 5 款规定："为实现在防止对人类生命或健康、动物和植物的生命或健康的风险方面运用适当的卫生与植物卫生保护水平的概念的一致性，每一成员应避免其认为适当的保护水平在不同的情况下存在任意或不合理的差异，如此类差异造成对国际贸易的歧视或变相限制，各成员应在委员会中进行合作，依照第 12 条第 1 款、第 2 款和第 3 款制定指南，以推动本规定的实际实施。委员会在制定指南时应考虑所有有关因素，包括人们自愿承受人身健康风险的例外特性。"

因此主要的争议在于欧盟的卫生措施的保护水平与其他国家是否有一致性，是否存在任意或不合理的差异，这种差异是否造成对国际贸易的歧视或者变相限制。

三、专家组以及上诉机构的分析与结论

（一）程序方面

专家组裁定，先由起诉方美国和加拿大提出初步证据，证明欧盟措施不符合 SPS 协议的规定，之后举证责任转移给欧盟。但在具体审理过程中则更加强调了采取 SPS 措施的一方即欧盟的举证责任。

但上诉机构推翻了专家组的这一裁定，重申还是首先应该由申诉方提供初步证据，证明被诉方违反 SPS 协议的规定，只有经专家组确认初步证据成立后，举证责任才转由被诉方承担。[46]

（二）实体方面

1. 欧盟的措施是否违反 SPS 第 3 条的规定

首先根据 SPS 协议附录 A 第 3 条 (a) 项，在食品安全方面，以 Codex Alimentarius（国际营养标准）委员会制定的有关食品添加剂，兽药和除虫剂残存物、污染物，分析和抽样方法的标准和建议，以及卫生惯例的守则和准则作为国际标准。对于本案涉及的五种荷尔蒙，委员会制定了每日可摄入量标准（Acceptable

---

[46] WT/DS26/AB/R, para. 36.

Daily Intake,ADI)以及最大残留限度(Maximum Reside Limit,MRL)。对于争议中的三种天然荷尔蒙,孕酮、睾酮和17β雌二醇,委员会认为为了促进生长而使用时,不需要证明 ADI 和 MRL。合成荷尔蒙中的玉米赤霉醇和去甲雄三烯醇酮,委员会对其规定了相应的最低 ADI 和 MRL。

专家组认为,欧盟的限制措施禁止为了促进生长而使用的荷尔蒙的任何残留,是没有根据国际标准而制定的措施,因此违反了 SPS 协定第3条第1款的规定。

欧盟对此提出上诉,欧盟认为专家组错误地将"根据国际标准"解释为"符合国际标准",使得判断标准更加严苛。欧盟认为该协定的本意应当是允许成员国采取不同水平的 SPS 措施,措施可以与国际标准一致,如果有"科学理由",或"依据第5条第1－8款"有关规定是适当的,措施的保护水平可以高于国际标准。

但是上诉机构认为,如果某一项措施采纳了某些国际标准的因素,即属于以国际标准为根据,符合 SPS 协定的规定。[47] 第3条第1款与第2款中采用了不同的措辞并非偶然。根据"义务从轻解释"原则(in dubio mitius),当某协定的条文有多种解释时,贸易争端解决机构应当优先采用对承担义务一方而言义务较轻的解释。[48] 因此,不能一概将"根据"标准解释为"符合"标准,否则会提高成员国履行 WTO 的义务的标准,增加成员在采取 SPS 措施时履行 WTO 义务之负担。

上诉机构同时指出,《SPS 协定》第3条第3款确定本国适当的卫生保护水平是成员的一项自主权利,但成员在采取高于国际标准卫生保护水平的措施时,有义务遵守第5条第1款关于风险评估的要求以及第2条第2款"充分的科学证据"的要求。[49]

2. 欧盟的措施是否符合 SPS 协议第5条第1款风险评估的要求

根据专家组的观点,SPS 协定的第5条第1款关于风险评估的要求包括程序和实体两个方面。程序要求是采取措施的成员应当证明它在决定采取措施时认真考虑了风险评估的资料;实体要求包括:(1)通过风险评估时获得了得出的科学结论和 SPS 措施所依据的科学结论;(2)对上述两套科学结论是否一致作

---

[47] Dale E. McNiel, "The First Case Under the WTO's Sanitary and Phytosanitary Agreement :The European Union's Hormone Ban", 39 *VA. J . Int'l L.* 89 (1998), at 107.
[48] 刘彤:《"美国和加拿大诉欧盟荷尔蒙牛肉案"评述》,载《WTO 争端解决年度报告》(2009－2010年)。
[49] WT/DS26/AB/R, para.177.

出了判断。[50] 专家组认为欧盟在本案中没有证明它在制定措施时或其后考虑了它所获得的科学结论。

专家组认为在本争端中,欧盟有责任证明其措施是以风险评估为基础的,但其没有提供欧盟实际考虑的相应证据。欧盟颁布措施法案的前言中都没有提及欧盟所指的科学研究。这些前言只提及非科学的报告,欧洲会议及经社理事会的观点,而这些不能视为风险评估的一部分。欧盟提请专家注意的个别科学家的论文和观点,只是在专家组程序中才获得的,这些不能被视为有关机构在制定或维持有关措施时实际考虑过的论文和观点。从程序的角度讲,这些论文以及观点不能被视为欧盟措施风险评估的一部分。[51] 因此专家组认为欧盟的措施不是根据风险评估做出的。

但是上诉机构不同意专家组的观点。上诉机构在报告中指出,"以适合有关情况的风险评估为基础",是指在动植物检验和检疫措施与风险评估之间,应当存在某种客观关系。第5条第1款并没有要求采取动植物检验与检疫措施的成员必须由自己进行风险评估;该条款仅要求"以适合有关情况的风险评估为基础"。成员的动植物检验与检疫措施完全可以根据在其他成员或国际组织进行的相关风险评估的客观结果而实施。上诉机构认为,检验检疫措施与风险评估之间只需具有合理关联(rational relationship)即可,不需具有实质性的关联(substantial relationship)。[52]

3. 欧盟的措施是否符合 SPS 协议第 5 条第 5 款"适当的保护水平"的要求

专家组和上诉机关将第5.5条划分为三点要求,第一个要求是既定的 SPS 措施针对不同案情实施时,其防护水平方面存在明显差异;第二个要求为,上述差异具有任意性或无理性;第三个要求为上述差异构成了对国际贸易的歧视或变相歧视。[53] 根据第一点要求"在不同情况下必须有不同的保护水平",专家组提出了三种可能的情形:

(1)为了生长目的而使用的天然和人工合成荷尔蒙与肉类中自然生成的天然荷尔蒙两者之间的区别。

(2)为了生长目的而使用的天然荷尔蒙与为了治疗或动物技术的目的所使

---

[50] WT/DS26/AB/R, para. 189.
[51] Joost Pauwelyn, "The WTO Agreement on Sanitary and Phytosanitary Measures as Applied in the First Three SPS Disputes: EC – Hormones, Australia – Salmon and Japan – Varietals", 2 *Journal of International Economic Law* 641 (1999), at 648.
[52] 肖冰:《实施〈卫生与植物卫生措施协定〉研究》,法律出版社 2004 年版,第 149 页。
[53] 刘彤:《"美国和加拿大诉欧盟荷尔蒙牛肉案"评述》,载《WTO 争端解决年度报告》(2009 – 2010 年)。

用的天然荷尔蒙两者之间的区别。

(3) 为了生长目的而使用的天然和人工合成荷尔蒙与两种用于生长目的的荷尔蒙(carbadox 和 olaquindox)之间的区别。[54]

在分析完三种情形之后,上诉机构在此重点审查了欧盟禁令的立法基础与目的,之后认定:欧盟对肉类产品的进口禁令的真实目的在于保护人类健康,而不是专家组所认定的事实上是为了歧视美国与加拿大的牛肉,保护其不具有竞争优势的牛肉产业。换言之,上诉机构欧盟的肉类产品进口禁令不存在对国内产业进行保护的意图,也未曾对情形相同的出口商予以歧视,因而不构成对国际贸易的歧视或变相限制。

因此,上诉机构推翻了专家组就《SPS 协定》第3条第1款和第5条第5款的某些结论,[55] 但支持了专家组认定的欧盟违反协定第5条第1款规定的裁决,即欧盟没有证明其禁令是基于科学风险评估基础上发布的。在本案中,欧盟虽然在20世纪80年代组建了一个科学工作组,通过实验以判断在动物身体上使用各种自然的和人造的荷尔蒙是否会对人类健康产生影响。但是,欧盟最终并未能证明其禁令与这些科学评估的结论存在客观联系,因此不符合第5条第1款的要求。此外,也不符合《SPS 协定》第3条第3款的要求。[56]

四、案件涉及的法律问题

(一) 司法经济问题

本案中,专家组认定违反 SPS 协定第5条第1款,没有进一步程序确认是否违反了第2条第2款,虽然第2条第2款看起来似乎更具逻辑上的吸引力,也没有去认定第5条第6款,因为第5条第6款要求认定技术和经济上的可能性,而这些无疑需要花费更大的时间、精力和资源。[57] 司法经济原则在WTO中已经被确认,专家组只需处理那些解决争议所必须处理的法律要求,而非争端当事方提出的所有法律请求。上诉机构认为,争端解决机制的目的是使争端得到积极解决,或者有关问题的满意解决。上诉机构还审查了DSU第11条有关专家组的职能的规定,认为第11条也没有要求专家组审理所有的主张。[58] 然而DSU第7条第2款规定,"专家组应处理争端各方引用的任何使用协定的有关规定",究竟应如何处理该规定与司法经济的关系。此外,当裁决的执行涉及报复或补

---

[54] WT/DS26/AB/R, para. 226.
[55] WT/DS26/AB/R, para. 246.
[56] WT/DS26/AB/R, para. 253.
[57] WT/DS26/AB/R, para. 250.
[58] 杨国华、李詠箎:《WTO 争端解决程序详解》,中国方正出版社2004年版,第44页。

偿时,也许考虑到当事方所有的诉讼请求会比较妥当。

(二) SPS 协定的实施

SPS 协定要求成员应保证任何动植物检验与检疫措施的适用范围,是为了以科学原理为依据,保护人类、动物或植物的生命或健康。在 SPS 协定制定期间,各成员对于是否应适用统一的国际标准就产生过激烈争论。因此 SPS 协定不要求成员必须达到统一的国际标准,允许成员选择采用高于或低于国际标准的 SPS 协定水平。[59]

为了 SPS 协定更好地实施,应注重各国 SPS 目标的协调,实现集中和等效。集中是指将不同国家使用的标准与程序建立在国际标准之上,等效是指各国对别国程序的接受等同于实现自己的 SPS 目标的其他途径。[60] 这种协调正在不断发展,例如美国和欧盟已经就兽疫的有关实际做法,特别是关于肉类检疫事项进行多项谈判。这些谈判经过了鉴别各方在规章要求中的差异以及比较这些规则所包含的理由的过程。通过这一过程,各方的分歧已经缩小了,大约还有九项欧盟的要求与两项美国的要求。[61]

此外也有必要考虑文化的差异,SPS 协定的第 5 条第 5 款的最后一句话体现了对这些差异存在的认识以及对类似行为和偏好予以理解和接受的信号。本案中,至少有部分原因是由于受到欧洲人的观念的驱使,他们将人为添加的食物视为天生就是反常的、危险的和"错误"的东西。[62] SPS 协定至少应当承认文化差异的存在,甚至还可能应当制定相应的规则允许成员国将文化习俗包含在某项 SPS 措施之中,而不能对其置之不理。不过这些规则的内容以及实施应当非常严谨,以防止它成为保护主义的借口之一。

(三) 裁决的执行

因荷尔蒙案的裁决的执行产生的争端,即 WT/DS320 以及 WT/DS321,引起 WTO 成员对该问题的关注。在 WT/DS320 的裁决中,上诉机构认为欧盟没有违反 DSU 的第 23.1 条和第 3.7 条。该案件争议的焦点在于败诉方采取的执

---

[59] 刘彤:《"美国和加拿大诉欧盟荷尔蒙牛肉案"评述》,载《WTO 争端解决年度报告》(2009 – 2010 年)。

[60] [美]瑞吉娜·纽格鲍尔:《微调世贸组织司法裁判与〈卫生与植物检疫措施协定〉:荷尔蒙牛肉案的教训》,肖冰、肖风译,载《环球法律评论》2002 年冬季号。

[61] See Richard H. Steinberg, "Trade – Environment Negotiations in the EU, NAFTA, and WTO: Regional Trajectories of Rule Development", 91 AM. J. Int'l L., (1997) 231, 232.

[62] Marsha A. Echols, "Food Safety Regulation in the European Union and the United States: Different Cultures, Different Laws", 4 Colum. J. Eur. L., (1998) 525.

行措施是否与裁决的建议相一致。[63] 美国希望欧盟撤销对牛肉荷尔蒙的禁令，欧盟颁布的新的法案却维持了这一禁令，因此美国的预期目标未能实现。该案的专家组和上诉机构的报告未明确欧盟执行裁决和建议的方式，而且专家组的分析表现出了更多尊重成员国主权的倾向，这也使欧盟更加倾向于为自己的禁令寻找合理化的理由。尽管美国采取了终止减让的报复措施，欧盟权衡之下认为维持荷尔蒙禁令阶段性的承受报复更加符合的欧盟的利益，这也使得欧盟没有修改荷尔蒙的禁令。

对于我国来说，就我国在 WTO 的争端解决实践以及 DSU 的未来发展趋势而言，由于我国更多的是作为应诉方而不是起诉方，我国应当积极地支持增设请求撤销报复授权的具体程序规则问题，并且支持更有利于执行成员方的建议，例如 WTO 主席案文中的第 22 条第 9 款。[64]

（四）举证责任

关于举证责任负担的裁定对今后的案件审理产生很大影响。由于 SPS 协议涉及大量复杂的技术问题，即使本案专家组在审理案件时也不得不成立专家咨询小组为其提供咨询，而当事方要想通过相关科学证据来证明自己的主张也是很不容易的。因此举证责任的分配问题对于案件的成败具有很大影响。本案重申还是首先应该由申诉方提供初步证据，证明被诉方违反 SPS 协议的规定，只有经专家组确认初步证据成立后，举证责任才转由被诉方承担。这样的分配方式从一定意义上讲，增加了今后对采取高于国际标准保护水平的卫生与植物卫生措施进行挑战，提起诉讼的难度。[65]

——— **拓展阅读** ———

1. 韩立余：《世界贸易组织法》，中国人民大学出版社 2014 年版。
2. 黄东黎、杨国华：《世界贸易组织法：理论·条约·中国案例》，社会科学文献出版社 2013 年版。
3. 石广生主编：《中国加入世界贸易组织知识读本（一）：世界贸易组织基本知识》，人民出

---

[63] 肖军：《授权报复之后的程序问题浅析——以欧盟荷尔蒙案为例》，载《WTO 法与中国论丛》（2008 年卷）。

[64] Special Session of the Dispute Settlement Body, Report by the Chairman, Ambassador Peter Balas, to the Trade Negotiations Committee, TN/DS/9, http://docsonline.wto.org(2017 年 7 月 4 日访问)。

[65] 申进忠、孟冬：《美国和加拿大诉欧盟肉类及肉制品措施案》，载《WTO 经济导刊》2004 年第 5 期。

版社 2011 年版。

4. 石广生主编:《中国加入世界贸易组织知识读本(二):乌拉圭回合多边贸易谈判结果法律文本》,人民出版社 2011 年版。

5. 石广生主编:《中国加入世界贸易组织知识读本(三):中国加入世界贸易组织法律文件》,人民出版社 2011 年版。

6. 石广生主编:《中国加入世界贸易组织知识读本(四):中国加入世界贸易组织谈判历程》,人民出版社 2011 年版。

7. Bhagwati, Jagdish, *Free Trade Today*, Princeton University Press, 2002.

8. Bossche, Peter Van den and Werner Zdouc, *The Law and Policy of the World Trade Organization: Text, Cases and Materials*, Cambridge University Press, 2012.

9. Bossche, Peter Van den and Denise Prévost, *Essentials of WTO Law*, Cambridge University Press, 2016.

10. Coppens, Dominic, *WTO Disciplines on Subsidies and Countervailing Measures: Balancing Policy Space and Legal Constraints*, Cambridge University Press, 2014.

11. Gantz, David A., *Liberalizing International Trade after Doha: Multilateral, Plurilateral, Regional and Unilateral Initiatives*, Cambridge University Press, 2014.

12. Hona, Anwarul, *Tariff Negotiations and Renegotiations under the GATT and the WTO: Procedures and Practice*, Cambridge University Press, 2001.

13. Jackson, John H. William Davey and Alan Sykes, *Legal Problems of International Economic Relations*, West, 2015.

14. Lowenfeld, Andreas F., *International Economic Law*, Oxford University Press, 2008, parts II, III, IV.

15. Qureishi, Asif H., *International Economic Law*, Sweet & Maxwell, 2007.

第九章 国际税法

国际税法是调整国际税收关系的各种法律规范的总和,是国际经济法的一个分支。它是从传统的国内税法中逐渐发展出来的一个新的综合性的税法分支体系,是国际经济交往发展到一定历史阶段的产物。本章将阐述国际税法的基本概念,税收管辖权确立的标准,说明避免国际双重征税的方法并展示国际税收协定的主要内容。

第一节 国际税法概述

一、国际税法的历史发展

(一)国际税法的萌芽阶段(19世纪末期——"二战"前)

世界上第一项双边税收协定是1843年由比利时和法国签订的有关税收情报交换和税务合作的条约。随后,1845年比利时与荷兰也就税务合作与情报交换等问题签订了条约。1872年英国与瑞士就遗产税问题签订了条约。以上这些条约从形式上虽然也可以归入国际税收协定的范畴,但是其内容比较单一,尚不全面,与现代税收协定相比有很大差别,只是国际税收协定的萌芽。具有现代意义的国际税收协定是1899年6月21日奥匈帝国与普鲁士签订的关于避免双重征税的协定,其内容涉及划分所得的类型,划分税收管辖权的范围,确定了不动产所得、抵押所得、常设机构所得等项目由收入来源国征税,其他项目由居住国征税,并通过对税收管辖权的划分和约束来消除双重征税问题。[1]

19世纪末20世纪初,资本主义从自由竞争阶段发展到垄断阶段,经济活动朝着国际化的方向发展,各国的商品、资本、技术、劳动力等生产要素跨国界流动的现象越来越普遍。与此同时,所得税制度迅速在各主要资本主义国家建立。国际投资的发展导致跨国公司的国际所得不断增加,但由于各国均按照居民税收管辖权和来源地税收管辖权课征所得税,跨国公司面临严重的双重征税问题。有鉴于此,不仅各国开始积极探索解决国际双重征税问题,而且国际联盟根据国际商会的建议于1921年成立了财政委员会,就此事项准备相关的研究报告,在1923年提交的

---

[1] 参见刘剑文主编:《国际税法学》,北京大学出版社2013年版,第31页;陈大钢:《国际税法原理》,上海财经大学出版社1997年版,第12页。

报告中,强调现代税制应当遵循量能课税原则,同时也强调根据经济密切联系原则,某些类型的所得应当由收入来源国行使征税权。在此之前,财政委员会于1922年成立了专家工作组专门研究如何避免和消除所得和财产的国际双重征税问题。1927年,专家工作组提交了四份避免双重征税与税收情报交换的双边协定草案。这些草案在1928年被提交给来自27个国家的代表与会的"双重征税与税收逃避的政府专家一般会议",并作了一些细微的修改。财政委员会陆续进行了若干次的研讨,并达成了一项有利于收入来源国的协定草案。1946年,最后一次的财政委员会会议在伦敦召开并提交了另一项有利于居民国课税的协定草案。两份草案均由国际联盟在1946年予以颁布,确立了未来进行国际协调的基础。随着国际联盟的解散,两份草案最终也未能获得进一步的讨论和肯定,但仍对"二战"后国际税法的发展产生了重要的影响。[2]

(二) 国际税法的形成与发展阶段("二战"后至今)

"二战"后,随着国际经济活动的发展,国际税收关系日趋复杂,传统的协定已经不能适应形势的变化,各国开始对协定的内容和格式进行改革,从而促使双边税收协定逐步从单一性向综合性发展,从随机化向模式化演变。

鉴于各国在双边税收协定谈判中产生的问题,起草一份能够为国际社会普遍接受并遵循的避免双重征税协定范本的工作仍在继续。联合国成立以后,经济与社会理事会成立了金融与财政事务委员会,本计划由其继续国际联盟财政委员会的工作。然而,联合国成员国的广泛性反而严重妨碍此计划达成一致。[3]

1963年,经济合作与发展组织公布了《关于对所得和财产避免双重征税的协定范本(草案)》,经过修订后于1977年正式发布了《关于对所得和财产避免双重征税的协定范本》(以下简称 OECD 范本)及其注释。OECD 范本更多地反映了发达国家的利益。为了维护发展中国家的税收利益,联合国经济和社会理事会于1979年通过了《关于发达国家与发展中国家避免双重征税协定范本》(以下简称联合国范本)及其注释。这两个具有示范法性质的范本正是综合性和模式化的双边税收协定的典型,各国在谈判税收协定时基本上都参照两个范本所建议的条文和规则。

二、国际税法的概念

国际税法,简单地说,是指调整国际税收法律关系的法律规范的总称。但是由于国际上对于国际税收法律关系、国际税收法律制度的渊源及其调整范围有着不同的认识,形成了两种不同的学说,即狭义国际税法说和广义国际税法说。

狭义国际税法说认为国际税收关系只是国家间的税收分配关系,国际税法的

---

[2] 参见刘剑文主编:《国际税法学》,北京大学出版社2013年版,第31~32页。
[3] 参见刘剑文主编:《国际税法学》,北京大学出版社2013年版,第32页。

范围仅限于国家间的税收条约与协定。广义国际税法说则认为国际税收关系不仅包括国家间的税收分配关系,又包括国家与跨国纳税人之间的税收征纳关系。因此,国际税法的范围不仅包括调整国家税收分配关系的国际税收条约和协定,还包括各国的涉外税法。从国际实践上看,广义国际税法说更被普遍接受。

因此,国际税法是调整国家之间税收分配关系以及国家与跨国纳税人之间税收征纳关系的国际法和国内法的各种法律规范的总和。

三、国际税收法律关系

国际税收法律关系是国际税法的调整对象,具体包括国家与纳税人之间的税收征纳关系以及国家之间的税收分配关系。国际税法调整的这种国际税收法律关系在主体、客体和内容方面都有其自己的特点:

(1)在主体方面,作为国际经济交往活动的主要参与者,自然人、法人是国际经济法律关系的基本主体;另外,在各国的税收征纳关系中,作为承担纳税义务的纳税人,他们又是本国的国内税收法律关系的主体。但是,由于这些主体所从事的经济交往活动具有跨国性,他们除了对本国负有纳税义务之外,可能还须对其国外所得来源地承担纳税义务,即同时在两个或两个以上国家承担纳税义务,从而具有双重纳税人的身份,这在国际税法中称为跨国纳税人,从而跨国纳税人的本国称为居住国,国外所得来源地则成为收入来源国。跨国纳税人、居住国、收入来源国构成了国际税收法律关系的基本当事人。

(2)在客体方面,跨国纳税人的所得亦具有跨国性,即所得来源地与纳税人所在地不在同一国境内。这主要包括两种形式:一是本国的居民来源于境外的所得;二是非本国居民的外国人来自本国境内的所得。

(3)在内容方面,国际税收法律关系包括各国政府同负有纳税义务的跨国纳税人之间的税收征纳关系以及由此形成的有关国家之间的税收分配关系。可见,国际税收法律关系反映的是两种既相互联系又相互区别的税收关系,其中跨国纳税人与国家之间的税收征纳关系是纵向的涉外税收法律关系,主要通过各国的涉外税法规范和调整,而国家之间的税收分配关系是横向的国际税收关系,主要通过国家之间的双边税收协定和多边国际公约规范和调整。因此,作为国际税法调整的国际税收法律关系必然具有双重属性。

第二节 税收管辖权

税收管辖权问题是国际税法研究中一个具有根本性、前提性的问题,国际税法中的许多问题都是由此发端的。

一、税收管辖权概述

(一)税收管辖权的概念

由于国际经济交往活动所引起的是跨国性的经济关系,这种关系中的大量的主体具有双重纳税人的身份,从而导致有关国家的税收发生了国际化的趋势,需要基于属地原则和属人原则对在本国境内的外国人(包括自然人和法人)和在境外的本国人(包括自然人和法人)征纳所得税或其他税赋,因此税收管辖权是国家主权的重要体现。具体而言,税收管辖权是指主权国家对跨国经济主体在国际经济活动中产生的经济收益进行征税的权力。

(二)税收管辖权的依据

主权国家是按照属人原则和属地原则行使其税收管辖权的。与此相对应,在国际税收法律实践中,各国也均以纳税人或征税对象是否与自己的主权存在某种属人性质或者属地性质的联系作为行使税收管辖权的依据。

1. 居民税收管辖权的依据

按照属人原则行使税收管辖权的前提条件是纳税人与征税国之间存在以人身隶属关系为特征的法律事实。在自然人方面,隶属关系的形成主要依据个人在征税国境内是否拥有住所、居所或者具有征税国的国籍;在法人方面,主要根据法人是否依法在征税国注册,或者其总部或者主要营业地是否设在征税国境内。这类属人性质的联结因素称为"税收居所"。与征税国存在这种税收居所相联系的纳税人,是该国税法上的居民纳税人。这个纳税国相应地称为该纳税人的居住国。国家根据纳税人在本国境内存在税收居所这样的联结因素行使的税收管辖权就是居民税收管辖权,又称"从人征税"。

2. 来源地税收管辖权的依据

属地性质的联结因素,是指纳税人的各种所得与征税国之间存在经济上的源泉关系,征税国是纳税人应税所得的来源国或来源地。在国际税法上,根据所得来源地这一联结因素对非居民纳税人征税的原则就是来源地税收管辖权,又称为"从源征税"。

与居民纳税人相比,处于来源地税收管辖权管辖下的非居民纳税人,承担的是有限的纳税义务。非居民纳税人仅限于就征税国境内取得的收入向来源国承担纳税义务。至于他在居住国和其他国家的收入,则与该来源国无关。来源地税收管辖权是属地原则在国际税收上的反映。这个原则确认,跨国纳税人不论其为哪一国家的居民或公民,收入来源国有权对其在该国境内的所得征税。这既体现了国家之间经济利益分配的合理性,又体现了税务行政管理的方便性。在国际税收上,这一原则为每一个国家所接受。

二、居民税收管辖权

纳税人的居民身份是一国实行居民税收管辖权的根据和前提条件。因此,确定纳税人是否具有本国居民的身份,是各国居民税收管辖权的重要内容。居民纳税人这一概念既包括自然人,也包括法人。

(一)自然人居民身份的认定

按照国际法,国家居民是指住在该国境内并受其管辖的自然人主体。居民身份的判定要比国民的身份判定复杂得多。国民身份的判定主要以国籍为标准,国籍一般来说比较明确且易于判定。居民身份的判定主要是依据国内法,而各国国内法的有关规定一般强调纳税人在这个国家是否有住所或居所。在各国的税法实践中,关于自然人的居民身份的认定,采用的标准主要有以下几种:

1. 住所标准

采用住所标准(domicile criterion),就是以自然人在征税国境内是否拥有住所这一法律事实,决定其居民纳税人身份。法国、德国等欧洲国家采用此标准。住所是自然人永久居住的场所。由于住所具有永久性和固定性的特点,采用住所标准易于确定自然人的居民身份。然而,住所作为一种个人永久居住场所,并不一定能反映纳税人的实际居住地和经济活动所在地。因此,很多国家采用辅助性规则来补充单纯住所标准的不足。

2. 居所标准

采用居所标准(residence criterion),就是以自然人在征税国境内是否拥有经常居住的场所这一法律事实,决定其居民纳税人身份。英国、加拿大、澳大利亚等英美法系国家采用此标准。居所是指一个人经常居住的场所,并不具有永久居住的性质。与住所标准相比,以居所作为确定自然人居民身份的标准在很大程度上反映了纳税人的实际居住地和经济活动所在地,并不考虑自然人在该国境内是否拥有财产或房屋等因素,这是它比住所标准更为合理的地方。但是,居所标准的缺陷在于其不够明确,缺乏统一的识别标准,在实践中具有较大的弹性。

3. 居住时间标准

由于居所标准在实际执行中的不确定性,现在越来越多的国家采用居住时间标准(criterion of residence period)来确定自然人的居民身份。采用居住时间标准,就是以自然人在征税国境内居留是否达到或超过一定期限作为划分居民与非居民的标准。这种标准可以通过出入境登记管理具体掌握,更具有可操作性。采用此标准的国家对于在境内停留时间的规定并不一致。多数国家采用 183 天标准,少数国家采用 1 年标准,如中国要求在一个年度内在中国境内住满 365 天。

实践中,很少国家采取单一标准,而是将居住时间标准作为住所标准的辅助标准而使用。根据此标准,纳税人只要符合其中一个条件就被视为该国居民。如我国 2018 年修改的《个人所得税法》规定,在中国境内有住所,或者无住所而在一个纳税年内在中国境内居住累计满 183 天的个人,为居民个人。居民个人从中国境内和境外取得的所得,依照本法规定缴纳个人所得税。在中国境内无住所又不居住,或者无住所而一个纳税年度内在中国境内居住累计不满183天的个人,为非居民个人。非居民个人从中国境内取得的所得,依照本法规定缴纳个人所得税。

4. 意愿标准(will criterion)

采用意愿标准,就是以自然人是否具有在一国长期居住的意愿作为判断标准。如果一个自然人具有在一国长期居住的意愿,就可认定其为居民纳税人身份。意愿标准往往与住所标准、居所标准结合起来判断纳税人的居民身份。[4]

5. 国籍标准(citizen criterion)

有些国家按照自然人的国籍确定纳税人的身份,即实行公民税收管辖权。凡系公民,都要按全世界范围内的所得纳税。美国、墨西哥等国家采用此标准。国籍标准采用国籍作为唯一联结因素,以公民和国籍国的法律联系作为管辖权的依据,完全不考虑纳税人的实际居住地和经济活动所在地,在税收实践中有一定难度。

(二) 法人居民身份的认定

法人是国际经济法律关系的重要参与者,是国际经济法最重要的主体。随着经济全球化的发展,法人成为国际经济活动和国际投资活动的重要主体,也成为国际税收关系中最重要的纳税主体。因此,法人的纳税居民身份的认定问题具有十分重要的意义。

1. 法人注册成立地标准(criterion of the place of incorporation)

采用法人注册成立地标准,就是在一国境内依法注册成立的公司,即为该国的居民纳税人。美国、瑞典、墨西哥等国家实行这一标准。该标准的优点在于注册成立地是确定的,容易识别,易于确定法人的居民身份。同时,法人变更成立地须经法人注册成立国的同意,这有效地防止法人随意变更自己的居民身份达到逃避税收的目的。但是,该标准很难反映法人的实际经营地。在一国注册成立的公司,可能基本上在该国境外的其他国家从事经营活动。因此,当事人很容易选择国家和地区成立公司,设立法人,从而达到规避有关国家法律和税收管辖权的目的。

2. 法人实际管理和控制中心所在地标准(criterion of the place of effective management and control)

根据此标准,法人的居民身份取决于法人的实际管理与控制中心设在何国。公司的实际管理控制中心设在哪一国,便是该国的居民公司。所谓实际管理和控制中心,指的是法人的董事会作出重要决定和实行中央控制的地方,也是完成重要的法律行为的地方,如签订合同,决定公司的投资、利润分配等重大事项。新加坡、印度、新西兰、英国等国家实行这一标准。

法人的实际管理机构所在地与法人的实际经济活动的联系更为密切,因此该标准具有较大的合理性,在实践中有较强的适用性,为很多国家所接受和认可。但

---

[4] 参见左海聪主编:《国际经济法》,武汉大学出版社2010年版,第657页。

是,随着经济社会的发展和科技手段的进步,董事会会议的召集地变得越来越难以确定。因此,OECD范本和联合国范本作了新的修订和注释。公司最重要账簿的保管地点、对公司管理至关重要的最高决策的制定地点、从经济和功能角度来看对公司管理发挥重要作用的地点等成为判断公司管理和控制中心所在地的因素。[5]

3. 法人总机构所在地标准(criterion of the place of head office)

根据此标准,法人的居民身份取决于它的总机构所在地。法人的总机构设在哪一国,便视为哪一国的居民公司。法国、日本实行这一标准。总机构一般是负责制定法人重大经营决策、管理法人日常经营活动的总公司、总厂或总店。与实际管理和控制中心相比,法人总机构所在地强调的是法人组织结构主体的重要性,而实际管理和控制中心所在地标准确定的是法人权力中心的重要性。总机构所在地比较容易确定,但法人也容易通过改变总机构所在地的手段,达到变更居民身份的目的。[6]

4. 多种标准兼用

在国际税收法律制度的领域中,确定法人国籍和居民身份的根本目的有两个:一是保护内国政府的税收利益以及维护内国法人和公民的合法权益;二是在平等互利的基础上保护外国人的合法权益,以利于国际经济的发展和私人之间的跨国交往。一般来说,扩大内国的税收管辖权,保护内国的税收利益,是国家在有关立法中考虑的首要问题。在税收管辖权方面,通过国内立法确定判定标准,运用这些标准使更多的法人具有本国居民公司身份,从而增加国家的税收收入。因此,一些国家在判定法人居民身份时,实行了多种标准兼用的形式。例如,加拿大、英国、德国等国家都同时采用法人注册成立地标准和法人实际管理和控制中心所在地标准,韩国、日本等国家兼用法人注册成立地和法人总机构所在地两个标准,西班牙等少数国家则同时采用三个标准。

(三)居民税收管辖权的冲突及其协调

由于各国税法上规定的居民纳税人身份判定标准不一致,当一个纳税人跨越国境从事国际经济活动时,有可能因有关国家奉行的判定标准不同而被两个国家同时认定为本国的居民纳税人。这种因有关国家采取的居民身份判定标准不同而使一个纳税人同时为两个或两个以上国家认定为居民纳税人的情形就是居民身份冲突问题。居于居民税收管辖权冲突下的纳税人同时对两个或两个以上国家负担纳税义务,这加重了纳税人的税收负担。对于这个问题,当前有关国家之间通过缔结双边税收协定来协调和解决这一问题。

---

[5] 参见刘剑文主编:《国际税法学》,北京大学出版社2013年版,第69页。
[6] 参见刘剑文主编:《国际税法学》,北京大学出版社2013年版,第71~72页。

1. 关于自然人居民身份冲突的协调

OECD 范本和联合国范本对自然人居民身份的确定采取以下规则：

（1）应认为其是有永久性的住所所在国的居民；如果在缔约国双方同时有永久性住所，应认为是与其个人和经济关系更密切（重要利益中心）的所在国的居民；

（2）如果其重要利益中心所在国无法确定，或者在缔约国任何一方都没有永久性住所，应认为是其习惯性居处所在国的居民；

（3）如果其在缔约国双方都有，或者都没有习惯性居处，应认为是其国籍所在国的居民；

（4）如果其同时是缔约国双方的国民，或者不是任何一方的国民，应由缔约国双方主管当局通过协商解决。

可以看到，关于自然人居民身份冲突的解决，首先是以永久性住所所在国为优先考虑，其次是与本人经济联系更密切的国家，再次是习惯性居所所在地的国家，最后是国籍所属国。以上规则仍不足以解决冲突时，双方税务当局的协商则成为解决冲突的途径。

也有一些国家在签订双边税收协定时，并没有采用两个范本中建议采用的上述规则，而是规定在跨国纳税人中的自然人成为双方纳税居民时，应由缔约国双方通过协商确定该纳税人应属于缔约国哪一方的居民。

2. 关于法人双重居民身份冲突的协调

各国通过双边税收协定解决法人的双重居民身份冲突问题的方式一般有两种：一种是规定在发生法人的居民身份冲突时，由缔约国税务主管当局协商确定具体法人的居民身份归属。另一种是缔约国双方在税收协定中事先确定解决冲突所依据的标准或规则。联合国范本和 OECD 范本均规定，非个人纳税人同时为缔约国双方居住者的，应认为是其实际管理机构所在国的居住者。然而两个范本对于"实际管理"没有作出明确的界定。

三、来源地税收管辖权

来源地税收管辖权是征税国基于有关的收益和所得来源于境内的法律事实，针对非居民的税收管辖权。对于本国居民来源于境内和境外的所得，征税国可以依据居民税收管辖权进行征税，无须援用来源地税收管辖权。征税国根据来源地税收管辖权对非居民征税的范围，仅限于非居民来源于征税国境内的所得，对非居民来源于该征税国境外所得则不能征税。

实行来源地税收管辖权，首先是要对收入的来源地进行识别和认定，要确定非居民纳税人各项收入是否来源于本国境内。在所得税法上，纳税人的各项收益可以分为四类，即营业所得、劳务所得、投资所得和财产所得。各国税法和国际税收法律制度对于不同类型的跨国所得划分和协调居住国和来源国税收管辖权的一般规则有着不同的规定。

(一)对非居民营业所得的征税

营业所得,又称经营所得,是指纳税人从事生产、商业和服务性行业等经营活动所产生的收益所得。

在各国税法上,对非居民的营业所得来源地的确认,一般采用营业活动发生地原则。营业活动如果不是通过固定场所实施,有些国家则以交易合同的签订地为标准,有些国家以货物的交付地作为营业活动的发生地来判定。为了协调各国税法关于营业所得来源地的判定标准不一致的情况,联合国范本和OECD范本提出了常设机构原则,即征税国只能对非居民设在本国境内的常设机构来源于本国的营业所得征税。

1. 常设机构的概念

根据两个范本的规定,常设机构是指一个企业进行其全部或部分营业的固定营业场所。构成常设机构的营业场所应具有以下三个本质特征:

(1)有一个受有关企业支配的营业场所或设施的存在。"营业场所或设施"包括房屋、场地、机器设备等有形空间或物体。"受企业支配"可以采取企业所有的方式,也可以采取占用、使用的方式,如租用。

(2)该营业场所应具有固定的性质,即具有作为常设机构的营业场所应该具有的固定地理位置和长期经营的性质。

(3)企业的营业活动全部或部分地通过这种营业场所进行。

2. 常设机构的范围

在国际税收协定中,为使常设机构这一概念具体化,一般对其范围作出列举性规定。联合国范本和OECD范本列举了六类场所:(1)管理场所;(2)分支机构;(3)办事处;(4)工厂;(5)车间;(6)矿场、油井或气井、采石场或者其他开采自然资源的场所。

关于建筑安装工程,由于其特殊性和各国认识的不一致,两个范本和各国的双边税收协定中都加以特别说明和规定。OECD范本要求工程活动连续12个月以上才构成常设机构,而联合国范本则要求连续6个月以上即可构成常设机构。各国的双边税收协定中规定的时间标准也不一致,有的短至3个月,有的长达24个月。

关于企业从事辅助性和准备性营业活动的固定场所和机构,一般都排除在常设机构的范围之外。

关于代理人是否构成常设机构,需区分独立地位代理人和非独立地位代理人分别判断。两个范本的第5条第5款和第6款对此问题作了原则性的规定。

3. 常设机构利润范围的确定

常设机构利润范围的确定,各国税收协定一般采用两种不同的原则:引力原则和实际联系原则。

(1)引力原则,即非居民企业在来源国设有常设机构的情况下,该企业来源于收入来源国境内的其他营业所得,尽管并非通过常设机构的活动取得,只要产生这些所得的营业活动本身属于该常设机构的营业范围,收入来源国可将其所得归入常设机构的利润项下进行征税。采取引力原则将扩大征税面,这对收入来源国是有利的,也有助于防止纳税人在收入来源国逃税。联合国范本列入了这项原则,经合范本则未列入。

(2)实际联系原则,即只有那些非居民企业通过常设机构的活动取得的营业利润,以及与常设机构的活动有关的其他所得,才可以归属于该常设机构的利润范围,非居民企业未通过常设机构而取得的营业利润以及与常设机构无实际联系的其他所得,应该排除在常设机构的利润范围之外。实际联系原则为大多数国家的双边税收协定所采用。

4.常设机构利润的核算

在各国税收协定实践中,对于常设机构利润的核算,一般遵循两个基本原则:独立企业原则和收入费用分配原则。

(1)独立企业原则,即在核算确定常设机构的利润时,应将常设机构与其所隶属的企业分别处理,按独立企业进行盈亏计算。虽然常设机构与其所隶属的企业在组织上有隶属关系,但两者之间的税务方面相互独立,可以有效地防止关联企业相互间人为转移所得和费用的逃避税行为,保证来源地国家的税收管辖权的实施。

(2)收入费用分配原则,即在确定常设机构的利润时,应当允许扣除其进行营业所发生的各项成本费用,包括行政和一般管理费用。

(二)对非居民劳务所得的征税

劳务所得可区分为独立个人劳务所得和非独立个人劳务所得两类。独立个人劳务所得是指个人独立地从事专业性劳务或其他独立性劳务所取得的收入。非独立个人劳务所得是指受雇于他人劳动或工作所取得的报酬。在各国税法上,确定劳务所得来源地的标准主要有:劳务提供地、劳务所得支付地和劳务报酬支付人居住地。

1.跨国独立个人劳务所得的征税

在对非居民的跨国劳务所得的征税问题上,国际上普遍遵行"固定基地原则",即缔约国一方居民,由于专业性劳务或其他独立性活动取得的所得,应仅在该国征税,缔约国一方居民在缔约国另一方通过固定基地从事劳务活动的,另一国可以对在该国进行活动取得的所得征税。这里的固定基地一般指医生的诊所,律师、建筑师的事务所等从事独立劳务活动的场所或设施。

仅按固定基地原则划分和协调居住国和收入来源国对跨国独立劳务所得的税收管辖权冲突,会过多地限制收入来源国的权益,因而为广大的发展中国家所反对。因此,联合国范本进一步放宽了对收入来源国的征税限制条件,非居民即使在来源国未设固定基地,只要符合下列两个条件之一,来源国仍然有权对缔约国另一方的居民的跨国劳务所得征税:(1)缔约国一方居民在该会计年度内在缔约国另一方境内连续或累计停留时间超过183天的;(2)缔约国一方居民来源于缔约国另一方的劳务所得,系由缔约国另一方的居民或者由设在缔约国另一方境内的常设机构或固定基地负担,并且其所得金额在会计年度内超过一定的限额(具体限额由缔约双方谈判确定)。

值得注意的是,2000年OECD修订其税收协定范本时,删除了第14条关于独立个人劳务所得的征税规则。其原因在于:在独立个人劳务中所用的固定基地概念与营业所得中所用的常设机构概念之间没有明显不同,常常无法清楚区分独立劳务所得和营业所得,且两者之间利润的计算和所得税的计算方法也没有明显的不同,这给实际操作带来困惑而难以执行。[7] OECD范本将第14条删除后,独立个人劳务综合到营业所得之中,适用常设机构原则。同时,第15条的"非独立个人劳务所得"相应地更改为"雇佣所得"。

2. 跨国非独立个人劳务所得的征税

联合国范本和OECD范本在对非居民的跨国非独立个人劳务所得征税的规定比较一致。缔约国一方居民在缔约国另一方受雇而取得的薪金、工资和其他类似非独立劳务报酬,可以在缔约国另一方征税。但是,在同时具备以下三项条件的情况下,应该仅由居住国一方征税,收入来源国则不得征税:(1)收款人在某一会计年度内在缔约国另一方境内停留时间不超过183天;(2)有关的劳务报酬并非由缔约国另一方居民的雇主支付;(3)该项劳务报酬不是由雇主设在缔约国另一方境内的常设机构或固定基地所负担。

(三)对非居民投资所得的征税

投资所得是指纳税人从事各种间接投资活动所取得的股息、利息与特许权使用费等收益。投资所得一般包括股息、利息和特许权使用费。对于来源地的确定,各种所得的标准也不尽相同。股息是指投资者因拥有投资对象的股权而取得的所得,各国主要依据股息的支付者所在地作为来源地。利息是指投资者因拥有投资对象的债权而取得的所得,各国主要依据利息的支付者所在地作为来源地。特许权使用费是指投资者因向投资对象许可使用其专利、商标、专有技术等而取得的所得,各国主要依据特许权的使用地、特许权所有者的居住地或特许权使用费来源地判断其来源地。[8]

在国际税法上,投资所得具有支付人相对固定,而受益人比较零散的特点。尤

---

[7] 参见郑琳编著:《国际税法学》,北京师范大学出版社2012年版,第71~72页。
[8] 参见左海聪主编:《国际经济法》,武汉大学出版社2010年版,第664~665页。

其是在跨国间接投资的情况下，投资人并不一定在投资项目所在国家活动或居住。鉴于此特点，各国对纳税人的投资所得一般分两种情况处理：

(1) 对非居民纳税人通过设在本国境内的常设机构取得的各种投资所得，应并入其年度常设机构或固定基地的营业所得或劳务所得中，统一计征个人所得税或企业所得税。

(2) 对那些不在境内居住的非居民个人和未在境内设立常设机构的非居民法人从境内取得的各种投资所得，一般采取预提方式征税。预提征税是指支付人在向非居民支付股息、利息、特许权使用费等款项时，以支付人为税款扣缴义务人代为扣缴应纳税款。

在投资所得征税权的划分方面，为了协调在投资所得问题上纳税人的居住国和收入来源国之间的矛盾和冲突，联合国范本、OECD 范本以及各国相互间的税收协定采取了税收分享原则。税收分享原则是指对于跨国投资所得，居住国和收入来源国都可以行使征税权，但收入来源国享有优先征税权。

(四) 对非居民财产所得的征税

财产所得是指财产所有权人出售、转让动产或不动产而取得的收益。

对于不动产，联合国范本和 OECD 范本均作出了界定，在任何情况下应该包括附属于不动产的财产，农业和林业所使用的牲畜和设备，一般法律规定适用于地产的权利，不动产的收益权，以及开采和有权开采矿藏和其他自然资源取得的固定或不固定收入的权利。但是，船舶和飞机不应视为不动产。各国税法对于不动产所得来源地的确认，一般均以不动产所在国为准。

对于动产所得，各国主要根据动产的转让地、动产转让者的居住地判断来源地。

第三节　避免国际双重征税的方法

由于国际双重征税给国际经济活动带来了极为严重的负面影响，从而损害国际经济的根本利益，于是如何在法律上创设出解决国际双重征税的国际法律机制成为国际税法学的根本目标之一。事实上，国际税法从产生开始，就与如何避免国际双重征税这一问题联系在一起。

一、概述

(一) 国际双重征税的概念

国际双重征税包括国际重复征税和国际重叠征税。

国际重复征税，也称法律性双重征税，是指两个或两个以上国家各自依据其税收管辖权对同一纳税人的同一所得进行征税。

国际重叠征税,也称经济性双重征税,主要是指两个或两个以上的国家对不同纳税人就同一所得分别征税。主要表现为两个国家分别同时对境内居住的公司的利润和股东从公司获得的股息征税。

(二)国际重复征税与国际重叠征税的区别

1. 两者的纳税主体不同。国际重复征税是对同一纳税人的同一所得重复征税;国际重叠征税则主要发生在公司与股东之间,是对不同纳税人的同一所得两次或多次征税,同时,在国际重叠征税的两个纳税人中,就一般情况而论,至少有一个纳税人是公司;而在国际重复征税中,有时只涉及个人,而与公司无关。

2. 两者的税种有可能不同。国际重复征税是两国按同一税种对同一所得重复征税;但是国际重叠征税中,如股东也是公司,则两国将按同一税种分别征收,如股东为个人,则一国按企业所得税征收,另一国按个人所得税计征。

二、国际双重征税的特征

(1)两个或两个以上的国家行使税收管辖权。这些国家可能同时主张居民税收管辖权或来源地税收管辖权,也可能一国主张居民税收管辖权,另一国主张来源地税收管辖权。

(2)对同一个纳税主体行使税收管辖权。这主要是针对国际重复征税而言的,国际重叠征税不具备此特征。

(3)对同一课税对象征收相同或类似性质的税收。两个或两个以上的国家对跨国纳税人的同一笔所得征税,所适用的税种也是相同或类似的。

(4)具有同一征税期间。一般指同一纳税年度。

三、国际双重征税产生的原因及表现形式

(一)国际重复征税产生的原因及表现形式

国际重复征税产生的原因主要有两个:一是所得税制度的普遍实施。18世纪末,所得税这一税制和税种创立,直到"二战"后所得税所占比重大幅度上升。当今世界各国普遍征收所得税,为跨国所得的国际重复征税的产生提供了客观基础。二是各国税收管辖权的冲突。在各国普遍实行所得税制度的条件下,基于各国税制的差异,各国税收管辖权的行使不可避免地产生冲突,这为国际重复征税提供了法律土壤。

国际重复征税一般具有以下三种表现形式:

(1)居民税收管辖权之间的冲突。行使居民管辖权的两个或两个以上国家由于采用不同的居民身份认定标准从而产生的居民管辖权之间的冲突。即使有关国家都采用相同的居民身份认定标准,但对住所、居所、居住时间等有不同的规定,也会产生国际重复征税。

(2)来源地税收管辖权之间的冲突。两个或两个以上国家由于采用不同的来源地认定标准从而产生的来源地管辖权之间的冲突。

(3)居民税收管辖权与来源地税收管辖权之间的冲突。这是国际重复征税的典型表现形式。一方面,居住国对居民纳税人在世界范围内的所得行使征税权。另一方面,来源国对非居民纳税人来源于其境内的所得进行征税。

(二)国际重叠征税产生的原因及表现形式

国际重叠征税主要是不同的国家基于各自的税收管辖权对于不同纳税人的同一笔所得行使征税权。它主要表现为:

(1)两个或两个以上的国家分别对公司和股东的收益所得征税。一国的公司所获利润依照法律应当缴纳所得税,税后利润用股息形式分配给另一国股东后,股东还应当依法缴纳个人所得税。

(2)两个或两个以上的国家因费用扣除标准不同而产生的双重征税。由于各国税法对费用扣除的标准不同,也会产生两个或两个以上的国家对两个纳税主体的同一所得征税。

四、避免国际双重征税的法律措施与办法

(一)避免国际重复征税的法律措施

避免国际重复征税,可以由一个国家单方面采取措施,也可以由双方国家共同采取措施,即单边措施和双边措施。

1. 单边措施

单边措施,是指一国的立法机关单方面采取的避免国际重复征税的措施,其法律形式通常是国内税法。单边措施是一个国家从本国的根本利益出发,为解决国际重复征税而作出的单方面的措施,其法律意义在于对本国税收管辖权的自我限制和约束。

单边措施主要由跨国纳税人的居住国采取,而且最早出现的解决国际重复征税的措施就是单边措施,如免税法、抵免法等。采取单边措施时也会涉及互惠待遇问题,一国可能要求对方国家对本国居民提供互惠待遇,否则该单边措施对该国不适用。

2. 双边措施

双边措施,是指两个国家共同采取的避免国际重复征税的措施,其通常的法律形式是国际税收协定。由于国际经济合作的加强,仅凭各国国内立法的自我约束很难顾全其他国家的税收利益,从而造成不必要的收税冲突。于是,各个国家通过协商来明确划分税收管辖权,避免两国间的国际双重征税。因此,国际税收协定成为各国解决国际重复征税的重要途径。

(二)避免国际重复征税的法律办法

1. 免税法

(1)免税法的含义

免税法是承认收入来源国税收管辖权的优先地位,对居住在本国的跨国纳税

人来自国外并且已经由外国征税的那部分所得,完全放弃行使居民税收管辖权,免于征收国内所得税。适用此方法可以从根本上消除因税收管辖权的冲突而导致的国际重复征税。免税法一般由国内税法规定,但也常列入国际税收协定。实行免税法的国家主要是欧洲和拉丁美洲的一些国家。

(2)免税法的类型及计算方法

免税法的一般计算公式为:

纳税人居住国应缴税额=(居民境内外应税所得-已在境外缴纳税款的应税所得)×居住国所得税税率

免税法一般分为全额免税法和累进免税法。但是免税法根据类型不同,计算方法有所差异。

①全额免税法,指的是居住国对本国居民的境外所得或财产免予征税,仅就该居民的境内所得汇总按照适用税率计征所得税。全额免税法的计算公式为:

纳税人居住国应缴税额=居民境内应税所得×居住国所得税税率

②累进免税法,指的是居住国对本国居民的境外所得或财产不予征税,但在计算应纳税额时将该居民的境内外全部所得汇总按照适用税率计征所得税。累进免税法的计算公式为:

纳税人居住国应缴税额=居民境内外应税所得×居住国所得税税率×(居民境内应税所得/居民境内外应税所得)

我们可以看出,全额免税法将应纳税收入限定在居住国境内所得上,对境外所得不予考虑,这意味着居住国放弃对本国居民境外所得的税收管辖权。根据累进免税法,纳税人居住国承认收入来源国的税收管辖权的优先地位的同时,并没有完全放弃自己的居民税收管辖权。居住国通过提高该纳税人境内所得部分的适用税率的办法,取得对境外所得的部分税收管辖权。两者相比较,实行全额免税法对居民纳税人更有利,而累进免税法对居住国更有利。目前在实行免税法的国家中,大多数国家实行累进免税法。

例 9-1 A 国居民汤姆在 2014 年来自国内所得 20 万元,来自非居住国 B 国的所得为 10 万元。A 国的个人所得实行四级全额累进税率:5 万元(含)以下,适用税率为 5%;5 万~15 万元(含)的,适用税率为 10%;15 万~25 万元(含)的,适用税率为 15%;25 万元以上的,适用税率为 20%。B 国所得税税率为 15% 的比例税率。

1. A 国未采取免税法,且 A、B 两国并无双边税收协定的情况下:

(1)汤姆在 A 国的应纳税额为:

300000×20% =60000(元)

(2)汤姆在 B 国的应纳税额为:

100000×15% =15000(元)

(3)汤姆在 2014 年度的应纳税总额为:
60000 + 15000 = 75000(元)
2. A 国采取全额免税法的情况下:
(1)汤姆在 A 国的应纳税额为:
200000 × 15% = 30000(元)
(2)汤姆在 B 国的应纳税额为:
100000 × 15% = 15000(元)
(3)汤姆在 2014 年度的应纳税总额为:
30000 + 15000 = 45000(元)
3. A 国采取累进免税法的情况下:
(1)汤姆在 A 国的应纳税额为:
300000 × 20% × (200000/300000) = 40000(元)
(2)汤姆在 B 国的应纳税额为:
100000 × 15% = 15000(元)
(3)汤姆在 2014 年度的应纳税总额为:
40000 + 15000 = 55000(元)

例 9 - 2　A 国居民汤姆在 2014 年来自国内所得 20 万元,来自非居住国 B 国的所得为 10 万元。A 国的个人所得实行四级超额累进税率:5 万元(含)以下,适用税率为 5%;5 万 ~ 15 万元(含)的,适用税率为 10%;15 万 ~ 25 万元(含)的,适用税率为 15%;25 万元以上的,适用税率为 20%。B 国所得税税率为 15% 的比例税率。

1. A 国未采取免税法,且 A、B 两国并无双边税收协定的情况下:
(1)汤姆在 A 国的应纳税额为:
50000 × 5% + (150000 - 50000) × 10% + (250000 - 150000) × 15% + (300000 - 250000) × 20% = 37500(元)
(2)汤姆在 B 国的应纳税额为:
100000 × 15% = 15000(元)
(3)汤姆在 2014 年度的应纳税总额为:
37500 + 15000 = 52500(元)
2. A 国采取全额免税法的情况下:
(1)汤姆在 A 国的应纳税额为:
50000 × 5% + (150000 - 50000) × 10% + (200000 - 150000) × 15% = 20000(元)
(2)汤姆在 B 国的应纳税额为:
100000 × 15% = 15000(元)

(3) 汤姆在 2014 年度的应纳税总额为：

20000 + 15000 = 35000(元)

3. 在 A 国采取累进免税法的情况下：

(1) 汤姆在 A 国的应纳税额为：

[50000 × 5% + (150000 - 50000) × 10% + (250000 - 150000) × 15% + (300000 - 250000) × 20%] × (200000/300000) = 25000(元)

(2) 汤姆在 B 国的应纳税额为：

100000 × 15% = 15000(元)

(3) 汤姆在 2014 年度的应纳税总额为：

25000 + 15000 = 40000(元)

2. 抵免法

(1) 抵免法的含义

抵免法，又称外国税收抵免，是指纳税人可将已在收入来源国实际缴纳的所得税税款在应向居住国缴纳的所得税税额中扣除的税收制度。抵免法的一般计算公式为：

居住国应纳税额 = 居民纳税人境内外全部应税所得 × 居住国税率 - 允许抵免的已缴来源国税额

实践中，使用抵免法通常会出现三种情况：

第一种情况：来源国税率 = 居住国税率，则可以将居民纳税人在所得来源地国已缴纳的全部税款充抵居住国的应纳税款。

第二种情况：来源国税率 < 居住国税率，则居民纳税人向所得来源地国已经缴纳的税额会少于按照居住国税法计算出的应纳税额，因此除了将居民纳税人在境外已缴纳的税额充抵本国的应纳税额外，还要求居民纳税人补交税额的差额部分。

第三种情况：来源国税率 > 居住国税率，则居民纳税人向所得来源地国已经缴纳的税额会高于按照居住国税法计算出的应纳税额，因此居住国只允许按照本国税率计算出的境外应缴所得税作为可能抵免的限额，对超额部分在当期纳税年度不给予抵免。[9]

抵免法既承认来源地税收管辖权的优先地位，同时又不放弃居民管辖权。一国对居住在本国的跨国纳税人来源于境外的所得向来源地国纳税后，在本国税收中给予一定的抵免，起到了解决国际重复征税的作用，因此抵免法已为大多数国家所采用。联合国范本和 OECD 范本也将抵免法作为避免国际重复征税的主要方法。

---

[9] 参见程永昌主编：《国际税法学》，中国税务出版社 2006 年版，第 55 页。

(2) 抵免法的类型及计算方法

① 根据抵免数额的不同,分为全额抵免与限额抵免。

全额抵免指居住国对居民纳税人在来源地国的纳税数额全部给予抵免。少数国家采用此种抵免法。

限额抵免则是指居民纳税人的抵免税额不得超过居民纳税人的境外所得按居住国税法税率计算出的应纳税额。限额抵免又可分为分国限额法、综合限额法和分项限额法。

a. 分国限额法,即对于居民纳税人从每一个外国取得的所得分别计算抵免限额。分国限额的计算公式为:

分国限额 = 居民境内外应税所得 × 居住国所得税税率 × (某一境外应税所得/居民境内外应税所得)

b. 综合限额法,即将居民纳税人的境外所得进行综合计算,各国共用一个抵免限额。综合限额的计算公式为:

综合限额 = 居民境内外应税所得 × 居住国所得税税率 × (全部境外应税所得/居民境内外应税所得)

c. 分项限额法,即针对居民纳税人来源于境外的某些特定项目的所得单独计算抵免限额。分项限额的计算公式为:

分项限额 = 居民境内外应税所得 × 居住国所得税税率 × (境外某一专项应税所得/居民境内外应税所得)

我们可以看出,上述各种方法各有利弊。第一,实行分国限额法的情况下,当收入来源国的税率高于居住国的税率时,收入来源国缴纳的税款就会有一部分不能得到抵免。但是当跨国纳税人的境外经济活动有盈有亏时,亏损的部分无须纳税也无须抵免,同时不影响盈利部分的抵免限额,对跨国纳税人比较有利。第二,从跨国纳税人的角度考虑,综合限额法更为有利。但是当跨国纳税人的境外经济活动有盈有亏的场合适用综合限额法会产生盈亏相抵,则对纳税人不利。第三,在实行综合限额法的情况下,跨国纳税人可以利用不同国家税率的差额互相弥补以逃避税款。因此,有些国家将国外一些低税率的项目单独分离出来,实行专用限额,这样可以避免用专用项目的低税率来充抵在另外一个高税率国家缴纳的税款。

例9-3 甲国居民公司 A,在乙国有分公司 B,在丙国设有分公司 C,2014年 A 公司在甲国的应纳税所得为1000万元,分公司 B 在乙国的应纳税所得为200万元,分公司 C 在丙国的应纳税所得为300万元,甲国的税率为30%,乙国、丙国的税率分别是40%和20%。

1. 甲国未采取抵免法的情况下:

(1) A 公司甲国的应纳税额为:

(1000 + 200 + 300) × 30% = 450(万元)

(2)分公司 B 在乙国的应纳税额为:
200×40% = 80(万元)
(3)分公司 C 在丙国的应纳税额为:
300×20% = 60(万元)
(4)A 公司在未抵免前的实际纳税总额为:
450 + 80 + 60 = 590(万元)

2. 甲国采取分国抵免法的情况下:
(1)分公司 B、C 的分国抵免限额为:
分公司 B 的抵免限额:1500×30% × (200/1500) = 60(万元)
分公司 C 的抵免限额:1500×30% × (300/1500) = 90(万元)
(2)分公司 B、C 在境外的实际纳税额为:
分公司 B 在乙国的实际纳税额:200×40% = 80(万元)
分公司 C 在丙国的实际纳税额:300×20% = 60(万元)
(3)A 公司在甲国境外的实际纳税总额:80 + 60 = 140(万元)
实际抵免额为:60 + 60 = 120(万元)
(4)A 公司 2014 年度的实际纳税总额为:
590 − 120 = 470(万元)

3. 甲国采取综合抵免法的情况下:
(1)分公司 B、C 的综合抵免限额为:
1500×30% × (500/1500) = 150(万元)
(2)分公司 B、C 在境外的实际纳税额为:
分公司 B 在乙国的实际纳税额:200×40% = 80(万元)
分公司 C 在丙国的实际纳税额:300×20% = 60(万元)
(3)A 公司在甲国境外的实际纳税总额:80 + 60 = 140(万元)
实际抵免额:140(万元)
(4)A 公司 2014 年度的实际纳税总额为:
590 − 140 = 450(万元)

②根据跨国纳税人跨国经营的组织形式以及税收缴纳形式的不同,分为直接抵免与间接抵免。

直接抵免是跨国纳税人在收入来源国缴纳的税款可以用来直接充抵其在居住国应缴纳的税款。直接抵免主要适用于具有同一纳税人身份的居民下列双重征税的消除:自然人居民就源自境外的所得缴纳的个人所得税;居民公司通过在境外的常设机构取得的营业利润缴纳的公司所得税;居民公司在境外取得股息、利息或者特许权使用费等间接投资所得缴纳的预提税。[10]

间接抵免是指母公司对于其境外的子公司向收入来源国缴纳的税款,不能直接在居住国得到抵免,而只能用母公司从境外子公司取得股息所得的那部分税款来抵冲母公司应缴纳居住国所得税款。间接抵免主要适用于母公司和子公司之间的税收抵免。

3. 减税法

减税法是居住国对本国居民来源于国外的收入给予一定的减低征税的优惠的税收制度。一般为对境外收入适用低税率,或者按照境外收入的一定百分比征税等。减税法也是一种缓解国际重复征税的方法。同其他方法相比,减税法比较灵活。但是各个国家在减征的比例上参差不齐,甚至悬殊较大。减税法的计算公式为:

纳税人居住国应缴税额 = 居民境内应税所得 × 居住国所得税税率 + 居民境外应税所得 × 对境外所得适用的低税率

例 9-4 A 国居民汤姆在 2014 年来自国内所得 20 万元,来自非居住国 B 国的所得为 10 万元。A 国的个人所得实行四级全额累进税率:5 万元(含)以下,适用税率为 5%;5 万~15 万元(含)的,适用税率为 10%;15 万~25 万元(含)的,适用税率为 15%;25 万元以上的,适用税率为 20%。B 国所得税税率为 15% 的比例税率。如果 A 国为了避免国际双重征税,在本国税法中规定对来自境外所得单独适用 5% 的税率:

(1) 汤姆对源于 A 国境内所得的应纳税额为:
   200000 × 15% = 30000(元)

(2) 汤姆对源于 B 国境内所得的应纳税额为:
   100000 × 5% = 5000(元)

(3) 汤姆在 B 国已缴纳的应纳税额为:
   100000 × 15% = 15000(元)

(4) 汤姆在 2014 年度的应纳税总额为:
   30000 + 5000 + 15000 = 50000(元)

4. 扣除法

扣除法指居住国在对跨国纳税人征税时,允许本国居民将在国外已经缴纳的税款作为一般费用支出,从本国的应纳税所得中扣除的制度。实行扣除法的情况下,跨国纳税人的税收负担水平比较高,因此扣除法不能完全解决国际重复征税问题。目前世界上单独采用扣除法的国家不多,扣除法一般作为避免国际重复征税

---

[10] 参见刘剑文主编:《国际税法学》,北京大学出版社 2013 年版,第 161 页。

的辅助措施来使用的。扣除法的计算公式为：

纳税人居住国应缴税额 =（居民境内外应税所得 – 已在境外缴纳税款）× 居住国所得税税率

例9-5 A国居民汤姆在2014年来自国内所得20万元，来自非居住国B国的所得为10万元。A国的个人所得实行四级全额累进税率：5万元（含）以下，适用税率为5%；5万～15万元（含）的，适用税率为10%；15万～25万元（含）的，适用税率为15%；25万元以上的，适用税率为20%。B国所得税税率为15%的比例税率。如果A国为了避免国际双重征税，在计算在A国应纳税所得额时，将在B国已经缴纳的税额予以税前扣除。

(1) 汤姆在B国的应纳税额为：
  $100000 \times 15\% = 15000$（元）
(2) 汤姆在A国的应纳税所得额为：
  $200000 + 100000 - 15000 = 285000$（元）
(3) 汤姆在A国的应纳税额为：
  $285000 \times 20\% = 57000$（元）
(4) 汤姆在2014年度的应纳税总额为：
  $57000 + 15000 = 72000$（元）

5. 避免国际重复征税方法的比较和评价

(1) 不论实行何种避免国际重复征税的方法，跨国纳税人向收入来源国的纳税额总是不变的。换言之，收入来源国对某一特定纳税人的征税额总是不变的，即跨国纳税人在该国的所得乘以该国的所得税税率。也就是说，居住国无论采取哪种避免国际重复征税的方法，收入来源国的征税不受影响。因此，对于来源国来说，可以得出以下公式：

免税法 = 抵免法 = 减税法 = 扣除法

(2) 在免税法下，跨国纳税人没有就国外所得向居住国纳税。在抵免法下，跨国纳税人的居住国以本国税率为基准，征收本国税率和来源国税率之间的差额。在减税法下，居住国就跨国纳税人的国外所得给予低税率。在扣除法下，跨国纳税人在收入来源国已经缴纳的税款被从应税所得中扣除，但扣除后的所得额仍然被居住国再次征税。因此，从跨国纳税人的利益来看，可以得出以下公式：

免税法 > 抵免法 > 减税法 > 扣除法

(3) 从居住国的税收利益来看，实行扣除法得到的税收利益最多，其次是减税法、抵免法，而在免税法的措施下，居住国放弃了它对本国居民在国外所得的税收管辖权，没有从国外所得中取得税收利益。因此，从居住国的利益来看，可以得出以下公式：

免税法 < 抵免法 < 减税法 < 扣除法

(4) 免税法和国际双重征税是国际税收的两个极端。扣除法和减税法在避免国际双重征税方面的作用不大。抵免法属于中性的税收措施。在抵免法下，收入来源国和居住国都能从跨国纳税人的所得中分得一定的税收利益份额，纳税人的税负也与居住国国内其他纳税人的税负基本持平。因此，抵免法是比较合理的避免国际重复征税的方法，得到最为普遍和广泛的应用。

(三) 避免国际重叠征税的法律办法

避免国际重叠征税的法律办法主要有股息扣除制、双税率制、间接抵免等。

1. 股息扣除制

股息扣除制是指在计算公司所得税时，允许将股息从应税所得中扣除。实行扣除制一般须具备一定条件，如控股公司必须持有子公司一定数量的股份，还有一些国家要求股份必须持满一定的期限。

2. 双税率制

双税率制是指对用于分配股息的利润和不用于分配股息的利润分别实行不同的税率征收公司所得税。一般来说，用于分配股息的利润的税率比较低，股东在缴纳所得税后剩余的股息也比较多，这就在一定程度上缓解了国际重叠征税。

(四) 税收饶让抵免

税收饶让抵免是指居住国对其居民纳税人因收入来源国的税收减免而未实际缴纳的税款，视同已经缴纳，同样给予税收抵免的待遇。

税收饶让抵免与一般的外国税收抵免有着重要的区别：

(1) 税收饶让抵免是一种特殊的外国税收抵免制度。按照一般的外国税收抵免，跨国纳税人只有在收入来源国实际缴纳了税款才能在居住国得到抵免。而税收饶让抵免则是对跨国纳税人因收入来源国的税收减免而未实际缴纳的税款，视同已经缴纳。

(2) 税收饶让抵免的目的是收入来源国对外资税收优惠政策的有效实施，而一般的外国税收抵免的目的则是解决国际双重征税。在一般的外国税收抵免条件下，如果跨国纳税人因收入来源国的税收减免并未实际纳税，还须向居住国补交纳税，这就使收入来源国的税收优惠政策难以发挥作用。税收饶让抵免将因收入来源国的税收减免而未实际缴纳的税款视同已经缴纳，从而鼓励对收入来源国的投资。

(3) 税收饶让抵免须通过双边或者多边安排才能实现。一般的外国税收抵免虽然也要通过双边税收协定实施，但是，由于有些国家实行单边抵免，在没有双边税收协定的情况下，其居民纳税人也能享受抵免的待遇。税收饶让抵免是一项国家间的措施,一般反映在各国所缔结的双边税收协定中。[11]

(4)在具体实施中,税收饶让抵免与一般的外国税收抵免也存在较大差别。首先是抵免额,税收饶让抵免中的抵免额一般要大于纳税人在收入来源国实际缴纳的税额;一般的外国税收抵免则等于纳税人在收入来源国实际缴纳的税额。其次在实施方式方面,一般的外国税收抵免采取的方式,各国的做法基本相同;但在税收饶让抵免方面,各国的做法则有较大的出入。例如,有些双边税收协定只规定对营业利润和个人劳务所得给予税收饶让抵免,有些双边税收协定则将税收饶让抵免的范围扩大到投资所得。[12]

第四节 国际避税的法律规制

由于国际税收的跨国性和复杂性等特点,一方面给各国的税收征纳实践带来了困难,另一方面也给跨国纳税人利用各种手段进行国际避税提供了空间,从而使国家的税收利益蒙受重大的损失。因此,关于国际避税问题已经受到各国政府和有关国际组织的密切关注。

一、国际避税概述

(一)国际避税的概念

国际避税是指跨国纳税人利用各国税收法律规定及不同国家之间订立的国际税收协定上的差异,通过适当的税收安排和税务策划,减少或者不承担其通常应当承担的纳税义务,以规避征税国税收的行为。国际避税行为在各国特别是经济发达国家大量存在,对于跨国纳税人而言,通过国际避税的方式降低成本已经成为一种比较普遍的经营手段。

(二)国际避税与国际逃税的区别

国际逃税是指跨国纳税人违反征税国税法和税收协定的规定,不履行其纳税义务,不交或少交税款的行为。从严格的法律意义上讲,国际避税与国际逃税在性质、手段等方面均有不同。

1.从性质上,国际避税是在不违反征税国税法和刑法的前提下,利用法律上的漏洞或者不明确来安排税务事项,以致在后果上达到减少纳税人的应纳税额的行为。虽然国际避税行为可能被认为是不道德的,一般不具有违法的性质。而国际逃税是跨国纳税人故意或有意识地不遵守征税国法律的行为,一般被认为具有违法的性质。

---

[11] 参见刘剑文主编:《国际税法学》,北京大学出版社2013年版,第184页。
[12] 参见刘剑文主编:《国际税法学》,北京大学出版社2013年版,第184~185页。

2. 从手段上,国际避税主要是通过纳税主体或征税对象的跨国移动达到规避税收的目的。而国际逃税一般通过伪造账册、伪造单据、隐匿应税所得等手段进行。

有必要指出,国际上对于避税的适法性质并没有统一的或者通用的评价标准,各国的有关立法也有差别。同样的行为,如果在甲国是不违法的,但在乙国或许就是违法的。因此,国际避税较之一个国家内的避税更加复杂和难以区分。

二、国际避税的主要形式

(一)纳税主体的跨国移动

1. 自然人的跨国移动

通过纳税主体的跨国移动来进行国际避税主要发生在自然人方面。自然人的跨国移动主要有以下几种方式:

(1)自然人变更国籍。在有些国家,如美国,跨国自然人的纳税义务由其国籍或居民身份决定。跨国自然人想摆脱公民税收管辖权的制约,唯一的途径就是放弃其原来国籍,获得别国国籍。国籍变更要受到有关国家的国籍法和移民法的制约。从税收角度看,一国的公民改变其国籍迁往境外对该国的税收是有影响的。因此,各国一般对此类事项实行比较严格的限制。

(2)自然人住所、居所的转移。居住在高税收国的自然人为了避免居住国的高税负,可以将其居所或住所迁往低税负国。这种纯粹为了躲避高税收而移居国外的现象,国际上称为税收流亡。这种做法通常发生在高税收国家的居民纳税人退休以后。移居的去处往往是气候和环境条件较好的避税地和低税收国。

(3)住所的短期迁移。高税收国家的居民纳税人为了实现避税的目的而移居国外一段时期,待实现了特定的逃避税目的后,再迁回原居住国,又称为假移居。

(4)缩短居住期间。居所标准在很大程度上与一个人在一国的居住时间长短有关,自然人可以采取在一国不住满法定期限的方法来避免在该国构成居所。当适用连续居住期间的居所标准时,自然人则可以采用中途离境的方法,使居住日达不到法定的连续居住天数从而达到避税的目的。

(5)成为临时纳税人。作为临时在其他国家工作的自然人,往往能够得到临时工作所在国减免所得税的特殊优惠,或者享受该国适用于临时住所或第二住所的税收优惠。对此,国际上称为"临时移民"税收待遇。这两种税收优惠都可以被自然人用来进行国际避税。

2. 法人的跨国移动

法人往往通过选择或者改变税收居所的方式进行避税。

(1)在低税收国或避税港注册。法人可以通过事先选择在低税收或完全免税的避税地注册的办法达到规避作为某一国居民纳税人的纳税义务。

(2)转移与虚假迁出。在以法人的实际管理和控制中心为标准的国家,法人可以通过改变董事会的开会地点的方式把企业的实际管理中心转移到低税收国家。法人可以通过变更登记而将总机构变为分支机构,将新的董事会或总管理机构设在低税国。

(3)居所的真正迁移。跨国公司将其实际管理机构或实际控制中心从一个高税收国真正迁移到低税收国,是跨国公司摆脱高税收国居民税收管辖权的通常方式。但是,此种方式的采用往往受到国际市场和各国投资环境的影响,真正实行起来尚有诸多的顾忌。

(4)主体的变相转移。主体的变相转移是指纳税人本身不转移出高税收国,而是通过精心安排境外经营活动的方式和渠道,将其实际经济利益转移到低税收国,从而在一定程度上摆脱高税收国居民税收管辖权的影响。主体的变相转移,实际上是借助于课税客体的转移进行的。最常见的方法是在国外建立信箱公司[13]和开展中介业务。

(二)避税港与基地公司

避税港是指对居民纳税人的境内外所得和财产不征税或按照很低的税率征税的国家或地区。被认定为避税港的国家或地区除了对所在国居民的所得或财产给予特别的税收优惠外,还在公司、证券和金融等法律制度中对外汇金融监管、市场准入条件和融资等方面的规制较为宽松,同时避税港的交通和通信等基础设施完备,律师、会计师等中介服务体系健全。[14]

避税港一般分为四种类型:(1)无税避税港:其特点是免征居民的境内外所得税、资本利得税和财产税,这主要包括巴哈马、开曼群岛和百慕大群岛等国家(地区);(2)低税避税港:其特点是以非常低的税率对居民的境内外所得及资本利得等征税,这主要包括英属维尔京群岛、荷属安的列斯群岛、中国澳门等国家(地区);(3)对来源于境外的所得免征税或以低税率征税的避税港,这主要包括所罗门群岛、中国香港、巴拿马、哥斯达黎加等国家(地区);(4)对特定公司的特定事业所得免征或以低税率征税的避税港,这主要包括瑞士、卢森布鲁克、荷兰等国家(地区)。[15]

跨国纳税人利用避税港进行国际避税,主要是通过在避税港建立"基地公司",将在避税港以外的财产和所得汇集在基地公司的账户下,从而达到避税的目的。所谓基地公司,是指那些在避税港设立,而实际受外国股东控制的公司。这类公司的全部或主要的经营活动是在避税港以外进行的。基地公司有多种形式,如

---

[13] 信箱公司是指仅仅完成所在国必要的注册登记手续,实际上只拥有法律所要求的组织形式的文件公司。信箱公司大多数设在国际避税地,其主要功能是转移资本。

[14] 参见左海聪主编:《国际经济法》,武汉大学出版社2010年版,第685页。

[15] 参见左海聪主编:《国际经济法》,武汉大学出版社2010年版,第685~686页。

信箱公司、持股公司、投资公司、财务公司、专有权持股公司、受控保险公司、信托公司、海运公司、空运公司等。

跨国纳税人利用基地公司进行避税的方式一般有以下几种：(1) 利用基地公司虚拟中转销售业务，实现利润的跨国转移；(2) 将基地公司作为控股公司，把关联企业中的子公司所获取的利润以股息形式汇到基地公司，以达到避税的目的；(3) 以基地公司作为收付信托，由其收取利息、特许权使用费、劳务费和贷款，但事实上贷款的借出、许可权的转让、劳务费的提供和货物的出售等主要交易行为均在基地公司所在国的境外进行。

(三) 关联企业和转移定价

关联企业是指在资本、经营等方面彼此间存在直接或间接的拥有或控制关系的企业或经济组织。例如，母公司与子公司、总公司与其分支机构以及同受某个母公司或总公司直接或间接控制下的各子公司或各分支机构之间。[16]

联合国范本和 OECD 范本对关联企业的界定完全一致，根据各范本第 9 条的规定，在以下任何一种情况下，两个企业之间的商业或财务关系不同于独立企业之间的关系：(1) 缔约国一方的企业直接或间接参与缔约国另一方企业的管理、控制或成本；(2) 相同的纳税人直接或间接同时参与缔约国一方企业和缔约国另一方企业的管理、控制或成本。

转移定价 (transfer pricing)，是跨国公司为了达到减少或者规避纳税的目的，通过违背市场规则的会计记账和税务操作，在其关联企业之间进行人为分配产品的价格构成因素的避税方法。转移定价的具体方式是在产品的销售、原材料的购买、公司利润所得以及公司经营支出等方面进行人为分配。转移定价是跨国公司进行国际避税的主要方式。它在税收上产生的后果有二：一是逃避税收，这主要反映在一国政府同它所管辖的跨国纳税人之间的税收征纳关系上；二是税收利益转移，这反映在各国政府之间的税收分配上。

(四) 弱化股份投资和增加借贷资本

公司经营所需要的资金，主要来自股东的股份投资和银行贷款。在现代跨国投资环境中，由于各国对待跨国股息所得和对银行借贷的利息的纳税处理存在很大差别，使跨国投资者常常利用这种税收差别，少投入股份资本，多利用借贷资本，以达到避税的目的。

股东通过股份形式进行投资，取得经营所得后，先要缴纳所得税，税后利润进行分配，取得股息收入。股息收入划归股东后，往往还要缴纳个人所得税。这就产生国际重叠征税问题。如果投资人利用银行贷款为公司投资的话，银行贷款的利息在各国税法上一般作为合法支出项目在税前所得中扣除，纳税额随之减少，从而

---

[16] 参见陈安主编：《国际经济法学专论》，高等教育出版社 2007 年版，第 1043 页。

达到了避税的目的。

三、防止国际避税的法律措施

国际避税造成国家之间资金的不正常流动,驱使大量资金流向容易逃避税的国家和地区,从而妨碍了国际税收活动的正常开展。鉴于国际避税的严重性,许多国家在实践中根据自己的情况和特点形成了各具特色的防范避税的措施,主要通过法律手段,在国内税法的立法、执法和司法等各个环节采取措施。同时,加强和扩大政府间的双边税务合作,来堵塞国际税收中的漏洞。

（一）一般国内法律措施

各国税法上防止国际避税的一般措施主要是健全税收征管制度,加强对税务情报的收集和对跨国纳税人的经济交易活动的税务监督管理。

1. 加强国际税务申报制度,强化纳税人义务。各国税法一般都规定居民纳税人有义务向居住国提供其在境外进行经营活动的情况。这种义务的规定可能反映在税法的成文法规范中,也可能作为判例法的规范而存在。在反避税的法律规定中最严厉的形式,是规定对某些交易行为纳税人需要事先取得税务当局的同意。此外,在程序法方面,也有特殊的规定和措施来加强对国际避税的惩治。例如,在举证责任方面,有些国家要求纳税人证明自己行为的合法性。

2. 强化会计审查制度。对纳税申报实施会计审查制度,是加强对跨国纳税人的经营活动进行税务监督的一种重要手段。许多国家在有关法律中规定,公司特别是股份有限公司的税务申报,必须经过会计师的审核。英国、美国、加拿大等发达国家都有健全的税务报表的会计审查制度。

3. 建立所得评估制度。许多国家对那些不能提供准确的成本费用凭证,因而无法正确计算其应税所得的纳税人,以及每年所得数额较小的纳税人,采取所得评估制度。

（二）对自然人国际避税的法律措施

根据国际公法的一般原则,一国政府不应禁止其国民、居民或侨民移居出境。此外,多数国家的宪法也明确地承认个人的自由迁徙和移居的权利。这些国际公法和国家法律所保障的个人迁徙和移居的自由,很容易被自然人用于逃避跨国纳税的义务。所以,要限制自然人的移居避税,也并非易事。实践中,对各种以避税为目的的假移居和临时移居,原居住国一般采取不予承认的方法加以限制。

（三）对法人的国际避税的法律措施

1. 加强对迁移出境的控制。例如,英国1970年税收法令规定,居民公司若要结束其居民身份迁移出境,必须事先得到财政部的批准。

2. 对转移营业和资产的限制。例如,英国规定居民公司将贸易或经营转让给非居民,居民母公司允许非居民子公司发行股票或债券或出售子公司等行为,必须事先得到财政部的批准。

3. 防止法人利用公司的组建、改建、兼并或清理进行避税。在跨国经营的情况下，公司的组建、改建、兼并或清理是经常发生的。为了防止跨国公司利用这些机会实行避税，一些国家的法律对这类活动在税务上可能引起的问题均做出了明确规定。例如，美国规定，凡有外国公司参与的财产转让业务，上述公司在组建、改组或清算等业务中产生的所得，均应当时纳税，除非美国主管当局裁定证明该项转让业务确实不是有意的策划避税。

4. 取消延期纳税。取消延期纳税主要是指居住国对作为避税港公司股东的本国法人或自然人，按其控股比例对在避税港公司中实行的所得，不论是否以股息形式汇回，一律计入当年所得征税。取消延期纳税，并不是对避税港公司本身的直接征税，而是对其本国的股东征税，使避税港公司无法凭借其独立的法人身份发挥分离和积累资本的作用。

(四) 对转让定价的法律调整

目前，许多国家在调整转移定价问题上都适用正常交易原则，即将关联企业的总机构与分支机构、母公司与子公司，以及分支机构或子公司相互间的关系，当作独立竞争的企业之间的关系来处理，关联企业各经济实体之间的营业往来都按照公平的市场交易价格来计算。如果有人为地抬价或压价等不符合这一原则的现象发生，有关国家的税务机关则可依据公平的市场交易价格重新调整其应得收入和应承担的费用。

第五节 国际税收协定

一、国际税收协定的概念

国际税收协定，是指主权国家为了协调相互之间的跨国税收关系和处理税务方面的问题而缔结的协议。该协议具有政府间条约的性质。要解决国家之间在税收关系上的矛盾与冲突，单凭一国的国内立法是不够的，必须经过有关双方或多方的协商与合作共同解决。因此，国际税收协定成为目前税收国际协调与合作方面最主要的方式，它体现了缔约国的意志，调整的是国家间的税收管辖关系和税收分配关系。

二、国际税收协定的作用

(1) 避免国际重复征税。两个或两个以上国家对同一纳税人的同一项所得行使税收管辖权，就必然会导致国际重复征税。消除重复征税的实质，是在承认跨国纳税人的国际所得的总和只能承受一次税收负担的原则下，合理地分配有关国家之间的税收权益。这既不能指望各国政府的单方退让，更不能设想由一国政府对他国政府实行强制约束，最好的办法就是通过缔结国际税收协定来加以解决。

(2)减少国际避税和国际逃税。当纳税人从事跨国生产经营活动并发生国际逃避税行为时,由于受国家税收管辖权的支配,一个主权国家对另一个主权国家不拥有要求提供税务情报的权利,更不允许跨境进行税收稽查。为了减少国际逃避税的目的,只能通过缔结国际税收协定的方式加以解决。

(3)防止国际税收歧视。一国政府采取任何一种明显的对外税收歧视的措施,都可能招致相关外国政府采取抵制措施和报复行为,因此为了避免对外税收的歧视,最好的办法就是通过缔结国际税收协定以取得相互对等的待遇。

三、联合国范本和 OECD 范本的主要内容

"二战"后,国际税收协定规范化的要求日益迫切。1977年,经济合作与发展组织正式颁布了 OECD 范本,此范本更多维护的是居住国主要是发达国家的利益。此后,OECD 范本经过 1994 年、1995 年、1997 年、1998 年、2000 年、2003 年、2005 年、2008 年、2010 年、2014 年、2017 年的多次修改。许多发展中国家认为 OECD 范本没有全面反映发展中国家的要求,因此联合国经济及社会理事会成立了发展中国家和发达国家税收专家小组,1979 年公布了联合国范本,此范本则更多强调的是收入来源国主要是发展中国家的利益。联合国范本同样也经过几次修订,当前使用的是 2021 年版本。

OECD 范本全文与联合国范本全文均有 31 条,结构完全相同。在协定名称和序言之后,各分七章,由五个部分组成,分别是:协定的适用范围、协定用语的定义、对所得和财务税收管辖权的划分、避免双重征税的办法、税务行政管理的特别规定和协定生效与终止的程序规定。

(一)总标题

联合国范本与 OECD 范本虽然结构相同,但利益取向有所差别,因此联合国范本标明该协定是涉及发达国家与发展中国家之间的范本,这是针对 OECD 范本基本代表发达国家税收制度的局限性而提出的。

(二)征税权的划分

两个范本在指导原则上都承认收入来源国拥有优先的但并非独占的税收管辖权,同时主张居住国在行使税收管辖权时对跨国纳税人在来源国交纳的税收予以免税或抵免。但从总体上看,OECD 范本较多地要求限制来源地税收管辖权,而联合国范本则相反。

(三)适用范围

1. 对人的适用范围

两个范本适用于缔约国一方或同时为双方的个人居民和法人居民。纳税人的居民身份的认定按照各国国内法,双方居民身份的认定依照国际通行的顺序协商确定。

2. 税种范围

一般只适用于以所得或财产价值为征税对象的税种。国际上遵循的共同原则是只将有可能在缔约国间发生双重征税的税种列入协定的适用范围。按此原则，适用的税种主要是各种所得税，并且，一般都包括双方在协定生效后新实行的、与所得税相同的税种。对于财产税，OECD范本采取肯定的态度，而联合国范本则采用灵活的态度。

（四）常设机构

对于常设机构标准的认定，直接关系到居住国与收入来源国之间的税收分配。因此，OECD范本倾向于把常设机构的范围规定得窄一些，这样有利于发达国家，联合国范本则相反。例如建筑安装工程，OECD范本要求工程活动连续12个月以上才构成常设机构，而联合国范本则要求连续6个月以上即可构成常设机构。

（五）投资所得的税率限定

对股息、利息和特许权使用费等投资所得征税的通常做法是限定来源国的税率，并使缔约双方都能实际征税。但税率的限定幅度，两个范本有明显的区别。OECD范本将收入来源国的税率定得很低，这样即使收入来源国征收较少的税，居住国给予抵免之后仍可以征收到较多的税收。发展中国家普遍认为，税率限定得过低，收入来源国将蒙受很大的税收损失，因此联合国范本规定预提税的限定税率由缔约国双方协商确定。

（六）对个人劳务所得的征税

两个范本对非独立个人劳务所得的规定基本一致，差别主要在于独立个人劳务所得方面。2000年OECD范本修订时，删除了第14条关于独立个人劳务所得的征税规则，独立个人劳务综合到营业所得之中，适用常设机构原则。同时，第15条的"非独立个人劳务所得"相应地更改为"雇佣所得"。联合国范本规定，缔约国一方居民在该会计年度内在缔约国另一方境内连续或累计停留时间超过183天的；或者缔约国一方居民来源于缔约国另一方的劳务所得，系由缔约国另一方的居民或者由设在缔约国另一方境内的常设机构或固定基地负担，并且其所得金额在会计年度内超过一定的限额（具体限额由缔约双方谈判确定）。只要符合上述两个条件之一，便可由收入来源国征税，这就扩大了收入来源国的征税权。

（七）税收无差别待遇

两个范本都主张根据平等互利的原则，在缔约国的国内税收上，一方应保障另一方国民享受到与本国国民相同的待遇，反对税收歧视。一般包括四个方面，即国籍无差别、常设机构无差别、费用扣除无差别和资本构成无差别。从表面上看，缔约双方的条件是对等的，但由于发达国家与发展中国家之间的资金流向基本是单向的，所以实行税收无差别实际上是限制了收入来源国的税收管辖权。

(八)情报交换制度

两个范本都设有情报交换条款,目的是密切关联政府之间的配合与协助,以堵塞国际逃避税行为的发生。对于情报交换的范围,联合国范本特别指出,缔约国双方主管部门应交换为实施本协定的规定所需要的情报,特别是应交换关于防止欺诈或偷漏税收的情报。双方主管部门应通过协商改进有关情报交换事宜的合适条件、方法和技术,包括适当地交换有关逃税情况的情报。

练习题

一、问答

1. 什么是税收管辖权?
2. 如何判断法人的居民身份?
3. 对非居民营业所得征税的认定原则是什么?
4. 简析国际重复征税与国际重叠征税的区别。
5. 避免国际重复征税的法律办法有哪些?
6. 如何防范关联企业之间的转移定价?
7. 现行联合国范本和OECD范本的主要区别有哪些?

二、案例分析

悉尼一家法律事务所的一位律师被派到新赫布里底群岛(该群岛当时为英、法共管地,1980年7月宣布独立,即现在的瓦努阿图共和国)去管理该事务所在那里的分支机构。这位律师卖掉了他在悉尼的公寓并偕同妻子一起到了新赫布里底群岛。来到岛上以后,他开始住在旅馆,不久又租住了一所房子,租房合同约定租期12个月,而且今后还可以再续租12个月。另外,他和妻子还在当地取得了允许居住2年的居住许可证。这位律师到新赫布里底群岛工作20个月后生了一场病,并立即到悉尼医治,很快又返回到新赫布里底群岛工作。最后由于健康原因,他的律师事务所派人接替了他在新赫布里底群岛的工作,他偕同妻子又回到了悉尼。澳大利亚税务部门要求该律师就其从新赫布里底群岛取得的工资收入向澳大利亚纳税,该律师不服澳大利亚税务当局的征税决定,向法院提出上诉。根据澳大利亚的法律规定,澳大利亚判定自然人居民身份的标准有两个:一是在澳大利亚有长期居所,二是在纳税年度内连续或累计在澳大利亚停留半年以上。[17]

根据上述材料,请分析:
1. 国际税法上自然人居民身份的认定标准有哪些?澳大利亚采取的是何种标准?
2. 此案当中,应如何认定该律师的居民身份?

---

[17] 李金龙主编:《税收案例评析》,山东大学出版社2000年版,第125~126页。

3. 区分居民纳税人与非居民纳税人的法律意义是什么？

———— 拓展阅读 ————

1. 陈清秀：《国际税法》，法律出版社 2017 年版。
2. 刘剑文主编：《国际税法学》，北京大学出版社 2020 年版。
3. 刘隆亨主编：《国际税法》，法律出版社 2007 年版。
4. [美] 罗伊·罗哈吉：《国际税收基础》，林海宁等译，北京大学出版社 2006 年版。
5. [美] Brian J. Arnold, Michael J. McIntyre：《国际税收基础》，张志勇等译，中国税务出版社 2005 年版。
6. Doernberg, Richard, *International Taxation in a Nutshell*, West Academic Publishing, 2015.
7. Gustafson, Charles, Gustafson, Robert Peroni and Richard Pugh, *Taxation of International Transactions: Materials, Texts and Problems*, West Academic Publishing, 2011.
8. Oats, Lynne, Angharad Miller and Emer Mulligan, *Principles of International Taxation*, Bloomsbury Professional, 2017.
9. Postlewaite, Philip F. and Mitchell B. Weiss, *International Taxation: Corporate and Individual*, Carolina Academic Press, 2016.
10. Schwarz, Stephen and Daniel Lathrope, *Fundamentals of Corporate Taxation*, Foundation Press, 2016.

第十章 国际商事仲裁

第一节 国际商事仲裁的概念及特征

一、国际商事仲裁的概念

仲裁是指双方或多方当事人依事先或事后达成的协议,将有关争议提交某临时或常设仲裁机构进行审理,并接受其裁决的争端解决方式。

仲裁既可用来解决私人(包括自然人、法人等非国家实体)之间的争端,也可用来解决国家之间的争端以及国家与私人之间的争端。国家之间的争端可通过仲裁方式予以解决。例如,我国政府与加拿大政府于 2012 年 9 月签订的《关于促进和相互保护投资的协定》第 15 条规定:"一、缔约双方之间关于本协定的解释或适用的任何争端,应尽最大可能地通过外交途径协商解决。二、若争端未能在 6 个月内协商解决,则经任一缔约方请求,该争端应提交专设仲裁庭解决。"国家与私人之间的争议也可通过仲裁加以解决。根据 1965 年缔结的《解决国家与他国国民间投资争议公约》的规定,一个缔约国与另一缔约国的国民就投资问题所产生的争端,可以通过公约所设立的"中心"仲裁解决。每一缔约国应承认"中心"仲裁裁决具有约束力,并把它视为本国法院最终判决一样加以承认和执行。在更多的情况下,仲裁是作为解决私人之间的民商事纠纷的方式,被称作民商事仲裁;当仲裁被用以解决国际商事纠纷时被称作国际商事仲裁。

二、国际商事仲裁的特征

(一)国际商事仲裁具有民商事仲裁的共同特征

作为民商事仲裁的一种,国际商事仲裁与一般的民商事仲裁具有共同的特征,主要包括:

第一,国际商事仲裁是一种由争议当事人之外的第三方介入的争端解决方式。国际商事纠纷的解决有多种方式。在多数情况下,将纠纷交由第三方裁断并不是纠纷各方的首选方式。关于纠纷解决,国际商事合同通常会约定"首先通过争议双方友好协商解决"。只有在约定期限内当事人无法通过协商达成一致意见时,当事人才会将争端提交第三方解决。如果当事人意识到其纠纷需要提交第三方进行裁断时,仲裁往往成为首选。当事人协商解决其纠纷具有很多优点,例如:纠纷解决的成本较低,方式会比较灵活,纠纷的内情可不被他人知晓,当事人之间的友好合作关系更有可能不被破坏等。但是,在缺少第三方对纠纷的解决给予中立的判断的情况下,协商中的当事人通常会各执一词,难以达成妥协。因此,在经过一段时间(多数情况下为 30 天至 60 天)的协商之后,如果当事人仍无法就纠纷解决达成一致,那么,将纠纷交由仲裁解决就成为一种很好的选择。

第三方介入纠纷的解决具有天然的合理性。与纠纷的当事人不同,第三方与纠纷没有利害关系,可以更客观地看到纠纷的是非曲直,因此可以提供更公正的解决方案。与调解、斡旋等有第三方介入的争端解决方式不同,仲裁不仅是第三方为纠纷的解决提供方案,而且其解决方案(裁决)对当事人具有强制效力。这种强制效力甚至高于法院的判决,因为它一经作出便立即生效,相当于终审法院的判决,除非经司法监督程序否定其效力。

第二,国际商事仲裁是一种民间的争端解决方式。司法诉讼严格来说也是一种第三方介入的争端解决方式。仲裁与诉讼相比,其区别在于,诉讼是由国家机构(法院)所实施的一种争端解决方式,而仲裁则是一种民间的争端解决方式。仲裁的民间性表现为:首先,仲裁机构并非国家机关,仲裁员也非国家公务人员;其次,仲裁机构并不享有国家财政拨款,仲裁所需费用来自仲裁当事人所缴纳的费用;最后,仲裁庭对案件的管辖并不基于国家权力,而是基于当事人的选择。正由于国际商事仲裁具有明显的民间性,所以,在整个仲裁程序当中,其"自治"的性质也很明显。例如,仲裁机构对于案件的受理并不受制于"地域管辖"或"级别管辖",而是基于当事人的约定;当事人有权界定仲裁庭所处理的纠纷的范围;当事人有选择仲裁员的权利;当事人有选择仲裁规则的权利并有权要求仲裁规则的变通适用等。相比之下,诉讼虽然也是一种第三方介入的争端解决方式,但却是作为国家司法机关的法院依据其公法上的权力对当事人之间的争端的一种强有力的介入。虽然法院对于民商事案件的一般立场为"不告不理",但一旦有一方当事人启动了民商事诉讼程序,则这一程序在很多方面便脱离了当事人的控制。

第三,国际商事仲裁的有效性基于当事人之间的合意以及国家对这种合意的承认。仲裁"既有契约的性质,同时也具有司法的性质"[1] 虽然国际商事仲裁是一种民间的争端解决方式,但仲裁庭所做的裁决却具有确定的法律效力。这种效力来自当事人以仲裁解决其纠纷的合意以及法律对这种合意的承认。首先,国际商事仲裁裁决的法律效力来自当事人的合意。由于国际商事仲裁仅具有民间属性,仲裁庭之所以能够对特定当事人之间的特定争议行使管辖权,完全是基于当事人之间的合意。当事人通过合同中的仲裁条款或单独的仲裁协议授权仲裁庭依特定的程序规则来解决他们之间的争议;与此同时,当事人还会在仲裁条款或仲裁协议中约定:仲裁庭所作出的裁决是终局的,对争端的各方当事人具有约束力。由于当事人以合意的方式授权仲裁庭解决他们之间的争议,并允诺将接受仲裁裁决结

---

[1] 赵秀文:《国际商事仲裁法》,中国人民大学出版社 2008 年版,第 3 页。

果,又因为无论是当事人委托仲裁庭处理他们之间的争议,还是约定接受仲裁庭的裁决意见,或者说是接受仲裁庭对其相关权益的处理,都只是当事人对自己私人权益的处分而并不损害第三人或社会公共利益,因此,这种基于当事人的"意思自治"所作出的仲裁裁决的效力应该得到社会的承认。不仅如此,在当代社会,国际商事仲裁裁决的效力还获得了国家立法的肯定。各国的仲裁立法所确立的一般原则是:不违反强行法规定的仲裁裁决具有与法院终审判决相同的属性。国家对仲裁裁决的最有力的支撑是当事人可以请求法院承认并执行一项有效的仲裁裁决。当然,国家在赋予仲裁裁决的有效性的同时,也会对仲裁裁决的有效性设置一定的条件要求,即"合法才能有效"。这种前提首先是要求当事人有关仲裁的合意的真实与自愿。此外,还可能设置其他一些条件,例如有关仲裁程序的公平性等方面的要求等。

(二)国际商事仲裁的独特表现

除上述国际商事仲裁与一般的民商事仲裁所共同具有的一般特征之外,国际商事仲裁当然还会有一些自己的特点,其中包括:

第一,国际商事仲裁具有涉外因素,这种涉外因素可以表现为:纠纷的当事人分属不同的国家、争议的标的位于国外、法律事实发生于国外、处理纠纷的仲裁机构非本国仲裁机构等。按照联合国国际贸易法委员会1985年6月21日通过的《联合国国际商事仲裁示范法》(以下简称《示范法》)第1条的规定,"仲裁如有下列情况即为国际仲裁":"(A)仲裁协议的当事各方在缔结协议时,他们的营业地点位于不同的国家。(B)下列地点之一位于当事各方营业地点所在国以外:(a)仲裁协议中确定的或根据仲裁协议而确定的仲裁地点;(b)履行商事关系的大部分义务的任何地点或与争议标的关系最密切的地点。(C)当事各方明确地同意,仲裁协议的标的与一个以上的国家有关。"

可以认定为涉外民事关系的情形

申请人西门子公司与被申请人黄金置地公司均为在中国注册的公司法人,合同约定的交货地、作为合同标的物的设备目前所在地均在我国境内,该合同表面上看并不具有典型的涉外因素。然而,综观本案合同所涉的主体、履行特征等方面的实际情况,该合同当前存在与普通国内合同有明显差异的独特性,可以认定为涉外民事法律关系,主要理由有:

第一,本案合同的主体均具有一定涉外因素。西门子公司与黄金置地公司虽然都是中国法人,但注册地均在上海自贸试验区区域内,且其性质均为外商独资企业,由于此类公司的资本来源、最终利益归属、公司的经营决策一般均与其

> 境外投资者关联密切,故此类主体与普通内资公司相比具有较为明显的涉外因素。在自贸试验区推进投资贸易便利的改革背景下,上述涉外因素更应给予必要重视。
>
> 第二,本案合同的履行特征具有涉外因素。合同项下的标的物设备虽最终在境内工地完成交货义务,但从合同的签订和履行过程看,该设备系先从我国境外运至自贸试验区(原上海外高桥保税区)内进行保税监管,再根据合同履行需要适时办理清关完税手续、从区内流转到区外,至此货物进口手续方才完成,故合同标的物的流转过程也具有一定的国际货物买卖特征。因此,本案合同的履行因涉及自贸试验区的特殊海关监管措施的运用,与一般的国内买卖合同纠纷具有较为明显的区别。
>
> 综合以上情况,法院认为,本案合同关系符合《涉外法律适用法司法解释》第一条第五项规定的"可以认定为涉外民事关系的其他情形",故系争合同关系具有涉外因素,双方当事人约定将合同争议提交新加坡国际仲裁中心进行仲裁解决的条款有效。

第二,国际商事仲裁通常要涉及外国法的适用。由于涉外因素的存在,不仅纠纷所涉合同的准据法可能是外国法,而且可能要以外国法作为判断当事人之间的权利义务关系的依据,此外仲裁程序事宜的准据法也可能是外国法,如用外国法判断仲裁协议的效力等。

第三,国际商事仲裁的裁决通常需要在外国法院得到承认与执行。由于国际商事仲裁具有涉外因素,因此,如果一项裁决不被当事人自动履行,则需要另一方当事人到国外(通常是有可执行的财产的地方)申请承认与执行。在这方面,国际商事仲裁裁决比法院的民商事判决更具有优势。一国法院判决若想在其他国家得到承认和执行,通常需要有相关国家的双边司法协助条约,而国际商事仲裁裁决,由于有《承认及执行外国仲裁裁决公约》(以下简称《纽约公约》)所建立的多边机制,更容易在其他国家得到承认和执行。

第二节 国际商事仲裁协议

国际商事仲裁的基础是当事人同意将纠纷提交仲裁解决的协议。由于仲裁的民间属性,仲裁机构并不享有一般的纠纷管辖权。只有当纠纷的各方当事人一致同意将某项纠纷提交仲裁解决的时候,基于当事人的合意所组成的仲裁庭才获得对该项争端的管辖权。

一、国际商事仲裁协议的类型

国际商事仲裁协议(以下简称仲裁协议)是指双方或多方当事人同意就他们之间将来可能发生或者已发生的国际商事争议交付仲裁解决的一种书面文件。

仲裁协议本质上是一个合同。虽然一般而言,合同可以采用口头和书面等多种形式,但实践中口头的仲裁协议很少。根据《纽约公约》和《示范法》的规定,以及大多数国家(包括我国)法律的规定,只有书面仲裁协议才是有效的仲裁协议。[2] 关于"书面协议",《纽约公约》的界定是"包括当事人所签署的或者来往书信、电报中所包含的合同中的仲裁条款和仲裁协议"。《示范法》则规定:"仲裁协议应是书面的。协议如载于当事各方签字文件中,或载于往来的书信、电传、电报或提供协议记录的其他电讯手段中,或在申诉书和答辩书的交换中当事一方声称有协议而当事他方不否认即为书面协议。在合同中提出参照载有仲裁条款的一项文件即构成仲裁协议,如果该合同是书面的而且这种参照足以使该仲裁条款构成该合同的一部分的话。"基于上述规定,书面仲裁协议主要有以下五种形式。

(一)仲裁条款

仲裁条款是当事人在合同中订立的,表示双方愿意把将来可能发生的争议提交仲裁的约定。因为它表现为合同的一项条款,所以通常称为仲裁条款。国际商会国际仲裁院推荐当事人采用的仲裁条款为:"All disputes arising out of or in connection with the present contract shall be finally settled under the Rules of Arbitration of the International Chamber of Commerce by one or more arbitrators appointed in accordance with the said Rules."中国国际经济贸易仲裁委员会推荐使用的仲裁条款为:"凡因本合同引起的或与本合同有关的任何争议,均应提交中国国际经济贸易仲裁委员会,按照申请仲裁时该会现行有效的仲裁规则进行仲裁。仲裁裁决是终局的,对双方均有约束力。"

(二)仲裁协议书

仲裁协议书是指在争议发生前或发生后双方当事人同意将争议交付仲裁的一项专门的文件。这种仲裁协议是在合同中没有仲裁条款或者仲裁条款不明确,需重新签订仲裁协议的情况下,双方当事人自愿签订的。由于现在绝大多数的国际商事合同在订立时就已包括了争端解决条款,因此,争议发生前签订的仲裁协议书在实践中已不多见。更多的是指争议发生后,双方当事人同意将该争议提交仲裁解决的仲裁协议。

---

[2] 1996 年英国仲裁法承认口头的仲裁协议,只要该口头协议"援引了本身包含仲裁协议的书面形式"。参见[英]艾伦·雷德芬、马丁·亨特等:《国际商事仲裁法律与实践》,林一飞、宋连斌译,北京大学出版社 2005 年版,第 7 页。

（三）其他书面文件中所包含的仲裁协议

其他书面文件中所包含的仲裁协议是指双方当事人在其往来信函、电传、传真或其他书面材料中约定将他们已经发生或可能发生的争议提交仲裁的意思表示。这种协议的表现形式不反映在某一合同的有关条款或某一专门的协议中，而是分散地存在于上述往来的函件中。

（四）当事人通过对另一个含有仲裁条款的书面文件的援引而达成的仲裁协议

例如，我国和一些国家所缔结的《交货共同条件》中规定合同当事人之间的争议应通过仲裁解决，争议应提交被告所在国的仲裁机构仲裁。如果当事人在贸易合同中规定：两国之间缔结的《交货共同条件》构成该合同的组成部分，则《交货共同条件》中的仲裁条款就构成双方当事人同意将争议提交仲裁解决的仲裁协议。

（五）提出仲裁申请书或答辩书后形成的仲裁协议

如果争议的一方在其申请书中声称其与对方已达成仲裁协议，而且对方当事人在其答辩书中并不否认仲裁协议的存在，则该申请书和答辩书构成书面的仲裁协议。

一项仲裁协议无论采取何种形式均应含有将特定范围内的争议提交仲裁解决的意思表示。比较完整的仲裁协议通常包括如下内容：同意提交仲裁的合意；提交仲裁解决的纠纷的范围；所适用的仲裁规则；仲裁地；仲裁员人数、资质及选任；仲裁所使用的语言及法律适用。更为详细的仲裁协议则可能包含仲裁费用分摊、裁决所使用的货币种类及利息等。〔3〕 有的国家的仲裁法对仲裁协议的内容有特别要求，〔4〕如果某项仲裁协议可能处于该国法律管辖，那么满足法律对仲裁协议的要求就成为该项仲裁协议的有效要件。

二、国际商事仲裁协议的作用

仲裁协议是国际商事仲裁的基础。没有仲裁协议，一方当事人无法要求争议对方以仲裁为纠纷解决途径，仲裁庭也无法取得对争议的管辖权，法院也不会承认缺少仲裁协议的仲裁裁决的有效性。也就是说，有效的仲裁协议对当事人、仲裁机构和法院均有一定的约束力。这种约束力基于仲裁协议的约定，也基于法律的规定。

（一）仲裁协议对当事人的约束力

有效的仲裁协议对当事人的约束力主要表现在以下两个方面：一方面，限制当事人行使诉权权，对于仲裁协议范围内的争议，只能通过仲裁方法解决，任何一方

---

〔3〕 See Gary B. Born, *International Arbitration: Law and Practice*, Wolters Kluwer, 2012, p.35.
〔4〕 我国《仲裁法》第16条第2款规定："仲裁协议应该具有下列内容：（一）请求仲裁的意思表示；（二）仲裁事项；（三）选定的仲裁委员会。"

都无权向法院起诉。如果一方当事人违反仲裁协议,就有关争议向法院提起诉讼,则另一方当事人有权请求法院撤销该案件。另一方面,为当事人设立按仲裁协议规定提交仲裁并服从仲裁裁决的义务。任何一方当事人都只能就仲裁协议所约定的事项提交仲裁,而对于超出仲裁协议范围以外的事项,对方当事人都有权决定是否承认和参与涉及该项争议的仲裁,同时也有权对仲裁机构就该项争议的管辖权提出异议。

(二) 仲裁协议对仲裁机构的管辖授权

有效的仲裁协议是有关仲裁机构行使仲裁管辖权的依据。内容完备的仲裁协议一般包括提交仲裁的争议事项、仲裁地点和仲裁机构、仲裁规则、裁决的效力等内容。这是有关仲裁机构是否具有管辖权,就何种事项具有管辖权,以及如何行使管辖权的依据。具体来说,仲裁协议对仲裁机构的效力主要表现在以下三个方面:

第一,有效的仲裁协议是仲裁机构受理争议案件的依据。如果当事人之间没有签订将争议提交某仲裁机构仲裁解决的协议,则有关仲裁机构就不具有管辖其争议的权力。世界各国常设仲裁机构的仲裁规则均规定,有效的仲裁协议和当事人一方的申请是仲裁机构行使管辖权的依据。

法院认定仲裁条款无效

当事人基于仲裁条款的下述约定,要求法院认定仲裁条款无效。

The arbitration shall take place at China International Economic Trade Arbitration Centre (CIETAC), Bejing, P. R. China and shall be settled according to the UNICITRAL Arbitration Rules as as present inforce.

宁波中院和浙江省高院均认为本案仲裁协议中没有选定仲裁委员会,仅约定该仲裁案进行的地点在CIETAC,因为《贸法会仲裁规则》是临时仲裁规则,且案件仲裁进行方式也具有临时仲裁特征,而中国法下禁止临时仲裁,因此认定仲裁条款无效。之后上报至最高院,最高院认为当事人在仲裁条款中虽然使用了"take place at"表述,此后的词组一般被理解为地点,然而按照有利于实现当事人仲裁意愿目的解释的方法,可以理解为也包括了对仲裁机构的约定。虽然当事人约定的仲裁机构中文名称不准确,但从英文简称CIETAC可以推定当事人选定的仲裁机构是在北京的CIETAC。因此,本案所涉的仲裁条款并不违反《中华人民共和国仲裁法》的规定,驳回了当事人关于仲裁条款无效的申请。

第二,仲裁机构的管辖权受到仲裁协议的严格限制,它只能受理仲裁协议范围内的争议,对于超出仲裁协议范围的争议无权受理。

第三,对仲裁机构行使仲裁权方式的制约。整个仲裁程序都必须按照仲裁协议所约定的仲裁规则进行。该仲裁规则,既可以是受理仲裁案件仲裁机构的仲裁规则,也可以是当事人所约定的其他常设仲裁机构的仲裁规则。例如,《北京仲裁委员会仲裁规则》第2条第1款规定:"当事人协议将争议提交本会仲裁的,适用本规则。当事人就仲裁程序事项或者仲裁适用的规则另有约定的,从其约定,但该约定无法执行或者与仲裁地强制性法律规定相抵触的除外。当事人约定适用其他仲裁规则的,由本会履行相应的管理职责。"

Z v. A & Others (HCCT 8/2013) 案

合同条款规定:"如一方当事人违反本协议的任何条款,则双方当事人同意尽最大努力通过谈判补救。否则,当事人各方均同意根据国际商会在中国仲裁"以及"当事人之间任何有关本协议或因违反本协议而发生的争议、争论或分歧均由当事人友好协商解决,但如协商无法解决,则该争议将最终根据《国际商会规则》在中国仲裁解决,仲裁裁决对双方均有约束力"。争议发生后,A公司提起仲裁,认为仲裁地应为香港。Z公司认为:本案已经约定仲裁在中国进行,国际商会仲裁院没必要再行认定仲裁地。然而,国际商会仲裁院根据1998年版《国际商会仲裁规则》第14(1)条之规定确定香港特别行政区为本案仲裁地。国际商会仲裁院指定的澳大利亚仲裁员与国际商会仲裁院持相同意见,并决定本案程序方面香港法。Z公司针对该决定向法院提出异议,认为在当事人双方已约定仲裁地为中国的情况下,国际商会仲裁院不该再行认定香港为仲裁地,"中国"指的是"中国内地"。

香港法院认为:无论"中国"的意思是什么,Z公司对本仲裁案适用国际商会仲裁规则本身无异议。在某种程度上,本案中两份协议的仲裁条款就仲裁在哪里进行的表达是不明的。但是,无论如何,国际商会仲裁院有权并有义务根据《国际商会仲裁规则》第14条确定仲裁地。法官认为,理性与通情达理的商事主体不会意图使其争议在提交仲裁时交给一个将来仲裁裁决会无法获得执行的机构或地点处理。本案若在中国内地则存此风险。故其同意本案仲裁地为香港的立场。

(三)仲裁协议对司法机构的管辖排除

有效的仲裁协议对法院的效力表现在以下两个方面:第一,有效的仲裁协议可以排除法院的管辖权。《中华人民共和国仲裁法》(以下简称《仲裁法》)第5条规定:"当事人达成仲裁协议,一方向人民法院起诉的,人民法院不予受理,但仲裁协议无效的除外。"《纽约公约》第2条第3款规定:"如果缔约国的法院受理一个案件,而就这个案件所涉及的事项,当事人已达成本条意义内的协议时,除非该法院查明该项协议是无效的、未生效的或不可能实行的,应该依一方当事人的请求,命令当事人把案件提交仲裁。"第二,有效的仲裁协议是法院强制执行仲裁裁决的依据。各国的仲裁法及有关的国际公约都明确规定,有效的仲裁协议是法院强制执行仲裁裁决的依据。例如,《纽约公约》第 4 条规定,为获得仲裁裁决的承认和执行,申请承认和执行裁决的当事人应该在申请的时候提供仲裁协议正本或经正式证明的副本。如果发现有关裁决是依据某一无效的仲裁协议作出的,可以拒绝承认和执行该项裁决。

确认合同仲裁条款无效

2010 年 12 月 15 日,中国 Q 与美国 A 公司签订国际贸易销售合同,约定美国 A 公司购买中国 Q 生产加工的某钢结构产品,货值 30 万美元。合同约定的仲裁条款为:合同争议均应提交中国国际经济贸易仲裁委员会(CIETAC)或者美国纽约贸易仲裁委员会仲裁。双方因履行上述合同发生纠纷,2012 年 5 月 20 日,美国 A 公司向 CIETAC 提起仲裁,中国 Q 公司代理律师研究了合同条款后,在仲裁开庭前,向中国某法院提起确认仲裁条款无效的诉讼,并及时向 CIETAC 书面通报了这一情况,要求中止仲裁程序。

庭审时,中国 Q 公司主张:在合同双方没有就仲裁机构的唯一性达成补充协议的情况下,前述合同仲裁条款是无效的。美国 A 公司则辩称:1.就双方的合同纠纷,CIETAC 已受理了由其提起的仲裁申请,并向中国 Q 公司送达了仲裁通知等法律文书;2.中国 Q 公司在仲裁庭确定的开庭日之前未就仲裁协议效力问题向仲裁庭提出异议;3.依据《最高人民法院关于适用〈中华人民共和国仲裁法〉若干问题的解释》第 13 条的规定,中国 Q 公司其后向法院提出的要求确认仲裁协议无效的申请,不属于法院受理的范围,应予驳回。

法院经审理并按有关规定逐级层报最高人民法院后裁定:确认合同仲裁条款无效。随后 CIETAC 也对美国公司的仲裁申请作了撤案处理。

(四)仲裁条款的相对独立性

仲裁协议独立于基础合同,合同中的仲裁条款也具有独立性。仲裁条款的独立性主要表现在以下三个方面:第一,独立于合同的存在。合同是否成立、是否仍然存在不影响仲裁条款的效力。当事人仍可依仲裁条款提请仲裁。第二,独立于合同的效力。合同是否在法律上有效并不影响仲裁条款的效力。比如,违反国家法律或者社会公共利益的合同或者采取欺诈、胁迫手段订立的合同其法律后果是无效,但其中的仲裁条款仍可能是有效的,受到损害的一方当事人可以依仲裁条款的约定提请仲裁。第三,独立于合同中的其他条款。仲裁协议独立于合同中的其他条款,指的是合同中任何其他条款均可与仲裁条款分开,它们存在与否和有效与否,不影响仲裁条款对当事人的约束力。比如有的合同中有解除或终止合同条款,据此条款,当事人可以解除合同,但不能解除合同中的仲裁条款,除非另有约定。

三、国际商事仲裁协议的准据法

由于仲裁协议是仲裁庭受理争议的依据,因此,在争议出现之后,如果一方当事人不愿意将争端提交仲裁解决,就会对仲裁协议的效力提出质疑。这时,就需要由仲裁庭或法院来依法判断争议中的仲裁协议是否有效。据以判断仲裁协议效力的法律就是仲裁协议的准据法。

因为仲裁协议本质上是当事人之间的一项合同,所以,确定仲裁协议的准据法与确定一般合同的准据法遵循相同的原则。一般而言,在不违反相关国家的强行法规定的情况下,当事人可以就仲裁协议的准据法作出选择;如果当事人没有作出这种选择,那么就应该依据"最密切联系原则"来确定仲裁协议所应该适用的法律,或者适用冲突规范直接指向的法律。《中华人民共和国涉外民事关系法律适用法》第18条规定:"当事人可以协议选择仲裁协议适用的法律。当事人没有选择的,适用仲裁机构所在地法律或者仲裁地法律。"

由于实践中的仲裁协议经常是合同中的一项条款,因此,仲裁条款的准据法与整体合同的准据法的关系就成为一个需要澄清的问题。当今实践所确立的原则是:合同中的仲裁条款具有独立性,因此,合同的准据法并不一定是合同中所包含的仲裁协议(条款)的准据法。我国《仲裁法》第19条规定:"仲裁协议独立存在,合同的变更、解除、终止或者无效,不影响仲裁协议的效力。"由此可见,合同中的仲裁条款的效力如何,应根据该条款的准据法单独判断。

如果需要对仲裁协议的有效性单独判断,则通常需要依据应适用的准据法来分别考察当事人的缔约能力、仲裁协议的形式有效性和仲裁协议的实质有效性。双方当事人订立的仲裁协议在法律上是否有效,首先取决于当事人是否具有缔约能力。关于如何认定当事人的缔约能力,冲突法的一般原则是:依当事人的属人法或依行为地法(仲裁协议订立地国的法律)。关于仲裁协议形式有效性的法律适用,传统的冲突法理论认为只要合同遵守了行为地法对形式的要求即可,实行"场所支配行为"的原则。但是现代的国家实践大多不再主张场所支配行为原则具有强行性。因此,仲裁协议的形式有效性,应依缔约地法或合同的准据法(仲裁条款的准据法或仲裁合同本身的准据法)解决。仲裁协议的实质要件主要表现在以下三个方面:一是仲裁协议的内容不能违背选择适用的法律和仲裁地国家法律体系中有关强制性的规定,不应与这两类国家的公共秩序相抵触;二是仲裁协议的内容必须是经双方当事人平等协商,自愿达成的协议,是双方的合意;任何因欺诈、胁迫或重大误解等因素使当事人意思表示不真实而达成的仲裁协议都是无效的;三是仲裁协议中约定提交仲裁的事项必须是仲裁地国家和仲裁裁决执行地国家的法律以及当事人选择适用的法律允许采用仲裁方式来处理的事项。上述要件的衡量均应以仲裁协议的准据法为依据。

> **裁定驳回关于确认仲裁协议无效的申请**
>
> 　　一仲裁条款约定："双方同意通过有约束力的仲裁解决所有因本协议引起或与本协议有关的争议。仲裁由三名仲裁员根据联合国国际贸易法委员会仲裁规则进行。仲裁地点为中华人民共和国，上海，仲裁语言为英语。中国国际经济贸易仲裁委员会上海分会应主持仲裁并在联合国国际贸易法委员会仲裁规则要求仲裁员指定机构行动时充当仲裁员指定机构。……。"
> 　　一方主张系争仲裁条款无效的理由之一是：根据中国法律规定，未选定明确仲裁机构的仲裁条款为临时仲裁条款，系无效仲裁条款。而系争仲裁条款中"仲裁由三名仲裁员进行"的条款属于典型的临时仲裁条款，条款中并非约定由贸仲上海分会进行仲裁，只是约定由其作为管理机构、指定机构，不能等同于机构仲裁，上述仲裁条款并未约定明确的仲裁机构，因而为无效仲裁条款。
> 　　法院认为：仲裁条款中"中国国际经济贸易仲裁委员会上海分会应主持仲裁并在联合国国际贸易法委员会仲裁规则要求仲裁员指定机构行动时充当仲裁员指定机构"的部分文字表述虽有一定的临时仲裁特性，但其中"主持仲裁"（英文表述为 administer the arbitration）和"指定机构"（英文表述为 appointing authority）两项表述，表明当事人通过系争仲裁协议赋予了中国国际经济贸易仲裁委员会上海分会有别于临时仲裁中相关机构一般只提供行政管理服务的更多职能，而《中华人民共和国仲裁法》及中国国际经济贸易仲裁委员会上海分会的仲裁规则本身也不排斥当事人选择仲裁过程中所适用的仲裁规则，因此，按照有利于实现当事人仲裁意愿的目的解释的方法分析，系争仲裁条款已经选定了仲裁委员会，且不属于临时仲裁性质。故作出裁定，驳回关于确认仲裁协议无效的申请。

四、国际商事仲裁协议的转让

仲裁协议的转让"通常是指含有仲裁条款的合同全部或者部分转让时，合同受让人在争议发生后是否也应当受该合同中的仲裁条款的约束"[5]。

有时，在纠纷出现之后，合同受让人会拒绝接受合同中的仲裁条款的约束。他们会主张，由于合同中的仲裁条款是独立的，因此，他们所受让的只是合同中的实体性的权利义务，而并未接受仲裁这类有关争议解决的合同条款。在缺少明确的

---

[5]　赵秀文：《国际商事仲裁法》，中国人民大学出版社 2008 年版，第 108 页。

法律规定的场合，只能依据合同转让的一般规定来加以解释。我国《仲裁法》对仲裁协议的转让没有作出明确规定。但《最高人民法院关于适用〈中华人民共和国仲裁法〉若干问题的解释》第 9 条规定："债权债务全部或者部分转让的，仲裁协议对受让人有效，但当事人另有约定、在受让债权债务时受让人明确反对或者不知有单独仲裁协议的除外。"据此，合同受让人原则上要接受合同中仲裁条款的约束，即推定其作出受让全部合同内容的意思表示，除非其作出了相反的意思表示，或不知道有单独的仲裁协议。

第三节 国际商事仲裁的程序

一、国际商事仲裁程序的准据法

国际商事仲裁程序是指国际商事仲裁自一方当事人提起仲裁申请到仲裁庭作出裁决这一整个过程。在这一过程中，仲裁机构、仲裁庭、仲裁员、申请人、被申请人、证人、鉴定人、代理人等仲裁参与人以及有关国家的法院必须遵守相应的程序规则，包括仲裁机构或仲裁庭适用的仲裁规则以及必须适用的法律。其中，仲裁规则是基于当事人的选择所适用的"民间规范"，[6]而仲裁程序的准据法则是仲裁程序所要适用的法律。仲裁程序的准据法与仲裁庭处理实体争议所适用的法律（如合同的准据法）是两个不同的概念。前者是判断仲裁程序的有效性的法律依据，后者是判断纠纷当事人权利义务关系的法律依据。虽然对于仲裁程序的准据法当事人也有选择的自由，但其选择的法律不得与仲裁地国家的强行法相冲突。例如，如果仲裁地国家的法律要求裁决书必须以书面方式作出并必须有仲裁员的签字，那么，即使仲裁程序的准据法并非仲裁地国家的法律，违背此项规定的仲裁裁决也无法在仲裁地国取得法律效力。

传统理论认为，仲裁程序的准据法即仲裁地国家的法律。"仲裁适用仲裁进行地法律这个概念在国际商事仲裁的理论和实践上均已成立。它已经影响了从 1923 年日内瓦议定书到 1958 年《纽约公约》等一系列国际公约的措辞。"[7]但一种"非仲裁地化理论"已逐渐得到承认。该理论认为尽管仲裁会受到仲裁所在地法的制约，如特定国家的法律禁止在其领域内进行仲裁活动，仲裁就不能在该国进

---

[6] 联合国贸发会《示范法》第 19 条规定：关于程序规则的确定"(1)以服从本法的规定为准，当事各方可以自由地就仲裁所应遵循的程序达成协议。(2)如未达成这种协议，仲裁庭可以在本法的规定的限制下，按照它认为适当的方式进行仲裁"。

[7] [英]艾伦·雷德芬、马丁·亨特等：《国际商事仲裁法律与实践》，林一飞、宋连斌译，北京大学出版社 2005 年版，第 88 页。

行,或者某国禁止某种争议以仲裁方式解决,则该项争议也不得在该国进行仲裁;但是,仲裁跟法院的审判活动毕竟是不同的。法院的审判活动要受法院地法的支配,而仲裁则应与仲裁所在地法律适当分离。在这种理论的影响下,瑞士、荷兰和意大利等国的法律允许仲裁程序适用当事人选择的程序法。[8] 但事实上,只有在当仲裁地国家的法律允许作出这种选择时,对仲裁程序准据法的选择才是可行的。而且,任何一项仲裁裁决,如果违反仲裁所在地国的强行法,它就会被所在地国宣告无效或遭到被寻求执行国拒绝承认和执行的危险。这就是仲裁程序应受仲裁地法支配的观点至今仍处主导地位的主要原因。此外,仲裁地法被看重的另一个原因是由于仲裁地法提供了一个确定仲裁裁决的"国籍"的客观标准,而这种仲裁裁决的国籍通常是依据有关公约得以在非国籍国承认和执行的重要依据。[9]

既然在通常情况下仲裁程序的准据法就是仲裁地国家的法律,所以在国际商事仲裁中,选择合适的仲裁地便具有特别重要的意义。仲裁地的选择需要综合考虑多方面的因素,如当事人、代理人及证人等进入该国境内是否便利,能否自由地向该国调入或从该国调出资金,能否找到胜任的技术人员、鉴定人、审计人及其他专业人员,该国能否提供良好的通信和其他必要的服务设施以及费用是否昂贵等。但最重要的是,要考虑该国是否具备便利国际商事仲裁进行的良好法律环境。例如,该国的仲裁制度是否健全,该国法院能否为仲裁裁决的执行提供必要的保证,该国是否为《纽约公约》或其他相关公约的缔约国,等等。

二、国际商事仲裁程序的启动

(一) 当事人的仲裁申请

国际商事仲裁程序从当事人提出仲裁申请开始。

仲裁申请是指仲裁协议中约定范围内的争议事项发生以后,一方或双方当事人依据仲裁协议,将有关争议提交给协议选定的仲裁机构或依据协议设立的仲裁庭,请求对所发生的争议进行仲裁的行为。

仲裁申请是仲裁机构受理案件的前提,是仲裁程序的最初步骤。如果在约定的争议事项发生以后,双方当事人改变了原意而不愿再将有关争议提交仲裁,他们就可以通过其他的方式来解决争议。各国仲裁立法及各有关的国际条约在规定仲裁协议具有排除法院管辖权的效力的同时,也都明确规定,在一方当事人不执行仲裁协议而将争议提交法院审理的情况下,如果对方当事人不对法院的管辖提出异议,而是积极参与有关的诉讼程序,应视为双方当事人已默示终止了有关仲裁协议

---

[8] [英]艾伦·雷德芬、马丁·亨特等:《国际商事仲裁法律与实践》,林一飞、宋连斌译,北京大学出版社2005年版,第92页。

[9] 参见依据《纽约公约》第1条的规定,裁决的"非本国"性,是适用该公约的前提条件。

的效力。

(二) 机构仲裁与临时仲裁

向何人提起仲裁申请,取决于当事人的选择。人们通常将国际商事仲裁分为机构仲裁(institutional arbitration)和临时仲裁(ad hoc arbitration)两种类型。所谓临时仲裁是指"依据当事人自己约定的规则或仲裁庭规定的规则进行的仲裁";而所谓机构仲裁则是指"由专业的仲裁机构以其自身的仲裁规则管理的仲裁"。[10] 两类仲裁的主要区别在于是否有常设仲裁机构为仲裁的进行提供组织管理方面的服务及相应的监督。[11]

由于机构仲裁可以提供完备的仲裁规则、高素质的工作人员和良好的场所与设施,因此被更多的当事人所选择。经常被提及的常设仲裁机构有:国际商会国际仲裁院(International Chamber of Commerce International Court of Arbitration)、伦敦国际仲裁院(London Court of International Arbitration)、斯德哥尔摩商会仲裁院(Arbitration Institute of the Stockholm Chamber of Commerce)、美国仲裁协会(American Arbitration Association)和中国国际经济贸易仲裁委员会(China International Economic and Trade Arbitration Commission)等。常设仲裁机构的主要功能包括:接受当事人提出的仲裁申请,对仲裁管辖权作出初步认定;协助组成仲裁庭;撤销对仲裁员的指定和指定替代仲裁员等。[12]

临时仲裁具有更大的灵活性,因此也会受到一些当事人的青睐,但当事人在选择临时仲裁时需要注意一国的仲裁法可能不承认临时仲裁的合法性。我国《仲裁法》即没有规定临时仲裁这种类型的仲裁。

无论哪种仲裁,裁决均由仲裁员所组成的仲裁庭独立作出。为保持自己的声誉,有的仲裁机构可能会对仲裁庭起草的裁决书给予形式上的审查,[13] 但仲裁机构的建议对仲裁庭仅具有参考或者提醒作用。

(三) 申请仲裁的条件

依照我国《仲裁法》第21条的规定,当事人申请仲裁应当符合下列条件:

第一,有有效的仲裁协议。只有有效的仲裁协议,才可成为当事人申请仲裁和仲裁机构行使管辖权的依据,由此作出的仲裁裁决才可能得到法院的承认和执行。

---

[10] [英]艾伦·雷德芬、马丁·亨特等:《国际商事仲裁法律与实践》,林一飞、宋连斌译,北京大学出版社2005年版,第49页。

[11] 本章此后内容,除特别提及,均以机构仲裁为讨论对象。

[12] 参见赵秀文:《国际商事仲裁法》,中国人民大学出版社2008年版,第35~36页。

[13] 例如,中国国际经济贸易仲裁委员会的仲裁规则规定:"仲裁庭应在签署裁决书之前将裁决书草案提交仲裁委员会核阅。在不影响仲裁庭独立裁决的情况下,仲裁委员会可以就裁决书的有关问题提请仲裁庭注意。"

第二,有具体的仲裁请求和事实理由。申请人提出仲裁申请,要有明确、具体的仲裁请求;为支持自己的请求和说明自己的主张,应提交相关的证据。仲裁请求是指纠纷发生之后,仲裁申请人依法向仲裁机构提出的希望通过仲裁维护自己权益的具体的要求或主张。根据当事人仲裁请求的目的和内容不同,可将仲裁请求分为确认之请求、给付之请求和变更之请求三种。

所谓确认之请求,是指要求仲裁机构依法裁决确认当事人之间的民事法律关系存在与否,从而消除当事人之间纠纷的仲裁请求。确认之请求按请求的目的性,可分为肯定的确认请求和否定的确认请求。前者是请求仲裁机构确认民事或经济法律关系的存在,如请求确认合同成立;后者则是请求仲裁机构确认民事或经济法律关系的不存在,如请求确认合同关系不成立。确认之请求的特点在于,仲裁机构只需确认当事人之间是否存在某一特定的民事法律关系,并不裁决败诉一方履行一定的义务。

所谓给付之请求,是指要求仲裁机构依法裁决被申请人履行一定民事义务的仲裁请求。如要求支付违约金、支付价款、赔偿损失等。给付之请求根据给付的时间不同,可分为现在给付之请求和将来给付之请求;按给付的内容不同,可分为特定物的给付请求、种类物的给付请求和行为的给付请求。给付之请求的申请人必须在实体法上享有给付请求权,被申请人必须在实体法上对申请人负有一定的给付义务,而且申请人的请求权已到履行期而被申请人尚未履行。

所谓变更之请求,是指要求仲裁机构依法裁决改变或消灭一定的民事法律关系的仲裁请求,如对违约金数额加以变更的请求。变更之请求的特点是当事人双方对现存的法律关系均无争议,只是一方当事人请求变更这种法律关系的内容。在仲裁裁决发生效力以前,原来的法律关系仍保持原状,裁决发生效力以后,则可能使原来的法律关系发生变化。

当事人的仲裁请求应明确具体,说明要求仲裁机构保护其何种权利,要求仲裁机构裁决被申请人履行何种义务,或确认或变更何种法律关系。

为了支持自己所提出的仲裁请求,当事人还必须提出具体的事实和理由。所谓事实和理由是指当事人的仲裁请求是根据什么事实提出的,有哪些理由为基础。在仲裁申请书中,当事人应依据事实情况将争议发生的时间、地点、情节、过程、因果关系等予以简要陈述。在实践中,当事人提出的事实和理由概括起来无外乎两类:一类是争议的法律关系发生、变更或消灭的事实和理由;另一类是当事人的权益是否确实受到侵害的事实和理由。这两类事实和理由的作用是不同的,只有当前一类事实和理由成立的情况下,后一类事实和理由才可能成立;而只有当后一类事实和理由成立时,当事人提出的仲裁请求才可能获得仲裁机构的支持。在陈述相关的事实时,应提供证明这种事实的有关证据。证据必须真实,与争议有关联,并具有说服力。

第三,属于仲裁委员会的受理范围。所谓属于仲裁委员会的受理范围,是指当事人之间的争议属于仲裁委员会依法可以仲裁的范围。仲裁委员会可以受理的案件,必须属于法律规定仲裁委员会能够行使裁决权的范围。如果当事人之间的争议属于其他机关行使职权的范围,则仲裁委员会不能受理。即使受理,所作出的裁决也将遭致被撤销的后果,无法得到法院的承认和执行。

依照我国《仲裁法》的规定,仲裁委员会的受案范围是平等主体的公民、法人和其他组织之间发生的合同纠纷和其他财产权益纠纷。从这一规定可以得出,仲裁委员会可受理的纠纷案件的双方当事人应当是平等主体的当事人,并且提交仲裁的事项应当是当事人有权处分的。依法应当由行政机关处理的行政争议,仲裁委员会不能仲裁。

(四) 仲裁申请书

当事人提起仲裁申请应提交仲裁申请书。仲裁申请书是仲裁协议的一方当事人向仲裁机构或仲裁庭提出要求对争议进行仲裁审理的书面申请。我国《仲裁法》第22条明确规定:"当事人申请仲裁,应当向仲裁委员会递交仲裁协议,仲裁申请书及副本。"因此,仲裁申请书的提交成为当事人申请仲裁的一个不可缺少的条件。我国《仲裁法》第23条明确规定了仲裁申请书所应包括的内容:

1. 当事人的基本情况。如果当事人是自然人,应详细列明当事人的姓名、性别、年龄职业、工作单位和住所;如果当事人是法人或其他组织,应写明其名称、住所、法定代表人或者主要负责人的姓名、职务。申请人由法定代表人代为仲裁的,或申请人委托律师或他人代为仲裁的,还应说明法定代表人或委托代理人的基本情况。

2. 仲裁请求和所根据的事实和理由。仲裁申请书中应写明仲裁请求。根据"谁主张,谁举证"的原则,申请人提出仲裁请求的同时,必须提出支持自己请求的事实和理由。对于请求所依据的事实和理由,应按照争议发生的时间、地点、过程、情节、因果关系等顺序予以简要陈述,并应根据所依据的法律和合同等予以分析,说明理由。这就要求所述事实理由要实事求是,有理有据,并简明概括。

3. 证据和证据来源、证人姓名和住所。证据是当事人参与仲裁的重要依据,是仲裁机关查明案件事实情况,分清是非,正确审理仲裁案件的基础。纠纷事实是否存在,当事人的请求是否能得到满足,都需要证据证明。当事人提供书证的,应当提交原件。提交原件确有困难的,可以提交副本、复印本、节录本。提交外文书证必须附送中文译本。提供物证应提交原物,提交原物确有困难的,可以提交复制品。提供证人,应当写明证人姓名和住所,便于查证。对于能够证明案件事实的录像带、录音带、电视录像、传真资料、电视录音等也应如实提交。总之,申请人在仲裁申请书中对于能够证明案件事实和自己主张的各种证据及其来源应如实提供,详细列明。

根据国际商会仲裁院的仲裁规则的规定,仲裁申请书应包括如下内容:(1)各方当事人名称全称、基本情况、地址和其他联系信息;(2)在仲裁中代表申请人的任何人士的名称全称、地址和其他联系信息;(3)请求仲裁的争议的性质及情况,以及提出请求的依据;(4)所请求的救济,连同任何已量化的请求的数额,以及对其他任何请求可能得出的金额估值;(5)列明任何有关协议,特别是仲裁协议;(6)如果仲裁请求是按照多项仲裁协议提出的,应写明每项仲裁请求所依据的仲裁协议;(7)对于确定仲裁员人数及仲裁员选择方式的所有相关说明及任何意见或建议,以及根据上述条款提名的仲裁员人选;(8)所有关于仲裁地、适用的法律规则和仲裁语言的相关说明、意见或建议。同时,申请人可以在提交申请书时,一并提交其认为适宜的或可能有助于有效解决争议的其他文件或信息。

(五)申请审查与受理

仲裁机构在收到当事人提交的仲裁申请书及其附件后,应对这些文件进行审查。审查结束后,仲裁机构认为符合受理条件的应予受理,由仲裁机构将申请书及其附件送交被申请人,并向被申请人发出仲裁通知。如认为不符合规定的条件,则不予受理,并将仲裁申请书连同其他材料退回申请人,并说明理由。

如果仲裁机构受理了当事人的申请,则意味着仲裁机构确认了对这一案件的仲裁权,仲裁机构与当事人之间就此结成了仲裁法律关系。与此同时,仲裁协议的双方当事人也分别确立了申请人和被申请人的地位,双方基于仲裁协议所产生的权利义务,包括依据仲裁法和仲裁规则所应享有的权利和承担的义务可开始实现。

三、仲裁庭的组成

仲裁机构受理争议案件后,应当组成仲裁庭进行仲裁活动。根据组成仲裁庭的仲裁员人数的不同,仲裁庭可分为独任制仲裁庭和合议制仲裁庭。

独任制仲裁庭是指由一名仲裁员组成的仲裁庭。独任制仲裁庭的仲裁员由双方当事人共同选定或者共同委托仲裁机构的负责人指定。在双方当事人没能共同选定仲裁员或没能共同委托仲裁机构负责人指定仲裁员时,则由仲裁机构负责人指定仲裁员。由一名仲裁员组成仲裁庭审理案件,是一种比较迅速、经济的仲裁方式。但在实践中,由于争议双方当事人往往很难找到共同信赖的人作仲裁员,而且与合议制仲裁庭相比,独任仲裁员对案件产生认识偏差的可能性会更大一些,所以选择独任仲裁庭的情况并不多见。

合议制仲裁庭通常是由3名仲裁员组成的仲裁庭。合议制仲裁庭设首席仲裁员,仲裁庭以合议的方式集体对案件进行审理和裁决。合议制仲裁庭的3名仲裁员由当事人双方各自选定的一名仲裁员或者各自委托仲裁机构负责人指定的一名仲裁员与当事人双方共同选定的或者共同委托仲裁机构负责人指定首席仲裁员组成。合议制仲裁庭的优点在于：当事人能够指定一名仲裁员，从而使当事人增强对仲裁庭的信心。特别是在国际商事仲裁中，由于当事人往往来自不同的国家或地区，他们之间的语言、传统、文化背景都存在较大的差异，由当事人指定仲裁员可使当事人的情况更能被仲裁庭所理解，从而可以避免某些误解的产生。虽然合议制仲裁庭所需的费用要高于独任制仲裁庭，作出裁决的时间通常也要长于独任制仲裁庭作出裁决所需时间，但合议制通常是合乎当事人的愿望的，它所作出的裁决也比较容易为当事人所接受，因此合议制仲裁庭在实践中更为常见。

为了提高仲裁效率和降低仲裁成本，有的仲裁机构会在其仲裁规则中规定，某些类型的案件（如争议标的额在100万美元以下的案件）适用独任制仲裁庭。但这种规定并非强制性的。如果当事人仍愿意选择合议制仲裁庭，仲裁机构会尊重当事人的意愿。为了避免争议出现后难以达成一致意见，如果有意选择合议制仲裁庭，事先在仲裁协议中作出约定是一个好的选择。

为便于当事人选定仲裁员，仲裁机构在受理了当事人的仲裁申请后，应向双方当事人提供仲裁员名册。根据我国《仲裁法》第25条的规定，仲裁委员会受理仲裁申请后，应当在仲裁规则规定的期限内将仲裁规则和仲裁员名册送达申请人，并将仲裁申请书副本和仲裁规则、仲裁员名册送达被申请人。向当事人送达仲裁规则，可使当事人了解自己在仲裁程序中的权利和义务；把仲裁员名册送达给当事人，有利于当事人行使选择仲裁员的权利。仲裁机构采用名册制度是比较普遍的情况。如中国国际经济贸易仲裁委员会就备有一份包括来自世界上多个国家和地区的在国际经济、贸易、科学技术和法律等方面有专门知识和实践经验的数百名仲裁员的名册。美国仲裁协会以及按照联合国国际贸易法委员会仲裁规则进行仲裁的仲裁机构也均采用名册制度。

仲裁程序中也存在仲裁员回避制度。同司法诉讼程序中的法官回避一样，仲裁员的回避是为了保障当事人平等地行使权利，保证仲裁员公正地处理案件。由于某些事由可能会影响仲裁员对其所经手的争议作出公正的裁决，因而许多国家的仲裁法中都将仲裁员回避作为一项重要制度加以规定。根据我国《仲裁法》第34条的规定，仲裁员回避的事由主要包括：（1）仲裁员是本案的当事人或者当事人、代理人的近亲属；（2）仲裁员与本案有利害关系；（3）仲裁员与本案当事人、代理人有其他关系，可能影响公正仲裁的；（4）仲裁员私自会见当事人、代理人，或者私自接受当事人、代理人请客送礼的。

为了保障当事人申请仲裁员回避权的行使，各仲裁机构通常会在仲裁庭组成前要求仲裁员签署一份声明性文件。例如，中国国际经济贸易仲裁委员会要求仲裁员在"声明书"中作出"独立性声明"："本人声明本人独立于题述案双方当事人，将公平审理案件。本人同时确认，就本人所知，不存在可能引起当事人对本人的独立性或公正性产生合理怀疑的任何事实或情况。"或"本人声明,虽然本人认为在接受指定前无《中国国际经济贸易仲裁委员会仲裁规则》及《中国国际经济贸易仲裁委员会仲裁员守则》规定的必须回避的情形,并保证独立、公正、高效、勤勉地履行仲裁员的职责,但鉴于本人于当事人/当事人代理人存在如下可能引起当事人对本人公正性或独立性产生怀疑的情形,故予以披露。"中国国际经济贸易仲裁委员会还要求仲裁员在仲裁程序进行中若知悉新的可能引起当事人或其代理人对其独立性或公正性产生怀疑的情形,继续履行披露义务。

我国《仲裁法》第35条规定:"当事人提出回避申请,应当说明理由,在首次开庭前提出。回避事由在首次开庭后知道的,可以在最后一次开庭终结前提出。"也就是说,当事人申请仲裁员回避,应能证明仲裁员有法律所规定的回避事由,仅仅根据怀疑而提出的回避申请是不能得到支持的。另外,当事人申请仲裁员回避所提出异议和依据的原因,应该是选定仲裁员后才意识到或才发生的。如果当事人在选定仲裁员之前已经知道选定后所提异议的情由,而当时未提出异议,那么在选定仲裁员后又以这些已知情由为依据对仲裁员提出异议,这种异议也是不应予以支持的。在提出回避申请的时间上,我国法律要求当事人在特定的时间之内提出回避申请。其他国家仲裁法也有类似的规定。如果当事人在仲裁开始时或仲裁过程中完全知悉仲裁员应回避的事由,却不及时提出而是继续参与仲裁程序,以后提出回避申请就可能不被接受。法律作出这样的限定是为了防止当事人滥用回避制度。

四、开庭审理之前的仲裁程序

仲裁机构或仲裁庭在受理了当事人的仲裁申请之后通常要处理下述程序问题。

(一)被申请人提交答辩书

答辩是指仲裁案件的被申请人在承认仲裁机构的仲裁管辖权的前提下,为维护自己的权益,对申请人在仲裁申请书中提出的要求和主张及所依据的证据和理由所作出的答复和申辩。允许被申请人进行答辩,不仅是为了赋予被申请人表明立场、提供事实和理由以维护其合法权益的机会,也是为了帮助仲裁庭查明事实、分清是非,并最终作出公正合理的裁决。根据我国《仲裁法》第25条第2款的规定,被申请人收到仲裁申请书副本后,应当在仲裁规则规定的期限内向仲裁委员会提交答辩书。仲裁委员会收到答辩书后,应当在仲裁规则规定的期限内将答辩书副本送达申请人。被申请人未提交答辩书的,不影响仲裁程序的进行。

在仲裁实践中,有的被申请人在收到仲裁委员会的仲裁通知后,不及时提交答辩书,这种做法不利于被申请人保护自己的合法权益。首先,被申请人拒绝答辩并不影响仲裁程序的进行。被申请人通过答辩,可以对申请人在申请书中不符事实的部分作出回答,并可以提供证明材料,从而有助于仲裁庭作出公正的裁决。其次,书面材料是仲裁审理案件中的重要依据。如果被申请人不作书面答辩,而寄希望于在开庭时口头陈述意见,也会为自己带来不利的后果。因为口头答辩通常不如书面答辩那样有条理,不容易使仲裁庭产生深刻印象,有时仅仅作口头答辩还会使人产生仓促抗辩、理由不足的感觉。

答辩事实和理由部分应当明确回答仲裁申请书提出的问题,清楚地阐明自己对争议案件的主张和理由。答辩人通常会先陈述事实,然后再提出自己的意见,反驳申请人的请求。对仲裁请求的反驳,既可以从实体法上反驳,也可以从程序法上反驳。从实体法上反驳,是论证申请人不存在实体法上的权利,因而应重点反驳对方在仲裁申请书中所陈述的事实和理由。答辩人可提出相反的证据、列举有关的法律,以说明自己行为的合法性。从程序法上反驳,是论证申请人缺乏程序法上的权利,例如申请人提交的证据无效等。答辩针对仲裁申请书的要求和主张予以回答,要围绕争议的焦点问题进行,不要把与案件无关的事实牵扯进来。答辩要尊重事实,不能强词夺理。即使被申请人理亏,也应采取积极态度,寻求对自己有利的证据和理由,以尽量减少可以减少的损失,并争取与申请人达成和解。

(二) 被申请人提出反请求

在仲裁活动中,由于申请人与被申请人双方具有平等的法律地位,因此被申请人有权针对申请人提出自己独立的反请求,用来抵消或吞并申请人的权利请求,以维护自己的利益。尤其是在那些案情比较复杂的仲裁案件中,双方当事人往往互有过错,纠纷纵横交错,此时采取反请求是有实际意义的。但被申请人应当正确运用反请求手段,如果被申请人对原本不需要提起反请求的案件提起反请求,或提出不符合反请求条件的反请求,不但不能保护其权益,反而会拖延仲裁审理,给自己造成不必要的损失。

从地位上看,反请求具有相对独立性。尽管反请求是针对申请人的仲裁请求而提出的,没有仲裁请求就没有反请求,但反请求一经提出就独立于申请人的仲裁请求。如果申请人随后撤回仲裁申请并不能使反请求归于消灭,仲裁庭仍应对反请求作出裁决。从作用上看,反请求具有对抗性。被申请人的反请求是针对申请人的仲裁请求而提起的,是为了对抗申请人的仲裁请求而提出的相反的请求,以抵消或吞并申请人的仲裁请求。从内容上看,反请求的内容与申请人的仲裁请求属于同一仲裁协议中约定的仲裁事项,而且反请求与仲裁请求的标的或理由应互有牵连。

被申请人提出反请求除了必须符合仲裁请求的一般规定外,还必须具备下列条件:第一,反请求的被申请人必须是已经受理的仲裁申请中的申请人,或者递交反请求书的人必须是该仲裁申请中的被申请人。第二,反请求和仲裁请求必须是基于同一事实或同一法律关系,即反请求与仲裁请求的标的或理由相互有牵连。例如,货物买卖合同中的卖方以买方没有按照合同规定的日期付款为由,要求买方支付逾期付款的利息,而买方则提出反请求,要求卖方就货物质量缺陷向其支付赔偿金。第三,提出反请求的时间必须是仲裁规则规定的期限内,一般应当在开庭结束前提出。如果提出反请求的时间超过了仲裁规则规定的期限,反请求将不会被受理。当然,被申请人可基于仲裁协议另行提出仲裁申请。第四,反请求应有明确、独立的反请求主张,仅仅是要求抵消或驳回原申请人的仲裁请求不能构成反请求。尽管反请求和反驳都是仲裁法赋予被申请人对抗申请人的仲裁请求的一种法律手段,但二者有着根本的区别:首先,反请求是提出仲裁申请的一种特殊形式,其结果是要产生一个新的仲裁法律关系,而反驳则是被申请人在原有的仲裁法律关系之内对抗申请人的仲裁请求,它不会产生新的仲裁法律关系;其次,反请求是一种独立的仲裁请求,而反驳则不具有仲裁请求的含义,它只是对申请人的仲裁请求所提出证据和理由予以否认;最后,反请求是以承认申请人的仲裁请求为前提的,以求通过反请求来抵消或吞并申请人的仲裁请求,而反驳则是对申请人的仲裁请求和理由的直接否定,一旦反驳成立,则意味着申请人的仲裁请求被推翻。

在实践中,反请求被受理后,由于反请求本身与仲裁请求是基于同样的法律关系,并且当事人也相同,因而,为了节省时间、费用,便于审理,仲裁庭往往将申请人提起的仲裁请求与被申请人提起的反请求合并审理。但是,仲裁请求与反请求毕竟是两个独立的仲裁请求,因而,即使合并审理也应当分别作出裁决。

各仲裁机构的仲裁规则对反请求的程序问题,如反请求的期限、反请求的内容和形式等都作了规定。如《中国国际经济贸易仲裁委员会仲裁规则》的规定,被申请人如有反请求,应自收到仲裁通知后45日内以书面形式提交。被申请人确有正当理由请求延长提交反请求期限的,由仲裁庭决定是否延长反请求期限;仲裁庭尚未组成的,由仲裁委员会仲裁院作出决定。被申请人提出反请求时,应在其书面反请求中写明具体的反请求及其所依据的事实和理由,并附具有关的证明文件。被申请人提出反请求,应当按照仲裁委员会的仲裁费用表的规定预缴仲裁费。申请人可以对其仲裁请求提出修改,被申请人也可以对其反请求提出修改;但如仲裁庭认为修改的提出过迟而影响仲裁程序正常进行的,可以拒绝其提出修改。申请人对被申请人的反请求未提出书面答辩的,不影响仲裁程序的进行。

(三) 财产保全

我国《仲裁法》第28条第1款规定:"一方当事人因另一方当事人的行为或其他原因,可能使裁决不能执行或难以执行的,可以申请财产保全。"仲裁中的财产保全是指在当事人提出仲裁申请后,仲裁庭作出裁决前,由于某种原因可能发生财产转移、消耗、毁损、灭失等情况,从而可能发生将来所作的裁决不能执行或难以执行时,经一方当事人申请,仲裁机构将当事人申请依照民事诉讼法的有关规定提交法院,请求法院采取某种强制措施。所以财产保全是一种仲裁的司法保护制度,其意义在于保障当事人所期待的合法权益,便于维护仲裁裁决的法律效力。

仲裁程序中的财产保全应当具备以下条件:第一,申请财产保全一方的当事人必须已经提出给付之请求,如请求给付一定的金钱或物品。第二,申请财产保全时,必须存在裁决不能执行或难以执行的可能性。这种可能性可以是由于另一方当事人的行为,即另一方当事人擅自将争议的标的物转移、出卖、隐匿、毁损和挥霍等以逃避履行义务为目的的行为;也可以是由于其他原因,主要是指与标的物本身性质有关的客观方面的原因,如风雨侵蚀、气温变化等原因,使不宜长期保全的财产或物变质、腐烂、失效等。第三,财产保全的申请必须在案件受理后,裁决作出前提出。仲裁机构在受理案件之前尚未取得该案的管辖权,因此无法向法院提交当事人的财产保全的申请;在仲裁裁决作出之后,当事人可以直接要求对方履行裁决,或请求法院强制执行裁决,因而也没有申请财产保全的意义。

仲裁过程中的财产保全必须严格遵守特定的程序规则。我国《仲裁法》第28条第2款规定:"当事人申请财产保全的,仲裁委员会应当将当事人的申请按照民事诉讼法的有关规定提交人民法院。"根据《仲裁法》及《民事诉讼法》的有关规定,当事人申请仲裁财产保全的程序为:第一,当事人向仲裁委员会提交仲裁财产保全申请;第二,仲裁委员会将当事人的财产保全申请提交被申请人住所地或者财产所在地的中级人民法院裁定;第三,人民法院经审查,作出是否进行保全的裁定。

人民法院接受当事人的财产保全申请后,对情况紧急的,必须在48小时内作出裁定,裁定采取保全措施的,应当立即开始执行。财产保全的裁定,一经作出即发生法律效力。当事人不服的,不得上诉,但可以申请复议一次,复议期间不停止裁定的执行。对复议申请,法院应当及时审查。保全裁定正确的,驳回当事人的申请;裁定不当的,作出新裁定,变更或撤销原裁定。人民法院认为必要时,可以责令财产保全申请人提供担保。提供担保的数额应相当于请求保全的数额。申请人拒不提供担保的,法院可驳回其申请。财产保全裁定的效力一般应维持到生效的仲裁裁决的执行时止,但仲裁过程中需要解除保全措施的,法院应及时作出裁定,解除保全措施。在下列两种情形之下应当解除保全措施:一是财产保全的原因和条件不存在或发生变化;二是被申请人提供担保。申请人申请保全有错误的,申请人须赔偿被申请人因保全所遭受的损失。

五、仲裁审理

(一)仲裁审理的方式

从国际仲裁实践看,仲裁的审理方式主要包括开庭审理(口头审理)与不开庭审理(书面审理)两种。

1.开庭审理

开庭审理又称口头审理,是指由仲裁庭全体仲裁员、当事人及/或代理人共同参加的案件审理。仲裁员当庭听取当事人的口头陈述与辩论,并对与案件有关的事实进行调查核实。其他有关人士,如证人、专家、鉴定人等也可当庭出具意见。开庭审理有利于查明争议的事实、分清各方当事人的责任、确定应适用的法律。对于那些案情比较复杂的案件,尽管双方当事人在开庭前一般都向仲裁庭提供了大量的书面材料,并阐述了各自的主张,然而,由于仲裁员一般并不了解每件材料的背景,特别是双方提供的材料往往都是对自己有利的,在对同一事实提供不同证明材料的情况下,仲裁员往往很难对这些材料的可靠性作出判断。在开庭审理中,通过当事人面对面的交锋,通过证人、专家、鉴定人等的证言与专业意见,通过仲裁庭对当事人及证人、专家与鉴定人的询问,仲裁庭能快捷地查明隐藏在各种错综复杂关系中的事实真相。而且,由于当事人的直接参与,这种审理方式也能得到当事人的信任。因此,开庭审理是仲裁庭审理案件的基本方式。《国际商会仲裁院仲裁规则》第25条第2款规定:"在审阅当事人提交的书面陈述及其所依据的所有文件后,经任何当事人要求,仲裁庭应开庭审理案件。或者,当事人未提出此种要求,仲裁庭可自行决定开庭审理案件。"

2. 不开庭审理

不开庭审理也称书面审理,是指仲裁庭不召集当事人及其代理人会面,而是根据当事人提供的书面材料和其他证据材料(如仲裁申请书、答辩书、合同、往来函电等)以及证人、专家、鉴定人的书面证据材料,对争议案件进行审理。书面审理的特点是当事人或其代理人不必亲自到庭参加仲裁庭对案件的审理,从而节省了时间与费用。对于那些案情比较简单的案件,如果当事人双方同意只进行书面审理,按照一些仲裁机构的仲裁规则,仲裁庭可以作出只进行书面审理的决定。例如,《国际商会仲裁院仲裁规则》第25条第6款规定:"仲裁庭可以仅根据当事人提交的书面材料裁决案件,除非当事人请求开庭审理。"《北京仲裁委员会仲裁规则》也规定:"当事人约定不开庭,或者仲裁庭认为不必要开庭审理并征得各方当事人同意的,可以根据当事人提交的文件进行书面审理。"

在书面审理的情况下,当事各方必须在仲裁庭规定的期限内提交书面审理所必需的文件。主要包括仲裁申请书、答辩书及其有关证据以及详细陈述其各自观点、事件的起因及案情概要的有关材料。一方当事人向仲裁庭提供的材料,也应向对方当事人提交,或经仲裁机构的秘书处向对方转交。作为仲裁庭,应给各方当事人足够的提供其各自意见的时间。当事人在此期间内如来不及提供全部有关文件,还可申请延长此期限。

在书面审理过程中,由于当事人不到庭,可能有些关键性的事实与争议不能充分暴露出来,从而不利于案件真相的查明。因此,在仲裁实践中,只进行书面审理的仲裁案件并不多见。特别是在国际商事仲裁中,涉及的争议标的一般都比较大,案情也比较复杂,仅凭书面审理很难达到查明事实的目的。

(二) 开庭审理的阶段

仲裁庭的开庭审理主要有两大阶段,即仲裁庭调查阶段与仲裁庭辩论阶段。调查阶段的主要任务是查清事实,辩论阶段的主要任务则是适用法律。

1. 仲裁庭调查阶段

开庭审理的首要任务是查清案件的事实。"在程序问题解决之后,仲裁庭的主要任务即是确定争议的重大事实。"[14]只有在查清事实的基础上,仲裁庭才能够通过法律的适用来正确地解决争议。

在仲裁庭调查阶段,首先应听取当事人的陈述。一般是先由申请人全面系统地陈述申请仲裁的具体请求和所依据的事实及理由,并向仲裁庭提供有关的证据和证据来源,然后由被申请人对申请人的仲裁请求进行答辩。双方当事人及代理人对争议的事实的陈述应当客观、真实,提供的证据应当翔实、可靠,为仲裁庭公正地审理案件提供便利条件。

仲裁庭在听取双方当事人的陈述之后,应当有目的性地向当事人提问,主要是针对双方争议的焦点问题以及一些双方当事人陈述相矛盾的问题。通过仲裁庭的询问,当事人的回答,可以进一步查明事实真相。询问当事人,应当按照先申请人、后被申请人的顺序进行,并贯彻平等原则。

仲裁庭所确认的案件事实只能是有证据支持的事实,因此质证是仲裁庭调查阶段的主要工作。我国《仲裁法》第43条规定:"当事人应当对自己的主张提供证据。仲裁庭认为有必要收集的证据,可以自行收集。"我国《仲裁法》贯彻"谁主张,谁举证"的原则,同时赋予仲裁庭自行收集证据的权利。因为证据对于查明争议事实具有不可替代的作用,所以全面、准确、客观地收集证据不仅是仲裁庭的权利,在一定程度上也可以说是仲裁庭的职责。在仲裁庭调查阶段,不论是当事人提供的证据还是仲裁庭自行收集的证据,都必须当庭审查核实才能作为认定案件事实的依据。在这一阶段仲裁庭应作的具体工作包括:(1)出示书证、物证和播放视听资料等,由当事人对对方提交的证据的真实性、合法性和关联性发表质证意见;(2)传证人到庭作证,或宣读未到庭的证人所提供的证言。对出庭作证的证人,各方当事人有权提问,也有权发表质证意见;(3)宣读鉴定结论和勘验笔录,并允许当事人向鉴定人、勘验人提问和发表质证意见。当事人还可以在仲裁庭上提出新的证据,并有权要求重新调查、鉴定和勘验。仲裁庭可根据具体情况决定是否同意当事人的要求。

2. 仲裁庭辩论阶段

在当事人及其代理人不再提出新的事实和证据,而且仲裁庭认为在案件事实

---

[14] [英]艾伦·雷德芬、马丁·亨特等:《国际商事仲裁法律与实践》,林一飞、宋连斌译,北京大学出版社2005年版,第98页。

已经查清的情况下,仲裁庭即可宣布调查阶段结束,转入仲裁庭辩论阶段。我国《仲裁法》第47条规定:"当事人在仲裁过程中有权进行辩论。"当事人在仲裁庭的辩论,是当事人行使辩论权的集中表现,仲裁庭应当保障双方当事人充分地、平等地行使法律规定的辩论权。申请人和被申请人在仲裁程序开始时提交的仲裁申请书和答辩书是进行庭审辩论的基础。在庭审阶段,双方当事人通过面对面的提问、回答,进一步阐明自己的立场,反驳对方的指控,以期获得仲裁庭的支持。法庭辩论是双方当事人维护自己权益的有利机会,应对相对方所依据的事实和理由作出答复和辩解,以帮助仲裁庭在审理中查明事实、分清是非、公正合理地作出裁决。

当事人辩论发言的顺序是:先由申请人及其代理人发言,再由被申请人及其代理人发言,然后互相进行辩论。仲裁庭的辩论应当注意以下几点:第一,辩论是建立在仲裁庭调查的基础上的,当事人只能就仲裁庭已经查清的事实进行辩论,就与本案无关的事实或尚未查清的事实进行辩论是毫无意义的。如果在辩论过程中,当事人及其代理人提出或者仲裁庭发现有新的事实和证据需要进一步调查核实时,仲裁庭可决定暂时停止辩论,恢复调查,待查清事实后再进行辩论。第二,当事人之间的辩论应集中在双方争议的焦点和必须解决的问题上,仲裁庭对此应注意积极引导。第三,辩论终结时,首席仲裁员或者独任仲裁员应当征询当事人的最后意见。在辩论阶段,仲裁庭应注意给各方当事人陈述其各自意见和进行辩论的足够机会,平等地对待双方当事人。

六、仲裁庭调解

在仲裁过程中可以加入仲裁庭调解。所谓仲裁庭调解,也称为仲裁中的调解,是指在仲裁过程中,经仲裁双方当事人的请求或同意,在仲裁庭的主持下,由双方当事人自愿协商,互谅互让,达成协议,以解决双方的争议的一种纠纷解决方式。

我国《仲裁法》第51条规定:"仲裁庭在作出裁决之前,可以先行调解。当事人自愿调解的,仲裁庭应当调解。调解不成的,应当及时作出裁决。调解达成协议的,仲裁庭应当制作调解书或者根据协议的结果制作裁决书。调解书与裁决书有同等法律效力。"

从上述规定可以看出:

第一,调解必须基于双方当事人的自愿。根据我国《仲裁法》的规定,如果双方当事人有调解愿望,或一方当事人有调解愿望并经仲裁庭征得另一方当事人同意的,仲裁庭可以在仲裁程序进行过程中对其审理的案件进行调解。在仲裁程序中,是否主动要求调解,是否接受仲裁机关的调解建议,或者是否达成协议,完全由当事人的意志决定。凡是当事人不愿意调解的,仲裁机关不能强迫或变相强迫调解。凡是当事人协商不成的,仲裁机关无权强迫当事人达成协议。从程序法来看,在仲裁程序中,只要在未作出裁决之前,当事人的任何一方,都可以要求调解,也都有权接受或拒绝仲裁机关或者对方当事人提出的调解。从实体法来看,当事人双方都是法律关系的独立主体,对自己的权利有处分权。无论当事人是否愿意达成调解协议,都是对自己权利自由处分的体现,仲裁机构不得限制或剥夺。

第二,调解应在查明事实、分清责任的前提下进行。争议的双方当事人,在提请仲裁、调解之前,往往对争议的事实不够清楚,对自己的过错和责任也不够了解,在这种情况下是很难达成调解协议的。因此,调解的前提是要查清事实、分清责任。只有在仲裁审理到了一定阶段,双方当事人对事实的真相和各自的责任有了比较确切的了解之后,才可能通过理智的协商达成协议。在实践中,有些调解达不成协议,主要是因为争议的事实没有弄清,各自的责任不够明确,因此一方当事人盲目地期待对方让步。有些调解协议存在错误,往往也是因为无原则的调解造成的。仲裁中的调解要建立在实事求是、公平合理的基础上。仲裁员及当事人一定要以事实为根据、以法律为准绳,互谅互让、公平地提出和解方案,切忌一方当事人坚持不让步或者提出另一方当事人无法接受的先决条件,否则调解的意义就无法体现出来。

第三,对于调解达成协议的,既可以制作调解书,也可以制作裁决书,根据调解协议制作的调解书与裁决书有同等法律效力。调解书是在仲裁庭调解成功的情况下,由仲裁机关按照法定程序和方式制作的解决当事人之间合同纠纷以及其他财产权益纠纷的法律文书。我国《仲裁法》第52条第1款规定:"调解书应当写明仲裁请求和当事人协议的后果。调解书由仲裁员签名,加盖仲裁委员会印章,送达双方当事人。"第52条第2款规定:"调解书经双方当事人签收后,即发生法律效力。"可见,经双方当事人签收的调解书与生效的仲裁裁决书有同等的法律效力。

第四,调解不成的,应当及时裁决,不能久调不决。在调解过程中,当事人任何一方不愿意继续调解,或者认为无法达成协议时,都有权要求结束调解。我国《仲裁法》第52条第3款亦规定:"在调解书签收前当事人反悔的,仲裁庭应当及时作出裁决。"也就是说,即使双方当事人在仲裁庭主持下已经达成调解协议,但是只要调解书未经双方当事人签收生效的,任何一方当事人都可以请求仲裁庭恢复仲裁程序并作出裁决。

仲裁庭调解作为仲裁制度的一个重要组成部分,具有明显的优点。首先,调解结果比较迅速彻底。所谓迅速,是指调解结果通常比仲裁结果和诉讼结果都快,因为仲裁机关的调解程序比较简单灵活。所谓彻底,是指调解结案是在当事人自愿和互谅互让基础上实现的,当事人之间消除了对立情绪,可彻底解决纠纷,有利于双方以后的合作。其次,调解结案的调解书,具有仲裁裁决书同等的法律效力,当事人不得再向人民法院起诉,这既可以减少法院的压力,也可以节省当事人的人力和财力。我国的仲裁实践表明,许多经济纠纷都可以调解结案。调解是当事人易于接受的一种解决纠纷的形式。

调解程序,一般是因双方当事人要求调解而开始。如果双方当事人有调解的愿望,或一方当事人有调解愿望并征得另一方当事人同意,仲裁庭可以开始调解程序。另外,调解程序也可以由仲裁庭提议调解而开始。调解可以由仲裁员一人主持,也可以由仲裁庭主持。调解时,仲裁庭应对当事人进行一定的劝说工作,引导当事人进行协商,促使当事人提出具体的解决方案,以便进而达成协议。在必要时,为促使当事人尽快达成协议,仲裁庭也可以提出初步解决方案,供当事人参考。根据具体案情的需要,还可以邀请有关单位协助调解。

仲裁庭确认的调解协议必须合法。仲裁庭调解所达成的协议的内容,既是当事人协商的结果,也是仲裁庭调解的结果。协议内容不得违反法律、行政法规和规章,不得损害社会公共利益和他人利益。

经调解,未达成协议的,或达成协议后,在调解书送达前,任何一方反悔的,仲裁庭应结束调解程序,按照仲裁程序进行仲裁,并作出裁决。经调解,达成协议的,仲裁庭应审查协议的自愿性与合法性,并制作调解书。调解书应写明当事人的名称、地址、代表人或者代理人姓名、职务;争议的主要事实、责任、协议内容和仲裁费用的承担。调解书应当由当事人签字,仲裁员、书记员署名,并加盖仲裁机关的印章。将调解书送达当事人,结束调解程序。

第四节 国际商事仲裁实体问题的准据法

国际商事仲裁实体问题的准据法是指仲裁庭用以判断当事人实体权利义务关系以解决当事人之间争议的法律。实践中适用的实体法,主要有以下几种:(1)内国法。这通常是通过当事人的意思自治,直接指明某国实体法为解决争议的准据法;或经冲突规范的指引所确定的某国实体法。(2)国际条约和国际商事惯例。如果当事人没有约定以某国法律为准据法,而基于某国际商事条约的规定,可以直接适用该条约;在当事人明示或默示地选择了国际商事惯例时,仲裁庭可以依此惯例裁判纠纷。(3)公平正义原则。经当事人特别授权,仲裁庭可以综合考虑与合同有关的情况和当事人的行为,依据公平合理原则就争议的解决作出裁决。

在国际商事仲裁中,确定准据法的基本原则,是合同当事人的意思自治原则,即适用双方当事人合意选择的法律。有关仲裁的国际公约和其他文件都肯定了这一原则。例如,《示范法》第28条规定,仲裁庭应当按照当事各方选定的适用于争议实体的法律规则对争议作出决定。各国的法律也大多明确规定了这一点。当然,当事人也不得为了达到法律规避的目的而故意选择与争议无关的法律,当事人的选择也不能违背客观上与合同有密切联系的法律的强制性规定和当事人所属国及仲裁地国的公共秩序。

在国际商事仲裁中,尽管各国法律明确规定当事人可以协议选择解决争议所应适用的法律,然而在现实生活中,有时当事人在争议发生前并未对所应适用的法作出选择。如果发生了争议,双方当事人同意提交仲裁解决,而当事人事先并未选定所应适用的法律,而且不能就法律选择达成一致意见,仲裁庭往往是通过最密切联系原则的指引,适用与合同具有最密切联系的国家的法律。

最密切联系原则有很多合理因素,因为它是仲裁庭分析了与争议有关联的各种因素之后,提取出来与合同有最密切联系的因素,并以此来确定应适用的法律;但由于在这一取舍过程中,仲裁员亦享有很大的自由裁量权,在当今国际商事合同实践日趋复杂、判断因素众多的情况下,这一原则也就有了更大的任意性和弹性。

为了避免国内法规则的不同而可能对当事人带来不利影响,相关国家通过努力制定了一些民商事领域的国际公约。与一般的国际条约不同,这些民商事公约的主体部分不是为缔约国创设行为规范,而是为商人提供行为规范。为了扩大公约的适用范围,公约自身可以规定更为广泛的"连接点",以使公约在多种情况下都可以得到适用。例如,根据《联合国国际货物销售合同公约》的规定,不仅买卖双方营业地分处不同缔约国的国际货物销售合同可以适用该公约,当国际私法规则指向某一缔约国的法律时,也应适用公约而不是该国国内法。由于国际商事公约本质上属于私法规范,因此,这类公约通常允许当事人个别或整体上排除公约的适用。

在国际商事仲裁中,在缺乏当事人协议选择应适用的法律时,更常见的做法是适用各种国际商事惯例。例如,《联合国国际贸易法委员会仲裁规则》(2010年版)第35条第3款明确规定:"所有案件中,仲裁庭均应按照所订立的合同条款作出裁决,并应考虑到适用于有关交易的任何商业惯例。"《示范法》第28条第3款规定:"在一切情况下,仲裁庭均应按照合同的条款作出决定,并应考虑到适用于该项交易的贸易习惯。"《联合国国际货物买卖合同公约》第9条也规定:"双方当事人业已同意的任何惯例和他们之间确立的任何习惯做法,对双方当事人均有约束力。"并且规定:"除非另有协议,双方当事人应视为已默示地同意对他们的合同或合同的订立适用双方当事人已知或理应知道的惯例,而这种惯例,在国际贸易上,已为有关特定贸易所涉同类合同的当事人所广泛知道并为他们所经常遵守。"

在国际商事仲裁中,还允许仲裁庭在当事人同意的前提下,根据公平和善意原则或诚实信用原则(ex aequo et bono)对争议实质问题作出裁决。这种仲裁被称为友好仲裁(amiable composition)。一些国际公约、《示范法》和仲裁规则对此类仲裁给予肯定。1965年《关于解决各国和其他国家的国民之间投资争端公约》第42条第3款规定:"第一款和第二款的规定不得损害法庭在双方同意时对争端作出公平和善良的决定之权。"《示范法》第28条第4款规定:"仲裁庭只有在当事各方明确授权的情况下,才应按照公平合理的原则或作为友好调解人作出决定。"《联合国国际贸易法委员会仲裁规则》第35条第2款、《国际商会仲裁规则》第17条第3

款也都规定,如果双方当事人授权仲裁庭进行友好仲裁时,仲裁庭可以按照公平合理的原则对争议作出裁判。多数国内法也承认友好仲裁协议的效力。[15] 但以公平、善意或正义原则作为仲裁依据,必须经过双方当事人的特别授权。同时,由于公平、正义的含义毕竟太抽象,弹性太大而不好度量,因此虽有实践表明它确有一定的优越性,但这一原则应用得并不广泛。

最后,由于合同是当事人之间的"协定法",因此无论何种时候,仲裁庭都应该首先考虑合同条款的适用。在各国的仲裁法和仲裁规则中这一原则均得到承认。

综上所述,我们可以对以上几类规则的适用做如下概括:首先,仲裁庭解决纠纷所适用的最为重要的规则应该是合同条款。合同条款是当事人订立合同时的合意表现,它最能表明当事人的真实意图,因此,如果当事人之间订有这样的"协定法",那么仲裁庭在适用实体规则时应首先对它加以适用。由于国际经贸惯例通常只有经当事人加以引用时才发生效力,所以国际经贸惯例常常是出现在合同条款之中。因此,国际惯例规则可以被视为合同条款规则的一部分。其次,应该考虑适用的是基于当事人意思自治原则所指向的国内法。再次,如果存在相关的国际商事条约,则应考虑条约的适用。虽然目前可适用的国际商事条约并不是很多,但某些条约,如《联合国国际货物销售合同公约》在实践中还是被广泛适用的。最后,公平善意原则虽然应用得并不广泛,但如果双方当事人允许,也可予以适用。需要特别指出的是,国际商事仲裁实践中所适用的准据法并不一定是单一的,而经常会出现"综合适用"的情况。例如,在解决一项国际货物买卖争议时,可能会基于《联合国国际货物销售合同公约》的规定或基于合同当事人的选择而以该公约为准据法;但如果涉及合同是否有效这样的问题,由于公约并未作出规定,因此还需要就此问题依据国际私法的规定找出相应的准据法;而当仲裁庭需要判断合同中某一价格术语的含义时,则又需要以贸易术语解释通则这类国际商事惯例作为准据法。因此,仲裁庭在准据法的确定方面必须具备宽阔的视野。

第五节 国际商事仲裁裁决

一、国际商事仲裁裁决的作出

根据各国仲裁立法和仲裁规则的规定,仲裁裁决必须以书面形式作成。

仲裁裁决的内容通常包括:仲裁机构的名称和地址,仲裁员的姓名和地址,双方当事人的姓名、住址,代理人和其他参与人的姓名、地址以及作出裁决的日期和地点;有关仲裁裁决背景的事实情况,例如:当事人之间签订的合同及其产生的争

---

[15] See Gary B. Born, *International Arbitration: Law and Practice*, Wolters Kluwer, 2012, p.256.

议,仲裁协议、仲裁申请和仲裁庭的组成情况及仲裁双方当事人的要求和证实其要求的根据等;仲裁庭根据当事人的申诉、抗辩,证据和可适用法律对案件作出的评价,以及从该评价中得出的关于判定双方当事人权利和义务的结论;当事人需承担的仲裁费用。

仲裁庭是否应在仲裁裁决中说明其裁决的理由,各国仲裁法和仲裁规则的规定不尽相同。有人认为,仲裁庭没有必要说明作出裁决的理由。原因在于:简单的裁决可以避免败诉方为试图撤销裁决或反对执行裁决而研究裁决。但大部分人还是认为,当事人不仅应知道仲裁庭的裁决结果,而且还有权知道裁决是如何作成的,为何胜诉或败诉。我国《仲裁法》第54条规定:"裁决书应当写明仲裁请求,争议事实、裁决理由、裁决结果、仲裁费用的负担和裁决日期。当事人协议不愿写明争议事实和裁决理由的,可以不写。"由此规定可看出,除非当事人达成协议不写明裁决理由,否则仲裁庭还是要写明裁决理由的。我国《仲裁法》的这一做法与国际仲裁通用的做法是一致的。例如,《示范法》第31条第2款规定:"裁决应说明它所根据的理由,除非当事各方协议不要说明理由或该裁决是根据第三十条的规定按和解条件作出的裁决。"

二、国际商事仲裁裁决的既判力

既判力是民事诉讼理论中的一个概念,它是指对作为诉讼标的的法律关系作出终局判决后,当事人就不得再以该法律关系作为标的而提起诉讼。就法院而言,亦不得再就已裁判的法律关系作出相反的裁判。如果当事人再就已裁判的法律关系提出诉讼,则法院应以其违背一事不再理原则为由,用裁定驳回起诉。既判力这一概念范畴现已被移植到仲裁学领域,用以表示生效仲裁裁决对争议法律关系的确定效力。虽然仲裁与诉讼之间存在许多差异,但生效仲裁裁决和生效诉讼判决在确定争议法律关系方面应有相同的作用。倘若不承认生效仲裁裁决的既判力,设定仲裁制度所希望达到的目的就无法实现。

仲裁裁决既判力的内容是指仲裁裁决生效后所产生一系列拘束效果或特性,其中包括:

(一)稳定性

稳定性是指仲裁裁决一旦形成既判力,作出该裁决的仲裁机关就不得重新审查、变更自己作出的裁决。但既判力的稳定性并不排除仲裁机关对已作出的仲裁裁决进行更正、补充。例如,我国《仲裁法》第56条规定:"对裁决书中的文字、计算错误或者仲裁庭已经裁决但在裁决书中遗漏的事项,仲裁庭应当补正;当事人自收到裁决书之日起三十日内,可以请求仲裁庭补正。"此外,根据国外的某些仲裁规则,仲裁裁决的稳定性也不排除仲裁机关对已作出的仲裁裁决进行解释。例如,《联合国国际贸易法委员会仲裁规则》第37条规定:"一、一方当事人可在收到裁决书后30天内,在通知其他各方当事人后,请求仲裁庭对裁决书作出解释。二、裁决书解释应在收到请求后 45 天内以书面形式作出。裁决书解释应构成裁决书的一部分。"

（二）排他性

排他性是指任何其他机构都不得任意变更已生效的裁决。首先,法院以外的任何其他机构都无权变更仲裁裁决的效力。其次,除非存在法律所规定的情形,裁决一旦作出,即使是法院也不能变更该仲裁裁决。我国《仲裁法》除了在第 56 条规定了仲裁机构有权补充、更正裁决外,不承认法院对仲裁裁决的变更权。我国仲裁法对错误仲裁裁决的救济方法只有撤销裁决、发回重裁和裁定不予执行。这与国际通行做法是一致的。

（三）预决性

预决性是指仲裁裁决的效力及于未来相关争议的审理。仲裁裁决对当事人之间的争议所作的结论具有法律上的权威性,当事人不得就同一事项要求通过司法或仲裁程序再次处理。正因如此,又引出另一法律上的效果,即对已经由生效的仲裁裁决所确认的事实或法律关系,不容许在其他纠纷解决程序中进行争执或重新审核,即裁决对于日后相关的法律问题的处理具有预决的效力,无论法院、行政机关还是仲裁庭处理与此裁决处理的事项有关的问题的时候,都应受仲裁裁决的约束。

（四）强制性

仲裁裁决既判力的强制性,主要指当事人对既判力不得自由处分。合同争议及其他财产权益纠纷为仲裁机关裁决之后,除非该裁决的既判力被法院撤销,否则任何一方当事人均不得抛弃该裁决的既判力,约定向其他仲裁机关申请仲裁同一争议的仲裁协议。这一点体现了对当事人意思自治的限制,反映了仲裁与其他民间解决机制的差异。但在有些国家,仲裁裁决强制性也受到限制,允许双方当事人协议推翻裁决的效力。其理由在于,裁决的效力本来就来自当事人的仲裁协议,那么当事人自然可以通过协议来否定裁决的效力。

仲裁裁决的既判力是指仲裁裁决对特定争议所具有的不可被更改的效力,而仲裁裁决的执行力则是指裁决所具有的被当事人或法院或执行或实现的效力。实现仲裁裁决主要有两种途径:一是当事人主动履行;二是在当事人不主动履行的情况下,基于对方当事人的请求而由法院强制执行。因此,对仲裁裁决的执行力可分为作为履行根据的效力和作为强制执行根据的效力。

仲裁裁决作为履行根据的效力主要体现在三个方面。首先,有关当事人应主动履行仲裁裁决所确定的义务,否则将承担迟延履行的责任;其次,对方当事人不得为义务主体履行义务设置障碍,否则将承担因此而产生的法律责任;最后,任何第三人都不得否认履行的有效性,都不得妨碍履行,否则也将承担相应的法律责任。

生效仲裁裁决如同生效的法院判决,其作为强制执行根据的效力主要包括以下两项内容:第一,仲裁裁决确定的权利主体可以根据仲裁裁决书申请强制执行,启动强制执行程序;第二,执行组织可以根据仲裁裁决书和权利主体的申请采取相应的强制执行措施。

三、国际商事仲裁裁决的撤销和不予执行

虽然各国法律均承认国际商事仲裁裁决的既判力,但同时会确立法院对仲裁裁决的司法监督程序。这种监督主要表现为法院对仲裁裁决的撤销和不予执行。

(一)国际商事仲裁裁决的撤销

国际商事仲裁裁决的撤销是指应国际商事仲裁当事人的请求,有管辖权的法院经审查核实认为满足法律规定的条件,从而否定国际商事仲裁裁决的效力的一种司法监督程序。

关于裁决的撤销,我国《仲裁法》就普通仲裁裁决和涉外仲裁裁决分别作出不同规定。

关于普通仲裁裁决的撤销,我国《仲裁法》第58条规定:"当事人提出证据证明裁决有下列情形之一的,可以向仲裁委员会所在地的中级人民法院申请撤销裁决:(一)没有仲裁协议的;(二)裁决的事项不属于仲裁协议的范围或者仲裁委员会无权仲裁的;(三)仲裁庭的组成或者仲裁的程序违反法定程序的;(四)裁决所根据的证据是伪造的;(五)对方当事人隐瞒了足以影响公正裁决的证据的;(六)仲裁员在仲裁该案时有索贿受贿,徇私舞弊,枉法裁决行为的。人民法院经组成合议庭审查核实裁决有前款规定情形之一的,应当裁定撤销。人民法院认定该裁决违背社会公共利益的,应当裁定撤销。"

当事人申请撤销仲裁裁决,须在特定时间内提出。我国《仲裁法》第59条规定:"当事人申请撤销裁决的,应当自收到裁决书之日起6个月内提出。"我国《仲裁法》第60条规定:"人民法院应当在受理撤销裁决申请之日起2个月内作出撤销裁决或者驳回申请的裁定。"我国《仲裁法》第61条规定:"人民法院受理撤销裁决的申请后,认为可以由仲裁庭重新仲裁的,可通知仲裁庭在一定期限内重新仲裁,并裁定中止撤销程序。仲裁庭拒绝重新仲裁的,人民法院应当裁定恢复撤销程序。"

关于涉外仲裁裁决的撤销,我国《仲裁法》第70条规定:"当事人提出证据证明涉外仲裁裁决有民事诉讼法第二百五十八条第一款规定的情形之一的,经人民法院组成合议庭审查核实,裁定撤销。"《仲裁法》所援引的"民事诉讼法第二百五十八条"为2012年修订后的《民事诉讼法》第274条。该条第1款所规定的情形为:"(一)当事人在合同中没有订有仲裁条款或者事后没有达成书面仲裁协议的;(二)被申请人没有得到指定仲裁员或者进行仲裁程序的通知,或者由于其他不属于被申请人负责的原因未能陈述意见的;(三)仲裁庭的组成或者仲裁的程序与仲

裁规则不符的；(四)裁决的事项不属于仲裁协议的范围或者仲裁机构无权仲裁的。"

可见，我国仲裁法关于普通裁决与涉外裁决所规定的撤销条件有所不同。撤销普通裁决的条件既包括仲裁程序方面的问题，也包括实体争议处理方面的问题；而撤销涉外裁决的条件只包括仲裁程序方面的问题。

(二) 国际商事仲裁裁决的不予执行

国际商事仲裁裁决的不予执行是指法院拒绝依据仲裁当事人的请求来强制实现仲裁裁决所裁定的权利义务关系。与裁决的撤销不同，裁决的不予执行不是否定裁决的效力，而是不承认裁决的效力。

关于裁决的不予执行，我国《仲裁法》就普通仲裁裁决和涉外仲裁裁决分别作出不同规定。

关于普通仲裁裁决的不予执行，我国《仲裁法》第63条规定："被申请人提出证据证明裁决有民事诉讼法第二百一十三条第二款规定的情形之一的，经人民法院组成合议庭审查核实，裁定不予执行。"该法所援引的"民事诉讼法第二百一十三条"为2012年修订后的《民事诉讼法》第237条。该条文的变化如表10-1所示。

表10-1 《民事诉讼法》规定的不予执行仲裁裁决的情形的新旧条文对比

原法律条文规定的情形	修改后的法律条文规定的情形
(1)当事人在合同中没有订有仲裁条款或者事后没有达成书面仲裁协议的；	(1)当事人在合同中没有订有仲裁条款或者事后没有达成书面仲裁协议的；
(2)裁决的事项不属于仲裁协议的范围或者仲裁机构无权仲裁的；	(2)裁决的事项不属于仲裁协议的范围或者仲裁机构无权仲裁的；
(3)仲裁庭的组成或者仲裁的程序违反法定程序的；	(3)仲裁庭的组成或者仲裁的程序违反法定程序的；
(4)认定事实的主要证据不足的；	(4)裁决所根据的证据是伪造的；
(5)适用法律确有错误的；	(5)对方当事人向仲裁机构隐瞒了足以影响公正裁决的证据的；
(6)仲裁员在仲裁该案时有贪污受贿，徇私舞弊，枉法裁决行为的。	(6)仲裁员在仲裁该案时有贪污受贿，徇私舞弊，枉法裁决行为的。

可见，修改后的《民事诉讼法》严格限制了裁决不予执行的条件。原先规定的"适用法律确有错误"已经不构成裁决不予执行的条件，而原先规定的证据方面的问题，新的《民事诉讼法》也提出了更高的标准。上述变化反映出我国在仲裁的司法监督问题上更加尊重仲裁的自治性。而且在我国《民事诉讼法》修改之后，普通仲裁裁决的不予执行和普通仲裁裁决的撤销，适用同样标准。

涉外仲裁裁决不予执行的条件与涉外仲裁裁决撤销的条件完全相同。我国《仲裁法》第71条规定："被申请人提出证据证明涉外仲裁裁决有民事诉讼法第二百五十八条第一款规定的情形之一的,经人民法院组成合议庭审查核实,裁定不予执行。"仲裁法所援引的"民事诉讼法第二百五十八条"为 2012 年修订后的《民事诉讼法》第 274 条。该条第 1 款所规定的情形为:"(一)当事人在合同中没有订有仲裁条款或者事后没有达成书面仲裁协议的;(二)被申请人没有得到指定仲裁员或者进行仲裁程序的通知,或者由于其他不属于被申请人负责的原因未能陈述意见的;(三)仲裁庭的组成或者仲裁的程序与仲裁规则不符的;(四)裁决的事项不属于仲裁协议的范围或者仲裁机构无权仲裁的。"

与普通仲裁裁决的不予执行相比,我国对涉外仲裁裁决的不予执行规定了更严格的条件。

无论是普通仲裁裁决还是涉外仲裁裁决,根据我国 2012 年修订的《民事诉讼法》第 237 条和第 274 条的规定,如果我国法院认定裁决的执行将违背社会公共利益的,将裁定不予执行。

根据我国 2012 年修订的《民事诉讼法》第 237 条和第 275 条的规定,普通仲裁裁决或涉外仲裁裁决被人民法院裁定不予执行的,当事人可以根据双方达成的书面仲裁协议重新申请仲裁,也可以向人民法院起诉。

第六节　外国仲裁裁决的承认与执行

一、概说

国际商事仲裁通常会涉及裁决的境外执行,而仲裁裁决的执行总是与仲裁裁决的承认有着密切的关系。所谓对仲裁裁决的承认,是指国家司法机关对于仲裁机构对当事人之间特定法律关系通过仲裁程序作出的具有约束力的仲裁裁决予以认可,并赋予其强制执行效力的司法行为。对仲裁裁决的执行则指司法机关在承认裁决效力的基础上通过国家强制力使已经生效并且有执行力的仲裁裁决得以实施的司法行为。二者同样属于国家机关的司法行为,虽然是不同的概念,但具有密切的联系,其指向的对象、行为性质相同,而且相互依赖。但二者也有区别,因为承认行为只是对裁决的一种确认、认可、表明了一种态度;而执行则是将裁决列明的义务予以实施,是一种行为过程,仅在当事人申请下才能进行。承认是执行的前提,执行是承认的可能结果。

在仲裁制度的萌芽和发展阶段,各国对仲裁裁决普遍采取一种歧视的态度,即使是本国国内的裁决也须符合法律所规定的各种条件并且履行烦琐的程序,方可得以承认和执行;一项仲裁裁决试图在国外得以执行,当然就更为困难。19 世纪以后,大工业的迅速发展和交通工具、通信设备的发达,使国际贸易进入一个崭新的阶段。跨国商贸关系的发展促使人们重视起仲裁这种解决争议的手段。仲裁的简洁、高效、专业化、秘密化等诉讼制度不具有的优长使之成为多数人所乐于采用的解决其在国际经济往来中产生的纠纷的方式。在这种背景下，各国也开始着手对其有关法律加以修改，表示出对承认和执行外国仲裁裁决的支持态度。但各国出于其司法管辖权及本国经济利益的考虑，迈出的步伐很小，对承认和执行外国仲裁裁决仍然作了很多苛刻复杂的实体上和程序上的规定。这种保守谨慎的态度影响了仲裁制度的发展，也影响了国际经济贸易交流。在国家主权原则仍为国际社会最基本的原则的情况下，唯一能够使仲裁裁决在国家间顺利地得以承认和执行的方法便是订立国际条约，尤其是多边公约。从20世纪初开始，各国就开始了通过国际条约解决外国仲裁裁决的承认与执行问题的尝试。经过数十年的努力，逐渐取得了若干成果。1923年通过的《日内瓦仲裁条款议定书》使各缔约国承担了依本国国内法执行在其领域内作出的仲裁裁决的义务，并为1927年各国在日内瓦缔结的《关于执行外国仲裁裁决的公约》（《日内瓦公约》）打下了基础。《日内瓦公约》是第一个世界范围内的关于承认和执行外国仲裁裁决的法律文件，具有里程碑的意义。虽然由于当时的缔约国过多考虑自身利益，内容趋于保守，如规定了双重许可制度，即裁决必须先经作出国承认，并由该国法院颁布执行许可证以后，才可以在他国申请执行。但《日内瓦公约》的缔结具有两方面的积极作用：第一，基本上统一了缔约国在承认和执行外国仲裁裁决问题上的基本立场、条件和程序；第二，进一步推动了国际商事仲裁的发展。《日内瓦公约》缔结以后，许多缔约国均对其国内的仲裁法进行了修订或重新颁布。

随着国际交往的日益频繁和国际商事仲裁的发展，《日内瓦公约》所规定的苛刻条件和烦琐程序日渐显出其落后于时代的弊端。为弥补其局限性，国际社会呼吁放宽承认、执行外国仲裁裁决的条件，简化承认、执行外国仲裁裁决的程序。为此，国际商会于1953年向联合国经社理事会提出，在国际范围内执行商事仲裁裁决仍很困难。经社理事会十分重视该项提案，并成立一个由数名专家组成的专门委员会着手起草关于承认和执行外国仲裁裁决的公约草案。该草案于1955年拟定并提交各国讨论。经过激烈的争论，在妥协和兼容各国观点的条件下，于1958年6月举行的联合国国际商务仲裁会议上通过了该公约，即《承认及执行外国仲裁裁决的公约》，简称1958年《纽约公约》或直接称《纽约公约》，1959年6月7日生效。《纽约公约》与《日内瓦公约》相比，采取了鼓励缔约国承认及执行外国裁决的基本出发点，扩大了承认执行外国仲裁裁决的范围，放宽了条件，简化了程序。目前，《纽约公约》已成为承认和执行外国仲裁裁决方面最具影响的国际公约。我国也是该公约缔约国。

二、《纽约公约》关于承认与执行外国仲裁裁决的规定

《纽约公约》共16条，第1条对适用于公约的仲裁裁决作出了限定，第2条至第6条对于执行裁决的有关情况作了规定，第7条规定了该公约与其他条约、协定的关系,第 8 条和第 9 条对公约的签署,参加国作了规定,第 10 条至第 11 条规定了公约对特殊类型国家适用的方式,第 12 条至第 16 条为附则,规定了公约生效和文本等事宜。现就主要内容介绍如下:

(一)外国仲裁裁决的范围

世界各国在国内外裁决的划分上,主要采取两大标准;第一为领域标准,即以仲裁程序的进行国或仲裁裁决的作出国作为划分裁决所属国的标志。这一标准又分两个支系;其一是以仲裁程序的进行地作为判断的依据;其二是以仲裁裁决作出地作为判断的依据,即如裁决在本国作出,则为本国裁决,如在外国作出,则属外国裁决。这两个支系一般不会出现分歧,但是在仲裁过程中仲裁员作跨国移动的情况下则可能产生不同的结果。第二为准据法标准,即以仲裁裁决是依据本国法还是外国法作出,来确定该裁决是属于本国裁决还是外国裁决。如果是依本国法作出的裁决,则不论裁决地在国内还是国外,均视为本国裁决;如果是依外国法作出的裁决,则视为外国裁决,不论其裁决地为何。这里所谓的本国法与外国法指的是仲裁程序所依据的法律,而不是指判定实体问题援引的准据法。领域标准和准据法标准可能是合一的,如仲裁庭依据其所在地的程序规则进行了仲裁程序并在当地作出裁决。但也经常会产生冲突,因为有些国家的仲裁庭允许当事人选用外国的程序规则,这就造成了在 A 国适用 B 国的程序规则裁判一项纠纷的情况。这样的裁决对于 A、B 两国而言属本国裁决还是外国裁决,如果以不同的标准判断就会出现矛盾,或者二者都认为是本国裁决,或者二者都认为是外国裁决。由于各国对外国仲裁裁决的承认和执行通常都是在互惠的基础上进行的,因此裁决具有哪一国的国籍,对于其得以执行的程序和要求,乃至能否最终得以执行,都具有重要的意义。就此《纽约公约》第 1 条规定,由于自然人或法人之间的争执而引起的仲裁裁决,在一个国家的领土作成,而在另一个国家请求承认和执行时,适用该公约;在一个国家请求承认和执行这个国家不认为是本国仲裁裁决时,也适用该公约。从这一规定可以看出,《纽约公约》采取了以仲裁裁决地标准为主、非国内裁决标准为辅的划分方式。做这样的规定是因为仲裁裁决地标准是大多数国家所采用的,裁决地也大多能决定裁决的性质。非国内裁决标准是一个笼统的标准,涵盖了因仲裁程序进行地或适用程序规则地等标准而定为不属本国裁决的一切仲裁裁决。这样规定使公约的适用范围扩大,同时也兼容采用各种不同标准的国家的观点,易于被各国所接受。

(二)互惠保留和商事保留

《纽约公约》第 1 条第 3 款允许缔约国在加入该公约时,声明对公约的适用范围作"互惠保留"及/或"商事保留"。所谓互惠保留,是指加入时声明只承认和执行在缔约国领土内作出的仲裁裁决,如果不作这样的保留,就可以认为参加国意欲承认和执行任何一个国家所作出的仲裁裁决。对此,一般成员国出于国际法上的平等互利原则,都作了这样的保留。所谓商事保留,是指加入时声明只承认和执行属于商事范围的仲裁裁决。仲裁裁决有很多种,包含的范围广泛,除商事争议外,还有劳动争议、行政争议、外交争议等。各国的国内法一般都规定只对商事仲裁裁决予以承认和执行,故而在加入《纽约公约》时大多数国家都作了此项保留。《纽约公约》允许参与选择保留其中的任何一项或同时保留二者。

(三)承认和执行外国仲裁裁决的条件

《纽约公约》第4条规定,为了使裁决得到承认和执行,申请承认和执行裁决的当事人应该在申请时提供:(1)经正式认证的裁决正本或经正式证明的副本;(2)属公约第2条提到的仲裁协议正本或经正式证明的副本。公约同时规定,如果仲裁裁决或仲裁协议不是用裁决需其承认或执行的国家的正式语言作成,申请承认和执行裁决的当事人应该提出这些文件的此种译文。译文应该由一官方的或宣过誓的译员或一外交或领事代理人证明。

《纽约公约》的这种规定排除了"双重承认"原则。在此前的《日内瓦公约》中,申请人除了提供上述文件外,尚须提供证明裁决在作成裁决的国家已成为终局的书面证据或其他证据。在必要时,申请人还须提供证据证明裁决系根据仲裁协议作成、协议适用的法律为有效等事项。《纽约公约》草案中曾要求仲裁裁决满足"在裁决地国已是终局的和可操作的,特别是执行尚未被停止"的条件,但最后被多国反对,因为这样会导致双重承认这种烦琐的情况,最后该条文被删除。

(四)承认和执行裁决的程序规则

在草拟公约的过程中,一些政府及非政府组织曾希望在公约中拟定可适于执行外国仲裁裁决的统一程序规则,或者规定公约范围内的裁决应通过"简易执行程序"得到执行,或规定公约范围内的裁决应按照等同于执行国国内仲裁裁决的程序予以执行。经过讨论,最终认定上述做法均会有不可克服的困难:首先,各国很难共同接受一个统一的程序规则,故第一种建议行不通;其次,各国的法律制度差异甚大,很难就"简易执行程序"取得相似的看法,故第二种建议的意义不大;最后,如果以与执行本国裁决相同的程序执行外国裁决,国内外裁决的不同情况会使这种程序甚为不便或造成时间上的浪费。为了克服这些困难,《纽约公约》最后规定了一条最低标准,即对外国仲裁裁决的承认与执行的程序不应比适用于本国裁决的程序更复杂,同时给予有关国家以按自己定下的程序规定进行执行的自由。

确认裁决有效并予以执行

国内 C 公司与法国 D 公司于贸易过程中发生争议,涉及金额 13.47 万美元(含利息)。C 公司根据仲裁条款约定,在 CIETAC 提起仲裁申请,并于 2006 年

> 11月16日取得缺席胜诉裁决,仲裁费用为4.71万元人民币。C公司根据裁决,尝试与债务人进行和解,经过3个多月的努力未果。C公司于2007年2月16日向法国法院提交执行申请,法院和律师收取费用共计1000欧元。由于债务人未提出任何抗辩,2007年9月法院确认裁决有效并予以执行。

(五)拒绝承认和执行外国仲裁裁决的理由

《纽约公约》对可以申请承认和执行裁决的条件予以放宽,自然需要在另一方面给予限制。限制的方式就是法院依被申请人的请求或依其自身职权,经审查仲裁裁决具有公约规定的情况时,可以拒绝承认和执行该项裁决。公约对这些情况作了专门的、明确的规定,是为了防止由于拒绝执行的理由缺乏统一性而导致各国随意以各种理由拒绝承认和执行外国仲裁裁决。《纽约公约》规定的拒绝承认和执行外国仲裁裁决的理由可分为两大类七个项目。

第一类是被申请执行人向请求地法院证明有关情况,法院在被申请人的请求下拒绝执行裁决的理由,包括:

第一,仲裁协议无效。公约规定,仲裁协议的双方当事人,根据对他们适用的法律,当时是处于某种无能力的情况下,或者根据双方当事人选用的法律,或在没有这种选定的时候,根据裁决作出地国家的法律,仲裁协议是无效的,被请求承认或执行裁决的机关,可根据反对裁决的当事方要求,拒绝承认和执行该项裁决。仲裁协议的有效性不仅涉及当事人的缔约能力问题,还涉及仲裁协议的形式等问题,仲裁协议中存在的瑕疵,可使得裁决的效力值得怀疑,也可导致拒绝执行。

第二,违反正当程序。公约规定,对裁决执行对象的当事方,没有给予其有关指定仲裁员或者进行仲裁程序的适当通知,或者作为裁决执行对象的当事方由于其他情况未能对案件陈述意见、提出申辩,即属于仲裁程序不正当,可以拒绝执行该裁决。这项规定其实包含了两方面的情况:一是未给予适当的通知,这里所说的"适当",按照国外一些成案的经验,并不需要按照有关国内法规定的方式(如当面送达)及期间进行通知,而是只要达到了足以使当事人知悉关于仲裁员任命和仲裁程序进行的充分信息的目的即可。二是未能提出申辩。无论进行诉讼还是仲裁,均应遵守陈述机会平等原则,也就是说,必须为当事人提供有效地陈述案情、进行申辩的机会。未能遵守该原则极有可能造成裁决结果有失公正。但是,如果已经适当通知了被诉人,被诉人仍拒绝参加仲裁或者在仲裁中持不积极态度,则可以认为被诉人是有意放弃机会。在适当通知后,被诉人拒绝参加仲裁,可以进行缺席审理,作出缺席裁决,在这种情况下提出未能申辩的理由是不成立的。正当程序原则还要求仲裁员应将一方当事人的论点和证据通知另一方当事人,并允许另一方当事人就这些论点和证据发表自己的看法。

第三,仲裁员超越权限。《纽约公约》规定,仲裁员(庭)所作的裁决涉及仲裁协议所没有包括的争执,或者仲裁内涵有对仲裁协议范围以外事项的决定,属于仲裁员超越当事人赋予权限的情况,当事人可请求法院拒绝承认执行该裁决。

第四,仲裁庭组成或仲裁程序不当。如果被诉人证实仲裁庭的组成或仲裁程序同当事人间的协议不符,或者与进行仲裁地国的法律不符,可以拒绝执行裁决。迄今为止,在依《纽约公约》执行裁决的程序中,被诉人以仲裁庭组成及仲裁程序不当而提出抗辩的情况寥寥无几。因为当事人就仲裁庭的组成多订有协议,这使得在实践中很少出现仲裁庭组成与当事人协议不符的情况。对于仲裁程序亦然。在当事人的协议中,一般都会明确指定适用某一特定仲裁机构的仲裁规则。仲裁规则使当事人关于仲裁程序的协议具体化。因此,仲裁程序与当事人协议不符的情形也很少发生。如当事人未就此项订立协议,仲裁庭的组成也多符合仲裁地法;仲裁程序一般都遵循仲裁地有关法规,况且有关法规一般都给予仲裁员较大的程序方面的裁量权。所以,以这种理由要求拒绝承认执行裁决的情况很少出现。

第五,裁决尚无约束力或已被撤销。《日内瓦公约》原来要求裁决必须在作成裁决的国内已成终局,亦即不能由于被提出异议、上诉或请求撤销等情况使裁决的效力未定,这要求申请执行人举证,从而带来双重承认和"双重执行令"的情况,给仲裁执行带来了很大麻烦。《纽约公约》以"约束力"一词代替了"终局"一词,并将拒绝执行裁决理由的举证责任转移给被诉人一方,使执行程度变得简单。对于何种情况下仲裁裁决视为无约束力,各国法律的规定和法院的判决无一定的说法,一些学者主张此问题应依支配仲裁的有关法律规定。

第二类理由是被请求承认和执行的管辖机关可以主动地依自身职权决定拒绝承认和执行外国裁决的理由,包括:

第一,争议标的或事项的不可仲裁性。是指依照被请求承认和执行裁决的国家的法律,争执的事项不可以用仲裁方式解决。某项争议"是否具有可仲裁性是一个国内法问题。任何一个主权国家都有权根据本国的国情确定什么性质的争议可以提交仲裁,什么性质的争议不可以采用仲裁方式解决"。[16] 各国均有对不能付诸仲裁的争议作出规定,如果依裁决作出国的法律,该事项可以仲裁解决,而依裁决执行国的法律,该事项不能以仲裁解决,则被请求承认和执行裁决的国家的法院仍可拒绝承认执行该裁决。

第二,承认或执行裁决将和这个国家的公共秩序相抵触。公共秩序(public order)或公共政策(public policy)是各国法律、特别是涉外法律和国际条约常用的一个概念,其作用是为了保护法院地的基本道德信念和政策。严格来说,本类的第一

---

[16] 齐湘泉:《外国仲裁裁决承认及执行论》,法律出版社2010年版,第283页。

项理由,也属于公共政策问题。由于各国的风俗、文化、历史、宗教信仰等各方面的背景不同,其所主张的公共秩序保留的问题也会各异。实践中,各国法院都对"公共秩序例外"的适用持审慎立场,不会仅仅因为适用外国法或外国仲裁机构的裁决结果不同于依据本国法所可能达到的效果,即援用"公共秩序"而拒绝承认和执行外国仲裁裁决。[17]

需要注意的是,无论从公约的措辞还是从公约的意图上讲,上述两类理由都是可由法院自行选择是否作为拒绝承认和执行外国仲裁裁决的理由的。虽然具有上述某项理由,法院仍可以置之不理而承认、执行该裁决。

裁定驳回不予执行裁决书的请求

福州市中级人民法院(以下简称福州中院)在执行申请执行人史带开曼投资公司(以下简称史带公司)与被执行人中国高速传媒公司、福建纵横公司、福建分众公司、程征股份购买协议纠纷及申请执行人史带公司与被执行人程征投资者权利协议纠纷案件中,被执行人福建纵横公司、福建分众公司等提出书面不予执行申请,称:在中国内地执行香港国际仲裁中心 HKIAC/A11030 号仲裁裁决与 HKIAC/A11098 仲裁裁决严重违反中国内地社会公共利益,请求法院依照《最高人民法院关于内地与香港特别行政区相互执行仲裁裁决的安排》第七条规定,依法裁定不予执行该两份《仲裁裁决》。具体理由包括:(1)本案"VIE"结构安排,违反中国内地强制性法律规范,以合法形式掩盖非法目的,适用中国内地法律应该无效。(2)本案"对赌"交易安排,损害高速传媒公司其他众多投资者和债权人的利益,适用中国内地法律应当无效。(3)本案仲裁协议约定适用美国法律,规避中国内地强制性法律规范,执行仲裁裁决将会严重违反中国内地社会公共利益。

福州中院认为,香港国际仲裁中心作出的 HKIAC/A11030 及 HKIAC/A11098 两份裁决书是要求被执行人就违反《股份购买协议》和《投资者权利协议》对申请执行人史带公司承担赔偿责任,并非要求被执行人与申请执行人继续履行《股份购买协议》和《投资者权利协议》,法院依据《最高人民法院关于内地和香港特别行政区相互执行仲裁裁决的安排》规定立案强制执行两份仲裁裁决,要求被执行人承担违约赔偿责任符合我国奉行的契约神圣、诚实信用等法律基本原则和公共利益。被执行人主张本案涉及"VIE"结构安排和"对赌协议"、违反了国务院《外商投资电信企业管理规定》和信息产业部《关于加强外商投资

---

[17] See Gary B. Born, *International Arbitration: Law and Practice*, Wolters Kluwer, 2012, p.403.

> 经营增值电信业务管理的通知》及商务部《实施外国投资者并购境内企业安全审查制度的规定》，故符合《最高人民法院关于内地与香港特别行政区相互执行仲裁裁决的安排》第 7 条"内地法院认定在内地执行香港仲裁裁决违反内地社会公共利益的,可裁定不予执行"的规定,应裁定不予执行,但根据最高人民法院《关于对海口中院不予承认和执行瑞典斯德哥尔摩商会仲裁院仲裁裁决请示的复函》"对于行政法规和部门规章中强制性规定的违反,并不当然构成对我国公共政策的违反"的精神,本案是否涉及"VIE"结构安排和"对赌协议"、是否违反国务院、信息产业部及商务部等部门规章并不当然构成违反我国公共利益,故被执行人主张本案存在"内地法院认定在内地执行香港仲裁裁决违反内地社会公共利益的,可裁定不予执行"的情况,证据不足,不予支持。据此,福州中院作出执行裁定书,裁定驳回不予执行裁决书的请求。

我国在 1986 年以前一直没有参加关于承认和执行外国仲裁裁决的国际公约,而只是在与其他国家订立通商航海条约或其他条约时提到执行问题,一般规定执行裁决的程序、条件及方法,按照执行地的法律办理,因而,关于执行仲裁裁决的程序和条件问题,主要规定在我国的国内立法中。1986 年 12 月 2 日,我国决定加入《纽约公约》,该公约于 1987 年 4 月 22 日对我国生效。我国在加入公约时,作出了互惠保留和商事保留的声明。即我国仅对在另一缔约国领土内作出的仲裁裁决的承认和执行适用该公约;同时仅对依照我国法律属于契约性和非契约性商事法律关系引起的争议适用该公约。我国现行《民事诉讼法》第 283 条规定:"国外仲裁机构的裁决,需要中华人民共和国人民法院承认和执行的,应当由当事人直接向被执行人住所地或者其财产所在地的中级人民法院申请,人民法院应当依照中华人民共和国缔结或者参加的国际条约,或者按照互惠原则办理。国外仲裁机构的裁决,需要中华人民共和国人民法院承认和执行的,应当由当事人直接向被执行人住所地或者其财产所在地的中级人民法院申请,人民法院应当依照中华人民共和国缔结或者参加的国际条约,或者按照互惠原则办理。"据此,我国在承认和执行外国仲裁裁决方面,分为两类情况区别处理:一类是属于《纽约公约》或其他相关条约范围内的仲裁裁决,按条约规定办理;另一类是非属于《纽约公约》或其他相关条约规定范围的裁决,按互惠原则办理。

―――― 练习题 ――――

一、问答
1. 认定一项仲裁协议无效的情况有哪些？
2. 仲裁庭的管辖权一般由仲裁庭自身来决定，其理由何在？
3. 从工作程序上看，当事人如果对仲裁庭作出的仲裁裁决不服，有哪些救济措施？

二、案例分析

宜兴银茂荧光材料有限公司申请不予执行仲裁裁决案

宜兴银茂荧光材料有限公司与美施威尔（上海）有限公司于2010年9月1日签署了一份《OCFM项目协议》，其中仲裁协议的英文部分约定："……such dispute shall be submitted to China International Economic and Trade Arbitration Commission (CIETAC) Shanghai Sub-Commission for arbitration which shall be conducted in accordance with the arbitration rules of the CIETAC in effect at the time of applying for arbitration……"中文部分约定："……则应将争议提交中国国际经济贸易仲裁委员会上海分会按照届时的仲裁规则通过仲裁解决……"此后，美施威尔公司以《OCFM项目协议》项下争议，以银茂公司为被申请人向上海国际经济贸易仲裁委员会（上海国际仲裁中心）提起仲裁。上海国际仲裁中心按其自身的仲裁规则处理了该案，并于2013年1月31日作出（2013）沪贸仲字第049号仲裁书，支持了美施威尔公司的仲裁请求。

此后，美施威尔公司向无锡市中级人民法院（以下简称无锡中院）申请执行该仲裁裁决。无锡中院受理申请后，银茂公司以上海国际仲裁中心在无权仲裁案涉争议的情况下，错误适用仲裁规则，违反法定程序进行仲裁为由，申请不予执行该仲裁裁决。无锡中院审查后认为，根据《最高人民法院关于对上海市高级人民法院等就涉及中国国际经济贸易仲裁委员会及其原分会等仲裁机构所作仲裁裁决司法审查案件请示问题的批复》（法释〔2015〕15号）（以下简称《批复》）的规定，上海国际仲裁中心对本案有管辖权，但上海国际仲裁中心未按照仲裁协议约定适用中国国际经济贸易仲裁委员会的仲裁规则，违反了法定程序，符合《中华人民共和国民事诉讼法》第237条第2款第3项规定的情形，裁定不予执行。

美施威尔公司不服无锡中院上述裁定，向江苏省高级人民法院（以下简称江苏高院）申请执行监督。江苏高院于2016年11月16日作出（2016）苏执监467号《执行裁定书》，认为应以《批复》（法释〔2015〕15号）作为解决案涉仲裁规则适用争议的重要指引，而通过具体分析当事人仲裁条款的真实意思表示，本案仲裁规则的适用，并不能当然解释为当事人的约定仅指向适用中国贸仲规则；此外，上海国际仲裁中心在贸仲争议未决背景下选择适用其自身仲裁规则具有合理性，且适用该规则，并未影响案件的正确裁决和/或对当事人的程序权利产生实质性影响,故上海国际仲裁中心适用自身仲裁规则并不违反法释〔2015〕15号《批复》的精神,不构成仲裁程序违法。基于上述考虑,江苏高院最终裁定撤销无锡中院不予执行裁定书、驳回银茂公司不予执行上海国际仲裁中心案涉裁决书的请求,并要求无锡中院继续执行该仲裁裁决。

问题:

选定的仲裁机构按照双方议定的仲裁规则进行仲裁程序是否为该仲裁程序合法、仲裁裁决合法的关键因素?如果没有按照约定的仲裁规则处理案件,可否认定该仲裁过程及裁决不具有约束力?判断标准是什么?

———— **拓展阅读** ————

1. 杜新丽:《国际民事诉讼与商事仲裁》,中国政法大学出版社 2009 年版。
2. 赵秀文:《国际商事仲裁法》,中国人民大学出版社 2012 年版。
3. [英]维杰·K. 巴蒂亚、[澳]克里斯托弗·N. 坎德林、[意]毛里济奥·戈地编:《国际商事仲裁中的话语与实务:问题、挑战与展望》,林玫、潘苏悦译,北京大学出版社 2016 年版。
4. [美]加里·B. 博恩:《国际仲裁:法律与实践》,白麟等译,商务印书馆 2015 年版。
5. Born, Gary. *International Arbitration: Cases & Materials*, 2nd ed., Aspen Publishers, 2015.
6. Reisman, W. Michael W. Laurence Craig, William Park and Jan Paulsson, *International Commercial Arbitration: Cases, Materials and Notes on the Resolution of International Business Disputes*, West Academic Press, 2015.
7. Greenberg, Simon Christopher Kee and J. Romesh Weeramantry, *International Commercial Arbitration: An Asia-Pacific Perspective*, Cambridge University Press, 2010.

参 考 文 献

1. 车丕照:《国际经济交往的政府控制》,长春出版社 1996 年版。
2. 车丕照:《国际经济法原理》,吉林大学出版社 1999 年版。
3. 车丕照、车路遥:《国际经济法概要》(第 2 版),清华大学出版社 2023 年版。
4. 车丕照:《国际经济法》,中国法制出版社 2008 年版。
5. 陈安主编:《国际经济法学》(第八版),北京大学出版社 2020 年版。
6. 丁启明主编:《国际经济法学》,吉林人民出版社 1989 年版。
7. 高树异主编:《国际经济法总论》,吉林大学出版社 1989 年版。
8. 郭寿康、赵秀文、韩立余主编:《国际经济法》(第六版),中国人民大学出版社 2022 年版。
9. 郭寿康、韩立余编著:《国际贸易法》,中国人民大学出版社 2014 年版。
10. 《国际经济法学》编写组编:《国际经济法学》(第二版),高等教育出版社 2019 年版。
11. 何志鹏:《全球化经济的法律调控》,清华大学出版社 2006 年版。
12. 何志鹏:《国际经济法的基本理论》,社会科学文献出版社 2010 年版。
13. 何志鹏:《国际经济法治:全球变革与中国立场》,高等教育出版社 2015 年版。
14. 王传丽主编:《国际经济法》,中国人民大学出版社 2015 年版。
15. 王彦志:《国际经济法总论:公法原理与裁判方法》,华中科技大学出版社 2013 年版。
16. 王彦志:《新自由主义国际投资法律机制:兴起、构造和变迁》,法律出版社 2016 年版。
17. 韦经建、刘世元、车丕照主编:《国际经济法概论》,吉林大学出版社 2000 年版。
18. 韦经建、王彦志主编:《国际经济法案例教程》,科学出版社 2011 年版。
19. 余劲松、吴志攀主编:《国际经济法》(第四版),高等教育出版社、北京大学出版社 2014 年版。
20. 左海聪主编:《国际经济法》,武汉大学出版社 2014 年版。
21. Audit, Mathias, Sylvain Bollee et Pierre Calle, *Droit du commerce international et des investissements étrangers*, LGDJ, 2016.
22. Carreau, Dominique, et Patrick Juillard, *Droit International Economique*, Dalloz, 2017.
23. Matthias, Herdegen, *Principles of International Economic Law*, Oxford University Press, 2016.
24. Herdegen, Matthias, *Internationales Wirtschaftsrecht*, Verlag C. H Beck, Munchen, 2017.
25. Jackson, John H., William J. Davey, Alan O. Sykes, Jr *Legal Problems of International Economic Relations: Cases, Materials, and Text*, West Group, 2013.
26. Lowenfeld, Andreas F. *International Economic Law*, Oxford University Press, 2008.
27. Qureshi, Asif H., Andreas R. Ziegler, *International Economic Law*, Sweet & Maxwell, 2007.
28. [日]中川淳司、平觉、清水章雄、間宮勇:《国際経済法》(第 2 版),有斐閣 2012 年版。